疏 離 的 人 心

疏離的人心

香港社會思潮評析

黃 海

CITY UNIVERSITY OF
HONG KONG PRESS
香港城市大學出版社

編　　輯	陳慧雯
實習編輯	關喜文（香港城市大學中文及歷史學系四年級）
書籍設計	劉偉進　*Vp* Création 城大創意製作

©2018 香港城市大學
2019 年第二次印刷

國際統一書號：978-962-937-370-2

出版

香港城市大學出版社
香港九龍達之路
香港城市大學
網址：www.cityu.edu.hk/upress
電郵：upress@cityu.edu.hk

©2018 City University of Hong Kong

Estranged Minds: Trend of Thoughts in Hong Kong Society

(in traditional Chinese characters)

ISBN: 978-962-937-370-2

First published 2018
Second printing 2019

Published by

City University of Hong Kong Press
Tat Chee Avenue
Kowloon, Hong Kong
Website: www.cityu.edu.hk/upress
E-mail: upress@cityu.edu.hk

Printed in Hong Kong

目錄

作者的話

香港回歸中國二十多年，為何香港人心卻未能回歸，反而與中央政府和國家更加疏離？中央政府和香港特區政府對香港的管治為何未能贏得人心，他們該如何調整管治路線來挽回香港人心？這些都是此書將會探討的問題。

本書是作者研究香港問題的第二本專著。第一本專著《香港社會階層分析》由香港商務印書館於2017年出版，這本書對香港的資本家、中產、青年、基層、新界原居民、新移民、公務員和管治階層等作分析，可以算是對「香港人」及「香港社會」的一個全景式描述。《疏離的人心：香港社會思潮評析》則是對「香港人心」作全面描述。許多人常把「香港人心沒有回歸」掛在嘴邊，但卻很少有專著對這個重大的主題進行深入探討，也很少見全面分析香港社會思潮的專著。本書嘗試整理分析香港近年的社會思潮，藉此評估香港人心的現狀，解讀香港核心價值觀念，剖析香港人心未能回歸的深層原因，探討如何通過調整管治路線促進香港人心回歸。

全書分為八章，從不同角度討論上述主題。

第一章概括描述香港人心的現狀，嘗試對香港人心進行定性和定量的分析，提出了一些參考性的指標。筆者的結論是，人心回歸的核心問題是港人對國家的認同問題。回歸20年後香港的人心並沒有回歸，反而與中央政府和國家更加疏離，港人至今未能建立對中共的政治認同、對「中國模式」及其發展前景的認同、對中國國民身份的認同。港人對中共及內地的發展愈來愈沒信心，對香港的發展前景愈來愈沒信心，對「一國兩制」的實踐愈來愈

沒有信心，而「港獨」等分離主義思潮滋生蔓延，都使香港人心呈漸行漸遠之勢，其中存在許多結構性的問題，單靠時間難以解決。

第二章闡述香港與內地核心價值觀念差異對人心回歸的深刻影響。「道不同不相為謀」，價值觀念不同的人很難相處。回歸時間愈長，香港與內地打交道愈多，互相了解愈深入，兩地價值觀的差異就愈突顯，由此產生的矛盾衝突也愈來愈多、愈來愈尖銳。「一國兩制」之下必有人心的「一國兩制」，「香港人心」迥異於「內地人心」。「香港人心」是資本主義制度、生活方式及香港傳統核心價值所塑造的人心，讓香港人按香港社會普遍認可的價值觀念過他們喜歡過的生活，是對港人最好的尊重，也是贏得香港人心的最好辦法。否定、侵蝕、破壞香港的核心價值，追求改造香港人心，試圖讓香港人心「內地化」或「一國一制化」，實質是否定「一國兩制」，破壞香港核心價值，不僅難以促進香港人心回歸，反而會愈來愈不得人心，愈來愈受港人抵制。近年香港社會愈來愈擔心香港的傳統核心價值受到威脅，捍衛自由、法治、人權、廉潔等傳統核心價值的呼聲愈來愈強烈。

第三章探討各方對香港民主發展的主張，分析香港民主發展爭議對香港人心回歸的影響。「雙普選」和民主發展問題是香港回歸後爭吵最激烈的問題。港人對回歸20年仍未落實「雙普選」感到非常失望和不滿，這是影響香港人心的最大政治問題。中共最大的誤區是過於強調普選是管治權的爭奪，忽視普選對於香港而言是各階層政治權利以至經濟權利的重新分配。中共對民主認知的欠缺和本能的抵觸，是香港難以落實普選的障礙。中共應該清晰地看到，以任何理由拖延落實「雙普選」，繼續保留完全向工商界和上層精英利益傾斜的現行政制，對多數港人而言是沒有好處的，香港的深層次矛盾也不可能解決。圍繞香港民主發展的爭議如果不能妥善解決，香港的政治矛盾很難緩解，社會撕裂很難改變，也很難集中精力發展經濟和改善民生，更難促進人心回歸，只會耗死香港。通往普選最近的路，是各方儘快實現政治和解。

　　第四章闡述香港社會對地產霸權等主要經濟社會問題的看法,分析貧富差距等社會矛盾對香港人心回歸的影響,對「港式資本主義」作出反思和批判。「港式資本主義」與世界上其他發達資本主義國家和地區都有很大的分別。它仍然帶有殖民地資本主義的特徵,仍然停留於弱肉強食的社會形態,使金融地產壟斷的特徵更加鮮明,加上社會保障和福利水平低,引致社會矛盾和問題成堆,盡顯傳統資本主義的醜陋和罪惡。回歸以後,香港始終保留全球最自由經濟體的虛名,演出的是金融地產高度壟斷和殘酷剝削的戲碼,地產富豪藉着對房地產市場的壟斷進行財富打劫、榨盡無數房奴的血汗。香港成為本地權貴和內地權貴聯手攫取巨額財富的天堂,香港中下層的生活則陷入水深火熱之中,普通市民在住房、教育、醫療、退休保障、養老等多方面所獲得的不公待遇,與這個國際金融中心的富庶和繁華完全不相稱。香港社會要求政府推動「港式資本主義」的變革,更加注重公平正義,緩解「港式資本主義」帶來的社會矛盾和深重民怨。

　　第五章討論特區政府的管治哲學對香港人心回歸的影響。回歸後,香港特區政府內部對於管治哲學存在着兩條路線之爭,一條路線以曾蔭權、曾俊華等為代表,堅持港英政府留下的「積極不干預」、「大市場、小政府」的管治哲學;一條路線以梁振英、林鄭月娥等為代表,主張政府適當擴大職能和更有作為。這兩條路線在理財原則、勞工政策、社會保障政策等方面都有明顯區別。總體而言,受制於行政長官和立法會產生辦法等政制安排,香港特區政府在回歸後實施的是以服務資本家利益為核心的「親商」路線;香港特區政府的「政府能力」是非常有限的,調控經濟和協調社會各階層利益的能力都很低。特區政府管治能力和管治威望低下,政策取向缺乏公平正義,過度維護壟斷資本家和上層精英的利益,相對忽視中產中下層和基層等多數港人的利益,香港普通市民在回歸後的生活質量難以提高,住房、醫療、養老等最基本的生存問題都沒有得到有效解決,社會向上流動的渠道嚴重不暢,青年感到絕望,這是影響香港人心向背的關鍵問題。

第六章介紹香港社會的反共情結與對中國模式的評價，也談了內地與香港的主要矛盾及港人國民身份認同問題。香港人心難以回歸，歸根結底在於港人至今仍然缺乏對中共的政治認同、缺乏對「中國模式」的認同、缺乏對中國國民身份的認同。內地經濟飛速發展，百姓物質生活水平大大提高，國力日益強大，但這些不僅未能增強對港人的吸引力和凝聚力，反而引起港人對「中國模式」的更大反感以至恐懼。以文明的力量說服人，以政治社會進步說服人，讓「中國模式」的內涵更符合普世價值，中共仍任重道遠。

第七章介紹了香港近年興起的本土主義思潮，尤其是「港獨」等分離主義思潮，詳細介紹了本土派的派別和分離主義的各種理論論述。分離主義思潮滋生蔓延，是香港人心未能回歸的典型表現。對於「港獨」思潮不能誇大，也不能輕忽。「港獨」難以實質威脅「一國」，卻足以損害甚至毀滅「一國兩制」。除了依法懲治和阻嚇「港獨」言行，更重要的是改善管治，剷除「港獨」滋生的土壤。

第八章是全書的總結，也是全書的核心，着重討論管治路線對人心回歸的決定性影響及管治路線調整的主要方向。作者主張，要實事求是承認香港人心回歸的限度，不要以香港核心價值和意識形態的「內地化」來追求香港人心回歸，要防止「一國兩制」走樣變形。管治路線調整的兩大主題是政治和解和經濟社會變革，最關鍵的是堅決防止管治路線愈來愈「左」。這一章也涉及香港2047年後「二次前途」安排、如何更好發揮香港在國家發展中的獨特作用及「一國兩制」的終極命運等宏觀問題。

筆者曾長期在內地體制內工作，但寫作此書並不是追求政治正確，而是努力講真話，包括講可能被一些人視為政治不正確的真話，希望對讀者多少有一點參考價值。

以下自問自答七個問題，藉此強調一下作者的若干核心觀點。

1. 管治香港，是靠霸道還是靠王道？應該靠硬實力管控，還是靠仁政征服人心？

要成功管治香港，應以王道為主，霸道為輔，加強必要的管控，但更應依靠征服人心。不得人心的管治路線是註定會失敗的，只會使港人更加離心離德。

任何統治要真正取得合法性和認受性，必須得到被統治者發自內心的同意和信服。以仁政征服人心，是「王道」。以硬實力管控和壓服，是「霸道」。管治路線如果不能真正贏得人心，就很難成功。沒有一點霸道，沒有必要的強硬手段進行管控，可能有大局失控之虞，但僅靠硬實力難以真正征服香港人心。攻心為上，對任何地區的管治要真正取得成功，必須征服人心。古人云，「故遠人不服，則修文德以來之」；「遠人不服而不能來也；邦分崩離析而不能守也」。要成功管治香港，最終要王道為主，霸道為輔，要靠仁政，靠懷柔，才能真正得人心。

如要把是否得人心，是否有利促進香港人心回歸，作為評價管治香港成敗的重要標準，中共過去二十多年的對港政策，顯然未能取得真正成功。港人不僅人心未能回歸，反而對中央政府和對國家更加離心離德。非建制陣營的實力在回歸後不斷發展壯大，愛國愛港力量始終未能得到很好成長。香港回歸前基本不存在分離主義思潮，但近年「港獨」思潮卻急速蔓延。香港青年尤其是大學生，在上世紀六七十年代是傾向愛國的，但回歸後香港青年一代成為最支持「港獨」、國民身份認同度最低的群體。這個局面令人非常遺憾甚至哀傷，值得香港的管治者深思。

2003年以來，尤其是自2012年起，中央政府在管治香港上，主要採取管控思維模式，具體體現在五個方面：一，愈來愈強調中央的全面管治權，愈來愈重視使用中央的釋法等權力，相對忽視特區的高度自治權；二，更加重視使用硬實力，相對忽視爭取人心；三，偏重於經濟民生，相對忽視解決

政治問題，推動香港融入國家發展大局，對香港民主發展持保守態度，未能成功處理政改等重大爭議；四，加強在香港的力量部署，着重通過資本力量對香港傳媒及其他社會力量加強控制，着重對建制派政黨和社團加強領導和管理，特別着重選舉工程；五，鬥爭思維佔據主導地位，偏重依賴工商界和建制派支持，強化對非建制派的鬥爭和打擊，相對忽視爭取溫和「泛民」。這些霸道為主、鬥爭為主、管控為主的思維和具體措施起到一些作用，有利於保持香港大局穩定，但能否贏得香港人心，能否使香港的政治、經濟、社會發展走上正軌，使香港長治久安，則見仁見智。呼喚管治者多行王道，是理性的期待。

2. 應該如何實事求是地看待和處理香港人心回歸？

實事求是看待香港人心回歸，要從香港實際現況出發，尊重「兩制」差異，承認香港的人心回歸是有限度的，不能追求香港與內地人心趨同、價值觀念趨同、制度趨同。確定香港人心回歸的目標，短期內強化反「港獨」的底線意識，長遠增強港人國家認同。

看待和處理香港人心回歸問題，特別需要實事求是的態度。香港實行「一國兩制」，其社會制度、生活方式與內地根本不同，而價值觀念與內地也迥然不同。香港的人心是資本主義制度、生活方式和價值觀念所塑造的人心，不能以內地社會主義制度、生活方式和價值觀念的標準來強求香港與內地人心趨同。脫離「一國兩制」，脫離香港的實況，以僵化甚至極「左」的觀念來看待香港人心回歸，容易得出錯誤的結論，也容易導致錯誤的決策。

促進香港人心回歸，始終需要兩個層面的共同努力，香港要努力，國家更要努力。人心回歸的核心，説到底是增強港人對內地的認同、對國家的認同，是希望港人更加愛國，這不是單靠香港特區政府、香港社會努力就可以根本解決的。重要的不是改變港人，而是國家要作出更多改變，使國家變得更可愛、更有感召力和吸引力，讓港人心甘情願、心悦誠服地愛國。

　　除了中央改善對香港的管治，國家層面亦要有政策措施強化港人的國家認同，包括在更多方面對港人實施國民待遇。

　　要香港人心回歸，國家必須尊重和包容香港的核心價值，國家層面要作更多努力解決凝聚人心的問題。國家努力的關鍵點是改善國家治理，促進政治社會進步。中共提出的「推進國家治理體系和治理能力現化代」，被稱為「第五個現代化」（內地也有「第五個現代化」是「政治民主化」或是「人的現代化」的提法）。內地只有促進政治社會全面進步，使物質文明和政治文明、精神文明、生態文明共同提高，才能極大改善國家在港人心目中的形象。

3. 回歸20年後，香港最大的人心是甚麼？

　　香港主要人心仍是真正落實「一國兩制」、「港人治港」、高度自治。這些是港人最大利益所在，是香港的命脈所在。要防止「一國兩制」走樣變形甚至名存實亡，既要堅決反對「港獨」，也要堅決防止將香港引向「一國一制」的錯誤思維，防止「一國為體、兩制為用」的權宜之計思維。

　　香港回歸後的確是實行「一國兩制」，而不是「一國一制」，香港的資本主義制度和生活方式目前還沒有明顯改變。但應該承認，香港回歸以來，「一國兩制」的實踐存在走樣和變形的問題。

　　香港回歸後，香港與內地在社會制度、價值觀念上的矛盾衝突日益突顯，在移民制度、自由行制度、「雙非童」、「水貨客」等實際利益方面的矛盾也愈來愈多。港人對中共仍有強烈的懷疑和恐懼情緒，對中央和內地有很強的防範心理，對中央干預香港事務高度反感，對兩地融合發展非常抗拒，擔心香港「內地化」、「赤化」。港人的國民身份認同度比較低。香港衝擊「一國」的現象非常嚴重，2003年反對23條立法的「七一大遊行」，2012年的反對國民教育運動，2014年針對全國人大常委會「8•31決定」的「佔領中環」運動，都是衝擊「一國」的標誌性事件。香港一些勢力訴求

「結束一黨專政」，意圖顛覆中央政府和內地社會制度，這也嚴重衝擊「一國」。而近年快速滋生蔓延的「港獨」思潮，直接訴求分裂國家，使衝擊「一國」到了瘋狂玩火的危險程度。

而在許多香港人尤其是「泛民」看來，中央愈來愈收緊「兩制」，以「一國」壓倒「兩制」。中央對香港普選持保守態度，「8‧31決定」對特首普選的控制非常嚴。中央愈來愈強調對香港的全面管治權。中央被指露骨地干預香港特首選舉和立法會選舉，行政長官常被質疑有中央「欽點」的原罪。全國人大常委會更多使用釋法權力，被指損害香港法治，損害香港司法獨立。中聯辦被指插手香港特區自治事務，惹來「西環治港」質疑。香港新聞媒體被指「染紅」，一些媒體被中資收購或控制，香港的新聞自由被指收緊。內地權貴和香港權貴勾結，特區政府高官出現官商勾結及貪腐醜聞，香港的廉潔出現退步。銅鑼灣書店及肖建華事件惹內地執法機關「跨境執法」疑雲，港人感覺香港的出版自由、港人的人身自由受到威脅。香港經濟從內地經濟騰飛中得益不少，香港與內地經濟有融合發展的勢頭，但也使香港的地位和作用相對降低，香港的競爭力下降，香港對內地經濟的依賴性增強，使香港的地產霸權、貧富差距懸殊、產業轉型升級遲緩、創新能力不足等問題更加嚴重。這一切，都使不少港人尤其是「泛民」人士認為，「一國兩制」變形走樣，「港人治港」、高度自治落空。

香港衝擊「一國」，中央收緊「兩制」，都使「一國兩制」走樣變形。在激烈的矛盾衝突中，雙方長期難以建立互信，中央對香港、對港人缺乏信心，港人對中央、對內地缺乏信心，各自以更加激烈的手段自衛，形成多輸的局面，且陷入惡性循環。港人沒有得到期待的「雙普選」。中央想要的23條立法、國民教育、香港政通人和、人心回歸及「一國兩制」對台灣的示範作用，也沒能得到。港人以更加激烈的手段爭取「雙普選」，捍衛香港的核心價值，捍衛「兩制」，部分港人訴求更加極端的「港獨」且得到約兩成港人支持。中央則可能覺得香港特首、特區政府及建制派都難以真正依靠，港人難以信賴，只能更多自己出頭，把能控制的權力儘量控制在手中，

也更常使用基本法賦予中央的權力，對香港普選採取拖延和高門檻防範風險的策略，對「港獨」採取零容忍的高壓打擊策略，將普選等重大政治爭議採取暫時擱置的策略，敦促特區政府集中精力發展經濟和改善民生，緩解港人的各種不滿，以確保香港的大局不致失控。從整體看，香港社會尤其是非建制陣營，與中央政府處於互不信任、互相高度防範的狀態，有時更處於激烈的政治對抗狀態，這使香港回歸後風雨不斷，政治上十分動盪，政府施政多陷於空轉，經濟民生難題成堆，各種矛盾不斷積累和深化，社會撕裂嚴重，香港偏離「一國兩制」正軌，有在嚴重內耗中向下沉淪的趨勢。

經歷回歸後的風風雨雨，香港社會和各方面都在反思，香港究竟該走向何處？準確評估香港的人心至關重要。筆者深信，香港的出路只有「一國兩制」和「一國一制」兩個選擇。香港主要人心仍是保住「一國兩制」，確保「一國兩制」成功並在2047年之後得到延續，是香港的命脈所在，也是港人的最大利益。「一國兩制」不保，亦即代表香港的資本主義制度和生活方式不保，香港的核心價值不保，香港高度國際化的特色不保，則香港只會逐步淪落為中國的一個普通城市。

港人要保的「一國兩制」，是不走樣、不變形的「一國兩制」。

筆者認為，「兩制」不僅僅是善用的問題，「兩制」應該得到高度尊重和包容，同樣得到堅守。香港社會不要再幻想擺脫「一國」，中央亦應更加尊重「兩制」，真正在香港搞符合設計原意的「一國兩制」，這才符合港人根本利益，也符合國家根本利益。

中央對香港是以大事小、以強事弱，應盡可能懷柔、仁慈，不能只靠以硬實力壓服香港，而要更重爭取人心。香港對中央，尤其「泛民」對中央，是以小事大、以弱事強，應更講智慧，知所進退，不宜以蠻力衝撞「一國」及挑戰中央權威，要合情合理合法地爭取香港普選、捍衛香港核心價值及守護「兩制」。

4. 如何調整管治路線，才能促進香港人心回歸？

　　和解與變革是調整完善管治香港路線的兩大主題。利益是剛性的。全面增進香港社會的福祉，增進港人的政治利益、經濟利益、社會利益，才能化解彌漫香港社會的怨氣，逐步挽回香港人心。

　　分析香港社會思潮，把握香港人心，最重要的是寄望握有管治香港大權的中央政府和香港特區政府能調整完善管治路線。筆者認為，中央對香港需要實施更加自信、更加開明、更加懷柔的管治路線。中央過去對香港的管治路線還缺乏高度自信。一是對港人缺乏信心，對港人的拒共懼共情結仍有擔心。二是高度擔憂丟失香港的管治權，不放心在香港落實普選，害怕港人選出與中央對抗的特首，害怕非建制派通過立法會普選奪取香港立法權。中央也可能擔憂香港普選對內地產生民主化壓力。三是高度擔憂外部勢力將香港變成反共反華基地，對內地進行和平演變，顛覆中央政府。四是擔憂「港獨」勢力坐大，擔憂「港獨」和「台獨」合流，危害中國主權、安全和發展利益。這幾個層面的擔憂都有其道理，但由於中央對香港採取過於保守的政策，未能把爭取香港人心放在更加重要的位置，管治香港的政策成效較低。中央應該相信，絕大多數港人是理性的，是擁護「一國兩制」的；中央和內地擁有強大的經濟實力和其他力量，中央對香港有很大的影響力，中央一定要改變香港，香港是很難招架的，而香港是很難有力量改變內地。對外部勢力搞亂香港和借香港制約中國，應該防範和遏制，但不宜過高估計香港非建制派對內地搞事的能力。對「港獨」確實要零容忍，但不宜過高估計「港獨」思潮的嚴重性。要絕對相信，除非中共解體和中國分裂，否則沒有勢力能把香港從中國分割出去。中央應該有底氣，香港的大局是能控制住的，香港的管治權也不會丟失，香港是絕對跑不掉的。

　　中央如能更加自信，對香港的管治路線就可以更加開明，更重懷柔，更加重視香港人心。硬的更硬，軟的更軟，才能管好香港。23條立法等必要的硬措施應該一早落實，對少數頑固反中亂港的勢力應該有強而有力的打擊

和懲罰的手段，應該讓其感到恐懼和付出實際的沉重代價。但對七百多萬港人而言，中央應多推仁政。

利益是剛性的。觸動利益比觸動靈魂還難。任何社會階層和個體，對其利益是最為敏感、最有自覺的。能夠增進港人利益的政策，必然能贏得人心；損害港人利益的政策，必然不得人心。中央或許對香港人心遲遲未能回歸感到失望和擔憂，或許對港人存在看法，但中央更應思考，回歸以後中央在哪些方面給了港人利益，在哪些方面有明顯不足。只迷信管治權力，就算把所有權力都牢牢抓在手裏，但只要你不願或不能給港人帶來實實在在的利益，不能增進香港社會的福祉，港人照樣不會擁護你。中央對香港應該「多予少取」，儘可能滿足港人的各種願望，增進港人的利益，讓港人有所感，必定能贏得人心。

習近平在香港回歸20周年慶祝大會上發表講話時表示，「要以人為本、紓困解難，着力解決市民關注的經濟民生方面的突出問題，切實提高民眾獲得感和幸福感。」提高香港市民的「獲得感和幸福感」，這是中央一個極為重要的提法。除了着力解決香港市民關注的經濟民生問題，還應該在香港落實普選，尊重和包容港人的生活方式和核心價值觀念。如果反其道而行之，政治上過左，經濟民生政策過右，不管出於甚麼高尚的理由，遲遲不落實港人最盼望的普選，侵蝕、破壞港人最珍視的核心價值，在自由、法治、人權、廉潔等方面讓港人有被剝奪感，在民主發展方面讓港人有失落感甚至絕望感，又不能發展香港經濟和改善香港民生，只會更加不得人心。中央的管治如果極大增進和維護了港人的政治利益、經濟利益，相信港人一定會擁護和支持中央的政策，香港的人心回歸進程也會加快。

和解與變革是調整完善管治路線的兩大主題。中央和香港特區政府過去在促進香港政治和解、推進香港經濟社會變革這兩方面，都明顯做得不夠。香港回歸以後，中共對香港的管治舉步維艱、事倍功半，最大誤區是將「泛民」和多數港人視為「異己」力量甚至敵人，將多數港人視為敵我鬥爭

的對象，這種思維不根本改變，不可能有正確的管治路線，不可能終止無休無止的政治對抗，不可能將香港引向長治久安。香港的經濟社會制度不作變革，「港式資本主義」仍將盡顯資本主義的醜惡一面，絕大多數港人日子不會好過，香港只會日益衰落和沉淪。

各方需要儘快真心實意推進香港政治和解。以鬥爭為主的管治路線，只會使香港永遠亂下去。香港社會大團結，政通人和，「港人治港」、高度自治有序運作，意味中央涉港工作機構的存在價值在一定程度上「縮水」。非常明顯的是，中央在爭取「泛民」主流力量方面所顯現的誠意和所作出的努力都是非常不夠的。令人質疑的是，是否有中央涉港機構及其官員，骨子裏希望的就是香港保持某種程度的亂局，希望與「泛民」永遠鬥下去，過度渲染失去香港管治權的威脅，過度渲染香港局勢對國家主權、安全和發展利益的威脅，以此作為強化中央全面管治權、不兌現香港普選、強化內地部門和官員個人權力以至更深干預香港高度自治的最好藉口。推進政治和解，主要是中央與香港非建制派中的主流力量，即溫和「泛民」和解。沒有這種和解，普選爭議難以化解，香港的政治矛盾難以緩解，香港的社會斯裂難以彌合。「泛民」的支持者在香港長期過半，是港人的多數，這是在長時間內難以改變的，必須正視這個現實。把「泛民」及其支持者也就是多數港人視為敵人，必欲徹底打倒之，過分注重政治鬥爭，過分強調選舉工程，希望通過政治打擊和選舉工程打垮「泛民」，這是做不到的，也不應該做。要讓香港同胞實現在愛國愛港旗幟下的大團結，要在香港實現真正的人心回歸，要在香港實現長治久安，必須把「泛民」及其支持者爭取過來，最重要的是通過落實普選化解民主發展爭議，徹底解決這個主要政治矛盾。當然，「泛民」在處理與中央關係時還沒有展現最起碼的政治智慧和遵守最基本的政治倫理，他們需要儘快調整與中央對抗的政治立場，需要在擁護「一國兩制」和基本法、堅決同「港獨」劃清界線等大是大非問題上表明正確立場。

香港特區政府需要儘快主導推進香港經濟社會變革。政府職能太少、偏重大財團利益而忽視中產和基層的利益、理財哲學保守、嚴重忽視社會建

設，特區政府的管治哲學還是以港英政府的施政理念為教條，已愈來愈不適應香港變化的內外環境，到了應該在管治哲學上大力去殖化的時候。港英政府和香港特區政府的管治哲學，都高度依照英國古典自由主義和20世紀新自由主義的理念。新自由主義存在市場拜物教和自由競爭拜物教，但完美的市場和真正的自由競爭常常並不存在，市場失效和壟斷橫行則是一些資本主義社會的常態。新自由主義最擔心的是資本主義國家或地區擴大政府職能，提高社會保障和社會福利水平甚至搞福利國家、福利社會，威脅個人政治自由和經濟自由，使國家走上極權主義道路，使社會和個人通往奴役之路，但新自由主義的這種擔憂並沒有發生。一些資本主義國家或地區有政治民主，也搞福利國家或福利社會，但並沒有走上極權專制。絕大多數發達資本主義國家都保有民主自由，但在經濟民生政策上更加「左」傾，更重社會福利，更重分配正義。一個太偏重為工商界和有錢人服務的政府，一個不能增進多數市民利益的政府，是很難贏得民心的。港式資本主義使香港日益淪為本地超級富豪和內地權貴攫取巨額財富的天堂，普通市民則陷入難以安居的窘境。香港特區政府應該從親商轉型為親民，通過推進經濟社會變革，使港式資本主義緩解甚至消除其愈來愈嚴重的貧富差距等矛盾，使香港的資本主義制度跟上發達資本主義國家的發展趨勢，使港式資本主義得到新生和更具生命力。

5. 如何解決管治路線上的右和「左」？

要警惕「右」，關鍵是防止「左」。本書列舉了管治上「右」和「左」的主要表現。種種「左」的表現，本質是以內地思維看待和處理香港問題，不尊重「一國兩制」，謀求使「一國兩制」向「內地化」甚至「一國一制化」的方向發展。

管治路線上的「右」，就是經濟民生政策向香港工商界尤其是大資本家以及香港上層精英的利益嚴重傾斜，使中產中下層和基層的利益嚴重受損，導致香港的貧富差距懸殊等社會矛盾日益深化，民怨愈來愈深重。管

治路線上的「左」，主要是政治方面的「左」，使香港難以解決普選爭議這一最重大的政治矛盾，使香港長期陷於政治對抗和社會撕裂，鬥爭為主的思維也使香港的核心價值不斷受到侵蝕，對香港實施內地化改造、視「一國兩制」為權宜之計的「極左」思維，更使香港長遠面臨日趨「內地化」和「一國一制化」的危機，香港的資本主義制度、生活方式和價值觀念最終不保的可能性始終存在。「左」的管治路線不符合香港的利益，不符合港人的利益，也不符合國家利益。「左」的管治路線容易在香港徹底喪失人心，也容易使中共在台灣喪失人心，還容易使中共在國際社會尤其是西方社會喪失人心，最終影響的是中國國家利益。

政治上過「左」，讓港人覺得失去了政治權利，擔心自由等核心價值受損；經濟民生政策過「右」，讓香港停留於地產壟斷下的不公平市場競爭、弱肉強食及貧富懸殊的問題加劇，讓香港市民難以在經濟利益上有獲得感，最終必然民怨沸騰。要在政治領域實施開明開放，也就是適度「右」傾的政策，而在經濟民生領域實施更加注重社會公平、社會和諧也就是適度「左」傾的政策，讓香港各階層合理分享政治、經濟利益及發展成果。要在政治上防止「左」，真正在香港推進民主，化解與「泛民」的政治矛盾，在言論、行動、思想上均重視維護香港民主、自由、法治、廉潔等核心價值，擴大港人民主權利，讓港人不必害怕在核心價值上會有所失。在經濟民生上防止「右」，着力化解社會矛盾，切實有效改善民生，壓抑資本家的利益，增進中產階層和基層的利益，增強社會平等，促進社會和諧，讓港人在社會財富等實際利益分配上有公平、公正感。

從全球範圍看，社會主義陣營和資本主義陣營均應解決好「左」和「右」的關係問題，互相學習和融合發展。資本主義陣營需要在經濟民生上向「左」轉。社會主義陣營需要在政治上向「右」轉。社會主義理想中的公平正義與高福利，以及資本主義的民主自由法治人權，是建立理想社會的最好方向。無論在甚麼地區，在甚麼社會制度下，政治上「左」，人

權不彰，經濟民生上「右」，貧富差距懸殊，社會不公不義，老百姓不會有好日子過。

6. 在內地加速崛起、香港日益沉淪的時代背景下，應該如何評估香港在國家改革開放和發展中的地位和功能？應該如何更好發揮香港對國家的獨特作用？

要重新審視香港特區及「一國兩制」對國家的價值，以更長遠的歷史眼光、更宏大的格局和更寬闊的胸襟對待香港和「一國兩制」，發揮香港獨特優勢尤其是其「不可替代」的作用，提升香港在國家經濟發展和對外開放中的地位和功能。更重要的是，保留香港「一國兩制」的獨特憲制地位，將香港作為政治試驗田，為中國的國家治理現代化提供另一種路徑和模式，保留中國發展前景的開放性。

香港長期在中國的發展中保持一種獨特的作用。新中國建立至改革開放之前，中共對香港「長期打算，充分利用」，香港是中國與國際社會連接的主要窗口和橋梁，是國家獲取外匯的主要來源地。改革開放之初至香港回歸，香港的資金、人才、管理經驗、外銷市場、國際聯繫等對國家的改革發展發揮了不可替代的巨大作用，「前店後廠」模式大獲成功，珠三角等地區的快速發展一定程度上依賴香港的帶動，香港製造業的北移造就廣東及華南地區成為世界工廠。在香港回歸後，國家從香港獲得巨大利益，香港國際金融中心、貿易中心、航運中心的地位為國家改革開放進一步發揮不可替代的作用。在人民幣國際化及內地金融體制改革中，在內地企業引進來、走出去的過程中，香港都發揮了獨特且重要的作用。香港中資企業加速發展，也在香港為國家獲得巨大利益。

毋庸諱言，隨着內地快速發展，香港在國家改革開放中的地位和作用在相對弱化，香港的發展速度下降，競爭力相對下降，很多方面都有走下坡路的趨勢，「東方之珠」毫無疑問是變得有些黯淡了。香港經濟學者曾撰

文警告，香港的經濟發展大不如前，由上世紀八九十年代GDP佔國家總量的25%，到2012年已大幅跌至3.1%，十年內還會進一步跌至1%。香港的貿易中心、航運中心的地位對國家仍有作用，但這種作用愈來愈少了。香港作為國際金融中心仍對國家有重要作用，但香港的金融發展亦需要轉型和鞏固優勢。香港的資金對國家不再是重要的需求。

當前，要看清香港的問題和劣勢，更要先看到香港的成就和優勢。回歸20年來，香港自由港及國際金融中心、貿易中心、航運中心的地位仍然得到保持。香港對國家改革開放仍然可以發揮不可替代的重要作用。誠如張德江在2018年初指出，「時至今日，香港仍然是內地最大外來直接投資來源地，是人民幣國際化等國家擴大對外開放政策先行先試首選地，是內地企業走出去的最佳跳板，也是內地學習城市規劃、社會管理、公共服務經驗的重要課堂。在國家構建全面開放新格局的今天，香港仍將繼續發揮難以替代的重要作用。國家發展始終需要香港，也必將不斷成就香港。」香港的地位和優勢仍然沒有任何內地城市可以替代，也沒有任何內地城市現在就具備香港的軟實力，香港的國際競爭力仍然是內地一線城市欠缺的。純以GDP總量和發展速度作比較進而唱衰香港，是不客觀和不科學的。

只要國家重視，香港爭氣，香港在國家改革開放和經濟發展中提升其地位和功能，發揮不可替代的作用，作出新的歷史性貢獻，仍然是可以期待的。不過，隨着國家綜合國力日益強大，香港經濟總量佔國家經濟總量的比重仍可能繼續降低。國家對外開放水平的提高也可能降低香港在國家對外開放中的窗口和中介作用。國家逐步成為資本輸出國，對香港投資的需求也可能減少。上海、深圳等金融中心和其他港口的快速發展，也會使香港作為金融中心、航運中心的重要性相對降低。香港要回到改革開放初、中期那種對國家的重要地位，可能性比較小。

在這樣的大背景下，應該重新審視香港對國家的獨特作用，重新審視「一國兩制」事業對國家的重大意義。香港是實行「一國兩制」的特別行

政區，是實實在在的政治特區。不要把香港視為政治上的麻煩，而是採取實事求是的方針，推出符合香港實情及更得人心的政策措施，更加重視發揮香港作為一個政治特區的獨特作用，在一個相當長的歷史時期把「一國兩制」作為一種重要的國家制度延續下去，為國家治理現代化提供另外一種路徑和模式。

無論從社會制度、生活方式、價值觀念上，還是從經濟、政治、文化上看，香港相對於國家主體都是一個「異己」、「異類」，這是「一國兩制」本身帶來的差異所造成的。中央和內地都不應該對香港這個「異類」處處看不順眼，視為政治上的麻煩，更不應急於消除香港與內地的各種差異，急於對香港進行「內地化」、「一國一制化」的改造。從歷史上看，香港這個彈丸之地即便在英國人管治下，也從來沒有對中國內地構成甚麼威脅，沒有對中國的國家利益有過多大挑戰。香港現在處於中央全面管治下，保留香港異於國家主體的獨特性，也不會對中國的主權、安全和發展利益構成任何實質性的危害。要想清楚，將香港變成一個完全「內地化」的城市，對香港、對國家以至對國際社會，究竟是禍是福，究竟是利大於弊還是弊大於利。長期堅持「一國兩制」方針，深入推進「一國兩制」實踐，才能更加突顯中國領導人的智慧，更加突顯中華民族的智慧。

7. 2047年香港將走向何方，「一國兩制」的終極命運又會如何？中國模式最終將走向何方？

回答這些極為宏觀的問題，不要受限於當下的政治正確或者説內地官方當下的政治正確，更不要急於作出福山式的「歷史終結論」。要放長眼光，今天看來政治不正確的，未來未必不正確；今天中國做不到的，未來未必做不到。香港2047與中共2049密切相關，香港「一國兩制」的命運最終取決於中共的選擇。中共要在香港真正征服人心，要推動香港變革，中共和中國內地更要推進政治社會進步。

以當下的政治正確做「歷史終結論」，意味着中國從此停滯，不再有巨大的發展和進步，這是絕對不可能的。事實上，中國執政黨的指導思想五到十年就發生深刻變化，憲法也經常作出巨大修改。當下的政治正確未必等於永遠政治正確，當下的政治不正確更未必等於永遠政治不正確。

中共「兩個一百年」的宏偉目標是，在中國共產黨成立一百年前夕即2020年時全面建成小康社會，在新中國成立一百年即2049年時建成富強民主文明和諧的社會主義現代化國家，實現中華民族的偉大復興。

實現中華民族偉大復興，除了富強，還要真正破解民主、文明、和諧、現代化等重大課題，讓國民過上自由幸福的生活，還要解決國家完全統一問題。如果僅僅是追求經濟總量超越美國成為世界第一，追求強軍強國，將富強凌駕於國民個人的自由幸福之上，為了富強還要壓抑國民的自由幸福，或者為了統一而強行改變台灣、香港、澳門同胞喜歡的社會制度、生活方式與價值觀念，則這種民族復興對中華兒女的意義就值得懷疑。

要在2049年實現中華民族的偉大復興，中共必須解決好國家的真正統一問題，要在香港、澳門實現真正的人心回歸，亦要解決好統一台灣的問題。沒有全中國的真正統一，談不上中華民族偉大復興。

香港面臨2047年之後的「二次前途安排」問題。2047年與2049年相隔如此之近，香港能否在2047年延續「一國兩制」，也直接關係到中共2049年將以甚麼姿態實現中華民族的偉大復興，關係到中國屆時將以甚麼面貌自立於世界民族之林。

中共在香港遭遇的人心難以回歸的窘境，同樣反映在台灣問題上。中國大陸雖然國力日強，但台灣人心並沒有與大陸拉近，而是與中共和大陸更加疏離，台灣青年一代也更加傾向「台獨」。

解決中國內地與香港、澳門、台灣之間的完全統一尤其是人心統一，第一種思路是以「一國一制」徹底改變香港、澳門和台灣的人心，這是內

地以大吃小、以強吃弱，徹底吃掉香港、澳門和台灣，一些內地官員和學者可能有意無意會有這種思路；第二種思路是促進內地進步，接受普世價值觀念，使中國內地更接近香港、澳門、台灣的價值觀念，這是內地「港澳台化」的「一國一制」思路，香港、澳門、台灣和國際社會可能期待這種思路；第三種思路是儘量互相尊重和包容，互相不尋求過多改變對方。在統一後，在「一國」的屋頂下，「兩制」和平共處，保留各自的制度和生活方式及核心價值觀念，但也增進交流和合作，逐步增強國家意識和人心契合，這應該是「一國兩制」制度設計的初心。

將香港「一國一制化」的思路是相對容易做到的，但會極不得人心。將內地「港澳台化」是極不現實的，至少目前完全看不到這種可能性。比較現實的思路仍是搞真正的「一國兩制」，放手讓香港、澳門實行自己的資本主義，放手讓香港人、澳門人過自己想過的生活，將來統一台灣了，也放手讓台灣實行資本主義，讓台灣人過自己想過的生活，內地則實行自己的社會主義，內地同胞過自己想過的生活，誰也不吃掉誰，誰也不改變誰。

曾經在香港社會尤其是「泛民」陣營佔據主導地位的「民主回歸論」，兩大核心訴求是香港以落實「雙普選」發展高度民主、內地通過政治體制改革實現民主化，兩地通過民主化逐步填補制度和價值觀念的鴻溝，雙向趨同，但這兩大訴求至今都落空，許多溫和的「泛民」人士也宣告「民主回歸論」已經破產。中共在一定程度上將香港的主要矛盾看成愛國與不愛國的矛盾，而「泛民」則將香港的主要矛盾看成是要不要民主或如何實現民主的矛盾，雙方需要互相理解和包容，中共尤其需要理解香港「泛民」。迄今為止，港人最擔心的危險不是「港獨」，而是內地徹底吃掉香港的「一制」。隨着香港回歸，內地的政治文明、經濟文明、社會文明逐步侵蝕香港，改變香港，控制香港。內地機構愈來愈重視通過全面管治權等以硬實力來管控香港，相對忽視香港人的感受，忽視爭取香港人心。香港人最擔心香港「內地化」、「赤化」，成為一個與內地沒有差別的普通城市，「一國兩

制」的邊界消失，資本主義的價值觀念和生活方式被侵蝕，香港逐步被陰乾。中共需要正視香港社會這種擔憂，真心實意在香港實行「一國兩制」。

任何關心香港前途的人，都應更關心中共和中國內地的前途；任何關心香港民主發展前景的人，也應更關心中共和中國內地民主化的前景。中共要在香港征服人心，要使香港與內地更加人心相通，在價值觀上有所趨近，只重視以硬實力強迫香港改變是很難真正獲得成功的，中共和中國內地需要做出更多改變，取得更大進步。民主、自由、人權、法治、廉潔等核心價值，並非是資本主義的專利，而是人類共同創造的精神財富和文明成果，任何真正現代化的國家均會接受和捍衛這些普世價值。在中國成為世界第二大經濟體，經濟社會有了長足進步後，內地需要更加注重解決政治現化代的問題，僅靠政治上的威權主義、經濟上的權貴資本主義、意識形態領域的民族主義，是難以長治久安的。從長遠的歷史眼光看，中共和中國內地需要根本破解民主化及法治化的難題，否則，內地物質文明和經濟建設進步再大，也難以拉近港人的人心，香港的人心回歸也將長期是有限度的。

香港問題如此複雜，香港的社會思潮如此複雜，香港的人心回歸問題如此複雜，說到底，不是香港自身的問題，更深層次的是中國的發展方向問題，是中共和中國內地是否願意及在何種程度上接受包括西方文明在內的人類文明成果的問題，是包括內地、香港、澳門、台灣在內的大中華地區能否真正以「一國兩制」實現社會制度、價值觀念和人心的根本統一的問題。迄今為止，這些問題仍是令人困惑和迷惘的。無論香港和內地，都應暫時拋棄理想主義，繼續以「一國兩制」的現實主義精神，緩解內地與香港在社會制度、價值觀念和人心上的巨大矛盾衝突。不急於做任何福山式的「歷史終結論」，保留香港和中國發展前景的開放性和多樣性，保留更多美好的想像，更加符合理性。

　　香港城市大學出版社社長、法律學院教授朱國斌先生給予大力幫助和指導，編輯陳慧雯等做了極為專業的編輯工作，陳明慧編輯也做了大量工作，使本書得以與讀者見面。本人謹對此表示由衷的感謝。

　　本書借鑒了許多作者的研究成果，詳見參考書目，謹向各位作者表示衷心感謝。書中介紹了不少非建制派人士的觀點，引用了一些機構公開發佈的民調結果，主要是供讀者參考。對書中引文作者列出了一些註釋，未列註釋的一般已在正文中説明來源。

　　衷心感謝一些香港和內地的朋友給予我許多指教。多位尊長和好朋友對我的工作生活給予過直接關心和幫助，本人衷心感激。女兒佳怡從六歲開始在香港接受教育，2018年考入心儀的聖保羅男女中學，她的快樂成長最讓筆者欣慰。感謝太太的辛勤付出。

　　書中難免有許多不足甚至錯誤之處，歡迎讀者批評指正。

第一章

愈益疏離的香港人心

香港回歸已二十餘年，不少港人感到非常失落。失落的包括未能落實「雙普選」的民主夢，包括經濟發展的失速，包括香港競爭力相對下降，包括原來各方面領先內地的優越感逐漸減少。失落的有普通市民未能過上更好生活，創業創富，安居樂業，脫離貧困，青年向上流動，長者安心養老的各種大小夢想。失落的還有那些對內地經濟發展後將逐步走向民主轉型抱有美好憧憬的人。各種各樣的失落，歸結為人心的失落，人心的疏離。

《內地與香港關於建立更緊密經貿關係的安排》（CEPA），自由行，港珠澳大橋，廣深港高鐵，粵港澳大灣區……香港與國家母體「身」的連接愈來愈緊密，「心」卻愈來愈疏離。回歸時間愈來愈長，但香港的人心未能回歸，港人對中共和對中國的認同沒有增加反而更加疏離，對香港的發展和「一國兩制」實踐大失信心，「港獨」思潮滋生蔓延。

漸行漸遠的香港人心，是對「一國兩制」實踐成效的一個灰暗註腳，也對中共管治香港的認受性和威信構成嚴重挑戰。畢竟，得民心才能得天下。

第一節
香港人心回歸的核心問題是國家認同問題

人心回歸是與主權回歸、管治權回歸相對的概念。

1997年7月1日中國政府恢復對香港行使主權，五星紅旗在香港升起，即意味香港主權回歸中國已經完成。對於管治權回歸，則有兩種論述，一是強調中央對香港擁有全面管治權，把維護中央對香港特別行政區全面管治權和保障特別行政區高度自治權有機結合起來；二是香港的高度自治權由誰掌握直接關係中央能否牢牢把握香港的管治權，因此香港仍然存在管治權的爭奪問題，圍繞香港民主發展問題即「雙普選」問題的政治鬥爭本質就是管治權爭奪。如果與中央對抗的政治力量借普選當選行政長官或控制立法會，則意味中央失去對香港的管治權。

人心也被冠以「回歸」二字，正常的理解，應該是指香港的人心從原先殖民統治的宗主國英國「回歸」到已對香港恢復行使主權的中國。換句話說，人心回歸主要是指港人對中國的國家認同問題或愛國問題。香港《開放》雜誌總編金鐘曾向媒體表示，「香港的主權是回歸給中國了，英國人走了，但是香港人心並沒有回到中國，就是所謂國家認同。香港人多數還是不願意承認自己是中國人，多數還是認為自己是香港人。而且在年輕一代中間，還有與中國漸行漸遠的一個趨勢。」[1] 香港某位立法會議員曾指出，「香港的這個人心回歸，的確對共產黨來說是失敗的。香港近年出現港獨、自決等勢力，年輕人高度不認同北京，顯示香港民心還未回歸，一國兩制基

---

1. 轉引自「華語世界之聲」網站2017年7月1日特別節目〈金鐘：香港回歸20年 香港人心沒有回歸〉。

本上是『不成功的』。」[2] 梁振英曾在書中引述《明報》文章民調指，52%的香港人表示「自己是香港人多於中國人」，31%的香港人寧願做「九七前的殖民地人」，「似乎香港回歸十年，人心不變也是『五十年不變』的應有之義」；香港人對中國有人心回歸問題，紐約人對美國政府和美國則無人心回歸問題，東京人對日本政府和日本也沒有人心回歸問題。[3] 董建華於2017年6月底接受中央電視台專訪時表示，不少年青人都在殖民地時代長大，要做到香港青年人心回歸，當中需要過程。[4]

從國家認同的角度進行定性分析，各方面都承認，港人對中國的國家認同程度很低，香港人心未能回歸。

香港某知名時事評論員撰文指，回歸以來，北京對香港最大的期望是人心回歸，香港人能夠對身為中國人有歸屬感、認同感，原因是若主權回歸而人心不回歸，北京收回香港有如收回一間空殼公司，有架構而沒有靈魂；但實際情形是，回歸日久，人心卻未能回歸，且日益惡化；「中港矛盾在於我們在人權、民主、自由和知情權方面，所享有的權利距離實在太大，內地的一舉一動，以及內地的政府行為，無時無刻不警惕香港人活在共產政權下，大家今天享有的權利都有機會被削弱。兩地政治、人權、自由狀況不拉近，內地不能加快步伐作出改善，香港人對受制於中國政權下的特區政府難言有高度信心」，「要人心回歸，內地不能單靠向香港在經濟上支援。香港人若相信人權、自由、法治的核心價值，有機會受到衝擊和破壞，抗共情緒只會有加無減，這是一個政治現實。」[5]

2. 轉引自台灣《自由時報》2017年6月24日報導〈港年輕人高度不認同北京「一國兩制基本上不成功」〉。
3. 梁振英（2007）。《家是香港》。香港：明報出版社。64–69頁。
4. 轉引自《星島日報》2017年6月26日報導〈港青殖民地時代長大 董建華：人心回歸需要過程〉。
5. 轉引自《頭條日報》2012年9月20日黃麗君專欄文章〈人心未回歸〉。

香港某全國政協常委向媒體表示，主權回歸了，但是人心方面還沒有完全回歸，香港現在有很多不穩定因素，香港的年輕人因為對前途的因素，有一點反抗，心態是對於香港政府和中央政府不是全部擁護。[6]

香港某大學一位博士生撰文指，香港與內地的文化鴻溝與實際差異，進一步強化和複雜港人原有的身份認同；這一種人心未回歸的現象在青年中特別顯著，年紀愈輕的港人對於成為中國國民感到自豪的比率愈低，對中央政府香港政策的評價亦愈負面；新一代的香港人在面對未來的不確定性與相伴而來的焦慮下，害怕失去香港本土的價值和身份。[7]

香港城市大學某教授在評論回歸20周年時表示，2003年50萬港人大遊行，令中共始料未及。這反映了中共擔心的，香港回歸了、但是人心還沒有回歸、人心還是不服的現實。[8]

香港某「泛民」背景人士指，北京回歸以來的對港政策，側重在經濟上支持香港，政治上卻不斷收緊，包括多次以人大釋法削弱香港法治、扼殺香港落實雙普選、打壓香港言論自由，令香港愈來愈「大陸化」，無法保持港人引以為傲的核心價值；內地愈來愈進入沒有良知的時代，權錢交易失控，權力更加不受制衡，港人恐共情緒有增無減，比回歸前更害怕香港「大陸化」；時光沒能沖淡「六四」記憶，CEPA和自由行等都難以收買香港人心。回歸20年，人心向背已有定論；甚麼時候，「七一」回歸日香港人能心悅誠服地慶祝，就是人心回歸之時，這一天，還很遠。[9]

---

6. 轉引自《大公報》2012年11月21日報導〈港區政協委員：有部分港人故意製造矛盾把問題放大〉。
7. 轉引自《蘋果日報》2012年7月6日評論〈為何香港人心未歸？〉。
8. 轉引自「希望之聲」網站2017年7月6日報導〈香港的文化特質遭赤化〉。
9. 轉引自《香港經濟日報》2012年6月22日評論〈十五年・人心不歸〉。

表1.1　港人身份認同民調

調查日期	香港人	中國人	中國的香港人	香港的中國人	混合身份
2017.06.13–15	37.3%	20.9%	26.0%	14.0%	40.0%
2016.12.12–15	34.6%	16.3%	29.1%	17.7%	46.8%
2015.12.03–07	40.2%	18.1%	27.4%	13.0%	40.4%
2014.12.10–16	42.3%	17.8%	24.3%	15.0%	39.3%
2013.12.09–12	34.8%	21.8%	27.6%	15.0%	42.6%
2012.12.14–17	27.2%	21.3%	33.1%	16.1%	49.2%
2012.06.13–20	45.6%	18.3%	22.8%	11.5%	34.3%
2011.12.12–20	37.7%	16.6%	25.3%	17.8%	43.1%
2010.12.13–16	35.5%	21.1%	27.6%	13.8%	41.4%
2010.06.09–13	25.3%	27.8%	31.3%	14.8%	46.1%
2009.12.08–11	37.6%	24.2%	23.9%	13.1%	37.0%
2008.12.09–12	21.8%	34.4%	29.6%	13.0%	42.6%
2008.06.11–13	18.1%	38.6%	29.2%	13.3%	42.5%
2007.12.11–14	23.5%	27.2%	31.5%	16.0%	47.5%
2006.12.06–12	22.4%	31.8%	24.3%	20.1%	44.4%
2005.12.09–14	24.8%	30.7%	26.5%	16.9%	43.4%
2004.12.06–09	25.9%	31.6%	23.1%	16.2%	39.3%
2003.12.10–14	24.9%	32.5%	23.4%	15.6%	39.0%
2003.06.13–18	36.7%	29.0%	19.2%	11.9%	31.1%
2003.03.01–04	28.5%	32.3%	22.3%	15.0%	37.3%
2002.12.13–18	31.1%	29.7%	21.3%	14.3%	35.6%
2001.12.07–09	31.9%	31.5%	20.5%	10.4%	30.9%
2000.12.04–12	35.6%	25.2%	19.1%	13.8%	32.9%
2000.02.01–02	38.3%	13.8%	23.2%	19.5%	42.7%
1999.12.13–15	39.0%	19.9%	20.9%	17.2%	38.1%
1999.04.15	43.4%	18.0%	20.0%	13.1%	33.1%
1998.12.21	40.7%	17.2%	22.3%	15.1%	37.4%
1997.12.08–09	35.8%	18.2%	22.9%	18.9%	41.8%
1997.08.26–27	34.9%	18.6%	24.8%	20.1%	44.9%

資料來源：根據港大民意研究計劃網站資料整理（不含「其他」和「唔知/難講」的數據）

第二節
評估香港人心回歸狀況的參考指標

　　人心回歸的核心問題是港人對國家的認同問題，可通過港人的身份和國家認同、「港獨」的支持率這兩個核心指標加以定量分析，還可以通過一系列有參考價值的指標來加以定量分析。

評估人心回歸狀況的兩個核心指標

港人的身份和國家認同

　　港大民意研究計劃從1997年開始就香港市民的身份認同進行民調。雖然這個民調被指有誤導成分，但用這個民調作為觀察港人「人心回歸」的核心指標，還是有一定說服力的。

　　從港大民意研究計劃（表1.1）民調資料看，在回歸初期，香港市民對「香港人」的認同很高，1999年4月高達43.4%；港人對「中國人」的認同很低，2000年2月低至13.8%，這是1997年至2017年之間最低的。2001年至2003年，港人對「香港人」和對「中國人」的認同比率大部分時間很接近，在2003年沙士疫情期間，對「香港人」的認同只有28.5%，對「中國人」的認同升至32.3%；2003年6月，即「七一大遊行」前，香港市民對「香港人」的認同達到36.7%，對「中國人」的認同回落至29.0%。2003年底是一個轉折，港人對「中國人」的認同有明顯上升趨勢，從2003年12月至2008年12月，港人對「香港人」的認同比率一直低於對「中國人」的認同比率；2008年6月，即四川汶川大地震之後和北京奧運會之前，認同自己是「香港人」的僅18.1%，是1997年至2017年之間最低的，認同自己是「中國人」的38.6%，是1997年至2017年之間最高的。2009年底又是一個重大轉捩點，趨勢再次逆轉，愈來愈多港人認同「香港人」的身份，對「中國

表1.2　港人身份認同民調

年份	香港人（%）	係香港人、但都係中國人（%）	係中國人、但都係香港人（%）	中國人（%）	其他（%）
1996	25.2	32.9	14.7	25.7	1.5
1997	23.2	31.8	11.6	32.1	1.3
1998	28.8	30.0	15.6	24.5	1.2
1999	22.8	35.8	17.0	23.5	0.9
2002	24.8	36.0	14.5	23.6	1.1
2006	21.5	38.1	21.2	18.6	0.5
2008	16.8	40.0	25.0	17.8	0.4
2010	17.3	44.1	21.9	16.5	0.2
2012	23.4	41.8	22.1	12.6	0.2
2014	26.8	42.0	22.3	8.9	—

資料來源：香港中文大學傳播與民意調查中心網站

人」的認同轉低，2009年12月至2017年6月，除2010年6月對「香港人」的認同比率略低於對「中國人」的認同比率，其他歷次民調，都是對「香港人」的認同比率高於對「中國人」的認同比率，對「香港人」認同比率最高的一次，是2012年6月梁振英將上任特首時的45.6%。港人認同自己是「中國的香港人」或「香港的中國人」的「混合認同」比率一直較高，最高時接近五成，但認同是「中國的香港人」遠高於認同是「香港的中國人」。

　　上述民調顯示，香港人的身份認同是隨香港局勢和內地發展態勢不斷變化的。

　　香港中文大學傳播與民意調查中心也曾長期進行港人身份與國家認同的民調（表1.2），但這項民調在2014年之後沒有再進行。

　　香港中文大學傳播與民意調查中心解讀2014年的民調說，回歸後自覺是純粹「中國人」的比率，2014年是歷次調查最低，僅8.9%；自覺是「香港人」的比率，自1996年反覆下跌至2008年最低的16.8%，2014年跳升至

表1.3　港人對「港獨」取態民調

組別	2016年7月民調		2017年5月民調	
	支持「港獨」	反對「港獨」	支持「港獨」	反對「港獨」
整體	17.4%	57.6%	11.4%	60.2%
15–24歲	39.2%	26.0%	14.8%	43.0%
25–39歲	23.8%	45.3%	21.9%	34.2%
40–59歲	12.3%	67.0%	7.3%	71.9%
60歲或以上	8.7%	70.5%	6.1%	75.3%

資料來源：根據香港中文大學傳播與民意調查中心網站資料整理

26.8%；若合併「香港人」及「香港人，但都是中國人」兩項，以香港人身份為優先的比率，2014年達到接近七成（68.8%），是自1996年以來最高。

「中國人」帶歷史、文化的含義，不是嚴格的政治性、法律性概念。比如不少台灣同胞認同自己是「中國人」，但可能認同的是歷史、文化意義上的「中國人」，政治、法律意義上認同的則可能是「中華民國國民」或「中華民國公民」。在港大民意研究計劃和香港中文大學傳播與民意調查中心的相關民調中，如果使用政治性、法律性更強的「中華人民共和國國民」或「中華人民共和國公民」代替「中國人」，可能港人的認同程度更低。

「港獨」的支持率、「港獨」候選人在立法會選舉中的得票率

觀察港人國家認同程度的另一核心指標是港人對「港獨」的支持率。回歸之前和回歸之初，香港基本沒有鼓吹「港獨」的。而近年「港獨」的支持率已接近二成。「港獨」思潮滋生蔓延，是香港人心未能回歸的典型表現。

香港中文大學傳播與民意調查中心2016年、2017年進行的兩次民調（表1.3）顯示，港人整體對「港獨」的支持率，2016年為17.4%，2017年

表1.4 2016年立法會選舉「本土派」主要候選人得票

選區	候選人	所屬團體	得票數	選舉結果
香港島	鄭錦滿名單	「熱普城」	22,555	
香港島	羅冠聰	香港眾志	50,818	當選
九龍西	黃毓民名單	「熱普城」	20,219	
九龍西	劉小麗	小麗民主教室	38,183	當選
九龍西	游蕙禎	青年新政	20,643	當選
九龍東	黃洋達	「熱普城」	33,271	
九龍東	陳澤滔	東九龍社區關注組	12,854	
新界西	鄭松泰名單	「熱普城」	54,496	當選
新界西	黃俊傑	青年新政	9,928	
新界西	朱凱迪	土地正義聯盟	84,121	當選
新界東	陳雲根名單	「熱普城」	23,635	
新界東	梁頌恆名單	青年新政	37,997	當選
累計得票			408,720	
全港總投票數			約220萬票	
「港獨」得票率			18.58%	

資料來源：根據香港特區選舉管理委員會網站資料整理

為11.4%；其中15至24歲組別的「港獨」支持率由2016年的39.2%大降至2017年的14.8%。但這與人們的直觀感受存在反差，因為2017年9月開學後，香港各大學都出現了鼓吹「港獨」的高潮。

2016年立法會選舉投票結果（表1.4），可以更加準確地反映港人對「港獨」的支持率。

表1.5　香港回歸以來立法會選舉得票分佈

	1998年	2000年	2004年	2008年	2012年	2016年
登記選民	2,795,371	3,055,378	3,207,227	3,372,007	3,466,201	3,779,085
投票選民	1,489,705	1,331,080	1,784,406	1,524,249	1,838,722	2,202,283
建制得票	449,968	461,048	660,052	601,824	772,487	910,007
非建制得票	979,199	799,249	1,096,272	900,084	1,018,552	1,200,260
中間派得票	48,323	59,397	45,007	13,551	19,945	59,687
建制得票率	30.38%	34.94%	36.93%	39.71%	42.66%	42.79%
非建制得票率	66.15%	60.56%	60.52%	59.39%	56.24%	54.5%
中間派得票率	3.26%	4.5%	2.54%	0.90%	1.1%	2.71%

　　從2016年立法會選舉看，提出「香港自決」、「公投制憲」、「香港獨立」等分離主義主張的主要候選人總得票408,720票（沒有計入得票較少的次要候選人的得票），佔投票總人數約220萬的18.58%，有六人當選立法會議員（其中四人在全國人大常委會釋法後被香港法院裁定喪失立法會議員資格）。據此可以推斷，「港獨」在香港的支持率已接近兩成。

評估香港人心回歸狀況的參考指標

建制派和非建制派在立法會選舉中的得票率

　　從回歸至今歷次立法會地區直選的得票率看（表1.5），建制派與非建制派大致維持四成對六成的格局，中間派得票甚少，建制派得票率呈緩慢增長之勢，非建制派的得票率呈緩慢下降之勢。香港這一民情對於普選進程的推進帶來深刻影響，中央擔心開放普選後會讓非建制派奪走管治權。

表1.6　港人對中央政府信任度民調

調查時間	非常信任	幾信任	一半半	幾不信任	非常不信任	淨值
2017.09	15.7%	18.7%	14.6%	17.6%	28.7%	-12.0%
2016.12	12.9%	25.9%	20.4%	15.4%	21.9%	1.6%
2015.12	12.2%	22.7%	23.2%	17.8%	17.9%	-0.8%
2014.12	9.2%	23.7%	21.4%	16.7%	24.4%	-8.3%
2014.09	9.2%	20.8%	15.4%	20.6%	31.4%	-21.9%
2013.12	10.0%	26.8%	20.6%	21.5%	16.3%	-1.1%
2012.06	6.5%	25.2%	26.5%	20.3%	17.0%	-5.6%
2011.12	7.8%	24.7%	29.7%	19.8%	12.4%	0.3%
2010.12	7.3%	29.8%	27.4%	17.7%	14.1%	5.3%
2009.12	14.7%	34.8%	26.1%	14.4%	6.6%	28.5%
2008.12	16.1%	39.5%	26.0%	9.9%	4.3%	41.4%
2008.06	14.1%	43.6%	25.7%	9.3%	2.9%	45.5%
2007.10	15.0%	44.0%	25.5%	9.6%	3.4%	46.0%
2006.12	11.0%	29.0%	35.8%	14.2%	6.5%	19.4%
2005.12	12.6%	31.8%	23.7%	18.6%	8.1%	17.7%
2004.12	13.6%	37.4%	24.1%	13.0%	5.5%	32.5%
2003.12	8.9%	40.9%	22.4%	12.7%	5.9%	31.2%
2003.04	4.6%	27.0%	20.7%	25.4%	10.2%	-4.0%
2002.12	6.3%	38.9%	19.4%	18.8%	5.7%	20.7%
2001.12	7.6%	43.9%	20.1%	14.6%	3.5%	33.4%
2000.12	5.2%	28.9%	24.8%	21.9%	8.2%	4.0%
1999.12	6.3%	20.0%	32.5%	19.7%	6.8%	-0.2%
1998.12	3.7%	24.9%	30.2%	24.7%	5.8%	-1.9%
1997.12	5.3%	22.0%	27.8%	25.7%	7.0%	-5.4%
1996.12	2.2%	28.2%	18.6%	31.5%	12.1%	-13.2%
1995.12	0.9%	18.2%	23.7%	33.8%	7.0%	-29.4%
1994.10	1.1%	12.8%	24.9%	41.9%	13.5%	-41.5%
1993.12	3.1%	20.6%	17.0%	30.0%	22.3%	-28.6%
1992.12	1.9%	17.0%	20.7%	34.8%	18.8%	-34.7%

資料來源：根據港大民意研究計劃網站資料整理（不包含「難講、唔知道」的數據）

表1.7 港人對中央政府信任度民調

民調時間	2017.5	2016.7	2015.7	2015.3	2014.12	2014.10	2014.9
得分	4.91	4.33	4.54	4.62	4.62	4.14	4.05

資料來源：根據香港中文大學傳播與民意調查中心網站資料整理
（滿分10分計）

港人對中央政府的信任度

香港大學民意研究計劃從1992年底開始調查港人對中央政府的信任度
（表1.6），這項民調比較頻繁，最早每個月調查一次，2012年開始每個季
度調查一次，這裏選取若干民調結果。

從港大民意研究計劃的民調看，港人對中央政府的信任度，與內地形
勢和香港局勢都密切相關。回歸前，港人對中央政府信任度的淨值都是負
數，最低的是1994年10月的-41.5%，這可能與當時中英就香港政改的談判
破裂有關。1994年6月底港英立法局通過末代港督彭定康大幅增加民主成分
的政改方案，中國政府隨後宣佈放棄港英最後一屆立法局議員過渡到回歸之
後的首屆立法會的「直通車」安排。回歸之後，港人對中央政府的信任度
淨值逐步轉為正數，2007年10月達到最高值46.0%，2008年6月即四川汶川
大地震之後和北京奧運會之前，達到次高的45.5%；2012年6月是一個轉捩
點，港人對中央政府的信任度淨值轉為-5.6%，此後絕大部分時間為負值，
最低的是2014年9月的-21.9%，時為全國人大常委會通過「8·31決定」之
後、「佔領中環」將要發生之時。

而香港中文大學傳播與民意調查中心的民調顯示（表1.7），港人對中
央政府的信任度亦不高，處於「一般」以下的水平。

港人對中國前途的信心

從港大民意研究計劃在1997年7月以來的民調看（表1.8），港人對中國信心的淨值一直是正數，在回歸後的前十餘年，港人對中國的信心一直處於增強的時期，最低的是亞洲金融風暴，1998年1月時的37.9%，最高的是2008年12月的84.4%；2012年底是一個轉捩點，這年的淨值是51.2%。從2013年起，港人對中國信心的淨值一直低於50%，呈不斷走低之勢，最低的是2016年6月的19.0%。

表1.8　港人對中國發展前景信心民調

調查時間	有信心	冇信心	難講/唔知道	淨值
2017.09	61.8%	29.3%	8.9%	32.5%
2016.12	64.2%	28.6%	7.2%	35.6%
2016.06	55.6%	36.5%	7.9%	19.0%
2015.12	61.8%	28.0%	10.1%	33.8%
2014.12	64.9%	28.7%	6.4%	36.3%
2013.12	67.7%	23.1%	9.2%	44.7%
2012.12	71.3%	20.1%	8.6%	51.2%
2011.12	73.2%	18.7%	8.2%	54.5%
2010.12	77.5%	15.1%	7.4%	62.4%
2009.12	85.9%	9.2%	4.9%	76.7%
2008.12	90.5%	6.1%	3.3%	84.4%
2007.12	88.0%	8.6%	3.5%	79.4%
2006.12	86.7%	9.5%	3.8%	77.1%
2005.12	79.9%	12.4%	7.8%	67.5%
2004.12	84.1%	8.3%	7.6%	75.8%
2003.12	85.7%	7.2%	7.1%	78.5%
2002.12	84.4%	7.5%	8.1%	76.9%
2001.12	83.0%	7.7%	9.2%	75.3%
2000.12	–	–	–	–
1999.06	78.6%	10.5%	10.9%	68.1%
1998.06	74.2%	11.7%	14.1%	62.5%
1998.01	59.9%	22.0%	18.0%	37.9%
1997.12	69.9%	13.1%	17.0%	56.8%
1997.07	77.5%	9.8%	12.7%	67.7%

資料來源：根據港大民意研究計劃網站資料整理

港人對國旗、國歌及普通話的態度

　　從香港中文大學傳播與民意調查中心的民調看（表1.9），港人對國歌、國旗和普通話感自豪、感親切的程度，2008年都升到高位，而對國歌、國旗和普通話感抗拒的程度，2014年、2016年升到高位。

表1.9　港人對國歌、國旗、普通話觀感民調

年份	國歌			國旗			普通話		
	自豪	親切	抗拒	自豪	親切	抗拒	自豪	親切	抗拒
1996	39.1%	39.3%	4.4%	30.6%	32.4%	6.6%	18.6%	29.6%	3.4%
1997	40.1%	40.1%	3.6%	30.1%	34.1%	4.7%	21.3%	32.1%	2.6%
1998	28.3%	29.6%	4.6%	24.9%	26.0%	4.6%	19.9%	28.0%	2.8%
1999	36.0%	35.7%	3.0%	29.9%	29.8%	2.8%	28.0%	33.0%	1.7%
2002	38.1%	40.2%	4.0%	31.1%	32.3%	4.4%	25.2%	34.9%	3.6%
2006	48.2%	44.7%	5.3%	47.6%	42.6%	3.8%	34.0%	33.0%	1.8%
2008	53.0%	51.3%	5.0%	53.4%	50.0%	3.7%	30.4%	34.6%	3.3%
2010	54.8%	51.5%	5.8%	52.7%	49.7%	3.8%	28.5%	29.7%	7.3%
2012	36.4%	36.2%	8.9%	37.8%	35.5%	8.5%	22.5%	23.8%	11.9%
2014	31.8%	29.9%	13.9%	29.5%	27.5%	13.7%	16.7%	17.7%	16.2%
2016	36.1%	35.8%	13.0%	36.9%	34.0%	14.1%	17.8%	20.1%	17.7%

資料來源：根據香港中文大學傳播與民意調查中心資料整理
（感自豪、親切、抗拒，都是1至5分中，給4分或5分）

港人對內地同胞的觀感（好感與反感）

從港大民意研究計劃2017年8月的民調看（表1.10），在被調查的14個國家或地區中，港人對「中國人民」好感度最低(32.3%)、反感度最高(28.3%)；港人對「台灣人民」好感度最高(59.1%)，港人對新加坡人民(58.9%)、日本人民(56.4%)、加拿大人民(54.2%)的好感度分別居第二至第四；港人反感度最低的是加拿大人民(1.4%)，並列第二的是德國人民(2.5%)和澳洲人民(2.5%)，第三是新加坡人(2.8%)，對台灣人民的反感度也較低(3.6%)。

表1.10　港人對不同國家和地區人民觀感民調

國家或地區	非常好感	幾好感	好感	一半半	幾反感	非常反感	反感
香港人民	4.1%	44.3%	48.4%	35.7%	9.5%	3.6%	13.1%
中國人民	6.3%	26.0%	32.3%	36.8%	21.7%	6.6%	28.3%
台灣人民	8.5%	50.6%	59.1%	25.2%	2.7%	0.9%	3.6%
澳門人民	4.8%	39.8%	44.6%	33.4%	4.3%	0.5%	4.8%
美國人民	3.0%	31.7%	34.7%	35.6%	8.1%	3.3%	11.4%
英國人民	4.4%	42.0%	46.3%	31.2%	3.4%	1.0%	4.4%
日本人民	11.0%	45.9%	56.8%	25.4%	5.2%	2.9%	8.1%
法國人民	2.6%	32.4%	35.0%	26.9%	5.4%	1.5%	6.9%
新加坡人民	8.3%	50.5%	58.8%	24.0%	2.8%	0.0%	2.8%
韓國人民	3.1%	36.5%	39.6%	34.1%	6.5%	2.9%	9.4%
澳洲人民	5.0%	42.4%	47.4%	25.3%	1.9%	0.6%	2.5%
德國人民	5.4%	33.2%	38.6%	27.0%	2.0%	0.5%	2.5%
加拿大人民	7.7%	46.5%	54.2%	21.1%	1.2%	0.2%	1.4%
泰國人民	3.8%	39.3%	43.1%	33.6%	5.5%	1.2%	6.7%

資料來源：根據港大民意研究計劃網站資料整理

（2017年8月的民調，好感=非常好感+幾好感，反感=非常反感+幾反感，不包括「唔知/難講」的資料。）

港人對中央在香港落實「一國兩制」的評價

　　香港中文大學傳播與民意調查中心2017年5月的民調結果（表1.11）顯示，對中央在香港落實「一國兩制」的做法，30.2%的受訪者傾向「不滿意」（給0–4分），30.1%的受訪者傾向「一般」（給5分），36.8%傾向「滿意」（給6–10分），平均得分為5.17分，即總的評價為「一般」；2014年至2016年的民調顯示，港人對中央落實「一國兩制」做法的評價在「一般」以下。

表1.11　港人對中央在香港落實「一國兩制」做法評價民調

調查時間	2017.5	2016.7	2015.7	2015.3	2014.12
平均得分	5.17	4.77	4.87	4.84	4.99

資料來源：香港中文大學傳播與民意調查中心網站資料
（總分為10分，0分代表「完全不滿意」，5分代表「一般」，10分代表「完全滿意」）

表1.12　港人對「一國兩制」信心的相關民調

調查年月	有信心	冇信心	難講/唔知	淨值
2017.09	47.5%	46.8%	5.7%	0.7%
2016.12	47.0%	45.2%	7.7%	1.8%
2015.12	49.6%	43.0%	7.4%	6.6%
2014.12	45.6%	47.4%	7.0%	-1.8%
2014.09	37.6%	56.3%	6.2%	-18.7%
2013.12	49.2%	42.3%	8.5%	6.9%
2012.12	54.2%	38.1%	7.7%	16.1%
2011.12	52.3%	40.4%	7.3%	11.9%
2010.12	60.7%	32.4%	6.9%	28.3%
2009.12	65.7%	27.7%	6.6%	38.0%
2008.12	72.6%	20.5%	6.9%	52.1%
2008.04	77.5%	16.7%	5.8%	60.8%
2007.12	72.8%	21.8%	5.3%	51.0%
2007.04	77.7%	17.5%	4.8%	60.2%
2006.12	69.6%	25.5%	4.9%	44.1%
2005.12	66.7%	23.3%	10.0%	43.4%
2004.12	63.5%	27.4%	9.1%	36.1%
2003.12	56.2%	27.1%	16.7%	29.1%
2002.12	51.2%	35.1%	13.7%	16.1%
2001.12	59.0%	25.8%	15.3%	33.2%
2000.12	60.1%	26.1%	13.8%	34.0%
1999.12	58.2%	28.3%	13.5%	29.9%
1998.12	65.8%	22.5%	11.7%	43.3%
1997.12	58.8%	23.3%	17.9%	35.5%
1997.07	61.2%	21.7%	17.1%	39.5%
1996.12	42.2%	29.5%	28.4%	12.7%
1995.12	38.8%	39.1%	22.1%	-0.1%
1994.12	41.1%	39.2%	19.7%	1.9%
1994.06	35.7%	50.6%	13.6%	-14.9%
1993.12	37.5%	46.3%	16.2%	-8.8%
1993.06	44.0%	37.2%	18.9%	6.8%

資料來源：根據港大民意研究計劃網站資料整理

港大民意研究計劃從1993年6月起就港人對「一國兩制」的信心進行民調（表1.12），絕大部分年份是每兩個月調查一次。從民調結果看，回歸前港人對「一國兩制」的信心比較低，最低的是1994年6月有50.6%的受訪者表示「沒有信心」、信心淨值為-14.9%（當時背景為中英就彭定康政改方案進行多輪磋商後談判破裂）；回歸後港人對「一國兩制」的信心逐步增強，2007年4月「有信心」的達到最高的77.7%（當時背景為曾蔭權競逐連任剛剛成功），2008年4月「有信心」的達77.5%、信心淨值達到最高的60.8%；此後港人對「一國兩制」的信心呈逐步下降趨勢，2014年9月「沒有信心」的高達56.3%、信心淨值-18.7%，兩者都是目前為止最差的紀錄。

港人對「愛唔愛香港」、「愛唔愛國」和「愛唔愛中國共產黨」的態度

從香港中文大學傳播與民意調查中心的民調看（表1.13），港人對愛香港的平均分穩定在7分以上，港人對愛國的平均分穩定在6分以上，港人對愛中國共產黨的平均分長期在4分以下。可以得出基本結論，多數港人認為自己是愛香港的，也認為自己愛國，但不愛中國共產黨。

表1.13　港人若干政治取態民調

調查年份	愛唔愛香港	愛唔愛國	愛唔愛中國共產黨
2006	7.52	6.49	2.91
2008	7.79	6.87	3.72
2010	7.73	6.82	4.02
2012	7.87	6.25	2.84
2014	8.23	6.09	2.99
2016	8.15	6.00	3.20

資料來源：香港中文大學傳播與民意調查中心網站資料
（以上為平均分，0至10分，0分代表完全唔愛，10分代表非常愛）

港人對回歸後香港發展狀況的評價

港大民意研究計劃多年的民調顯示（表1.14），港人對香港政治環境、經濟環境、民生環境的滿意程度較低，尤其近年的滿意度淨值均是很高的負值。

從港大民意研究計劃從1992年12月開始的民調看，港人對香港政治環境的滿意度淨值，回歸前最低的是1993年2月的-18.8%，回歸前最高的是1996年12月的28.1%；回歸之後，董建華任內，滿意度淨值最低的是2004年6月的-52.5%；曾蔭權上任後，港人對政治環境的滿意度淨值有所回升，最高時達到2005年9月的19.5%，但曾蔭權第二個任期滿意度淨值不斷下滑，最低時達到2011年8月的-50.2%；梁振英任內，滿意度淨值最高時是2013年3月的-39.3%，淨值最低時是2016年10月的-69.5%。

港人對回歸前幾年的經濟環境是比較滿意的，滿意度淨值最高為1994年2月的53.1%；回歸後香港迅速遭遇1998年的亞洲金融風暴和2003年的沙士疫情，港人對經濟環境變得非常不滿，滿意度淨值最低時為2003年3月的-78.6%，這也是回歸後港人對經濟環境最不滿的時候；曾蔭權首個任期內港人對經濟環境的滿意度有所回升，尤其在2007年和2008年，滿意度淨值最高時為2007年12月的39.8%，但在2011年8月回落至-30.5%的低位；梁振英任內，滿意度淨值最高時為2014年11月的9.1%，最低時為2016年5月的-34.2%。

港人對回歸前幾年的民生環境比較滿意，表示滿意的人遠遠超過不滿意的人，滿意淨值最高時為1994年2月的46.9%。港人對回歸後的民生環境逐步不滿，董建華時期大多數時候滿意淨值是較高的負數，曾蔭權任內滿意淨值逐步回升，最高時回升到2006年6月的41.3%，這也是回歸後港人對民生環境最滿意的時候，但隨後回落，最低時為2011年8月的-43.0%，這也是回歸後民生滿意淨值最低的時候。梁振英的整個任期及林鄭月娥上任後，港

表1.14　港人對政治環境、經濟環境、民生環境的滿意度淨值

調查年月	政治環境	經濟環境	民生環境
2017.10	-39.2%	11.5%	-14.9%
2016.12	-59.2%	-5.2%	-25.0%
2016.10	-69.5%	-17.6%	-30.1%
2016.05	-65.4%	-34.2%	-35.9%
2016.01	-58.5%	-13.2%	-40.4%
2015.12	-54.6%	-5.5%	-20.2%
2014.12	-50.6%	1.3%	-23.1%
2014.11	-54.9%	9.1%	-19.6%
2013.12	-61.6%	-9.6%	-36.7%
2013.03	-39.3%	2.7%	-14.8%
2012.06	-38.1%	-19.9%	-39.8%
2011.12	-20.9%	-11.5%	-34.2%
2011.08	-50.2%	-30.5%	-43.0%
2010.12	-14.8%	-6.0%	-1.5%
2009.12	-26.0%	-0.5%	4.1%
2008.12	-6.5%	-25.2%	4.0%
2007.12	9.8%	35.1%	34.4%
2007.12	14.8%	39.8%	35.1%
2006.12	2.0%	23.3%	20.0%
2006.06	14.4%	35.6%	41.3%
2005.12	-13.3%	4.0%	7.8%
2005.09	19.5%	6.3%	24.8%
2004.12	-25.%	-36.6%	-14.5%
2004.06	-52.5%	-39.0%	-25.5%
2003.12	-30.2%	-50.9%	-17.7%
2003.03	-5.9%	-78.6%	-20.8%
2002.12	-13.3%	-73.5%	-9.4%
2001.12	-4.4%	-74.6%	-22.3%
2000.12	-10.1%	-46.9%	-23.4%
1999.12	-4.5%	-41.5%	-9.5%
1998.12	1.5%	-67.4%	-9.8%
1997.12	-3.3%	-30.5%	1.1%
1997.08	6.2%	21.4%	28.3%
1996.12	28.1%	30.4%	41.7%
1995.12	4.8%	-22.3%	22.0%
1994.12	-5.9%	25.9%	17.7%
1994.02	-0.6%	53.1%	46.9%
1993.12	-10.7%	51.3%	38.0%
1993.02	-18.8%	31.7%	17.5%
1992.12	-1.0%	45.7%	35.7%

資料來源：根據港大民意研究計劃網站資料整理（滿意度淨值＝「非常滿意+幾滿意」－（幾唔滿意+非常唔滿意））

人對民生環境的滿意淨值均是較高的負數，2016年1月低至-40.1%，反映港人對民生環境變得非常不滿。

香港中文大學傳播與民意調查中心2017年5月23日至6月2日民調顯示，對香港回歸20年整體社會狀況的看法，62.9%認為香港整體社會狀況差了，15.4%認為整體社會狀況好了，19.2%表示「差不多」。

港人生活痛苦指數

樹仁大學持續進行港人生活痛苦指數的民調。2016年3月的民調結果顯示，港人痛苦指數整體達到3（1代表肯定不痛苦，4代表非常痛苦），較2015年的2.9微升；約79%的受訪者認為現時生活痛苦，較2015年增加3%；18至24歲的的年輕人最感痛苦；約45%受訪者認為住屋問題最困擾港人。

港人對香港未來發展的預期

港大民意研究計劃從1994年1月起進行港人對香港前途信心的民調（表1.15），大部分年份每兩個月調查一次。回歸前港人對香港前途的信心逐步增強，1997年2月有82.7%的受訪者「有信心」，信心淨值達到最高的74.4%；回歸初期港人對香港前途的信心逐步回落，2003年4月沙士疫情高峰期，51.2%的受訪者對香港前途「沒有信心」，信心淨值達到最低的-15.2%；此後，港人對香港前途的信心逐步回升，曾蔭權連任之後，香港樓市、股市狂飆，2007年10月，82.7%的受訪者對香港前途「有信心」，信心淨值達到回歸後的最高點72.5%；2008年2月，83.3%的受訪者對香港前途「有信心」，是有這項民調至今最高的數字，信心淨值也創回歸後第二高的71.1%；2008年之後，港人對香港前途的信心逐步回落，2016年6月，50.2%的受訪者「沒有信心」，是沙士疫情後最多人表示沒有信心，信心淨值也達到-9.4%的新低。

表1.15　香港市民對香港前途信心民調

調查年月	有信心	冇信心	難講/唔知	淨值
2017.09	56.0%	39.4%	4.6%	16.6%
2016.12	51.3%	38.9%	9.8%	12.3%
2016.06	40.8%	50.2%	9.0%	-9.4%
2015.12	47.9%	44.2%	7.9%	3.6%
2014.12	48.7%	43.1%	8.3%	5.6%
2013.12	50.2%	43.1%	6.6%	7.1%
2012.12	57.7%	33.5%	8.8%	24.3%
2011.12	55.2%	36.7%	8.0%	18.5%
2010.12	62.2%	30.3%	7.5%	32.0%
2009.12	68.2%	26.0%	5.8%	42.1%
2008.12	69.1%	24.2%	6.7%	45.0%
2008.02	83.3%	12.2%	4.6%	71.1%
2007.12	78.7%	16.4%	4.9%	62.3%
2007.10	82.7%	10.2%	7.1%	72.5%
2006.12	72.8%	22.4%	4.8%	50.4%
2005.12	78.6%	12.9%	8.5%	65.7%
2004.12	63.6%	26.3%	10.1%	37.3%
2003.12	60.5%	25.0%	14.5%	35.5%
2003.04	36.0%	51.2%	12.8%	-15.2%
2002.12	42.1%	42.2%	15.7%	-0.1%
2001.12	52.5%	35.4%	12.1%	17.1%
2000.12	61.8%	25.2%	13.1%	36.6%
1999.12	64.4%	20.8%	14.8%	43.6%
1998.12	67.1%	21.9%	11.0%	45.2%
1997.12	70.8%	10.7%	18.5%	60.1%
1997.07	77.5%	9.8%	12.7%	67.7%
1997.02	82.7%	8.3%	9.1%	74.4%
1996.12	77.9%	9.6%	12.5%	68.3%
1995.12	55.5%	22.0%	22.4%	33.5%
1994.12	56.6%	22.6%	20.8%	34.0%
1994.01	56.9%	12.8%	30.3%	44.1%

資料來源：根據港大民意研究計劃網站資料整理

香港中文大學傳播與民意調查中心2017年5月至6月民調（表1.16）指，對香港社會未來發展的觀感以0分至10分評分，0分表示「極度悲觀」，5分表示「一半半」，10分表示「極度樂觀」，受訪者平均給分為4.84分，33.4%傾向「悲觀」（給0至4分），37.1%表示「一半半」（給5分），29.1%傾向「樂觀」（給6至10分）。從中文大學2014年9月以來的歷次同類民調看，港人對香港未來發展的觀感均接近於悲觀（平均分不超過5分）。

港人對香港特區政府、特首、特區主要官員表現的評價

港大民意研究計劃、香港中文大學傳播與民意調查中心相關民調顯示，董建華、曾蔭權、梁振英的民意支持度都有起有落，但三人在結束任期之前的民意支持度都較低。特區政府大部分主要官員的民意支持度長期偏低。港人對香港特區政府的整體觀感也較差。

港大民意研究計劃2017年8月的民調（表1.17）顯示，有40.6%港人對林鄭月娥政府有好感，反感的有31.0%。其他時間的民調顯示，港人在大部分時間對香港特區政府和中國政府有好感的比例較低，反感的比例較高。

香港中文大學傳播與民意調查中心2017年5月底至6月初的民調（表1.18）顯示，港人對香港特區政府信任度若以0至10分評分，0分代表「完全不信任」，10分代表「完全信任」，5分代表「一般」，對特區政府的平均給分為4.86分，即在「一般」以下。該機構同類民調顯示，香港市民對特區政府信任程度的平均分都在「一般」即5分以下。

表1.16　香港市民對未來發展的觀感民調平均分

2017.5	2016.7	2015.7	2015.3	2014.12	2014.11	2014.10	2014.9
4.84	4.81	4.59	4.61	4.62	4.80	4.57	4.22

資料來源：香港中文大學傳播與民意調查中心網站資料

表1.17　港人對不同國家或地區政府的觀感民調

政府	非常好感	幾好感	好感	一半半	幾反感	非常反感	反感
香港	4.7%	35.9%	40.6%	27.1%	18.7%	12.3%	31.0%
中國	7.1%	24.9%	31.9%	29.4%	16.1%	18.8%	34.8%
台灣	2.2%	22.1%	24.3%	38.6%	15.6%	6.2%	21.8%
澳門	6.2%	28.4%	34.6%	32.1%	8.7%	6.7%	15.4%
美國	0.7%	14.4%	15.0%	24.1%	30.7%	19.0%	49.7%
英國	2.9%	34.5%	37.4%	33.7%	10.0%	3.4%	13.4%
日本	3.2%	17.5%	20.7%	30.1%	21.0%	18.1%	39.2%
法國	2.3%	25.9%	28.2%	30.5%	4.9%	1.6%	6.5%
新加坡	8.1%	44.7%	52.8%	22.4%	10.5%	2.0%	12.6%
韓國	1.5%	23.7%	25.2%	38.4%	13.0%	4.6%	17.6%
澳洲	2.5%	37.4%	39.9%	28.8%	2.6%	1.2%	3.8%
德國	4.9%	33.8%	38.7%	25.1%	4.4%	0.7%	5.0%
加拿大	8.3%	42.5%	50.8%	21.2%	1.6%	0.3%	1.9%
泰國	0.7%	34.0%	34.7%	34.5%	15.8%	4.7%	20.6%

資料來源：港大民意研究計劃2017年8月民調

（好感=非常好感+幾好感，反感=非常反感+幾反感，不包括「唔知/難講」的數據）

表1.18　對香港特區政府信任程度的民調平均分

時間	2017.5	2016.7	2015.7	2015.3	2014.12	2014.10	2014.9
平均分	4.86	4.43	4.38	4.76	4.76	4.17	4.02

資料來源：香港中文大學傳播與民意調查中心網站資料

第三節
香港人心未能回歸的主要表現

　　通過第一節的定性分析和第二節的定量分析，可以對香港人心的現狀有一個基本的概念。香港人心未能回歸，既涉及國家層面，也涉及「一國兩制」和香港管治層面。從回歸二十餘年的情況看，並不是回歸的時間愈久，香港人心回歸的程度就愈高。2009年以來，香港人心有漸行漸遠的趨勢。

人心未能回歸涉及國家層面的表現，這是核心層面

1. 港人對中國共產黨的認同低。

2. 港人對中央政府的信任度低。

3. 港人對中國發展前景的信心自2012年後逐步走低。

4. 部分港人對國旗、國歌、普通話比較抗拒，對內地同胞觀感不佳。

5. 相當多的港人不支持立法維護國家安全，香港至今未能完成23條立法。港人對開展國民教育有抵觸情緒，國民教育獨立成科在2012年胎死腹中。

6. 港人的國民身份認同低，絕大多數認同自己是「香港人」，認同是「中國人」的相對較少。2009年以後，港人愈來愈認同自己是「香港人」。

7. 香港出現分裂國家的言行，「自決」、「港獨」等分離主義思潮滋生蔓延。青年群體最支持「港獨」。「港獨」整體支持率高達近兩成。

人心未能回歸涉及「一國兩制」和香港管治層面的表現

1. 港人整體上對中央的對港政策不滿意。

2. 港人對「一國兩制」的信心不僅沒有增強，反而不斷降低，2012年以後這一趨勢更加明顯。

3. 建制派在立法會地區直選中的得票率長期在四成左右，非建制派的得票率在六成左右，愛國愛港力量發展壯大比較緩慢。

4. 港人對回歸後香港的政治、經濟、社會環境均很不滿意。多數港人感覺生活痛苦。青年群體對香港現狀尤其不滿。

5. 港人對香港的發展前景愈來愈沒有信心，2009年以後這一趨勢更加明顯。

6. 港人對行政長官和特區政府的信任度、支持度長期偏低。

7. 部分港人仍懷念英國的殖民統治，有強烈的「戀殖」情結。

單靠時間不解決問題，香港人心呈漸行漸遠的趨勢

　　香港基本法規定行政長官和立法會的產生辦法在回歸之初的前十年不作修改，此後可以循序漸進作出修改，很可能就是基於一種樂觀的評估，回歸時間長了，香港人心自然可以回歸，港人對國家的認同會愈來愈高，多數港人會更加愛國，愛國愛港力量會愈來愈壯大，選民結構會向有利於愛國愛港陣營的方向改變，落實普選就可以放心。

　　實際情況卻令人沮喪。香港人心隨着香港局勢和內地局勢不斷變化，並不是回歸時間愈久，人心回歸的程度就愈高。2008年是一個很大的轉捩點。2009年以來，尤其是2012年以來，香港人心呈現漸行漸遠的趨勢，在三個主要方面愈來愈悲觀。

其一，港人對中央愈來愈不信任，對內地發展前景愈來愈失去信心。2008年，港人對中央政府和對內地發展前景的信心都是最高的，港人認為自己是「中國人」的比率在2008年也最高，此後，港人對中央政府的信心、對內地發展前景的信心、對中國人的認同度都逐步走低。2012年以來，中國的綜合國力愈來愈強大，但港人對中國的發展前景反而更沒信心。港人對中共的政治認同問題，對中國模式的認同問題，成為結構性的問題，並非僅靠時間能夠解決。

其二，港人對香港的發展前景愈來愈沒有信心。回歸之前，港人較認可港英政府的殖民統治，對香港的政治經濟社會現狀是比較滿意的，對香港國際金融中心、貿易中心、航運中心的地位和香港的物質生活水平都非常有優越感、自豪感。回歸之初，香港很快經歷亞洲金融風暴和沙士疫情的打擊，港人對香港的信心迅速跌入谷底。曾蔭權任內，港人對香港政治、經濟、民生環境的信心曾有所恢復，但維持的時間比較短。2012年以後，香港的政治矛盾、社會矛盾都更加深化。港人對回歸後歷任特首、歷屆政府的表現都不太認可，對回歸後香港的發展現狀不滿，多數港人感覺生活痛苦，青年失去對未來的信心，普選等政治爭議遲遲難以解決，中央政府及香港特區政府對香港的管治未能獲得多數港人認同。香港圍繞普選的政治矛盾，圍繞產業轉型的經濟矛盾，圍繞貧富差距的社會矛盾，及住房、貧窮、教育、醫療、退休保障、勞工保護、安老等社會問題，都成為結構性問題，並非僅靠時間能夠解決。

其三，港人對「一國兩制」愈來愈沒有信心。「一國兩制」是回歸後香港賴以安身立命的支柱，但回歸時間愈長，港人對這一支柱愈來愈失去信心。2007年4月，港人對「一國兩制」「有信心」的比率達到最高的77.7%；2014年9月，港人對「一國兩制」「沒有信心」的高達56.3%。在對「一國兩制」實踐悲觀失望的同時，部分港人轉而訴求「港獨」，分離主

義思潮快速滋生蔓延，在香港青年群體產生很大反響。香港民心的這個巨大逆轉，其背後的原因值得深入探討。回歸的時間愈長，香港與內地的聯繫愈緊密，港人與內地同胞的交流愈多，香港與內地、香港人與內地同胞、香港特區與中央矛盾衝突愈來愈多，除了一些具體的、實際利益層面的衝突，更多是核心價值觀念的衝突，是「一國」與「兩制」的衝突。中國的國力日益強大，中央愈來愈依靠硬實力管控香港，愈來愈強調對香港的全面管治權。香港與內地在核心價值觀念方面的衝突，「一國」與「兩制」的衝突，中央全面管治權與香港高度自治權的衝突，國家利益、內地利益與香港利益的衝突，很多也成為結構性問題，絕對不可能僅靠時間就能解決。

在香港回歸20年後，香港人心對中共和中國呈現漸行漸遠的趨勢。本書餘下的章節，都是探討一個問題——為何中共和香港特區政府對香港的管治未能贏得香港人心，中共和香港特區政府需要在管治路線上作出甚麼調整，才能挽回漸行漸遠的香港人心。

簡而言之，香港人心失落與疏離，從意識形態看，最關鍵的是港人擔憂甚至恐懼香港核心價值受損；從政治上看，最核心的是香港「普選夢」至今仍然落空；從經濟民生上看，最核心的是港式資本主義之惡充分暴露，貧富差距等社會矛盾日益突顯；從特區政府管治看，最關鍵的是管治哲學未能去殖化，向資本家利益嚴重傾斜的管治路線難以為繼；從國家認同層面看，主要是中共、「中國模式」和中國國民身份仍未獲得多數港人認同；從發展趨勢看，港人對中共和中國愈來愈離心離德，本土主義和分離主義思潮快速蔓延。而要挽回漸行漸遠的香港人心，最關鍵是中央和香港特區政府調整管治路線，推進政治和解和經濟社會變革，極大增進港人的政治利益和經濟利益；確保「一國兩制」不變形不走樣，並在2047年後獲得延續；內地亦需要推進政治社會進步，接受普世價值，拉近與香港的人心鴻溝。

第二章

捍衞香港傳統核心價值
的訴求

香港人心失落，從意識形態看，最關鍵的是港人擔憂甚至恐懼香港核心價值受損。港人對中央、對內地、對國家的疏離，核心層面是價值觀念的疏離。

香港只是中國邊陲的一個彈丸之地，從開埠的一個小漁港發展為目前的國際金融中心，主要經受歐風美雨的洗禮。香港中西文化薈萃，與中國內地任何一個城市都不同。香港既是一個西方化的資本主義社會，亦是一個保留了許多中國傳統文化的東方社會、華人社會。港人的價值觀中西融合，但佔據主導地位的是西方價值觀。香港作為資本主義社會，容易崇尚拜金主義、個人主義、享樂主義，而文化上，基督教對香港的影響亦非常大。不過，香港作為華人社會，亦保存了重視家庭、重視祖先崇拜、重視教育等中國傳統價值，儒家、佛教、道教文化有一定影響。

香港人最重視的三大核心價值是自由、法治、廉潔。人權是自由、法治的應有之義，良好的自由、法治必然有效保障人權；沒有人權，就談不上甚麼自由、法治。顯然，在核心價值觀念上，香港與內地存在巨大差異，這種差異甚至可以說是南轅北轍的。香港傳統核心價值，主要是西方資本主義的價值觀念，以英式美式自由主義傳統為主，包括民主、自由、法治、人權、廉潔等。自由主義是香港資本主義制度的特色，是香港主流的意識形態，是香港傳統核心價值的核心。港人對於香港是一個自由港，一個自由社會、法治社會、廉潔社會而感到驕傲。

香港回歸前並非民主社會，但回歸後，香港人對民主的訴求愈來愈強烈，民主發展問題成為香港最主要的政治爭議。香港產生了種種社會思潮，環境保育、公平正義、社會和諧等新的價值觀出現並對社會造成不少影響，近年本土主義甚至「自決」、「港獨」等思潮呈快速蔓延之勢。

但主流社會真正擔憂的，仍只是如何在「一國兩制」、「港人治港」、高度自治的制度安排下，真正確保香港資本主義的制度、生活方式及核心價值觀念不被破壞和侵蝕。社會精英所要捍衛的是自由主義傳統，這一傳統在很久以前已被港人所接受、信奉。可以說，在絕大多數港人的身上，都流淌着濃濃的自由主義的血液；稀釋或換掉這種血液，香港將不成其為香港，香港人也不成其為香港人。

香港人現在愈來愈擔心傳統核心價值被破壞、被侵蝕，要求中央和內地理解、包容、尊重及維護香港的核心價值，要求行政長官和特區政府捍衛香港的核心價值。如果以破壞、侵蝕香港核心價值來追求人心回歸，要求港人改變價值觀念，要求港人放棄民主、自由、法治、廉潔、人權等核心價值，甚至要求港人的價值觀念變得像內地民眾一樣，那是緣木求魚和本末倒置，那不是實行「一國兩制」，而是從本質上摧毀「一國兩制」，讓「一國兩制」走樣、變質，將香港「一國一制化」或「內地化」。最後不但未能換來人心回歸，只會更加失去人心。

實行真正的「一國兩制」，最基本也是最本質的要求是，真正理解、真心包容、高度尊重和堅決維護香港的核心價值，而不是試圖改變甚至摧毀這些核心價值。包容、尊重、維護的前提是先真正理解港式自由主義的傳統。

第一節
香港傳統核心價值以西方自由主義為靈魂

英國的自由主義傳統與西方古典自由主義、新自由主義的主要觀念

古典自由主義的產生及其核心價值觀念

產生於17世紀至19世紀的西方自由主義（liberalism），被視為古典自由主義或原型自由主義、傳統自由主義。而在20世紀中期，古典自由主義復興並在20世紀七八十年代達到高潮，被視為新自由主義（neoliberalism）。

英國作為老牌的資本主義國家和曾經的「日不落帝國」，對西方資本主義的政治制度和核心價值觀念的形成，起了最重要的作用。英國是世界上第一個實現工業化、現代化及福利社會的國家，現代資本主義制度及自由主義價值觀主要是從英國形成，但美國、法國也有巨大貢獻。英國具有特別深厚的自由主義傳統。約翰‧洛克（John Locke）（代表作《政府論》）、大衛‧休謨（David Hume）（代表作《人性論》）、亞當‧斯密（Adam Smith）（代表作《國富論》、《道德情操論》）、穆勒（John Stuart Mil）（代表作《論自由》）、法蘭西斯‧培根（Francis Bacon）（代表作《新工具論》、《學術的進展》）、大衛‧李嘉圖（David Ricardo）（代表作《政治經濟學及賦稅原理》）等英國思想家，奠定了古典自由主義的基礎，使英國成為古典自由主義的起源地。美國憲法的主要思想亦來源於英國的自由主義思想。

在18世紀，古典自由主義思想在英國已經非常成熟。1688年英國的光榮革命促進了自由主義理論發展。1689年，洛克的《政府論》出版。西方

學界視《政府論》為自由主義政治學說產生的標誌，洛克被西方社會譽為「第一位自由主義思想家」、「自由主義的始祖」。洛克在《政府論》中系統論述了分權政府、有限政府、法治政府對於確保公民社會個人自由的重要性。法國的孟德斯鳩在其代表作《論法的精神》中進一步提出「三權分立」思想，為資本主義國家的政治體制提供了規範。

1776年，亞當・斯密出版《國富論》，提出市場受「看不見的手」指引，政府應該是有限政府、小政府、充當「守夜人」的角色。《國富論》的出版被視為英國古典自由主義形成的標誌，經濟自由、有限政府的主張成為古典自由主義的經典主張，成為資本主義經濟學的「聖經」，一直到現在都有深遠影響。

依據自由主義思想建立的政治經濟體制使英國一度成為發展最快、最強大的資本主義國家，也對美國這一新興資本主義國家產生深厚影響。

自由主義在18世紀已成為美國佔據統治地位的政治思想。美國在1776年爭取獨立的戰爭中發表的《獨立宣言》，被視為古典自由主義最經典的文獻之一。《美國聯邦憲法》將自由主義原則付諸實施，規定三權分立等政治體制，通過27個修正案捍衛自由、人權和法治，其中第一至第十修正案均被視為權利法案，包括：保障信仰、出版、集會示威自由；保障擁有攜帶武器自由；規定軍隊不得進入民房，保障免於不合理的搜查和扣壓；規定正當審判程序、禁止雙重審判、設大陪審團、徵用私產需賠償、不得被迫自證其罪；規定禁止過高保釋金或罰金；禁止酷刑等等。自由主義成為美國立國之本，美國也以傳播自由和保護自由作為其國際責任。美國學習英國並超越英國，在立國後迅速發展，在科技、貿易、文化等領域體現出超強的創造性，在短短二百多年內創造了驚人的物質文明和精神文明，在二戰後成為頭號資本主義強國。

一般認為，古典自由主義的核心價值觀念包括以下內容。

　　個人自由的至上性是古典自由主義的核心價值。古典自由主義思想家所指的自由，是指個人的自由，而非集體的、種族的和國家的自由，這些自由受法律保障，成為公民權利，包括擁有私有財產、言論自由、出版自由、信仰自由、集會和遊行示威、罷工等的自由。

　　個人主義是自由主義的另一核心價值。古典自由主義強調個人自由，強調尊重個性，強調除了服從法律的約束，不服從其他人的意志。自由主義的個人主義，是指個人權利（包括個人的自由、生命、財產和追求幸福的權利）的制度化和法律化。自由主義不是抽象地肯定集體、國家、人民的權利，而是具體地保障公民個體的生命、財產、權利和尊嚴。古典自由主義甚至將國家、政府視作為個人自由的天然對立面和首要敵人，認為國家、政府總是容易傾向擴大自己的權力，以公共利益、集體利益、國家利益、人民利益等抽象的利益凌駕於公民的個人利益，犧牲無數公民的個體利益來保障所謂的抽象利益。在古典自由主義中，自由意味着擺脫國家束縛的自由，對於自由主義者來說，這意味免於國家的控制、強制、限制和干涉的自由。古典自由主義研究的最重要範疇之一，是如何以法律來劃定政府權力和個人自由之間的界限，儘可能限制和約束政府的權力，以及保障個人自由。穆勒指出，公民自由或社會自由，「就是要探討社會所能合法施用於個人的權力的性質和限度」。[1]要劃定公民的個人權力和自由的領域有多大，劃定公權力的限度有多大。

　　古典自由主義的核心價值觀強調擁有和保護私有財產，強調市場競爭，主張自由放任，是古典自由主義在經濟領域的核心主張。古典自由主義主張的自由，都是以私有財產作為自由的最基本保障，強調市場自由競爭，其在經濟學領域佔據統治地位的是自由放任的市場經濟思想。亞當•斯密的

1.　密爾（Mill, J. S.），許寶騤（譯）（1959）。《論自由》。香港：商務印書館。1頁。1903年嚴復翻譯此書為《群己權界論》，是對中國思想界產生重要影響的西方自由主義經典名著。

《國富論》在西方資本主義社會曾長期佔據統治地位，其核心思想包括：
一，強調個人主義，經濟制度的建構應以保障個人的生存與發展為原則；
二，強調私有財產制度；三，強調讓「看不見的手」指導市場競爭，競爭愈
自由、愈普遍，就愈有利於個人和社會；四，強調有限政府，政府不能直接
干預經濟和市場，政府的職能主要是保護社會和個人、建設必要的公共設
施。亞當・斯密認為，每個人「所盤算的也只是他自己的利益。在這場合，
像在其他許多場合一樣，他受着一隻看不見的手的指導，去盡力達到一個並
非他本意想要達到的目的。也並不因為事非出於本意，就對社會有害。他追
求自己的利益，往往使他能比在真正出於本意的情況下更有效地促進社會的
利益。」[2] 他的這段經典論述成為西方古典自由主義經濟學說的靈魂，即由
市場這只看不見的手調節經濟活動。自由放任的市場經濟曾長期被視為英國
的國策，美國在獨立建國後也長期信奉自由放任的市場經濟。

　　古典自由主義的核心價值觀強調沒有法治就沒有自由。古典自由主義
均強調自由與法治密不可分，自由是法治保障下的自由。霍布斯（Thomas
Hobbes）指出，「自由這一詞語，按照其確切的意義說來，就是外在障礙
不存在的狀況」；[3] 在法律未加規定的一切行為中，人們有自由去做對自己
最有利的理性行為。洛克認為，對自由的真正威脅是絕對的權力和專斷的意
志，「處在政府之下的人們的自由，應有長期有效的規則作為生活的準繩，
這種規則為社會一切成員所共同遵守」，「因為在一切能夠接受法律支配的
人類的狀態中，哪裏沒有法律，哪裏就沒有自由。」[4] 孟德斯鳩指出，「在
一個有法律的社會裏，自由僅僅是：一個人能夠做他應該做的事情，而不被

2. 斯密（Smith, A.），郭大力、王亞南（譯）（2016）。《國富論》。北京：商務印書館。第四篇〈論政治經濟學體系〉；第二章〈論限制從外國輸入國內能生產的貨物〉。428頁。
3. 霍布斯（Hobbes, T.），黎思復、黎廷弼（譯）（1986）。《利維坦》。北京：商務印書館。97頁。
4. 洛克（Locke, J.），瞿菊農、葉啟芳（譯）（1964）。《政府論（下篇）》。北京：商務印書館。第六章〈論父權〉。35頁。

強迫去做他不應該做的事情」,「自由是做法律所許可的一切事情的權利;如果一個公民能夠做法律所禁止的事情,他就不再有自由了,因為其他的人同樣會有這個權利。」[5] 海耶克(Freidrich Hayek)(內地一般譯為哈耶克)認為,自由是法律的造物,法律不在的地方,必有暴政的肆虐,「無論是約翰王的暴政,還是魔鬼的暴政,都是法律缺席的表現」;[6]「也許法治比憑契約更應當被看成是人治的真正對立物。正是在形式法律這一意義上的法治,也就是不存在當局指定的某些特定人物的法律上的特權,才能保障在法律面前的平等,才是專制政治的對立物。」[7]

古典自由主義強調保障人權。人權包括生命權、自由權、財產權、尊嚴權及追求幸福的權利等;沒有人權,就沒有自由、平等、民主、憲政和博愛。自由某種意義就是通過法治使人權獲得有效保障。在西方資本主義國家,很早就強調用法律保障公民的政治、社會、文化權利,亦強調用法律來限制政府的權力,個人自由是法律保障下的自由,個人要儘可能免於被政府限制和剝奪基本權利和自由。英國1215年制定的《大憲章》使國王權力開始受到法律的約束,貴族的權利得到保障,而1628年的《權利請願書》使人民的權利及自由開始獲得保障。美國1776年的《美國獨立宣言》聲明每個人對於生命、自由與追求幸福的權利。法國1789年頒佈的《人權和公民權宣言》,宣佈自由、財產、安全和反抗壓迫是天賦不可剝奪的人權;肯定了言論、信仰、著作和出版自由,闡明司法、行政、立法三權分立及法律面前人人平等、私有財產神聖不可侵犯等原則。聯合國的《世界人權宣言》、

---

5. 孟德斯鳩(Montesquieu, C. S.),許明龍(譯)(2015)。《論法的精神(上卷)》。北京:商務印書館。第十一章〈第三節 自由是甚麼〉。184頁。

6. 黃伊梅(2011)。《哈耶克古典自由主義研究》。廣州:廣東人民出版社。114頁。

7. 哈耶克(Hayek, F. A.),王明毅、馮興元等(譯)(2011)。《通往奴役之路》。北京:中國社會科學出版社。第六章〈計劃與法治〉。79頁。

《經濟、社會及文化權利國際公約》和《公民權利和政治權利國際公約》被合稱為「國際人權法案」或「國際人權憲章」，成為絕大多數國家承認的普世價值和簽署實施的國際法。

古典自由主義強調憲政和有限政府。古典自由主義強調要保障個人自由、個人主義，與此相適應便是要高度約束和限制政府的公權力。古典自由主義一直對政府權力保持高度警惕，認為對自由的最大威脅可能來自政府權力，尤其來自於權力的自私與濫用。所謂權力的自私，指統治階級及具體掌握權力的人在制定和執行法律方面，總是維護自己的私利；所謂權力的濫用，是掌權者在保護其個人權利的同時，最有權力、最有能量侵犯公民個人權利。孟德斯鳩強調，「一切有權力的人都容易濫用權力，這是萬古不易的一條經驗」。古典自由主義強調約束和限制公權力，一是要實行法治而不能實行人治，建立「法統治」。二是強調憲政，在憲法之下使政治運作法律化，以法律明確限制政府的權力，同時以法律明確保障公民的基本權利。三是強調分權和制衡，主要是實行行政權、立法權、司法權的分立，保障司法獨立。孟德斯鳩認為，「立法權和行政權如果集中在一個人或一個機構的手中，自由便不復存在。因為人們擔心君主或議會可能會制定一些暴虐的法律並暴虐地執行。」「司法權如果不與立法權和行政權分置，自由也就不復存在。司法權如果與立法權合併，公民的生命和自由就將由專斷的權力處置，因為法官就是立法者。司法權如果與行政權合併，法官就將擁有壓迫者的力量。」[8]四是強調有限政府、小政府。要以法律界定政府職能，限制政府的權力，保障人民的自由權利免受一切專斷意志的侵害。

---

8. 孟德斯鳩（Montesquieu, C. S.），許明龍（譯）（2015）。《論法的精神（上卷）》。北京：商務印書館。第十一章〈確立政治自由的法與政制的關係〉第六節〈英格蘭的政治體制〉。186–187頁。

新自由主義的產生及其核心價值觀念

關於新自由主義，西方和內地學術界的看法存在不少分歧，主要有兩種意見。

一些學者將20世紀初興起的主張大政府、政府干預市場的凱恩斯主義視為新自由主義，亦把更多強調平等及社會正義的思潮列為新自由主義。這種意見很大程度上是一種誤解。

許多凱恩斯主義者自認亦是自由主義者，他們不反對私有制、法治、自由、人權等核心價值，只是主張強化政府職能及干預市場。有內地學者認為，「關於古典自由主義與新自由主義的區別：自由主義在17世紀的英國獲得了它的現代形態，此後這一理論嚴格要求經濟上的自由市場原則和政治上的憲政政府（有限政府、小政府）原則。到了19世紀末期20世紀初期，自由主義遭遇危機，從內部產生了分化。由於自由放任的市場經濟使社會財富的不平等發展到了極端程度，這種『社會不平等已經達到了這樣的程度，除非採取某些積極的步驟，否則社會組織就會徹底崩潰。』於是一些人主張通過國家機器來調節社會危機，他們主張大政府，支持政府干預和控制自由市場，以達到社會普遍福利。這便是現代新自由主義的來源。這些主張大政府和干預政策的人自稱是自由主義者。為了與他們區別，那些主張個人權利和有限政府的理論被稱為傳統自由主義或古典自由主義，在當代西方，他們甚至被稱為保守主義。」[9]

許多凱恩斯主義者主張政府加強對市場的干預，其核心價值觀念是重視平等和正義。古典自由主義本身有平等的理念，包括人人生而平等、自由

---

9. 黃伊梅（2011）。《哈耶克古典自由主義研究》。廣州：廣東人民出版社。〈緒論〉。1頁。

總是意味着平等的自由等理念。美國著名學者羅爾斯在其名著《正義論》中着重討論自由與平等的關係，提出「正義總是意味着平等」的經典口號，希望解決自由社會裏的不平等現象，並一定程度上體現出平等優先的傾向。在西方社會，始終存在着更加重視分配正義和社會平等的思潮。在凱恩斯主義出現後，不少歐洲國家走上民主社會主義、福利主義的道路。海耶克曾把民主社會主義國家統稱為福利國家，其典型特徵是利用政府權力來保障更為公正的物質分配，其最終目標是達到和實現社會公正的理想。信奉古典自由主義的海耶克認為對平等的追求腐蝕自由的傳統，應重新樹立自由優先的原則，鞏固自由社會的基礎。

但西方和內地學界的主流意見認為，真正的新自由主義恰恰是反對凱恩斯主義等威脅自由主義的思潮，是對古典自由主義的全面復興。筆者認同這種意見，真正的新自由主義是對以英美為主的古典自由主義的復興。

復興古典自由主義的新自由主義，產生的背景主要有三個方面，一是反對凱恩斯主義，二是反對在德國、意大利等國形成的法西斯主義、極權主義，三是反對以計劃經濟、高度集權為主要特徵的蘇聯東歐式社會主義、共產主義、專制主義。新自由主義的核心主張集中體現在「華盛頓共識」之中，英國、美國是帶頭推行新自由主義的主要國家，而蘇聯解體、東歐巨變被視為自由主義的不戰而勝。

反對凱恩斯主義

自由主義從17世紀在英國建立以後，在西方社會取得統治地位。但自由放任的市場競爭使資本主義社會出現貧富差距懸殊等嚴重的社會問題，並導致經濟危機。1929年至1933年出現美國大蕭條，資本主義的經濟危機愈來愈普遍、愈來愈嚴重。20世紀上半葉的兩次世界大戰對資本主義國家影響甚大，英國和美國都需要在戰爭的特殊時期放棄自由放任的經濟政策，使經

濟社會發展符合打贏戰爭的需要。而20世紀初主要資本主義國家大都建立了普選制度，政府必須關心佔選民絕大多數的中產階層和窮人的利益，提高社會保障和社會福利水平，平等主義、分配正義等成為比自由主義更加重要的思潮。

　　20世紀30年代，資本主義經濟危機直接催生了凱恩斯主義。1936年，英國經濟學家凱恩斯（John Maynard Keynes）出版《就業、利息和貨幣通論》，徹底顛覆亞當‧斯密創立的古典經濟學，認為自由放任的經濟理論已經過時，僅僅充當「守夜人」角色的有限政府、小政府不能解決經濟危機帶來的失業和蕭條。凱恩斯反對自由放任，認為市場已經失靈，要建立大政府，政府應該運用積極的貨幣政策和財政政策來干預市場；「如果採取19世紀下半期之正統辦法，對內自由放任，對外實行金本位，則除了互相爭奪市場以外，政府實在別無良策可以減輕國內之經濟苦痛」；「不能讓經濟力量自由運用，須由政府來約束或指導」；「為確保充分就業所必須有的中央統制，已經把傳統的政府機能擴充了許多。」[10] 凱恩斯主義產生後雖受到不少批評，但其實際影響極大。20世紀30年代之後，主要西方資本主義國家採用凱恩斯的經濟理論，英國、德國、瑞典等歐洲國家的工黨、社會民主黨紛紛上台執政，走上福利主義國家的道路。美國總統羅斯福也在20世紀30年代推出新政應對大蕭條。在最信奉自由放任市場經濟的英國，奉行社會民主主義和民主社會主義的中間偏左政黨工黨在20世紀二三十年代偶爾獲得執政機會，在二戰後工黨迅速崛起，在1964年至1979年間四度贏得大選，長期執政，大力推動公用事業和主要工業的國有化，設立國民保健署，推動免費醫療及教育，使英國逐步走上福利國家的道路。二次世界大戰後，歐美曾經經歷二十多年的繁榮發展，凱恩斯被視為戰後西方的「繁榮之父」。全球許多國家至今仍然信奉凱恩斯主義，習慣使用貨幣政策、財政政策來干預市

---

10. 凱恩斯（Keynes, J. M.），徐毓枬（譯）（2011）。《就業、利息和貨幣通論》。南京：譯林出版社。328頁、330頁。

場和對經濟實行宏觀調控。20世紀70年代西方普遍出現滯脹，經濟增長乏力，財政負擔沉重，凱恩斯主義才真正受到新自由主義的挑戰。

反對法西斯主義

　　20世紀初對自由主義曾經產生極大威脅的是法西斯主義。《大英百科》對法西斯主義一詞的定義是：「個人的地位被壓制於集體——例如某個國家、民族、種族或社會階級之下的社會組織。」法西斯主義通常是結合社團主義、工團主義、獨裁主義、極端民族主義、種族主義、軍國主義、反對自由放任的資本主義、反共產主義和反自由主義的政治、經濟哲學。法西斯主義可以視為是極端形式的集體主義，反對個人主義。

　　「法西斯」一詞源於拉丁文，原指捆在一起的棒子，象徵群眾圍繞着領袖形成一種無堅不摧的力量。法西斯主義否定資產階級，奉行國家利益至上、民族利益至上、領袖的意志至上，融和種族主義歷史觀和專制哲學於一體，既反對共產主義思想，也反對資產階級思想，主張建立以領袖的意志為中心的強大帝國，實行軍事擴張政策和戰爭政策。在第一次世界大戰後，意大利和日本分別出現了墨索里尼的法西斯黨和日本軍國主義，兩國先後建立起法西斯政權。

　　而在長期存在國家主義至上傳統的德國，希特拉於1933年至1945年擔任總理，以泛日耳曼主義、反猶太主義、反共產主義為主要號召（希特拉《我的奮鬥》一書集中體現了其納粹主張），建立起一黨專制、國家社會主義集權、個人獨裁的納粹德國，殘酷屠殺猶太人，發起第二次世界大戰，給歐洲和世界帶來巨大破壞，給人類文明帶來空前劫難。

　　對於法西斯主義和納粹德國道路的深刻反思和批判，是新自由主義的產生背景之一。

反對蘇聯模式的社會主義

二戰之後，不少歐洲國家走上社會民主主義國家、福利國家的道路，不過蘇聯、東歐實行以計劃經濟、中央集權為主要特徵的社會主義模式。因此，以美英為首的西方社會與以蘇聯為首的東歐出現冷戰。

在史太林時期，以高度集權為主的政治經濟制度和具體體制、機制在蘇聯形成，這種模式一直延續到20世紀80年代中期。在經濟領域，蘇聯建立全民所有制和集體所有制這兩種社會主義公有制，使其在國民經濟中佔據統治地位，實行按勞分配原則，採取中央集中主要權力的計劃經濟；在政治領域，蘇聯確立並堅持蘇聯共產黨在蘇聯社會中的領導地位，長期大搞個人崇拜，也有殘酷的政治清洗；在意識形態領域，蘇共堅持馬克思列寧主義的指導地位。

這種模式後來在蘇聯內部和西方社會都被定性為「極權主義」。戈爾巴喬夫還在蘇共總書記任上時，把蘇聯的社會主義概括為「極權官僚模式的社會主義」、嚴重「變了形的社會主義」、「曲解了的社會主義」、「專制的社會主義」。他認為蘇聯過去實行的並非真正科學的社會主義，他還把蘇聯模式看成阻礙蘇聯經濟與社會發展的根源。蘇聯解體後，他依然認為：「在蘇聯佔上風的是僵硬的、甚至殘酷的極權主義制度」，這種制度「在史太林死後，它的殘酷性略有削弱，變得緩和了些。但實質依然故我」，「蘇聯所實現的模式不是社會主義社會的模式，而是極權主義的社會模式。」[11]

否定蘇聯模式的意見還認為，蘇聯模式的極權性體現在蘇聯社會中存在異化與壟斷。蘇聯的「極權社會主義」，引起了人與政治、政權，人與生產資料、財產，人與文化的異化。政治上共產黨的領導，意味着共產黨對政權的霸佔，造成政治壟斷，形成人與政治、政權的異化；經濟上公有制佔統

---

11. 轉引自百度百科「蘇聯模式」。

治地位，排除了人們對所有制的選擇，造成經濟壟斷，形成人與生產資料、財產的異化；思想上馬克思主義居於指導地位，妨礙吸收世界上一切進步的思想，造成精神壟斷、真理壟斷，形成人與文化的異化。所有這些的關鍵，是共產黨對一切權力的壟斷，這是產生異化的根源。要克服異化，就必須消除各個領域的壟斷，尤其是共產黨的壟斷權。

新自由主義的產生，亦相當程度上是西方在冷戰時期與蘇聯進行意識形態較量和社會制度競賽的產物。

新自由主義的核心理念與「華盛頓共識」

一些自由主義學者都從不同的角度反對凱恩斯主義、法西斯主義、極權主義、專制主義、共產主義等，提出復興古典自由主義的重要思想，海耶克是其中最有代表性的一位。反對凱恩斯主義的經濟學家倡導貿易自由化、價格市場化、私有化、全球化。芝加哥學派、奧地利經濟學派、貨幣學派、理性預期學派、供給學派、新制度學派等均被視為新自由主義的重要經濟學派，芝加哥學派和奧地利經濟學派影響尤大。

出生在奧地利、長期在英國生活亦曾到美國芝加哥大學任教的海耶克，反對凱恩斯主義，反對社會主義、計劃經濟，尤其反對極權主義、專制主義，主張捍衛英國傳統的自由主義。1947年，海耶克和其他人一同創辦了朝聖山學社，39位學者在瑞士朝聖山集會，討論時局和古典自由主義的命運，以及如何應對馬克思主義者和凱恩斯主義者橫掃全球的局面，決定學會致力於加強自由社會的原則和實踐，提倡自由市場經濟政策，倡導開放社會的價值。朝聖山學社得到美國的支持，很多新自由主義的學派都與這個組織有關。

海耶克出版了《通往奴役之路》、《自由憲章》、《法律、立法與自由》、《致命的自負》、《個人主義與經濟秩序》等一系列重要的政治經濟

學著作，其成名作《通往奴役之路》集中反映了反對極權主義、反對社會主義、反對干預主義的思想。海耶克於1974年獲得諾貝爾經濟學獎，譽滿全球，被視為復興自由主義思想的最偉大的思想家。美國總統列根稱海耶克是影響其政治哲學最重要的兩三個人之一，曾邀請其到白宮面談。經過英國首相戴卓爾夫人推薦，海耶克1984年獲得英國女王伊利沙伯二世頒發名譽勳位，獎勵他「在經濟學上的研究貢獻」。美國總統布殊在1991年頒發美國總統自由勳章給海耶克，以表揚他「終身的高瞻遠矚」。海耶克的思想深刻影響了英、美政治家，亦對東歐等傳統社會主義國家產生巨大影響。東歐巨變後，很多國家成立了海耶克俱樂部或海耶克協會，將他視為自由主義思想陣營的旗幟和鎮山之主。海耶克對中國的自由主義學者亦有很大的影響，內地理論界關於海耶克的研究很多。

芝加哥學派是主要由美國芝加哥大學經濟系的師生所倡導、形成的一個經濟學派，主張反對社會主義計劃經濟與凱恩斯主義，信奉市場機制與自由放任，反對任何形式的國家干預。這一學派成為凱恩斯主義之後西方影響最大的經濟學派，也對新自由主義的形成具有極為重要的影響。芝加哥學派最重要的代表性人物是1946年返回母校芝加哥大學任教的經濟學家米爾頓‧佛利民（Milton Friedman），他於1976年獲得諾貝爾經濟學獎，被譽為20世紀最重要的經濟學家之一，其代表作《資本主義與自由》於1962年出版，提倡將政府的角色最小化以讓自由市場運作，以此維持政治和社會自由，反對政府的干預；其理論對上世紀80年代的美國總統列根及其他許多國家的經濟及貨幣政策有極大影響。在芝加哥大學任教的許多教授獲得諾貝爾經濟學獎，西奧多‧舒爾茨（Theodore William Schultz，1979年）、喬治‧斯蒂格勒（George Joseph Stigler，1982年）、朗奴‧高斯（Ronald Harry Coase，1991年）、蓋瑞‧貝克（Gary Stanley Becker，1992年）、羅拔‧科高（Robert William Fogel，1993年）、尤金‧法馬（Eugene Francis Fama，2013年），屬於芝加哥學派但並非芝加哥大學教授的詹姆斯‧麥吉爾‧布坎南（James McGill Buchanan）也於1986年獲得諾貝爾經濟學獎。香港的張

五常、王于漸、雷鼎鳴、陳家強（曾出任香港特區政府財經事務及庫務局局長）等經濟學家都被視為芝加哥學派，且是香港影響最大的經濟學派，直接影響政府的管治哲學。

海耶克等思想家和芝加哥學派等經濟學派的自由主義思想對英國、美國政府曾產生很大影響，催生了美國的列根經濟學和英國的戴卓爾主義。美國總統列根在20世紀80年代實施的經濟政策有四大支柱，減少政府財政支出增長、降低所得稅和資本利得稅、減少政府對經濟的調控與控制貨幣供應量，減少通貨膨脹。列根在任期內提高了美國各階層的收入，但也擴大了貧富差距。英國戴卓爾夫人在1975年至1990年任保守黨黨首，1979年至1990年任英國首相，她大幅調整工黨長期執政時的政策，主張創建一場自由意志主義運動，大力減少工會的力量和地方自治權，在經濟上將許多已國有化的部門重新私有化，強調控制通貨膨脹，削減公共開支。20世紀80年代末，美、英領導西方獲得冷戰勝利，蘇聯解體，東歐巨變，柏林圍牆被推倒，冷戰結束，西方的不戰而勝被視為自由主義對極權主義和專制主義、資本主義市場經濟對社會主義計劃經濟的完勝，古典自由主義迎來復興的高潮。

主要針對拉美和東歐國家改革而提出的《華盛頓共識》，被視為新自由主義政治經濟理論的集中反映，是新自由主義的政策宣言。1989年，美國國際經濟研究所邀請國際貨幣基金組織、世界銀行、美洲開發銀行和美國財政部的研究人員及拉美國家的代表在華盛頓召開了一個研討會，為拉美國家經濟改革提供方案和對策。曾任世界銀行美國國際經濟研究所經濟學家的約翰·威廉姆森執筆撰寫了《華盛頓共識》，系統提出拉美經濟改革主張，包括實行緊縮政策防止通貨膨脹、削減公共福利開支、金融和貿易自由化、統一匯率和推動浮動利率、取消對外資自由流動的各種障礙、國有企業私有化、取消政府對企業的管制、消除市場准入和退出的障礙及保護產權等。這些方案得到世界銀行的支持。約翰·威廉姆森認為，《華盛頓共識》秉承了亞當·斯密自由競爭的經濟思想，與西方自由主義傳統一脈相承。體現《華

盛頓共識》的政策主張曾由國際貨幣基金組織、世界銀行等國際組織在發展中國家推動，引起極大爭議。前蘇聯和東歐的一些國家根據《華盛頓共識》採取「休克療法」大多失敗告終。美國克林頓總統和英國首相貝理雅都曾力推新自由主義。

西方學術界認為，在美國和英國帶頭推動下，新自由主義影響極大，國際貨幣基金組織和世界銀行等國際組織大都支持新自由主義，這些組織通過與美國合作，實施美國財長貝克提出的發展中國家持續增長計劃即「貝克計劃」、美國財長布雷迪提出的拉美債務國改革計劃即「布雷迪計劃」，推行《華盛頓共識》，在拉美等地區推廣貿易及金融自由化、國企私有化。許多歐美大學的經濟學都由新自由主義佔據主導地位。歐盟於1992年在馬斯特里赫特簽署建立統一市場及實現資本自由流通的《歐洲經濟與貨幣聯盟條約》。美國、加拿大、墨西哥於1992年簽署《北美自由貿易協定》。1995年1月1日，由關貿總協定轉化而來的世界貿易組織正式成立。這些重大事件使新自由主義的影響日益廣泛。中國在加入世貿組織後快速崛起，被視為是新自由主義潮流中自由貿易和全球化的最大受惠者之一。

2008年，出現美國次貸危機和國際金融危機，主要西方資本主義國家一度陷入困境。在2009年的20國集團倫敦峰會上，英國首相白高敦宣稱「舊有的《華盛頓共識》已經終結」。一些西方國家不得不調整經濟政策，採取財政、貨幣政策干預市場和宏觀經濟，新自由主義暫時受挫，凱恩斯主義有復興之勢。與此同時，「北京共識」和「中國模式」開始引起更多討論。

自由主義的核心價值與普世價值

自由主義尤其古典自由主義的許多核心價值觀念，包括保護人的自由權、生命權、財產權、尊重和保護言論自由、思想自由、出版自由、宗教信仰自由、集會和罷工的自由、遷徙自由、尊重法治、保障人權等，都已載於

聯合國《世界人權宣言》、《經濟、社會及文化權利國際公約》和《公民權利和政治權利國際公約》。這三份重要文件一般被合稱為「國際人權法案」或「國際人權憲章」，獲得世界上絕大多數國家的認同，可被視為普世價值。否定人類社會存在普世價值，是沒有道理的。

《世界人權宣言》由1946年成立的聯合國人權委員會負責起草，美國總統羅斯福的遺孀是該委員會的主席。1948年12月10日聯合國大會表決《世界人權宣言》，在出席的56個成員國中，有48票贊成，0票反對，8票棄權（蘇聯、烏克蘭、白俄羅斯、南斯拉夫、波蘭、南非、捷克、斯洛伐克和沙特阿拉伯），另有2國代表缺席，當時的中華民國政府投了贊成票。《世界人權宣言》列出一系列有關人權的一般原則，作為「所有人民和所有國家努力實現的共同標準」。《世界人權宣言》並非一個強制性的國際公約，但它為以後兩份強制性的人權公約《公民權利和政治權利國際公約》和《經濟、社會及文化權利國際公約》奠定了基礎。

1954年，聯合國人權委員會完成《公民權利和政治權利國際公約》和《經濟、社會及文化權利國際公約》草案，提交聯大審議。經過十餘年的審議，1966年12月16日，第21屆聯大最終通過兩項公約，供各國簽署、批准和加入。《經濟、社會及文化權利國際公約》和《公民權利和政治權利國際公約》先後於1976年1月3日和3月23日生效。這兩項公約列出基本人權和自由，並規定所有締約國有責任採取各種適當措施，保障這些權利。

《經濟、社會及文化權利國際公約》又稱「A公約」，包括序言及五個部分，共31條，共有一百七十多個國家簽署。1985年，聯合國經濟及社會理事會決定設立「經濟、社會及文化權利委員會」作為該公約監督機構，負責審議各締約國定期提交的公約執行情況報告，評估締約國執行公約的情況，提出改進工作的建議，形成結論性意見。中華民國政府於1967年簽署了此公約。中華人民共和國於1997年簽署了公約，2001年由全國人大常委會批准，2003年開始提交履行公約的報告，公約對中國已發生法律效力。

中國在恢復對香港、澳門行使主權前，英國和葡萄牙作為締約國將該公約延伸適用於香港、澳門。中國在加入公約時向聯合國秘書長交存的批准書中表示，公約適用於香港特別行政區和澳門特別行政區。中國履約報告包括內地、香港和澳門三部分，其中港澳部分由兩個特區政府自行撰寫。

《公民權利和政治權利國際公約》又稱「B公約」，有序言及53條規定，規定公民個人所應享有的權利和基本自由，主要包括：生命、自由和人身安全的權利，不得使為奴隸和免於奴役的自由，免受酷刑的自由，法律人格權，司法補救權，不受任意逮捕、拘役或放逐的自由，公正和公開審訊權，無罪推定權，私生活、家庭、住房或通信不受任意干涉的自由，遷徙自由，享有國籍的權利，婚姻家庭權，財產所有權，思想、良心和宗教的自由，享有主張和發表意見的自由，結社和集會的自由，普及而平等的選舉權與被選舉權等等，並規定設立人權事務委員會監督公約的執行。目前約有170個國家成為該公約的締約國。中國於1998年簽署了公約，但至今仍未提交全國人大常委會批准，公約對中國尚未產生法律效力。英國於1976年成為該公約締約國，並在同年批准適用於香港。中國恢復對香港行使主權後，香港基本法第39條規定，《公民權利和政治權利國際公約》、《經濟、社會與文化權利的國際公約》和《國際勞工公約》適用於香港的有關規定繼續有效，通過香港特別行政區的法律予以實施；香港居民享有的權利和自由，除依法規定外不得限制。

中國現行憲法許多條款的規定是承認和體現自由主義的許多核心價值的，包括：實行依法治國，建設社會主義法治國家；任何組織或者個人都不得有超越憲法和法律的特權；公民在法律面前人人平等；國家尊重和保障人權；公民的合法的私有財產不受侵犯；公民有言論、出版、集會、結社、遊行、示威的自由；公民有宗教信仰自由；公民的人身自由不受侵犯；公民的人格尊嚴不受侵犯；公民的住宅不受侵犯；公民的通信自由和通信秘密受法律的保護等等。中國憲法的這些條文執行情況如何是另一個問題，但至少有一點可以肯定，自由、法治、人權等核心價值是中共和中國政府難以否定

的。中國是《公民權利和政治權利國際公約》和《經濟、社會及文化權利國際公約》的締約方，對公約的履行情況是另一個問題，但至少也有一點可以肯定，中國政府難以否認這兩個公約中包含的普世價值。內地一些人否認有普世價值，這是説不通的。

香港作為自由社會的主要特點

香港被英國管治了一百五十多年，深受英國自由主義的影響。香港既有英式自由主義的許多特點，更有其作為自由港的特點，自由主義是香港社會最重要的核心價值，涵蓋了民主、自由、人權、法治、廉潔等價值。

香港被國際社會尤其西方視為自由社會的一員。在香港回歸中國後，美國國會曾制定《美國—香港政策法》（又稱《香港關係法》），表示美國政府將繼續把香港視作一個在政治、經濟、貿易政策方面與中國完全不同的地區，並在對外政策上把香港特別行政區政府與中華人民共和國政府區別對待。在香港回歸時，英國王儲查理斯王子代表英國政府致辭時強調，為了保持成功，香港必須維持本身的法律和各種自由。末代港督彭定康反覆警告港人，要防止香港擁有的自由被一點點侵蝕。台灣方面將香港、澳門視為與大陸不同的「自由地區」，在出入境政策等方面予以區別對待。

香港有效保障人權，對政治權利和自由給予充分保障，包括新聞自由、出版自由、言論自由、宗教信仰自由、結社和集會、示威、罷工的自由等。這些自由是港人已經切實享有的，不是紙面上的規定。

近年，香港每年都有逾千次的遊行、示威、請願、抗議，警方一般對相關活動發出不反對通知書，只在活動的地點、線路及安全保障等方面與申請者進行協調。

香港擁有非常大的出版自由，這一自由受到法律嚴格保護。政府不事先對出版物進行審查；若出版商有疑慮，可主動把有關物品呈交司法機構轄

下的淫褻物品審裁處分類。出版物由《淫褻及不雅物品管制條例》規管，被分為三大類：第I類既非淫褻亦非不雅，第II類為不雅，第III類為淫褻；任何事物因為淫褻而不宜向任何人發佈，即屬「淫褻」；任何事物因為不雅而不宜向青少年發佈，即屬「不雅」；而「淫褻」和「不雅」包括「暴力、腐化或引起厭惡情緒」。出版物是否涉及「淫褻」和「不雅」，不是由政府和官員說了算，而是由司法機構認定。司法機關淫褻物品審裁處由一位主審裁判官及兩位或以上審裁委員組成，其主要負責的兩項工作為事物及物品評定類別及裁定性質。香港不會以政治原因限制出版物出版或因政治原因讓出版者承擔法律責任。被內地視為禁書的各種政治書籍或其他書籍在香港可以自由出版。考慮到互聯網與一般印刷品的區別，香港政府與香港互聯網服務供應商協會合作，於1997年制定自我規管的《規管淫褻及不雅資訊的業務指引》，為互聯網服務供應商提供指引。香港的電影發行受《電影檢查條例》監管，該條例於1988年制定，對電影採取分級制度：第I級適合任何年齡人士觀看；第IIA級兒童不宜，第IIB級青少年及兒童不宜；第III級只准18歲或以上人士觀看；第I、IIA、IIB級屬於勸諭性質，第III級的入場年齡限制屬強制執行。根據《電影檢查條例》規定，電影需送交通訊事務管理局（前身為香港影視及娛樂事務管理處）評級、核准，第III級影片還須送電影檢查監督核准，始可公開上映。III級電影包括色情電影，亦包括充滿血腥暴力鏡頭、粗口對白、恐怖、不良價值觀以及有爭議的政治觀點等題材電影，一般的裸露鏡頭可以出現在非III級電影中。香港還有俗稱的「四級電影」，這並非官方評級，而是指超越第III級尺度的電影，這些電影受《淫褻及不雅物品管制條例》管制，禁止在香港公開播映及發售，但不限制藏有或在朋友間傳播，但若內容涉及兒童色情，即使藏有亦違法。總的來說，香港的書刊印刷品和電影，主要限制的是「淫褻」、「不雅」等問題，對於政治內容幾乎沒有限制。政府表明其政策目標是，一方面捍衛公眾道德和保護青少年免受淫褻及不雅物品荼毒，另一方面要維護資訊自由流通和保障表達自由。

　　香港大眾傳媒機構擁有非常大的新聞自由，香港被視為資訊流通特別自由的地區。香港媒體大都由私人機構主辦，很多將媒體輿論監督的權力定位為行政權、立法權、司法權之外的「第四權力」，視批評政府、監督政府為主要責任。持反共立場的《蘋果日報》在香港影響很大。香港依照《本地報刊註冊條例》，對出版報刊採用非常寬鬆的註冊制，在註冊過程中，政府除加以核證以確保新辦報刊的名稱不會與已註冊的本地報刊的名稱相同之外，並無進行審查工作，包括從不查核報刊東主是否有刑事犯罪記錄，註冊的主要目的是保存記錄，以便在發生文字誹謗或版權訴訟事件時，可確定誰是負責人；法例沒有規定報刊在報導前必須送政府檢查，出版商如有疑問，可把出版物交淫褻物品審裁處進行評級。香港採用自由、寬鬆和有利競爭的規管模式，促進廣播業發展。特區政府主辦的唯一一家媒體是香港電台，作為香港公共廣播機構，提供電台、電視及新媒體服務。《香港電台約章》訂明該台享有編輯自主；從報導傾向看，香港電台恰恰是批評政府最嚴厲的媒體之一。香港記協是香港最大和最活躍的記者工會，致力維護香港的新聞自由。特區政府對私營媒體沒有財物管理權、審稿權。政府新聞處的職能是服務而非監管媒體，其定位是政府的公共關係顧問，負責政府的新聞、出版和宣傳工作，擔當政府與傳媒的橋梁，讓市民更多了解政府的政策和工作。

　　港人擁有充分的宗教信仰自由。基督教、天主教、伊斯蘭教、佛教、道教、孔教、印度教等各種宗教在香港得到尊重，市民可以自由信教。根據特區政府年鑑《香港2015》資料，香港目前約有佛教信徒100萬人，香港道教聯合會指香港道教信徒約100萬，1930年在香港成立的孔教學院致力將孔子思想納入小學、中學和大學的課程；香港約87萬人信奉基督教，其中有逾70個宗派約50萬名基督徒，天主教香港教區有約38萬名天主教徒；香港有約30萬名伊斯蘭教徒，其中15萬名為印尼人，4萬為華人，中華回教博愛社是代表香港華人伊斯蘭教徒的主要團體；香港還有約10萬名印度教徒，還有錫克教、猶太教等教徒。

　　港人擁有充分的遷徙自由。香港目前與一百五十多個國家和地區有免簽證協定，香港永久居民出入境非常自由、便利。香港永久居民移居其他國家和地區相對比較自由。

　　香港是一個高度崇尚法治和廉潔的地區，本章第二、三節再討論。

　　香港是自由港，具有高度的經濟自由。英國人自佔領香港後就宣佈香港是自由港，此後香港一直保持自由港的政策，市場自由競爭和自由貿易成為香港從一個小漁港發展為國際金融中心的重要經驗。香港奉行自由貿易政策，進出香港的貨品除煙酒等極少數品種外，不徵收關稅。香港支持及提倡自由、開放和穩定的多邊貿易制度，以單獨身份參加世界貿易組織。香港沒有外匯和港幣進出的管制，資金流通自由。香港多年來被美國傳統基金會評為全球最自由的經濟體。

　　香港政府的管治哲學長期奉行英國古典自由主義的精神，亦深受芝加哥學派的影響，堅持「大市場、小政府」、「積極不干預」等管治哲學，政府的職能、權力非常有限。港式資本主義基本以自由放任的市場競爭為主，較少因政府權力過大或濫用權力而侵犯個人自由，也造成社會保障和社會福利水平低、市場壟斷、貧富差距懸殊、社會矛盾突出等問題。凱恩斯主義從來沒有在香港產生多大影響。

　　香港的各種自由獲得基本法的確認和保障。香港基本法是中國政府治理香港的「小憲法」，對保障香港的核心制度和價值觀作出了許多莊嚴承諾，包括：香港特別行政區依法保障香港特別行政區居民和其他人的權利和自由；香港特別行政區不實行社會主義制度和政策，保持原有的資本主義制度和生活方式，50年不變；香港特別行政區依法保護私有財產權；香港居民在法律面前一律平等；香港特別行政區永久性居民依法享有選舉權和被選舉權；香港居民享有言論、新聞、出版的自由，結社、集會、遊行、示威的自由，組織和參加工會、罷工的權利和自由；香港居民的人身自由不受侵犯；

香港居民的住宅和其他房屋不受侵犯；香港居民的通訊自由和通訊秘密受法律的保護；香港居民有在香港特別行政區境內遷徙的自由，有移居其他國家和地區的自由，香港居民有旅行和出入境的自由；香港居民有信仰的自由；香港居民有選擇職業的自由；香港居民有進行學術研究、文學藝術創作和其他文化活動的自由；香港居民享有香港特別行政區法律保障的其他權利和自由。基本法的這些規定說明，中央政府是尊重香港原有的自由主義價值觀的，關鍵是在貫徹執行基本法時，要保持初心，不走樣、不變形，不要侵蝕和破壞港人已經擁有的各種權利和自由。

港人所擁有的權利和自由受兩個國際公約的保障。香港回歸後，《公民權利和政治權利國際公約》、《經濟、社會與文化權利國際公約》和《國際勞工公約》適用於香港的有關規定繼續有效，香港特區政府必須履行好這些公約，並接受國際社會的監督。香港基本法的許多條文，亦充分體現了這兩個公約的核心價值和主要精神。「泛民」經常要求在香港落實《公民權利和政治權利國際公約》。

充分理解和尊重港人自由主義的價值觀，維護和增進港人所擁有的自由，就能獲得人心。以任何理由，包括維護香港的繁榮穩定、維護國家的主權安全發展利益、牢牢控制香港的管治權等等，以抽象的香港整體利益、國家利益凌駕於個人自由和權利，侵蝕、破壞甚至摧毀港人所擁有的自由，肯定被視為不得人心的倒行逆施，是與香港核心價值和主流民意為敵，這樣做，不僅不能促進香港人心回歸，反而只會使港人逆反心理更重，人心加快流失。

香港社會對自由被侵蝕的擔憂

回歸以後，港人非常擔憂他們珍視的自由主義核心價值被破壞和侵蝕，擔憂他們最珍視的各種自由一點點喪失。這種擔憂近年不斷加劇。

　　需要特別指出的是，很多時候中央的舉措未必是要限制港人的自由，但由於多種因素，港人對中央可能侵蝕香港的自由，是特別敏感，也特別恐懼的。有許多港人是從內地來的，有的是在特殊時期因某些原因逃到香港的，對過去在內地受到的政治打擊和迫害等有揮之不去的陰影。內地曾經反對所謂資產階級自由化，在自由主義這個價值觀念上，內地與香港和西方社會是完全不同，甚至是根本對立的。長期以來，港人對內地維護自由、人權等方面的現狀給予很低的評價，批評內地缺乏新聞自由、言論自由、結社自由等，也非常反感內地所謂高壓維穩、打壓維權行動等做法。因為這些因素，香港社會對中央對港政策的一些重大舉措，對一些也許是偶發的單一事件，容易上升到價值觀衝突的高度，擔心是中央和內地收窄香港的自由。

　　2003年香港23條立法失敗，是香港回歸後最重大的政治事件之一，也對香港政局的走向產生極其深刻的影響。

　　香港基本法第23條規定，「香港特別行政區應自行立法禁止任何叛國、分裂國家、煽動叛亂、顛覆中央人民政府及竊取國家機密的行為，禁止外國的政治性組織或團體在香港特別行政區進行政治活動，禁止香港特別行政區政治性組織或團體與外國的政治性組織或團體建立聯繫。」2002年9月24日，香港特區政府頒佈了實施基本法第23條諮詢文件；根據諮詢文件，會把分散於《香港法例》內多項相關的條文抽出集中，重新寫成一部《國家安全法》，對叛國罪、分裂國家罪、煽動叛亂罪、顛覆國家罪及竊取國家機密五項罪行作出明確及清晰的立法。香港市民對23條立法普遍感到擔憂和非常不安，認為相關立法可能嚴重影響港人享有的人權、言論自由、新聞自由、集會自由和遊行自由、法治等。2002年12月15日，香港六萬人遊行反對23條立法。2002年12月24日，反對團體收集19萬名市民的簽名反對立法。2003年7月1日，民陣舉辦「七一遊行」，主題是「反對23條立法」，媒體指逾50萬市民上街支持。

　　23條立法最終以失敗告終，這也是中共及香港特區政府在香港回歸後經歷的最重大挫敗之一，對香港政局日後向惡性發展具有重要影響，其教訓

非常慘痛：當時香港經歷沙士疫情，百業蕭條，經濟情況很差，立法時機選擇很差；中央和特區政府都未能充分重視香港市民對自由受損的普遍擔憂，解釋說服工作極不到位；一些具體負責的官員推銷手法過於強硬和粗糙，引起市民反感。反23條立法的成功使「泛民」氣勢和支持度均上升，並在2004年立法會選舉中大勝，政府的管治威信嚴重受損。事件產生嚴重的後遺症，23條立法此後一直成為政治禁忌和燙手山芋，何時立法仍然遙遙無期。

香港長期有很高的新聞自由、出版自由、言論自由，但近年發生很多引起香港社會高度關注的事件，令港人愈來愈擔憂這些自由受損。

2013年10月，出版余杰作品《中國教父習近平》的香港晨鐘書局出版人姚文田在深圳被捕。2015年5月7日，姚在深圳中級法院被控「共同走私普通貨物罪」，判入獄十年、罰款25萬元人民幣。

2014年5月，香港政論刊物《新維月刊》、《臉譜》創辦人王健民與雜誌編輯咼中校，先後在深圳家中被公安帶走，兩人被羈押超過兩年後分別被判監五年三個月及兩年三個月。王健民與咼中校都曾供職《亞洲週刊》。

「銅鑼灣書店事件」更令香港社會震驚，也令國際社會高度關注。銅鑼灣書店以出售不少中國內地無法出版及發售的政治書籍而聞名，此類書籍多與中國政治或中共高層有關。2015年10月至12月期間，該書店的老闆桂民海、呂波及書店業務經理張志平、經營者李波、店長林榮基等五人陸續失蹤，後來證實五人均身處中國內地並受控制。事件令港人擔憂「一國兩制」、言論自由、出版自由及人身自由受到破壞。美國、加拿大、歐盟及日本等紛紛發表聲明表示關注，要求中國解釋事件及釋放失蹤人士。香港「泛民」議員批評，事件並非簡單失蹤案件，而是與香港保安政策及出版自由等息息相關，若證實中國內地公安在港執法，是徹底破壞「一國兩制」原則；書店股東之一李波極有可能在香港境內被中國內地公安帶至內地，目的是要阻止書店繼續出版政治禁書，同時產生寒蟬效應，令其他香港出版者不敢再出售內地政治刊物，嚴重打壓港人言論及出版自由。香港記者協會及獨立評

論人協會致函香港中聯辦、廣東省公安廳主要負責人以及特區政府政制及內地事務局局長，要求釐清問題，以釋港人疑慮。部分團體發起多次遊行抗議示威活動。建制派議員亦對事件是否涉及跨境執法提出很多質疑。特區行政長官也發表聲明表示，根據「一國兩制」及基本法規定，只有香港執法人員有權在香港執法，如果香港以外的執法人員在港執法，是違反基本法的。

香港及國際媒體報導，2017年春節期間，有加拿大公民、香港永久居民身份的內地資本大鱷肖建華被內地執法部門從香港四季酒店帶回內地。「泛民」質疑事件是「銅鑼灣書店事件」的翻版，認為「一國兩制」再遭踐踏。

一些新聞界人士被暴力襲擊，《明報》前總編輯劉進圖遇襲事件震驚全港。《明報》懸紅300萬港元追緝兇徒，翌日頭版報頭與大小標題全數套黑，以示是香港新聞界最黑暗的一日。輿論普遍揣測劉進圖遇襲與他在任《明報》總編輯時組織的一些輿論監督類報導有關，有的更直指與《明報》披露內地高官海外財富有關。2014年3月2日，由香港多個新聞團體組成的「新聞界反暴力聯席」發起「反暴力 緝真兇 保法治」遊行，呼籲捍衛新聞自由。

香港社會對新聞自由、出版自由受損的擔憂，還指向不少香港媒體被中資「染紅」。一些被中資控制的媒體，以內地思維和手法運營管理和做新聞報導，公信力不斷下降，市場萎縮，經濟效益差，社會形象極差，最典型的是亞洲電視。亞洲電視前身為麗的映聲及麗的電視，於1957年5月29日啟播，成為香港乃至全球華人地區的首間電視台。亞洲電視曾是華人地區中較具影響力的電視台之一，除新聞報導外，也拍過《大俠霍元甲》等一批非常有影響的影視作品。2000年代後，亞視的節目質素不斷下降，數度易主和政治立場轉變，使其收視率長期低落，並出現股權爭拗及財困問題。2010年中國內地商人王征入主後，發生新聞部誤報前國家領導人死訊等一系列爭議事件，反覆拖欠員工工資，令公司陷入危機，最終被法院要求清盤。行政長官會同行政會議於2015年4月1日決定不再續牌予亞視，令亞洲

電視成為香港歷史上首間不獲續牌的電視台。亞洲電視2016年4月2日凌晨零時牌照期屆滿，結束於香港本地的免費地面電視廣播，正式結束58年又308天的廣播歷史，是繼佳藝電視後，香港第二家停播的免費電視台。

香港業界和社會愈來愈擔憂媒體市場逐步被中資滲透和控制。香港記者協會《2016年言論自由年報》批評：顯而易見，香港的自由已受到中國內地各種勢力的影響，作為各種自由的基石，表達自由與新聞自由首當其衝；香港新聞自由指數下跌。該年報用了很多篇幅談論中資收購香港媒體問題。

《2016年言論自由年報》提到，內地收購香港傳媒，在全港26個主流新聞傳媒中，有8間由中國政府或中資商人直接控制或持有股份，佔總數的31%；它們分別是《大公報》、《文匯報》、《香港商報》、《中國日報香港版》、《成報》、鳳凰衛視、無線電視（TVB）、阿里巴巴收購的《南華早報》。TVB主要股份在2011年曾由創辦人邵氏兄弟公司轉給一個由非內地的親北京或親建制人士合組的財團，內地傳媒大亨黎瑞剛2015年4月從這個財團買下數量未明的股份而成為股東，黎是華人文化產業投資基金董事長，曾任中共上海市委副秘書長。TVB近年被不斷質疑已淪為香港的CCTV。郭鶴年旗下嘉里集團擁有的《南華早報》2015年12月宣佈出售給阿里巴巴。吳光正家族旗下的有線電視被鄭家純、邱達昌與中資合作收購。香港記協批評，「中國企業並購香港傳媒日漸增多，情況令人憂慮。」

香港記協亦高度關注中資搶佔香港網絡等新媒體市場。記協的年報提到，《香港01》是近年投資規模最大的新聞媒體（主要由《明報》前老闆于品海籌劃創辦，以手機應用和網站作為主要傳播平台，同時逢星期五發行《香港01週報》）。外界質疑于品海身懷「政治任務」或背後為「紅色資本」。比《香港01》早四個月成立的《端傳媒》被質疑有紅色背景，其執行主編張潔平和大股東蔡華均被指有中國背景。由香港商人成立的生立有限公司擁有的《堅料網》，標榜「不問立場，只問是非」，其內容有親建制傾向。

《2016年言論自由年報》提到，據香港浸會大學相關學者研究，在全港瀏覽量最高的50個網站中，19個是國際網站，本地16個，台灣及中國內地的只佔總數兩成；《蘋果日報》網站獨領風騷，每天訪客達394萬人次，佔據報章網站總訪客量近半；在純新聞網站中，《立場新聞》訪客每天63,400人次，其次為《端傳媒》和《香港01》。香港記協針對網站市場表示，「希望港人以國際視野和市場力量平衡中國資本的部分影響。」

香港社會尤其高等教育界亦非常關注學術自由問題，部分輿論質疑行政長官通過任命高校校長及兼任高校校監影響院校自主和學術自由，亦質疑特區政府有時直接干預學術自由。香港回歸以後，高校出現過不少被質疑影響學術自由的爭議性事件。

香港大學民意調查風波，亦稱鍾庭耀事件，是較早也是影響極大的一起爭議事件。2000年7月，香港大學民意研究計劃主任鍾庭耀在報章撰文，指行政長官兼任香港大學校監的董建華透過「中間人」施壓，要求停止有關行政長官及政府民望的民意調查。

2015年香港大學因任命副校長引起巨大爭議。2014年12月，港大負責遴選副校長的委員會在全球招聘後決定推薦曾任香港大學法律學院院長、支持「佔領中環」的陳文敏，讓他成為港大學術及人事資源副校長的唯一人選。港大校委會最終否決陳文敏的任命。「泛民」及香港部分輿論認為這次風波敲響學術自由的喪鐘。此後，港大發生任命李國章為校長的爭議事件，主要高校發起廢除特首任校監制度的公投等事件。

回歸後在香港發生的被指破壞自由的各種爭議事件，均有其特定的背景，其中的是是非非不能簡單下個結論。香港教育界的一些人士熱衷參加政治活動和社會運動，有的加入政黨，有的與西方勢力有緊密聯繫，這些人不能完全算學術界人士，這些人的研究工作和發表的言論亦不能完全算學術性質，一些人的言行在香港社會引起爭議是正常的，簡單下香港學術自由被打壓的結論，難以令人信服。

但可以肯定的有幾點：香港人已習慣擁有各種自由，包括擁有私人財產及人身自由等權利，包括遊行、示威、罷工、結社等政治自由，還有香港社會極為重視的言論自由、出版自由、新聞自由、學術自由、宗教信仰自由等，在捍衛自由上，香港主流社會是堅定不移、絕不妥協退讓的；回歸後，港人高度擔憂香港的各種自由被破壞和侵蝕，一些爭議事件很容易上升到捍衛自由的政治高度，銅鑼灣書店事件等引起的普遍疑慮是完全可以理解的，中央、特區政府和建制派很難佔領捍衛自由的道德高地，也極容易在這方面失去人心；在出台類似23條立法等重大政策舉措時，在處理一些敏感問題和具體事件時，中央和特區政府都要更加重視港人對捍衛自由的高度關切，真心實意尊重和維護港人的自由主義價值觀；出於任何目的，有意無意地破壞香港的自由，註定不得人心。

第二節
香港法治精神及回歸後法律界的重大爭議

法治精神本身是自由主義的內涵之一，鑒於其重要性，專節討論。

英國法治傳統與西方資本主義法治精神

香港的法律制度是由英國人建立起來的，深受英國法治傳統的影響。了解香港的法治精神，必須從源頭了解英國的法治傳統。英國最早建立現代法律制度，對西方資本主義社會的法治精神影響巨大。

英國是普通法的發源地。普通法系又稱英美法系或海洋法系。該法系與大陸法（又稱歐陸法系）並稱為當今世界兩大法系。普通法於中世紀約1150年左右起源於英格蘭。在英國的殖民統治下，普通法也傳播到美國、加拿大、澳洲、印度與香港等地。目前世界上有三分一人口生活在普通法司法管

轄區或混合民法系統中。和以成文法典為依據的大陸法系相比，普通法系在某些法律方面多採不成文法，尤其是判例法，強調「遵循先例原則」；刑事審判中採取陪審團制度，對於司法程序比較重視；法律制度和法學理論的發展往往依賴司法實務人員（尤其是高等法院法官）的推動，即法官實質上透過作出判決起到立法的效果。普通法在歷史上是判例之法，而非制定之法。

一些學者研究認為，英國法治體系在世界法律發展史上佔有重要的地位，除了其悠久歷史，近代法的許多原則和制度，如議會制、選舉制、法的統治、陪審制、信託制、公民基本人權的保障、立憲主義、權力分立與制衡、遵循先例原則、訴訟中的抗辯制等均起源於英國。英國是最早建立現代資本主義制度的國家，也是最早建立真正的法治，建立憲政制度。

早在1215年，英國就制定了《大憲章》（又稱《自由大憲章》），1225年《大憲章》首次成為法律，1297年的英文版本至今仍然是英格蘭威爾斯的有效法律。1688年英國光榮革命推翻了封建統治，並在1689年頒佈《權利法案》（全名為《國民權利與自由和王位繼承宣言》），以法律形式對王權進行明確制約、保障公民自由權利，確立議會君主立憲制、內閣制，使英國成為西方國家中最早走向法律統治，走向法治政府，從人治走向法治。英國經過資產階級革命正式建立了分權制衡原則，形成立法、行政、司法三權分立；行政權屬內閣，內閣必須對議會負責；司法嚴格獨立。這一傳統的架構體現了兩大原則：一是王權應當受到限制；二是人民對自由權利的珍視。

英國法治觀念具有三個核心原則。一是法律至上。法律至上是普通法最核心的精神。法律至上即法律具有至高無上的尊嚴和最高的統治地位。二是平等對待。平等對待即法律平等地對待所有人，在法律上，公民有獲得平等保護的權利。平等對待也指法律平等地對待公民和政府，即使是政府，也不得享有不必要的特權和豁免權。三是程序正義。在英國，法律程序具有特殊地位，救濟先於權利的程序中心主義使得程序比結果更加重要。

　　英國的法律傳統對西方資本主義的法律制度產生重大影響，使西方資本主義的法治精神具有以下優良傳統。

　　一是確立法治的至高統治地位，與專制社會的君主或政黨獨裁即「人治」形成鮮明對比。

　　法治（rule of law），又稱為依法而治、以法治國或法之支配。將國家、政府與政治領袖都置於法律的規範之下，將這個原則作為政治體制的基礎，稱為法治。在這種社會中，法律是社會最高的規則，具有凌駕一切的地位，任何人包括管治機構、法律制訂者和執行者都必須遵守，沒有任何人或機構可以凌駕法律。

　　法管（rule by law）與法治在意義上不同。在法管之下，法律成為工具，政府透過法律來控制人民，人民必須受到法律拘束，但是政府與執政者本身超越法律，不必受到法律限制。這種形式上的法治，最終淪為「人治」。法治和法管最大的區別，並不在於法律是否拘束人民，而是在於行政、立法、司法這些權力是否也和人民一樣，受到法律的拘束和控制。法治的內涵，不單是要求所有人民守法，更側重於法律對行政、立法、司法權力的控制和拘束，更側重於「以法治權」、「以法治官」；只有法管而沒有法治的結果可能會出現政府用法律的形式壓制民眾，側重於「以法治民」。

　　二是以法治確立實質和程序正義，與人治社會容易缺乏法律的實質正義形成鮮明對比。

　　在形式的法治中，法治只是為人民提供一套追求正義的法律框架和程序，「法治」的理念本身並不蘊含「正義」的理念，即使已知某條法律是不正義的，但是只要該法律是通過立法程序，並且行政和司法有適用該法律，這樣的狀況仍然被指是符合形式的法治理念的，但離正義很遠。有的國家憲法所確立的政體違背民主原則，或僅僅只是從紙面上規定了人民的自由權利卻在實質上難以落實，都只是徒具形式法治。實質的法治不僅僅是立法、執

法和司法具有形式上的合法性，更強調的是保障公民基本權利，強調法治的程序正義與實體正義，通常會設立違憲審查機制，確保通過立法程序的法律不至於侵害人民的基本權利。

三是以法治切實保障人權，與「人治」社會缺乏實質的人權保障形成鮮明對比。

西方許多資本主義國家的法治，是為了保障公民自由、生命和財產等權利不受侵犯。只有在真正實行法治的國家，人權才能獲得根本保障。而在一個人治社會或只有某些形式法治的社會，難以真正具備人權觀念，人民很難行使許多政治權利，包括人身自由、生命、財產等基本人權經常被公權力踐踏。

四是以法治切實實行憲政，與「人治」社會的「君大於法」、「黨大於法」、「權大於法」形成鮮明對比。

憲政是西方政治思想史上一種主張以憲法體系約束國家權力、規定公民權利的學說、理念和政治實踐。這種理念要求政府所有權力的行使都納入憲法的軌道，並受憲法的制約。憲政首先要求有一部好的憲法，對國家的政體作出好的安排，對公權力作出明確限制，對人民的自由和權利作出切實保障。憲政要對行政、立法、司法權力進行明確限制。憲政還要真正行憲，任何國家機構、社會組織和個人都必須在憲法內活動。憲政是民主制度的基礎和保障，同時也是對民主政治的制衡。憲政的根本作用在於防止政府（包括民主政府）權力的濫用，維護公民普遍的自由和權利。沒有法治也就沒有憲政，沒有憲政也很難有真正法治。西方學者認為，美國的成功就在於從一開始就制定了一部好的憲法，並真正行憲。

五是以法治實現民主，與「人治」社會缺乏民主形成鮮明對比。

法治將民主作為主要價值之一。除體現法律面前人人平等的原則，亦要求通過民主機制制定憲法和法律，要求建立民主制度。如果不是透過民主

機制制定法律，法律往往淪為政府對人民的統治和壓迫工具。民主也可說是法治的必要前提和實質內涵之一。民主制度的具體表現是人民能直接或間接（透過民選的議員、代表）制定各種法律，人民具有實質的選舉權與被選舉權，充分體現權力在人民手中、權為民所賦。

香港的法治傳統和法治精神

香港的法律制度基本是從英國搬來的，其法治傳統與英國的法治傳統極為相似。香港與英國同屬普通法體系，英國人在香港留下的法律體系和基本的法律制度，在回歸後基本保留下來了，主要變化是終審權從屬於英國倫敦的樞密院變為屬於特區終審法院。香港的大學傳授的是西方資本主義的法律理論與實踐知識，主要的法律教育工作者大多是英國人培養的。到目前為止，香港的法官及大律師、律師等法律界的人才，很多都有在英國接受法律教育或從事法律工作的經歷。香港終審法院聘請的外籍非常任法官，主要是英國法官。

良好的法治被視為香港成為國際金融中心的最成功經驗之一，被視為香港繁榮穩定的基石。香港市民對香港的法治是高度信賴的，國際社會對香港的法治水平給予高度評價，一些內地法律界人士也肯定香港是法治高地。末代港督彭定康曾表示，自由的傳媒、自主的大學以及法治都是自由社會的基石。特區終審法院首任首席法官李國能曾表示，法治與司法獨立已成為香港社會的基石，法庭也充分保障港人的自由、權力和職責，「在穩固基礎下，任何風浪都不會摧毀法治及司法獨立。」終審法院首席法官馬道立表示，「香港一直視法治為穩定社會的關鍵元素。」首任特區行政長官董建華曾反覆強調，香港多年的成就一直依賴法治，堅守法治是我們的底線；香港得以繼續保持繁榮，有賴法治和推行自由市場政策這兩項「重要成功因素」；香港的奇跡不是靠運氣，香港的司法獨立及法治精神，不可侵犯。前國家主席胡錦濤在慶祝香港回歸祖國15周年大會上發表講話時強調，「法治

是香港的核心價值。基本法在香港特別行政區具有最高法律地位，是依法治港的基石。」習近平曾在會見梁振英時表示，「法治是香港長期繁榮穩定的基石。」

香港法律界和特區政府相關部門認為，香港法治具有許多優勢和特點。香港的法治精神主要體現在以下方面。

尊重憲法

香港基本法是香港的憲制性法律，高於香港其他法律。香港基本法亦是全國性法律。雖然基本法的權威在香港遇到挑戰，但基本法仍是香港各界的最大公約數，拋開基本法談香港的民主發展和其他重要議題，將很難有任何共識。努力維護基本法的權威，全面落實基本法各項規定，完善與基本法實施相關的制度和機制，是香港維護法治精神的關鍵點和難點。香港特區行政、立法、司法機關需要帶頭嚴格遵守基本法，堅決維護基本法，依照基本法規定行使職權。中央政府、中央駐港機構、內地部門也要遵守基本法，不斷提高以基本法為基石，依法治港的水平。

司法獨立

其一，基本法及香港的政制設計充分保障司法獨立。

香港法律界認為香港特區實行的是「三權分立」，行政權歸以特首為首的特區政府，立法權歸特區立法會，特區法院擁有獨立的司法權和終審權，三權分立並互相制衡。內地不少學者認為香港實行的政治體制是行政主導的行政長官制，基本法在政制安排上的立法原意是行政主導。香港社會對香港是否實行「三權分立」、是否存在行政主導有很多爭議。從基本法的規定看，行政長官既是行政部門的首長，也是特區的首長，對香港特區和中央人民政府負責；行政長官擁有的權力比較多、比較大，有行政主導的一面。

但立法會、法院各有實質權力，對特區政府有巨大的制約作用；行政長官對立法會的影響非常有限，更別提主導立法會的立法工作；司法機關的獨立審判工作不受行政長官和行政機關任何干涉，行政機關不能干預司法機關、更不能主導司法機關，這是客觀事實。

香港擁有司法獨立是毫無疑問的。基本法第一章總則第2條規定，全國人民代表大會授權香港特別行政區依照本法的規定實行高度自治，享有行政管理權、立法權、獨立的司法權和終審權。基本法第85條規定，香港特別行政區法院獨立進行審判，不受任何干涉，司法人員履行審判職責的行為不受法律追究。香港司法機關的審判工作不受行政機關和立法機關干預。

其二，法官任免制度充分保障司法獨立。

基本法規定了回歸後的法官任免制度，這套制度有嚴格的法定程序互相制衡的設計，法官本身在這些程序中有重要的權力，對保障司法獨立及維護法官的權利具有重要作用。

1. 香港特別行政區的法官，根據當地法官和法律界及其他方面知名人士組成的獨立委員會推薦，由行政長官任命；行政長官要依照法定程序任免各級法院法官。

2. 香港特別行政區法院的法官只有在無力履行職責或行為不檢的情況下，行政長官才可根據終審法院首席法官任命不少於三名當地法官組成的審議庭的建議，予以免職。

3. 香港特別行政區終審法院的首席法官只有在無力履行職責或行為不檢的情況下，行政長官才可任命不少於五名當地法官組成的審議庭進行審議，並可根據其建議，依照基本法規定的程序予以免職；

4. 香港特別行政區終審法院和高等法院的首席法官，應由在外國無居留權的香港特別行政區永久性居民中的中國公民擔任；香港特別行

政區終審法院的法官和高等法院首席法官的任命或免職，除了規定的程序外，還須由行政長官徵得立法會同意，並報全國人大常委會備案。

從香港回歸後的實踐看，行政長官任免法官的職權受到法定程序的嚴格制約。香港司法人員推薦委員會在法官的任命中有實質的主導作用，行政長官絕對不可以隨意任命法官。立法會亦要對終審法院法官和高等法院法官的任命行使實質的同意權。包括終審法院首席法官在內的香港各級法院的法官，都要經司法人員推薦委員會推薦後，行政長官才能任命。

香港終審法院首席法官因退休等原因出缺後，要根據基本法、《香港終審法院條例》、《司法人員推薦委員會條例》規定的程序填補。

行政長官任命終審法院首席法官的職權受到司法人員推薦委員會和立法會的實質制約；司法人員推薦委員會擁有推薦與否的實權，立法會握有同意與否的實權。對於一般法官的任命而言，行政長官的任命權亦更多是象徵性的，真正權力掌握在司法人員推薦委員會手中。

行政長官更難以隨意免掉法官職務。香港的法官只要不是無力履行職責或行為不檢，都可工作到正常退休年齡；部分法官在達到退休年齡後，還可在司法人員推薦委員會的建議下延長任期。未到正常退休年齡的法官，只有在無力履行職責或行為不檢的情況下，行政長官才能將其免職。而法官是否無力履行職責或行為不檢，亦要由法官組成的審議庭進行審議，不是由行政長官說了算。行政長官要免掉終審法院的法官和高等法院首席法官，還須徵得立法會同意，並報全國人大常委會備案。香港回歸以後，還沒有發生法官因無力履行職責或行為不檢被免職的事件。

香港法官的收入較高，有利於法官保持廉潔，香港幾乎難以見到司法腐敗醜聞。從2014年4月1日起生效的法官薪級表看，香港最低級的特委裁判官的月薪起薪點為72,155港元，區域法院法官的月薪一般在14萬港

元左右，高等法院法官的月薪在20萬港元左右，終審法院首席法官月薪為293,200港元。

其三，司法獨立不受輿論影響。

香港司法獨立的另一大特色是，司法機關的審判工作甚少受到輿論的干涉。

香港有藐視法庭罪，這是普通法地區常見罪行，一般用作保護法庭的莊嚴。關於藐視法庭罪的界定並不完全清晰，部分原則常與知情權及言論自由相違背，但香港社會及輿論界是認可相關規範的。根據一些香港傳媒的內部指引，一般而言，案件審訊期間，才會有藐視法庭的危險。大部分刑事案件，審訊期是指由拘捕疑犯或發出傳票時開始，而大部分民事案件由已排期聆訊開始計算，直至案件完成裁決為止。常見的容易觸犯藐視法庭罪的行為包括：播出圖像或評論，可影響到涉及審訊的人士（證人、法官、陪審員、律師和控辯雙方等等）。例如，在審訊活躍期內播出可能在案中提及的證供詳細內容、播出可令控辯其中一方改變應訊策略的資料、在審訊完結之前播出對證人的訪問、與證人們有所洽商（例如做訪問，或商議是否可能做訪問），以至可能影響或被認為可能影響他們的證供。另外，與一宗案件的陪審員談及該案（如討論陪審團在會議室的退庭商議內容，就會涉及嚴重罪行，無論有關言論播出與否都屬違法）、報導曾被法官下令禁止報導的資料、揣測案件的審訊結果、評論將重審的案件、報導關於法庭的一般性質資料，足以損害人們對法庭公正審理某宗案件的信心、覆述陪審團退席期間法庭內的陳詞等。

香港傳媒在報導法院案件審理工作時，一般僅客觀報導案件審理進展，如實轉述控辯雙方和法官對案情的一些表述，不作任何其他傾向性評論。香港絕對不會出現輿論審判的情況。近年在一些敏感案件判決後，不同政治力量對法庭的判決會有不同評價，但一般不會在判決之前施加輿論壓力來影響審判結果。

限制政府權力及保障人權

人權與民主、自由、法治、廉潔等同為香港的核心價值。香港的法律體系和司法制度均使政府的權力受到限制，使公民的人權獲得充分保障。保護人權的前提之一是限制公權力。特區政府是小政府，職能和權力有限。

行政機關、立法機關的行為須在法律上符合程序正義與實質正義。市民如果覺得行政機關、立法機關的作為侵犯了個人權利，或者行政機關、立法機關的作為在程序上不合理，可以向法院提出司法覆核（相當於內地行政訴訟）。香港法院在案件判決中，更加重視維護人權，而不是維護特區政府、立法會的權威或所謂香港整體利益。

基本法充分保障香港市民的人身自由及政治、經濟、文化等權利。基本法第三章「居民的基本權利和義務」共19條，除第24條是就香港居民作出定義，第25條至第41條均是對香港居民各種自由和權利的規定；香港居民的義務只有1條，即第42條的規定，「香港居民和在香港的其他人有遵守香港特別行政區實行的法律的義務。」

由香港平等機會委員會負責執行的《性別歧視條例》、《殘疾歧視條例》、《家庭崗位歧視條例》、《種族歧視條例》，保障個人免受歧視。由個人資料私隱專員負責實施的《個人資料（私隱）條例》，在個人資料方面保障個人私隱。

香港的人權獲國際公約的保障。現時適用於香港的國際人權公約共有15條，其中7條（《公民權利和政治權利國際公約》、《經濟、社會與文化權利的國際公約》、《消除一切形式種族歧視國際公約》、《禁止酷刑和其他殘忍、不人道或有辱人格的待遇或處罰公約》、《兒童權利公約》、《消除對婦女一切形式歧視公約》、聯合國《殘疾人權利公約》）規定，締約國須向聯合國的有關公約監察組織定期提交報告，以及該等組織所要求的其他資料。除不適用於中國內地的《公民權利和政治權利國際公約》外，香港特

區的報告納入中國相關報告內提交，香港特區的代表會以中國代表團成員身份，出席有關公約組織舉行的審議會。至於《公民權利和政治權利國際公約》，香港特區的代表會在中國常駐聯合國代表兼大使率領下，出席與該公約有關的審議會。此外，聯合國人權理事會對聯合國所有會員國的人權狀況進行普遍定期審議工作，香港特區的報告納入中國相關報告內提交審議。

香港也通過本地立法保障聯合國兩個人權公約在香港得到實施。在制定《香港人權法案條例》前，香港是通過普通法、有關法例和行政措施以落實兩項公約的規定。不過，在香港回歸之前，愈來愈多市民及團體建議制訂「人權法案」，以便把兩項國際公約內訂明的有關權利納入本地法律。1987年在香港討論基本法草案及徵求意見稿期間，1988年在日內瓦舉行的聯合國人權事務委員會會議上，都有人提出這項建議。1989年「六四」事件之後，香港市民支持制訂這項法案的呼聲更高，港英政府於是決定草擬人權法案，使《公民權利和政治權利國際公約》中適用於香港的有關條文，在本地的法律中生效。由於《經濟、社會與文化權利的國際公約》所訂明的權利難以通過法庭頒令執行，港英政府決定不把這些權利納入人權法案內。《香港人權法案條例》的第II部基本照搬了《公民權利和政治權利國際公約》對於人權的有關規定。

一些國際機構批評近年香港人權保障出現倒退，主要質疑香港的新聞自由排名下降和法治受損等。但總體而言，香港市民的人身自由和安全等基本人權，及思想、言論、信仰、集會、結社等政治自由和權利，均得到法律的有效保障，香港人權狀況良好，這是香港作為一個自由社會、法治社會的重要特點。

體現合法性原則與法律面前人人平等

香港法治精神中，合法性原則與法律面前人人平等，是兩個基本要素。合法性原則主要指公權力的使用必須合法，政府和所有公務人員的權力

均來自法律；任何人（包括行政長官）除非有法律根據，不可以作出構成法律過失或會影響他人人身自由的行為。法律面前人人平等，任何人不論種族、階級、政見或宗教信仰，都須遵守本地法律，並受法律的公平對待，所有人皆受法律的保護及約束，任何人犯法皆會被依法處理並受到懲處，權貴和執法者也不能例外。

體現司法的公平正義

香港回歸後，基本保留了港英時期留下的法律體系和司法制度，比較充分地體現司法的公平正義。

香港繼續保留普通法制度和原有法律體系。基本法第8條規定，香港原有法律，即普通法、衡平法、條例、附屬立法和習慣法，除同本法相抵觸或經香港特別行政區的立法機關作出修改者外，予以保留。香港因為與許多資本主義國家和地區一樣採用普通法，有利香港的司法與國際接軌，對香港成為貿易中心、航運中心和國際金融中心，具有舉足輕重的影響。

香港設有法律援助制度，保障市民的司法權益。由於香港的訴訟費用偏高，為了保障市民不因財政問題而影響向司法機關提出法律訴訟及抗辯的機會，政府特設法律援助制度。法律援助署為具有合理理據提出訴訟或進行抗辯的人士，提供代表律師，以進行民事及刑事訴訟，確保他們不會因沒有經濟能力而無法提出訴訟或進行抗辯。法律援助服務由政府撥款提供。合資格人士可獲提供代表律師，費用全免或視乎其經濟情況而按比例收取。

香港確保被告獲得公平、公開的審訊及上訴權利，這中間包括公平審訊、公開審訊、無罪推定原則、陪審團制度、上訴權等要素。

香港堅守無罪推定原則。所有被告被法庭判罪以前，法律上都是清白和無罪的。控方必須舉出足夠證據以證明被告「有罪」，而不是被告提出證

據來證明自己「無罪」。警方拘捕犯罪嫌疑人時都會給疑犯戴上黑色頭套。香港絕對不會出現一些地區經常出現的輿論審判、「電視認罪」等，「電視認罪」被視為缺乏人權保障、缺乏司法文明的表現。

香港實行公開審訊制度。司法過程向公眾披露，嚴格按照程序進行，受社會各界監察。所有法庭聆訊都會對外公開，傳媒和公眾可以在場旁聽，審訊的結果及判詞亦會發放予公眾。

香港保留了原有的陪審團制度，這對保障公正審訊具有極為重要的意義。香港在1845年正式通過《陪審員與陪審團規管條例》，陪審團制度現已成為香港司法制度中很重要的一部分，基本法確認加以保留。任何香港居民都可能獲安排成為陪審團成員。極嚴重的刑事罪案，如謀殺、誤殺、強姦、持械行劫和某些毒品罪行，均由原訟法庭法官會同陪審團進行審訊。陪審團通常由7人組成，但也可經法官下令由9人組成。被告是否有罪，由陪審團決定。法官會籲請陪審團在作出裁決時力求意見一致，陪審團可按5對2或7對2的大多數票作出裁決。陪審團成員一般是普通市民，可以以相對客觀的標準判斷事實，確保被告獲得公平判決，杜絕法官自己判案可能導致的冤假錯案。

香港一系列訴訟原則十分有利於保護人權，保護被告的合理權益。

與國際接軌及具有一定國際地位

香港作為國際金融中心、貿易中心、航運中心，其法律體系與司法制度與許多採用普通法的西方國家接軌，其法治水平受到國際社會認可，香港亦努力為國際社會提供良好的法律服務。

推動香港成為亞太區國際法律及解決爭議服務中心，是特區政府的主要施政方針之一。律政司與香港律師會、香港大律師公會及其他機構合作，

努力改善香港的法律、仲裁及調解服務，推動香港成為區內的法律及解決爭議服務中心。香港已具有亞太區國際仲裁中心的地位。香港擁有在本地創立的仲裁機構——香港國際仲裁中心，完全獨立，不受政府干預。香港國際仲裁中心處理的仲裁個案大多是國際個案。香港與內地和澳門簽訂了相互執行仲裁裁決的安排。四個世界級仲裁機構已在香港設立辦事處。2008年11月，總部設於巴黎的國際商會國際仲裁院在香港設立秘書處分處，為在亞太區所進行的國際商會仲裁提供服務。2012年9月，中國國際經濟貿易仲裁委員會在香港設立首個在中國內地以外的辦事處，名為中國國際經濟貿易仲裁委員會香港仲裁中心，進一步提升香港作為國際仲裁地點的競爭力。中國海事仲裁委員會於香港設立內地以外首個仲裁中心。

司法機關和法官聲譽良好

港人普遍相信司法公正，法律面前人人平等，司法獨立等。

香港法官的社會形象良好，司法機關的聲譽良好。一些機構多年的內部民調顯示，香港市民一直認為法官的公信力是最高的。香港大學民意研究計劃多年的民調顯示，香港市民對終審法院首席法官的評分、對法治程度的評價、對司法制度公平程度的評價、對法庭公正程度的評價，雖然在回歸後有起起伏伏，但總的評價是較高的，尤其相對於對行政長官和行政機關、立法機關的評價。

輿論很少批評法院和法官。香港主流媒體較具批判意識，對特區政府、立法會和中央政府都有很多批評，但甚少批評法院和法官；即便認為法院的一些重大判決存在問題，亦多表示尊重。

香港社會出現重大事件後，社會各界往往希望特區政府委任由法官牽頭組成獨立的調查委員會進行調查處理，希望以法官的公信力作出令公眾信服的調查結論。

回歸後法律界的重大爭議及香港社會對法治受損的擔心

香港回歸後，法治問題迅速引起爭議。港人對法治受損的擔憂愈來愈強烈，一些人甚至批評香港「法治已死」。圍繞香港法治問題的爭議具有強烈的政治色彩，而普通法與大陸法的理念衝突也非常突出。對香港法治受損的批評，絕大部分是針對中央政府和特區政府的，亦有一些批評是針對司法機關和「泛民」的。

人大釋法爭議

香港基本法第158條規定，本法的解釋權屬於全國人民代表大會常務委員會；全國人民代表大會常務委員會授權香港特別行政區法院在審理案件時對本法關於香港特別行政區自治範圍內的條款自行解釋；「香港特別行政區法院在審理案件時對本法的其他條款也可解釋。但如香港特別行政區法院在審理案件時需要對本法關於中央人民政府管理的事務或中央和香港特別行政區關係的條款進行解釋，而該條款的解釋又影響到案件的判決，在對該案件作出不可上訴的終局判決前，應由香港特別行政區終審法院請全國人民代表大會常務委員會對有關條款作出解釋。如全國人民代表大會常務委員會作出解釋，香港特別行政區法院在引用該條款時，應以全國人民代表大會常務委員會的解釋為準。但在此以前作出的判決不受影響。」全國人民代表大會常務委員會在對本法進行解釋前，徵詢其所屬的香港特別行政區基本法委員會的意見。

香港回歸以後，全國人大常委會曾先後五次對基本法作出解釋。

第一次釋法

1999年1月29日，香港終審法院就「吳嘉玲案」宣判，指出所有香港永久居民在中國內地所生子女，不論有否單程證，不論婚生或非婚生，不論出生時父或母是否已經成為香港居民，均擁有居港權。

時任保安局局長葉劉淑儀估計，按終審法院的判決，在十年內會有167萬人可從中國內地移居香港，這將會為香港社會帶來沉重人口壓力。1999年5月18日，行政長官會同行政會議決定提請人大釋法。1999年6月26日，第九屆全國人大常委會第十次會議對基本法作出解釋，指出只有獲批單程證的香港永久居民在內地所生子女才享有居港權，出生時父或母仍未成為香港居民的則沒有居港權。此一解釋推翻了終審法院的判決。

人大釋法令香港司法界十分憂慮和不滿，認為嚴重衝擊終審法院的權威，特區政府直接向國務院提交報告請求人大釋法，繞過了香港法院，涉嫌違反基本法。香港法律界認為，在香港沿用普通法制度，解釋法律是法院獨有權力，特區政府以行政干預司法、破壞香港司法獨立、對法治缺乏尊重。釋法後的1999年6月30日，本港法律界發起香港史上首次沉默大遊行，六百多名法律界人士身穿黑衣，默不作聲遊行到終審法院，抗議特區政府提請人大釋法。維基解密披露的美國外交電文指出，於第一次釋法後，終審法院五名常任法官曾考慮集體辭職抗議，最終因憂慮新委任的法官可能能力不足或缺乏獨立性而沒有實行。2000年8月2日，一批聲稱擁有居港權的人士在灣仔入境處大樓抗議，有人持易燃物品揚言自焚，結果火勢一發不可收拾，導致入境事務主任梁錦光及爭取居港權人士林小星被燒死。

終審法院在此後的判決中裁定，凡未在1999年1月法院判決時正式向當局提出申請，或出生時父母仍不是港人的案例都敗訴。

第一次釋法是特區政府向全國人大常委會提出的，被批評釋法的程序不當。這次釋法是在香港終審法院有判決結果後的釋法，且釋法內容推翻了終審法院的判決，被批評破壞香港司法獨立及打擊法院威信。這次釋法引起的爭議極大，但使香港法院明確人大有釋法權、人大釋法同基本法一樣具有法律效力，香港法院必須遵守人大釋法。

第二次釋法

2004年4月6日，第十屆全國人大常委會第八次會議對基本法附件一和附件二作出解釋，當中涉及有關修改「行政長官及立法會產生辦法和法案議案表決程序」的規定。其中最重要一項訂明，所有修改建議除了原有規定的「須經立法會全體議員三分之二多數通過，行政長官同意，並報全國人大常委會批准或者備案」這三項法律程序之外，還需要另外兩項程序，即：一，行政長官產生辦法是否需要進行修改，要先由行政長官向全國人大常委會提出報告；二，由全國人大常委會依照基本法第45條和第68條規定並根據香港的實際情況和循序漸進的原則予以確定。

這一次釋法是全國人大常委會主動釋法。香港法律界批評，在人大釋法下，香港政改的法律程序由「三步曲」變為了「五步曲」；「立法原意」加上「人大釋法」是很方便的政治工具，可任意更改加減基本法的條文。

第三次釋法

2005年3月12日，時任行政長官董建華辭職，香港各界為董建華接任者的任期爭論不休。政府、內地學者及親政府陣營提出接任者應該繼續董建華餘下任期。「泛民」則普遍認為接任者應該根據基本法及普通法原則開展新一個五年任期。

2005年4月6日，署理行政長官曾蔭權請求國務院提請全國人大常委會就基本法第53條有關新的行政長官的任期，作出解釋。同年4月27日，第十屆全國人大常委會第十五次會議對基本法相關條文作出解釋，全體委員一致通過補選的行政長官任期為前任餘下的任期。

此次釋法針對的是補選特首的任期這一技術性問題，爭議總的不大。

第四次釋法

　　剛果民主共和國曾向中國中鐵批出開礦權，期望換取中國中鐵對該國的基建投資，卻被一間美國基金公司以債權人身份要求截取中國中鐵投資的1.02億美元作為抵債。剛果民主共和國以「絕對外交豁免權」圖阻美國基金公司追債，卻被香港法院上訴庭裁定敗訴。剛果民主共和國不服判決，要求香港終審法院就外交豁免權提請人大釋法。釋法請求獲終院同意。2011年6月8日，終審法院以三比二的多數（常任法官包致金、非常任法官馬天敏反對；常任法官陳兆愷、李義、非常任法官梅師賢贊成）裁定，此案需要尋求人大常委會釋法。

　　2011年8月26日，第十一屆全國人大常委會第二十二次會議通過決議，因香港對外事務由中央人民政府負責，香港特區須跟從中央人民政府對剛果民主共和國實施「絕對外交豁免權」，特區法院對其沒有司法管轄權。

　　這次釋法是特區終審法院向全國人大常委會提出申請，案件亦確實涉及到不屬香港自治範圍的外交問題，此次釋法是回歸以來爭議最小的一次釋法。香港法律界一般認為，人大釋法應該採取這種模式。

第五次釋法

　　2016年，候任立法會議員梁頌恆、游蕙禎在宣誓就任時以「支那」等語侮辱國家和民族，展示「Hong Kong is not China」宣揚「港獨」的標語，在立法會秘書處監誓人裁定兩人宣誓無效後，立法會主席梁君彥裁定兩人可以重新宣誓。特區政府向高等法院提出司法覆核，要求裁定梁君彥的裁決無效及宣佈梁頌恆、游蕙禎議席懸空。

　　在高等法院就該司法覆核案聆訊但未判決之前，全國人大常委會於2016年11月7日對基本法第104條「香港特別行政區行政長官、主要官員、行政會議成員、立法會議員、各級法院法官和其他司法人員在就職時必須依

法宣誓擁護中華人民共和國香港特別行政區基本法，效忠中華人民共和國香港特別行政區」的規定作出解釋，明確了「未進行合法有效宣誓或者拒絕宣誓，不得就任相應公職，不得行使相應職權和享受相應待遇」、「宣誓必須符合法定的形式和內容要求」、「宣誓人拒絕宣誓，即喪失就任該條所列相應公職的資格。宣誓人故意宣讀與法定誓言不一致的誓言或者以任何不真誠、不莊重的方式宣誓，也屬於拒絕宣誓，所作宣誓無效，宣誓人即喪失就任該條所列相應公職的資格」等要求。

人大常委會第五次釋法在香港社會引起極大爭議。民陣兩次到中聯辦遊行抗議。法律界人士靜默遊行抗議。梁家傑指，未開審先釋法，公然向法庭施壓，損害司法獨立；宣誓案不涉外交或「中港」事務，釋法令政治凌駕法治；人大釋法對香港最大的傷害，是不斷削弱香港法院的自主和獨立。青年新政指中央一旦釋法即直接統治香港，損害香港法治，以人治代替法治。

香港法律界看法分歧，批評質疑居多。大律師公會發表聲明指，強烈籲請人大常委會以最克制態度，處理當前極為敏感並具關鍵性的事件；有關宣誓是否合法、立法會主席裁決權等問題，應留待特區法院在本地司法制度內處理；若全國人大常委會執意在此階段主動釋法，將對香港的獨立司法權和終審權帶來極大衝擊，嚴重削弱港人以至國際間對「一國兩制」、「港人治港」、高度自治的信心，百害而無一利。律師會會長蘇紹聰表示，希望人大常委會行使釋法權時，慎重考慮香港處境，特別正有案件進行時，會否讓人覺得干預本港司法獨立。港大法律學院教授陳弘毅指，宣誓事件涉及基本法第104條，關乎中央與香港的關係，符合要求人大常委會解釋基本法的條件。資深大律師、前立法會議員湯家驊指，理解中央為何想釋法，但不能認同，不希望看到案件未經法院審理就釋法，這是不尊重香港的司法程序，對法官亦沒有太大信心；對釋法感到失望，但認為在法院有裁決前釋法，比在有裁決後釋法推翻裁決，傷害比較小。當時剛宣佈參選特首的前法官胡國興表示，人大常委會有釋法權力，但有權不要用盡，在案件開審前釋法，予人不良觀感，時間不適合，步驟亦不正當，對法官構成不必要的壓力，亦質

疑今次案件是否必然符合中央釋法的範圍。港大法律學院前院長陳文敏指，人大釋法是向香港法院施壓，破壞司法獨立，未審先判。港大法律學院首席講師張達明指，這次釋法，對香港法治的破壞會遠超過去四次釋法；是「人大幫你判」，赤裸裸地將內地的一套法律觀念搬到香港，會對香港法治和司法獨立造成前所未有的衝擊。法政匯思召集人任建峰批評，釋法削弱香港法治和司法威信，絕對是粗暴踐踏香港的司法制度和法治，令法律淪為政治工具。建制派開始也大多對釋法持保留態度或不表態。

香港高等法院在人大釋法後數日裁決特區政府勝訴及梁頌恆、游蕙禎的議席懸空，但法官在判詞中表明是根據特區原有法例判決，沒有引用人大釋法的內容。「泛民」及法律界人士批評全國人大常委會沒有必要釋法。

還有一次特區政府建議的釋法被法院拒絕

2012年12月13日，《明報》報導，律政司就外傭居留權上訴案建議終審法院提請人大釋法，解釋1999年「吳嘉玲案」釋法時提及的特區籌委會報告書，「反映基本法立法原意的表述」，是否已是釋法的一部分。如建議獲得法院接納，人大常委會亦同意這是釋法的一部分，將推翻關乎「雙非」問題的「莊豐源案」之裁決。法院的判決最後拒絕了政府提請人大釋法的請求。判詞指出，雖然外傭居港權一事，涉及「中港關係」的事宜可尋求全國人大常委會解釋基本法，但根據基本法第158(2)(3)條，法院可自行解釋自治範圍內的法律條款及對基本法的其他條款，沒有需要提請人大釋法。在人大沒有釋法的情況下，有關「雙非」兒童擁有居港權的問題至今沒有在法律源頭上解決，特區政府只能通過採取行政措施減少內地居民在香港生產「雙非」童。

人大釋法在香港法律界和整個社會爭議極大，焦點在釋法權限、釋法程序、釋法效力等方面：人大有沒有釋法權？人大釋法與香港普通法制度和司法獨立是矛盾的嗎？人大是否只能應終審法院的要求釋法，人大能不

能主動釋法？人大釋法對香港法院及其他機構有否約束力，是否不尊重香港終審權？

　　其一，在人大釋法權問題上，香港部分法律界人士從政治立場或從普通法法理的角度否定人大釋法權；但終審法院承認人大的釋法權不容否定，人大釋法與香港司法獨立並不矛盾。

　　李柱銘等「泛民」法律界人士從根本上否認和反對人大釋法權力。李柱銘曾表示，基本法第158條（即本法的解釋權屬於全國人民代表大會常務委員會）是最傷害香港的法律條例之一，因為在普通法中，所有釋法權歸於法院，在起草基本法時他是極力反對第158條的。天主教香港教區榮休主教陳日君樞機曾批評，「釋法」一詞是騙人的，實情是修正法律，接受釋法是開壞先例，令香港寶貴的法治精神一而再、再而三受到破壞。

　　香港法律界許多人士反對人大釋法，除了有些人刻意否定中央的這一憲制權力，有很多是從普通法的觀念出發，認為只有法官才有權解釋法律。香港有人質疑，人大釋法突顯出「人大」這個中央權力機關的地位比起法律還要高；法治社會中講的是「法律至上」，任何機關都要被規管；當人大能夠釋法（無論是主動還是被動），已經是顯示出她的地位尤在香港法律之上。

　　香港法律界一些人士將人大釋法權與普通法制度、將人大釋法權與香港的司法獨立對立起來，認為只要人大釋法就是破壞香港法治。在普通法制度下，解釋法律的權力確實在法官手中，但人大釋法與此並不矛盾。在釋法權這個根本問題上，中央和香港一些法律界人士是對立的。國務院新聞辦發表的《「一國兩制」在香港特別行政區的實踐》提出，「尊重和維護全國人大及其常委會對香港基本法的修改權和解釋權……這與香港特別行政區的法律地位是一致的。全國人大常委會依法行使基本法解釋權是維護『一國兩制』和香港法治的應有之義，既是對特別行政區執行基本法的監督，也是對特別行政區實行高度自治的保障。」

特區終審法院曾在判詞中承認，香港基本法第158條第1款（全國人大常委會享有香港基本法的最終解釋權）賦予人大「全面而不受限制的」的解釋權。

其二，在人大釋法程序問題上，香港部分法律界人士認為人大只能應香港法院的要求釋法；香港終審法院認為，人大有權主動釋法。

香港部分法律界人士對人大釋法的程序亦有質疑和批評，認為按條文規定只可由終審法院提請人大釋法，由特區政府等非司法機構的提請均屬違憲。

香港終審法院已反駁這種觀點，明確承認人大常委會主動釋法的權力。早於1999年的劉港榕訴入境處處長一案中，特區終審法院於判詞中寫明，認為人大釋法應在特區終審法院提請下才可啟動的說法屬「不可接受」；全國人大常委會明顯有權力去作出解釋，而有關權力來自中國憲法第67條「全國人民代表大會常務委員會行使下列職權」中的第4款「解釋法律」，以及香港基本法第158條；香港基本法第158條第一款，並不受限於該條第2款（授權特區法院自行解釋香港基本法有關自治範圍內的條文）和第3款（法院在作出不可上訴的終局判決前提請全國人大常委會作出解釋）。判詞顯示，特區終審法院表明全國人大常委會擁有香港基本法的主動解釋權，故即使並非特區終審法院提請，人大釋法亦是在法律框架之下進行，並無違反法治。

內地學者認為，中央有法理基礎亦有必要保留主動釋法的權力，不能僅僅在香港終審法院申請時才釋法，人大常委會完全擁有主動、全面、最終的釋法權。香港特區行政長官和行政機構儘量避免直接向中央申請釋法，有利減少爭議。

其三，在人大釋法的法律效力方面，雖也有中央不宜以釋法推翻香港法院判決的質疑，但香港終審法院和法律界普遍承認，人大釋法的法律效力與基本法相同，香港法院必須遵守人大釋法。

香港法律界有的承認中央釋法權，但認為中央不宜以釋法推翻香港法院的判決，以免損害香港法院的權威和司法獨立。有人提出，任何情況下，人大都不應行使釋法權力，去推翻香港法院的判決，特別是當終審法院已作出最終的判決；雖然人大有權這樣做，但這會對香港的司法獨立帶來負面影響；而司法獨立正正是香港法制下的法治不可或缺的原則。

1999年人大常委會關於居港權的釋法，確實推翻了終審法院的相關判決，但終審法院已作的終局判決的法律效力並不受影響，這是基本法對香港法院判決穩定性和權威性的維護，亦是對香港終審法院終審權的高度尊重。這需要中央和香港法院互相尊重，即中央尊重香港的司法獨立和終審權，而香港的法院尤其是終審法院亦要尊重中央的釋法權，在需要中央釋法時，終審法院在作出最終判決前向全國人大常委會提請釋法，則香港法院的權威及其司法獨立均不會受負面影響。

香港法律界普遍承認，全國人大常委會釋法的法律效力與基本法的效力是相同的，香港的法院和其他機構均必須遵守。在香港終審法院還不太願意主動提請人大釋法、而一些極其敏感重要的案件在判決後釋法可能衝擊更大時，全國人大常委會及時進行主動釋法是完全必要的，可以確保香港法院的判決不違背基本法的立法原意。比如，有關香港立法會議員宣誓風波的釋法，對香港法院具有約束力，客觀上制約了法院不會作出縱容「港獨」的判決。

其四，人大釋法是中央維護司法主權的最主要手段，謹慎使用這一權力有利維護香港法治。

鑑於人大釋法總易引起爭議，包括特區政府官員在內，香港社會較主流的意見認為，人大釋法一般應當是最後一步，應儘量避免，謹慎從事。曾任律政司司長的黃仁龍在加入政府之前曾參加過反對人大釋法的遊行，他認為，人大釋法有其合法及合憲性，但會儘量避免考慮釋法，即使真的要考慮，也會儘量慎密考慮，將對法治的影響減至最低；當有行政措施等可解

決問題的時間，釋法應是考慮的最後一步，「終審法院演釋的條文基礎是不能違反的，否則對司法獨立及法治精神會有影響」；人大的釋法權力毋庸置疑，但基本法賦予香港特別行政區獨立的司法權和終審權，是不能忽略的，所以釋法不能輕率而行。

有內地學者認為，讓香港法院擁有終審權，是中央放棄了司法主權，這在許多聯邦制國家都是沒有的。人大釋法權便成為中央捍衛司法主權的最重要手段。香港法律界和整個社會需要接受基本法關於釋法的這一制度安排，接受釋法是全國人大常委會的憲制權力，接受全國人大常委會可以被動亦可以主動釋法，接受全國人大常委會釋法對香港司法行政立法等部門所具有的法律效力和約束力。

司法覆核爭議

「泛民」被指經常濫用司法覆核破壞特區管治。法院則被指借司法覆核將司法權凌駕行政權及立法權，導致司法獨大。

司法覆核又稱司法審查，是司法機關對行政機關、立法機關以及公共機構行為合法性、合憲性的審查。通常情況下，英美法系國家以普通法院行使司法審查權，而大陸法系國家多設立行政法院進行司法審查。內地的行政訴訟案件與司法覆核比較相似，行政訴訟是公民、法人或其他組織認為行政主體以及法律法規授權的組織作出的行政行為侵犯其合法權益而向法院提起的訴訟。

在香港，「司法覆核」全稱為「高等法院司法覆核程序」，主要針對的是行政部門的決定或行為合法與否（是否超越法律賦予的權力、有否履行法律賦予的責任、有否善用法律賦予的酌情權、有否違反法律原則等等），而非正確與否。香港的司法覆核主要針對行政機關，亦有針對立法機關和其他公共機構的，比如梁國雄曾針對立法會主席曾鈺成「剪布」提司法覆核。

普通市民可以提司法覆核，即所謂「民告官」；立法機關、行政機關亦可提司法覆核，比如特區政府曾就立法會主席梁君彥批准梁頌恆、游蕙禎再次宣誓提出司法覆核。

香港輿論分析，隨着教育水平和政治意識提高，香港市民對政府部門的期望也愈來愈高，對本身權利和自由的意識亦愈來愈強。近年香港政治爭拗有上升趨勢，政府和反對陣營之間關係惡劣，部分政黨、政治勢力意圖以司法覆核制度挑戰政府管治，這些都導致近年司法覆核案件不斷增多。律政司統計資料顯示，申請司法覆核許可的案件，在2010年有134宗，2011年有103宗（獲批51宗），2012年有161宗（獲批72宗），2013年有182宗（獲批67宗），2014年有168宗（獲批84宗），2015年有259宗。

香港回歸後，一些重要的司法覆核案件產生重大爭議，對香港的政治、社會產生極大影響，比如：以吳嘉玲為代表的關於居港權的司法覆核案、以莊豐源為代表的「雙非童」居港權司法覆核案、外傭居港權司法覆核案、外傭子女居港權司法覆核案、領匯上市司法覆核案、清拆皇后碼頭司法覆核案、立法會引用特權法調查梁展文加入新世界中國司法覆核案、變性人婚權案司法覆核、港珠澳大橋環評報告司法覆核案、新移民申領綜援須居港滿七年司法覆核案、龍尾建泳灘司法覆核案、石鼓洲建焚化爐司法覆核案、圍繞免費電視發牌的司法覆核、梁麗幗挑戰全國人大常委會「8·31」決定司法覆核案、機場第三跑道司法覆核案、黃之鋒關於參選立法會議員年齡限制的司法覆核案、圍繞立法會宣誓風波提出的司法覆核案、廣深港高鐵司法覆核案……這些個案只是香港司法覆核案件的一小部分，從中可以看出，圍繞香港重大的政治、經濟、民生問題，市民提出的司法覆核愈來愈多，圍繞司法覆核的爭議也愈來愈多。

香港輿論對司法覆核被濫用的批評有所增多，一些批評引起強烈關注。2015年12月，前終審法院常任法官列顯倫出席活動時表示，司法覆核不應用於去挑戰特區政府的政策，近年有人「譁眾取寵」地濫用司法覆核程

序，試圖癱瘓特區政府運作。列顯倫指，港珠澳大橋因司法覆核官司實際停工五個月，累積效應令大橋工程延遲，造價增加，香港段影響內地通車。

輿論批評司法覆核成為阻撓、干擾、破壞特區政府施政的重要手段，一個重要表現就是圍繞香港重大工程建設的司法覆核太多，包括港珠澳大橋、機場第三跑道建設、香港高鐵段建設等。有很多重要的司法覆核如領匯上市、港珠澳大橋建設等，雖然最終政府都勝訴，但等到完成所有法律程序，政治、經濟及社會的損失已難以挽回。

輿論亦關注香港的司法覆核愈來愈政治化，司法覆核成為政治鬥爭的重要手段，一些司法覆核給香港政局帶來重大影響，比如圍繞領匯上市的司法覆核曾給董建華政府沉重打擊。帶有政治目的的司法覆核多，針對政治議題所提的「政治司法覆核」增多。

很多提出司法覆核的人士並不是用自己的錢來打官司，而是通過向政府申請法律援助，用公幣來打官司。香港社會包括一些立法會議員質疑法律援助被濫用，要求檢討完善法律援助制度。

香港輿論還提出一個更深層次的問題，即司法獨大問題，司法覆核使司法機關對行政機關、立法機關的一些重大決策和重大作為的合法性具有最終裁定權，司法凌駕行政、立法的現象勢必產生。行政機關、立法機關的權威受損。

認同需要有司法覆核的意見也很多。不能否認，香港市民需要司法覆核這一法律權利，而正常的司法覆核亦是維護公民權利和社會利益的重要法律手段。媒體歸納，司法覆核至少具有四大社會效益。一是制衡公權力。司法覆核是司法對行政和立法的制衡工具。二是體現法治精神。司法覆核為市民提供一個良好的渠道去監察政府和立法會。三是改善政府施政。司法覆核給予市民有效渠道表達對政府施政的不滿，促使政府制定政策時更考慮民

意，長遠有助改善施政。四是捍衞基本權利。現行制度下市民不但可就政府新推出的政策提出司法覆核，也可對已經實行的政策提出挑戰。

　　前終審法院首席法官李國能撰文反駁列顯倫法官對司法覆核的一些批評，旗幟鮮明地捍衞司法覆核。李國能的文章在一定程度上代表了香港法律界對司法覆核充分肯定的意見。

　　李國能分析了司法覆核增多的原因，否認司法覆核被濫用，強調司法機關能夠阻止司法覆核被濫用。他指出，「香港與許多其他普通法轄區一樣，司法覆核案件在過去20年急劇增加。這些司法覆核的挑戰通常獲法律援助支援。司法覆核現象已經重塑了法律環境，這個説法絕不為過，現象的成因包括：現代社會日趨繁複、社會管理所需法例大幅增加、《人權法案》及《基本法》的頒佈，以及市民對自身權利和自由的意識加強」；「隨着司法覆核個案增加，社會人士關注到有一些個案顯示司法覆核被濫用，在該些個案中，有人試圖以政治而非法律理據提出司法覆核挑戰」，「我認同一般人的看法，這些個案主要反映了政治制度的運作有缺陷，這顯然不是司法機構的責任」；「必須強調的是，法庭具備有效方法阻止司法覆核被濫用。與一般民事案件不同，申請人展開司法覆核訴訟前，必須先向法庭尋求許可，若法庭拒絕發出許可，他們根本無法展開有關程序」；「2007年前，法庭批出司法覆核許可的門檻相對較低，只要案件有潛在可爭拗之處便會獲批准。至2007年，終審法院丟棄原有做法，大幅提高司法覆核的門檻，法庭必須認為有關申請有合理可爭拗之處，因此在現實上有勝訴的機會，假如達不到這標準，法庭便會以公眾利益為由終止這宗司法覆核。」

　　李國能高度肯定司法覆核的價值，回應對司法覆核影響管治、影響效率等方面的批評，強調司法覆核對保障市民權利和自由、促進良好管治、維護公義的重要性。他指出，「我們以普通法為基礎的司法制度裏有一個不可或缺的特徵，就是市民有權去到法院，以司法覆核來挑戰公共機構的決定。由

獨立的司法機構去處理司法覆核，對法治極其重要，亦可全面保障我們的權利和自由。司法覆核被視為一國兩制下香港這一制的特色是恰當的」；「當一宗司法覆核獲准展開，這或會對公共機構實施被挑戰的決定帶來不便，耗費時間、開支及造成延誤等。但在法治制度下，便利和公義時有矛盾」，「我們不應從負面角度將司法覆核看成對政府的滋擾，相反應正面看待。」

李國能亦承認司法覆核不能政治化及為複雜的政治經濟社會問題提供解決方案，「提出司法覆核必須基於法律理據，不能基於政治理由」；「我不時向公眾解釋司法覆核的性質及限制。司法覆核不能為社會面臨的複雜的政治、經濟及社會問題提供解決方案。法庭的職能只是按照法律原則來決定事物合法與否的界限。在合法的界限內，這些社會難題只有透過政治領域的討論及妥協，方能找到解決辦法。市民須依賴政治過程來解決問題，確保政治過程可以恰當及有效地運作的責任，屬於行政機關及立法會。」

應該説，捍衞司法覆核和批評司法覆核的意見都是充分和有力的，必須承認香港社會包括司法機關內部對司法覆核是有強烈爭議的。司法覆核這一制度應該得到維護，市民通過司法覆核維護權利和自由的渠道應該暢通；但司法覆核的政治化及濫用等問題，及其對政府管治和香港經濟社會造成的破壞，亦不能否認；把握好度，捍衞市民司法覆核的權利，同時阻止濫用司法覆核，尤其是要儘量阻止純粹抱着政治目的的政治性司法覆核，這都取決於司法機關的作為。

關於政治性案件的爭議

香港回歸後，公民社會加快成長，社會運動增多，遊行、示威不斷。在司徒華領導社會運動的時代，香港社運和政治抗爭一直堅持「和理非非」，即「和平、理性、非暴力、非粗口」的模式，這也一度成為港人集會的核心價值和引以為傲的遊行文明。但近年「和理非非」成為激進民主派對傳統民主運動的攻擊箭靶，香港的政治抗爭活動亦日趨激進、暴力以至違法。

在圍繞香港行政長官普選方案制定的政改鬥爭中，香港大學法律學院學者戴耀廷提出「公民抗命」、「佔領中環」的設想。他主張，法治的最終目的，就是保障公民的基本人權，守法和限權都只是法治的功能性目標，有法必依、以法限權也不能保證法律可以達義；在一些情況下，以制度之外的方法，也就是公民抗命，才有可能達致保障公民基本權利的終極目的；「佔中」倡議的公民抗命運動是要佔領中環要道，然後參與者等候被捕，希望以這種自我犧牲的行為，喚醒其他人明白現有的選舉制度不公，未能保障所有港人的民主選舉權。

國際上確有「公民抗命」理論及實踐。「公民抗命」是指政治不服從，以公然違反法律來表達對不合理法律不滿的行為。香港學界將其特點歸納為五個：一，和平、理性及非暴力的運動；二，故意觸犯法律來表達對不合理法律的不滿，並願意接受制裁；三，抗議某些不公義的法律，而非針對整個法律制度；四，秉持良心和道德原則喚起關注和感召人民起來去修改惡法；五，以社會利益作為出發點，而非為個人私利。印度聖雄甘地和美國黑人領袖馬丁路德金均採用過「公民抗命」。

當引入「公民抗命」理論後，香港政治抗爭人士似乎為抗爭中的違法行為找到了最好的藉口，好像只要有高尚的政治理由，只要是為了社會公益和社會正義，違法也沒有關係，違反了法律也不應該受到制裁，法律的標準可以不一樣，政治理由可以成為免罪的護身符。

如何對待在社運和政治抗爭行動中涉嫌違法的人士，香港社會出現爭議。「泛民」陣營最常見的指責是，律政司對一些人士進行「政治檢控」，違背法治精神。與此同時，香港建制陣營一些人士認為，香港回歸後，尤其是近年來，法院對一些極其敏感、重大的政治性案件的判決，不利維護香港的法治和繁榮穩定，尤其法院對一些暴力案件的判罰畸輕，對香港愈來愈嚴重的暴力事件缺乏阻嚇力。影響最深的是法院對2014年「佔領中環」事件涉案人員的判決。香港部分媒體和法律界人士認為，法院對「佔領中環」

案件判刑太輕，讓人覺得暴力抗爭、違法抗爭不用付上太大代價，這是香港2016年春節發生更嚴重的旺角暴亂的深層原因之一。

2016年旺角暴動之後，香港法院對一些敏感性案件的判罰出現變化，非建制陣營除了繼續批評律政司政治檢控及政治追殺，也對香港法院提出許多質疑和批評。2014年6月6日至27日期間，部分社運人士為反對新界東北發展計劃前期撥款在立法會多次示威，最終發展為大規模衝擊立法會。2017年，律政司對相關被檢控人士的刑期提出上訴，13名示威者經上訴庭覆核聆訊後被加刑，由原審時的80至150小時社會服務令，全部改為監禁8至13個月不等。此後，律政司也對「佔中三子」黃之鋒、羅冠聰及周永康衝擊「公民廣場案」的刑期提出上訴，2017年8月，上訴庭改判黃之鋒入獄半年，羅冠聰入獄8個月，周永康入獄7個月。「泛民」將黃之鋒等三人定性為香港的首批「政治犯」，批評香港法院淪為為政治服務。非建制陣營發起多次遊行示威，聲援「雙學三子」及衝擊立法會的社運人士，抗議政府打壓「人權人士」。

由於香港社會的政治對立日趨嚴重，政治敏感案件趨增，香港法院的判決很容易引起政治爭議，不是得罪「泛民」就是得罪建制，而一些市民以謾罵等形式對法官展開人身攻擊，這都是非常有損法治尊嚴的行為。香港法院維護司法獨立原則及守護公平正義，面臨更多挑戰。

香港與內地需要在香港法治問題上化解歧見增進共識

香港回歸後，圍繞香港法治問題出現的爭議很多、很大，人大釋法、司法覆核、政治性案件的判決等爭議不斷，香港法律界和社會有對法治受損的擔憂，中央、特區政府和愛國愛港陣營亦對司法機關及整個法律界有諸多憂慮和不滿，司法機關和法律界內部對一些重大問題亦存在不同看法，各方需要化解歧見，增進共識，共同守護香港的法治精神。

香港社會特別是法律界要珍惜基本法對香港法治的尊重與守護

應該説，中央對香港原來良好的法治精神和傳統是高度肯定、高度尊重的，基本法涉及香港法治的規定極為開明和包容，甚至具有很強的創造性。香港司法機關、法律界和整個社會都要珍惜基本法對香港法治精神的守護。

基本法保留了香港原有的法律體系。原在香港實行的司法體制，除因設立香港特別行政區終審法院而產生變化外，予以保留。基本法保留了香港原有的司法原則，包括遵循判例的原則、司法獨立原則、陪審原則、訴訟原則、語文原則等。基本法保留了香港司法獨立。

最重要的是，基本法賦予了香港特區終審權。香港的終審權不是固有的，是基本法賦予的，是中央授予的。香港可以獲得終審權，這是聯邦制國家成員也無法享有的。內地學者認為，中央基本放棄了對香港的司法主權。在賦予香港特區終審權的同時，中央對香港特區終審法院法官和高等法院首席法官的任命或免職，也只是行使備案權，相關任命或免職須報全國人大常委會備案，基本法沒有規定不予備案的情形。

非常開明的是，基本法也允許香港的法院使用外籍法官。基本法第92條規定，香港特別行政區的法官和其他司法人員，應根據其本人的司法和專業才能選用，並可從其他普通法適用地區聘用。基本法第82條中規定，終審法院可根據需要邀請其他普通法適用地區的法官參加審判。目前香港終審法院聘有十多名外籍的非常任法官，其他法院也聘用外籍法官。

回歸後香港仍然保有良好的法治精神，司法機關信譽較高，市民對司法機關比較信賴和尊重，這與司法機關自身的表現有關，也與基本法為香港法治奠定的良好基礎分不開。對於香港法治存在的一些問題和爭議，司法機關和法律界需要冷靜思考法律界是否也需要承擔責任，司法機關尤其需要自省其權力是否過於膨脹。

　　法律界一向被建制派和內地視為「泛民」的支持堡壘。法律界如果繼續在法治問題上過分攻擊中央和特區政府，容易引來中央更嚴厲的反擊。法律界帶頭批評香港「法治已死」、法治淪為為政治服務，這些過分的貶損對在國際社會維護香港良好的法治形象並無建設性。

　　香港司法機關要維護司法獨立和香港的終審權，但要懂得權力自制，尊重中央政府的憲制權力，尊重特區的行政權和立法權，主動糾正司法擴權甚至司法獨大的問題。特區司法機關如果不懂得權力自制，挑戰中央權威，或者在許多重大案件的審理上明顯表現出偏幫「泛民」的政治取向，司法對行政、立法的干預對特區管治造成干擾和破壞，也可能導致中央對香港司法機關更不信任，甚至採取必要措施反制。理論上，中央有法律空間收回香港部分司法主權，包括在重要法官任免上拿回實質權力，更加重視行使人大釋法等權力。

香港法律界需要理解中央對香港法治現狀的擔憂和關切

　　香港司法機關、法律界和社會需要對中央多一些理解，包括認識和理解中央長期以來對香港司法機關和法律界可能已形成的許多憂慮、失望甚至不滿，儘量緩解與中央在香港法治問題上的尖銳矛盾和衝突，增強中央對香港法治的信心，這也是香港法律界維護香港法治的自保之道。逞一時之快，在法治問題上與中央針尖對麥芒，雙方完全缺乏互信和尊重，以鬥爭思維處理問題，吃虧的只會是香港，因為中央始終是擁有更大權力、更多手段的一方。香港法律界要有智慧，捍衛獨立的司法權和終審權是絕對應該的，但要有所節制，以換取中央的權力節制，刺激中央的言行愈多，中央在使用權力上可能出手更多、更重。

　　香港司法機關不能也不必去挑戰中央的權威，不能也不必爭取不屬於香港的權力。

　　香港的終審權是中央賦予的，但特區終審法院至少一度表現出並非完全尊重中央權威。特區終審法院曾經宣稱對全國人大常委會的立法行為有違憲審查權，這種無謂的爭權行為，顯然是容易刺激中央敏感神經和犯忌的。1999年終審法院在吳嘉玲案的判詞中宣稱：「有爭議的問題是：特區法院是否有權審查人大及其常委會的立法行為是否符合基本法，並在發現不符合基本法時宣佈其無效，我們認為，特區法院具有這種管轄權，而且在發現不符合基本法的情況下，的確有義務宣佈其無效。我們必須利用這個機會明白無誤地表達這一點。」蕭蔚雲等內地基本法專家曾批評，這些判詞不符合中國憲法、「一國兩制」精神和香港基本法的精神。第一，按照中國憲法第57條的規定，全國人大是中國的最高國家權力機關，全國人大常委會是它的常設機關，香港特區是中國不可分離的部分，香港終審法院是香港特區的司法機關，又是一個地方法院，它的這一地方法院的地位決定它不能審查全國人大及其常委會的立法行為並宣佈其無效。第二，根據香港基本法，香港的高度自治權是全國人大授予的，香港法院有權在審理案件中自行解釋香港基本法中屬於自治範圍的條款。這是授權和被授權的關係。香港法院有權在審理案件中自行解釋基本法中屬於自治範圍的條款，這一權力來源於中央，不是它本身固有的。香港法院作為被授權機關卻要審查授權機關全國人大及其常委會的立法行為並宣佈其無效，這就完全顛倒了授權與被授權的關係，變成全國人大及其常委會要聽命於香港法院。第三，香港法院的管轄權也不是無限的。香港基本法第19條規定，香港法院對國防、外交等國家行為無管轄權，這是明確的限制。全國人大及其常委會的立法行為顯然屬於國家行為，香港法院完全無權過問，終審法院竟要審查全國人大及其常委會的立法行為，這與香港基本法第19條的規定也是抵觸的。第四，香港終審法院的判詞説，它的權力是從主權派生而來的。這實際上説它的權力帶有主權性質。這完全違背中國是單一制國家，主權只能由中央統一行使，地方行政區域不能行使主權這一性質。

香港司法機關不能否定中央的釋法權等權力，應以行動表示對這些權力的尊重。

香港法院確實承認中央有釋法權，也接受全國人大常委會的釋法具有同基本法一樣的法律效力，接受人大釋法對香港法院有約束力。但說香港司法機關並不心悅誠服地接受中央釋法，或許並不冤枉。第一，對於人大歷次釋法，司法機關負責人沒有公開表示過支持與肯定。以人大第五次釋法為例，司法機關負責人從頭到尾回避表態。第二，香港法院不願意主動提請人大釋法。至今人大五次釋法，只有一次是香港終審法院主動向全國人大常委會提請的。對於一系列居港權案的審理，雖然有提請人大釋法的必要，特區政府也曾經建議終審法院提請釋法，但終審法院並不願意採納。第三，為了避免案件審理需要提請全國人大釋法，香港法院或傾向於將本來不屬於香港自治範圍的事務說成是自治範圍的事務。一些法律界人士認為，2016年立法會宣誓風波引起的司法覆核，利用本地法例即可審理，並不需要人大釋法，趕在香港法院判決之前人大釋法，顯示中央對香港的法官並不信任。香港高等法院對政府提出的梁頌恆游蕙禎釋法覆核案，亦確實是採用本地法例審判，初審時的判詞完全沒有提及人大釋法的內容。如果人大不主動釋法，或許香港法院也不會就相關司法覆核案的審理提請人大釋法。

從根源上講，香港在回歸前確實只有法官釋法，沒有立法機關的立法釋法和行政機關的行政釋法，法律解釋權只歸法院，而擁有終審權的英國樞密院司法委員會對香港法律有最終解釋權。在回歸之後，香港的普通法制度與內地的大陸法制度有明顯差異，一國與兩制之間存在複雜的關係，而香港的終審權與全國人大常委會對基本法的解釋權容易出現衝突，香港法院獲授權對自治範圍的事務進行解釋的權力與全國人大常委會對基本法的解釋權亦容易出現衝突，香港法院只願由自己來解釋，某種意義上可以理解。但香港法院亦需要理解中央的關切，嚴格按基本法辦事，不屬於香港自治範圍內的事務，該需要中央解釋的應主動提請解釋；香港法院解釋錯了而全國人大常

委會通過釋法給予糾正的，比如吳嘉玲案，香港法院需要接受這種糾正；全國人大常委會主動釋法的，香港法院也需要接受和遵循。

香港司法機關有逐步凌駕於行政機關、立法機關之上的趨勢，引起司法獨大的疑慮，司法機關需要權力自制。

終審法院至少曾經表露了自我擴權、在香港實行司法主導的傾向。終審法院同樣是在吳嘉玲案的判詞中宣稱，法院「有權審查特區立法機關制定的法律或特區行政機關的行為是否符合基本法，如果發現不符合，宣佈其無效……在行使這種管轄權時，法院是在按照基本法的規定行使它們的憲法性功能，對政府的行政和立法部門進行憲制性監察。」

內地基本法專家批評香港法院自我擴權。第一，香港法院是沒有審查特區立法機關制定的法律是否符合基本法的權力的。香港基本法規定審查香港法律是否符合香港基本法的權力屬於全國人大常委會。基本法第17條明確規定：「香港特別行政區的立法機關制定的法律須報全國人民代表大會常務委員會備案。備案不影響該法律的生效。全國人民代表大會常務委員會在諮詢其所屬的香港特別行政區基本法委員會後，如認為香港特別行政區立法機關制定的任何法律不符合本法關於中央管理的事務及中央和香港特別行政區的關係的條款，可將有關法律發回，但不做修改。經全國人民代表大會常務委員會發回的法律立即失效。」這裏明確了審查香港特區立法機關通過的法律是否符合基本法的權力屬於全國人大常委會。第二，香港回歸之前，香港法院也沒有所謂憲法性管轄權。在英國不存在憲法性管轄權或違憲審查權。英國是實行議會至上的國家，英國法院無權審查英國議會制定的法律並宣佈其無效，英國也沒有成文憲法，不存在違憲審查權。香港在回歸前完全跟英國的法律走，法院沒有所謂憲法管轄權。第三，憲法管轄權是與以行政主導的香港特區政治體制不相符的。香港基本法體現了行政主導的精神，行政長官既是行政機關的首長也是特區首長，基本法對立法會議員的提案權力進行

了限制，香港不是實行三權分立。香港終審法院的判詞強調享有憲法性管轄權，擴大法院的管轄範圍，這是以司法為主導，而不是以行政為主導。

中央不掌握香港的終審權，全國人大常委會對香港終審法院法官和高等法院首席法官的任命、免職僅有象徵性的備案權。中央沒有掌握香港司法主權，亦難以實質影響香港司法，香港立法會兩大陣營對立且長期紛亂不已，特首和行政機關的行政主導被制約、被削弱，香港出現司法獨大等問題。中央顯然是不滿香港行政、立法、司法之間關係的現狀。習近平曾經在2008年7月訪港時提出，香港管治團隊要通情達理，團結高效，「團結呢，那就是我們的這個運行團隊、這個管治團隊要精誠合作，行政、立法、司法三個機構，互相理解，互相支持。」習近平這一講話被香港輿論簡化為「三權合作論」。

香港法律界和社會一直批評「三權合作論」，強調香港是三權分立。而在具體實踐中，通過司法覆核這一形式，香港法院實際上日益凌駕於行政機關、立法機關之上，行政機關、立法機關的重要作為是否合法，變成了最後要由法院說了算。據香港媒體報導，國務院港澳辦原副主任徐澤2016年10月在中聯辦舉辦的講座上表示，香港並沒有「三權分立」，行政長官不僅是行政機關首長，也是特區的首長，是落實香港基本法的第一責任人，但回歸後出現「立法至上」、「司法至上」，削弱及扭曲了行政主導，令特首對中央及香港負責的職權落空。有香港媒體評論指，徐澤提及特首未用盡基本法賦予的權力，還提及香港出現立法獨大與司法獨大的問題，其意見多少反映主管香港事務的領導人的意思。

正視司法擴權以至司法獨大問題，短期而言，需要香港司法機關主動實行司法權力自制，不要過多批准那些法律層面的爭拗不大、實質是以司法程序干擾破壞行政機關、立法機關正常運作的司法覆核。基本法對於嚴重影響香港三權關係的司法覆核問題沒有作出任何明確的規範，長遠而言，如果

香港司法機關不願自制，可能需要通過人大釋法甚至修改基本法，對司法覆核作出規範，包括嚴格限制司法覆核的範圍。

香港法律界的政治生態極易引起中央疑慮，過於將法律問題政治化、法律界過度政治化均不是香港法治之福，法律界應有所自制。

香港大律師公會長期由「泛民」主導。立法會法律界的議席長期由「泛民」佔據。法律界精英人士大多參與政治活動，並成為反對陣營的頭面人物，民主黨、公民黨的核心很多是法律界人士，公民黨是從無到有，並發展成「泛民」的主流力量之一。法律界成為「泛民」支持基礎最堅實的界別之一。

香港法律精英的高度政治化不是好事。「泛民」太喜歡利用在法律界的優勢，過於將法律問題政治化，利用法律界進行重大政治鬥爭。法律界精英過於高調攻擊中央和香港特區政府破壞香港法治，過於高調貶損香港法治，很多指責言過其實。如果法律界不有所自制，熱衷投入政治鬥爭，熱衷與中央進行政治對抗，則很有可能使中央在香港法治領域作出更多反擊。政治對抗容易兩敗俱傷，法治也容易受損。香港法律界應在促進政治和解上展現更多智慧和善意，做政治和解的促進派，而不要做政治對抗的急先鋒和主力軍。

司法機關與大律師、律師為主的法律界本身是一個生態圈，相互有密切的關係和互相的影響。在回歸之後，香港法律界日益成為反對陣營盤據的大本營，香港司法機關對此是否有一些責任，公民黨在何種程度上受到司法機關一些山頭的影響，公民黨對大律師公會有何種影響，香港法律界與英國有何微妙的關係，這些或許都是容易令中央產生疑惑和猜忌的地方。

最深層次的是香港法官隊伍的政治效忠問題，回歸後香港的許多政治亂象可反映到司法案件上，司法機關對人大釋法、重要司法覆核案件、重要而敏感的政治性案件的取態，或許容易引起中央對香港法官隊伍的疑慮。

香港回歸後出現高度的政治對立、政治分化，許多領域出現泛政治化的問題，整個社會的政治化趨勢必然反映到法治領域來，訴訟的政治化現象愈來愈普遍，人大釋法、司法覆核、政治性案件均體現出非常強的政治性，司法機關不可避免地陷入政治紛爭之中，司法機關的法官在面對這些問題時亦不可避免地表現出其政治取向。香港司法機關在維護中央對香港的管治權威、維護特區政府的管治權威、維護香港政治社會穩定等方面，其表現或許引起中央疑慮。

香港法官的政治效忠問題成為爭議性問題。

國務院新聞辦發表的《「一國兩制」在香港特別行政區的實踐》白皮書提出，「『港人治港』是有界限和標準的，這就是鄧小平所強調的必須由以愛國者為主體的港人來治理香港。對國家效忠是從政者必須遵循的基本政治倫理。在『一國兩制』之下，包括行政長官、主要官員、行政會議成員、立法會議員、各級法院法官和其他司法人員等在內的治港者，肩負正確理解和貫徹執行香港基本法的重任，承擔維護國家主權、安全、發展利益，保持香港長期繁榮穩定的職責。愛國是對治港者主體的基本政治要求。如果治港者不是以愛國者為主體，或者說治港者主體不能效忠於國家和香港特別行政區，『一國兩制』在香港特別行政區的實踐就會偏離正確方向，不僅國家主權、安全、發展利益難以得到切實維護，而且香港的繁榮穩定和廣大港人的福祉也將受到威脅和損害。」

《「一國兩制」在香港特別行政區的實踐》白皮書提出愛國是對包括行政長官、主要官員、行政會議成員、立法會議員、各級法院法官和其他司法人員等在內的治港者的基本政治要求，香港法律界對此表示反感和抗拒。立法會的「泛民」議員即便在實際從事一些對抗中央、損害香港繁榮穩定的事，亦申明自己是愛國的。香港法官則公開反對愛國的要求。

李國能在香港報章撰文表示，「更加令人關注的，是白皮書內對法官應該愛國的要求」，「由於白皮書是中央政府的一份官方文件，香港社會上

廣泛認為其內容中論及的愛國要求，帶有親中央政府及親特區政府的意味，意指支持政府、與政府合作，及保護政府的利益」，「可是，在司法獨立的制度下，法官不應該親任何人或事，或反任何人或事，他們應該公平和不偏不倚。法官沒有任何主人，無論是政治上或其他方面，他們只對法律本身忠誠，他們對社會的服務在於能夠根據法律，公平及不偏不倚地判決糾紛。」

香港終審法院首席法官馬道立表示，香港基本法已經訂立了行政、立法和司法機關三權分立的原則，而法官獲得委任與否，其法律專業是唯一考慮因素，無須再考慮其他因素；強調李國能相關評論白皮書的文章其中有關香港司法獨立和法治的觀點，與他大致相同。

大律師公會前主席陳景生表示，「一國兩制」白皮書的內容蠶食香港的司法獨立，尤其是將法官及司法人員視為「治港者」及要求法官「愛國愛港」。

時任香港律師會會長的林新強表示白皮書不會影響香港的司法獨立，要求法官愛國也沒有問題，並說愛國是公民的責任。香港律師會在2014年8月14日舉行特別會員大會，通過了對林新強的不信任動議，林新強被迫辭去會長職務。

2014年6月27日，香港約1,800名法律界人士發起黑衣沉默遊行，抗議《「一國兩制」在香港特別行政區的實踐》白皮書內容破壞香港司法獨立，參加者包括退休大法官、八位香港大律師公會前主席、一百多名大學法律學院的學生。

圍繞香港法官政治忠誠問題的爭議，還涉及香港大量使用外國國籍法官的問題。內地和香港都有人士要求香港減少聘用外籍法官的，香港法律界則反對這種意見。

中央和內地亦需要高度重視和理解港人對法治受損的擔憂，高度重視和理解香港司法機關和法律界的關切，更加重視維護香港法治

應該充分肯定，儘管香港司法機關在應對泛政治化形勢及政治忠誠等方面引起許多擔憂和疑慮，但司法機關在許多方面的表現仍是令港人滿意的，香港的法治有很多優良的傳統和堅實的基礎；法院對普通民事、刑事案件的判決體現很高的專業水平，很好地體現了司法公正；基本不存在司法腐敗、枉法裁判等問題；司法機關和法官仍深受市民信任，其聲譽和威望是較高的；國際社會認可香港的法治，這些都值得中央和香港特區政府加以珍惜。如果香港司法機關也威信掃地，香港的管治可能更加困難，其國際金融中心、貿易中心、航運中心的地位亦將受到負面影響。

應該充分了解，香港的法律體系與內地的法律體系是完全不一樣的，香港的司法體制與內地司法體制是不一樣的，香港的訴訟制度與內地是不一樣的，普通法與大陸法存在極為重大的差異，普通法下法官的地位包括解釋法律等權力與大陸法是有區別的。內地需要加強對香港法律的研究，加強對香港司法機關的研究，增進理解。對司法覆核問題亦要深化認識，香港司法機關未必故意要同特區政府作對，而是在普通法制度下，司法原則是非常重視公民個人的各種權利和自由，對公權力則是強調進行限制和制約。

應該更加重視化解具體的爭議。香港社會對人大釋法爭議是比較大的。中央在維護釋法權力、該釋法時果斷釋法及主動釋法的同時，需要在釋法程序上更加嚴謹，需要在釋法後向香港社會多做解釋，亦需要平時向香港社會和法律界多做釋法的輿論工作，爭取支持和理解。

中央享有很多權力，全國人大常委會在影響香港法治上也享有很多憲制權力，這種權力甚至帶有凌駕性。中央有權使用種種權力，但也應該有所節制，尤其在權力使用的程序、效果等方面，要適當強化「港式思維」、「港事港辦」，更加重視和尊重香港民意，更考慮香港社會和國際社會的觀感，不要給外界留下權力傲慢、簡單粗暴的印象。

應該更加重視對香港司法機關和法律界的爭取工作。中央相關部門宜與香港司法機關加強聯繫，與香港法官加強聯繫，增進對香港法官的了解。支持特區行政長官做好法官任免工作，研究中央實質參與香港終審法院法官和高等法院首席法官任免的法律和政治措施。香港大律師公會和律師會對香港輿論的影響很大，有很多律師是接受英國的教育，對內地法治有一定的看法，但律師隊伍也是分化的，需要加強統戰工作，促進律師隊伍的分化、轉化，逐步改變法律界是「泛民」支持堡壘的現狀。建制派政黨需要吸收更多法律精英，也要支持更多愛國愛港的法律精英進入立法會等管治架構。內地人大、政協系統亦可吸納更多香港法律精英參與。

律政司司長領導掌握香港檢控大權的律政司，中央需要高度重視培養、考察、使用律政司司長人選。適當讓「泛民」背景的法律界精英分享管治權，有利於做好對香港法律界的統戰工作；湯家驊被委任為行政會議成員，具有正面效應；應該繼續探索和總結相關經驗。

第三節
香港廉潔傳統及其面臨的威脅

香港是一個自由社會、法治社會，港人引以為傲的還有香港總體上是一個廉潔社會。廉潔是香港最重要的核心價值之一。但香港回歸後，廉潔傳統亦面臨威脅。

「反貪污，捉葛柏」運動促使廉政公署建立和廉潔文化生根

在香港建立廉政公署制度之前，港英政府和許多公共服務機構均存在比較嚴重的貪污腐敗問題。

　　香港大學文學院副院長兼歷史系教授高馬可（John M. Carroll）在《香港簡史》一書中描述，「自香港開埠以來，貪污就是這個殖民地生活的一部分，但在二次大戰之後，貪污情況變得尤其氾濫和非常制度化。不過，大部分殖民地機構認為，貪污受賄的主要是低級華人公務員和警察。在1950年代中期，貪污猖獗已經昭然若揭，致令政府在1958年成立反貪污諮詢委員會，顧汝德認為港督葛量洪處理貪污問題的措施軟弱無力，而只是虛應故事的表面工夫。1966年天星暴動後，貪污成為嚴重政治問題。儘管殖民地政府出版的官方報告對貪污情況輕描淡寫，但高級官員私底下卻甚為憂慮，並派考察團到新加坡，向這個前英國殖民地借鑒打擊貪污之道。1966年的騷動令人更加關注警務處和其他政府部門的貪污情況」，「到了1970年代初，貪污受賄滲透在港府每一個部分。」

　　1989年至1997年任港英政府中央政策組首席顧問的顧汝德亦在相關著作中寫道，「市民大眾在與政府各部門的日常接觸中，受到無盡無休的敲詐勒索，已經怒火中燒」；除警察貪污，貪污風氣在房地產和建築業尤其熾烈，由於要規避消防和安全規定，「地產和建築界的醜聞不斷，在餘下的英治時期仍然揮之不去，並禍延至後殖民地時期的政府。」

　　在一眾政府部門當中，以香港警隊的貪污情況最為嚴重，這個被形容為「世上用錢所能買到的最佳部隊」被港英政府認為在處理「六七暴動」中立功，獲英女皇在1969年授予「皇家」稱號，但不少受賄的警務人員特別是華籍警員，濫用自身權力，貪斂財富和包庇罪行，嚴重威脅社會治安。1950年至1970年代，香港警界有呂樂、藍剛、顏雄、韓森四大華人探長，這四人出現集團式腐敗，與黑幫「三合會」勾結收取龐大賄款，暗助黃賭毒。呂樂為四人之首，呂樂在50年代升任總探長，統領全香港刑事偵緝工作。1968年，年僅48歲的呂樂提早退休，報導指他貪污最少五億港幣。這四人均在廉政公署成立後外逃，未受懲處。

　　香港警隊外籍總警司葛柏則是二戰後涉及貪污受賄的最高級政府官員和外籍公務員。葛柏因在「六七暴動」中的表現獲頒獎章嘉許，1969年晉升為總警司。1973年4月，警務處處長得悉葛柏把大筆金錢轉移出香港，警方刑事偵緝處反貪污科對其內部調查發現，葛柏擁有的財富相當於他過去20年薪金的6倍，媒體指其共貪污受賄430萬港元。葛柏在接受調查期間利用人脈避過機場保安檢查潛逃出境，先落腳新加坡，再轉到英國。事件被傳媒揭發後，香港社運人士發起了影響深遠的「反貪污、捉葛柏」運動，除了促請港府儘早緝拿葛柏歸案，又要求正視解決香港的貪污問題。1973年8月26日，大批學生和市民在維多利亞公園舉行「反貪污，捉葛柏」集會，要求英國引渡葛柏返港受審，但警方事後卻票控部分參與集會的人士，引發不少市民再舉行「貪污有罪，集會無罪」的示威，聲援被檢控的集會人士。直至廉政公署成立後，才有可能緝捕葛柏歸案。葛柏於1974年4月在英國家中被當地警方拘捕，並於1975年1月在廉署人員押解下引渡返港，同年2月被法院裁定一項串謀貪污和一項受賄罪罪名成立，判監四年，以及充公25,000港元賄款。服刑兩年多後，葛柏在1977年10月獲准提早出獄，舉家移居西班牙，以逃避港府循民事途徑向他追討四百多萬港元的貪污款項。葛柏一家後來隱姓埋名，銷聲匿跡。

　　因葛柏案而令香港社會舉行聲勢浩大的「反貪污，捉葛柏」運動，促使港英政府檢討香港的貪污腐敗問題和反貪制度建設問題。時任香港總督麥理浩在1973年6月責成最高法院高級副按察司百里渠爵士，就葛柏潛逃一事和香港的貪污問題提交報告。1973年7月4日，百里渠向港督提交關於葛柏潛逃的報告書，《百里渠爵士調查委員會第一次報告書》詳細交代葛柏涉嫌貪污的詳情和潛逃英國的細節。同年10月11日，百里渠再提交《百里渠爵士調查委員會第二次報告書》，揭露「警隊腐敗已經深入骨髓，政府部門幾乎無一不貪污」，批評警方反貪部本身也有貪污的嫌疑，導致市民對港府失去信心，建議加重貪污罰則。

　　葛柏案最直接也最深遠的影響是促成了香港廉政公署制度的建立。麥理浩1973年10月17日向立法局宣讀任內第二份《施政報告》的時候，正式提出要設立一個直接向港督本人負責、且獨立於政府的「撲滅貪污專員公署」（不久易名為總督特派廉政專員公署，即廉政公署），以便專門調查貪污案件，和取代原來的警隊反貪部。1974年2月設立總督特派廉政專員公署，廉署獨立於警隊，直接對港督負責，且邀得前民政司姬達出任首任總督特派廉政專員，邀得已經退休、曾任職軍情五處和香港警隊政治部主管的彭定國出任首任執行處處長。

　　香港廉政公署成立後，很快成為一個極具效率的反貪機構。廉政公署成功引渡葛柏，查處了大批貪腐案件，樹立了威信，逐步建立起香港的廉政制度和廉政文化，為將香港打造為廉潔社會作出了巨大貢獻。

　　麥理浩卸任港督時，廉政公署累積成功檢控超過2,000名干犯貪污罪行的人士，有效達至肅貪倡廉的目的，也掃除港府多年來的貪污風氣，使香港成為亞洲地區最廉潔的城市之一。廉政公署讓港人自豪，也是其他一些國家和地區學習的對象。葛柏案與廉政公署的成立，成為香港反貪歷史的重要分水嶺。顧汝德曾高度評價麥理浩在上世紀70年代在香港反貪的成效及其對英國統治香港的意義，「幾乎在一夕之間，廉政原則成為公務員文化的一部分。現在社會仰賴一個專業機構……監察殖民地政府和杜絕貪風」，它「為英國統治賺取了寶貴的政治籌碼」，香港市民「幾乎馬上相信英國人終於建立了一個機構，讓他們可以免於恐懼和有效地投訴官員濫用職權、怠忽職守和非法敲詐。廉政公署一舉扭轉市民對殖民地政府根深蒂固的懷疑態度，也加強政府服務廣大市民的責任感。在殖民統治和不民主的政治環境下，此舉令政府氣象一新，是政府公信力的可靠來源。」

香港作為廉潔社會的主要特點

香港有運行良好的廉政公署制度，有廉潔的公務員隊伍、公平的營商環境和支持肅貪的社會。在國際間有「廉潔之都」的美譽。香港在多個國際調查中被公認為全球最廉潔的地區之一。

香港的廉政公署制度至今仍成功運行，是香港建設廉潔社會的有力保障。廉政公署取得成功的要素很多。

第一，廉署擁有獨立工作的權力，在回歸前廉署直接向港督負責，在回歸後廉署直接向特首負責，相對超脫，能有效避免其他政府官員和政府機構的干預。基本法也規定，廉政專員由行政長官提名並向中央人民政府報請任命。

第二，廉署是香港唯一的反貪機構，權力集中，統一執法，其調查對象於成立初期限於公務員，後來擴展至公共事業機構，進而包括所有私人機構。廉署還負責查處選舉舞弊及非法行為。

第三，廉署擁有法律賦予的調查、搜查、取證、逮捕、扣留、批准保釋等廣泛權力。廉政公署獲得《廉政公署條例》、《防止賄賂條例》及《選舉（舞弊及非法行為）條例》賦予的權力。

第四，廉署擁有強而有力的隊伍，有完善的架構，有多種手段來肅貪倡廉。廉政公署至今有逾1,300名人員，幾乎全部以合約形式聘請，其中有一半人員已服務逾十年。為了確保香港的廉潔，廉署的工作以預防、教育及調查三管齊下的方式，透過執行處、防止貪污處及社區關係處三個部門執

行。執行處的權力最大，負責查處，接受市民舉報貪污，調查懷疑貪污的罪行。防止貪污處主要負責預防，審視各政府部門及公共機構的工作常規及程序，以減少出現貪污的情況。社區關係處負責教育工作，教導市民認識貪污的禍害，並爭取市民積極支持反貪工作。

廉政公署反貪工作獲得市民積極支持與參與，最重要的是獲得市民對貪污問題的舉報。由1974年至2008年年底為止，廉政公署共接獲182,378宗舉報（不包括與選舉有關的投訴），其中104,962宗與貪污有關，而當中有49,432宗涉及政府僱員。

廉署的權力極大，工作極其敏感和重要，也受到強而有力的監督和制約。除了接受特首的領導，接受司法機構的監督、輿論監督和市民監督，廉署各方面的工作還接受四個獨立諮詢委員會的監察，委員會成員為社會知名人士、由非官方人士出任主席。這四個諮詢委員會擁有一些實質權力，比如貪污問題諮詢委員會能審核廉署預算，對人事編制等問題提出意見；審查貪污舉報諮詢委員會負責監察廉署的調查工作，權力非常大，能夠推動或者阻止某案件的調查工作，對執行處的工作能產生實質影響。廉政公署亦有內部的監察機制。廉政公署內部還設有一個調查及監察單位，名為L組。廉政公署人員如被指稱涉及貪污或相關的刑事罪行，L組均會進行調查。

以一系列良好的制度作為保障，香港廉政公署的表現一直是成功的。廉政公署成立後，公務員瀆職貪腐大為減少，香港逐步擁有「廉潔之都」的美譽。

總部設在德國的國際反貪組織「透明國際」自1995年起每年發佈清廉指數，就世界各國或地區民眾對於當地腐敗狀況的主觀感受和程度予以評估及排名，0分指貪污最嚴重，100分最廉潔，共168個國家或地區受排名。「透明國際」2016年1月公佈2015年全球廉潔指數，香港排名第18位；中國內地排名第83位；台灣排名第30位。「國際管理發展學院」《2015年全球競爭力年報》指香港的廉潔度排名全球第15位，較上年的第21位躍升6位。

「世界經濟論壇」《2015至2016年全球競爭力報告》指，受訪者普遍認為香港營商環境廉潔，只有0.2%被訪者/機構認為貪污是影響在港營商的因素之一。「世界正義工程」《2015年法治指數》指，香港的廉潔度在102個國家和地區中排名第10位。

香港市民的觀感與國際機構的調查結果是一致的。2015年廉署民意調查，只有1.3%的受訪者表示曾在過去12個月曾遇過貪污，比2014年的調查減少0.2%，顯示貪污在香港社會絕不普遍。

港大民意研究計劃自1997年起開始進行香港「廉潔程度評價」的民調，10分代表絕對廉潔，0分代表絕對不廉潔，5分代表一半一半，1997年受訪市民給的評分為7.02分，此後評分上上下下，截至2016年，共有15年得分超過7分，最高得分是2012年的7.37分；低於6分的僅有一年，即2016年的5.95分。從調查結果中可以看出，香港市民對香港的廉潔程度是接受或滿意的。

廉潔文化已植根香港社會，公眾對貪腐行為深惡痛絕，對貪污的容忍度極低，接近於零容忍。

香港的公務員制度有利保障公務員廉潔。香港公務員的收入非常高，司局長的年薪一般超過200萬港元，行政長官年薪超過500萬港元，普通公務員在收入、教育、醫療、住房、休假、退休保障等方面的待遇很好，高薪高福利有利於養廉。公務員因為不廉潔受制裁，其退休待遇等將被剝奪，付出的代價非常大，有利於嚇阻公務員為貪圖小利去冒險。儘管回歸後香港也查處了一些公務員甚至政治任命官員的貪腐案件，但案情不算特別嚴重，涉及的款項不算大，如與其他一些貪腐嚴重的地區相比，相關案情可謂是非常輕微的。

香港特區政府的職能及現行政制的某些安排有利於防止政府官員尋租（rent-seeking）。從總體看，港英政府及回歸後的特區政府長期遵循「積

極不干預」、「大市場、小政府」的施政哲學，政府的職能非常有限，調控經濟社會發展的能力有限，較多是提供教育、環境衛生、治安等方面的服務，政府官員尋租的空間相對較小。一些涉及千家萬戶的民生問題，官員自由裁量權較小，無法從中以權謀私，比如中小學的入學採取了較嚴格的電腦派位制度，公屋有嚴格的輪候制度，居屋出售一般以攪珠方式進行，長者生活津貼、低收入家庭津貼、綜援的申請都有嚴格制度。政府土地出售、重大工程等採取公開招標，重大工程項目上馬和資金支出要立法會多個委員會審批，這些制度性安排有利於防止官員上下其手以權謀私。

香港的司法制度有利於防止司法腐敗。法官的收入及其他待遇很高，社會地位和聲望很高，法官獲任命後一般能非常穩定地工作到退休，法官較小誘因去冒險貪腐。

香港傳媒以監督為己任，對特區行政、立法、司法機構及公營私營機構均有較強的監督能力，尤其對政府的施政和對特首和政治任命官員有強而有力的監督。

香港市民的監督能力、維權意識、廉潔意識、公平公正意識較強，不習慣求人辦事，懂投訴，市民熱心舉報貪污問題，也敢於投訴警員和其他公務員。

港人擔憂廉潔傳統被破壞

回歸後尤其是近年來，港人對香港廉潔傳統被破壞的擔憂逐步增強，這大致表現在四個方面，一是對政府高層涉嫌貪腐非常不滿；二是對官商勾結始終抱有強烈的戒心；三是對廉政公署制度的信賴有所降低；四是擔憂內地貪腐文化愈來愈影響香港。

政府高層涉嫌貪腐影響港人對香港廉潔的信心

首任特首董建華沒有出現涉嫌貪腐的醜聞，其問責班子沒有出現大的醜聞，引起較大爭議並產生嚴重政治後果的是梁錦松涉嫌在宣佈加汽車稅之前「偷步買車」，梁錦松最終辭職。梁錦松買車事件給香港從政的高官留下很多經驗教訓：香港市民對政府高官在廉潔守法等方面的要求是極高的，雖然梁錦松從私人機構加入政府後收入大幅減少，但沒有人相信他是為了省十多萬港元而故意在宣佈加稅前買車，但輿論並沒有給予他多少理解和同情；在極度政治化的環境中，從政人員必須保持高度的政治敏感，在廉潔方面有任何瑕疵都會授人以柄，難逃被追打的命運；官員個人不幸捲入涉嫌貪污與以權謀私的案件，不僅直接影響個人的政治前途，也給特區政府的管治和整個政局帶來嚴重衝擊。

前特首曾蔭權多次被媒體揭露涉嫌貪腐的醜聞。曾蔭權在任內就曾被懷疑向親家輸送利益。2009年10月14日，曾蔭權發表《施政報告》，提出向全港住戶派發100港元購買慳電膽現金券。曾蔭權的姻親莫錦泉售賣燈膽，惹來利益輸送之嫌。「泛民」梁國雄形容事件是醜聞，要求廉政公署調查曾蔭權。事件對曾蔭權的聲譽造成影響，嚴重損害其誠信。曾蔭權特首任期快將結束時，被爆出多項涉嫌與商界利益輸送的醜聞，有媒體對其冠以「貪曾」的稱號。2017年2月17日，曾蔭權涉貪案經高等法院陪審團審理，被判一項公職人員行為失當罪成，令曾蔭權成為香港開埠以來被起訴而且被定罪的最高級官員。曾蔭權在2017年2月20日被鎖上手銬羈押荔枝角收押所候判，在2月22日被判即時入獄20個月，不准緩刑。

曾蔭權任特首時曾擔任政務司司長的許仕仁也因涉嫌貪腐而被判刑。2014年12月19日，許仕仁於香港高等法院被裁定公職人員行為不當罪名成立，被下令即時收押在荔枝角收押所；同年12月23日，香港高等法院判處許仕仁監禁7.5年並需交還1,118.2萬港元賄款。

曾蔭權案和許仕仁案在香港社會產生惡劣影響。香港多家大報發表社評指出，特區政府原任第一號和第二號人物先後涉及貪腐案件，對本港社會廉潔、政府廉能的形象，會有一定負面影響；曾蔭權本人固然捲入連串貪腐醜聞，前廉政專員湯顯明也被廉署立案調查，一朝之內的三位最高級及主要官員相繼出事，成為香港歷史上最不光彩的一頁，令好不容易建立起來的法治和廉政毀於一旦；香港法治受損，廉政蒙污，高官其身不正是罪魁禍首；曾蔭權被檢控對香港廉潔清譽實屬不幸，此案雖彰顯就算是特首亦不可凌駕法律，惟港府還須加強對高官尤其特首操守的規管，力挽廉政形象。

第三任特首梁振英被媒體揭露涉嫌捲入UGL案。

董建華、曾蔭權、梁振英三任特首任內政府高層在廉潔上出現的問題或爭議性事件，有損香港市民對政府高官的信任，有損香港廉潔之都美譽，有損特區政府的管治威信，也有損香港市民對廉政制度的信心。

如何從制度上規管特首的廉潔問題，是「泛民」批評和質疑的重中之重，也是香港社會普遍關注的焦點。香港現行的《防止賄賂條例》並不適用於特首。曾蔭權被媒體揭發一些醜聞後，曾委請李國能領導獨立委員會，檢討包括行政長官、主要官員和行政會議成員的利益衝突規管制度；該獨立委員會提出了36項建議，包括行政長官受《防止賄賂條例》第3條規管等，建議行政長官收受利益須得到一個獨立委員會許可，否則屬觸犯刑事罪行。「泛民」強烈批評梁振英上任後一直拒絕修訂《防止賄賂條例》，把適用範圍擴大到規管特首行為。香港特首要在廉潔問題上取信於民，修訂《防止賄賂條例》，將特首納入條例規管，是勢在必行的事。

香港社會對官商勾結始終抱有強烈的戒心

在殖民地時代，英資企業長期在香港佔據壟斷地位，港英政府為英資企業服務，也就是為英國的國家利益服務。那時，主要的英資企業滙豐、太

古等都會有高層進入行政局，直接影響港英政府的決策。香港回歸後，本地大資本家逐步壟斷香港的房地產等主要行業和市場，特區政府的施政也是長期偏重於為工商界服務，相對忽視中產階級和基層的利益，導致香港出現住房難、養老難等一系列嚴重的社會問題，也加劇了貧富差距懸殊等社會矛盾。香港社會對特區政府向資本家利益傾斜的施政路線是強烈不滿的。

更具體的批評和指責更多指向官商勾結。官商勾結並非法律上的罪名，一般是指政府或個別官員徇私瀆職，在制定或推行政策時，向個別企業輸送利益，由於沒有實質金錢交易，不直接等同於貪污；官商勾結亦可能滑向貪污犯罪，許仕仁案是典型案例；提供延後利益亦是官商勾結的一種形式，官員在位時為特定企業輸送利益，企業可能透過各種方式僱用官員到大財團工作，比如高薪聘用退休高官，香港首長級高級公務員和問責官員退休後到私營企業工作的個案比較多；政府和相關官員為政治上的支持者謀取更多利益，亦會被批評為官商勾結。

董建華時代的某些重大政策被批評為官商勾結，著名的案例是建設數碼港。當年特區政府在未經公開招標的情況下，把鋼綫灣臨海優質地皮免地價批予李澤楷的盈科拓展，意圖發展成類似美國矽谷的高科技中心，此舉引起官商勾結的指控，當時各大地產商都強烈不滿，指政府偏袒李嘉誠家族，數十名有一定地位的地產商人到特區政府總部與董建華會面表示抗議。數碼港建設似乎並沒有促進香港資訊科技的發展，被批評最終淪為地產項目。

香港的資本家是分化的，在一些行業存在競爭關係。對政府官商勾結的批評，很多直接來自資本家。梁振英任內，特區政府康文署曾推動由新世界集團對尖沙咀星光大道進行優化改建，政府可以不出費用；輿論質疑該項目沒有經過認真諮詢及公開招標，是梁振英向曾經支持其參選特首的新世界集團進行利益輸送，因為新世界集團在尖沙咀有多個酒店項目，按相關計劃對星光大道進行優化擴建後，將使新世界的酒店得益很多，而有些地產商的酒店項目則會受到影響。大地產商信和集團及嘉里集團旗下的公司均就星光

大道優化項目提出司法覆核；康文署隨後宣佈，撤回原本與新世界發展合作的「優化尖沙咀海濱計劃」。

若政府高層直接從企業收取利益，就從一般的官商勾結變為刑事犯罪了。許仕仁就是直接從大地產商新鴻基收取利益，包括免費入租新鴻基提供的禮頓山豪宅，直接收取新鴻基以隱藏手段提供的賄款。

香港許多高官在正常退休或提前離任後到企業任職，尤其是在私營企業擔任高管。香港媒體報導，前財政司司長梁錦松出任南豐集團主席，前政制及內地事務局局長譚志源加入新風天域集團，前商務及經濟發展局局長馬時亨出任港鐵公司主席，前衛生及食物局局長周一嶽就任友邦保險首席醫務官及企業顧問，前財經事務及庫務局副局長梁鳳儀出任證監會中介機構部執行董事，前民政事務局常任秘書長楊立門出任中華廠商聯合會行政總裁，前運輸及房屋局副秘書長袁莎妮出任香港總商會總裁，前律政司政務專員何健華出任香港工業總會總裁，多名前警務處處長退休後也到企業任職，前律政司司長黃仁龍、袁國強離任後均加入律師行Temple Chambers。

香港社會亦十分擔憂政府官員在任時為企業謀取利益，在退休後通過不同方式獲取延後利益，包括被相關企業高薪聘用。政府高官提前退休或正常退休後再到私人公司就職，往往引起很多爭議。梁展文事件是著名的案例之一。梁展文曾任香港屋宇署署長、房屋署署長、房屋及規劃地政局常任秘書長，任職公務員39年，於2007年1月從政府退休。2008年8月1日，梁展文出任新世界發展的子公司新世界中國地產執行董事及副董事總經理，合約三年，年薪312萬港元，另加花紅。輿論質疑，梁展文在退休前的數年，涉及以8.64億港元低於市值的價錢把紅磡紅灣半島賤賣予新世界發展及新鴻基地產再度發展，質疑梁展文在其他事件中有官商勾結、利益輸送之嫌，可能是為退休後的個人利益鋪路。

　　香港社會更深的批評和質疑是，香港現行政制尤其是立法會和行政長官的選舉制度為官商勾結提供深厚土壤。在設有大量功能組別的情況下，工商界在立法會拿到很多席位，離開商界議員的支持，政府的法案很難在立法會通過；任何不符合工商界利益的法案，事實上難以拿到立法會去作討論，事先就被否定掉了；政府被迫只能向工商界屈服，難以推動有利於中產階層和基層的重大政策。在行政長官選舉中，工商界在選舉委員會佔有大量席位，任何想要擔任特首的候選人，都必須全力爭取工商界選委的支持，而大資本家是分化的，部分財團的支持對某位特首十分關鍵，在欠下人情債的情況下，特首當選人在用人和一些具體施政上照顧支持自己的財團的利益，是容易出現的事。特區行政會議成員、重要公營機構、重要諮詢機構的人事任命，不可避免地出現政治酬庸的情況，某些被任命的人實際是一些財團的代理人而已。「泛民」近年強烈質疑，作為較少人注意到的輸送利益渠道，是政府的諮詢和公營組織近年委任了很多富豪第二代；這些組織有掌實權的（例如城規會），有支配公帑的（例如藝術發展局），也有在相關階層有重要影響的，比如對青年工作有重要影響的青年事務委員會也是由富豪二代擔任主席。

　　英國《經濟學人》（*The Economist*）會定期發佈「裙帶資本主義指數」（crony capitalism），即官商勾結的指數或者尋租指數。《經濟學人》選定一些容易「官商勾結」、「尋租」的行業，包括地產、建築、金融、電訊、公用事業（包括電力和廣播）、能源、博彩、港口、機場等，這些行業因為要向政府申請牌照或專營權，或者須由政府批出土地才可以經營，負責審批的官員擁有極大權力，較容易謀取私利，助長貪污、洗黑錢及其他不法活動。《經濟學人》根據《福布斯》富豪榜的資料，推算各國或地區富豪所涉足的尋租行業為他們帶來多少財富，再根據這些財富佔該國（地區）的本地生產總值（GDP）比率，制訂裙帶資本主義指數；2014年的分析結果是，香港富豪從尋租行業取得的財富佔香港GDP的60%，在23個被分析的國家和

地區中高居首位，遠遠領先排名第二的俄羅斯（18%）。在上一次計算此項指數的2007年，香港同樣高踞榜首。

《經濟學人》的這一排名使香港很多評論家發出驚歎，香港官商勾結全球第一。輿論的批評和質疑包括：本地財閥主導地產、港口及公用事業市場，從這些行業取得過萬億元財富，佔香港每年2萬億元GDP的60%，財閥壟斷操控香港經濟命脈，損害其他行業的發展，直接和間接地令香港經濟增長和生產力，落後於鄰近國家和地區；香港多年來都是全球官商勾結最為嚴重的地方，官商勾結愈厲害，貧富差距愈大，而近年港澳多宗貪污大案，都是和本地大地產商有關；市民早已感受到財閥治港，官商勾結的問題十分嚴重，政府必須積極回應市民對民主和自由的訴求，不容許財閥及特權階級繼續壟斷經濟和政治要職。

關於香港官商勾結的批評和質疑，亦引起另一方面的擔憂。

香港許多由公帑承擔的重大建設和發展項目，特別是基建項目，很容易被指責為向本地資本家和中資企業輸送利益，包括港珠澳大橋的建設、機場第三跑道的建設等。許多重大項目的建設引起強烈爭議，中間也較多涉及的是官商勾結、利益輸送問題，使項目的進展往往一波三折，效率極其低下。比如，董建華在1998年的《施政報告》中宣佈在西九龍的黃金地段建設西九龍文娛藝術區，建設世界級的文化藝術中心和香港的新地標，但在項目的設計、招標等問題上長期存在爭議，西九的黃金地皮一直曬太陽。

因害怕被指責官商勾結，政府官員和公務員容易產生不作為的文化，不做不錯，少做少錯，多做多錯，一些人會不敢擔當和不敢積極有為。

民粹主義（populism）高漲亦是香港工商界和輿論擔憂的發展趨勢。香港社會注意到，最近幾年，特區政府開始關注財閥治港的問題，先後引入競爭法、打擊「發水樓」和規管一手樓買賣，避免財閥繼續壟斷操控市場，損害小市民和小業主的利益。梁振英上任後，本地財閥不能隨意委派「自己

友」掌控政府主要職位，財閥的政治勢力大減。有人擔心香港愈來愈變得「民粹」，擔心民眾因過去飽受財閥及特權階級壓榨，容易被人煽動，與政府長期對立，事事反對；擔心政府為了討好民眾，紓解民怨，大搞福利，對香港的長遠經濟發展產生負面影響。主流意見認為，財閥壟斷和民粹主義都禍害香港，絕大部分港人不希望社會走向極端。

香港社會對廉政公署制度的信賴降低

廉政公署長期在香港具有較高的聲望，被認為是香港維持廉潔、法治及繁榮穩定的基石之一。但近年香港社會對廉署的信賴度降低，廉署出現的爭議性事件較多，最突出的有兩件，一是前廉政專員湯顯明被指利用公幣請客送禮；二是梁振英被指因UGL案被廉署調查，傳聞廉政公署署理執行處首長李寶蘭因調查梁振英UGL案而被突然取消署任。香港近年在廉潔的國際排名上連年下降，相關機構2016年底的民調顯示廉署在所有紀律部隊中的民望最尾，廉署亦被指內部士氣趨於低落，「泛民」和建制對廉署的批評和質疑都增多。

「泛民」一向攻擊特首和廉政專員摧毀廉署和香港法治。「泛民」善於咬住特首的廉潔問題，攻擊特首干預廉政公署工作，也善於利用爭議性事件打擊廉政公署專員，更批評廉署成為「東廠」和政治鬥爭工具，認為廉署公信力存疑。

2013年，前廉政專員湯顯明被審計署揭發在任內用公帑送禮和宴客，不符合廉署內部指引。在經過多番調查後，湯顯明最終沒有被刑事起訴，但被立法會和社會輿論提出很多批評。湯顯明事件對廉政公署是一個極大打擊。第一，廉政公署在事件中成為輿論和公眾強烈批評和質疑的對象，這在廉署的歷史上非常罕見。第二，湯顯明作為前廉政專員被輿論批倒批臭，雖然他沒有被刑事檢控，但其社會形象已被醜化，可説是聲名狼藉。第三，事件也顯示廉署內部在公務接待等基本制度上存在問題，使人進一步懷疑廉署

的其他制度安排亦存在問題。第四，廉署本身在廉潔自律上存在問題，破壞了廉署的形象和聲譽。在事件之後，民調顯示香港市民對廉署的觀感變差；加上曾蔭權等高層官員涉及貪腐案，香港廉潔指數國際排名連年下降。

李寶蘭事件引起的爭議更大。2016年7月7日，廉政專員白韞六因為李寶蘭的「差劣表現」停止署任李寶蘭為執行處首長，由現任執行處處長（私營機構）的丘樹春出任執行處首長；李寶蘭其後提出提早解除合約，自行離職。被指李寶蘭「愛將」的執行處首席調查主任高迪龍亦隨後辭職。媒體指事件引起大批廉署人員不滿，近七成員工杯葛廉署的周年晚宴。「泛民」議員紛紛質疑事件另有隱情，質疑李寶蘭被停止署任與她調查梁振英的UGL案件有關。

在梁振英上任後，以湯顯明事件和李寶蘭事件為導火線，「泛民」加大火力攻擊特首和廉政專員摧毀廉署和香港法治。「泛民」對梁振英的批評和質疑集中在三個方面，一是自己涉案被廉署調查；二是干預廉署工作；三是遲遲不落實競選時的政見，未能推動修改《防止賄賂條例》將特首納入規管。「泛民」還要求修改《廉政公署條例》，架空特首領導廉政專員的權力。

建制派對廉署的批評亦有增多，但較少公開指責，更多是在私下場合表達不滿，集中指向三個方面：一是廉署更多查處愛國愛港人士；二是廉署重要職位和相關重要諮詢機構的職位被親英國、親「泛民」的人士把控，廉政專員被架空；三是行政長官領導廉署的權力被架空；所有這些可歸結為一點，即廉政公署一些高層的政治取向和政治忠誠可能存在問題。

《亞洲週刊》曾以「北京秘密報告揭英國勢力滲透廉署」為題，援引「一份北京對港研究機構的秘密報告」，指北京認為廉署是港英政府留下的「準特務機構」，「認為其內部被英國人滲透，在內部監控秘密通信，對一些案件在重要時刻向傳媒爆料，並影響調查方向」；又指中方認為廉署被親英人士把持，不過為了維持大局，沒有整頓廉署。

　　《亞洲週刊》這篇報導是否代表中方對廉署的看法很難置評，但肯定至少反映了很多建制派的看法。該報導指出，「廉署在回歸前是彭定康操控的準特務機構」，「屬於香港權力最大、工作性質最為特殊的執法機構。由於這個機構的工作方式和偵查手段都非常獨特，屬於最核心的部門，因而一直受到港英當局嚴密控制並安插大批身份特殊的人士進入」；這也使北京憂慮，廉署作為「特區最鋒利的刀把子」，正刺向特區政府，甚至會刺向中聯辦和北京的駐港機構。

　　《亞洲週刊》報導認為，廉政專員權力往往被下屬架空。報告舉出一個例子：擔任廉政專員長達五年多的湯顯明，對廉署實際運作也無從掌控。2011年3月18日下午，香港練馬師簡炳墀因涉嫌賄選而被廉署拘捕，而當天上午，湯顯明還和簡一起打高爾夫球。事後，湯顯明非常尷尬，在廉署開會時責問下屬為甚麼不提前告知，讓廉署最高領導人和一個即將被廉署逮捕的疑犯在一起打球；但廉署有關人員敷衍了事，湯對此無可奈何。中方亦不滿廉署運作不知會政府高層。梁振英政府上任沒幾天就爆出發展局局長麥齊光的醜聞。相關機構的報告指，廉署「閃電式」調查與拘捕麥齊光，根本沒有向特首梁振英報告，只是在拘捕半小時前通知了梁振英，令梁措手不及；時任政務司司長林鄭月娥也因不了解案情而在之前為麥政治擔保，造成政治上極大被動；一些廉署人員私下表示，麥齊光任職港府期間政績很好，屢獲晉升，經歷五次嚴格品格審查完全無問題，但一旦林鄭月娥請他再度加盟政府，甫上任就被「爆料」說幾十年前任職政府時租房有問題。由於港英時期的警察政治部對政府內部高官的資料全部掌握，回歸時將這些秘密資料全部帶回倫敦，恍若不定時炸彈，一旦需要時，就可以定點精準「引爆」，向傳媒「餵料」。

　　《亞洲週刊》指，香港回歸前夕，港英當局撤銷原情報機構政治部，將原政治部人員安插到香港政府各部門和公共機構，其中不少人進入了廉署，在原政治部特工操控下，廉署積極配合港英當時的政策，「在幕後協助末代港督彭定康做了許多壞事，更成為港英當局抗拒平穩過渡、打壓愛國愛

港人士的政治工具」;「目前,該署中上層負責人基本上是在回歸前進入廉署的,其真實身份以及政治傾向如何,大都難以調查清楚」;中方認為廉署沒有調整其政治立場,放過「泛民」,重點打擊「愛國愛港人士在社會生活或營商過程中出現的瑕疵」;「受到外部勢力操控的廉署掌握實權人士,就利用中方的克制及忍讓,在回歸之後依然沒有調整其政治立場,沒有按照成立的初衷,集中打擊和防止政府公務員和公營機構以權謀私及貪污行為,反而是把刀鋒主要指向了私人機構的所謂貪污行為上,甚至有意無意地採取了雙重的執法標準:對反對派人士很明顯的違法行為,如民主黨的立法會議員涂謹申以公款租用自己物業,以權謀私的行為,他們就輕輕放過,甚至不顧強烈的輿論和社會反應,拒不立案調查;相反,對愛國愛港人士在社會生活或營商過程中出現的瑕疵,就重錘出擊,抓住不放,採用各種特殊手段收集證據,非要弄到起訴不可。」

從廉署運作看,廉政專員不直接管理案件查處,負責案件查處的是副廉政專員兼執行處首長。由行政長官提名和中央委任的廉政專員,難以駕馭廉政公署。香港回歸以後,1997年至2017年共有7位廉政專員,包括任關佩英(被指是陳方安生「手袋黨」的二號人物,任廉政專員前是運輸署署長),黎年(任廉政專員前是工業貿易署署長),李少光(任廉政專員前是入境事務處處長,在擔任廉政專員後改任保安局局長,港區全國人大代表),黃鴻超(任廉政專員前是海關關長,任廉政專員後改任教育局常任秘書長、公務員事務局常任秘書長),羅范椒芬(任廉政專員前是教育統籌局常任秘書長,港區全國人大代表),湯顯明(任廉政專員前是海關關長,港區全國政協委員),白韞六(任廉政專員前曾任入境事務處處長,有媒體指他是地下共產黨員)。廉政專員基本從外部空降,缺乏在廉署工作的經驗和人脈等資源,也沒有直接指揮案件查處的權力,亦不掌握廉署人事安排等大權,很難控制和指揮廉署工作;從內部晉升的副廉政專員兼執行處首長直接指揮案件查處工作,對廉署有更實質的影響力。媒體報導,廉政專員甚至特首梁振英對廉署的影響也有限;2006年,羅范椒芬一度擔任廉政專員,但

羅范椒芬備受廉署內部排斥，很多事情都瞞着她去做，對廉署的工作方向及偵查的案件等重大問題更難以過問，加上得不到時任特首曾蔭權的支持，僅僅一年多她就因小事而被迫辭職。

廉署諮詢機構的人員組成亦極為複雜。能直接干預廉署調查工作的審查貪污舉報諮詢委員會權力非常大，但這個委員會加入不少「泛民」人士和親英國人士。香港《文匯報》曾引述報導指，港英在多個重要部門佈下大量的「戰略潛伏者」，其中最關鍵的部門有兩個：一是政治部、二是廉政公署，這兩個部門最能掌握官員以及社會人士的資料；隨着香港回歸臨近，政治部轄下的情報部逐步解散，所有機密資料被運到英國和澳洲，廉署便成為英國勢力的重要陣地，其中末代港督彭定康的秘書就是廉署一個委員會的成員；回歸後隱藏在廉署的英國勢力，一直非常低調，只是默默收集各種有利資料，在適當時候發出致命一擊；在回歸後多宗針對建制派人士的事件中，有關人士的放料手法都是如出一轍，就是早已準備好鉅細無遺的資料，之後交予個別傳媒發表，而且會以「切香腸」的方式發佈，逐步將事件炒熱升溫，反對派也會高度配合在立法會上發動攻勢，將有關人士鬥個身敗名裂。

《亞洲週刊》援引消息指，監查廉署運作的多個委員會負責人大多都由傳統親英人士擔任。「審查貪污舉報諮詢委員會擁有監察廉署正在調查重要案件的大權，而現任主席施祖祥，以前就是末代港督彭定康的私人秘書，其政治傾向和與英方的密切程度可見一斑。該委員會還包括了香港中電集團總裁包立賢、史樂夫等外籍人士，由他們來決定廉署是否結束某個案件的調查大權，這顯然是非常不妥當的。」在譚惠珠取代施祖祥擔任審查貪污舉報諮詢委員會主席後，《蘋果日報》署名評論指，取代施祖祥的譚惠珠，是政治立場鮮明的建制紅人，深受北京信任，緊貼中南海當權者路線，以中央代言人自居；譚惠珠出任審貪會主席，令人懷疑，能否履行「監察廉署權力，尤其調查權力不被濫用」的職責；更可能剛剛相反，廉署變身「東廠」，與已經成為「西廠」的警隊聯手，淪為打擊異己的政治工具，為時不遠。「泛民」前立法會議員吳靄儀亦曾擔任審查貪污舉報諮詢委員會的成員。

在高度政治化的香港，廉署的政治取向及其主導權、控制權愈來愈受各方關注。香港部分輿論認為中央加緊控制廉署，批評廉署「東廠化」和淪為政治打壓工具；建制派亦期待廉署轉變政治取向，不要成為打壓愛國愛港人士的政治工具。隨着兩大陣營對廉署控制權的爭奪趨於激烈，圍繞廉署的爭議性事件可能愈來愈多。

香港社會擔憂香港受到內地官場文化和腐敗風氣的影響甚至同化

近年來，香港輿論愈來愈擔憂香港受到內地官場文化和腐敗風氣的影響甚至同化。

在湯顯明事件出現後，香港輿論批評內地官場請客送禮等風氣開始滲透香港政界。內地權貴集團在香港的活動亦受關注，香港社會擔憂官商勾結、買官賣官、裙帶作風等日益影響香港。曾蔭權涉貪的醜聞牽涉到內地富豪，這是港人的憂慮所在。華潤集團原董事長宋林被中紀委查處引起香港社會關注。中央駐港機構及中資機構是否涉嫌腐敗，亦是香港輿論經常揣測的問題。有輿論批評內地統戰香港工商界但反被工商界統戰，內地各級人大代表、政協委員等公職的委任可能存在利益輸送等問題。中央駐港機構及愈來愈多中資企業在香港活動，辦事找關係、權力崇拜、不尊重法治等風氣亦對香港社會造成負面影響。

輿論亦關注香港成為內地權貴撈取各種利益的舞台。揭露世界各國各地區權貴在海外轉移資產的巴拿馬文件被披露後，香港媒體亦報導內地高層親屬在香港經商及內地高層涉嫌向海外轉移財富的情況。

香港媒體及內地媒體報導，香港日益淪為內地洗錢的「天堂」。一名22歲的內地男子羅某通過空殼公司和在香港開設銀行帳戶，在8個月中洗錢131億港元，2013年1月在香港高等法院被判監禁10年零6個月。這宗香港開埠以來最大規模洗黑錢案，揭開內地不法資金到香港洗錢的冰山一角。媒體

報導，每年從內地流至香港的黑色、灰色資金總數佔香港GDP總量的10%以上；據香港特區政府統計，2012年香港GDP為2.04萬億港元（約合1.64萬億元人民幣），由此推算，內地經香港洗錢的資金規模至少達到每年2,000億港元（約合人民幣1,605億元）。香港和倫敦一樣，同屬於內外混合型離岸金融中心，由於政策寬鬆，通常是熱錢、灰錢和黑錢喜歡聚集的地方。內地資金（包括非法資金）流入香港的非正常方式主要有六種，即現金挾帶走私、通過地下錢莊轉移、國際貿易、投資、使用空殼公司和銀行帳戶、賭博乃至巨額信用卡消費。地下錢莊的代理機構，以少量多次的方式在口岸來回走私現金，偷運過境後再以貨幣兌換點的名義存入銀行戶頭。港澳不少貨幣兌換點實際上是地下錢莊分支機構。地下錢莊本身常常表現為既是洗錢的工具，又是洗錢的平台，是整個洗錢鏈條中極具地位和作用的一環。媒體推算，每天通過深圳地下錢莊洗到香港的資金規模大約是2,000萬至3,000萬元人民幣，手續費約為3%至5%。貿易和投資是最為常見的兩大洗錢路徑，具有隱蔽性更強、技術含量更高、涉及金額更大的共同特點。投資香港房地產及股票債券等各種投資方式，也成為部分人洗錢的重要渠道。

第四節
正確對待香港與內地核心價值觀念的差異

香港傳統核心價值的本質是西方自由主義

早在香港回歸之前，港英政府就製作宣傳短片，介紹自由、民主、人權、法治的重要，強調這四個價值觀念是建立香港社會的根基，呼籲港人加以重視和珍惜；香港市民亦普遍承認這些是香港的主流價值。

在香港回歸之後，包括特區政府高層在內的社會各界，對於香港傳統核心價值的內涵一直有不少討論。

前政務司司長唐英年曾表示：「『捍衞核心價值』是最核心的核心價值。」

梁振英2012年3月當選行政長官發表勝選宣言時表示，「在過去的選舉工程中，我更加深刻感受到香港人和我一樣，對維護核心價值都有堅定不移的信念。法治、人權、誠信、廉潔、新聞言論和集會自由，不僅是我們香港人生活的一部分，更加是『一國兩制』、『港人治港』、高度自治不可缺少的重要元素。」梁振英2013年在《施政報告》中重申，「我就職時向香港市民承諾，保障市民權益，維護人權、法治、廉潔、自由、民主等核心價值，包容各種立場和意見，並尊重新聞自由。其中，司法獨立和法治不單是我們珍惜的核心價值，也是香港成功的基石。政府將堅定不移維護這些核心價值。」

2004年6月7日，近300位來自香港42個不同專業的學術界人士在報章聯署《香港核心價值宣言》，列舉香港的核心價值是「自由民主、人權法治、公平公義、和平仁愛、誠信透明、多元包容、尊重個人和恪守專業」，宣言直指近來香港核心價值備受衝擊，與港人所追求的目標愈來愈遠，呼籲市民齊以言論和行動維護香港的核心價值，以免令香港變成「失去靈魂的軀殼」。這次聯署的發起人是時任香港城市大學公共及社會行政系教授、新力量網絡主席、曾任民主黨副主席的張炳良。張炳良曾談及聯署背景與宗旨，近期的政治爭拗、人大釋法否決0708年「雙普選」、維港巨星匯及平機會解僱事件等，都衝擊香港核心價值，令市民產生無力及挫敗感，削弱了香港的管治質素及營商環境，亦破壞了社會的制度理性與凝聚力；不同階層與黨派的人士要以言論及行動，共同維護這些核心價值；每一個社會都有一套價值觀，這是社會團結的重要基礎，我們「不能失去香港」，這個香港是有括號的，不僅是地理上，還有文化面貌、生活方式，以及制度獨特層面的香港。同年的牛棚書展亦以《香港生活價值》為書展主題，反思香港之為香港的基本價值觀與特質。

表2.1 港人對核心價值意見民調

核心價值	同意程度	最重要
法治	92.7%	22.9%
公正廉潔	92.3%	15.3%
追求社會穩定	88.2%	8.3%
自由	88.1%	20.8%
和平仁愛	87.4%	5.5%
保障私人財產	86.5%	1.9%
重視家庭責任	84.5%	0.6%
民主	83.2%	11.1%
多元包容	79.8%	2.5%

香港中文大學香港亞太研究所在2014年10月30日（「佔領中環」運動第33天）發表一份民調報告，以電話調查訪問804位成年市民，指出他們對不同核心價值的同意程度。

從中文大學的民調看，香港的傳統核心價值是中西融合的，是多元包容的，但港人最看重的核心價值，排名前四位的是法治、自由、公正廉潔和民主。港人是中國面孔、東方面孔，但內心的信仰卻是西方的。香港主流社會的價值觀是西方自由主義，自由主義包含了自由、法治、廉潔、人權、民主等許多核心價值。從宗教信仰看，香港主流社會和中產精英主要信仰基督教、天主教。自由主義價值觀和基督教文明，紮根於香港的中小學和大學教育之中，紮根於學者、法律界人士、傳媒界人士等意識形態的主要塑造者之中，紮根於中產社會，紮根於工商界，而港英政府亦長期把自由主義作為香港官方意識形態和管治哲學。

香港亦深受中國傳統文化的影響，重視家庭，重視教育，重視祖先崇拜。香港洋節和中國傳統節日都是法定假期，復活節、聖誕節和春節都是香港的大節，中秋節、端午節、清明節、重陽節等中國傳統節日香港都是

假期。佛教、道教、儒教在香港均有一定影響。致力發揚儒家文化的孔教學院已成為香港六大宗教團體之一，一直致力爭取將孔子誕辰列為香港公眾假期。佛誕節在香港亦是公眾假期。新儒家在香港曾有影響。

還有一些香港的核心價值，主流社會很少提及和承認，但實際對港人有極其深刻的影響。資本主義制度及生活方式必然帶來的，內地所反對的拜金主義、個人主義以至享樂主義在香港有極大市場。

香港長期是一個商業社會，逐步發展為國際金融、貿易、航運中心，香港有重商傳統，高度崇拜金錢，追求物質利益，追求生活享受。港人無論從政從文從商從藝，或從事其他工作，都喜歡將賺多少錢作為衡量個人事業是否成功、個人價值高低的標準。崇拜金錢因此亦可算是香港的核心價值。有香港知名專欄作家認為香港是一個典型的市儈社會。市儈原指買賣的中間人，後來有很多複雜的含義，包括唯利是圖，包括聰明、靈活、敏捷，也包括政治上隨波逐流、道德上虛假偽善、作風上粗鄙庸俗等。

在拜金之餘，港人有極其嚴重的個人主義、投機主義等傾向，大都個性張揚，做人做事追求個人利益。無論建制派與非建制派，無論政界還是商界，大都以個人主義掛帥。政治活動在香港容易淪為投資或投機活動，即「政治生意化」。一些建制派常把愛國愛港掛在嘴上，但其實是愛利益而已，一旦其政治利益或其他利益沒有得到滿足，馬上就變了一副嘴臉，有的投向非建制派。有建制派的領導和重要成員曾持外國護照，擁有外國國籍，直到要出任重要公職的前夕才放棄外國國籍。亦有建制派人士在行政長官選舉、立法會議員選舉中只追逐自己的利益，不惜損害中央利益，不惜損害建制派利益。有的政黨從領導人到整個黨，長期把政治當生意做，符合其利益就幹，不符合其利益就不惜與中央唱反調，破壞建制派團結，做政治牆頭草。有人曾經提出把「愛國愛港」列為香港的核心價值，相信這很難得到港人的認同，建制派要真正做到亦很困難。

香港回歸之後，重視環保和保育、公平正義、社會和諧等價值觀念出現並有一定影響，後物質主義在青年中有一定影響，香港核心價值的內涵不斷擴大。

香港傳統核心價值觀與內地核心價值觀的重大差異

通常認為，西方資本主義意識形態與共產主義、社會主義的意識形態是互相對立的，亦是兩種對當今人類社會影響最大的意識形態。資本主義意識形態的核心是自由主義、個人主義，而社會主義意識形態的核心往往被歸結為專制主義、集體主義。

西方的自由主義被視為普世價值，這由聯合國的《世界人權宣言》、《經濟、社會及文化權利國際公約》、《公民權利和政治權利國際公約》、《德黑蘭宣言》及《聯合國禁止酷刑公約》所捍衛。中國雖然加入了《經濟、社會及文化權利國際公約》、《公民權利和政治權利國際公約》，但後者還沒有被全國人大常委會正式批准生效。中國憲法中列入了人權、民主、自由、法治等普世價值，包括保障言論、出版、集會、結社、遊行、示威的自由。但中國憲法對公民政治權利的肯定和保障還停留在象徵層面，一些具體法律從實質上否定了公民的相關權利，比如結社、遊行、示威等自由很難獲得保障，也沒有新聞法等具體法律來保障言論、出版自由，而在具體執法司法中更常常粗暴踐踏公民權利，一些冤假錯案影響非常壞。內地這種狀況，與香港社會實際擁有自由、法治、廉潔、人權形成非常鮮明的對比。

在價值觀念上，內地與香港有時雖然使用同一個詞彙，但對其內涵的界定完全不同。比如對「人權」，香港把公民和政治權利作為人權的核心，更多強調個人人權，強調人權是普世價值並要接受國際社會監督，強調人權高於主權、人權無國界；而內地把生存權和發展權放在人權的首位，認為生

存權和發展權是最重要的，把人權看作是個人權利和集體權利的統一，強調社會群體、民族、國家的人權，且把人權看作一國內部管轄的事，強調人權的特殊性而輕視人權的普遍性，強調主權原則和國際法的不干涉內政原則。比如對「法治」，香港更重視以法限權，特別強調維護公民個人權利，特別強調司法獨立；內地更多重視以法制民，尤其反對司法獨立。比如對「民主」，西方和香港強調的是普選權，內地強調的是人民代表大會制度等民主形式。

內地的社會主義核心價值觀共24個字，是中共十八大提出的，包括：富強、民主、文明、和諧、自由、平等、公正、法治、愛國、敬業、誠信、友善。富強、民主、文明、和諧是國家層面的價值目標，自由、平等、公正、法治是社會層面的價值取向，愛國、敬業、誠信、友善是公民個人層面的價值準則。

從西方、香港和內地的一些分析看，通常認為內地真正推行的是追求國家富強、民族振興的民族主義，內地民眾在人生價值觀上奉行的是崇拜權力、官本位，內地愈來愈嚴重的是拜金主義和滿足物慾的物質主義，這些與香港社會以自由主義為核心的價值觀具有巨大差異。兩地的共同點除了對部分中國傳統文化的尊重，還有就是拜金主義風氣都比較嚴重。

正確對待香港與內地核心價值觀念的差異

能否正確對待香港的核心價值，是檢驗中央與內地是否真心實意落實「一國兩制」、「港人治港」、高度自治方針的試金石。

中央和內地需要充分理解和高度尊重香港的核心價值。對香港核心價值的理解，不能按內地思維來理解，不能按內地的法治觀、民主觀、自由觀、人權觀等來詮釋，而應按香港人的思維來理解，按西方主流社會的價值觀念來理解。

　　中央和內地需要充分理解港人對核心價值被破壞的擔憂和恐懼。要認清三件事。第一，港人已長期實實在在享有自由、法治、廉潔、人權，認為這些是港英政府留下來的「好東西」，不會接受這些價值被破壞。第二，港人對核心價值被破壞的擔憂和恐懼是實實在在的，香港發生的許多政治爭議讓港人覺得其核心價值有被侵蝕和破壞的危險。第三，採取各種行動捍衛香港核心價值，成為香港「泛民」及社會精英的普遍追求。反對23條立法，反對國民教育等，均被定義為捍衛香港核心價值之戰。

　　香港社會尤其中產精英捍衛香港核心價值的努力無疑是值得肯定的，但港人亦需要發揮更多智慧，更加講究方式方法，有理有利有節地進行爭取，更加重視與中央及內地加強溝通交流，避免過度使用「公民抗命」及政治對抗的方式，以硬碰硬，吃虧的必然是港人，受損的必然是香港核心價值。

　　中央、內地、香港特區政府要堅定維護香港的核心價值，這是全面貫徹落實基本法的要求。香港的核心價值受基本法、香港本地法律和國際法的保障。基本法規定了香港的資本主義制度和生活方式不變，其中自然包括香港的核心價值不變。港人所享有的各種政治權利和自由，都為基本法所保障。《公民權利和政治權利國際公約》、《經濟、社會與文化權利的國際公約》在香港繼續有效。香港核心價值中重要組成部分的民主、自由、人權、法治等，獲全體港人享有和維護，中央政府、特區政府必須予以堅決保障和維護。任何妨礙、限制、破壞香港民主、自由、人權、法治等核心價值的行為，不僅是對香港核心價值的踐踏，也是違反香港基本法、香港本地相關法律及國際人權法的，這些行為亦註定會引起港人的普遍反感和強烈反對，註定會失去香港人心。

　　要使香港與內地更加人心相通，在價值觀上有所趨近，需要作出改變的是內地。民主、自由、人權、法治、廉潔等核心價值，並非是資本主義的專利，而是人類共同創造的精神財富，任何真正現代化的國家均會接受和捍

衛這些普世價值。在香港實行「一國兩制」、「港人治港」、高度自治方針，本身意味着中共接受這樣一個現實：不可能用內地的社會制度和生活方式來改變香港，不可能用內地一套價值觀念來改變港人的價值觀。在價值觀上南轅北轍，毫無共同語言，必然使內地和香港長期充滿隔閡。拉近共同語言，拉近價值觀的距離，需要改變的不是香港，而是中央和內地，中央和內地需要真心實意接受和捍衛普世價值。

第三章

香港民主發展的爭議與失落

港人對中央、內地和國家的疏離，在政治上最關鍵的是圍繞香港民主發展的激烈衝突。香港人心失落，從政治角度看，最核心的是「普選夢」至今落空。儘早落實「雙普選」是絕大多數港人的殷切盼望，不管責任在哪一方，未能滿足港人最大心願，未能在回歸後極大增進港人的政治權利，管治者必然大失人心。

香港基本法未能將香港的政制完全確定下來，只是規定了「雙普選」的終極目標，「雙普選」的時間表和路線圖都沒有。何時及如何實現「雙普選」的目標，成為回歸後香港社會最大的政治爭議，各方就此陷入沒完沒了的政治鬥爭，造成嚴重的政治動盪和社會撕裂，直接影響經濟發展、民生改善和社會穩定。不儘快解決好香港民主發展這個最大的政治爭議，香港社會難以擺脫政治爭議和社會撕裂，難以集中精力發展經濟和改善民生，難以實現長治久安。

香港回歸至今，已進行了多次政改，現行的行政長官選舉和立法會選舉制度比基本法最初的規定有進步。但應該承認，香港民主發展的步伐是緩慢的，現行政制安排離「雙普選」的法定目標仍有很大差距，不民主的政制給行政長官和特區政府的施政帶來嚴重制約，不利於增強行政長官和立法會議員的認受性，不利於行政長官和特區政府增強解決香港深層次經濟社會問題的政治能量，不利於平衡社會各階層的政治利益和經濟利益。

圍繞香港民主發展，「泛民」曾提出很多論述，從最早的「民主回歸論」到「真普選論」，再到非建制陣營提出「民主自決」、「永續自決」甚至「城邦自治」、「香港獨立」等主張，愈來愈趨於激進和非理性，愈來愈違背中國憲法、香港基本法，亦愈來愈脫離政治現實和香港社會實況。但「泛民」亦有若干論述是合理的，深入分析這些合理的因素，接納這些合理的論述，是在香港民主發展問題上尋求共識政治和實現政治妥協的必由之路。

中央政府對於香港民主發展提出的主要論述包括：一、充分表達中央政府對實現「雙普選」的巨大誠意和堅定決心。二、強調循序漸進。中央提出，中央政府繼續支持香港特別行政區依照基本法的規定循序漸進發展符合香港實際情況的民主政制。三、提出「四個符合」的總體要求。中央提出，行政長官和立法會普選制度必須符合國家主權、安全和發展利益，符合香港實際，兼顧社會各階層利益，體現均衡參與的原則，有利於資本主義發展，特別是要符合香港特別行政區作為直轄於中央人民政府的地方行政區域的法律地位，符合香港基本法和全國人大常委會有關決定的規定，經普選產生的行政長官人選必須是愛國愛港人士。國家領導人對香港民主發展亦提出過「愛國者治港」等許多重要論述。此外，建制派亦提出過一些重要論述，包括：將香港民主發展之爭定性為香港的管治權爭奪，將「泛民」定性為反對派，要防範香港成為「反共基地」、「反華基地」等，這些論述對中央產生了深刻影響。全面分析中央對香港民主發展的論述，全面分析香港建制派的相關論述，堅定正確的原則，認清若干理論誤區，以正確的理論指導香港政制發展實踐，是順利推進香港民主發展的關鍵因素；問題的核心在於，中央、香港特區政府和香港的建制陣營，必須真心實意接受真正的民主價值。

政改這一核心爭議能否較快和有效地解決，取決於條件是否成熟，核心是各方能否早日實現政治和解。推進香港民主發展，各方必須在三個核心問題上進一步形成共識和政治妥協。

第一，中央與香港非建制陣營實現政治和解，建立政治互信，是推進香港民主發展的根本基礎，也是通往「雙普選」終極目標的捷徑。中央要解決好如何定性「泛民」和對待「泛民」的問題，「泛民」要解決好如何定性中央和對待中央、如何定位「泛民」自身政治屬性的問題。只有解決好政治和解和政治互信問題，香港民主發展的死結才能解開，香港民主發展問題就會迎刃而解。

第二，香港應優先解決民主發展爭議，以集中精力發展經濟和改善民生，但普選時間表落實的快慢可能很大程度取決於「泛民」與中央改善關係的快慢。沒有政治和解和政治互信，勉強重啟政改，只會淪於又一輪激烈政治鬥爭。與其圍繞普選方案纏鬥，不如先解決政治和解問題。而「雙普選」的落實，則是政治和解的必然成果。

第三，「泛民」與香港社會要接受循序漸進的、過渡性的普選方案，終極的、理想的普選方案需要在「泛民」與建制的政治分野基本消失後才可能出現。中央與香港特區之間、香港不同陣營之間要實現政治妥協與政治和解，在民主發展問題上形成政治共識，這種共識應符合公認的、真正的民主價值。沒有政治妥協與和解，香港民主發展問題仍將無解。香港市民與「泛民」爭取「雙普選」的努力值得同情和理解，但在普選方案上盲目追求理想主義，在爭取民主的形式上過度依賴政治對抗，這是值得商榷的。政治目標可以是理想主義，但實現過程應採取現實主義。政治是妥協的藝術，在中央掌握政改最終決定權的現實之下，與中央進行政治對抗來爭取普選，可以說此路不通，尋求妥協才是成功之道。

第一節
香港回歸後的政改回顧與現行政制的特點

香港回歸前沒有建立起民主制度和形成民主文化

　　從1842年中英簽訂《南京條約》正式將香港割讓給英國，到1997年中國恢復對香港行使主權，英國人統治了香港155年。總體上，英國對香港實行懷柔統治，英式自由主義成為香港核心價值，回歸前香港擁有充分的自由、法治、廉潔、人權及繁榮穩定，港人對殖民統治並不抗拒甚至充滿懷念。但是，英國統治香港留下的極大缺陷是，並沒有給香港留下良好的民主遺產，英國人既沒有在香港建立起不可逆轉的民主制度，也沒有奠定民主發展的良好基礎，沒有形成成熟的民主文化，現在被批評的功能組別等制度設計也源自英國人。

　　港英統治時期，香港政治體制的最大特點是權力高度集中的港督制，這是一個沒有民主因素的制度。港督是香港總督的簡稱，是由英國派駐香港的英女王的代表，英治時期共有28任港督（不包括日本在二戰時佔領香港期間的3位日本人總督）。1843年，《英皇制誥》（*Hong Kong Letters Patent*）頒佈，宣佈設置香港殖民地。英王是香港的最高統治者，總督則是英王的全權代表、兼任駐香港三軍總司令。在1841年至1857年期間，香港總督更兼任英國駐中國全權公使。總督主持香港的行政局和立法局，並委任兩局的議員。香港最高行政權在於總督會同行政局，行政局全部議員一直由總督委任，行政局實際只是港督的諮詢機構。港督亦長期擔任立法局主席（至1993年止）。1985年前，所有立法局議員皆由港督委任。行政局討論的議案和立法局討論的法案，均須港督同意並簽署才可通過，即港督對所有議案和法案均有否決權，港督完全掌握行政權和立法權。港督還有提名按察司（回歸後改稱法官）及各部門首長交英國外交及聯邦事務部任命、直接或間接委任高

級公務員等職權。回歸後實行的行政長官制與港督制有巨大區別，但行政主導等觀念深受港督制的影響。

港英立法局的組成長期以來沒有任何民主因素，既無直接選舉，也無間接選舉，港督任命官守和非官守議員，港督兼任立法局主席，立法局通過的法案需港督簽署才算有效。港督完全掌握立法權，立法局淪為港督的諮詢機構。

直至中國政府收回香港已成定局，英國人才在香港開始推進民主，主要是推進立法局選舉的民主化，謀求以「還政於民」實現「光榮撤退」，培植親英的反對勢力，為中國收回香港後的管治製造麻煩，儘可能繼續保持英國對香港的影響力，維護其在香港和在中國的利益。

1984年12月中英簽署《中英聯合聲明》前夕，港英政府才探討為1985年立法局實行間接選舉制定法律。1984年11月，港英政府發表《代議政制白皮書：代議政制在香港的進一步發展》，宣佈立法局從1988年開始循序漸進改革。

1985年9月，香港立法局首次實行間接選舉，此時英國正式對香港實行殖民統治已經走過143年，港英統治下的香港民主發展可以說是萬分緩慢。此次間接選舉的制度設計亦是十分保守的，採取了功能組別選舉、推選制、選舉團選舉等形式，保障商界和社會精英的政治利益。以後備受詬病的功能組別制度是英國人留下的遺產，功能組別可投團體票亦是英國人的設計，而非中共的發明創造。當年立法局共有11名官守議員（包括4名當然議員：港督、布政司、財政司和律政司）及46名非官守議員；46名非官守議員，其中22人由港督委任，12人由功能組別選出（首批11個功能組別包括：商界（第一）、商界（第二）、工業界（第一）、工業界（第二）、金融界、勞工界2席、社會服務界、醫學界、教學界、法律界，以及工程、建築、測量及都市規劃界），1人由全體市政局議員推選，1人由全體區域市政局議員推選，10人由各區全體區議員組成的選舉團選出。1985年，《立法局（權力

及特權）條例》通過，立法局的權力獲得大大提高。許多民主派要求1988年引入立法局直選。1988年2月，港英政府發表《白皮書：代議政制今後的發展》，宣佈立法局引入直接選舉推遲至1991年。1988年9月，立法局57個議席中有26席由間接選舉產生。

1990年4月4日，香港基本法經第七屆全國人民代表大會第三次會議通過，規定了「雙普選」的終極目標，而此時香港還沒有進行過一次直選，香港第一個全港性的政團香港民主同盟亦剛剛成立。

1991年9月，香港立法局選舉首次引入地區直選。這屆立法局60名議員，地區直選18名，功能組別議員21人，當然議員4人（布政司、財政司、律政司，港督仍是議員但不再參加會議，委任一名立法局副主席主持立法局會議），港督委任議員17人。「泛民」在18席的地區直選中，取得17席。香港民主同盟與匯點在這次選舉中聯手，加上「六四」事件的效應，在直選的18席中奪得14席，這兩個組織後來合併為民主黨，成為當時香港的第一大黨。

1992年末代港督彭定康上任，急於在英國人結束對香港統治之前，大幅推進香港的民主化進程。中英雙方為香港的政制改革進行激烈的政治對抗，這也使香港的政制改革在回歸之前的過渡期就成為一個重大政治爭議。

1992年10月，彭定康宣佈政改建議方案：立法局直選議席由18個增至20個；取消市政局、區域市政局和區議會的委任議席；功能組別的團體投票由個人投票取代，從而擴大選民基礎，新增九個功能組別；地區直選的多議席選區制改為單議席選區制；投票年齡由21歲降至18歲。中英雙方圍繞彭定康的政改方案進行了近20輪的談判但未能達成協議。1994年6月香港立法局通過彭定康的政改方案。中國政府宣佈由彭定康的政改制度選出的最後一屆立法局任期到1997年6月30日結束，並由400人組成的推選委員會選出的臨時立法會取代，令這屆立法局議員直接過渡到回歸之後的「直通車」安排成為泡影。1995年最後一屆立法局由60名議員組成，其中地區直選20席，

「泛民」獲得17席；功能組別增至30席；港英政府還首次設立了選舉委員會的制度，由大部分直選產生的區議員互選產生100人組成的選舉委員會，選出立法局10個議席。

英國人給香港留下的民主遺產是可憐的。英國人對香港長達155年的統治中，並沒有真心實意在香港推行民主制度，長期在香港實行壟斷幾乎一切政治權力的港督制，直至香港回歸中國成為定局之後才急忙推進香港民主進程。香港未能在回歸前建立良好的直選制度，立法局的功能組別、團體投票、選舉委員會投票等制度設計均極為保守，留下不良的示範。回歸前香港政黨政治發展十分緩慢，沒有建立成熟的政黨制度和有執政實力的政黨。香港市民在回歸前長期缺乏民主意識，缺乏選舉政治的洗禮，1991年立法局的首次直選投票率低至約40%。總之，英國人並沒有給香港留下不可逆轉的民主制度和成熟的民主文化，這使香港回歸後的民主發展缺乏良好的基礎。

對於英國人在統治香港期間發展民主的表現，批評質疑的聲音居多。港英政府中央政策組前首席顧問顧汝德曾表示，香港的政治權力「過去一直牢牢掌握在殖民地官員手中」，「外籍人對於民眾的不滿和期盼，以及他們的恐懼與願望，一概一無所知」，「事實上，到了1990年代末，如果再不擴大公眾在管治過程的參與，香港政治制度的公信力顯然已難以為繼，還可能造成政府的統治危機。」[1] 在1992年獲彭定康委任為立法局議員的胡紅玉曾經批評，麥理浩在任內不肯開放立法局選舉，為香港帶來災難性的後果。《香港簡史》作者高馬可批評，「由於殖民地政府遲至1990年代才推行民主，就給予中國政府理直氣壯地抗拒政治改革的口實。」[2] 還有學者批評，香港人由於在殖民統治時代所受的剝奪，導致現在沒有能力堅定地捍衛他們

1. 高馬可（Carroll, J. M.），林立偉（譯）（2013）。《香港簡史》。香港：中華書局。251頁。

2. 高馬可（Carroll, J. M.），林立偉（譯）（2013）。《香港簡史》。香港：中華書局。291頁。

珍視的自由、民主和高度自治；應受責備的，還有基礎不足、不健康的政治文化，不完善的法律和政治架構，不良的官僚作風，而這些都沿襲自英國人的問題。[3]

香港回歸至今三次政改工作回顧

香港回歸至2017年，進行了三次政改工作，其中兩次以失敗告終。

2007/2008年政改方案被否決

早在上世紀90年代，香港的三大政黨民主黨、自由黨和民建聯均支持於2007年和2008年實行「雙普選」。2004年4月6日，全國人大常委會對基本法附件一和附件二的有關條文作出解釋，明確2007年行政長官和2008年立法會產生辦法可以修改。2004年4月15日，行政長官董建華向全國人大常委會提交了《關於香港特別行政區2007年行政長官和2008年立法會產生辦法是否需要修改的報告》。

2004年4月26日，第十屆全國人民代表大會常務委員會第九次會議審議了董建華提交的報告，通過《全國人民代表大會常務委員會關於香港特別行政區2007年行政長官和2008年立法會產生辦法有關問題的決定》，否決了2007年行政長官選舉和2008年立法會選舉實行普選，但同意對兩個選舉辦法按循序漸進的原則進行適當修改。

2005年10月19日，香港政制發展專責小組發表《政制發展專責小組第五號報告：二零零七年行政長官及二零零八年立法會產生辦法建議方案》，當中的方案被簡稱為「五號政改方案」或「五號方案」。方案提出

---

3. 高馬可（Carroll, J. M.），林立偉（譯）（2013）。《香港簡史》。香港：中華書局。291頁。

了2007年行政長官產生辦法的修改建議：選舉委員會的選舉委員人數將由800人增加至1,600人，增加的選舉委員包括全港18區400個民選區議員、102個委任區議員及27個當然區議員；第一界別（工商、金融界）由200人增至300人；第二界別（專業界）由200人增至300人；第三界別（勞工、社會服務、宗教等界）由200人增至300人；第四界別（立法會議員、區域性組織代表、香港地區全國人大代表、香港地區全國政協委員代表）由200人增至700人，其中區議會議員529席、立法會議員70席、港區全國政協委員的代表43席、港區全國人大代表36席、鄉議局22席；聯合提名行政長官候選人門檻維持選舉委員會總人數的八分一，即從不少於100人增加至不少於200人，行政長官不可屬於任何政黨的規定維持不變。方案提出了2008年立法會產生辦法的修改建議：立法會議席會由60個增加至70個，其中分區直選和功能組別各增加5席；分區直選由30席增至35席；功能組別，區議會代表將由1席增加至6席；分階段取消區議員委任制，在2008年1月新一屆區議會委任議席的人數上限由102人減至68人，2011年底前視運行情況和社會反應把委任議席的上限進一步減至0席或減至34席，2016年1月減至0席。

「泛民」對這一方案提出的主要反對意見包括：未能提供普選時間表及路線圖；讓由行政長官委任的102位委任區議員參與行政長官選舉是一個非常荒謬的建議；未有降低行政長官選舉的提名門檻，維持12.5%的提名門檻仍然十分不合理；未有實行較易的一次性取消區議會委任議席的建議；未有對六席區議會功能界別的選舉方式有具體選舉方法。「泛民」的核心訴求是將普選時間表與通過該政改方案掛鈎，否則綑綁否決方案。時任行政長官曾蔭權被指主要採取向「泛民」撬票的策略，但在「泛民」綑綁之下未能成功。

2005年12月21日，香港立法會表決政改方案，兩個法案均獲34票支持，24票反對，1票棄權，未能獲得全體議員的三分之二多數支持，法案被否決。

2012年政改方案獲通過

　　曾蔭權在第二個任期一開始，就繼續重點尋求在政改上取得突破。2007年7月11日特區政府發表《政制發展綠皮書》，就普選行政長官及普選立法會的路線圖及時間表等提出多個方案諮詢市民。2007年12月12日，曾蔭權向全國人大常委會提交《關於香港特別行政區政制發展諮詢情況及2012年行政長官和立法會產生辦法是否需要修改的報告》，特區政府同日公佈《政制發展綠皮書公眾諮詢的報告》。

　　2007年12月29日，第十屆全國人民代表大會常務委員會第三十一次會議審議了曾蔭權提交的報告，通過了《全國人民代表大會常務委員會關於香港特別行政區2012年行政長官和立法會產生辦法及有關普選問題的決定》。這次會議認為，2012年香港特別行政區第四任行政長官的具體產生辦法和第五屆立法會的具體產生辦法可以作出適當修改；2017年香港特別行政區第五任行政長官的選舉可以實行由普選產生的辦法；在行政長官由普選產生以後，香港特別行政區立法會的選舉可以實行全部議員由普選產生的辦法。

　　全國人大常委會這次會議作出四項決定，其中明確香港政改要走「五步曲」，輿論認為核心的是增加了政改的啟動權屬於中央、「三步曲」變為「五步曲」，香港兩個選舉辦法是否需要修改，先要香港行政長官向全國人大常委會提交報告並獲得批准。

　　全國人大常委會這次會議還首次對普選行政長官提出了原則性的要求，包括：根據香港基本法第45條的規定，在香港特別行政區行政長官實行普選產生的辦法時，須組成一個有廣泛代表性的提名委員會；提名委員會可參照香港基本法附件一有關選舉委員會的現行規定組成；提名委員會須按照民主程序提名產生若干名行政長官候選人，由香港特別行政區全體合資格選民普選產生行政長官人選，報中央人民政府任命。這些要求實際上確定了行政長官普選方案的基本框架。

2009年11月18日，特區政府發表《二零一二年行政長官及立法會產生辦法諮詢文件》，徵詢各界意見。2010年4月14日，特區政府發表《二零一二年行政長官及立法會產生辦法建議方案》。2010年5月24日，時任中聯辦副主任的李剛就政改方案與民主黨三名核心成員何俊仁、劉慧卿及張文光會面。民主黨成員在會上促請中央政府「先確立終極普選的原則和過渡的路徑，再決定2012政改的具體安排」，建議中央政府作出立場性的表述，其中包括說明，一、普選定義須符合普及而平等原則、2020年實行全面普選立法會及全面取消任何形式的功能組別選舉。二、全面普選前按循序漸進原則進展，2017年行政長官選舉放寬提名門檻，2016年立法會選舉只增加直選議席並取消分組點票。民主黨提出，若中央接受以上兩項條件，民主黨願意支持以下經過改良的政改方案：2012年立法會新增的五席「區議會功能組別」議席，連同原有的一席「區議會功能組別」議席，全部開放投票，使在傳統功能組別未有投票權的市民能以一人一票方式選出其代表（即所謂全港選民一人有兩票）；取消區議會的所有委任議席，2012年的行政長官選舉委員會亦應加入全數400多位民選區議員，並保持提名人數不多於150人。中央官員隨後發表談話基本接受民主黨的兩項條件，中央及特區政府也在政改法案表決前接受民主黨的具體改良方案，成為政改最終獲得通過的關鍵因素。

2010年6月7日，特區政府向立法會提交兩項政改方案：行政長官選舉委員會由800人增加至1,200人，當中四個界別各增加100人至300人，而不少於150名的選舉委員可聯合提名行政長官候選人；立法會增加10個議席，其中5個由分區直接選舉產生，另外5個由功能團體選舉產生。在表決之前，中央政府和特區政府接受了民主黨建議的方案，主要是新增的5個由區議會功能組別產生的議員實際由全港普選產生。這個方案被外界形容為「區議會方案」，因為在行政長官選舉委員會中，主要是增加了民選區議員；而立法會選舉中，區議會新增的5個功能組別議席實際亦變為直選。在建制派、民主黨和民協的支持下，2012年政改方案獲得通過。

　　堅決反對政改方案的人民力量、公民黨、社民連發動「儘快實現真普選，廢除功能組別」為主題的「五區公投運動」，即在立法會五個選區各有一名議員辭職，以補選的方式進行所謂「公投」，並以「五區公投、全民起義」作選舉口號。國務院港澳辦指出，基本法並沒有規定「公投」制度，在香港進行所謂「公投」並沒有憲制性法律依據。建制派杯葛補選，「泛民」辭職的議員均再次當選，但投票率非常低，沒有形成所謂「公投」效應。

立法會於2015年否決2017年行政長官實現普選的方案

　　按全國人大常委會相關決定落實2017年行政長官普選，是梁振英任內的重要工作。2013年10月17日，梁振英宣佈成立政改諮詢專責小組（俗稱「政改三人組」），由政務司司長林鄭月娥、律政司司長袁國強和政制及內地事務局局長譚志源三人組成，就政改諮詢進行準備。2013年12月4日，特區政府宣佈就2016年立法會選舉和2017年行政長官產生辦法展開諮詢，為期五個月。2014年7月15日，政府公佈首輪諮詢報告，同時啟動政改首步曲，梁振英當日向全國人大常委會提交《關於香港特別行政區2017年行政長官及2016年立法會產生辦法是否需要修改的報告》。

　　2014年8月31日，全國人民代表大會常務委員會通過《全國人民代表大會常務委員會關於香港特別行政區行政長官普選問題和2016年立法會產生辦法的決定》（俗稱「8·31決定」或「8·31框架」），作出五項決定：

1. 從2017年開始，香港特別行政區行政長官選舉可以實行由普選產生的辦法。

2. 香港特別行政區行政長官選舉實行由普選產生的辦法時：

    a. 須組成一個有廣泛代表性的提名委員會。提名委員會的人數、構成和委員產生辦法按照第四任行政長官選舉委員會的人數、構成和委員產生辦法而規定。

b. 提名委員會按民主程序提名產生二至三名行政長官候選人。每名候選人均須獲得提名委員會全體委員半數以上的支持。

c. 香港特別行政區合資格選民均有行政長官選舉權，依法從行政長官候選人中選出一名行政長官人選。

d. 行政長官人選經普選產生後，由中央人民政府任命。

3. 行政長官普選的具體辦法依照法定程序通過修改《中華人民共和國香港特別行政區基本法》附件一《香港特別行政區行政長官的產生辦法》予以規定。修改法案及其修正案應由香港特別行政區政府根據香港基本法和本決定的規定，向香港特別行政區立法會提出，經立法會全體議員三分之二多數通過，行政長官同意，報全國人民代表大會常務委員會批准。

4. 如行政長官普選的具體辦法未能經法定程序獲得通過，行政長官的選舉繼續適用上一任行政長官的產生辦法。

5. 香港基本法附件二關於立法會產生辦法和表決程序的現行規定不作修改，2016年香港特別行政區第六屆立法會產生辦法和表決程序，繼續適用第五屆立法會產生辦法和法案、議案表決程序。

「8·31決定」實際上將香港行政長官普選方案明確化，最關鍵的一條是明確了提名門檻，規定「每名候選人均須獲得提名委員會全體委員半數以上的支持」。「泛民」強烈批評「8·31決定」是「假普選」、「政治篩選」及「代香港立法」。

香港「泛民」在政改方案的諮詢過程中，一方面以發動「佔領中環」運動相威脅，一方面提出了各種方案，主要包括：「真普選聯盟」公民提名、政黨提名、提名委員會提名「三軌制」方案，香港2020、18名親「泛民」學者及湯家驊等分別提出相對溫和的方案。全國人大常委會作出「8·31決定」後，「佔領中環」運動於2014年9月28日展開，持續79日。

2015年4月22日，香港特區政府發表了《行政長官普選辦法公眾諮詢報告及方案》。2015年6月18日，立法會表決《行政長官產生辦法決議案》，大批建制派議員突然離開會議廳，法案以8票支持、28票反對被否決。

香港現行政制安排的主要特點

行政長官產生辦法

行政長官普選方案被否決後，2017年行政長官選舉繼續沿用2012年行政長官產生辦法。

行政長官候選人要經過選舉委員會委員提名；選舉委員會由1,200名委員組成，第一界別工商、金融界300人，第二界別專業界300人，第三界別勞工、社會服務、宗教等界300人，第四界別立法會議員、區議會議員的代表、鄉議局的代表、香港特別行政區全國人大代表、香港特別行政區全國政協委員的代表300人；每位候選人要獲得八分之一選舉委員會委員即150名委員的提名才能成為候選人；在選舉委員會正式投票中獲得過半數選票即601票者當選，由中央人民政府任命。

現行的行政長官產生辦法，存在很多局限，它離基本法規定的最終達至由一個有廣泛代表性的提名委員會按民主程序提名後普選產生的目標仍很遠，長期被指責是「小圈子選舉」、特首選舉淪為中央「欽點」。現有制度存在選舉的形式，但也不必諱言，行政長官的確主要由中央挑選，並只有在中央支持下才能當選。

由1,200人代表七百多萬香港市民行使選舉行政長官的權利，其民主程度偏低，造成香港市民在選舉這一重要政治權利上的不普及與不平等，選舉委員會的1,200人享有政治特權。香港普通市民對此是不滿的，渴望早日實現行政長官普選。

表3.1 選舉委員會的界別分組及席次分佈（2016年選舉委員會選舉結果）

界別	界別分組	選委人數	建制當選概況	「泛民」當選概況	媒體所指中間派
第一界別	飲食界	17	17人自動當選	0	0
	商界（第一）	118	18	0	0
	商界（第二）	18	18人自動當選	0	0
	香港僱主聯合會	16	16人自動當選	0	0
	金融界	18	18人自動當選	0	0
	金融服務界	18	18	0	0
	香港中國企業協會	16	16人自動當選	0	0
	酒店界	17	17	0	0
	進出口界	18	17人自動當選，1人提名無效使本屆選委會再少1人	0	0
	工業界（第一）	18	18人自動當選	0	0
	工業界（第二）	18	18人自動當選	0	0
	保險界	18	18	0	0
	地產及建造界	18	18人自動當選	0	0
	紡織及制衣界	18	18人自動當選	0	0
	旅遊界	18	18	0	0
	航運交通界	18	18	0	0
	批發及零售界	18	18	0	0
第二界別	會計界	30	0	26	4
	建築、測量、都市規劃及圍境界	30	2	26	2
	中醫界	30	27	3	0
	教育界	30	0	30	0
	工程界	30	15	15	0
	衛生服務界	30	0	30	0
	高等教育界	30	0	30	0
	資訊科技界	30	0	30	0
	法律界	30	0	30	0
	醫學界	30	0	19	11

	漁農界	60	60人自動當選	0	0
	勞工界	60	58	0	2
第三界別	宗教界	60	天主教香港教區10人、中華回教博愛社10人、香港基督教協進會10人、香港道教聯合會10人、孔教學院10人、香港佛教聯合會10人		0
	社會福利界	60	0	60	0
	體育、演藝、文化及出版界	60	57	0	3
	香港地區全國人大代表	36	36	0	0
	立法會議員	70	建制40（3人兼任港區全國人大代表，使選委會相應減少40人）	28（2人議席懸空，還有人面臨司法覆核）	0
第四界別	香港地區全國政協委員的代表	51	51	0	0
	新界鄉議局	26	26	0	0
	港島、九龍各區議會的民選議員代表	57	57	0	0
	新界各區議會的民選議員代表	60	60	0	0

　　選舉委員會形成建制派與非建制派的對立，非建制派在代表中產精英的第二界別佔有壟斷性的優勢，在第三界別的社會福利界佔有壟斷性優勢，在第四界別的立法會議員佔有一定比例。從2016年選舉委員會的選舉看，經「泛民」協調勝選的選委達325席；「泛民」在第二界別300席中拿下239席，所佔比例近80%；「泛民」在第二界別的教育界、衛生服務界、法律界、高等教育界、資訊科技界及第三界別的社會福利界都是全取所有席位。可以說，對香港主流意識形態和香港民意具有最重要影響的中產精英和專業人士支持「泛民」的格局非常清楚，「泛民」挾民意支持與中央和特區政府對抗。「泛民」一向具備提名一位參選人的能力，向建制派參選人發起挑

戰。「泛民」在選舉委員會選舉中的競爭實力不斷提高，所佔據的席位愈來愈多，其參與「造王」或攪局的實力愈來愈強。「泛民」選委以其對輿論和民意的強大影響力，更足以「弒王」，即在行政長官選舉過程中將當選人在輿論上批臭，使其認受性和民望較低。

選舉委員會的組成未能實現社會各階層的均衡參與，商界在選舉委員會中佔據大多數，中產精英佔有適當比例，代表基層的勞工界、漁農等界所佔據的席位偏少。商界人士及富裕人士在第一界別工商、金融界擁有300席，在第四界別的立法會議員、港區全國人大代表、港區全國政協委員的代表、區議員的代表及鄉議局的代表中均佔有很大比例，擁有較強的「造王」能力。行政長官候選人十分依賴商界的選票，長期受制於工商界，使其參選政綱及施政行為容易向商界利益傾斜。工商界本身擁有強大的經濟特權甚至壟斷性的經濟特權，加上強大的政治特權，使其成為一股最強大的綁架特首的力量，亦成為與中央分庭抗禮的「造王」力量。工商界巨頭依靠對輿論的影響力、對中央的影響力、對選舉委員會其他成員的影響力，力圖「造王」。2012年行政長官選舉的唐梁之爭被輿論視為香港地產黨與中國共產黨的較量，工商界巨頭與中央的政治博弈甚至對抗公開化尖銳化。工商界尤其是若干寡頭長期分化，亦使建制派的分化常態化。

在選舉委員會選舉行政長官的制度下，工商界挾票自重，「泛民」所佔有的席位愈來愈多，正式投票選舉時實行暗票制，這些都使中央對行政長官選舉的控制力和主導能力不斷減弱。中央雖然主導特首人選，但中央要向建制派尤其是商界求票、固票，這是一個艱難的政治工程。在「泛民」選委實力增強、建制選委分化增強的新形勢下，行政長官選舉出現流選、中央支持的候選人只能低票當選、中央不支持的候選人可能當選等風險愈來愈大。工商界聯合「泛民」「造王」的意圖愈來愈明顯，與中央的博弈和對抗更加激烈更加複雜，行政長官選舉出現中央不支持的候選人當選、中央不願任命的憲制危機，可能性在增大。2017年行政長官選舉，中央以「洪荒之力」應對流選的挑戰，顯示「小圈子選舉」的操控日益困難。

行政長官普選問題說白了，是香港特首人選決定權的重新分配。不普選，中央及相關涉港機構保有決定權，香港少數的工商界及社會精英保有選舉特首的政治特權。實行普選，香港少數工商界及社會精英仍然保有參與提名特首候選人的政治特權，中央則握有提名特首候選人的決定權（候選人需選舉委員會過半數委員通過的制度設計下），但普選階段哪位候選人能成為特首則由香港選民決定，香港選民的政治權利極大提高。中央以過高門檻設計特首普選方案，很容易引起香港社會的質疑，就是中央沒有誠意放棄對香港特首的「欽點權」。工商界等建制派在特首普選後政治特權有所弱化，也容易被質疑沒有誠意支持實行普選。

現行行政長官選舉制度存在種種問題，香港社會圍繞這一制度的分歧使社會分化撕裂，這一制度在香港缺乏認受性和公信力，這一制度產生的行政長官亦缺乏認受性和公信力，難以賦予行政長官很高的民望和很強大的政治能量，難以保障特區政府的施政為香港各階層的利益服務。

立法會產生辦法和立法會表決程序

現行立法會選舉辦法是2010年政改通過的方案，經歷了2012年、2016年兩次立法會換屆選舉的實踐。立法會有70名議員；35名在香港島、九龍東、九龍西、新界東、新界西五個選區通過直接選舉產生，選舉辦法是多議席比例代表制；35名由29個功能組別產生，其中區議會（第二）的5個議席相當於全港變相直選。

功能組別的存在使商界在立法會佔據重要力量，立法會的組成並不能體現均衡參與。立法會設有29個功能組別、有35個議席；屬於工商界的功能組別包括：航運交通界、旅遊界、商界（第一）、商界（第二）、工業界（第一）、工業界（第二）、紡織及制衣界、批發及零售界、飲食界、金融界、金融服務界、地產及建造界、進出口界、保險界，共有14個界別、14個議席；屬於專業界的功能組別包括：教育界、法律界、會計界、醫學界、

衛生服務界、工程界、社會福利界、資訊科技界、體育、演藝、文化及出版界、建築、測量、都市規劃及園境界，共10個界別、10個議席；偏向基層的，漁農界1席，勞工界3席；還有鄉議局1席，區議會（第一）1席，區議會（第二）5席。功能組別是港英政府立法局就有的，當初的設計原意就是保障商界和社會精英的政治利益，使商界和社會精英能夠在立法局有利益代言人。特區立法會保留功能組別，進一步維護了香港商界和社會精英在立法會的政治特權；佔據香港人口多數的勞工及基層市民在立法會所佔據的議席極少，基層市民無力維護自身的政治經濟利益，最典型的是勞工界與商界的政治實力對比懸殊，勞工界維權異常艱難。從立法會議員所屬階層看，建制派較多商界人士和社會精英，「泛民」主要是中產精英。

香港政黨政治發展不成熟，立法會選舉實行比例代表制，持極端立場者亦可在多議席的分區直選中獲得席位，使立法會碎片化，無論建制與「泛民」陣營都是黨派林立，很難整合。建制有民建聯、工聯會、經民聯、自由黨、新民黨、新論壇，還有一些獨立議員。非建制陣營有民主黨、公民黨、民協、工黨、社民連、人民力量、街工、教協、新民主同盟、新思維、民主思路、青年新政、民主進步黨、香港民族黨、本土民主前線、香港眾志、熱普城等。

香港立法會長期處於建制與「泛民」兩陣對立之中，兩個陣營最尖銳的政治矛盾是圍繞「雙普選」為核心的民主發展之爭，而本質差異在於，兩個陣營對中央政府的政治認同問題，即愛國愛港問題和是否與中央對抗問題。在政治矛盾壓倒一切的情況下，「泛民」長期成為與中央和特區政府進行政治對抗的「反對派」，通過打擊特區政府、阻撓施政、破壞香港繁榮穩定，使特首、特區政府和建制派民望低下，來撈取選舉利益等政治利益。在政治矛盾壓倒階級矛盾的情況下，「泛民」主要爭取的是「雙普選」的時間表和路線圖，最熱衷奪取執政權力，不能代表中產和基層利益，亦不能真心實意為中產階級和基層市民爭取利益，不願支持特區政府化解社會矛盾和平衡各階層利益；而建制內部亦不得不將階級矛盾暫且放下，儘可能組成與

「泛民」對抗的統一戰線，原本最應尖銳對立的勞資雙方只好勉強站到同一陣線。

「泛民」長期在立法會地區直選中獲得過半數議席，建制派長期在功能組別選舉中獲得過半數；建制派在回歸後的歷屆立法會均獲得過半議席，相當程度依靠功能組別。

立法會現行的表決程序是，政府提出的法案，如獲得出席會議的全體議員過半數票，即為通過；立法會議員個人提出的議案和對政府法案的修正案均須分別經功能團體選舉產生的議員和分區直接選舉產生的議員兩部分出席會議議員各過半數通過。功能組別的存在及分組點票制度，使工商界既成為特區政府的支持力量，亦成為綁架特區政府的強大力量，成為阻撓特區政府改善經濟民生、平衡社會各階層利益的另類「反對派」。特區政府要在立法會通過法案，離不開工商界議員的支持；特區政府要在立法會阻止「泛民」提出的議案和對政府法案的修正案，離不開工商界議員的支持。工商界議員的這種關鍵政治實力和政治地位，為其綁架特首和特區政府提供了條件，他們要求特區政府為他們的政治經濟利益服務，任何有損他們政治經濟利益的政策措施均很難獲得通過。工商界過去反對設立最低工資標準，反對增稅，反對提高社會福利和社會保障水平，反對政府大力解決土地房屋問題、尤其反對壓抑高地價高房價，反對取消強積金對沖機制，反對建立全民退休保障制度……總之，工商界希望特區政府永遠向商界尤其是壟斷資本家的利益傾斜，不能因為增進中產和基層的利益而損害他們的利益。回歸後建制派始終在立法會獲得過半數議席，但卻未能支持特區政府在改善民生、紓緩社會矛盾上取得多少成績，反而使香港的階級矛盾和社會矛盾更加尖銳，貧富懸殊更加嚴重，中產中下層和基層的怨氣更大。

「泛民」作為與中央及特區政府進行政治對抗的「反對派」，在立法會始終佔據三分之一以上議席，具有否決政改方案的實力，亦可以通過「拉布」等方式「拉倒」政府的法案。工商界作為反對特區政府改善經濟民生的

另類「反對派」，對特區政府的施政亦造成嚴重阻撓，他們反對的法案，政府往往不敢提交到立法會；政府提交到立法會的許多法案不能通過，亦主要是因為工商界議員等建制派的反對。有長期研究港澳問題的學者統計，從1997年至2013年，特區政府的平均立法成功率為55.6%，平均每年擱置或押後40.11%的法案，累計合共擱置或押後215條法案。[4]

　　工商界議員等建制派反對的法案既有重大的政治法案，更多是經濟民生類法案。2003年基本法23條立法失敗，自由黨最後關頭的轉軚是這次立法失敗的直接原因。2010年10月，立法會高票通過廢除政府提出的「擴建將軍澳垃圾堆填區指令」。2011年1月，立法會否決香港申辦亞運會的60億港元撥款申請。2011年2月，政府財政預算案被迫大幅修改，之後政府提出的臨時撥款議案未獲立法會通過。規管一手樓銷售的《住宅物業銷售稅說明條例草案》回歸後三度列入立法議程，因地產商的反對，政府於2001年一度宣佈擱置立法，前後拖延14年，直至2012年6月才在立法會獲得通過。競爭條例、最低工資立法都拖延了很多年。《公眾衞生及市政（修訂）條例草案》旨在推進中央屠宰，因影響家禽業和零售批發商利益，最終被迫在2010年全面擱置。《食物安全條例》因商界擔心影響商業運作而拖延五年多才通過。

　　當特區政府頂住工商界壓力，真正推出一些有利於中產階層和基層利益的法案時，「泛民」往往因為害怕得罪市民、丟失選票而不敢反對，政府有時也要依靠「泛民」技術性支持才能通過一些工商界強烈反對的法案。壓抑過高樓價是梁振英任內主要政績之一，但俗稱樓市「雙辣招」的《2012年印花稅（修訂）條例草案》經過了一年半的「拉布式」審議，大多數「泛民」議員在民意壓力下以離席抗議的技術性支持使草案避過被否決的命運，30名議員投支持票，包括梁國雄、范國威兩名「泛民」議員；6名

4.　陳麗君(2015)。《香港民主制度發展研究》。香港：中華書局。153頁。

以自由黨為主的建制派議員投反對票；　4名建制派議員投棄權票，4名建制派議員缺席。梁振英任內的另一德政——發放長者生活津貼，政府議案也被多次「拉布」，立法會財委會表決時，投支持票的僅24人，棄權3人，在席但沒有投票的7人，缺席的31人，投反對票的3人，絕大多數「泛民」議員仍主要以缺席不投反對票的形式對議案作技術性支持，仍有相當數量的建制派議員不支持政府的這個議案。

「泛民」及工商界議員這兩類「反對派」使行政與立法的關係長期處於緊張狀態，「泛民」長期為反對而反對，最主要的是具備否決政改方案的能力；工商界議員為商界利益而反對，最主要的是反對有損商界利益、有利中產和基層的政策。

行政長官沒有政黨背景，在缺乏執政黨或執政聯盟的情況下，行政長官和特區政府難以在立法會獲得穩固的支持。立法會具有實質制衡行政機關的權力，主要是審查通過財政預算案、審查通過政府撥款和人事編制等重要議案法案，對行政主導構成強烈制約。擺平不了兩類「反對派」，行政立法關係持續緊張，特首和特區政府的施政舉步維艱。

行政長官沒有政黨背景，在缺乏執政黨或執政聯盟的情況下，引發另一個更深層次的問題，就是「西環」（香港中聯辦）與特首和特區政府的關係問題，「港人治港」、「高度自治」的有效性問題。建制派政黨政團碎片化，民建聯、工聯會等建制派主流與中聯辦關係密切，更多建制派的獨立議員（所謂中聯辦的「契仔」、「契女」）靠中聯辦支持才能當選，建制派更多服從中聯辦的指揮。行政長官並非代表建制派執政，並無與建制派形成共同的執政綱領，更無與建制派建立執政聯盟，無法領導和指揮建制派。中聯辦更多關注政治議題，在重大政治議題上會對建制派議員進行強力動員與約束，但忽視經濟民生議題。在經濟民生議題上往往持開放態度，而建制派內部恰恰因為階級矛盾而在經濟民生議題上很難利益一致，這就使特區政府的經濟民生法案和議案經常在建制派那裏受阻。在特首沒有政黨背景、也不建

立管治聯盟的情況下，特首在立法會缺乏穩定支持，這是一種常態，行政與立法關係的兩張皮現象很難解決；中聯辦與特首和特區政府亦勢必長期成為兩大權力中心，建制派更依附和服從中聯辦，特首和特區政府在立法會基本無票，中聯辦在立法會有票，離開中聯辦或中央其他力量凝聚和指揮建制派，特首和特區政府的施政往往寸步難行，「港人治港」、「高度自治」很難名副其實。

立法會的選舉制度和投票制度及立法會的政治生態，成為香港政局難以安定的結構性難題。不建立新的選舉制度，不建立新的政治生態，不探索新的政治安排，立法會將繼續成為香港政治動盪之源。

第二節
「泛民」對香港民主發展的主要論述

在回歸前及回歸後，「泛民」的主流力量及其對香港民主發展的主流論述，是不斷變化的。了解其中變化的軌跡，有利深入理解「泛民」及其民主訴求。

「民主回歸論」及其式微

「泛民」關於香港民主發展最早的主流論述被歸納為「民主回歸論」，其核心內涵是，支持香港回歸中國，但同時必須在香港落實民主政制，也爭取內地走向民主化。「泛民」最早的主流政黨民主黨及其前身匯點、香港民主同盟，曾經長期堅持「民主回歸論」，同時展現出「民主」與「民族」兩種情懷。

匯點成立於1983年1月9日，初期是論政團體，直到1992年9月才進行政黨化改組。劉廼強是匯點創會會長和創會主席，楊森是第二任主席，張炳

良是第三任主席；曾澍基、黎則奮、何芝君、杜耀明、馮可立、盧子健、呂大樂、張家興、李華明、狄志遠、黃偉賢、梁智鴻、馮偉華、王卓祺、陳文鴻、葉建源、馮煒光、高達斌等曾是匯點的成員。匯點元老後來分化非常厲害，部分轉化為建制派，部分仍是溫和「泛民」，部分淡出政治，亦有人變得非常激進。楊森曾擔任民主黨主席。張炳良曾擔任民主黨副主席，後來創辦新力量網絡並任主席，退出民主黨後，曾經擔任特區行政會議成員，在梁振英政府內擔任運輸及房屋局局長。劉迺強成為全國人大常委會香港基本法委員會委員，曾經擔任全國政協委員。王卓祺在梁振英任內擔任中央政策組全職顧問。馮煒光曾加入民主黨，在梁振英任內曾擔任特首辦新聞統籌專員。高達斌創辦建制派團體「愛港之聲」。狄志遠成為中間派新思維的主席。葉建源作為教協代表成為立法會議員。黎則奮走向支持本土主義。

在英國對香港實行殖民統治的時代，英國儘量將香港變為一個商業城市，大力去政治化，壓抑香港的民主發展，港人也很少民主訴求。港人出現較強烈的民主訴求，是在香港出現九七前途問題之後，尤其是1989年「六四」事件後。在中英就香港前途談判期間，香港社會出現人心浮動的情況，很多港人恐共、懼共，出現移民、移資潮；當時的民調顯示，絕大多數港人不支持香港回歸中國；大資本家及後來成為建制派的一些精英人士支持英國人「以主權換治權」的主張，希望英國人繼續管治香港。匯點是香港首個提出「民主回歸論」的政團，旗幟鮮明地支持回歸，並以「民主回歸論」凝聚支持回歸的力量和民意，非常難得。

「民主回歸論」的論述集中體現在1982年末匯點的《我們對香港前途的建議》這份文件之中。這份建議書全文二千餘字，分為「基本信念」、「對現況的基本了解」和「具體建議」三部分；「具體建議」再分成「政治」、「經濟」、「社會」、「法律」四個細項，詳述匯點對香港前途的看法，完整描述「民主回歸」構思。建議書以「香港是中國不可分割的領土的一部分」起首，強調「民族主義是我們基本原則之一，也是我們考慮香港前途問題的出發點」，亦指「民族主義並非唯一的原則」，「認同中華民族，

不等於認同任何現存政權或政黨」；提出具體的民主主張，「立法局改為市議會，市議會的大多數議員由全港市民選舉產生……市議會主席由市議會自行選出，同時為中國人民代表大會的當然代表」；「香港設立市長一職，由香港全民投票選舉產生，然後由中國政府認可」；「實現言論、通訊、新聞及出版自由」；「香港服從中華人民共和國的憲法，但在內部行政上仍然保留獨立的法律體制。」[5]

匯點的「民主回歸」理念，是一種新三民主義，即「民族」、「民主」以及「民生」；「民族」——不是狹隘的民族主義，而是「在情在理的肯定我們是中國人，香港是中國的地方」；「民主」——不是一夜間全部民主，而是「循序漸進，逐步開放」；「民生」——經濟合理化，不是打倒資本家，而是「要求資源有較合理的分配，讓全港市民分享安定繁榮的成果。」

匯點的「民主回歸」理念，除了鮮明的民主思想、民族主義主張，亦包含了強烈的反對殖民主義的思想，還有對壟斷資本主義的反思與批判，有對中國走向民主化的深切期待。劉廼強、曾澍基、黎則奮被視為匯點的主要理論家。曾澍基曾在香港大學修讀哲學和政治，期間曾擔任香港大學學生會內務副會長和《學苑》編輯，參與學運，畢業後在香港中文大學取得經濟學碩士和工商管理碩士，於曼徹斯特大學取得經濟學博士，後來擔任浸會大學經濟系教授。曾澍基被視為匯點的精神領袖，亦被視為香港著名的政治經濟學家，他提出的許多論述，代表了匯點的理論高度。

早在1975年12月，曾澍基就在港大學生刊物《學苑》發表題為〈香港往何處去？〉的演講稿，對香港民主回歸中國的前途提出展望。他認為，香港的政治現況是代表英國及本地少數資本家利益的落後政治架構；香港是一個高度壟斷的經濟制度：自由放任只是讓壟斷財團自由地剝削的口號，而壟斷資本也會迅速地國際化，與大多數人的利益尖銳地衝突。他的結論是，為

了建立公平合理的、消除剝削的政治經濟制度，只有一條道路可走，就是徹底地改變殖民地主義和壟斷資本主義的政制。「在香港，反殖的目標應是與中國復合，反資則是溶入中國民主化運動內⋯⋯我主張香港應進行一個以廣泛群眾為基礎的大規模的反資反殖運動」；「在香港進行反資反殖的同時，應對中國加深認識，檢討和批判中國的政制。如果香港要成為中國民主化運動的一部分，對中國的認識及批評就非常重要。當時機成熟時，即動員群眾；在意識方面，在實際權力掌握方面成熟時，應主動地提出與中國復合的口號。與中國復合可以通過談判，形式由英國、香港及中國三方的談判來解決，當然主動的一方應是香港和中國。當香港與中國復合後，香港的運動立刻成為中國社會民主化運動的一部分。」曾澍基在總結中提出一個「雙重任務論」，「香港人民有雙重的任務，不只是針對香港問題，亦針對中國問題。但整個香港的發展要與中國的發展相配合。究竟中國的民主化運動是以甚麼方式進行？速度如何？對香港都有極大的影響。可能當香港的運動未成熟時，中國的民主化運動已大致上成功了，那時可能是中國主動提出收回香港，結束殖民地統治。也可能中國的民主化運動還未開展，那香港將要扮演一個較重要的角色。但這種種的具體問題在現時是不可能預計的。但我覺得現時要開展對香港前途的討論。至於認識中國，不應是那麼消極地適應或服從中國的政策，而是積極地提出批評，尤其是當國內的人民都開始提出不同的展望時。」[6] 香港的大學生在上世紀六七十年代，比較主流的政治立場是反對殖民統治及愛國，關心中國內地的發展，曾澍基的思想是比較典型的代表。香港的大學也曾開展過「認中關社」（認識中國、關心社會）運動。

　　1982年，曾澍基等編輯出版《五星旗下的香港》，作者包括吳南山、方卡謬、王卓祺、艾凡、魯凡之、吳默然等。這部小冊子收錄了曾澍基〈改造現狀的考慮〉等文章。曾澍基堅持「民族主義」原則，也訴諸現實的政治

---

6. 轉引自羅永生網上文章〈民主回歸論的萌芽與夭折：從曾澍基早年的幾篇文章說起〉，該文註釋指曾澍基〈香港往何處去？〉載於1975年12月5日《學苑》。

經濟考慮，提出著名的「歷史契機論」，中間包含了「一國兩制」的思想內涵及香港需要在一定的過渡時期推進經濟社會變革的理念。「九七問題，在既得利益集團營造之下，變成是收回或『維持現狀』的抉擇問題。這種簡化自然有其意識形態的作用。實際上，香港是中國領土的一部分，始終要回歸到祖國的懷抱，無論從民族主義原則或實用的政治經濟考慮出發，這都是不爭的結論」；「剛巧有這樣的歷史契機：由於對中國的現代化有利，香港無必要立刻收回，一個過渡時期乃成為可能。這個過渡時期對中國和香港的民眾雙方都有好處，中國可以繼續利用香港賺取外匯，開展資本及技術引進，香港的民眾可有較多的時間適應，而不須一夜之間從『自由放任』的資本主義社會躍進社會主義社會之中，距離逐漸拉近，陣痛乃可減弱。但過渡時期之作為過渡時期，意味了『現狀』必須不斷改變，因為最後香港仍要融入中國的政經文化體系裏去」；「一句話：在過渡期內，香港應實行半民主的、改良了的資本主義制度。這種制度和民主的、現代化的社會主義制度——中國現正企圖邁向的目標距離是拉近了。隨着形勢的變化，民主和經濟『社會化』的程度可以加深，政治經濟制度亦可加強掛鈎，在初期則不必過於急躁」；「在過渡時期，香港是在中國主權下的一個改良了的資本主義特區，所以經濟運作的原則依然是資本主義，如私有產權應該維護，而改良的意思是在福利制度方面。財富較為均分，經濟方面改正現在過分着重金融地產，政府介入去援助實業產的工業發展，提供較多的就業機會」；「當我們考慮這個過渡期的體制，應該用這個機會，改善香港整個社會制度，經濟制度，加強福利，改變不正常的發展途徑，法律、民主的代表性。」[7] 這些有關香港應該對資本主義進行改良，推動經濟社會變革，加強福利的思想，非常具有前瞻性。

---

7. 轉引自2015年12月羅永生網上文章〈民主回歸論的萌芽與夭折：從曾澍基早年的幾篇文章說起〉。

在上世紀80年代，匯點對香港知識界、民主派和香港輿論的影響極大，匯點亦成為中共統戰對象之一。《許家屯香港回憶錄》曾記載許家屯參加匯點聚會的情節。

在「六四」風波之後，匯點仍然堅持「民主回歸」的主張。1989年12月17日，匯點週年會員大會通過了張炳良等起草的《邁進九十年代宣言》，明確提出，「匯點堅持民族原則。香港作為中國的一部分，香港人作為中華民族的一份子，關心中國和為中國發展貢獻力量是基本權利和義務」，「中國必須制訂一份符合港人意願和體現中英聯合聲明的基本法，把一國兩制、高度自治、港人治港的政策清楚規定。」這一宣言堅持了「民主回歸」的基調。這一宣言亦暗含希望香港從事民主運動的人士不要從事反共活動的內容，「匯點認為，香港的從政人士，特別是主要在建制內從事政治活動的人士，可把主要精力放在本地事務上，與中國內地政治保持一定距離。這樣做，除了有利於維持穩定良好的中港關係外，更可以為香港社會提供更大的自由活動空間。」時任匯點主席的張炳良認為中共仍會迎來民主化的新局面，1990年1月他在《匯點成立七週年特刊》上寫道，「當前世界的一個總潮流是民主化，東歐近期的發展更是一項明證。歷史是無情的，任何阻擋民主化的專制力量終歸仍會被歷史洪流所淹沒」。張炳良認為，任何與中國隔離的做法，都是漠視「政治現實」的簡化思維結果，「香港應從回歸中國、應從中國的整體範疇去確立本身的位置。」1992年，張炳良提出，匯點要「以刷新的另一民主派政黨形象面向社會，並爭取支持民主回歸、理性改革的人士加入行列」；期望政黨化後的匯點會「更具組織力、更強調綱領和政見、更注重議會內外政治活動的相互配合。」

1989年的「六四」風波，對於香港民主派力量的發展及民主運動的論述產生極為深刻的影響。「支聯會」，即「香港市民支援愛國民主運動聯合會」於1989年5月21日在港人「百萬人愛國民主大遊行」中成立，司徒華成為創會主席（司徒華也是教協的創立者、民主黨的重要創始人），並一直擔

任主席至2011年去世。「支聯會」多年堅持支援「民運」，爭取民主、自由、人權和法治在中國早日實現，其五大工作綱領是「釋放民運人士、平反八九民運、追究屠城責任、結束一黨專政、建設民主中國」。「支聯會」除了每年舉辦清明節獻花、復活節民主傳訊、五月巡迴各區宣傳、維園「六四燭光悼念集會」及以往的星期日大遊行、中秋民主燈火行動、愛心寄天安門母親、除夕集會等外，開辦了「六四紀念館」，不斷聲援內地「民運」人士和維權人士。由於司徒華長期兼任教協和民主黨的主要領導，「支聯會」的五大政綱對民主黨和教協及整個教育界都有深刻影響，香港許多青少年接受「支聯會」的主張。「支聯會」「結束一黨專政」等訴求與中共產生直接衝突，由於「泛民」過去許多核心成員亦是「支聯會」的成員，比如司徒華、李柱銘（「支聯會」創會副主席）、張文光、楊森、李永達、何俊仁、蔡耀昌、李卓人等，這些人士長期被內地拒發回鄉證，不能踏足內地，「泛民」部分力量與中共對抗性的敵我矛盾逐步形成。

1989年的「六四」風波，加上香港政制改革加速推進，催生了香港第一個全港性政黨香港民主同盟（港同盟）。1990年4月23日港同盟成立，當時主要目的是組建一個選舉平台面對1991年的三級議會選舉（區議會、市政局及立法局部分議席首次直選），參與力量包括太平山學會、部分民協成員、因「六四」事件而反共的人士，還包括在港的親國民黨人士以及不少反共的鄉事勢力。港同盟是當時香港的最大民主派政黨，也是早期的反對黨。港同盟創會主席是李柱銘，重要成員包括司徒華（已故）、劉千石、張文光、何俊仁、文世昌（已故）、李永達、陳偉業、吳明欽（已故）、雷聲隆（已故）、劉江華、楊森、黃匡忠、黃震遐、林鉅成等。1991年立法局選舉，港同盟在與匯點「聯票效應」下贏得18個直選議席中的14個，擁有超過九成得票率，成為議會內第一大黨。

港同盟在創立初期，與「支聯會」基本是一套人馬、兩塊牌子，港同盟因此被視為「民主抗共」的力量。但港同盟的一些重要成員認為，港同盟

為了避免被視為反共的力量，採取了與「支聯會」區隔的策略，包括李柱銘很快退出「支聯會」，而司徒華亦退出港同盟。但「支聯會」與港同盟及以後的民主黨還是有千絲萬縷的聯繫，司徒華、李柱銘、何俊仁等長期保持相當大的影響力。

港同盟在論述上亦與「支聯會」有很大區隔。《香港民主同盟成立宣言》中提出，「港同盟是一個地方性的政治組織，將致力於本港事務，並無意參與或介入香港以外的中國其他地區的政治」；「1997年7月1日起，中國恢復行使在香港的主權，我們將竭力促進切實執行《中英聯合聲明》，落實『一國兩制和高度自治』」。港同盟的這一宣言，旗幟鮮明支持「一國兩制」，是「民主回歸」的主張。何俊仁曾說：「一路都只是共產黨話我們是『民主抗共』嘛！港同盟一向擁抱『民主回歸』的立場，無民主就無真正高度自治，無高度自治就無一國兩制，Martin（李柱銘）一直都是這樣說。」[8]李柱銘也曾經表明，「我們不是民主抗共，只是人家這樣以為」；當年他思考的是，共產黨的存在是政治現實，香港即將回歸也是政治現實，因此香港民主派當務之急，不是「抗共」、「推翻共產黨」，而是向中共爭取推動落實「民主回歸」，「如果香港有民主，我們就可以真正落實一國兩制。」[9]民主黨成員羅致光曾經表示，「港同盟第一天就是希望民主回歸啦！」[10]

1994年10月2日，港同盟和匯點合併，成為今日的民主黨，李柱銘出任創黨主席，楊森、張炳良任副主席。1995年立法局選舉，民主黨無論在得票及席次上均大幅拋離其他政黨，直選取得12席，連同選舉委員會及功能組別獲得的議席，共取得19席，成為立法局第一大黨，連同其他「泛民」人士，「泛民」共取得過半的31席，這是唯一一次「泛民」控制立法局。

---

8. 轉引自「立場新聞」網站2015年5月系列報導〈匯點：原罪背後〉。

9. 轉引自「立場新聞」網站2015年5月系列報導〈匯點：原罪背後〉。

10. 轉引自「立場新聞」網站2015年5月系列報導〈匯點：原罪背後〉。

　　民主黨從創黨開始，就存在偏向右傾的港同盟、相對保守的匯點及積極從事學生運動和社會運動的激進人士等三股力量，使民主黨內部多次出現路線鬥爭和分化重組。但民主黨從創黨開始就明確定位支持「民主回歸」，民主黨的主流也長期堅持這一路線。負責撰寫民主黨黨綱初稿的盧子健曾向傳媒表示，作為一個負責任的政黨，民主黨既打算在回歸後繼續介入政治，參與選舉，原則上就一定要承認基本法，換言之，要承認中華人民共和國。民主黨黨綱明確寫入，「民主黨承認中華人民共和國憲法和香港特別行政區基本法，但主張對其進行必需的修改，以體現民主、自由、人權和法治的保障。」以往港同盟和匯點有關「民主回歸」路線的共同主張，譬如「支持香港回歸中國」、「支持貫徹中英聯合聲明和一國兩制政策」、「實行高度自治、港人民主治港」等，全部寫在民主黨黨綱裏，黨綱特別寫明「民主黨堅決支持香港回歸中國，反對疏離，以至隔離的傾向」，黨綱也表明「民主黨支持中國的民主發展」。[11]

　　民主黨至今仍然堅持的十大基本信念，前六條屬於政治方面，依舊體現的是「民主回歸」的論述，包括：

1. 香港是中國不可分割的一部分，我們支持香港回歸中國。

2. 回歸後實行一國兩制、高度自治及港人民主治港，符合香港人意願，有利於穩定與繁榮，對中國的發展起促進作用。

3. 我們關心中國，作為中國人民的一分子，香港人有權利及責任去參與及評議國家事務。

4. 對中國政府任何涉及或影響香港的政策，我們都會反映港人意見，爭取港人的利益得到合理的照顧。

---

11. 轉引自「立場新聞」網站2015年5月系列報導〈匯點：原罪背後〉。

5. 民主是實現高度自治的必要條件，是殖民地統治結束後理所當然的
   發展。

6. 民主、自由、人權及法治是現代社會進步及繁榮的基石。必須加速
   民主政制發展，並同時鞏固現有保障自由、人權及法治的制度，及
   進一步改革其不足之處。

　　民主黨的資深成員強調，民主黨並無反共立場；與民主黨關係極為密切的「支聯會」，其反共也主要停留在宣示立場、輿論造勢和爭取民意等層面，而非訴諸實際行動，更不會到內地從事顛覆中共政權的活動。盧子健曾表示，「反共有好多個層次⋯⋯」，「我們的反共，是反對中共干預香港」。羅致光曾表示，「我們不會説自己是爭取結束一黨專政。我們的立場是，一黨專政對中國不是好事，但我們不會因此採取任何行動。」有民主黨成員分析，民主黨的潛台詞是反共的事交給「支聯會」，但「支聯會路線是口號，不是綱領，那是無辦法實現的」，「它只是一個壓力團體」，這是「支聯會」的根本性質；「華叔主事的支聯會只是在意識形態上反共，行為上不是那麼多。除了營救一下民運人士，它還做過甚麼？」「為甚麼支聯會一直在做的，是放風箏、搞晚會、辦紀念館等與『反共』無直接關係的事？而明明支聯會成立時的目標是『支援中國人民推翻當權者』？『華叔很清楚應該怎樣反共，就是無得反』，但求維持一點民氣而已。」還有人士分析，「支聯會」與中共之間早有默契，回歸後他們可以在香港舉辦活動，但前提是不能到內地舉辦。前民主黨成員劉細良曾表示，司徒華的答案只是「等」，「司徒華覺得只要香港保得住現在的集會自由、相對民主的體制，待中國慢慢開放起來，香港民主也就會開花結果。」[12] 司徒華在其回憶錄中表示，年輕時曾積極申請加入中國共產黨，早年參與爭取中文合法化、反貪污捉葛柏等社會運動，直到「六四」事件後才與中共分道揚鑣，而中共在其

---

12. 轉引自「立場新聞」網站2015年5月系列報導〈匯點：原罪背後〉。

患癌後曾希望安排他到內地接受治療。在香港出現分離主義傾向後，香港輿論包括一些建制派人士積極評價司徒華一直有濃厚的大中華情結，只是在內地及香港的民主發展問題上與中央有不同看法。香港建制派元老吳康民曾在《明報》撰寫題為〈司徒華愛國愛港 劉慧卿家國情懷〉的文章表示，「華叔因『六四風波』而與北京的關係破裂，這一點我們可以理解。但北京已從『六四』是一場『反革命動亂』，『轉軚』為『六四這一場政治風波』。況且也向司徒華伸出友誼之手。但華叔堅持六四不平反，『冇得傾』，似乎未能體會北京的難處。直至華叔逝世，就我所知，有關方面還是表達了對司徒華的善意」；「特別是當前在本港出現一股『去中國化』、『本土化』等數典忘祖的逆流之時，提倡愛國愛港，並不過時」；「劉慧卿提倡退下火線仍不忘為香港和國家服務，這種家國情懷，正是繼承司徒華的愛國精神，自然值得一讚也。」[13]

　　總括來説，從匯點、港同盟到民主黨所堅持的「民主回歸論」，在大是大非的政治原則上堅持了正確的方向，包括：認同香港是中國不可分割的一部分、支持香港回歸中國，認同香港基本法和「一國兩制」、「港人治港」、高度自治方針，認同港人是中國人。長期堅守「民主回歸論」的民主黨成為「泛民」中主要的溫和力量，成為中共努力爭取的團結對象，亦是中共與「泛民」達成妥協推動香港民主發展的主要力量。

　　上世紀80年代初、中期是「民主回歸論」的鼎盛時期，中共及中國內地當時展現政治經濟社會全面改革開放的氣象，以匯點為代表的香港民主派力量作為中產階級和知識份子的代表，比香港工商界展現出更強烈的擁護香港回歸的民族主義情結，並對香港以至中國內地的民主化進程寄予很高的期待，某種意義上與中共及內地展開了一段蜜月期。「六四」事件基本摧毀了香港民主派對內地走向民主的夢想，但沒有摧毀「民主回歸論」，民主黨這

13.　轉引自《明報》2016年1月9日「筆陣」。

一「泛民」溫和力量堅定支持香港回歸，亦堅決要求香港落實民主。雖然民主黨在香港民主發展和內地民主發展上與中共存在嚴重分歧，「支聯會」與中共形成政治對抗，但仍應看到，民主黨以至「支聯會」所擁有的民族主義情結，與香港激進分離勢力的反華立場有本質的區別，要積極爭取民主黨等溫和力量，亦要理性看待「支聯會」的某些反共行為和姿態。

值得擔憂的是，「民主回歸論」正走向式微。有人認為，在匯點與港同盟合組民主黨後，「民主回歸論」已宣告破產。這種說法當然不符合事實。在2014年出現「佔領中環」運動及2015年立法會否決行政長官普選方案後，香港出現全面否定「民主回歸論」的思潮，無論是立場相對溫和還是相對激進的新老民主運動參與者，都發出「民主回歸」已死的哀歎，不少評論都將爭取民主失敗的責任推到「民主回歸」路線的頭上。「立場新聞」網站曾組織大型專題報導，採訪大量當事人，分八期推出近十萬字的文章，全面回顧匯點的歷史，全方位否定「民主回歸論」。

香港學者羅永生認為，「回歸已經18年，香港資產階級主導的政治壟斷、經濟壟斷仍然存在，貧富懸殊更史無前例地擴大。曾澍基一向大力抨擊的香港曼哈頓化，亦已無奈地成為事實，在中國的國策規劃下，這種把香港工業淘空，把經濟全面向地產、金融傾斜的方針下更加鞏固。而香港因『民主回歸』訴求而提高了不少的民主渴望更是無法滿足。同時，中國的『社會主義』性質已差不多成為笑話。可見，當年民主回歸論者的價值，和那個年頭對前途遠景的想像也一一落空。『民主回歸論』作為一個理想主義者的政治方案，在曾澍基有份創辦的匯點於90年代被迫解散的時候其實已經終結。自始，民主回歸已變成一個任人詮譯的空洞符號，大體上是用來指涉一些不會挑戰香港一國兩制及基本法規定的各種秩序，但仍以為可以在香港追求更大民主權利的人士。論述的真空，見一步行一步的務實主義，成為20年來民主回歸路線的特徵。這些實踐與其說是太過愛國、太過以推動中國走向民主而犧牲了在香港追求民主的力量，不如說中國作為一個回歸的對象已經變得日益含糊和難以界定——她承載不了當年曾澍基這一類民主社會主義者的理

想，也無法提供一個讓香港資本主義進行改良的契機，更拒絕接受香港成為她民主運動的一部分。」[14]

新力量網絡副主席、曾就行政長官普選推動「18學者方案」的方志恒的觀點，代表了温和派學者對「民主回歸論」的否定，對中國走向民主的幻滅，及對「泛民」走温和路線的絕望。新力量網絡由張炳良等人創辦，早期代表了匯點這一力量和其路線的延續。新力量網絡現任主席為呂大樂，重要成員還包括陳智傑、張漢德、葉健民、房吉祥、馮可立、何偉立、羅祥國等人，被視為學者中一股支持「泛民」的温和力量。方志恒在全國人大常委會「8‧31決定」公佈之前，在Facebook發表了一篇短文，形容「民主回歸」代表的民主運動路線已死，「這是一個時代的終結。人大決定，標誌着80年代以來『民主回歸論』所代表的改革主義路線——一種對中國改革抱有希望、對香港回歸後逐步發展民主的樂觀思潮——已經正式壽終正寢。香港政治將會進入大變動的年代，過去30年的政治格局、黨派、人物、互動模式，將會逐一被淘汰和取代，新舊交替將快速完成。」方志恒認為，回到一國兩制設想，香港核心價值與中國主體性聯繫之間，其實不應有矛盾，「民主回歸」這套理論誕生時假設了這種矛盾不會出現；「民主回歸」建基於以下假設：中國會不斷進步，隨着經濟改革開放，政治改革會隨之而來，而「民主回歸」令香港擔當獨特角色，推動中國走向開放，中國開放繼而令香港民主自治的空間擴大，是一個良性循環；即使在「六四」之後，時任匯點主席張炳良等人，基於亨廷頓的第三波民主化理論，仍認為中國開放之路無法逆轉；回到80年代初，提倡「民主回歸」的人，看到的是一個不斷開放的中國，而在他們的想像裏，中國會開放下去；問題是歷史走向早已易轍，而擁抱「民主回歸」的人，仍在繼續想像；「民主回歸」作為一個論述，最關鍵

---

14. 轉引自2015年12月羅永生網上文章〈民主回歸論的萌芽與夭折：從曾澍基早年的幾篇文章說起〉。

的是其背後的設想，至今仍無人認真檢視、討論甚至批判這套設想；民主派對中國的想像，一直滯留在80年代；「我們從來無重新理解中國是甚麼⋯⋯如果中國已變成天朝中國，而這個天朝中國是穩定的、你不能想像它明日就倒台，香港民主化面對的環境會比我們想像的更惡劣」，這個黑暗時期會長好多；北京客觀上已令香港溫和路線無生存空間。

長期堅持「民主回歸論」的民主黨也出現內部的路線分歧，一些青壯派認為「民主回歸論」已經過時，要求民主黨強化本土論述。民主黨區議員、民陣召集人區諾軒2015年底參選民主黨主席但落敗。區諾軒曾表示，「我參選民主黨主席，其中一個目的是修改黨綱；民主黨黨綱相當『民主回歸』」；「我不會怪罪上一代人提出民主回歸，在那個背景底下確有其貢獻，是世代的分別」，但現在已經過時了，「這代人無法認同香港變為直轄市，若然如此，民主派更加應該排除以往所謂民主回歸的誤會」；「我提出要適當地本土化，要按時勢作出改變，在理念、政策及行動上，令其他人看到你有關注本土問題」，「泛民應該要提出一個新的論述，真正回應香港人的期望。」區諾軒還批評狄志遠、黃成智等溫和的中間派在香港政制發展等問題上向中共強權妥協。

而香港本土派、「自決派」、「港獨派」更是全盤否定「民主回歸論」，希望儘快以分離主義路線徹底取代「民主回歸」路線。香港眾志創辦人、原學民思潮召集人黃之鋒表示，隨着中央政府不斷收緊對港政策、背棄昔日諾言，「民主回歸」這套論述已分崩離析，一國兩制亦名存實亡，現在最大的問題是香港前途問題。主張香港人是一個民族、具有民族自決權的《香港民族論》編輯李啟迪公開表示，「民主回歸」是香港歷史上的歪路；「民主回歸論」「與其說是希望透過推動香港和中國民主化來保障自身自由，不如說是肉在砧板上用來自我麻醉的假希望」；自己並不怪責當年提倡「民主回歸」的人（因為當年他們其實改變不了甚麼），「如果他們認知到『民主回歸』已破產，應該交給新一代去做、去扭轉他們的命運」，「他們

掌握了媒體機器、話語權、論述主導;中央覺得對手是泛民,繼續對付泛民、與泛民談判、要泛民妥協,但其實泛民不代表香港年輕人、認同本土主義的人⋯⋯如果還有人說一定要含淚投泛民,潛台詞就是(泛民)要繼續dominate(支配)、要代表香港人」;「『民主回歸』作為民主陣營的綱領,到今日影響仍存,而這是不可接受的。為何常有人要打左膠、打泛民,其實就是要終止這個政治綱領,以新的政治綱領去取代。這個綱領的存在是一個枷鎖。」[15]

「民主回歸論」至今仍具很強的現實意義,它涉及的是「泛民」在最重大政治問題上的基本立場,包括:是否真心認同香港回歸,是否認同香港作為中國特別行政區的憲制地位,是否擁護基本法及「一國兩制」、「港人治港」、高度自治方針,以至是否認同中央政府。這些立場問題,也是思想意識問題,正是「泛民」長期沒有解決好的問題。可以預計,香港非建制陣營將繼續否定「民主回歸論」,為其他論述掃清障礙。溫和與激進路線、「民主回歸」路線與本土主義路線及分離主義路線的鬥爭仍將持續,「民主回歸論」的影響力可能繼續減弱。

政制改革爭議中的「真普選」訴求

從時間順序說起,「民主回歸論」是「泛民」在香港回歸之前的主要論述,這一階段「泛民」陣營相對比較單純,主要論政團體包括匯點、太平山學會、民生民主協進會及後來的香港民主同盟,再到民主黨一黨獨大,「民主回歸論」成為各團體論述的最大公約數。香港回歸後,政制改革不斷推進,「泛民」內部力量變化很大,在爭取香港民主發展的具體路線、策略上存在很多分歧,但總體而言,追求「真普選」是「泛民」的最大公約數,「泛民」在回歸後對於香港民主發展的主要論述可以歸納為「真普選論」。

---

15. 轉引自「立場新聞」網站2015年5月系列報導〈匯點:原罪背後〉。

　　「泛民」集結的爭取民主發展的力量以「真普選」來命名。2013年3月21日，「真普選聯盟」宣告成立，包括了「泛民」12個主要團體：人民力量、工黨、公共專業聯盟、公民黨、民主黨（後來退出）、民主動力、社會民主連線、香港民主民生協進會、香港教育專業人員協會、街坊工友服務處、新民主同盟、職工會聯盟，27名「泛民」議員全部加入。「真普選聯盟」還邀請一批「泛民」支持者為主的學者組成學者顧問團，包括中文大學馬嶽、浸會大學戴高禮、香港大學李詠怡、城市大學葉健民、黃志偉、李芝蘭、香港教育大學盧兆興等，馬嶽、李詠怡、李芝蘭是「香港民主發展網絡」成員，葉健民是新力量網絡成員。

　　在「佔領中環」運動和其他許多場合，「泛民」支持者均訴求「我要真普選」。「泛民」及其支持者在獅子山等香港景點多次掛出「我要真普選」的標語。

　　「泛民」的「真普選論」具有以下內涵和特點。

　　其一，視儘早落實「雙普選」為香港社會必須最優先解決的政治問題，要求儘快兌現普選時間表。

　　「泛民」將香港現存的各種政治、經濟、社會問題都歸結為沒有「雙普選」造成的，也認為一切問題的解決都有賴儘快落實「雙普選」。「泛民」認為，特首和特區政府缺乏認受性，特區政府的施政向工商界尤其是大地產商的利益傾斜，香港貧富差距等社會矛盾日趨尖銳，是現行不民主的政制造成的。「泛民」的論述還有一個重點，即沒有民主，香港現在擁有的自由、法治、人權、廉潔等核心價值都難以維護，發展民主是捍衛核心價值之戰的核心。

　　「泛民」各大政黨都把推進民主發展和落實「雙普選」作為黨綱最主要的內容。在沒有普選時間表之前，「泛民」竭力爭取「雙普選」的時間表。2005年特區政府提出2007年行政長官及2008年立法會產生辦法的修改建議，「泛民」除不滿政府的方案過於保守，更反對政府沒有提出全面普選

的時間表，並把政府提出普選時間表作為支持政改方案通過的主要條件，最後因條件未能滿足而否決了政改方案。2007年全國人大常委會通過釋法提出了2017年可以進行行政長官普選、行政長官普選實現之後可以普選立法會的時間表，「泛民」爭取的重點轉向以爭取「真普選」來兌現普選時間表。「泛民」2015年否決了行政長官普選方案之後，訴求儘快重啟政改。爭取儘早落實「雙普選」，始終是「泛民」的頭等大事。

其二，以西方理論作為「真普選論」的論述基礎，以「國際標準」作為普選方案的主要訴求，過於理想化；在爭取「真普選」的手段上，盲目提倡並實踐西方政治和社會運動的理論。

「真普選聯盟」在其成立宣言中提出，「香港要進步，香港人要有一個問責的政府，就必須建立真正的民主制度，透過普及而平等的選舉，選出行政長官和全體立法會議員」；「真普聯最終提出的雙普選方案，是以國際標準，聯合國《公民權利和政治權利國際公約》第25條的規定為基礎。」

聯合國《公民權利和政治權利國際公約》第25條規定的內容為，凡屬公民，無分第二條所列之任何區別（作者註：即該公約第二條所指，無分種族、膚色、性別、語言、宗教、政見或其他見解、國籍或社會出身、財產或其他身份等任何區別），不受無理限制，均應有權利及機會：一、直接或經由自由選舉之代表參與政事；二、在真正、定期之選舉中投票及被選。選舉權必須普及而平等，選舉應以無記名投票法行之，以保證選民意志之自由表現；三、以一般平等之條件，服本國公職。負責監督《公民權利和政治權利國際公約》是否在香港被遵守的聯合國人權委員會專家於2014年10月23日呼籲保障香港普選，強調普選包括被選舉及投票的權利，亦即在沒有不合理限制情況下參加選舉的權利；委員會認為開放選舉之候選人不該被審查過濾。

香港加入了聯合國《公民權利和政治權利國際公約》，亦必須履行這一公約。「泛民」援引《公民權利和政治權利國際公約》第25條作為「真

普選」論述的基礎，原則上沒有錯。但亦要看到，《公民權利和政治權利國際公約》第25條的規定非常原則，「選舉權必須普及而平等」的規定亦非常抽象，「泛民」所堅稱的「國際標準」並無明確的、具體的、統一的、為各國各地區普遍遵行的模式。主要資本主義國家的政制設計沒有統一的模式和標準，總統選舉、議會選舉的制度千差萬別，對選舉權、被選舉權進行必要限制亦是普遍的做法。美國的總統選舉制度實行的是選舉人制，並非嚴格的一人一票選舉，所以出現總得票多的候選人輸給獲選舉人票多的候選人的情形。美國眾議院的議員由選民直接投票選舉，參議員選舉原先由各州議會選舉、1914年後才改為各州選民選舉。英國國會的下議院議員由選民直接投票選舉產生，上議院議員則大多靠指派產生且至今存在部分議席世襲的情況。香港本身不是一個國家，亦不是一個獨立政治實體，「一國兩制」本身屬於國際社會罕見的特殊安排，香港的普選制度亦無疑要符合香港特區的特殊憲制地位，難以用抽象的「國際標準」加以限定，更難以照搬哪個國家或地區的現存模式。「泛民」脫離實際，追求「國際標準」的「雙普選」，最終勢必失敗。

「泛民」在爭取「真普選」的手段上，盲目提倡並實踐西方社會運動的若干理論。比較典型的是推動「公民抗命」和「公投」運動。

在西方社會的理論中，「公民抗命」（也稱政治不服從）為在憲政體制下處於少數地位的公民表達異議的一種方式，是一種反對權的政治權利，雖有可能涉及違法的行為，卻是出於「社會良知及正義」的公共利益之關注而不得已所選擇的一種手段，是少數人基於對法律忠誠喚起多數人認同的一種非常手段；基於公民的道德、良知所從事的「公民抗命」，是不同於一般的「暴民反抗」及「暴動」；「公民抗命」參與者的訴求，是否符合「社會良知及正義」的公共利益是需要訴諸社會多數人的認同才進行的一種抗爭行為。「公民抗命」最早由美國哲學家亨利‧戴維‧梭羅（Henry David Thoreau）提出，他1849年在《論公民的不服從》中敘述，1846年他為了抗

議美墨戰爭、奴隸制度拒絕付人頭稅而被逮捕入獄，「在一個像我們擁有的共和國之中，人們經常認為，對不正義之法律之最適當的回應，就是嘗試使用政治的過程來改變法律，然而在此法律改變之前，遵守此法律。但是如果這法律本身很清楚地是不正義的，且法律制定過程並不是設計來快速消滅不正義之法律的，則此法律不值得尊重——去違反這樣的法律吧……反奴隸制度者應該完全撤回對政府的支持、並且停止繳稅，即使這表示可能招致牢獄之災。如果一千個人今年拒絕繳稅，跟同意繳稅相比，前者不算是暴力與血腥的手段，因為繳稅將可能使國家使用暴力、且使無辜者流血。事實上，這就是和平革命。」

甘地（Gandhi）和馬丁路德金（Martin Luther King Jr.）都受到梭羅影響。甘地曾將梭羅的《論公民的不服從》翻譯為印度文，並總結了「公民抗命」的九大特徵：一、公民抗議者（或真理堅固）不懷有憤怒情緒；二、忍受對方的惱怒；三、忍受對方的攻擊，不進行報復，即使遭到處罰也不屈從；四、面對當局人員實施逮捕，公民抗議者將配合拘捕，即使當局試圖沒收其財產，也不進行反抗；五、若抗議公民的財產是受託性質，他將可以拒絕服從，即使喪失生命也要加以捍衛，但不能進行報復；六、報復行為包括咒罵；七、抗議公民絕不侮辱對方；八、抗議公民不向英國國旗敬禮，對於官員，無論英國還是印度的，也不能進行侮辱；九、在鬥爭期間，如果有人侮辱官員，或對其實施攻擊，抗議公民將保護該官員，即使有生命危險，也要使其免受攻擊。

非常重視社會正義理論建構的美國著名政治哲學家、倫理學家羅爾斯在 *The Justification of Civil Disobedience*（1969）與《正義論》（1971）中歸納，公民抗命的主要涵義為：一、它是一種針對不正義法律或政策的行為；二、它是要有預期以及接受被逮捕以及懲罰的；三、它是一種政治行為：它是向擁有政治權力者提出來的，是基於政治、社會原則而非個人的原則，它訴諸的是構成政治秩序基礎的共有正義觀；四、它是一種公開的行為：它不

僅訴諸公開原則，也是公開地作預先通知而進行，而不是秘密的；五、它是一種道德的、非暴力的行為。羅爾斯認為，公民抗命如果引起社會動盪，其責任不在「不服從」的公民，而在那些濫用權力和權威的人。

英國等地發生的爭取婦女投票權運動，印度甘地的不合作運動與獨立運動，美國的非裔美國人民權運動以及在南非的反種族隔離鬥爭，經常被列為是歷史上「公民抗命」運動的著名例子。時間比較晚的例子有美國的佔領華爾街運動。

香港大學法學院學者戴耀廷2014年初將「公民抗命」理論引入香港，率先鼓吹「佔領中環是公民抗命的大殺傷力武器」，並一步步付諸實施，使香港出現了為期79天的「佔領中環」運動，最終失敗收場。「佔領中環」運動以脅迫方式逼迫中央在行政長官普選方案上讓步，極大惡化中央與香港的關係，效果適得其反；其對香港法治的破壞更加嚴重，「佔領中環」運動的大多數違法參與人員最初沒有受到法律懲處或僅僅是被輕判，直接誘發了更嚴重的2016年春節旺角暴動。

「公投」是香港「泛民」更多提倡和實踐的西方理論。公民投票簡稱公投，又稱複決、全民公決，指由整個國家或地區的全體人民投票決定某些問題。西方對憲法修正案、領土主權變更、政府單位調整、爭議性的道德問題、重大的政治問題等常常採取「公投」作出決定，著名的例子包括英國通過「公投」決定「脫歐」、蘇格蘭通過「公投」決定是否脫離英國而獨立等。「公投」的作用和意義被西方社會充分肯定，包括：避免代議士的壟斷；可明確了解人民所需；培養人民對政治事務的責任感；是國民主權的展現，直接民權的表現；可以處理重大的政治爭議；避免代議民主制對民意的扭曲；最大程度給予擁有投票權的公民爭取合法政治權益的機會等等。

「泛民」曾多次採取「公投」與中央進行政治對抗和打輿論戰。2010年政改之爭中，公民黨與社民連合辦「五區辭職公投」。2014年6月，

由「和平佔中」秘書處委託香港大學民意研究計劃與香港理工大學社會政策研究中心，在2014年6月20日至29日舉行「民間全民投票」，就行政長官普選方案作出選擇，最後勝出的全是包含「公民提名」的方案。2017年香港行政長官選舉中，戴耀廷牽頭的「公民聯合行動」策劃、香港大學民意研究計劃承辦的「2017特首選舉民間全民投票」，將曾俊華等12人納入供市民提票，為「泛民」提名及投票給相關候選人製造民意和輿論基礎。

中央政府對香港、台灣地區推動「公投」運動一向高度警惕和堅決反對。2003年底台灣陳水扁當局制定並實施《公民投票法》，引起兩岸關係高度緊張。大陸高度擔憂台灣進行「統獨公投」實施「法理台獨」，於2005年制定《反分裂國家法》。對於「泛民」在香港推動各種「公投」運動，中央政府和香港特區政府一向所持的立場是，基本法沒有「公投」的規定，香港特別行政區作為中國的一個地方行政區域，進行任何形式的所謂「公投」都沒有憲制性法律依據，都是非法及無效的。

其三，「泛民」「真普選論」的核心要求是，在行政長官普選中不能通過「政治篩選」來限制不同政見的人士也就是非建制派人士「入閘」一人一票普選；在立法會普選中要全面取消功能組別，在立法會表決程序中取消地區直選和功能組別分組點票的制度。「泛民」並提出若干符合其「真普選」、「國際標準」論述的具體普選方案。

「泛民」及其支持者在歷次政改中提出過許多「雙普選」方案，其中最具代表性、在「泛民」陣營共識最高的，是「真普選聯盟」學者顧問團提出的方案及「真普選聯盟」最終公佈的方案。這些方案，包括一些原來針對2016年立法會選舉改革的方案，基本代表了「泛民」對「雙普選」方案的最高叫價，有些方案可能是「泛民」2014年能接受的妥協方案、過渡方案或底線方案，將來的政改中「泛民」可能仍然以這些方案為本，萬變不離其宗。因此，這裏詳細列出這些具有歷史價值和研究價值的具體方案，及方案提出者對方案的具體論述。

「真普選聯盟」學者團就特首普選曾提出三個建議方案：

方案A

提名委員會組成：大約參照2012年選舉委員會之1,200人，再加上2015年選出的四百多名民選區議員組成。在減去原有選舉委員會的超過100名「區議會」界別分組選出的名額後，提名委員會總人數大約為1,500人。

提名程序：任何候選人只需符合基本法第44條中的基本資格，以及符合以下兩項要求中任何一項，提名委員會即應通過其為特首普選候選人：（甲）獲得提名委員會中任何十分之一委員具名支持；（乙）獲得地區直選中已登記選民中的2%或以上具名支持（以現時選民人數推算，約為7萬至8萬人）。

普選階段制度：採兩輪決選法。如候選人得票超過有效票數的一半，則當選特首。如沒有候選人得票超過一半，則得票最高之兩名候選人將進入第二輪決選，第二輪決選中多票者當選特首。

「真普選聯盟」學者團對這一方案的利弊分析：

1. 提名委員會組成比較接近現行選舉委員會組成，比較接近2007年人大常委會決議中「提名委員會可參照基本法附件一有關選舉委員會的現行規定組成」的寫法，制度上改動亦比較少。

2. 公民提名的規定將實質提名權還給選民，亦令相關規定符合國際人權公約中的「普及而平等」的準則，因為每個有意參選者，都應有平等的機會爭取足夠的公民提名。

3. 候選人獲得約7萬至8萬人支持則可進入普選階段。此一數字並不絕對（可調高調低），但相信有實力及足夠公眾支持的候選人可以拿

到，亦不會輕易讓毫無支持而只為搏宣傳的人可以參選特首。而如果一名能獲近10萬選民支持的候選人仍然無法進入普選階段，制度的公信力將遭受嚴重挑戰。

4. 嚴格而言，提名委員會的1,500名委員的「提名權」仍然高於一般選民，但在有提名委員會的框架下，容許公民提名可能已是比較平等的方案。

5. 原則上，提名委員會的組成方法可以更民主（例如擴大1,200人的間接選民基礎），但無論如何改革，除非整個提名委員會真正由普及而平等的選舉產生，仍然難以做到提名權普及而平等。在提名委員會框架下，如果容許公民提名，已可體現提名權的普及而平等，不一定需要普選產生提名委員會。

6. 現行工商界或建制派候選人，可能難以取得8萬普選選民提名，但應可以透過拿得提名委員會十分之一人支持參選。

方案B

提名委員會組成：提名委員會約400人，由全民普選產生。選舉辦法為將全港分開大約20區，以比例代表制平均每區選出約20名提名委員（不需完全準確地20x20，但應按人口比例大致劃分選區及定出每選區選出委員的人數），選區劃界希望儘量跟現行的行政區界線，某些人口較多的行政區（例如東區、沙田、觀塘等）可以分為兩區。

提名程序：任何候選人只需符合基本法第44條中的基本資格，以及獲得提名委員會中任何十分之一委員具名支持，提名委員會即應通過其為特首普選候選人。

普選階段制度：採兩輪決選法。如候選人得票超過有效票數的一半，則當選特首。如沒有候選人得票超過一半，則得票最高之兩名候選人將進入第二輪決選，第二輪決選中多票者當選特首。

「真普選聯盟」學者團對這一方案的利弊分析：

1. 全民普選提名委員會，是在有提名委員會的框架下，提名權可達到普及而平等的方法之一。

2. 以全民普選選出一個提名委員會，該委員會沒有其他功能，只是提名若干名候選人讓全部選民再投票普選一次，是很奇怪、世上罕見、而相對耗費甚多資源的一種選舉方法。

3. 提名委員會選舉可能難以操作，包括選民可能混淆（不知選甚麼），選擇提名委員的標準亦可能不清晰，而被選出的提名委員是否能向選民問責亦成疑。

4. 從整體政制角度看，當特首由普選產生時，較理想的是將民意授權，集中在全民投票特首的一次選舉上。普選提名委員會可能造成雙重威權，即普選的提名委員會與普選特首競逐合法性的問題。

5. 建議將委員數目減至400，以及用比例代表制，因為考慮到如果以單議席選出提名委員，或將委員數目保持為1,200，選區會非常小、只有利大黨而小黨難以躋身提名委員會（變相不能參選特首）、而參選者亦可能過分着重地區利益。方案B的制度如果能運作良好，提名委員會的組成應能大致反映社會中不同政治力量的分佈，即大約有十分之一民意支持的黨派或聯盟，便可以有足夠提名委員推舉特首候選人。

6. 以現時政治光譜分佈判斷，這制度可能令建制、民主兩陣營都會派出超過一名候選人，加上「兩輪決選制」一般會鼓勵多黨參選，可能會推動香港走向多黨林立，而議會趨於分裂的局面。

7. 長遠或中期而言，提名委員會的選舉可能發展成某種政黨競逐模式，例如有意派員參選特首的黨派儘量派員競選提名委員，或候選人組成後援會以派員參選提名委員，長遠而言或對發展政黨有利。

8. 比起方案A，方案B拿得提名的成本將大大增加，因為有志參選者必須發動大量支持者，全港性地參與提名委員競選，或需獲主要政黨支持。而各政黨如果要派員參選特首，亦變相要籌備兩次全港性選舉。

9. 相較方案A，此提名委員會組成辦法，與2007年人大常委決議中的規定相距較遠。

方案C

提名委員會組成：由現屆所有區議員（2015年已廢除委任）及立法會議員組成，共約500人。

提名程序：任何候選人只需符合基本法第44條中的基本資格，以及符合以下兩項要求中任何一項，提名委員會即應通過其為特首普選候選人：（甲）獲得提名委員會中任何十分之一委員具名支持；（乙）獲得地區直選中已登記選民中的2%具名支持（以現時選民人數推算，約為7萬至8萬人）。

普選階段制度：採兩輪決選法。如候選人得票超過有效票數的一半，則當選特首。如沒有候選人得票超過一半，則得票最高之兩名候選人將進入第二輪決選，第二輪決選中多票者當選特首。

「真普選聯盟」學者團對這一方案的利弊分析：

1. 相較於方案A及方案B，此方案的推行成本最少，因為連提名委員會選舉亦可減掉。

2. 由於絕大部分提名委員由普選產生，提名委員會之代表性應遠超方案A，雖然未致全面普及而平等。

3. 此一提名委員會組成方法對大黨及重視地區服務之政黨較有利，小黨以至工商界代表，都會較難從提名委員會取得十分之一支持。

4. 公民提名部分之優點及分析與方案A相同。

5. 相較方案A，此提名委員會組成辦法，與2007年人大常委會決議中的規定相距較遠。

「真普選聯盟」於2014年1月8日公佈行政長官普選方案，爭取沒有篩選的「三軌制」方案，包含三個提名途徑：公民提名、政黨提名及提名委員會提名。任何參選人可循任何一個提名途徑成為候選人。

公民提名：要求參選人取得1%登記選民具名支持，提名委員會須予以確認。

政黨提名：於最近一次立法會直接選舉中取得5%或以上有效得票的政黨或政治團體，可以單獨或聯合提名一名參選人，提名委員會須予以確認。

提名委員會提名：由提名委員會成員直接提名，提名委員會組成愈民主愈好；廢除現時禁止行政長官屬於政黨成員的限制；提名委員會不能因「愛國愛港」、「與中央政府對抗」等政治審查而拒絕確認公民提名和政黨提名的參選人。

普選階段：採兩輪決選法，如候選人得票超過有效票數的一半，則當選特首，如沒有候選人得票超過一半，則得票最高之兩名候選人將進入第二輪決選，第二輪決選中多票者當選特首。

「真普選聯盟」認為，不論由選民直接提名候選人或由有一定得票率的政黨提名候選人，皆是明顯符合「民主程序」的做法，它的建議可確保選舉方案符合基本法第45條的規定，呼籲特區政府不要再考慮機構提名、限制候選人數目等篩選辦法，還香港人一個沒有篩選的真普選。

「泛民」陣營還提出了其他一些被視為帶有妥協性或保守性的方案。

陳方安生牽頭的香港2020提出的特首普選方案：在不違反基本法的框架下改革特首選舉提名委員會，增加民主成分；提名委員會增至1,400人，工商、專業、勞工及社會服務三大界別人數不變，分別佔300人，廢除公司及團體票，由個人票取代；最大改動是第四界別，取消區議會委員，增至500人，除了立法會議員、港區全國人大代表、港區全國政協委員的代表外，引入317名分區提名委員，按每區居民人數分派18區由選民直選選出；只要取得十分之一委員，即140人提名，便可成為特首候選人，每個候選人最多只能由350人提名，以免壟斷，每名委員只能提名一人，候選人人數不設限制。陳方安生當時明言，改革提名委員會的方案完全符合基本法；沒有提及公民提名，是因為為達成共識，各方要有妥協的準備，「雖然我們提出的提名委員會組成建議不是十全十美，但是我們仍然推介這個方案給港人。」

18位身為「泛民」成員或傾向支持「泛民」的學者在2014年5月提出「18學者方案」。18位學者及當時的身份為：方志恒（香港教育學院亞洲及政策研究學系助理教授、新力量網絡副主席）、王慧麟（樹仁大學法律及商業學系客座教授、新力量網絡成員）、余嘉明（香港教育學院亞洲及政策研究學系助理教授）、李展華（香港教育學院國際教育與終身學習系一級專任導師）、李敏儀（香港教育學院社會科學學系助理教授）、李詠怡（香

港大學政治與公共行政學系教授、香港民主發展網絡成員）、李肇祐（香港教育學院亞洲及政策研究學系助理教授）、李劍明（香港城市大學專上學院社會科學部高級講師）、張楚勇（香港城市大學公共政策學系高級特任講師、香港民主發展網絡成員）、張達明（香港大學法律學院首席講師，後當選「泛民」法律界選委）、莫慶聯（香港城市大學專上學院社會科學部高級講師）、陳祖為（香港大學政治與公共行政學系教授、香港民主發展網絡成員）、陳智傑（恒生管理學院新聞及傳播學系助理教授、新力量網絡副主席）、馮可立（香港中文大學社會工作學系名譽副教授、新力量網絡理事）、黃宏發（香港中文大學政治與行政學系榮休講師名譽教授）、黃冠能（香港城市大學專上學院社會科學部助理講師）、羅致光（香港大學社會工作及社會行政學系副教授、民主黨成員）、關志健（香港城市大學專上學院社會科學部講師），方志恒是牽頭人。

　　「18學者方案」被視為比較溫和的方案，具體內容為：提委會組成參照目前1,200人的「選舉委員會」，擴大各個分組界別的選民基礎，將第一、二、三界別的「公司票」及「團體票」改為「個人票」；在行政長官提名程序正式展開之前，引入一個「公民推薦」的法定程序，如獲得2%登記選民聯署推薦（約7萬人），即可取得「行政長官參選人」的資格，可獲提委會考慮是否正式提名為候選人，提名上限人數為3%（約10萬人）；維持目前「選舉委員會」八分之一委員的提名門檻，只要參選人取得提委會不少於八分之一委員的支持，便能成為正式的候選人，每名委員只能提名一人，候選人上限為八名；普選階段，採用「兩輪投票制」，即若首輪投票中沒有人得票過半數，就需要進行第二輪投票。18位學者發表聲明表示，現時泛民主派內雖然方案眾多，包括公民提名、政黨提名、公民推薦及提名委員會民主化等多種不同方案，但這些不同方案背後的共同目標，都是堅決反對任何形式的篩選，以實現容許不同政見人士參選的真普選；民主派內不同光譜的朋友，應該團結一致向中央政府及特區政府表達「反篩選、真普選」的共同訴求。

「泛民」及其支持者也提出立法會普選的方案。

「真普選聯盟」學者團提出的方案為：

方案A

全面普選立法會，總議席為90席。單議席單票制佔40席，以約400萬選民推算，每選區平均約10萬選民。全港不分區比例代表制選50席，沿用現行分區直選之最大餘額法及黑爾商數法，以及不設當選票數比例門檻，換言之任何名單得票達2%（以50%投票率推算，約為4萬票左右），均可獲得一席。「真普選聯盟」學者團分析，此方案由於單議席比例較低，而比例代表制的安排沒有任何門檻，得票低至2%亦能當選，故此是對小黨比較有利的制度（相較於方案B）。

方案B

全面普選立法會，總議席為90席。單議席單票制佔50席，以約400萬選民推算，每選區平均約8萬選民。分區比例代表制選 40席，將全港重新劃分為大約6至7個選區，平均每區6至7席。「真普選聯盟」學者團分析，此方案由於單議席制比例較高，而比例代表制部分用分區制，以及將選區議席減少及用抗特法，得票比例少於5%之政黨應難以得到代表，因而對立法會內的政黨組成有壓縮作用，不會出現太分裂的情況。比例代表制使用抗特法應會令政黨不再分拆名單，對政黨有鞏固作用，正常而言有利大黨獲得稍多議席。

「真普選聯盟」2014年3月19日公佈立法會選舉建議方案：立法會維持70席議席；其中35席以單議席單票制選出，另外35席由全港不分區比例代表制選出，並改以「抗特法」計算選票；廢除所有功能界別議席，包括區議會（第二）界別。「真普選聯盟」表示，單議席單票制的投票制度簡單易明，而且目前各區區議會選舉亦是採用單議席單票制，相信市民將容易理解

及接受；而2012年的立法會選舉中，區議會（第二）界別的選舉亦是使用不分區比例代表制進行投票，市民對這樣的運作方式亦有一定認識；相信以混合選舉模式選出立法會議員，將有助立法會平衡處理全港性議題及地區性議題。

其四，「泛民」「真普選論」的許多論述特別是普選方案的具體建議，背離基本法、背離全國人大常委會的相關決定、背離香港的憲制地位。

基本法第45條規定，行政長官的產生辦法根據香港特別行政區的實際情況和循序漸進的原則而規定，最終達至由一個有廣泛代表性的提名委員會按民主程序提名後普選產生的目標。「真普選聯盟」學者團提出的方案A和方案C，均包括公民提名的內容，「真普選聯盟」提出的公民提名、政黨提名和提名委員會提名「三軌」方案，「18學者方案」提出的引入「公民推薦」程序，均違反了基本法「由一個有廣泛代表性的提名委員會按民主程序提名」的規定，這些方案的本質均是廢除提名委員會的實質功能。

全國人大常委會2014年的「8•31」決定，核心內容是對「由一個有廣泛代表性的提名委員會按民主程序提名」進行解釋和作出規定，提名委員會的人數、構成和委員產生辦法按照第四任行政長官選舉委員會的人數、構成和委員產生辦法而規定；提名委員會按民主程序提名產生二至三名行政長官候選人；每名候選人均須獲得提名委員會全體委員半數以上的支持。「真普選聯盟」學者團方案B提出的普選提名委員會、方案A和C等提出的提名門檻八分之一，香港2020提出的改革提委會、提名門檻十分之一，「18學者」方案提出的提名門檻八分之一等，均違反全國人大常委會的「8•31」決定，要麼是完全改變提名委員會的組成，要麼是使提名委員會的民主程序完全虛化。

「泛民」的「真普選」論述，強烈批判現行的行政長官和立法會產生辦法，認為選舉委員會選舉行政長官是「小圈子」選舉、「政治篩選」和中央操控，認為功能組別是維護利益集團的利益；「泛民」不尊重基本法的規

定，訴求國際標準的「真普選」，不尊重全國人大常委會釋法的憲制權力，亦不尊重全國人大常委會決定的權威性，本質是否定中央對香港政制發展的主導權和最終決定權，是把香港作為一個獨立的政治實體看待，背離香港的憲制地位。

「真普選」訴求向「民主分離」的本土主義甚至分離主義路線發展

香港的非建制陣營長期被稱為「泛民主派」，意指這一陣營在追求香港民主發展尤其是儘早實現「雙普選」上目標一致、價值觀一致。隨着回歸後香港政局的變化，非建制陣營不斷分化組合，其版圖發生了很大變化，經歷了民主黨一黨獨大、「泛民」激進力量崛起再到本土派崛起三個主要階段。

一是民主黨曾經一黨獨大，但其實力和地位總體呈下降趨勢。回歸前的1995年立法局選舉，民主黨直選取得12席，連同功能組別共取得19席，成為立法局第一大黨，「泛民」共取得31席並總議席過半。1998年立法會選舉，民主黨在直選議席中得票率43%、獲9個議席，連同功能組別，共13席，維持立法會第一大黨地位。2000年立法會選舉，民主黨維持13席，因劉千石雙重黨籍問題和陳偉業退黨，議席減為11席。2004年立法會選舉，民主黨只得10席，降為立法會第三大黨。2008年立法會選舉，民主黨議席降為8席。2012年立法會選舉，民主黨議席降至6席，淪為「泛民」第二大黨。2016年立法會選舉，民主黨奪得7席，重新成為「泛民」第一大黨。民主黨的整體實力和對非建制陣營的影響力，處於逐步下降的過程之中。

二是「泛民」的激進力量不斷增長。民主黨、民協等相對溫和的政黨實力和影響力下降。公民黨、社民連、工黨、人民力量、新民主同盟等相對比較激進的力量整體實力不斷增長，在政制發展、立法會抗爭等方面均持更

強硬的立場。以執政為目標的公民黨在反對23條立法的政治運動中崛起，主要成員來自「四十五條關注組」，2006年正式組黨，2008年首次參加立法會選舉拿到5個議席，2012年立法會議席增至6個、直選得票率超過民主黨，2016年立法會選舉保住6席，毛孟靜其後退黨。公民黨的議員多是大律師，政治明星較多，對輿論的影響力較大，在傳統「泛民」中的地位不斷提高。社民連、人民力量等激進「泛民」在「拉布」等方面搞事能力很強。

　　三是本土派近年崛起，非建制陣營逐步出現溫和「泛民」、激進「泛民」與本土派三股力量，傳統「泛民」亦有向本土化發展的苗頭。受2012年的反國民教育運動、2014年的「佔領中環」運動和2016年春節的旺角暴動等重大事件的影響，以青年為主體的本土派組織紛紛成立，並借2016年新界東立法會補選和2016年立法會換屆選舉強勢崛起。2016年立法會選舉，黃毓民主導的熱血公民和普羅政治學苑、陳雲主導的香港復興會合組「熱普城」參選，其他本土派組織包括香港眾志、小麗民主教室、土地正義聯盟、香港民族黨、青年新政、本土民主前線、東九龍社區關注組、正義行動、北區水貨客關注組等紛紛派人參選，青年新政梁頌恆、游蕙禎，熱血公民鄭松泰，香港眾志羅冠聰，小麗民主教室的劉小麗，土地正義聯盟的朱凱迪等六名年輕的本土派奪得議席，其後引發立法會宣誓風波、司法覆核和人大釋法，梁頌恆、游蕙禎、羅冠聰、劉小麗被高等法院剝奪議席。

　　從2010年政改開始，「泛民」圍繞政制發展出現巨大分裂，逐步形成激進路線與溫和路線、激進「泛民」與溫和「泛民」的分野，近幾年又增加了本土派，因此，非建制陣營日漸向激進的本土主義、分離主義路線發展，並採取更加強硬的手段同中央、特區政府和建制派展開政治對抗。在2010年的政改中，公民黨、社民連等激進力量以「五區辭職公投」進行政治對抗。在2014年至2015年的政改中，「泛民」採取了「公民抗命」、「佔領中環」和「公民投票」等進行政治對抗。

在2015年立法會否決行政長官普選方案後，香港本土意識急劇膨脹，最主要的表現是非建制陣營強烈而全面地批判「民主回歸論」和加快建立分離主義的論述。「泛民」政黨和學術界均重新評價過去30年的政治發展道路，質疑過去一貫的抗爭策略和一直沿用的民主運動模式，立場相對溫和和相對激進的民主運動參與者都發出「民主回歸」已死的哀歎，將爭取民主失敗的責任推到「民主回歸」路線的頭上。有關香港「民主自治」、「公投制憲」、「香港自決」、「香港獨立」等分離主義論述愈來愈多，其本質是走向「民主分離」，訴求通過爭取更大的民主以至「前途自決」、「公投」等走向獨立政治實體或實質「獨立」。本書第七章將對各類分離主義的派別和論述進行詳細分析。

總結而言，「泛民」追求儘快落實基本法規定的「雙普選」終極目標，這沒有錯；「泛民」對現行行政長官選舉和立法會選舉的制度有較多批判，這也沒有錯；「泛民」主流力量過去堅持「民主回歸論」，在政治上是正確的；「泛民」希望有非常開放的選舉或者說「真普選」，從原則上講也沒有錯，香港應該有「真普選」。但「泛民」過於理想主義，離開基本法的規定來設計「真普選」方案，很難與中央和建制派產生交集。「泛民」還沒有深刻認識到，普選之爭主要是政治問題而不是爭論具體方案的法律問題，「泛民」真正需要解決的是與中央的政治和解、政治互信問題。「泛民」已在很長時間與中央形成政治對抗，不尋求解決政治和解和政治互信問題，幻想以「辭職公投」、「佔領中環」等威脅手段迫中央簽城下之盟，缺乏政治智慧，缺乏務實精神和妥協精神。一些非建制派否定「民主回歸論」，走向本土主義和分離主義，更是走向絕路。

第三節
中央和香港建制派對香港民主發展的主要論述

　　中央政府和香港的建制派，對香港民主發展提出了一系列的論述，最重要的論述包括：在政治層面，強調「愛國者治港論」、「管治權爭奪論」、將「泛民」定性為「反對派論」；在程序層面，強調推進政改要「把握主導權與主動權論」、「循序漸進論」、「防範風險論」；在法律層面，強調香港民主發展必須符合基本法及全國人大常委會的相關規定；在經濟社會等層面，強調「符合香港實際論」、「兼顧社會各階層利益論」、「體現均衡參與原則論」、「符合香港法律地位論」、「有利資本主義發展論」、「反對福利主義、民粹主義論」。此外，香港和內地都有反思、質疑甚至完全否定民主價值的聲音，這對中央決策亦造成影響。

　　在基本法第45條、第68條及附件一、附件二，全國人大常委會的相關決定均就香港民主發展問題作出規定。中央領導和中央官員亦在不同時期作出論述。最集中體現中央對香港民主發展論述的，是國務院新聞辦《「一國兩制」在香港特別行政區的實踐》白皮書裏的這一段話：「中央政府繼續支持香港特別行政區依照基本法的規定循序漸進發展符合香港實際情況的民主政制。行政長官最終達至由一個有廣泛代表性的提名委員會按民主程序提名後普選產生，立法會最終達至全部議員由普選產生，這是中央政府作出的莊重承諾，並體現在香港基本法的規定和全國人大常委會的有關決定中。中央政府真誠地支持香港的民主政制向前發展。行政長官和立法會普選制度必須符合國家主權、安全和發展利益，符合香港實際，兼顧社會各階層利益，體現均衡參與的原則，有利於資本主義發展，特別是要符合香港特別行政區作為直轄於中央人民政府的地方行政區域的法律地位，符合香港基本法和全國人大常委會有關決定的規定，經普選產生的行政長官人選必須是愛國愛港人士。只要香港社會各界按照上述原則務實討論，凝聚共識，就一定能夠實現行政長官和立法會全部議員最終由普選產生的目標。」

「愛國者治港論」

「愛國者治港論」深刻影響中央對香港民主發展的取態。「愛國愛港」成為中央對行政長官人選的主要標準之一，亦成為中央對全體「治港者」的要求。「愛國愛港」標準實際成為行政長官普選制度設計的爭議核心。

鄧小平最早提出「愛國者治港論」的經典論述。他在《一個國家，兩種制度》這篇完整體現「一國兩制」思想的重要文獻中提出，「港人治港有個界限和標準，就是必須由以愛國者為主體的港人來治理香港。未來香港特區政府的主要成分是愛國者，當然也要容納別的人，還可以聘請外國人當顧問。甚麼叫愛國者？愛國者的標準是，尊重自己民族，誠心誠意擁護祖國恢復行使對香港的主權，不損害香港的繁榮和穩定。只要具備這些條件，不管他們相信資本主義，還是相信封建主義，甚至相信奴隸主義，都是愛國者。我們不要求他們都贊成中國的社會主義制度，只要求他們愛祖國，愛香港。」

「愛國愛港」成為中央對行政長官人選的主要標準之一。全國人大常委會委員長張德江在談到香港行政長官普選時曾提出「一個立場，三個符合」的論述，包括：堅定不移地支持香港根據基本法循序漸進發展民主是中央的一貫立場，行政長官普選制度要符合香港的實際情況、行政長官普選制度要符合香港基本法的規定、行政長官要符合愛國愛港標準。

2013年3月24日，全國人大法律委員會主任喬曉陽與香港立法會建制派議員會面時表示，2017年香港普選特首中央政府是堅定不移，但人選必須是「愛國愛港」。2011年7月，國務院港澳辦主任王光亞提出，未來的香港行政長官必須愛國愛港、有很高的管治能力，和在香港社會有比較高的認受度。2016年12月，王光亞接受《紫荊》雜誌專訪時提出，中央對行政長官的標準，就是愛國愛港、中央信任、有管治能力及港人擁護。

　　國務院新聞辦2014年6月發佈的《「一國兩制」在香港特別行政區的實踐》白皮書，首次將「愛國者治港」要求的對象由特區政府官員擴大到全體「治港者」，「『港人治港』是有界限和標準的，這就是鄧小平所強調的必須由以愛國者為主體的港人來治理香港。對國家效忠是從政者必須遵循的基本政治倫理。在『一國兩制』之下，包括行政長官、主要官員、行政會議成員、立法會議員、各級法院法官和其他司法人員等在內的治港者，肩負正確理解和貫徹執行香港基本法的重任，承擔維護國家主權、安全、發展利益，保持香港長期繁榮穩定的職責。愛國是對治港者主體的基本政治要求。如果治港者不是以愛國者為主體，或者説治港者主體不能效忠於國家和香港特別行政區，『一國兩制』在香港特別行政區的實踐就會偏離正確方向，不僅國家主權、安全、發展利益難以得到切實維護，而且香港的繁榮穩定和廣大港人的福祉也將受到威脅和損害。」

　　基本法和全國人大常委會關於香港政制發展的相關決定裏沒有「愛國者治港」這五個字，但中央強調，「愛國者治港」是香港基本法的內在要求。《「一國兩制」在香港特別行政區的實踐》白皮書提出，「愛國者治港也是具有法律依據的。憲法和香港基本法規定設立香港特別行政區，就是為了維護國家的統一和領土完整，保持香港長期繁榮穩定。因此，香港基本法規定特別行政區行政長官、主要官員、行政會議成員、立法會主席及立法會百分之八十以上的議員、終審法院和高等法院的首席法官，都必須由在外國無居留權的香港永久性居民中的中國公民擔任；行政長官、主要官員、行政會議成員、立法會議員、各級法院法官和其他司法人員在就職時必須依法宣誓擁護中華人民共和國香港特別行政區基本法，效忠中華人民共和國香港特別行政區；行政長官必須就執行基本法向中央和特別行政區負責。這是體現國家主權的需要，確保治港者主體效忠國家，並使其接受中央政府和香港社會的監督，切實對國家、對香港特別行政區以及香港居民負起責任。」

　　無論是中央還是「泛民」，都非常清楚行政長官普選制度設計的核心爭議是所謂「政治篩選」問題，「政治篩選」的根源則是「愛國者治港」問

題。「泛民」最反對的是行政長官普選方案具有「政治篩選」功能，而中央最擔憂的則是不愛國愛港的人士在行政長官普選中當選。

「泛民」幾乎沒有人承認自己不愛國愛港，一些人頂多強調愛國不等於「愛黨」，或者認為是持不同政見的人士。「泛民」不直接否認中央提出的「愛國愛港」這一標準，但認為提出這一標準是進行「政治篩選」。「泛民」從來不會直接喊反對「愛國愛港」的口號，但一直喊「反篩選，真普選」的口號。

中央官員曾經非常直白地闡明「愛國愛港」標準對行政長官普選之爭是最深刻的影響，亦闡明中央對行政長官普選制度設計的底線。

喬曉陽在2013年3月與香港立法會建制派議員會面時表示，香港特區是中國的一個地方行政區域，直轄於中央人民政府，而不是一個國家或獨立的政治實體，行政長官必須由愛國愛港的人擔任，是關係到「一國兩制」的成敗和基本法能否順則實施的重大問題：「香港回歸以來，無論是中央政府還是特區政府，都是以最大的政治包容來對待香港反對派。但任何政治包容都有一條底線，就是只要他們堅持與中央對抗，就不能當選為行政長官。這個面是很窄的。環顧世界上單一制國家，沒有一個中央政府會任命與自己對抗的人、要推翻自己的人擔任地方政府首長。哪一天他們放棄逢中央政府必反的立場，並以實際行動證明不做損害國家利益、損害香港利益的事情，當選行政長官的大門還是打開的」；「堅持不能接受與中央對抗的人擔任行政長官是底線，不只是為了國家的利益，亦為維護香港利益，維護廣大香港同胞和投資者的根本利益。若選出一個與中央對抗的人當行政長官，可以預見，屆時中央與特區關係必然劍拔弩張，香港和內地的密切聯繫必然嚴重損害，香港社會內部也必然嚴重撕裂，將根本損害香港的繁榮穩定，損害廣大香港同胞和投資者的利益」；「愛國愛港」標準也好，不能與中央對抗的標準也好，是難以用法律條文加以規定的，按照基本法的規定，怎麼判斷誰是與中

央對抗的人，首先要由提名委員會委員作出判斷，其次要由香港選民作出判斷，最後行政長官人選由中央人民政府任命，中央政府會作出自己的判斷，決定是否予以任命。

2014年9月1日，全國人大常委會副秘書長李飛在香港介紹全國人大常委會的「8·31決定」時強調，香港社會有少數人從香港過渡時期開始，直至香港回歸祖國17年後的今天，仍然不願意接受中國對香港恢復行使主權的事實，不願意接受中央對香港的管治權，此次全國人大常委會的決定對行政長官普選制度的核心問題，也是香港社會爭論最大的問題作出了明確的規定，說白了，就是要明確告訴某些人，如果堅持與中央對抗的立場，無論是過去、現在，還是將來，都絕無可能擔任行政長官；上述話聽起來很「硬」，但包含着一個很殷切的期望，就是希望那些持有不切實際想法的人回到愛國愛港的立場上，走上正途，不要把自己的一生貢獻給馬路，給香港一份安寧，給社會增添一點正能量。

從中央領導、中央官方文件和喬曉陽等中央官員的談話可以看出，行政長官要符合「愛國愛港」標準是中央不可動搖的底線，亦是行政長官普選制度設計的底線。而無論從鄧小平還是喬曉陽的表述看，中央對「愛國愛港」的要求標準是很低的，就是要尊重自己民族，誠心誠意擁護祖國恢復行使對香港的主權，不損害香港的繁榮和穩定，不與中央對抗，不要推翻中央政府，放棄逢中央政府必反的立場，以實際行動證明不做損害國家利益、損害香港利益的事。

將「泛民」定性為「反對派論」

將「泛民」定性為「反對派論」深刻影響中央對「泛民」的政策取向，也深刻影響中央對香港民主發展的取態。

　　反對派或反對黨一詞，由英國人霍布豪斯（Hobhouse）最早使用，1826年他提出了「英王陛下的反對黨」說法。1830年至1840年間，英國在野的托利黨激烈地反對執政的輝格黨，被人們稱為「忠誠的反對黨」。反對黨或反對派作為一個政治詞語，為兩黨制和多黨制的西方國家普遍採用，主要指在多黨政治體制中與執政黨或執政聯盟對立的政黨，其主要職責是監督制約執政黨的執政行為，同時也為在將來的選舉獲勝成為執政黨打好基礎。

　　2005年12月29日，香港《文匯報》以兩大版刊登署名「本報特約評論員」的萬字長文〈香港「民主派」實為反對派〉，首次明確將香港「民主派」定性為「反對派」。這篇文章提出，「得到主流民意支持的政改方案被反對派議員否決，讓市民清清楚楚地看到，香港政壇確實存在着『為反對而反對』的反對派。應該說，這也是一個重要的『意外收穫』。行政長官曾蔭權將這些所謂『泛民主派』正名為反對派，並在赴京述職與國家主席胡錦濤談話時，以反對派來形容否決方案的『泛民主派』議員。這是非常恰當和貼切的。事實上，將否決推進民主政改方案的人稱之為『民主派』，實在是相互矛盾，倒是反對派的稱呼，能夠準確反映他們『逢行政長官必反』、『逢特區政府必反』、『逢中央必反』的共性特質。」

　　〈香港「民主派」實為反對派〉分四個部分。第一部分指出反對派的種種表現。第二部分指出香港反對派與西方反對派的不同，認為西方反對派的兩個特點是「有批評也有建設」、出於爭取掌權的考慮講究反對的「合法性」，「香港的反對派則不同。他們從不考慮承擔執政責任。他們公開燒毀基本法，甚至表示願意香港繼續做100年英國殖民地，說『英國將550萬港人交還中國，就像二次世界大戰時將550萬猶太人交還納粹德國』。他們在本質上不願接納中國恢復對香港行使主權。他們所考慮的全部，就是如何為反對而反對，至於如何提出實際可行的解決問題辦法或政策性措施，則可以不予理會。正因為如此，他們在民生問題上，民粹色彩濃厚，重分配，輕創富，只知道要免費午餐，開空頭支票，卻不理錢從何來，也不管政府能否負擔。在發展經濟方面，他們只是評頭品足，百般挑剔，建設性的建議或政

策卻是『交白卷』。同時，香港的反對派將自己放在建制的對立面，連現存憲制體制的合法性也進行挑戰。他們挑戰憲法和基本法賦予中央政府及特區政府的憲制權力和責任，就是這種思維方式的典型反映。」第三部分分析香港反對派的社會歷史背景，認為港英九七前推行「代議政制」，催生政黨政治，是反對派產生的政治歷史根源；回歸前長時期的奴化教育，為反對派的存在提供了一定的社會條件；美英等外國勢力也對香港反對派施加影響。第四部分指香港社會應以平常心看待反對派，無論是現在或是將來，香港必然有反對派，對於這個既成的事實，市民大可以平常心來對待；要注意反對派與社會整體利益的背離趨向，「正是由於反對派與社會利益的背離趨向，這種政治利益誘因，使得反對派在本質上不希望看到香港經濟興旺、政府有效施政，而必然堅持反對立場，力圖從香港經濟及政府施政的逆轉中得到自己的利益。由此不難看到，反對派的得勢，是以政府、社會和廣大市民遭遇困境為代價的」；「如果反對派能夠改變『為反對而反對』的取態，以建設性的態度提出批評和可行性建議，既對社會有益，也會增加市民的認受性，因而也將為自己爭取更大的空間。這是反對派需要認真思考的問題。」

　　將「泛民」定性為「反對派」可能得到中央認同。雖然沒有國家領導人在公開場合使用過香港「反對派」的說法，但喬曉陽等中央官員在公開場合使用過這一說法。中央媒體長期在內部報導中以「反對派」代稱「泛民」，是一種規範性的要求。香港建制派人士也經常使用「反對派」的提法。

　　將「泛民」定性為「反對派」，有一定的合理因素。從整體上講，「泛民」在回歸後的香港政治生活中，確實主要起類似西方反對黨的作用，大部分時間具有「逢行政長官必反」、「逢特區政府必反」、「逢中央必反」的共同特質。

　　筆者不完全認同將「泛民」整體定性為「反對派」，更不認同將「泛民」永遠定性為「反對派」。如果用「反對派」一詞標籤「泛民」，甚至固定這一定性，可能並不合適且有多方面負面作用。

其一，從法律意義上講，「泛民」的立法會議員是嚴格依據法律選舉出來的，屬於「治港者」的一部分，也是特區建制的一部分。「泛民」也從事街頭抗爭和許多社會運動，但其核心力量是在立法會這一建制平台從事活動。「泛民」政黨、政團也是依法建立的，也基本在香港法律範圍內活動。

其二，從實際情況看，「泛民」不是所有力量和所有時候都在「逢行政長官必反」、「逢特區政府必反」、「逢中央必反」。2010年政改能夠通過，靠民主黨、民協等溫和「泛民」的支持。特區政府的一些重大經濟民生法案，有時也依靠「泛民」不反對或技術性支持才能通過。從政治現實看，香港要順利解決「雙普選」的爭議，沒有「泛民」的支持是做不到的。

其三，將「泛民」定性為「反對派」，可能使中央將中央與泛民的關係定性為敵我關係，將「泛民」列為鬥爭對象，主要以鬥爭思維確定對「泛民」的政策。「泛民」確實有相當的力量長期與中央進行政治對抗，未能完全接受香港回歸這一事實。「泛民」也有一部分力量，並無「反共」、「反華」、「抗中」立場，他們希望香港早點落實民主，也希望內地走向民主化，主要是價值觀念問題。他們無意顛覆中央政府，與中央最主要的矛盾是圍繞香港民主發展的矛盾，不宜因為在民主發展問題上有政治分歧，就將「泛民」全部定性為「反對派」。不能將希望香港民主、內地民主的港人定性為不「愛國」和與中央對抗。事實上，多名中央官員曾公開表示，與中央對抗的人是少數，「泛民」中的大多數是愛國的。

其四，將「泛民」定性為「反對派」，可能不利於採取區別政策來對待「泛民」的不同力量，不利於轉化分化「泛民」。「泛民」內部長期是分化的，尤其在2010年政改之後，激進「泛民」和溫和「泛民」的分化是嚴重的。而隨着分離主義思潮興起，經歷2014年「佔領中環」運動和2016年的旺角暴動後，非建制陣營更出現激進「泛民」、溫和「泛民」和本土派三股力量，本土派呈強勢崛起之勢。從政治策略而言，應重點打擊本土派，防止本土派這股分離勢力繼續坐大，防止激進「泛民」、溫和「泛民」也向本

土派靠攏甚至合流，爭取激進「泛民」向溫和「泛民」轉化，爭取溫和「泛民」向中間派甚至建制派轉化。

　　香港《文匯報》原總編輯李曉惠很早就意識到區別對待「反對派」不同力量的重要性。他在2011年8月出版的《困局與突破》一書中提出，香港需要「忠誠反對派」，認為香港「忠誠反對派」有兩個特殊要求，一是不能同西方敵視中國的勢力有政治性聯繫及政治性合作關係，更不能引入外國勢力干預香港事務；二是必須擁護基本法，不能反對「一國兩制」的大政方針。李曉惠認為，香港「忠誠反對派」宜稱為「本土反對派」或「溫和反對派」，「反共抗中派」則可稱之為「激進反對派」；「本土反對派」或「溫和反對派」與「反共抗中派」的基本不同，即不同西方敵對勢力有政治性聯繫及政治性合作關係、不反對「一國兩制」的大政方針、不干預內地事務的本土化特色；中央可有前提、有底線、有限度與部分「反對派」和解，和解對象只能是「本土反對派」，中央不可能與「反共抗中派」和解。李曉惠還提出了香港需要真正的中間派的主張。許多建制派人士現在使用「忠誠反對派」一詞，希望「泛民」向「忠誠反對派」轉化。但「忠誠反對派」仍然給人貶義的感覺。

　　其五，將「泛民」整體定性為「反對派」，既讓「泛民」有逆反心理，亦讓「泛民」看不到政治出路，可能增加其從事政治對抗的動力。沒有「泛民」願意接受「反對派」這一稱呼，也沒有「泛民」願意中央永遠視其為「反對派」。香港雖然沒有執政黨，但「泛民」的理想仍然是希望將來能夠執政，「泛民」人士也希望有一天能夠當上行政長官。如果始終將「泛民」定性為永遠的「反對派」，則「泛民」也只能永遠去「反對」了。

　　其六，將「泛民」整體定性為「反對派」並主要採取鬥爭路線，實際上是將多數香港人視為敵人並主要採取鬥爭路線。「泛民」長期獲得香港過半數選民的支持，這可能長期難以改變。將中央與「泛民」的關係定性為敵我矛盾，實際上是將多數港人視為敵人，使對港管治路線可能長期以鬥爭為

主，這不利於爭取和團結多數港人，不利於爭取在愛國愛港的旗幟下實行港人的大團結。

2015年5月31日，時任港澳辦主任的王光亞在深圳與香港立法會議員就特首普選方案進行座談時，明確將「泛民」劃分為兩類，「『泛民』有兩類：一類是極少數別有用心的人。他們打着『民主』的幌子，把香港視為獨立政治實體，肆意曲解基本法，阻撓特區政府施政，頑固對抗中央管治，甚至勾結外部勢力，鼓吹和支持『港獨』等分裂勢力，妄圖顛覆中國憲法確立的中國共產黨的執政地位和社會主義制度。他們的言行實際上早已超出所謂『言論自由』、『爭取民主』的界限。他們雖然人數不多，但危害不小。他們不僅是『反對派』，而且是『死硬派』、『頑固派』。對這部分人，中央的立場堅定而明確，就是堅決鬥爭，決不含糊。具體到行政長官普選制度設計，就是要把這些人排除在外，不僅要限制他們『入閘』、阻止他們『出閘』，即便他們僥倖當選，中央也會堅決不予任命。否則，既非香港之福，更是國家之患。在這一點上，中央的原則立場是堅定不移的。另一類是大多數的『泛民』朋友。他們很多人關心國家發展和香港前途，贊成國家對香港恢復行使主權，擁護『一國兩制』方針和憲法確定的國家政治體制。雖然在他們當中有一些人的某些政見與我們可能有所不同，在民主的理念、實現的方式等方面與我們的看法也可能不一致，但他們認同『一國兩制』、認同憲法和基本法，認同國家體制和制度。我希望與這部分『泛民』朋友能夠有更多的機會進行溝通，在共同的政治基礎上就任何問題深入交換意見。」

在劃分兩類「泛民」的基礎上，王光亞希望多數「泛民」認真思考其政治定位和政治出路。他表示，「中央允許也尊重不同的政團和人士有不同的意見和觀點，但前提是承認和尊重國家的政治體制和制度，維護香港繁榮穩定，不做損害祖國主權、安全和發展利益的事。這是香港任何政團和從政人士在『一國兩制』原則下安身立命的根本，也是任何從政人士施展政治抱負、服務香港和國家的前提。如果逆勢而為，一味地為反對而反對、為對抗而對抗，甚至不惜充當『一國兩制』的破壞者、搗亂者，其結果必然是把自

己逼進死胡同。長遠來看，這種取態在政治上沒有空間和出路。總之，面對國家發展與歷史前進的大勢，是選擇與國家漸行漸遠，一步步滑向激進，走向民意的對立面，並最終被歷史所拋棄，還是成為中央和廣大市民所期望的建設性力量，需要各位『泛民』人士深入思考，仔細權衡，明智抉擇。」

2016年旺角暴動之後，中央對香港「反對派」這一定性似乎有更多調整跡象，對「泛民」的取態及政策也有所調整。

2016年5月18日，中央政治局常委、全國人大常委會委員長張德江在訪港時以酒會形式與部分香港立法會議員及行政會議非官守成員會晤，當中焦點是有四名「泛民」議員參加，包括時任民主黨主席的劉慧卿、時任公民黨黨魁的梁家傑、工黨立法會議員何秀蘭以及衛生服務界議員李國麟。媒體指這是中央領導人與「泛民」的歷史性「破冰會面」。梁家傑會後指，不會用「破冰」來形容，但認為中央領導人在回歸19年以來，首次承認民主派民選議員身份，確立議員的憲制角度，形容有突破，但慨歎「會面老早應發生」。張德江隨後向香港社會各界人士發表談話時指出：「你們過去所説的泛民主派，或者叫反對派，咱們不説分幫分派吧，就是有不同意見的社會群體和代表人物的意見，我們都聽，是愛心地傾聽，了解對方的立場，讓他把話説出來，有甚麼不好呢？沒甚麼不好啊。」媒體分析，張德江代表中央調整對「泛民」是「反對派」的這一定性，很可能意味着中央對港政策的重大變化正在調整或醞釀調整之中。

國務院港澳辦主任王光亞在2016年7月號《紫荊》雜誌專訪文章〈準確理解中央對港政策　營造理性合作的社會政治環境〉中表示，張德江訪港「不同之處或者説社會比較關注之處，在於委員長直接地與『泛民』議員代表作了簡短的溝通。這其實並不新鮮，也不是新姿態。中央歷來重視聽取香港社會各界的意見。張德江同志聽取『泛民』議員的意見，也不是第一次，12年前他在廣東主政時就會見過全體立法會議員。我去年、前年也都跟他們公開見過面，私下與他們也見過面。張曉明主任政改期間與『泛民』政團

會過面；港澳辦副主任馮巍在去年八月也與民主黨會面，就廣泛領域交換意見。中央政府一向認為，絕大多數港人是愛國的，是真心支持香港回歸和『一國兩制』的，我們所接觸的光譜愈闊愈好，這符合『一國兩制』的內在要求。香港是個多元社會，有不同政見、存在『泛民』政團是正常的。這種情況會伴隨『一國兩制』長期存在。在尊重『一國兩制』的前提下，『泛民』人士、政團可以持不同意見。中央不可能不聽取他們的意見，因為他們代表着一定數量的市民。我去年當着大多數立法會議員的面公開講過，在中央看來，『泛民』中的大多數是愛國的。特區的所有政權機構都是按全國人大通過的基本法設立的，是通過法定程序產生的，並且依法行使職權。『泛民』的立法會議員是特區政權體制的組成部分。從基本法的角度看，他們也屬於建制人士。正確處理與中央的關係是所有在香港參政的團體都要考慮的問題，『泛民』政團尤其要考慮這個問題。」王光亞使用「泛民」一詞（雖然打了引號）取代「反對派」，肯定「泛民」中的大多數是愛國的，承認「泛民」立法會議員屬於建制人士，這是對「泛民」定性非常鮮明和重要的調整。

以前有部分「泛民」成員不能申領到內地的「回鄉證」。2016年底，中央決定「泛民」可以申領「回鄉證」。王光亞在2017年1月號《紫荊》雜誌專訪文章〈堅守底線 尊重包容 堅定不移推進「一國兩制」〉中表示，「去年五月張德江委員長視察香港特別行政區與立法會部分議員會面時，有議員反映了『回鄉證』的問題，委員長當場就給予了積極回應。內地有關部門做了研究，同意沒有『回鄉證』的泛民人士可以申領『回鄉證』進入內地。我注意到已有人領證回來過，很順利。他們今後可以像其他港澳同胞一樣，自由來內地旅遊、探親及進行各種形式的交流。但如同內地人到香港要遵守香港的法律一樣，他們在內地也應遵守內地的法律法規。我在上次接受採訪時專門談了泛民的問題。我注意到香港社會對這個問題很關注，也認同我的看法。發『回鄉證』體現了中央政治上的包容。」王光亞這篇專訪，使用「泛民」一詞時沒有加引號。

　　如果中央今後一直採用「泛民」這一香港社會約定俗成的提法，放棄使用「反對派」一詞，不僅對「泛民」釋放善意，也意味中央完成了對「泛民」定性的調整。但目前這個調整過程應該仍然沒有完成，中資媒體和許多建制派人士仍然以「反對派」指稱「泛民」，這也意味着，很可能中央在對「泛民」的稱呼和定性上仍然沒有形成權威的、統一的意見。王光亞提出的大多數「泛民」是朋友的定性，顯然還不是中央最高層的一致意見。截至目前，看不出中央將大多數「泛民」視為朋友，也看不出中央下了很大力氣來爭取大多數「泛民」朋友。一些具體涉港工作機構，將「泛民」整體視為敵人的鬥爭意識根深蒂固，選舉至上的思維根深蒂固。

將香港「雙普選」之爭定性為「管治權爭奪」

　　將香港「雙普選」之爭定性為「管治權爭奪」，並上升到維護中央對香港的全面管治權及維護國家主權、安全、發展利益的高度，使中央在「雙普選」的原則問題上很難妥協讓步，更不會在相關政治鬥爭中示軟示弱。

　　長期以來，香港社會一些人以為中央對香港事務只能管外交、國防，其他事務都屬香港自治，中央不應干預。

　　國務院新聞辦《「一國兩制」在香港特別行政區的實踐》白皮書對中央的管治權作了闡述，「中華人民共和國是單一制國家，中央政府對包括香港特別行政區在內的所有地方行政區域擁有全面管治權。香港特別行政區的高度自治權不是固有的，其唯一來源是中央授權。香港特別行政區享有的高度自治權不是完全自治，也不是分權，而是中央授予的地方事務管理權。高度自治權的限度在於中央授予多少權力，香港特別行政區就享有多少權力，不存在『剩餘權力』。」

　　國務院港澳辦主任王光亞在2016年7月號《紫荊》雜誌專訪文章〈準確理解中央對港政策　營造理性合作的社會政治環境〉中表示，「近兩年香港

總有人説，香港白皮書提出『中央擁有對香港特別行政區的全面管治權』，顯示中央對港政策有所改變，收緊了。這不是事實。中英談判時這一點就很清楚，主權和治權是不可分的，恢復行使主權的方式就是行使治權。全面管治權包括兩個層面：第一個層面是中央直接行使的權力。中央的權力都明確規定在基本法裏，包括：國防、外交，任命特首和主要官員，全國人大常委會對基本法進行解釋，中央在政改中的角色等等。第二個層面是中央通過基本法授予特區行使的權力，包括行政、立法、司法等權力。同時，中央未授予特區的權力仍歸屬中央。所以我們説根據基本法，香港享有高度自治，但不是完全自治。」

一些香港建制派人士很早就把「雙普選」之爭定性為香港「管治權爭奪」。在治港者必須符合「愛國愛港」標準和「泛民」是「反對派」這兩大論述之下，建制派認為「雙普選」之爭的本質是「管治權爭奪」；行政長官普選方案的設計必須有利於防止不「愛國愛港」的人當選行政長官並掌握香港行政權，尤其要防止與中央對抗、中央不能信任的人當選行政長官，因為中央主要通過行政長官來行使對香港的管治權；立法會普選方案的設計必須有利於防止「泛民」在立法會過半並掌握香港立法權。

將「雙普選」之爭定性為香港「管治權爭奪」，應該説得到中央認同，中央官員對此也有公開的論述。2015年4月26日，原港澳辦副主任陳佐洱向媒體表示，「香港特區的普選之爭並不是要不要民主、快一點或慢一點發展民主的問題；也不是制度設計寬一點或嚴一點的問題，實質是管治權的歸屬問題。特區管治權是國家政權的一部分，茲事體大，不容有失。」

全國人大常委會副秘書長李飛在2014年9月2日向香港特區政府高級官員簡介「8•31」決定的政治和法律內涵時表示，「香港社會圍繞普選問題的爭論，如果從1986年『88直選』的爭論算起，已經有28年的時間，如果從香港回歸算起，也有17年，可以説，是一個困擾香港近30年的重大政治

問題。這個問題的實質是甚麼呢？就當前來説，正如常委會組成人員在審議行政長官報告和決定（草案）時所指出的，這個問題本質上不是要不要普選、要不要民主的問題，而是香港特別行政區的管治權之爭，是香港長期以來存在的各種政治問題的集中反映。香港社會有少數人從香港過渡時期開始，直至香港回歸祖國17年後的今天，仍然不願意接受中國對香港恢復行使主權的事實，不願意接受中央對香港的管治權，對『一國兩制』和香港基本法的規定進行『另類詮釋』，借助外部勢力，不斷地挑起政治紛爭，把矛頭指向中央政府，企圖把香港變成一個獨立的政治實體。在普選問題上，他們的主張和訴求概括起來就是一句話，要允許他們的代表人物擔任行政長官。這當然是不能允許的。因為如果讓他們擔任行政長官，必然損害中央對香港特別行政區的管治權，必然會損害國家的主權、安全和發展利益，損害香港的繁榮穩定，我們將難以向無數為香港回歸祖國而奮鬥的先輩交待，難以向包括愛國愛港的廣大香港市民在內的全國人民交待，也難以向子孫後代交待。因此，香港社會有些人希望中央對香港少數人的主張作出妥協，他們的願望和出發點是好的，但如果認清普選問題的政治實質，就可以看到普選問題爭議涉及重大原則問題，是不能妥協的。」

中共十八大政治報告提出，「中央政府對香港、澳門實行的各項方針政策，根本宗旨是維護國家主權、安全、發展利益，保持香港、澳門長期繁榮穩定。」中共十九大報告提出，「必須把維護中央對香港、澳門特別行政區的全面管治權和保障特別行政區的高度自治權有機結合起來。」中央處理香港政改問題，也勢必堅持上述根本宗旨；與根本宗旨相比，推進香港政改顯然不是中央最重要的目標和關切。國務院新聞辦《「一國兩制」在香港特別行政區的實踐》提出了香港民主發展的許多重大原則，而最先提到的是，「行政長官和立法會普選制度必須符合國家主權、安全和發展利益。」

特區政府中央政策組前首席顧問劉兆佳在《香港的獨特民主路》一書中提出，香港的民主化和與其相關的政制改革在「一國兩制」中既是目的，

也是工具，但工具的性質更要強一些、更關鍵一些；「即便作為一個目標，香港的民主發展與其他眾多的『一國兩制』目標相比較，也不可以算是一個最重要的目標。其他較重要的目標當然就是維持良好的中央與特區的關係、保持香港的繁榮和穩定、維持或強化香港在國家社會主義建設中的貢獻、防止香港成為顛覆內地政府和社會主義體制的基地等。」這一解讀是建制論述中較有代表性的。

很顯然，「管治權爭奪論」與「愛國者治港論」和「泛民」是「反對派論」是一脈相承的。在「管治權爭奪論」的邏輯下，香港「雙普選」問題的政治實質不再是香港是否發展民主及如何發展民主的問題，而被提升到維護中央對香港的全面管治權，及維護國家的主權、安全和發展利益的高度。因此，中央對普選的重大原則問題也絕不妥協。

在「管治權爭奪論」的邏輯下，香港民主發展問題即「雙普選」問題實際異化為中央、特區政府與「泛民」的政治關係問題，異化為「泛民」對香港回歸的政治認同問題，異化為「泛民」對中央政府的政治認同問題，異化為中央政府對「泛民」的政治定性問題，亦異化為中央能否接受「泛民」的代表性人物擔任行政長官、中央能否接受「泛民」在立法會過半的問題。而「雙普選」對於香港內部發展民主的本質意義，即香港全體市民選舉權與被選舉權的普及與平等問題、香港各階層政治權利的合理分配問題，變為次要的問題。

推進香港政改，要「把握主導權和主動權論」、「循序漸進論」及「防範風險論」

將「雙普選」的政治本質定性為「管治權爭奪」，直接涉及維護國家主權、安全、發展利益，因此，要求中央「把握主導權和主動權」、「循序漸進」推進政改及「防範風險」，是符合邏輯的論述。

中央在「把握主導權和主動權」方面，絕不含糊。

　　中央在牢牢把握政改最終決定權之餘，亦牢牢把握政改的啟動權，最明顯的動作是通過人大釋法將政改由三步曲改為五步曲。基本法附件一規定，2007年以後各任行政長官的產生辦法如需修改，須經立法會全體議員三分之二多數通過，行政長官同意，並報全國人民代表大會常務委員會批准。基本法附件二規定，2007年以後香港特別行政區立法會的產生辦法和法案、議案的表決程序，如需對本附件的規定進行修改，須經立法會全體議員三分之二多數通過，行政長官同意，並報全國人民代表大會常務委員會備案。基本法規定的上述程序，被視為政改三步曲。2007年底全國人大常委會通過的《全國人民代表大會常務委員會關於香港特別行政區2012年行政長官和立法會產生辦法及有關普選問題的決定》，實際將三步曲改為了五步曲，增加的兩步曲是，在香港特別行政區行政長官實行普選前的適當時候，行政長官須按照香港基本法的有關規定和《全國人民代表大會常務委員會關於〈中華人民共和國香港特別行政區基本法〉附件一第七條和附件二第三條的解釋》，就行政長官產生辦法的修改問題向全國人民代表大會常務委員會提出報告，由全國人民代表大會常務委員會確定；在香港特別行政區立法會全部議員實行普選前的適當時候，行政長官須按照香港基本法的有關規定和《全國人民代表大會常務委員會關於〈中華人民共和國香港特別行政區基本法〉附件一第七條和附件二第三條的解釋》，就立法會產生辦法的修改問題以及立法會表決程序是否相應作出修改的問題向全國人民代表大會常務委員會提出報告，由全國人民代表大會常務委員會確定。

　　中央在把握政改主導權和主動權方面，非常重視通過人大釋法將政改的重大原則以至具體內容確定下來。2007年底全國人大常委會就香港行政長官普選問題的決定和2014年的「8‧31」決定，不僅就程序性問題作出決定，而且直接就行政長官普選方案作出原則性、實質性的決定，因此被批評為代香港本地立法。

　　「循序漸進」是中央對香港政改的一個重大原則，在基本法裏就加以確定了。基本法第45條規定，行政長官的產生辦法根據香港特別行政區的實際情況和循序漸進的原則而規定，最終達至由一個有廣泛代表性的提名委員會按民主程序提名後普選產生的目標。基本法第68條規定，立法會的產生辦法根據香港特別行政區的實際情況和循序漸進的原則而規定，最終達至全部議員由普選產生的目標。

　　基本法附件一和附件二規定了行政長官和立法會兩個產生辦法的十年穩定期，即2007年後才能修改。這個規定亦體現了「循序漸進」的原則。中央領導在談到香港民主發展時，必提循序漸進的原則。國務院新聞辦《「一國兩制」在香港特別行政區的實踐》談到香港民主發展時，第一句話就是，「中央政府繼續支持香港特別行政區依照基本法的規定循序漸進發展符合香港實際情況的民主政制」。

　　中央堅持「循序漸進」原則，隱含的考慮也許包括，一是希望隨着時間推移，香港人心加快回歸，使「雙普選」的社會條件更加成熟。二是希望愛國愛港力量加快發展壯大，「泛民」主流力量向建制派轉化，使「雙普選」的政治條件更加成熟。三是希望中央與香港「泛民」之間，先解決好政治互動、政治互信問題。四是希望香港社會各階層、各種政治力量先達成更多政治共識。五是希望香港社會減少政治紛爭，集中精力先解決好面臨的緊迫經濟民生問題。六是可能希望香港的民主化進程不要過快，以免對內地的民主化進程構成壓力。在起草香港基本法時，中國領導人也曾提出過內地的普選時間表。鄧小平在1987年會見香港特別行政區基本法起草委員會委員時講過一段著名的話：「像我們這樣一個大國，人口這麼多，地區之間又不平衡，還有這麼多民族，高層搞直接選舉現在條件還不成熟，首先是文化素質不行」；「現在我們縣級以上實行的是間接選舉，縣級和縣級以下的基層才是直接選舉。因為我們有十億人口，人民的文化素質也不夠，普遍實行

直接選舉的條件不成熟」；「即使搞普選也要有一個逐步的過渡，要一步一步來。我向一位外國客人講過，大陸在下個世紀，經過半個世紀以後可以實行普選。」香港民主發展與內地民主發展的互動，香港民主發展對內地的影響，是內地較少提及的因素，但這一因素也是非常重要的。中央領導本身是否具有推動民主發展的意識，中央領導對內地發展民主的取態，或多或少直接影響中央領導對香港民主發展的取態，亦直接影響着香港民主進程的快慢。

推進香港民主發展要「防範風險」，這也是中央的一大論述。2014年全國人大常委會在作出「8•31」決定時提出，「實行行政長官普選，是香港民主發展的歷史性進步，也是香港特別行政區政治體制的重大變革，關係到香港長期繁榮穩定，關係到國家主權、安全和發展利益，必須審慎、穩步推進。」

中央提到的風險，最主要的是普選選出不愛國愛港、與中央對抗的行政長官，導致中央與香港的關係惡化，導致中央喪失對香港的全面管治權，導致香港變為獨立的政治實體，導致香港在民主的旗號下變為顛覆中央政府的基地，損害國家主權、安全和發展利益，損害香港繁榮穩定，損害「一國兩制」事業。

鄧小平曾明確指出，「有些事情，比如1997年後香港有人罵中國共產黨，罵中國，我們還是允許他罵，但是如果變成行動，要把香港變成一個在『民主』的幌子下反對大陸的基地，怎麼辦？那就非干預不行」；「對香港來說，普選就一定有利？我不相信。比如說，我過去也談過，將來香港當然是香港人來管理事務，這些人用普遍投票的方式來選舉行嗎？我們說，這些管理香港事務的人應該是愛祖國、愛香港的香港人，普選就一定能選出這樣的人來嗎？最近香港總督衛奕信講過，要循序漸進，我看這個看法比較實際。即使搞普選，也要有一個逐步的過渡，要一步一步來。」

　　喬曉陽2013年在深圳與香港立法會議員座談時表示，「行政長官作為香港特區首長和政府首長，最重要的一項職責就是維護好香港特別行政區與中央的關係，如果是一個與中央對抗的人，不僅難以處理好這個關係，而且還會成為中央與香港特區建立良好關係的障礙，這種人在香港執政，國家安全就沒有保障，『一國兩制』實踐可能受到重大挫折。按照基本法的規定，行政長官不僅要對香港特別行政區負責，而且要對中央人民政府負責，如果普選產生的行政長官是一個與中央對抗的人，怎麼對中央政府負責，基本法的規定怎麼落實？從這個角度講，行政長官必須由愛國愛港的人擔任，是一個關係到『一國兩制』和基本法能否順利實施的重大問題，講得重些，是關係到『一國兩制』成敗的重大問題」；「中央在香港實行的基本方針政策的根本宗旨是兩句話，第一句是維護國家主權、安全、發展利益，第二句是保持香港的長期繁榮穩定，這是中共十八大報告剛剛宣佈的，是堅定不移的，因此，即便香港有人願意承受與中央對抗的人擔任行政長官的這種風險，站在國家的角度，站在維護根本宗旨的角度，站在落實『一國兩制』方針政策的角度，也不能承受這個風險。」

　　在「把握主導權和主動權論」、「循序漸進論」及「防範風險論」等思維主導之下，中央必然力圖牢牢把握香港民主發展的話語權、最終決定權，不會由香港民意來主導「雙普選」的時間表及路線圖。儘快兌現普選時間表不會是中央的優先考慮，中央的最大關切應該是「雙普選」的制度設計要相對比較保守甚至是十分保險，普選方案不能強求一步到位，可逐步加強民主性，通過一些過渡方案的實踐，證明普選不會出現中央擔憂的風險，逐步邁向比較理想的、相對穩定的終極制度安排。中央希望香港「泛民」對「8‧31」決定「袋住先」，並由中央官員承諾今後進一步完善，強調「袋住先」並不是「泛民」所說的「袋一世」，體現了這種思維。在終極普選制度出現之前，先有一個甚至多個不是最理想的普選方案過渡，是香港社會尤其是「泛民」應該認真思考的。

推進香港政改，強調「符合香港實際論」、「兼顧社會各階層利益論」、「體現均衡參與論」、「符合香港法律地位論」、「反對福利主義、民粹主義論」、「有利資本主義發展論」等

　　基本法第45條、第68條關於兩個普選的規定，都強調要「符合香港實際」，這是一個非常抽象和原則性的表述。中央強調，行政長官和立法會普選制度，要符合香港特別行政區作為直轄於中央人民政府的地方行政區域的法律地位。強調香港法律地位問題，是要顯示中央對香港政制發展具有決定權，顯示普選制度設計必須維護中央本應擁有的相關權力，要確保普選制度設計不致導致香港向獨立政治實體的方向發展，確保維護國家安全。

　　兼顧社會各階層利益、體現均衡參與、有利資本主義發展，這些原則是中央的一貫論述。中央官員解讀這些原則，側重於為現行政制更加重視維護工商界和資本家的利益進行辯護，有時也強調維護專業精英的利益。

　　2004年4月26日，時任全國人大常委會副秘書長的喬曉陽在香港一個座談會上表示，「要保持原有的資本主義制度，必然要求香港的政治體制必須能夠兼顧各階層、各界別、各方面的利益，既包括勞工階層的利益，也包括工商界的利益，做到均衡參與。這裏我要特別講一下工商界的利益。可以說，沒有工商界就沒有香港的資本主義；不能保持工商界的均衡參與，就不能保持香港原有的資本主義制度。縱觀當今世界的各個資本主義社會可以發現，其實均衡參與是所有成熟的資本主義社會的制度設計中都必須努力保障的一項基本原則，只是不同的社會，均衡參與的方式和途徑有所不同罷了。比如，有的是通過兩院制中的上院或參院，有的是通過能代表各種不同階層、不同界別、不同方面的政黨等方式和途徑來實現均衡參與。我訪問英國國會時，英國人向我介紹說，下院好比發動機，上院好比煞車板，這樣汽車才能跑得又快又穩，只有發動機，沒有煞車板，非翻車不可。目前香港保證各個階層、各個界別、各個方面均衡參與的主要途徑，一是由四大界別產生

一共800人組成的具有廣泛代表性的選舉行政長官的選舉委員會,一是功能團體選舉制度,拿後者來說,如果在既沒有兩院制又沒有能夠代表他們界別的政黨來保證均衡參與的情況下,就貿然取消功能團體選舉制度,勢必使均衡參與原則得不到體現,使賴以支撐資本主義的這部分人的利益、意見和要求得不到應有反映,那原有的資本主義制度又如何來保持呢?工商界的利益如果失去憲制上的保護,最終也不利於香港經濟的發展,如此,也就脫離了基本法保障香港原有的資本主義制度不變的立法原意。」

2015年5月,中聯辦主任張曉明在香港《文匯報》、《大公報》發表〈以制度自信推進有香港特色的普選〉的文章指出,「香港長期實行資本主義制度,不同社會階層、界別之間的利益訴求多種多樣,希望通過政治參與影響經濟、民生等政策的意向明顯。比如,工商界、專業界雖然在人數上不佔優勢,但對香港經濟繁榮和社會發展具有舉足輕重的影響,他們對實行普選可能導致的民粹主義、福利主義傾向比較擔憂。在選舉制度中,通過適當機制安排,兼顧社會各方利益,確保均衡參與,才能保持經濟繁榮發展,維護社會和諧穩定。」

2015年12月,基本法研究專家、中聯辦法律部部長王振民在《紫荊》雜誌發表〈甚麼是香港的深層次問題?〉指,「香港原有資本主義與人們對福利社會的追求之間的矛盾,是香港現在面臨的最深層次問題。這是香港必須要面對的一個公共政策問題」;「西方選舉候選人辯論最多的是稅收政策、公共財政如何開支問題,這是西方政黨政治、多黨輪替制度永恆的議題。但在香港歷次選舉中,似乎很少人就此進行辯論。實際上,資本主義是信奉個人奮鬥和低稅的。在典型的傳統資本主義社會,政府對財富的二次分配是很弱的,原則上是儘可能少地對財富進行二次分配,政府也不會無限擴大公共福利,劫富濟貧。香港以前就是這樣,這也是為甚麼香港可以產生那麼多億萬富翁的重要原因,因為香港的低稅政策非常有利於財富的積累和資本主義發展。窮人在香港就過得比較辛苦,財富懸殊較大。這是香港原有資

本主義的特點，也是歐美傳統資本主義的共同特徵」；「回歸後香港出現了一個重大變化，即政府由過去主要關心少數富人轉變為開始關注大多數人。隨着民主化程度的不斷提高（我們必須承認回歸後的民主比回歸前要多），特別是推動普選產生的第一個直接反應，就是政府稅收政策的變化，開始讓富人多交稅來討好普羅大眾，社會福利愈來愈好。民主普選的本質就是要對財富進行再次分配。這個大方向是正確的，不管有沒有普選，政府都應該這樣做」；「但是另一方面，我們是否要從一個極端走向另一個極端？也就是從原來只照顧富人、不照顧窮人，現在突然變到只照顧普羅大眾、不照顧富人了？在推進普選的時候，我們討論了要不要功能團體、要不要提名委員會等問題，但不能就事論事。在這些問題上，民主固然重要，但最本質的問題是香港的公共政策是要像過去那樣百分百代表資本家、照顧資本家，還是要轉變為只照顧普羅大眾、不再關心資本家的利益？在這兩個極端之間，保留功能團體、保留提名委員會，實際上是一種平衡，以防止政治從一個極端突然走向另一極端，否則香港社會受不了、資本家也會受不了。當增加稅收、增加社會福利、『劫富濟貧』太過嚴重，資本家就會開始考慮，香港是否不再適宜營商。這也是為甚麼一些香港工商界的頭面人物近年在搞產業轉移的深層次原因。我認為，這是源於他們內心深處對香港公共政策可能出現急劇變化的擔心，而實際上香港的公共政策已經在變化了」；「香港基本法規定，香港保留原有資本主義制度不變。也就是，香港要繼續保持個人奮鬥的精神。香港的社會發展與繁榮穩定還需靠每一個人的努力，不能總等着政府發福利。涉及民生福利、涉及經濟發展方面的重大公共政策，一定要從實際情況出發，保留原有資本主義制度，維護好香港資本主義市場經濟，讓資本家和投資者還能繼續安心地、有法律保障地在香港發展，不能把香港變成福利社會主義，更不能變成『共產主義』。這是底線問題，是不可迴避的最深層次的問題。在保持資本主義這個大前提下，政府一定要照顧好大眾的利益，『小眾』、『大眾』都很重要，手心手背都是肉，都是骨肉同胞，經濟上要利益均沾，政治上要均衡參與。」

內地官員和學者的論述，歸納起來大致有三個方面，一是現行政制包括選舉委員會、立法會功能組別的制度設計，體現了兼顧社會各階層利益、均衡參與、有利資本主義發展等原則，潛台詞是現行政制偏重維護工商界和專業界別精英的利益是合理的；二是普選制度的設計仍然要體現上述原則；三是擔憂普選必然促進財富再分配，使香港走向福利主義、民粹主義，影響香港工商界的利益以至資本主義的發展。

從實際情況看，香港社會強烈要求加快推進「雙普選」，核心問題正是現行政制安排未能充分體現兼顧社會各階層利益和體現均衡參與原則，選舉委員會和立法會功能組別均高度偏重於維護資本家和社會精英的利益，忽視了廣大中產階級和基層市民的政治利益，現行政制最終亦導致香港的財富分配更不合理，財富向資本家尤其是大資本家聚集，中產尤其中產中下層生活壓力巨大，基層處境艱難。香港多數市民對現行政制是非常不滿的，對現行的政治與經濟利益分配格局是非常不滿的，希望普選制度真正兼顧社會各階層利益及均衡參與，而不是向工商界利益嚴重傾斜。

中央強調普選制度設計要有利於香港資本主義發展，擔憂普選會導致福利主義和民粹主義。這種論述很符合香港工商界的胃口，香港工商界也常把這些論述掛在嘴邊。在討論這個問題時，最重要的是首先對港式資本主義要重新認識和評價，弄清它是否存在重大缺陷和深刻矛盾，弄清它是否需要巨大變革，而不是盲目地肯定香港資本主義的現狀並希望普選制度有利於保持這種現狀。筆者將在下一章專門討論港式資本主義這一問題。現行政制所維護的港式資本主義是非常落後的、原始的資本主義，也就是王振民所說的歐美傳統資本主義。應該早日落實普選並藉普選來推動港式資本主義加快變革。香港目前的稅制並不合理，連工商界都認為確有改革的必要。香港的社會福利和社會保障都還很不完善，不僅遠遠不如經濟發展水平相當的其他資本主義國家或地區，甚至不如一些內地的大城市，與其國際金融中心的地位非常不相稱。回歸以後，香港也根本沒有大幅加稅、增加福利及「劫富濟貧」，更沒有從只顧照顧資本家利益轉向只顧照顧普羅大眾的利益。對港式

資本主義缺乏深刻認識，對香港的社會福利制度缺乏深刻認識，大唱反對福利主義和民粹主義的論調，甚至提出擔憂香港走向福利社會主義甚至共產主義，顯得太脫離香港社會實況，太不知民間疾苦，也很容易招致香港市民反感。

過分強調「雙普選」的政治本質是「管治權爭奪」，把「雙普選」看成是中央與香港特區之間權力分配的問題，忽視「雙普選」的本質是香港社會內部政治權利的重新分配，忽視「雙普選」對調節香港社會各階層利益的重要性，是中央消極對待「雙普選」的重要原因。中央太過擔心因「雙普選」失去管治權，太過注重維護資本家和社會上層的政治特權，不太關心香港絕大多數市民的政治權利及經濟權利。

「雙普選」制度設計要符合香港基本法和全國人大常委會有關決定的規定

「雙普選」制度設計要符合香港基本法和全國人大常委會有關決定的規定，這是中央堅定不移的立場。

喬曉陽2013年在與香港立法會議員座談時表示，「香港社會有許多人長期以來嚮往民主、追求民主，希望實現他們心目中的普選，這是可以理解的。但任何民主普選制度都是建立在特定的憲制基礎上的，基本法和全國人大常委會有關決定就是這種憲制基礎，是討論普選問題的共同平台，沒有這個平台，任何討論都是『關公戰秦瓊』，都會把問題愈搞愈複雜，愈搞思想愈混亂，不會有結果。要明確提出，無論甚麼觀點和立場，都要以基本法作為依據，作為衡量標準」；在是否按照基本法規定辦事問題上，中央政府沒有妥協餘地，香港社會也不會同意在這個問題上有妥協餘地。

「雙普選」制度設計要符合香港基本法和全國人大常委會有關決定的規定，是中央關於香港民主發展問題最有力的論述之一，也是最能站得住腳

的論述。基本法是討論香港普選的憲制基礎，也是各方達成共識的共同基礎。「泛民」以「國際標準」取代基本法，缺乏說服力。如果基本法的規定是不算數的，各方可以自行其是，拋開基本法漫天要價，則中央也可以不落實「雙普選」。全國人大常委會的決定與基本法具有同等的法律效力，香港特區必須遵行。「泛民」主要質疑全國人大常委會代香港立法，因此堅決要求否定全國人大常委會的「8‧31」決定。但除非全國人大常委會自行作出新的決定，則「8‧31」決定仍對香港具有法律效力。

按照基本法及全國人大常委會2007年和2014年的兩個決定，中央對香港行政長官普選方案的設計，已有非常原則及具體的要求：

1. 按照香港基本法第45條的規定，在行政長官實行普選產生的辦法時，須組成一個有廣泛代表性的提名委員會按民主程序提名行政長官候選人。

2. 2007年12月全國人大常委會就有關決定進一步規定，提名委員會可參照基本法附件一有關選舉委員會的現行規定組成。2014年全國人大常委會「8‧31」決定規定，須組成一個有廣泛代表性的提名委員會。提名委員會的人數、構成和委員產生辦法按照第四任行政長官選舉委員會的人數、構成和委員產生辦法而規定。中央認為，提名委員會按照目前的選舉委員會組建，既是香港基本法有關規定的要求，也是行政長官普選時體現均衡參與、防範各種風險的客觀需要。

3. 提名委員會要按民主程序以「機構提名」二至三名候選人，每名候選人要獲提名委員會全體委員半數以上支持。「8‧31」決定規定，提名委員會按民主程序提名產生二至三名行政長官候選人；每名候選人均須獲得提名委員會全體委員半數以上的支持。中央認為，候選人人數規定為二至三名，可以確保選舉有真正的競爭，選民有真

正的選擇，並可以避免因候選人過多造成選舉程序複雜、選舉成本高昂等問題；提名委員會行使提名行政長官候選人的權力，是作為一個機構整體行使權力，必須體現機構的集體意志，規定候選人必須獲得提名委員會委員過半數支持，候選人就需要在提名委員會不同界別中均獲得一定的支持，有利於體現均衡參與原則，兼顧香港社會各階層利益。

4. 普選階段一人一票。「8·31」決定規定，香港特別行政區合資格選民均有行政長官選舉權，依法從行政長官候選人中選出一名行政長官人選。按這一規定，全體合資格選民將人人有權直接參與選舉行政長官，體現了選舉權普及而平等的原則。

5. 中央政府具有實質任命權。「8·31」決定規定，行政長官人選經普選產生後，由中央人民政府任命。李飛在向全國人大常委會就該決定草案作說明時強調，「中央在制定對香港基本方針政策和香港基本法時就已明確指出，中央人民政府的任命權是實質性的。對在香港當地選舉產生的行政長官人選，中央人民政府具有任命和不任命的最終決定權。」

　　根據基本法和全國人大常委會的兩個決定特別是「8·31」決定的規定，香港特區政府2015年4月22日提出行政長官普選方案，重點內容包括：一、提名委員會的構成及產生辦法：由1,200人組成的提名委員會按照現時選舉委員會四大界別共38個界別分組組成；各界別分組和界別分組的委員數目維持不變；38個界別分組的委員產生辦法不變。二、提名委員會提名行政長官候選人的程序：提名委員會作為一個機構整體提名行政長官候選人；提名程序分為「委員推薦」和「委員會提名」兩個階段。「委員推薦」，獲得120名提名委員會委員推薦即可成為行政長官參選人。每名委員只可推薦一名參選人，每名參選人可獲得的委員推薦數目上限為240名。這代表制度可

容許最少有五個和最多有十個參選名額。三、「委員會提名」：提名委員會採用無記名投票方式提名產生二至三名行政長官候選人。每名委員最多可投票支持所有參選人，但亦可只支持部分參選人。每名委員最少應支持兩名參選人。獲得提名委員會全體委員過半數支持並獲得最高票的二至三名參選人成為候選人。四、普選投票安排：只進行一輪選舉，全港500萬合資格選民可從提名委員會提名的二至三名候選人，透過「一人一票」以「得票最多者當選」的方式選出行政長官人選。

除非中央自行作出新決定，變相放棄「8．31」決定，否則，香港行政長官普選方案仍然脫離不了「8．31」決定的規定，具體方案亦將與2015年4月特區政府提出的方案大同小異，只會在具體細節上作一些調整。

香港建制派曾在不同時期就行政長官普選提出建議方案，不少方案比特區政府提出的方案還要保守，將來採用的機會甚微，但可以作為資料參考一下。

1. 「港區全國人大代表把關方案」。核心內容是，任何人要成為行政長官候選人，必須至少獲得二分之一或四分之一港區全國人大代表的支持。這一方案的實質是，由愛國愛港人士組成的港區全國人大代表對參選人行使否決權，確保候選人是中央能夠接受的人選，變相是中央在提名階段行使否決權，把關能力毫無問題。

2. 「參選人須在提名委員會四大界別均過半方案」。這一方案實際上要求參選人既要獲全體委員過半數支持，亦要獲四大界別的每一個界別均過半數支持，最能體現參選人獲得香港各階層的支持，也最能體現香港各界別各階層真正能均衡參與行政長官提名。這一方案比特區政府提出的過半數方案門檻還要高，難度更大，把關能力更強。

3. 「得票多的參選人獲提名方案」。獲得初步推薦的參選人經提名委員會一人一票進行表決，投票採取全票制，即如果規定只有二至三名候選人能入閘，每位提名委員必須投票支持二至三人，多於或少於這一數目的視為廢票，獲得最高提名票的二至三人才能成為正式候選人。這是一種相對多數勝出的方案，也相對比較開放，把關能力較低，參選人容易低票過半。

立法會普選要在行政長官普選實行之後才能開始討論，爭議更大。如果説行政長官普選方案爭議的核心是「政治篩選」和愛國愛港標準等問題，最多涉及的是中央與香港的關係等問題，立法會普選則更直接涉及香港社會各階層各界別的政治利益，更難達成共識。

從中央官員的一些原則表態看，立法會普選與保留功能組別並不矛盾，希望保留功能組別的傾向是比較明顯的。

2007年12月29日，全國人大常委會通過的決定明確了香港的普選時間表，時任港澳辦副主任的張曉明隨同全國人大常委會副秘書長喬曉陽來港出席座談會，張曉明在座談會上專門談到了功能組別與普選的關係，認為普選與功能組別可以並存。張曉明的論述有四個要點：一是肯定當年設立功能組別的道理，至今仍然成立。二是以立法會功能組別業界對本港生產總值貢獻達90%的數字，説明功能組別的重要作用。他解釋説，香港金融服務業高度發達，這些階層組別對社會的繁榮穩定舉足輕重，功能組別的選舉安排符合香港的實際情況，功能組別設立了22年，對維持各階層的均衡參與，功不可沒。三是不能簡單地把功能組別選舉與普選對立，將功能組別選舉由普選的各種方案中完全排除，「普選模式沒有絕對的標準，普選不一定是等於分區直選，不一定是完全劃上等號的。」四是民主國家如愛爾蘭，亦有採用功能組別選舉，英國的上議院仍有90名世襲的議員，故普選的形式不能絕對化。

他表示，普選與功能組別未必不能存在，將來普選時，功能組別如何處理尚待研究。這次講話是中央主管港澳事務的官員第一次全面論述功能組別與普選的關係，亦被外界認為表達了中央希望立法會實行普選時保留功能組別的意向。

2010年6月7日，時任全國人大副秘書長的喬曉陽對普選定義作出闡述，「通常所説的『普選』是指選舉權的普及而平等。不過，一如國際上的一般理解，有關選舉的權利是允許法律作出合理限制的。各國根據自己的實際情況採用不同的選舉制度來實現普及而平等的選舉權，這就是當今國際社會的現實」；未來兩個普選辦法既要體現選舉的普及而平等，也要充分考慮：一，符合香港特別行政區的法律地位；二，與香港行政主導的政治體制相適應；三，兼顧香港社會各階層利益；四，有利於香港資本主義經濟的發展。喬曉陽拒絕承諾廢除功能組別。

香港建制派特別是工商界一些人士認為，香港不具有西方的「兩議院制」或「政黨執政制」，功能組別在一定程度上起到了確保實行行政主導的功能，可以防止立法會過分政治化、民粹化及唯選票主義、福利主義等不良傾向；它類似英國的上議院，為社會精英和專業人士提供了參政議政的途徑，為社會穩定和長遠利益提供保障。

可以預計，在立法會普選的討論中，功能組別的存廢必然引起巨大爭議，「泛民」必然強烈要求全面廢除功能組別及分組點票制度，而香港相關功能界別及其議員必然捍衛已經獲得的政治特權。

現在討論立法會普選的具體方案為時尚早，不管是否取消功能組別，立法會選舉的民主程度肯定要不斷加強，可能的選擇包括，逐步減少功能組別，逐步減少全面取消功能組別的壓力；雖然保留部分功能組別，但以普選標準進行功能組別的選舉，比如教育界雖然保留一個功能組別議席，但這一議席由全港市民選舉，或者至少由界別內的全體選民普選；最後全面取消功能組別，立法會議員全部由普選產生。

反思甚至否定民主價值，傾向拖延實行甚至根本否定「雙普選」目標

　　國際社會很早就有反對民主的意識形態，無政府主義、君主專制和威權主義的鼓吹者都反對民主。最值得關注的是西方學者反思和批評民主思潮的出現。美國學者法蘭西斯‧福山（Francis Fukuyama）曾經在《歷史的終結及最後之人》一書中宣稱，「如果人類社會經過數世紀發展都朝着自由民主這個唯一的社會政治組織形式演變或聚集，如果自由民主是唯一的最佳選擇，並且如果生活在自由民主制度下的人民對他們的生活沒有表示根本的不滿，我們就可以說這場對話得出了一個最後的決定性結論，歷史主義哲學家會不得不接受自由民主制度的優越性和終結性。」福山近年調整了自己的觀點，並反思美國民主的缺陷，他曾撰文表示，「美國人對自己的憲法很自豪，這部憲法通過一系列制衡限制了行政權力。但這些制衡已經發生了變異。現在的美國奉行的是『否決政治』（vetocracy）。當這種體制遇上被意識形態化了的兩個政黨──其中一個政黨甚至把堵住稅收漏洞視作增稅，因而不可接受──時，就會導致政治癱瘓。」福山轉而對中國模式產生興趣並似乎寄予厚望，他在2016年初撰文〈一帶一路助中國模式走向世界〉表示，「中國的發展模式與西方目前流行的發展模式不同。中國發展模式的根基是政府主導的大規模基建投資──公路、港口、電力、鐵路以及機場。美國經濟學家對這種『築巢引鳳』的路徑深惡痛絕，他們的理由是，當政府參與度如此之高時就不免出現腐敗以及假公濟私的行為。相比之下，美國和歐洲國家近年來的發展策略一直側重對公共衛生、婦女權利、公民社會以及反腐措施的大規模投資」；「全球政治未來的重要問題很簡單：那就是誰的模式會奏效？如果『一帶一路』倡議達到中國策劃者的預期，那麼從印尼到波蘭，整個歐亞大陸都將在未來二三十年內發生變化。中國模式將在國外盛行，為沿線國家增加收入並因此產生對中國產品的需求。污染行業同樣也會被轉移出去。中亞將不再處於全球經濟的邊緣，而是變成世界經濟的核心。

中國的威權政府形式也將獲得極高聲望，暗示民主國家的一大劣勢。」福山的這些觀點對中國內地和香港的政界學界都有很大影響。研究新自由主義的危機及反思民主價值的西方學者還有很多，有一系列專著，這裏不作詳細介紹和討論。

香港建制派和親建制派的學者亦有不少傾向於否定民主價值、推崇威權政治或「善治」的論述，有的非常質疑香港民主將導致美國式的「否決政治」、「政治癱瘓」，有的推崇新加坡模式的威權政治，有的羨慕內地政府的管治權威和效率，還有的懷念港英政府時的港督獨裁、行政主導模式。中央官員和內地學者最強調的是希望實行行政、立法、司法的三權合作及保障行政主導。回歸後香港立法會的亂局和香港管治的亂局，亦在一定程度上使中央並無信心民主可以解決香港的各種深層次矛盾和問題，而「雙普選」可能給香港帶來更大亂局的擔憂卻實實在在存在。

香港相對保守的力量支持甚至遊説中央不要在香港太快推進「雙普選」。劉兆佳在《香港的獨特民主路》一書中表示，香港對民主改革持懷疑和保留態度的保守力量主要有三股，第一是「殖民地」內的主流政治、社會和經濟精英，主要人物乃商界和專業界的翹楚，他們盤踞在社會各個領域，掌握經濟資源、社會地位和政治影響力；另外一股保守力量是「愛國愛港」力量，既有「左派」，又有原來的主流精英，既有代表工商界的人物，又有反映勞工和基層利益的人士，既有全港性精英，又有代表新界「原居民」利益的人，既有擁護中國共產黨的人士，又有曾經效忠殖民政府的人；第三股保守力量是高層華人官員，在某個意義上他們是「九七」回歸的最大獲益者，部分高官將特區政府的管治乏力歸咎於反對派的刻意阻撓，也歸咎於特區的政治領導人過分逢迎和順從「民意」，因此對香港進一步民主改革持保留甚至惶恐的態度；「為了懼怕被支持民主改革的人的批評和羞辱，保守人士很少公開表達其立場和看法，但在幕後向中國政府和特區政府申述其對民主化的擔憂和恐懼的人則不在少數。」

第四節
推進香港民主發展需要解決的核心問題

推進香港民主發展，爭取早日落實「雙普選」，最核心的是解決中央與「泛民」的政治互信問題。「雙普選」不宜拖延，但普選時間表落實的快慢，取決於政治前提，中央與「泛民」的政治和解愈快、政治互信建立得愈早，「雙普選」落實的時間可能愈早。普選方案是偏向保守還是偏向開放，是偏緊還是偏鬆，亦主要取決於政治前提，中央與「泛民」的政治互信建立得愈牢靠，「雙普選」的具體方案可能愈開放、愈鬆，反之，只會愈保守、愈緊。在「泛民」政治立場尚未明顯調整，或尚未調整到位，中央與「泛民」的政治互信沒能完全建立的情況下，香港社會希望早日實現「雙普選」，那就只能各方都努力尋求更多政治共識，作出更多政治妥協，尤其「泛民」要作出更多政治妥協，接受中央相對比較放心的、過渡性的普選方案，以循序漸進的方式向相對理想的普選方案邁進。如果「泛民」既不調整政治立場，又不願意作出政治妥協，不願接受相對保守的過渡性方案，並幻想通過香港民意或者「佔領中環」之類的政治脅迫手段逼使中央妥協讓步，最終必然是各方拉倒，再啟動多少次政改，也難有個結果。

「泛民」與中央實現政治和解，主流「泛民」要調整政治立場

落實「雙普選」，不僅僅是一個法律問題，更多的是政治問題。阻礙「雙普選」落實的最大政治障礙是中央與「泛民」缺乏政治互信，中央不能接受「泛民」人士出任行政長官，中央也不能接受「泛民」控制香港立法會，認為這是丟失香港管治權。政治問題不能依靠法律解決，政治問題需要政治解決。在政治問題沒有解決之前，香港民主發展問題只會淪為政治鬥爭，政治鬥爭進一步損害各方政治互信，陷入惡性循環，「雙普選」也只會是鏡中月和水中花。中央與「泛民」都需要調整政治姿態，努力建立良性互動以至政治互信，為落實「雙普選」奠定堅實政治基礎。

回歸以來20年的實踐證明，「泛民」爭取落實「雙普選」的手段和策略是失敗的，成效是非常有限甚至極為令人失望的，「泛民」歸咎於「民主回歸論」也是找錯了原因。

「泛民」需要認清和接受以下基本政治現實。

其一，「泛民」與中央政府和香港特區政府主要進行政治對抗的政治立場不調整，中央不可能放手落實「雙普選」，讓「泛民」人士當選行政長官管治香港，讓「泛民」借一個開放的立法會普選奪取立法會控制權。與中央對抗的人不能擔任行政長官，中央在任何情況下都不可能放棄這一政治底線。

其二，「泛民」不改變與中央對抗的政治立場，不僅難以爭取到「雙普選」，還會損害香港許多根本利益和整體利益。「泛民」大多數時候充當「反對派」，打擊行政長官和特區政府的管治威信，阻撓特區政府有效施政，可以獲取一定政治利益，比如佔據民意優勢和在立法會選舉中多拿議席，但損害的是香港的長遠利益和根本利益，損害的也是「泛民」子孫後代的利益。「泛民」如果不調整這種政治對抗的立場，香港的社會撕裂不會改變，香港的政治鬥爭將更加激烈，中央的反擊也將更加猛烈，不僅「雙普選」很難落實，香港的自由、法治、廉潔、人權等亦可能受到損害。「泛民」在不斷譴責中央和香港特區搞政治鬥爭及撕裂香港社會時，亦需要檢討「泛民」是否亦長期抱持同樣的思維和做法。

其三，在可見的將來，「泛民」都缺乏主導落實「雙普選」的政治實力。「泛民」在立法會超過三分之一議席，過半的實力都沒有，只握有不讓政改方案通過的否決權。可以預計，「泛民」奪得立法會過半議席存在很大困難，更很難獲得三分之二以上議席，難以主導政改方案。退一萬步，即使哪一天「泛民」控制了香港立法權甚至擁有三分之二以上多數，行政長官和中央政府仍對香港政改握有否決權。這一現實意味着，香港政改要取得成

功，都必須過中央這一關，「泛民」在任何時候都不可能繞過中央奪得「雙普選」。

其四，「泛民」靠建立和鼓吹一套偏離基本法和全國人大常委會相關決定的「真普選」論述，可以佔領道德高地和獲得一定輿論聲勢，但難以說服中央、香港特區政府和香港的建制派接受。香港不希望早日普選的保守力量亦是強大的。主流「泛民」如果將自身的論述向本土主義甚至分離主義發展，只會為香港帶來無窮禍害，不僅爭取不到「雙普選」，反而可能葬送「一國兩制」。

其五，「泛民」主要靠爭取香港民意支持，但民意優勢難助爭到「雙普選」。香港民意不是中央考慮香港民主發展問題的主要因素，中央更看重的是國家的主權、安全、發展利益和香港的長期繁榮穩定，「泛民」的民意優勢是不可依賴的。而且正相反，與中央政治對抗的「泛民」在香港愈獲民意支持，中央對「泛民」的忌憚就愈大，中央就愈不可能屈從於香港的民意，中央就愈不會給香港「雙普選」，更不會給香港很寬鬆的「雙普選」，中央只會更加重視防範和打壓「泛民」力量，絕不會讓一股與自己對抗的政治力量在香港執政，使香港出現變為獨立政治實體的風險。

其六，社會運動和街頭鬥爭不可能迫使中央在「雙普選」問題上妥協退讓。2014年為期79天的「佔領中環」運動說明，中央遇硬更硬，以街頭運動脅迫中央在政改問題上退讓，效果適得其反。中央會考慮，如果對「泛民」的脅迫行為妥協讓步，是否要對台灣方面的脅迫妥協讓步，是否要對內地一些地方的脅迫行為妥協讓步，是否要對其他國家的一些脅迫行為妥協讓步。「泛民」推動「公民抗命」、「全民公投」等違法違憲的活動，屬於政治玩火，破壞香港法治，又達不到目的。中央將「雙普選」問題視為管治權的爭奪戰，不可能遇到街頭運動的壓力就放棄管治權。「泛民」如果繼續玩火，中央還可以宣佈實施緊急狀態、出動駐港部隊等更嚴厲的手段來加以打

擊，而出現這樣嚴峻的政局，香港賴以安身立命的「一國兩制」也將受到巨大衝擊。「泛民」是否願意香港被迫加速走向「一國一制」？

其七，「泛民」依靠外部勢力爭取「雙普選」，更是犯中央的政治大忌，只有反效果。「泛民」陣營的李柱銘、陳方安生等與美英關係密切，黃之鋒等年輕的「泛民」代表性人士，常跑到美歐去爭取支持，這只會招致中央的極大反感和強烈反對。「泛民」各種人物與外部勢力建立政治聯繫的情況，外部勢力在香港活動的情況，相信中央掌握得非常清楚。中共十八大將防範和遏制外部勢力干預香港事務寫入政治報告。「泛民」與外部勢力的關係愈密切，「泛民」愈反對23條立法，愈難以爭取中央的政治認可，離「雙普選」的目標也會愈遠。

綜上所述，「泛民」爭取早日落實「雙普選」的政治實力和政治本錢並不足，「泛民」並沒握有一手好牌甚至是王牌，如果說「泛民」有王牌，也僅僅是在立法會對政改的否決權而已。從全體港人的最大利益考慮，從「泛民」自身的最大利益考慮，從整個香港的前途命運考慮，「泛民」需要認真思考如何調整政治立場，與中央建立正常的互動關係以至形成政治互信。

其一，「泛民」要思考從政的終極目標為何，如果志在執政，就不能迴避與中央建立政治互信的問題。公民黨曾經提出目標是成為執政黨。從2017年行政長官選舉看，「泛民」亦很希望推出自己的代理人實現執政。媒體認為余若薇等「泛民」人士曾有特首夢。而梁家傑、何俊仁等參選過特首。「泛民」背景的張炳良曾出任行政會議成員和問責局長，湯家驊出任行政會議成員，羅致光出任問責局長，陸恭蕙亦曾擔任副局長。「泛民」的政治人物如希望走上特首之位，就不能只有立法會議員的格局，而應以政治家的格局來處理與中央的關係。「泛民」政黨如希望自己的代表能出任特首，也應改變只追求在立法會多取席位的目標，而要以改善與中央的關係來作政

治鋪墊。無論如何，政治現實擺在這裏，「泛民」人士通往行政長官的大門只有中央能夠打開。建立政治互信要先從建立正常的互動關係開始，如果中聯辦請客「泛民」人士都不去，同坐一桌都做不到，如果「泛民」人士應中央邀請回內地交流時只是做出抗議姿態做秀，正常互動都難以建立，互相尊重都做不到，政治互信更是奢談了。

其二，「泛民」需要重回「民主回歸」的論述，而不是全面否定「民主回歸論」，甚至走向本土主義、分離主義的論述。重回「民主回歸論」的本質是，真心實意接受香港回歸中國，真心實意接受香港是中國一個特區行政區的法律地位，真心實意接受「一國兩制」、「港人治港」、高度自治的方針，真心實意接受中央政府對香港的管治權，在政治倫理上接受及尊重中央政府。作為起碼的政治姿態，「泛民」必須放棄香港是一個獨立政治實體的幻想；「泛民」不應該繼續在香港回歸慶祝日、中國國慶慶祝日組織反政府的遊行示威；「泛民」亦需要與反共主張劃清界線，不能干預內地政治發展，主張內地「結束一黨專政」。

其三，「泛民」需要以實際行動調整充當「反對派」的全面對抗立場，尤其應在經濟民生等很多問題上體現出更多建設性，支持特首和特區政府施政。香港沒有執政黨，亦沒有「政黨輪替」。「泛民」不能指望靠攻擊特首、打倒特首來實現「政黨輪替」，而應向建制方向轉化，通過體現建設性及獲得中央信任，來獲取執政機會。事實上，「泛民」的許多經濟民生主張是符合多數港人利益的，「泛民」不應為反對而反對，為了打擊特首認受性而與政府作對，這樣損害的只是全體港人的利益，毀掉香港，付出代價的是包括「泛民」在內的全體港人及其子孫後代。可以斷言，「泛民」如果繼續充當全面的「反對派」，以反中央、反特首、反政府、反建制為事業，絕不可能獲得執政的機會；「泛民」充當「反對派」的能量愈大、破壞力愈大，中央愈不可能放開香港的「雙普選」，愈不可能讓「泛民」借「雙普選」取得更大政治利益。

其四，「泛民」需要旗幟鮮明地與「香港自決」、「港獨」等形形色色的分離主義主張劃清界線。主流「泛民」的中青代有向本土主義論述靠攏的危險趨勢，如果「泛民」走向分離主義的不歸路，與中央的政治對抗必然加劇，香港難有政治和解的一天，必然在日趨激烈的政治鬥爭中走向衰敗，導致「一國兩制」被徹底葬送。如果「泛民」旗幟鮮明與分離主義思潮劃清界線，在大是大非上與中央站到同一戰線，共同反對分離主義，則為雙方建立政治互信打下極好政治基礎。

其五，「泛民」需要與外部勢力劃清界線。「泛民」不應與美英等西方勢力建立密切的政治關係並進行政治合作。支持23條立法是一個試金石，考驗「泛民」是否支持在香港維護國家安全利益。「泛民」需要以實際行動讓中央放心，「泛民」不是外部勢力的代理人，即便有機會執政，也絕不會將香港變為反共反華的基地。

總之，「泛民」需要儘快放棄政治幻想，即它可以作為一股與中央政府和香港特區政府對抗的政治力量，能在香港民意的支持下爭取到「雙普選」並上台執政；「泛民」需要重點思考如何與中央改善關係和成為中央可以接受的政治力量。

如果「泛民」的格局只是在香港搞對抗，換點民意支持度多撈選票，爭取當立法會議員，那「泛民」就永遠當「反對派」好了，香港市民也不必再指望這樣的「泛民」能為香港爭取到「雙普選」。在「泛民」否決特首普選方案後，香港確實有輿論質疑，「泛民」並不想落實「普選」，因為這樣會使「泛民」失去靠「雙普選」議題輕鬆撈取選票的機會。

中央亦需要調整對「泛民」的政策，調整趨勢也已經出現。

第一，中央最高層不斷釋放與「泛民」加強溝通的意願。習近平在慶祝香港回歸祖國20周年大會暨香港特別行政區第五屆政府就職典禮上發表講

話時表示，「香港是一個多元社會，對一些具體問題存在不同意見甚至重大分歧並不奇怪，但如果陷入『泛政治化』的漩渦，人為製造對立、對抗，那就不僅於事無補，而且會嚴重阻礙經濟社會發展。只有凡事都着眼大局，理性溝通，凝聚共識，才能逐步解決問題。從中央來說，只要愛國愛港，誠心誠意擁護『一國兩制』方針和香港特別行政區基本法，不論持甚麼政見或主張，我們都願意與之溝通。」習近平提出的溝通條件是非常寬鬆的，只有兩條，愛國愛港，誠心誠意擁護「一國兩制」方針和香港基本法，且「不論持甚麼政見或主張」。分管港澳事務的張德江也曾與「泛民」議員見面並聽取意見。

第二，中央在一些具體政策上作出了調整，比如給「泛民」人士發放「回鄉證」。2016年底，港澳辦主任王光亞曾向媒體表示，發「回鄉證」體現了中央政治上的包容，希望泛民的朋友們面向未來，以積極、正面的心態看待與中央的溝通，看待與特區政府的溝通與合作，以對全體港人負責的心態、以具建設性的方式參與香港政治和香港的建設。

第三，中央對「泛民」「反對派」的定性有調整跡象。將全部「泛民」永遠定性為「反對派」是不實事求是的，從政策策略而言也是不明智的。全國人大副秘書長李飛曾公開表示，「泛民」人士大多數也是愛國愛港的。2016年以後，張德江、王光亞等中央官員在公開場合均沒有以「反對派」來稱呼「泛民」，王光亞甚至稱「泛民」為「朋友」。如果中央最高層包括國家主席能在正式場合和正式講話中將「泛民」的政治定性明確下來，對「泛民」作出一定的肯定，有利「泛民」看到政治出路，作出調整政治立場的正確選擇。具體如何定性「泛民」，一些建制派提出的「忠誠的反對派」是一種論述，張德江提出的「有不同意見的社會群體和代表人物」是一種中性的論述，王光亞提出的「希望『泛民』成為特區的建設性力量」是一種很正面的論述。中央需要作出權威、正式的定性，對「泛民」有正式稱呼，並統一中央內部及內地各個方面、香港特區政府和香港建制派的口徑。

第四，中央似有更加重視爭取主流「泛民」和中間派的跡象。中央官員與民主黨等政黨保持接觸和溝通，與新思維、民主思路等中間派的交流溝通更為頻繁。中央對整個非建制陣營的政治力量要採取區別對待的政策，將鬥爭重點鎖定本土派和「港獨派」，以絕不妥協的態度進行更加堅決和更有成效的鬥爭；亦需要在反對「港獨」上建立更加廣泛的統一戰線，進一步將主流「泛民」和中間派作為重點統戰對象，加大爭取主流「泛民」的工作力度，擴大中央在香港的政治支持基礎。

第五，中央要更加主動地向「泛民」釋放政治善意，給予政治出路，給予實際利益，更加積極主動地促進雙方的良性互動和政治互信。王光亞曾在接受媒體專訪時表示，「在『一國兩制』的實踐中，『一國』在相當程度上體現為中央的權力。『泛民』政團和人士應當明白基本法規定的中央的權力，應當尊重中央的權力，也應當維護中央的權力。張德江委員長明確表示，『泛民』政團要與中央有關部門接觸和建立聯繫。我相信這樣的接觸和討論以後還會繼續，會更多。我也相信，香港市民希望看到這樣的接觸、聯繫與討論。我們會依據國家法律，積極解決一些『泛民』人士與內地有關的問題。我們希望『泛民』成為特區的建設性力量。」安排類似張炳良、湯家驊、羅致光的「泛民」背景人士出任行政會議成員以至特區政府主要官員，安排更多「泛民」背景人士加入特區各類諮詢機構，安排更多「泛民」背景人士擔任香港其他公職並使其獲得更大經濟利益，安排一些向中間派甚至建制派轉化的「泛民」背景人士擔任港區全國政協委員等公職，相信有助於爭取更多「泛民」向中間派、建制派轉化。

歸結而言，「雙普選」之爭不是具體的法律爭議，而是重大的政治爭議，「雙普選」難以儘快落實的根本原因在於政治障礙，最大的政治障礙是中央與「泛民」的關係問題；在中央與「泛民」無法建立正常互動和政治互信的情況下，香港「雙普選」之爭只會淪為沒完沒了的政治鬥爭，看不到一個比較開放的「雙普選」能夠落實的希望；在主流「泛民」調整政治立場的前提下，「泛民」與中央關係改善並建立政治互信，「泛民」逐步成為中央

能夠接受的政治力量，則最大政治障礙被徹底掃除，落實「雙普選」可以水到渠成，具體的方案設計也可迎刃而解。

「雙普選」落實時間表取決於「泛民」與中央改善關係的政治進程

「雙普選」是基本法規定的終極目標，中央亦反覆強調堅定不移地支持香港最終實現「雙普選」，在香港落實「雙普選」是中央的重大憲制責任。

「雙普選」是香港最大的政治爭議，早日解決這一爭議，有利於香港社會擺脫政治鬥爭，走出內耗，擺脫社會撕裂，集中精力發展經濟和改善民生。「雙普選」不實現，香港的政治鬥爭不會完結。

「雙普選」在中央與香港關係的層面，其政治本質是香港管治權的爭奪；「雙普選」在香港社會內部這一層面，其政治本質是香港社會各階層政治利益的再分配，早日實現「雙普選」，有利香港社會各階層更加合理地分配政治經濟利益，促進香港社會和諧。

「雙普選」尤其是行政長官普選，有利於行政長官增強認受性，有利於行政長官獲得更大的民意授權、擺脫少數既得利益階層的政治綁架，使行政長官具有更大的政治能量，在施政上為香港多數市民的利益服務。

香港行政長官的「小圈子選舉」和立法會功能組別的存在亦有不少負面效應，尤其「小圈子選舉」愈來愈存在失控的風險，操作愈來愈困難。早日給予香港「雙普選」，有利於中央擺脫政治包袱，爭取香港人心回歸。

雖然儘快落實「雙普選」有不少重大的政治意義，但在政治障礙沒有解決之前，強行推動政改，欲速則不達。回歸以來的三次政改有兩次徹底失敗，一次是在中央單方面妥協的情形下勉強成功，這次妥協不涉及普選的安排，不能幻想中央在更重要的普選制度上也單方面妥協。如果「泛民」不改

變政治對抗的政治立場，繼續幻想通過輿論鬥爭和街頭抗爭、幻想依靠香港民意支持來爭取「雙普選」，中央只會採取更加保守的立場，全力阻止「泛民」借「雙普選」繼續壯大，尤其會堅決阻止「泛民」借「雙普選」奪取香港的管治權。雙方都繼續堅持政治鬥爭的思維，政改即使勉強重啟，仍會陷於沒完沒了的爭議，要麼「泛民」行使否決權，要麼中央行使否決權，且雙方都會致力於將政改失敗的責任推給對方，很難就落實「雙普選」達成共識。

因此，比解決「雙普選」更優先的政治議程是，「泛民」與中央儘快採取實際行動改善關係，關係改善得愈快愈好，愈有政治互信，「雙普選」來得愈早；雙方關係改善得愈慢，甚至變得更壞，更沒有政治互信，則香港只會離「雙普選」愈來愈遠。

從相對保守的「雙普選」邁向相對理想的「雙普選」

在「泛民」與中央改善關係之前，糾纏於具體的普選方案沒有任何實際意義。與「雙普選」落實快慢一樣，「泛民」與中央的關係改善得愈快愈好、愈徹底愈好，愈有政治互信，香港愈能爭取一個相對開放的「雙普選」方案；雙方關係改善得愈慢，甚至變得更壞，更沒有政治互信，則「雙普選」方案只會更保守，香港社會特別是「泛民」更難接受。

為了早日實現「雙普選」，「泛民」及香港社會各界與中央要努力尋求政治共識，在推進「雙普選」上求大同存大異，達成一些基本共識。

其一，各方都應放棄敵我意識，放棄政治鬥爭思維，優先尋求政治和解。

其二，各方都應在「雙普選」問題上努力尋求政治妥協，「泛民」首先需要放棄以街頭鬥爭手段脅迫中央妥協的做法，想單純靠民意支持和搞

亂香港迫中央在普選問題上就範及讓「泛民」執政，只會引來中央更強硬的反擊。

其三，各方都應以基本法為最大公約數，拋開基本法談「雙普選」不可能達成任何共識。「泛民」要放棄「國際標準」的空泛論述，全國人大常委會在條件成熟時可以適當調整相對僵硬的相關決定。所謂條件成熟，主要是「泛民」與中央改善關係取得進展，「泛民」在政改中改為採取通過協商談判尋求共識的策略。

其四，各方應接受通過循序漸進、逐步過渡來實現「雙普選」，不要幻想一步到位來實現比較理想的「雙普選」。「泛民」與中央的政治和解進程即便開啟，要真正取得成效和建立完全的互信，勢必需要很長的時間，也需要經過檢驗。香港社會要想儘早落實「雙普選」，比較現實的是，先接受中央比較放心的「雙普選」方案。香港社會要想一步到位實現理想的「雙普選」，要價愈高，方案愈理想化，愈難實現，甚至最後根本沒有普選。循序漸進的好處是，香港社會先得到「雙普選」的權利，「雙普選」成為不可逆轉的政治安排，按照所謂政治社會發展的「路徑依賴」理論，則未來只會向更加理想的「雙普選」邁進，不可能走回頭路。早日落實「雙普選」，有利於爭取更加完善的「雙普選」的力量進一步壯大，因為任何民主因素的增強，都證明是對「泛民」的發展有利的。早日落實「雙普選」，有利於「泛民」與中央在政改中加強和解和增進互信，建立妥協政治、共識政治的模式，為「泛民」人士最終能出任行政長官創造政治條件。更重要的是，早日落實「雙普選」，很可能使「一國兩制」的制度安排不可逆轉，有利於2047年後繼續延續「一國兩制」，有利於通過普選制度更好維護香港的自由、法治、人權、廉潔等核心價值，從根本上防止香港陷入「內地化」和「一國一制化」的命運。

其五，各方應理性探討過渡性「雙普選」方案。從「雙普選」的具體方案而言，循序漸進意味着，視乎「泛民」與中央的關係，「泛民」與中央

的關係愈差，行政長官普選方案必然政治篩選功能愈強，就是要篩掉中央不能接受的人選，立法會普選的方案愈難取消功能組別；「泛民」與中央的關係愈好，行政長官普選方案的政治篩選功能愈弱，立法會愈可能全面取消功能組別。在行政長官普選制度的探討之外，中央亦可以考慮通過完善其他制度性安排和政治性措施，降低行政長官普選的風險，包括完善行政長官向中央述職的制度、行政長官就重大事項向中央報告的制度，完善中央任命香港主要官員的制度，探討香港人士提出的中央向行政長官辦公室派駐政治顧問的可行性，探討完善行政長官與政務司司長、財政司司長、律政司司長的分權制衡制度等等。在立法會普選之外，主流「泛民」與建制派可以探討通過本地立法完善立法會的選舉制度，包括改變比例代表制、重劃選區等，使選舉制度更有利於大的政黨或政團人士獲勝，減少激進人士進入立法會的機會，改變立法會力量過於碎片化的現狀。

總結而言，香港「雙普選」仍未實現的根本原因在於存在重大政治障礙，「泛民」與中央惡劣的政治對抗關係成為政治死結。不先去掃除政治障礙，不先去解開政治死結，「泛民」以至香港社會爭取「雙普選」只是緣木求魚。「泛民」與中央改善關係，在改善關係前提下推進政改，在政改中進一步尋求政治和解與政治妥協，進一步改善關係和增進互信，有利「雙普選」早日實現。在「泛民」調整政治立場難以一步到位、「泛民」與中央改善關係和建立互信難以一步到位的情況下，接受中央比較放心、相對保守、循序漸進的「雙普選」方案，相對比較現實。在「泛民」完成政治立場的轉變，「泛民」與建制的政治分野基本消失，「泛民」完全成為中央可以接受的政治力量，香港政治力量的分別只是經濟民生政策主張的差異，不再在愛國愛港、與中央的政治關係上存在差異，則香港人心回歸基本實現，香港的社會和諧達到較高水平，中央可以放心讓香港的主要政治力量都能上台執政，則一個完全開放的、理想的「雙普選」方案可以最終實現，「一國兩制」也必定真正成功，這也將是香港之福、國家之福。

第四章

對港式資本主義的
反思與批判

香港人心失落與疏離，在經濟社會層面，主要是回歸後港式資本主義的醜惡更加充分地暴露，香港貧富差距懸殊等社會矛盾不斷深化，民怨深重。許多香港市民尤其青年一代難以安居樂業和向上流動，這是香港躁動不安的經濟和社會根源。

香港基本法規定，香港特別行政區不實行社會主義制度和政策，保持原有的資本主義制度和生活方式，50年不變。基本法起草階段，內地處於仰視甚至崇拜港式資本主義的階段，認為香港的資本主義制度幾乎是完美的，基本法對香港的經濟社會制度幾乎作了全盤肯定。香港回歸以後，一些內地機構與內地的專家學者，較多強調香港資本主義制度50年不變，較多強調香港政制發展要有利資本主義的發展，較多重視香港政改爭議等政治性爭議和是否愛國愛港等政治性矛盾，較多憂慮香港向民粹主義和福利主義發展，存在着繼續美化港式資本主義的傾向，相對忽視對香港經濟社會問題的研究，對於港式資本主義的重大弊端及許多深刻的內在矛盾缺乏深刻認識，對於港式資本主義帶來的愈來愈深重的民怨重視不夠，對於香港社會要求政治經濟社會等各方面加快變革的呼聲重視不夠，顯得比較脫離香港民情，脫離香港實際。

近年來，香港出現很多深入研究經濟社會問題的專著，影響最大的是有關「地產霸權」的論述，對香港貧窮問題與貧富懸殊問題、對香港社會階層分化與階級矛盾等方面的研究亦比較多。系統分析香港社會提出的一些新論述，有利於加深對港式資本主義的認識。港式資本主義有許多重要的特徵，英治時期港式資本主義是與殖民主義合為一體的，它至今仍然保留殖民地資本主義的特色；它是原教旨主義的、相對原始的資本主義，在殖民地時期官商合謀模式的基礎上，有進一步向權貴資本主義發展的趨勢，背離發達資本主義國家和地區發展趨勢；它是壟斷特徵日益鮮明的資本主義，「地產霸權」帶來香港各種深層次矛盾；它是缺乏社會和諧的資本主義，民生和社會問題比較

多，社會保障和社會福利水平比較低，社會矛盾日益尖銳，帶來的民怨愈來愈深重，更令香港青年一代感到絕望。

曾經造就香港成功的一些因素現在日漸轉變成問題，香港社會對港式資本主義的弊端有更深的認識，很多市民尤其是青年一代對於經濟社會現狀日益不滿，並將很多問題歸結為香港的政制問題與特區政府的政策取向，認為存在制度上的不公平不正義，將對港式資本主義的不滿轉向對香港回歸不滿、對中央政府和特區政府不滿、對香港的政制安排不滿。

近年來，香港社會尋求經濟社會變革的呼聲日益強烈，最主要的是希望政府更加重視貧窮問題，加快解決住房、醫療、養老、教育等社會問題，提高社會福利和社會保障水平，維護勞工權益，調整產業結構，促進向上流動，促進社會和諧，促進分配正義。這些要求歸結起來，是希望香港更公平正義，香港能夠在創造財富的同時更好分配財富，讓社會各階層均能從香港的發展中獲得更多利益。更好地回應香港社會的這些訴求，是特區政府面臨的嚴峻挑戰。

近年來，圍繞香港經濟社會發展問題，亦出現一些新的思潮，包括後物質主義、反中環價值、反發展及環保主義、保育主義、左翼思潮等。這些思潮體現了港人對經濟社會發展的一些新的價值觀念，亦值得留意。

中央政府和香港特區政府要回應港人對經濟社會變革的強烈訴求，以正確原則堅定推進港式資本主義的變革。關鍵是正確處理好四大關係。一是正確處理香港資本主義變與不變的關係。要保持香港的資本主義制度和生活方式基本不變，保持香港自由、法治、廉潔、人權等核心價值不變，但香港具體的政治經濟社會制度要與時俱進地加快變革。變革的目的不是毀掉香港的資本主義，而是緩解香港資本主義的矛盾，使香港的資本主義更完善。二是正確處理香港社會各階層的利益關係。香港現有的政治經濟利益分配格局極不合理，需要儘快調

整。調整的方向是壓抑壟斷大資本家的利益，更好增進香港中產階層和基層的利益，切實促進分配正義。不實現這一調整，香港深重的社會矛盾是難以緩解的。三是正確處理創造財富與分配財富、經濟建設與社會建設的關係。在繼續努力促進經濟發展和創造財富的同時，要儘快大力加強社會建設，大幅提高社會保障和社會福利水平。香港的現狀是社會保障和社會福利水平太低。現階段不宜盲目指責香港實行福利主義、民粹主義甚至是社會主義，當務之急是要堅決克服官商精英等既得利益階層頑固阻撓香港提高福利水平的巨大阻力，努力緩解社會矛盾，促進香港社會進步和社會和諧。四是正確處理香港利益與國家利益的關係，在堅決維護國家主權、安全和發展利益的同時，更加重視保持香港長期繁榮穩定，更加重視增進香港市民的福祉。

需要特別強調的是，香港存在阻礙政治經濟社會變革的強大既得利益集團，推動變革的力量還相對薄弱，迫切需要中央政府和香港特區政府創造更多條件，主動引領變革。

第一節
重新認識港式資本主義的特徵

重新認識港式資本主義，有利於認清港人為何對此日益不滿。港式資本主義是一種特殊的資本主義，與發達資本主義國家至少有以下重大區別：香港長期接受英國殖民統治，港式資本主義是與殖民主義合為一體的；香港從來沒有像發達資本主義國家那樣，受到凱恩斯主義和福利主義影響；香港長期缺乏民主制度，至今沒有實現真正的、全面的普選，港式資本主義沒有受到民主制度和多數民意的影響，傾向維護少數工商精英和社會上層的利益，政制因素使香港社會福利水平低、民生差、社會問題多、貧富差距大、貧窮問題嚴重，均在發達資本主義地區極為罕見；香港只是一個細小的外向型、城市型經濟，產業結構非常單一，實體經濟虛弱，泡沫經濟特色鮮明，世界上很少有像香港這樣的資本主義地區，主要富豪的財富主要來自樓市和股市、來自對土地房屋市場的壟斷和在資本市場的「財技」經營，而經濟民生的命脈為大資本家壟斷。

港式資本主義至今仍然保留殖民主義的許多特色

有學者認為，香港社會主要有三種「殖民觀」，一種是「罪疚觀」，認為英國對香港的殖民統治本質上是侵略和罪惡，殖民統治扭曲港人的國民身份認同，也在經濟層面榨取香港的物質利益；一種是「歌頌觀」，認為英國對香港的殖民統治給香港留下很好的制度文明，亦給香港留下很多德政和善治，為香港創造了一個美麗新世界，因而十分緬懷這種殖民統治，回歸後這種戀殖情結在部分港人中有強化的趨勢；一種是「中立觀」，既不一味強調英國殖民統治的侵略色彩，亦不盲目推崇和美化英國的善治，而是在肯定英國管治智慧的同時，亦反思其背後的權術與目的，分析遺留下來的問題。

以「中立觀」來分析英國對香港的殖民統治，相對來説比較客觀和理性。應該看到，英國人在香港留下了自由主義的意識形態和核心價值觀念，留下了自由、法治、人權、廉潔等好的傳統，在英國治下，香港亦成為國際金融中心、航運中心和貿易中心。但亦應看到，英國殖民統治留下的港式資本主義，亦帶有殖民主義的很多問題。

英國人治理香港的根本目的是謀求英國最大的國家利益。英國人以儘量少的官員維持有效率的管治，以有限度的社會福利保持社會穩定，盡最大努力扶持英資財團，最大限度地掠奪資源。殖民主義給香港遺留諸多問題。

港英政府在管治上長期去政治化，實施獨裁式統治，未能建立民主制度，遺留下政制發展的最大爭議。殖民統治帶來香港市民的國民身份認同混亂，遺留下社會撕裂的種子。港英時期香港大多時候保持社會穩定，僅僅是因為香港市民政治參與極少，也沒有政治上的反對派，行政、立法、司法大權均牢牢掌握在英國人手中，新聞自由也是有限度的。

港英政府堅持自由放任的管治哲學，只顧幫英資財團和英國獲取最大利益，未能將華人為主的港人作為主人翁對待，使香港的社會建設嚴重滯後，帶來社會保障和社會福利水平低、貧富差距懸殊等很多嚴重的社會問題，學術界對此有比較一致的認知。許多香港學者批評，低税制的設計就是為了讓英資財團從香港拿走最多利潤，也使政府不必拿太多資源負擔香港的社會福利。《香港簡史》的作者高馬可認為，殖民地政府堅持奉行自由放任政策，使它得以推卸逃避許多應負的責任；在高等教育方面，殖民地政府的成績乏善足陳；香港房屋和社會服務的水平落後於社會的負擔能力。學者熊玠曾經批評，對於一些外籍人無需面對的問題，殖民地政府一直毫不關心，這些問題包括：香港的收入分配極度不均，堪稱是「富饒中的赤貧」，清貧長者生活在「可恥」的境地中。[1]港英政府中央政策組首席顧問顧汝德對港

---

1. 高馬可（Carroll, J. M.），林立偉（譯）（2013）。《香港簡史》。香港：中華書局。289頁。

第四章　對港式資本主義的反思與批判

英殖民統治有很多批判：到英國結束管治香港時，大部分成年人成長、受教育或長期工作於其中的環境，都是支援不足、資源匱乏，而造成這種苦況的原因，是政府沒有隨着經濟成長提升社會基礎設施。[2] 港英政府長期反福利，使香港的房屋和社會服務水平長期處於第三世界國家的水平，香港現存的許多問題是幾十年來遺留下來的。《管治香港——英國解密檔案的啟示》作者李彭廣認為，英國一直以「過客」心態管理殖民地，直至麥理浩任港督時才在香港推進積極的社會政策，其背後的真正考量是為了在與中國談判香港前途時獲得有利的籌碼。[3]

　　港英政府長期支持英資財團在香港壟斷重要產業，並在回歸前轉手華人財團，使香港壟斷資本主義的特色保存到現在，只不過壟斷者從英資轉為港資。高馬可在《香港簡史》裏寫道，「香港常被人形容為資本家的天堂，也被稱為世界上最自由和最具競爭力的經濟體之一。但是，這種經濟在歷史上是依賴於偏袒英資大企業的政治庇蔭和歧視性壟斷。如怡和洋行、滙豐銀行、太古集團等大型英資企業的董事，全都固定在行政立法兩局擁有席位。電話業務直至近期一直由大東電報局這家英資企業壟斷。二次大戰過後，殖民地政府長期不願鼓勵工業化，因為這抵觸官方着重貿易和商業的殖民地政策。在殖民地權力架構中，來自商界和專業界別的代表過多，也妨礙房地產市場的競爭。」香港大財團迄今竭力維護的，正是他們從英國人手中接過的各式壟斷利益。

　　港英政府長期堅持的高地價高房價等政策，遺留下最難解決的房屋難題。在英國結束對港殖民統治之前，香港的製造業基本完成向內地的轉移，香港的產業空心化，產業結構單一，金融地產為主的經濟結構及在回歸前夕

2.　高馬可（Carroll, J. M.），林立偉（譯）（2013）。《香港簡史》。香港：中華書局。290–291頁。

3.　李彭廣（2012）。《管治香港——英國解密檔案的啟示》。香港：牛津大學出版社。62頁。

235

將股市樓市泡沫炒至最高，使港人懷念回歸前的黃金時代，但英國人遺留下的是香港經濟結構轉型難題。

香港大學退休教授周永新等的研究表明，英國人統治時期，香港長期存在嚴重的貧窮問題。港英政府長期不承認香港存在貧窮問題，將貧窮視為個人的責任，也不注重從制度上解決香港的貧窮問題，使香港的貧窮問題從一開始就帶有制度性、結構性。

香港的勞工制度、社會保障制度、社會福利制度存在極重大的缺陷，這些都是港英政府的遺禍。港英政府留下的聯繫匯率制度、低稅制稅收制度、財政支出紀律等被奉為金科玉律，特區政府沒有在管治哲學上去殖化，沒有進行制度性變革的勇氣，帶來的問題愈來愈多，受到的質疑也愈來愈多。本書第五章將對港英政府和特區政府的管治哲學問題作更詳細的分析。

港式資本主義是相對原始的資本主義

港式資本主義是原教旨主義的、相對原始的資本主義，在殖民地「官商同謀」模式的基礎上，有進一步向權貴資本主義發展的趨勢，背離發達資本主義國家和地區發展趨勢。

資本主義從產生到現在，在政治上強調民主自由、經濟上強調私有產權的共同特徵下，有許多不同的模式，這些不同模式的主要區別在於政府管理經濟的職能大小及經濟民生政策的偏左（重視社會公平和社會福利）或偏右（重視市場競爭和商界利益）。

古典資本主義或者是原教旨主義的、原始資本主義、傳統資本主義，即自由放任的資本主義。強調有限政府、完全的市場自由競爭，要求政府對

市場的干預最小化。最主要的理論基礎是亞當·斯密等人的自由放任的經濟學說。在上世紀70年代末、80年代初，美、英等從凱恩斯主義重回自由放任的資本主義，最主要的理論基礎是新自由主義，以海耶克、芝加哥學派、奧地利經濟學派的主張為代表。

干預主義或混合經濟的資本主義。市場競爭仍然是重要的基礎，政府不同程度介入市場，矯正市場失靈，提供社會福利，保護生態資源等。最主要的理論基礎是凱恩斯主義，強調加強政府職能，以財政政策和貨幣政策對經濟進行宏觀調控，政府重視提供良好的公共服務和社會福利。二次世界大戰後至上世紀70年代，凱恩斯主義在主要資本主義國家都佔據統治地位，現在許多資本主義國家被視為混合經濟的資本主義。

福利資本主義。隨着普選制度的普遍推行，西方不少國家向福利資本主義國家發展，英國是世界上第一個福利資本主義國家，而北歐瑞典、丹麥、挪威等國福利制度比社會主義國家要好很多，亦被稱為社會民主主義（也有稱為民主社會主義），即這些國家擁有資本主義的多黨制和普選制等民主制度，擁有私有產權制度，亦有勝於社會主義的福利制度。

國家資本主義。在這種體制下政府大量依賴國有企業並且對市場進行廣泛的干預和控制。新加坡帶有較強的國家資本主義的特色，它的政府有很強的干預經濟發展的能力，國家亦控制主要產業，同時提供良好的社會福利。新加坡式的國家資本主義同時帶有福利資本主義的特徵。

權貴資本主義。一方面，政治上黨集中權力，國家權力控制經濟，國家主體仍是公有制和社會主義；一方面，私有經濟得到很大發展，資本家階層崛起，官商合流形成權貴資本主義，市場自由競爭受限制，腐敗叢生，貧富差距大。「權貴資本主義」帶有國家資本主義的某些特徵，即國家對經濟的控制能力很強，國有企業壟斷經濟命脈，也重視社會建設和社會穩定，但

由於私有經濟仍不具主體地位，也沒有資本主義的民主制度及意識形態，權貴資本主義嚴格講不是真正的資本主義，只是帶有混合經濟特徵的社會主義。

英國是世界上第一個現代意義的資本主義國家，也是第一個實現工業化、第一個實現現代化、第一個實現福利化的國家。英國資本主義從早期血腥的圈地運動及嚴重剝削產業工人開始，政府從實施自由放任政策再到推行凱恩斯主義，建成了高福利的國家，上世紀80年代後又推行新自由主義，總的來說它是一個混合經濟的、福利很好的資本主義國家。英國的資本主義是與時俱進，不斷變革，不斷完善的，但英國管治香港，則始終沒有按照治理英國的思路來不斷變革，而是始終搞自由放任的一套。

從主要發達資本主義國家或地區的發展趨勢看，停留在自由放任形態的很少，絕大多數國家或地區都強化了政府干預經濟發展的職能，防止市場壟斷，矯正市場失靈，對各階層更加合理地分配政治經濟利益，防止貧富懸殊，高度重視社會保障和社會福利制度的建設，更加重視社會公平正義。

但港式資本主義一直停留在古典資本主義、原教旨主義的資本主義階段，背離發達資本主義國家和地區的發展趨勢，它始終強調自由放任和市場競爭，從來沒有向干預主義和福利資本主義、國家資本主義的方向發展。

顧汝德將港英政府的管治模式定性為「官商同謀」。[4] 在殖民統治時期，英資龍頭企業的高層必然進入行政局並對港英政府的決策具有重大的影響力，官商合作甚至官商一體，有效維護英資企業和英國的國家利益。

香港回歸後，特區政府的管治模式實際沿襲了「官商同謀」的模式，且進一步制度化。在回歸前的過渡時期，中央最擔心的是香港資本家撤資，

---

4. 顧汝德(Goodstad, L. F.)，馬山、陳潤芝、蔡祝音(譯)(2011)。《官商同謀——香港公義與私利的矛盾》。香港：天窗出版社。此書專門論述了港英政府「官商同謀」的管治模式。

當時香港的中產階級及知識份子對政治的影響力很弱，爭取民主的人士抱持「民主回歸」的理念，最有能力與中央討價還價的是香港工商界，且香港工商界曾非常支持英國的「以主權換治權」的立場。在當時的特定條件下，基本法的制定在一定程度上順應了香港工商界的願望，行政長官和立法會的兩個產生辦法充分維護了工商界的政治特權，新的政制使香港工商界在體制內影響甚至綁架政府決策的能力更強。基本法對保護資本家的利益做了許多具體的規定，條文很多，財政政策、稅收政策等具體制度基本沿襲港英政府的一套，而對社會保障、社會福利等涉及多數港人利益的範疇規定得非常空泛，條文也非常少，這些規定使特區政府無意對港英留下的管治路線和具體制度作出變革，政府服務於大資本家和工商界的路線沒變。

香港回歸後，特區的管治有進一步向權貴資本主義發展的趨勢，即官商精英形成同盟，維護大資本家和社會精英的既得利益，使政治經濟利益的分配格局極不合理，政治權利和財.富為少數人佔據。一方面，香港本土的官商精英進一步形成同盟，並獲得政制層面的保障；另一方面，香港本土官商精英與內地的官商集團亦加強合作，內地權貴特別是極具影響力的利益集團與香港資本家的合作更為密切、對香港的政治經濟產生極大影響。從曾蔭權案、許仕仁案看，香港和內地富豪對特區政府高層有「圍獵」之勢，從本質上看，則是香港的整體利益與根本利益被一些利益集團「圍獵」。

在港式資本主義下，多數市民被置於弱肉強食的市場競爭之中，資本家以各種方式巧取豪奪，資本家的利潤始終帶有血腥味，而自由放任的市場競爭實際走向市場壟斷和不自由不公平的競爭；政府始終是有限政府，職能非常有限，政治能量低下，調節經濟的能力很弱，干預市場的能力很弱，它主要是配合、服務於壟斷資本家，壟斷資本家控制產業和行業均依賴政府的政策支持；社會保障和社會福利水平較低，政府只從維護社會穩定的角度對窮人進行扶貧，中產自求多福、生活壓力大，受政府接濟的基層市民缺乏基本的尊嚴，多數港人的幸福感很低。

港式資本主義是壟斷特徵日益鮮明的資本主義

港式資本主義的最大問題之一，是日益走向大財團壟斷，違背自由主義和市場公平競爭的精神，導致資本、土地、財富以至政治權力向壟斷資本家高度集中。

香港近年來關於「地產霸權」的論述，極為深刻地揭示了港式資本主義的壟斷特徵，極為尖銳地批判了港式資本主義的不公不義，產生的社會反響極為熱烈。「地產霸權」四個字深入人心，引起港人強烈共鳴，對於港人心態以至香港的民主運動及其他社會運動均有極大影響。

「地產霸權」四個字來自《地產霸權》一書，這是最有助認識港式資本主義的書籍之一。該書作者潘慧嫻曾任新鴻基地產集團創辦人郭得勝的私人助理達八年，其後加入郭鶴年的嘉里建設，負責土地及物業的估價與收購。潘慧嫻在書中對「地產霸權」作了以下論述：「究竟誰在主宰香港、控制港人？是跨行業企業財團，透過把持沒有競爭的各種經濟命脈，有效操控全港市民需要的商品及服務的供應及價格。這些行業包括地產、電力、煤氣、巴士、小輪服務及超級市場貨品」。操縱香港的六大家族是，李嘉誠家族，新鴻基郭氏家族，恒基李兆基家族，新世界鄭氏（鄭裕彤）家族，會德豐及九龍倉的包氏（包玉剛）吳氏（吳光正）家族，中電嘉道理家族。上述主宰香港經濟命脈的家族坐大，主要源於政府的不干預政策正合地產商心意，又積極保障他們的利益。香港最寶貴的土地資源大多落入少數人手中，掌握土地意味掌握權力，土地壟斷成為各種壟斷之母。大地產商除了透過向香港人提供安身之所而獲取暴利外，也透過持作出租的大型地產投資組合牟利，包括商場、商業樓宇、酒店、豪華服務式住宅，以及工業大廈。公用事業亦遭壟斷，包括電力（李嘉誠旗下的港燈及嘉道理的中電）、電訊（李嘉誠家族的固網和行動電話）、煤氣（李兆基家族的中華煤氣）、超市（惠康及李嘉誠家族的百佳）、巴士（新鴻基附屬的載通國際即前九龍巴士、新世界所屬新巴）。壟斷帶來經濟衰疲、民生凋敝，中小地產商被擠出市場，租

金高昂使零售業經營困難，中產財富成過眼雲煙。潘慧嫻認為，財富集中在經濟巨頭手中已到了非常嚴重的地步，社會已分裂為少數的富人與掙扎求存的窮苦大眾；香港需要推行低地價政策，反壟斷促競爭刻不容緩，要推行累進稅制向富人多徵稅。

《地產霸權》共出版了十多版，在香港影響極其深遠。反思和批判「地產霸權」曾在香港知識界、輿論界成為風潮。此後有天窗出版的《點破地產霸王》（中天著）、次文化堂的《九評地產黨》（陳雲編）及《大仇富》（馮振超、曾志豪、黃洪、馮可立、陶傑等24人的文章合集）、亮光文化的《財閥治港？！》（林本利著）等許多類似書籍出版。

香港媒體2016年5月25日報導，彭博最新的億萬富翁指數顯示，香港十大富豪分別為李嘉誠（270億美元）、李兆基（165億美元）、鄭裕彤（99億美元）、楊建文（94億美元）、郭炳聯（87億美元）、郭炳江（86億美元）、郭炳湘（77億美元）、劉鑾雄（74億美元）、吳光正（73億美元）、呂志和（71億美元）；除楊建文是靠工業致富，其餘九位全都是靠房地產發跡，再向其他重要產業延伸。

「地產霸權」的各種論述，深刻反映了香港政治經濟社會權利分配的極不平等，反映了香港政治經濟社會的深刻矛盾。在政治層面，工商界尤其是壟斷資本家通過行政長官選舉委員會和立法會功能組別獲取政治特權，通過這一政治特權綁架政府施政以至綁架中央政府，令中央最為警惕的是，工商界巨頭的政治權力膨脹到要與中央政府分庭抗禮的程度，他們在行政長官選舉中明裏暗裏與中央對抗、力圖「造王」。在經濟層面，工商界巨頭擁有嚴重影響甚至左右特區政府經濟民生政策的能力，地產霸權阻礙香港的經濟變革，阻礙經濟結構轉型，阻礙自由競爭，阻礙香港競爭力的提升。在社會層面，地產霸權激化了貧富懸殊等社會矛盾，嚴重影響香港社會建設，嚴重影響香港提高社會保障和社會福利水平，激化了香港社會的仇富情結。在文化層面，地產霸權通過擁有和控制媒體（比如李嘉誠家族擁有《信報》、

新城電台、收費電視台NOWTV、免費電視台香港電視娛樂公司，吳光正家族曾擁有收費電視和免費電視台，施永青等擁有《am730》），支持和掌控智庫，操縱一些知識份子特別是意見領袖，塑造有利於壟斷資本家的輿論和意識形態。歸結起來，「地產霸權」使香港少數超級富豪在擁有巨額財富之外，更擁有了極為強大的政治、經濟、社會權力，可以迫使特區政府為其壟斷利益服務，因而，他們事實上在香港具有在中央政府、特區政府之外的一種強大的統治力。這種統治力使香港的政治經濟社會發展必須符合壟斷資本家的利益，而它所帶來的深重民怨則要由特區政府以至中央政府承擔。

「地產霸權」說明港式資本主義日益鮮明的壟斷資本主義特徵，壟斷特徵則說明香港被評為全球最自由經濟體是名不副實的。特區政府尤其財經官員常常將香港是全球最自由經濟體掛在嘴邊，香港愈來愈多人對此嗤之以鼻。

對全球經濟體進行自由度排名的美國傳統基金會成立於1973年，它是新自由主義者推動成立、也為新自由主義搖旗吶喊的智庫，總部設於美國華盛頓哥倫比亞特區；它被視為美國保守派重要智庫之一，許多共和黨籍政治人物出身於傳統基金會。傳統基金會一向堅守保守派的核心主張，包括：小政府，限制政府開支和規模，特別頌揚香港式的「積極不干預」政策，捍衛個人自由，捍衛傳統價值，強調美國需要有強大的國防實力。傳統基金會每年公佈世界各主要經濟體的經濟自由度指數，它通過分析比較貿易政策、政府財政開支、政府對經濟的干預、貨幣政策、資本流動和外國投資、銀行業和金融業、工資和物價、產權、規制、非正規市場活動（黑市）等十大類的50個指標，為各經濟體的經濟自由度排名。截至2017年，香港已連續23年被評為全球最自由經濟體的第一名。

對香港連續被評為全球最自由經濟體，香港輿論有叫好的，認為這反映香港有良好的經濟自由，有良好的營商環境，有良好的形象和聲譽。但質疑這一排名的聲音亦愈來愈多。美國傳統基金會評選標準所持的核心價值理念即小政府、「積極不干預」受到愈來愈多的懷疑。有評論質疑美國的這種

排名是希望香港保持過去的一套管治哲學，保持低稅制等制度，有利於美國等國際資本繼續從香港獲取最多利益。有評論質疑香港在自由經濟指數的一些核心指標上得分並不高，比如2016年，新加坡在法治顯著領先香港，政府廉潔和司法效能兩個重要指標，新加坡分別是87分和91.5分，香港只有80.3分和84分。而最尖銳的批評是，香港雖然擁有全球最自由經濟體之名，卻在許多經濟命脈上行大財團壟斷之實；政府財政政策是守財奴政策，承擔的社會保障、社會福利責任很少；在香港連年戴上最自由經濟體桂冠的同時，貧富懸殊不斷擴大，深層次矛盾達到臨界點，導致社會泛政治化，紛紛擾擾，永無寧日；港府一味以自由市場為名胡混度日，帶來很大的副作用，經濟增長及競爭力都逐步落後新加坡等地；最自由經濟體的虛名不足恃，市民安居樂業比甚麼都重要，香港不提高經濟競爭力，不分好經濟蛋糕，再多的桂冠也只能是自我陶醉。

港式資本主義是缺乏社會和諧的資本主義

港式資本主義存在大量突出的民生和社會問題，社會建設方面存在很多制度性的硬傷，社會保障和社會福利水平比較低，貧富差距過大，貧窮問題突出，社會向上流動渠道不暢，許多事關全體港人利益的最基本問題長期沒有解決，社會矛盾日益尖銳，民怨愈來愈深重，多數市民尤其青年一代對社會現狀非常不滿。

其一，難以安居成為港人第一大民怨。高地價高樓價高租金使地產商獲取暴利，但直接造成香港廣大市民安居困難。香港多年來被一些國際機構評為全球樓價負擔最重的城市，一些買樓者淪為終生營營役役償還貸款的房奴。美國顧問公司Demographia於2018年1月22日公佈《全球樓價負擔能力報告》，香港連續八年登上全球最難負擔樓價城市之首，按2017年第三季度的數據，樓價對入息比率為19.4倍，即港人要不吃不喝19.4年才能置業，屬於極度難以負擔之水平。

表4.1　全球最難負擔樓價城市排行榜

排名	國家	城市	樓價與入息比率
1	中國	香港	19.4倍
2	澳洲	悉尼	12.9倍
3	加拿大	溫哥華	12.6倍
4	美國	聖荷西	10.3倍
5	澳洲	墨爾本	9.9倍
6	美國	洛杉磯	9.4倍
7	美國	檀香山	9.2倍
8	美國	三藩市	9.1倍
9	新西蘭	奧克蘭	8.8倍
10	英國	倫敦	8.5倍

資料來源：Demographia《全球樓價負擔能力報告》，2017年第三季度樓價數據

　　香港目前仍有約一半家庭沒有能力自己置業，只能承受高租金的重壓。香港整體居住環境較差，人均居住面積不足15平方米，舊樓多，建築品質大都一般，絕大多數市民的居住條件都不體面。青年一代大都缺乏買樓能力，與父母一起居住，個人隱私和生活方式都受影響。2016年12月底，香港申請輪候公屋的共282,300宗；一般申請者的平均輪候時間是4.7年。

　　房子在香港異化為投資產品和財富分配工具。房屋問題暴露了香港的大資本家與廣大市民存在利益上的根本衝突。香港十大富豪九個是大地產商，但恰恰港人的住房痛苦指數在全球最高，香港整體居住環境在發達國家和地區中是最差的。壟斷資本家正是利用香港地少樓貴大發壟斷之財，將財富建立在多數港人的居住痛苦之上。少數精英坐擁大量房產成為食利階層，部分政府高官也擁有大量房產，比如有的行政會議成員擁有大量土地、數十個物業。丁屋制度使新界原居民成為在房地產市場擁有特權的特殊階層。房地產商、部分高官、擁有大量房產的少數精英、新界原居民成為房地產市場

的既得利益者，他們聯手阻撓香港解決土地房屋問題，政府拓地、增加房屋供應和壓抑樓價都面臨重重阻力。

香港輿論公認，安居困難是香港第一大民怨，也是很多市民最關切的問題。新加坡社會的超穩定得益於絕大部分國民擁有自己的物業。香港社會愈來愈騷動不安，則與很多市民難以安居息息相關。而這個第一民怨，目前還看不到會很快得到緩解的希望。

其二，香港貧富差距過大，貧窮問題突出。香港的堅尼系數曾在2011年達到創紀錄的0.537，在發達國家和地區中最高，與許多非洲窮國的堅尼系數相當。香港這一彈丸之地，產生了大量億萬富翁，更產生了數十位富可敵國的超級富豪，財富愈來愈集中到少數人手中。

2011年香港人口普查數據顯示，將香港工作人口按收入高低分成十個組別，收入最高的組別佔全社會財富的比例達40.3%，收入最低的組別佔全社會財富的比例僅1.7%。

香港的財富太過集中於大富豪尤其是地產巨頭手中。香港媒體於2016年5月25日報導，彭博的億萬富翁指數顯示，香港十大富豪的資產佔全港GDP的35%，屬全球最高；排2至4位的瑞典、瑞士、俄羅斯分別為25%、9.2%和8.8%；印度、中國內地只有5.2%和1.4%。

香港貧窮問題愈來愈嚴重。香港的老年貧窮、兒童貧窮、在職貧窮、新移民貧窮、區域性貧窮等問題都非常嚴重。香港特區政府《2015年香港貧窮情況報告》顯示，按特區政府2013年劃定的貧窮線，在扶貧政策介入之前，2015年，全港貧窮住戶達57萬戶，貧窮人口達134萬人，貧窮率達19.7%（即意味每五位市民就有一人屬於貧窮人口）；65歲及以上長者有貧窮人口459,000人，貧窮率高達30.1%，有約兩成長者沒有領取任何社會福利；18歲以下兒童的貧窮人口有18萬人，貧窮率達18%；貧窮人口有約四成半居住於公屋；未領取綜援的在職貧窮戶達13萬個，貧窮人口45萬；全港

貧窮率最高的五個地區為深水埗、觀塘、黃大仙、元朗和葵青，這些地區在職工作人口比例偏低，較低技術階層在職人士比例偏高，兒童貧窮率較高。香港亦長期存在絕對貧窮人口，領取綜援的人數較長時間維持在30萬人上下，而要接受政府食物接濟的極貧窮人士也在很長時間有三四萬人之多。

香港大學退休教授周永新、香港中文大學副教授黃洪等學者都對香港貧窮問題有非常深入的研究。黃洪的《「無窮」的盼望——香港貧窮問題探析》、周永新的《真實的貧窮面貌——綜觀香港社會60年》、顧汝德的《富中之貧——香港社會矛盾的根源》、葉兆輝的《香港貧窮問題真相》、梁振英的《家是香港》等著作，均對香港貧窮問題作了深刻分析。

香港學者有的側重從微觀層面分析貧窮的成因，主要指貧窮者作為主體受自身環境以及貧窮文化等影響而難以擺脫貧困處境。更多學者從宏觀層面及政治經濟等結構性問題解剖香港貧窮成因。香港政界、學界、社會福利界愈來愈形成共識，香港的貧富差距問題、貧窮問題是嚴重的，已對社會和諧和社會穩定造成負面影響；貧富差距大、貧窮問題嚴重的成因是制度性、結構性的，不能歸結於貧窮人士的個人問題，不合理的產業結構、就業結構、分配結構，還有不合理的教育制度、勞工制度、社會保障制度、社會福利制度、稅收制度等，都是導致貧窮的制度根源；政府應該承擔責任解決貧富差距過大和貧窮嚴重等問題，不能將責任推給社會和個人。

其三，香港的社會保障和社會福利水平較低。與英國這個曾經的宗主國相比，香港在殖民地時代從來沒有建成福利社會，而且香港的社會保障和社會福利制度建設起步非常晚。香港公共醫療直到1974年才開始建立，管理公立醫院的醫管局直到1990年才成立。香港公屋制度直到1973年推行十年建屋計劃時才真正開始建立。香港1971年才設立公共援助計劃（簡稱公援，俗稱救濟金），於1993年才將計劃完善，推出綜援制度。香港長期以來並沒有福利社會的觀念，公共醫療、公屋、綜援只是被視為社會安全網的三大支柱，主要是維護市民基本生活所需及社會穩定。

　　香港的社會建設存在嚴重的制度性硬傷。除公共醫療外，香港缺乏普惠的、均等的社會保障和社會福利制度，其社會保障和社會福利制度大多是扶貧性質的。由於社會保障、社會福利制度沒有普惠性，香港中產階級除了承擔交稅壓力，基本上享受不到政府提供的社會福利。由於政府將養老等基本人權變為扶貧，為老人提供的生果金、長者生活津貼等需要進行資產審查，只有較窮的人才能享受，政府將道義責任變為恩賜，享受相關福利的市民尊嚴上受到損害，而無法享受相關福利的市民則覺得制度不公平。

　　香港目前還沒有建立全民醫保制度，公共醫療資源緊缺，公立醫院就診、檢查、手術輪候時間太長，私立醫院收費十分昂貴，市民得大病較難得到良好的治療，有條件的家庭都是靠商業醫療保險來保障獲得良好的醫療服務。政府在相當長的時間減少公立醫院的資源，以低效率和低品質的服務將患者驅趕到私立醫院。醫院和安老院建設嚴重滯後，未能為人口老化做好準備。醫療人員不足。立法會秘書處研究顯示，香港整體安老院舍宿位，包括政府資助和私營，2015/16年度共有7.36萬個，較11/12年度減少2,200個，跌幅2.9%，但同期長者人口增幅達24%；2015年共有5,881名在中央輪候冊上的長者，未獲編配安老宿位已離世，「等到死」的長者人數創近五年新高。

　　香港目前還沒有建立全民退休保障制度，老年貧窮因此帶有制度性，很多長者的生活缺乏尊嚴。港人爭取全民退休保障已有數十年，但港英政府和香港特區政府都沒有滿足這一訴求。香港的強積金制度只是強迫僱員將自己的收入存起來以備養老，政府沒有承擔起市民養老的責任。

　　香港嚴重忽視社會保險制度的建設。全民醫保制度沒有建立，也至今沒有建立失業保險制度。

　　香港仍沒有實現15年義務教育，基礎教育和高等教育都過於市場化，市民為孩子教育承受的負擔很重。幼稚園教育基本市場化。一些中小學名校紛紛轉為收取高額學費的直資學校，貧窮學童較難升讀，出現教育不公平。

高等教育普及率低，成為影響青年向上流動的問題。中學畢業生升讀大學的比例長期僅約20%，政府資助的本科學位太少。副學士（相當於內地的大專）的制度設計存在缺陷，就業市場對副學士的認受性較低，副學士的就業前景及收入都較差。

歸結而言，香港的社會建設大大滯後於經濟建設，香港的社會保障和社會福利水平與其經濟發展水平十分不相稱，與歐洲一些福利國家完全不能相比，也遠遠不如發展程度相當的發達資本主義國家和地區，與日本、新加坡、台灣等地都差距很大。在醫保、退休保障、失業保障等方面，香港還不如內地一些大城市的水平。社會建設的落後，使許多港人的居住、醫療、就業、養老、教育等基本人權未能得到很好保障，引發深重民怨。樹仁大學2017年4月發佈的民調指，83%市民認為香港人現在生活痛苦，其中60%認為生活「頗痛苦」，23%認為「非常痛苦」；最痛苦的是住屋（41%），其次是物價（17%）、就業（13%）和貧困（13%）；香港樓價不斷破頂、居住痛苦成為港人感覺生活痛苦的主要因素。

其四，香港出現嚴重的社會分化、階層固化問題，社會向上流動渠道不暢，社會矛盾日益尖銳。除了因政治問題形成的建制與「泛民」二元對立，香港還存在有樓階級與無樓階級、富人和窮人、資本家與勞工的分化與對立。

香港現有的以金融地產為主的產業結構，極有利於財富向有錢人集中，樓市、股市成為財富分配工具，形成富者愈來愈富、貧者愈來愈貧的惡性循環。香港產業空心化，製造業基本被淘汰，缺乏高端製造業，也缺乏創新科技產業，高端和高薪職位少，青年向上流動的渠道非常不暢，青年群體的收入多年來得不到提高，高房價使許多青年的生活都存在困難，直接扼殺了很多青年人追求夢想的機會。

香港原有的發展模式亦受到不少質疑。呂大樂等學者認為，香港過去通過發展新市鎮，建設公屋，並在市鎮內發展製造業，使公屋居民能夠提供

勞動力，但是這模式現在已行不通了。[5] 天水圍等許多新市鎮完全缺乏就業機會，成為悲情城市。

跨代貧窮及地產霸權等問題，使香港的階層固化，青年創業成功的機會很低，中產生活壓力非常大，基層市民處境艱難。

港式資本主義可以歸結為嚴重缺乏社會公平正義

港人認同私有制，認同民主、自由、法治、人權、廉潔等資本主義的核心價值，認同香港資本主義的基本制度和生活方式。但近年港人對香港的發展現狀愈來愈不滿，對香港許多民生問題和社會問題愈來愈不滿，並將問題歸結到香港具體的政治、經濟、社會制度不公不義，強烈要求進行制度變革。在政治層面，香港社會強烈要求實現「雙普選」，認為現行政制是為工商界特別是大資本家的利益服務。在經濟層面，香港社會對「地產霸權」愈來愈不滿，認為大地產商是通過壟斷市場及不公不義的營商手法獲取暴利，強烈質疑官商勾結，也強烈質疑稅收制度、新界丁屋制度等具體制度的公正性。在社會層面，香港社會對社會保障和社會福利水平低亦愈來愈不滿，對住房、教育、醫療、養老等制度都非常不滿，並將許多問題上升到自身的基本人權沒有得到尊重和保障的高度。

周永新教授在《真實的貧窮面貌——綜觀香港社會60年》裏寫道，「『地產霸權』的想法一旦深入民心，市民就覺得香港再不一樣了！連住屋的基本權利也被地產商剝奪，社會還有道理可講嗎？」，「樓價飛升卻令年輕人十分憤怒：他們埋怨政府沒有理會他們的住屋需要，仇恨地產商把市民的心血『榨乾榨淨』，不再相信社會有公平和正義」，年輕人「發覺際

---

5. 呂大樂（2015）。《香港模式——從現在到過去式》。香港：中華書局。此書認為香港原有發展模式已成為過去式。

遇如此不濟，並非自己沒有努力，而是社會制度欠缺公平，政府施政有違公義。」[6]

香港著名作家陶傑批評，「殖民地時代，香港之富，從實幹中來；今日特區，富從泡沫中生……今日特區之富，不要才幹，只要有一個好爸爸，連結中港權貴關係，金錢滾滾淹至，穩如泰山」，「今日香港，學盡了中西方的壞處。中國的主權裙帶制度，在縱的一面，保障了財富的世襲壟斷；在橫的一面，『財富』不由工業務實而得，而採用了美國的金融財技模式。」

許多香港學者、傳媒界人士撰文批評港式資本主義不公不義。有的認為，回歸後香港大資本家賺得盤滿缽滿，他們巨額財富的積累是建立在多數港人痛苦的基礎之上。有的認為，香港已由工人對抗被資本家剝削、遭到管治階層的壓制，變為資本家轉過來透過政權機器重新壟斷基層的經濟與生活，政權向富人施予各種優待的政策與規劃奪取弱勢資源及生活空間，貧富對立又再清晰浮現。有的認為，港人仇富是仇不公、仇特權，港人最恨的是「為富不仁」和「官商勾結」；李嘉誠的賺錢之道，由住宅到電力、超市、藥房、電訊，無孔不入，更重要的是擁有大量房產物業的他其實正向所有人徵稅；今天的青年人面對的，是一個有錢人話事的年代，是一個集體為地產商打工的年代，是一個大部分人都看不見上流機會的年代。有的認為，香港巨富的壟斷同盟，近年有變本加厲之勢，雖然本港稅項少、稅率低，甚至回歸後取消遺產稅，有助他們繼續囤積財富，但他們繼續藉着大量政治代理人，出盡合法和灰色手段，借本港樓價居高不下斂財，而他們並無製造業和科技創新等方面的貢獻；政府官員傾向維護地產巨富，以求人在中年甚至退休後能被財閥招攬去掙大錢，特首也成傀儡。有的認為，令香港社會失衡的，是政府政策的失敗；所謂地產霸權其實先是政府無權，官員制定政策時無能和官僚地給予富商「霸權空間」去壟斷謀利；當港人一旦覺悟到一生都

6. 周永新（2014）。《真實的貧窮面貌——綜觀香港社會60年》。香港：中華書局。188–191頁。

難有致富機會時，便會爆發出反抗意識，仇富現象如火山蔓延，愈益成為社會問題。有的認為，香港的經濟變化已引起社會、階級的變化，港府繼續忽視階級問題，將來勢必遭到更多咒罵和仇視；過去港人討論最多的是創造財富，今天港人討論最多的是分配財富，無論房屋問題、教育問題、醫療融資問題、退休保障問題的討論都引起民怨，特區政府必須研究制度性的財富再分配問題。

第二節
港人對經濟社會變革和公平正義的訴求

在反思與批判港式資本主義時，香港社會對於經濟社會變革的訴求日益增加，追求社會公平正義的人亦愈來愈多。隨着港人觀念的轉變，更加重視公平正義可能成為香港新的核心價值。

國際社會對資本主義的批判及關於社會公平正義的論述

這裏介紹國際社會尤其西方社會對資本主義的批判及關於社會公平正義的論述，有助了解香港社會對港式資本主義的反思與批判，及這些反思與批判在學術、理論上的來源。在香港建構公平正義的價值觀，是符合西方主流資本主義意識形態發展的趨勢的。

階級鬥爭、社會階層等古典理論包含對資本主義不平等的批判

馬克思（Karl Marx）、馬克斯‧韋伯（Max Weber）、涂爾幹（Émile Durkheim）被視為現代社會學的三個主要奠基者。

馬克思提出階級鬥爭理論。馬克思認為，在資本主義制度下，少數持有生產工具的資產階級產生了剩餘產品並成為剩餘價值，此種剝削關係進

而轉化為根本性的矛盾，隨着矛盾擴大，資產階級與無產階級的鬥爭是必然的，社會革命必將發生；在社會主義之後，共產主義將會誕生，以各盡所能、各取所需為生產模式，成為一個無階級、無國界、無貨幣、無私人產權的社會。

涂爾幹提出社會階層論和不平等理論。他在《社會分工論》一書中提出社會階層是穩定社會和整合的力量；社會階層存在內在不平等，主要是因為個體先天條件上的差異，諸如體型、外貌與智商能力等，亦存在外在不平等，主要是因為社會結構如制度與階層、人口、產業結構等所造成的不平等。

馬克斯·韋伯在其名著《新教倫理與資本主義精神》中提出著名的論斷，認為清教徒的思想影響了資本主義的發展，將「資本主義的精神」定義為一種追求經濟利益的理想。

這三人的理論在西方不斷得到繼承發展，階級鬥爭學說基本被拋棄，社會階層分析則是社會學以至政治經濟學的重要範疇。通過社會階層分析，可以比較清晰地看到一個國家或地區各階層民眾政治經濟利益的分配格局是否合理，是否存在嚴重的政治不平等、經濟不平等、社會不平等，是否存在嚴重的社會問題和社會矛盾。香港一些學者也注重社會階層分析，對壟斷資產階級、中產階級、貧窮弱勢階層均有比較深入的研究，並據此清晰地指出香港存在的社會問題及社會矛盾，提出促進社會平等和社會和諧的訴求。

現代西方馬克思主義批判資本主義文明及現實，左翼思潮始終在西方資本主義國家有很大市場

馬克思主義一直在西方社會得到發展。早期出現新馬克思主義代表人物盧卡奇（György Lukács）、科爾施（Karl Korsch）、葛蘭西（Antonio Gramsci）、布洛赫（Ernst Bloch）等。後來西方國家出現各種派別的馬克思

主義，包括：法蘭克福學派、佛洛伊德主義的馬克思主義、新實證主義的馬克思主義、存在主義的馬克思主義、結構主義的馬克思主義、分析馬克思主義、生態馬克思主義、後馬克思主義、後現代馬克思主義等。[7] 這些派別的馬克思主義不同於正統的馬克思主義，各自的區別很大，但共同點之一是對西方資本主義文明及社會實況提出批判。比如，法蘭克福學派的代表人物之一馬爾庫塞（Herbert Marcuse）批評，當代資本主義社會中，人們雖然生活富裕，但受壓抑和異化卻更嚴重了；在技術控制、民主政治的面紗背後所顯現出的實況是全面的奴役；人的尊嚴淪喪。佛洛伊德主義的馬克思主義代表人物之一弗羅姆（Erich Fromm）批評，資本主義社會病態、不義的尺度便是它不符合人性和人的需求。存在主義的馬克思主義代表人物之一薩特（Jean–Paul Sartre）主張存在主義是一種人道主義，對資本主義文明亦有很多批判。

在歐美國家存在各類左翼思潮，出現各類左翼運動，既有最激進的無政府主義，也有社會主義，也有追求社會平等的相對溫和的訴求。左翼思潮往往意味更加激進，主張積極改革，優先考慮社會平等，追求社會公平，要求提高社會福利，支持政府干預。

福利資本主義或民主社會主義、社會民主主義均更重視社會公平正義

早在共產第二國際時代，就有不同派別對傳統馬克思主義進行修正，伯恩施坦的修正社會主義在西歐、北歐不斷發展，主張在市場和國家、平等和效率、個人和整體之間形成一種平衡，又被稱為改良社會主義，後來又在現代自由主義的「積極自由」觀念影響下，這種改良的社會主義演變為社會民

7.　洪鎌德(2010)。《西方馬克思主義的興衰》。台北：揚智文化。第一章〈西方馬克思主義的崛起〉。2–36頁。

主主義，提倡混合經濟、經濟管理和福利國家。第二次世界大戰結束之後，民主社會主義思潮對西歐戰後的繁榮和社會保障體系的完善有重要影響。

民主社會主義是一種把現代民主憲政和社會主義經濟合為一體的政治意識形態。「民主」意味着普選、多黨制、司法獨立、政治自由，反對法西斯主義和史太林主義的一黨專政。而社會主義經濟則意味生產資料公有制，經濟模式可以為計劃經濟、參與型經濟或者市場社會主義。

歐洲的社會民主黨、工黨等很多與共產第二國際有歷史淵源。在20世紀末，歐盟中的英國、法國、德國、瑞典、芬蘭、奧地利、葡萄牙、荷蘭、意大利、丹麥、希臘、比利時、盧森堡等都是左翼的社會民主黨或工黨執政。這些國家尤其是北歐的國家，都是高福利的國家，許多國家長期是社會民主黨執政。中國內地許多學者認為北歐國家是比「中國模式」社會主義還要優越的社會主義。一些學者認為西歐特別是北歐國家是「民主社會主義」模式。中國人民大學前副校長謝韜在2007年第二期《炎黃春秋》雜誌發表的〈民主社會主義模式與中國前途〉認為，「20世紀末，社會民主黨以在大多數歐洲國家競選執政、使歐洲和平進入民主社會主義的歷史性成就，告慰馬克思和恩格斯在天之靈」；「社會民主黨人對人類文明的歷史性貢獻是：代表先進生產力的發展要求，化解了工人階級與資產階級不共戴天的仇恨，化解了社會主義制度與資本主義制度不共戴天的仇恨，使社會主義運動成為和平的、理性的進化過程。社會民主黨人成功地創造了在發達資本主義國家的民主框架內和平過渡到社會主義的道路」；「我們習慣稱之為發達資本主義的西方國家，都已成為新資本主義，不同程度地民主社會主義化了。20世紀20年代以後，英、德、法、瑞典、挪威和美國紛紛出現全國性的勞資協調，以階級妥協取代原先誓不兩立的勞資對立，若干人士開始提倡用公共建設來解決失業問題，也就是說以國家的積極介入來解決市場經濟失靈的危機。領導美國走出1929年世界經濟危機的羅斯福總統就大膽引進了民主社會主義的政策」；「以英國工黨首相貝理雅和美國前總統克林頓為代表提出的『第三條道路』是修訂版的民主社會主義。」也有內地學者認為，北歐

等國家實行多黨制和私有制，不能定性為民主社會主義或社會主義，本質上是資本主義的改良，是福利資本主義。

不管將西歐、北歐比較發達的國家的發展模式如何定性，有一點可以肯定，即這些發達的西方國家糾正了原始資本主義的許多弊病，更加致力於提高社會福利，更加重視社會的公平正義，大大緩解了階級矛盾和社會矛盾，由此帶來社會穩定、社會進步和社會和諧，使資本主義制度更加完善和更具生命力。

屬自由主義範疇的自由平等主義在西方國家有重大影響

早在古希臘時代，正義和自由一樣，都是哲學家探討的重要命題。而美國學者約翰・羅爾斯（John Rawls）是現代西方研究正義問題最有代表性的學者之一，其1971年出版的《正義論》被視為具有里程碑意義的政治哲學與倫理學著作。羅爾斯提出了正義的兩大原則：自由原則和平等原則。第一原則是自由原則，每個人都應該有平等的權利，去享有最廣泛的基本自由權；而其所享有的基本自由權與其他每個人所享有的同類自由權相容。第二原則是平等原則，應該調整社會和經濟的不平等，平等原則包括機會均等原則和差別原則，使得：一、各項職位及地位必須在公平的機會平等下對所有人開放（機會均等原則）；二、社會中處於最劣勢的成員受益最大，並與公平救濟原則相容（差別原則）。平等原則確保社會中所有人的可選項都具有實質意義，並同時確保分配公正。

羅爾斯的正義理論被視為自由主義的重要發展之一，並被稱為平等自由主義，這種理論在強調自由的同時，更注重社會平等，這種平等不僅是機會平等，更是實質平等。在2008年國際金融危機出現後，西方社會對新自由主義有較多反思，認為新自由主義及全球化給美國等國都帶來貧富差距拉大等問題，因此，對內更強調公平正義、對外強調反全球化，成為一些西方國家新的民意趨勢。

香港社會對經濟社會變革和公平正義的訴求

近年來，要求香港經濟社會變革的呼聲愈來愈強烈，這些訴求包括創造財富和分配財富兩個方面，而對財富再分配的訴求明顯增多，分配正義是社會極為關切的。

在創造財富方面，香港社會的訴求包括：政府要改變「積極不干預」的管治哲學，政府要加強調控經濟發展的能力；更加重視使用積極的財政政策，更加重視投資未來；要改變地產壟斷的格局，更加重視在電訊、電力、交通運輸及其他重要產業引入市場競爭，保護消費者權益；積極應對中國內地全面開放、香港中介和窗口作用相對弱化的重大挑戰，保持香港國際金融中心、貿易中心、航運中心的地位，尤其要發揮好金融中心的優勢，提高香港在國家對外開放和改革發展中的地位，提升香港的競爭力，防止被邊緣化的危機；要改變金融地產獨大、產業空心化的現狀，加快產業結構、就業結構、分配結構調整，加快創新科技的發展，探索再工業化的可能性，發展高端製造業和文化創意產業，提供更多高端高薪崗位，暢通青年向上流動渠道；加快發展高等教育，應對人口老化，更加重視引進人才，為經濟社會發展提供可靠的人力資本；積極配合國家「一帶一路」的發展戰略，發揮香港金融、專業服務等方面的優勢，積極尋找商機；配合國家制定粵港澳大灣區發展規劃，加強合作，共同發展。

香港社會對民生問題、社會問題的許多重大訴求，本質上都屬財富分配的範疇。香港在社會建設、民生建設上欠債太多，廣大市民的不滿情緒日益強烈，相關的訴求更多、更迫切。

港人首當其衝的仍是要求解決安居問題。社會輿論強烈要求加快土地房屋供應，增建公屋和居屋，壓抑房價。輿論也強烈要求調整新界原居民的丁屋制度，解決原居民在土地房屋問題上的特權問題。

許多訴求集中在提高社會保障和社會福利水平方面。

香港社會強烈要求建立全民退休保障制度。從上世紀70年代起，香港社會就開始爭取建立退休保障制度，但遇到很大阻力。現在香港有八十多個團體聯合組成爭取全民退休保障聯席，堅決要求建立全民退休保障制度。2016年的民調顯示，九成市民支持全民退休保障制度。香港的一些主要政黨、團體提出全民退休保障的方案。特區政府也委託周永新教授的團隊研究退休保障問題，並將相關方案進行公開諮詢。在全民退休保障問題上，商界的反對立場是清晰的，一些深受新自由主義思想影響的經濟學家亦擔心帶來財政負擔問題，特區政府明確反對全民退休保障的概念，只願對有經濟需要的市民提供退休保障。在某種意義上，特區政府在全民退休保障問題上是與民為敵。

香港社會亦強烈要求提高其他社會安全網的保障水平。在安全網的三大支柱方面，除要求多建公屋和加快輪候居民的上樓速度，香港一些團體和社會福利界要求檢討綜緩制度，要求根據市民滿足基本生活需求的需要來檢討綜援金額的水平，不斷加以提高，而不是僅僅根據通脹水平來調整。香港的公共醫療暴露的問題愈來愈多，社會輿論要求投放更大資源，提高公立醫院的服務品質，解決輪候時間過長、服務效率較低、服務水平下降的問題。要求多建醫院，多建養老院，應對人口老化問題。要求解決至今沒有全民醫療保險的問題。政府推出的醫療保險諮詢方案未能獲得社會歡迎，輿論批評政府意圖建立的醫保制度是儘量將中產趕往私立醫院。

香港勞工強烈要求更加重視維護勞工權益，這都直接涉及勞方與資方的財富分配問題，最主要的訴求目前在六個方面：一是要求提高最低工資水平。勞工經過多年爭取，在曾蔭權任內實現就最低工資水平立法，但法定最低工資水平提高較慢，勞工要求對最低工資水平能每年進行檢討和調整。二是要求對標準工時進行立法，解決一些資本家用長工時剝削工人的問題。資方堅決反對，勞資雙方矛盾很大。三是要求取消強積金對沖機制，即要求資方在解僱勞工時，不能用工人積累的強積金來對沖資方應該支付的遣散費用和長期服務金等費用。一些資本家要求如果取消強積金對沖，特區政府要幫

助僱主支付相關損失，變相將負擔轉嫁到納稅人身上。四是要求將法定假期與公眾假期劃一，使勞工能享受17天假期。目前公眾假期全年有17天，勞工的法定假期只有12天，沒有了3天復活節、1天佛誕節和1天聖誕節的假期。五是要求設立失業保險等制度。六是要求建立工資集體談判制度。

香港社會亦強烈要求解決好教育等其他重大民生問題。實現15年免費教育是業界的訴求，也是梁振英政府的承諾，但目標仍未實現。香港市民亦希望提高公帑資助的大學學位數額，提高中學畢業生升讀大學的比例，提高中小學的師生比例，提高教育支出佔GDP的比重（教協希望提高至4.5%，意味在林鄭月娥同意每年新增50億港元教育支出的基礎上，每年還要新增100億港元教育支出）。

香港值得重視的左翼思潮和其他與經濟社會發展相關的思潮

左翼思潮

整體來說，「泛民」在政治上比較右傾，在經濟民生上比較左傾，重視社會公平正義，反對政府偏重商界利益。「泛民」主張反對地產霸權、希望能縮小貧富差距，亦比較支持壓抑樓價、對標準工時進行立法、建立全民退休保障制度、增加教育支出、提高社會福利、改革稅制、加強扶貧等有利於普通市民的政策。「泛民」只是出於爭奪管治權的政治目的而阻撓特區政府改善民生。而建制派總體上在政治上比較左傾，在經濟民生上比較右傾，較多強調維護自由市場競爭和工商界的利益，尤其是工聯會等代表基層利益的政團相對比較弱勢，這是建制派難以真正代表市民利益和難以獲得多數市民支持的重要原因。

「泛民」中的激進力量更加左傾，有的經濟民生政策主張帶有社會主義特徵。社民連是反對資本主義意識形態的，倡議社會民主主義。前立法會

議員梁國雄是社民連的成員，而黃毓民、陳偉業曾是社民連的成員。梁國雄早年曾加入工聯會，亦加入過托派政治組織「革命馬克思主義聯盟」。

社民連的政策綱領認為，「香港的富豪更不應享有各種不公平的官商勾結的『免費午餐』。我們要建立的，是一個公平競爭和公平參與的社會」；社民連質疑，「香港的社會福利水平一直低於西方發達國家。原因是殖民地政府長期被英資及本地財團操控，奉行不干預政策，讓很多低下階層勞工『自生自滅』，社會沒有對市場上競爭力稍遜的人提供適當的照顧。政府一直以『積極不干預』作為制訂經濟政策的指導思想，反對增加公共開支」；「體現一個真正民主自由的社會，實現真正的港人治港，絕不能忽視提供人民生活的基本保障，尤其是對基層市民和弱勢社群的照顧。」社民連主張，在推進民主的同時，關注民生的改善，尤其是解決基層市民的生活需要；透過改革稅制，政府適當介入市場，以及積極的社會政策，令香港市民充分就業、基層市民獲得合理的生活保障，市民大眾的機會更為平等，消弭赤貧，達致公民充分民主參與的均富和諧社會。社民連長期主張建立全民退休保障制度，並以此為由在立法會「拉布」抗爭。

人民力量主張採取以人為本的房屋政策，增建公屋，改善市民居住環境；改善社會福利，落實全民退休保障制度，提高長者生活津貼，提高綜援標準，推行基層家庭收入保證計劃；制定以民為本的醫療政策；照顧弱勢群體利益；推行15年免費教育；改革財政金融政策，改變低稅率政策令大財團賺取豐厚利益而不須負上義務的現狀，引入累進稅率和資產增值稅，實行港元與美元脫鉤而與一籃子貨幣掛鉤。

工黨亦非常鮮明地持左翼立場，其黨綱的四大主張是民主、公義、永續及團結，強調維護基層和勞工權益。

支持「泛民」的重要民間團體之一左翼21亦全力在香港宣傳推廣左翼思想。左翼21認為，自中英政府就香港前途談判以來，中國內地政權不斷以

投資內地的商機，以阻礙本港民主的發展作為甜頭，攏絡香港的資本家，讓資產階級繼續享受在不民主政制下肆意掠奪社會資源的特權；結果30年來，本港的地產、金融資本家的權力日益膨脹，每個政府決策都見得到他們的身影；他們攫取利潤的魔爪，已伸展至每個與民眾生活息息相關的環節；香港被聯合國評為貧富懸殊最嚴重的發達地區，只不過是為普羅民眾的慘痛經歷加上了一個註腳；香港政府為權貴階級服務，官商勾結，政制不民主；這種金權政治的根源是肆虐的資本主義，令財團得以為所欲為，透過功能組別控制議會，透過所謂自由市場巧取豪奪。

左翼21立志凝聚香港的左翼力量，建立和推廣左翼主張；透過討論交流、學習、出版等，介入社會時政，參與和支援勞工運動及社會運動；推動建立一個理想的社會，顧及廣大勞動階級的福祉，維護生態環境的可持續發展，消除性別、族群之間的不平等，同時尊重不同性取向群體的權利。左翼21近期目標是，宣揚左翼思想、介入不同的社會運動，在香港和中國支持和催化以勞動群眾為主體的經濟和政治鬥爭；中期目標是，支援香港產生代表勞動階級利益的民主政黨；長期目標是，團結全球反資本主義的左翼民主力量爭取實現民主的社會主義。

社民連、人民力量、工黨等激進「泛民」在立法會選舉中獲得的青年選票最多，其激進的反政府、反建制、反官商勾結等形象能吸引青年，其傾向於反對財團壟斷和社會財富分配不公、追求社會公平正義等政策主張亦能打動青年和感召青年。

「後物質主義」

後物質主義是後現代的理論之一。「後物質主義」這個概念及相關連的「寧靜革命」是由美國學者朗奴・英高赫（Ronald Inglehart）於1970年代在他的著作《寧靜革命——後物質主義價值變遷》裏提出的。英高赫的理論

中最主要的假設是個體會首先追求基本生活需求標準的保證，一旦基本生活所需得到保證，他們的焦點會轉移到非物質的物品，會認為個人進步、自由、政府所給予的公民權等比較重要，從而放到一個較高位置，他們要求一個人道主義的社會，並且希望維持一個清潔而健康的環境，要求更公平的資源分配。

台灣、香港的青年一代雖是相對富裕的新一代，但他們仍然對住房、高收入存在很大的匱乏感；此外，物質已不是他們唯一關心的事物，他們更講求平權及公義，更加追求社會平等和分配正義。一些學者解讀這種現象為「後物質主義」。

香港媒體評述，90後是香港回歸後成長起來的一代，他們經歷了經濟環境的轉變、全球化的磨合、資訊科技革命、教育改革的洗禮，以及中西不同價值觀的衝擊。90後的新生代有截然不同的價值觀，這種世代鴻溝，有時甚至比中西文化差異更強烈。90後生長於一個物質富裕的時代，當物質帶來的邊際回報下降，年輕人隨即改而追求民主、自由、環保等公共善。幾年前，這種後物質主義的訴求已經有跡可尋，以往社會運動通常爭取社會資源再分配的訴求，近十年來，從2003年反對23條立法、保衛天星皇后碼頭起，社會運動的目的已改變，訴求不再集中在經濟利益，而是民主、自由、保育等普世價值觀。這種「後物質主義」傾向在新世代的職場價值觀中也表露無遺，80後、90後的年輕人對於工作以至未來前景，不再單純以收入來衡量，而是認為滿足感、意義的追尋更加重要。

反「中環價值」

「中環價值」一詞是由台灣作家龍應台於2004年創造，「中環」代表香港資本主義運作的核心，它不但追求個人財富，講究商業競爭，並把「經濟」、「致富」及「效率」視為社會進步指標；把「中環價值」再深入解釋，還包括合約和法治精神、公平競爭、公平的遊戲規則等。

香港輿論質疑，在「中環價值」表象的蔭蔽下，負面的活動如官商勾結、財團利益輸送、集權壟斷等反競爭的行為，都被合理化，令「中環價值」由中性轉為負面，更令大眾市民感覺「中環價值」和社會價值之間愈走愈遠，認為商家做生意永遠只是「利字當頭」，而不在乎社會責任、勞工福利。

反對「中環價值」成為香港近年社會運動的旗號之一。有鼓吹社運的人士主張，如果香港人想未來生活得開心，除了中環價值外，應同時容納另一些價值；港人關心鄉郊發展和大自然環境並存，但政府強調的發展只是中環價值的那一套發展；反高鐵時，除了中環價值，更發展到「中港融合」那種更強化的資本價值，其他草根階層、小販小店、鄉郊生活等庶民文化就會受壓抑；真正視香港為家，就不會希望它變成只是一個賺錢的地方，只懂高速發展。

美國發生的「佔領華爾街」運動曾引起香港社會對「中環價值」的反思。「佔領華爾街」運動的口號是「我們是99%」、向社會上最有權力的1%卻肆無忌憚而且貪婪地壟斷大部分資源的人提出憤怒控訴。一些香港學者反思，美國等資本主義國家一直灌輸自由市場是發展經濟不可或缺的元素，並把自由市場與有選擇劃上等號；自由市場其實是不存在的，只是1%的政治經濟權貴為鞏固和合理化有利自己的社會秩序及經濟模式而締造出來的謊言；當整個社會完全跟從自由放任市場的規律，結果只會是貧者愈貧、富者愈富。

受「佔領華爾街」事件影響，香港亦曾發生佔領滙豐銀行事件，但最終被清場。當時有分析認為，佔領滙豐銀行事件雖然打着反資本主義、反地產霸權、反金融霸權的旗號，議題很直接，但香港社會整體反應非常冷淡，港人價值觀中的「中環價值」仍固若金湯，不管有樓無樓，做文員、經理還是企業家，不少港人仍以躋身1%的上層社會為奮鬥目標。

在2014年香港「佔領中環」運動期間，有大學的學生會撰文反對「中環價值」指，「『中環價值』不僅支配個人和社會發展，更牽制政治改革。討論政治議題時，『成本』、『發展』等陰魂不散，無怪建制派『反佔中』的藉口，多與成本效益有關：『塞車』、『阻住搵食』、『影響穩定繁榮』……『搵兩餐』的香港人一聽動心，正中建制下懷。」

香港青年在接受「反中環價值」旗號時，亦對政府和建制派捍衛「中環價值」表示強烈質疑。有評論指出，建制派長期高官厚爵，尤其在新一代中，幾乎想不出誰是基層出身的，他們自然不會懂得在今日貧富懸殊的香港，中環代表的是資本主義的壓迫，是仇恨的對象而不是他們心目中賺錢的寫字樓和泡妹子帥哥的蘭桂坊。

反發展及環保主義、保育主義

反高鐵、反港珠澳大橋、反新界東北發展、反機場第三條跑道、反龍尾海灘工程、反三堆一爐、反填海……香港近年興起強烈的反發展思潮，許多大型基建項目和房屋等民生項目受阻或被拖延。

與反發展相伴的是強烈的環保主義、保育主義思潮。環保、保育理念符合當今時代潮流和普世價值，如果理性提倡，有其進步意義，香港有必要加強環保和保育工作。但「泛民」及部分民間團體將環保、保育議題高度政治化和非理性化，將環保、保育爭議事件異化為社會運動、政治運動，將這些主題異化為反政府、反建制、反官商勾結、反發展，目的是打擊政府管治威信和搞亂香港。

反對建設港珠澳大橋、反對建設第三條跑道、反對建設龍尾人工海灘工程及反對填海等，保護環境和生態都成為最冠冕堂皇的理由。旨在解決垃圾問題的三堆一爐工程，亦被用各種環保理由加以反對。以環保理由對政府

推動的大型項目展開司法覆核，是「泛民」經常使用的手段之一。港珠澳大橋因司法覆核使工程延遲及造價大幅上升，使香港整體利益嚴重受損。保衛天星碼頭、保衛皇后碼頭、保衛舊政府總部西翼、保護沙中線宋代古蹟等，許多保育運動的深層心理不過是保護殖民地歷史記憶。

一些環保、保育團體的背景存疑。在2016年立法會選舉中，有主張環保、保育的人士當選立法會議員。媒體質疑，一些環保人士可能得到大地產商的資助，他們以環保為名阻撓一些地區的土地開發，阻撓政府增加土地房屋供應，實際是為大地產商的利益服務。「泛民」及地產商對環保、保育組織的介入，使香港的環保、保育運動政治化，是阻礙香港發展的重要因素之一。

第三節
以正確原則堅定推進港式資本主義變革

加深對港式資本主義的認識之後，中央政府和特區政府要回應港人對經濟社會變革的強烈訴求，關鍵是正確處理好四大關係。

一是正確處理香港資本主義變與不變的關係，與時俱進加快推進港式資本主義變革。

在回歸前，內地與香港在經濟發展水平及民眾的生活水平方面有明顯差距，內地更多是仰視香港，對香港資本主義亦缺乏深刻認識，存在盲目崇拜香港資本主義的傾向，認為回歸後香港只要保持原有的資本主義制度和生活方式不變就行了。內地官員有一種說法，就是香港回歸只需要換一面國旗就行了。鄧小平的「舞照跳，馬照跑」非常形象，有人再加上「股照炒」，好像香港回歸後甚麼都不變就行了。除政制安排出現根本性的變化外，基本法幾乎全盤照搬和肯定了港英政府的具體經濟、社會制度和政策，沒有認識到港英留下的港式資本主義需要加快變革。

　　保持香港的資本主義制度和生活方式50年不變，對基本法這條規定的內涵需要有正確認識。50年不變，應該是保持香港的資本主義制度和生活方式基本不變，保持香港自由、法治、廉潔、人權等核心價值不變，但絕對不是那些不公不義的具體制度和政策措施都不能變，不是港英留下的東西都不能變，更不是只顧大資本家利益的施政路線永遠不變。香港具體的政治經濟社會制度和政策措施理應與時俱進加快變革，對錯誤的管治路線更應儘快堅決調整。

　　港英留下的港式資本主義本身存在很多極為重要的制度性缺陷，回歸後理應對港英的管治路線和管治模式進行去殖化，對一些具體的經濟社會制度進行大力變革，重點糾正殖民地時代香港社會建設嚴重落後的錯誤，但特區政府對這一點基本沒做。

　　回歸後，香港的政治經濟社會環境及外部環境均發生了巨變，更是迫切需要香港加快變革。

　　在政治層面，香港從英國的殖民地變為中國的特區，從港英的獨裁式統治變為「一國兩制」、「港人治港」、高度自治，香港從沒有民主到逐步推進以「雙普選」為終極目標的政制改革，選舉政治加速發展，反對力量不斷坐大，公民社會加快發展，政治不穩定成為常態，政府施政舉步維艱；在經濟層面，香港製造業遷往內地，產業空心化，產業結構、就業結構、分配結構需要加快調整轉型；在社會層面，香港貧富差距等社會矛盾更加突出，貧窮問題加劇，住房、醫療、養老、教育等社會、民生問題更加突顯，民怨十分深重，旺角暴亂顯示香港的社會穩定面臨嚴重挑戰；在民情民意層面，香港從上世紀50年代至70年代的難民社會逐步過渡到本土意識強化的市民社會，多數港人從難民心態調整到主人的心態，民主意識、權利意識和要求公平正義的意識不斷強化，港人對香港現狀的不滿愈來愈強烈，港人對中央政府和特區政府的信任與支持度、對國民身份的認同度均呈下降之勢，分離主義意識呈抬頭之勢；在外部環境層面，內地加速崛起，香港在中國對外

開放格局中的地位呈下降之勢，香港在區域經濟發展中呈邊緣化之勢，香港的競爭力呈弱化之勢，與新加坡等地的發展差距呈拉大之勢。這些巨大的變化，都需要中央政府和特區政府嚴肅應對，治本之策就是加快香港政治經濟社會變革。

與時俱進推進變革，應該是常態，亦是社會進步的必由之路。推進香港政治經濟社會變革，目的不是毀掉香港的資本主義，而是緩解香港資本主義的矛盾，使香港的資本主義更完善，使它更符合現代資本主義的發展趨勢，使之更具有生命力和活力，根本目標是促進香港社會進步和社會和諧，保持香港的長期繁榮穩定，也更好地維護國家的安全、主權和發展利益。

二是正確處理香港社會各階層的利益關係，切實促進公平正義，抑制大財團的利益，增進中產和基層的利益。

香港現有的政治經濟利益分配格局極不合理，需要儘快調整。從政治利益分配而言，工商界及專業界精英獲取太大政治特權，尤其工商界獲得的政治特權極為不成比例，勞工界、社會福利界等相對弱勢，絕大多數港人未能公平地享有選舉權與被選舉權。在回歸後，港人在政治利益上的獲得感不強，更擔心失去自由、法治、人權、廉潔等傳統核心價值。

從經濟利益分配而言，香港現行的主要政治經濟社會制度使工商界尤其是壟斷資本家獲取暴利，財富太過集中於少數富豪手中，中產兩極分化，中產中下層過着壓力極大的生活，基層過着艱辛且缺乏尊嚴的生活；回歸以後，港人對整體的生活現狀極為不滿，中產階層尤其擔心子女失去中產的地位，青年多對前途感到灰心，許多港人對生活感覺失望和迷惘。

調整香港既定的政治經濟利益分配格局，方向是壓抑壟斷大資本家的利益，更好增進香港中產階層和基層的利益，切實促進分配正義。單純重視效率、重視發展、重視創造財富、重視把餅做大，是遠遠不行的，何況這方面也做得不好。必須更加重視公平、更加重視分配、重視把餅分好。

　　從政治利益分配看，應創造條件儘快落實「雙普選」，「雙普選」對香港內部而言，本質是政治權力的重新分配，要改變工商界及精英享有太多政治特權的現狀。從經濟利益分配而言，應從稅收、房屋土地、勞工、社會保障、社會福利等制度層面，壓抑資本家的利益，增進中產和基層的利益。以房地產市場而言，不下決心解決地產商從樓市獲取暴利的問題，僅靠增加公營房屋，是難以讓香港市民從居住痛苦中解放出來的，應該既重增加供應，也要壓抑樓價、嚴控投資投機需求、實行租金管制。不實現利益關係的重大調整，多數港人生活得不好，香港深重的社會矛盾是難以緩解的。

　　三是正確處理創造財富與分配財富、經濟建設和社會建設的關係，儘快大力加強社會建設，提高社會保障和社會福利水平，促進社會進步。

　　在繼續努力促進經濟發展和創造財富的同時，要儘快大力加強社會建設，大幅提高社會保障和社會福利水平。

　　香港有強大的保守力量阻礙政府加強社會建設和提高社會福利水平。工商界是最強大的保守力量，從港英時期到回歸之後，商界一直阻撓政府提高社會福利。收入特別高的中產精英亦反對提高社會福利，最擔心的是加稅使他們的高收入縮水。學界尤其是經濟學界，有部分學者堅定鼓吹「積極不干預」的管治哲學，以財政風險和加稅壓力等為由堅決反對提高社會福利水平。「泛民」雖大多希望加強社會建設和提高社會福利，但為了其打壓政府施政以利自身選舉的政治私利，阻撓政府發展經濟和改善民生。公務員隊伍包括高級政務官亦是強大的保守力量，他們享受着比普通市民更好的薪酬、住房、教育、醫療、養老、休假等福利待遇，是香港社會的既得利益階層之一，缺乏推進香港政治經濟社會變革的動力，很多人仍信奉港英政府的管治哲學。問責班子中保守力量極為強大，前特首曾蔭權完全信奉港英政府那一套管治哲學，曾蔭權、曾俊華、唐英年等在擔任財政司司長這一重要職位時，亦堅信「積極不干預」、控制政府開支、壓抑社會的福利訴求這一套，致使香港的社會問題和民生問題愈積愈多，市民怨聲載道。從中央層面看，

一些內地有影響的涉港問題專家學者和一些官員對香港社會實際了解不深不透，也不排除一些官員為了個人私利而與資本家過從甚密，從總體看，中央層面存在這樣一種傾向，更加重視香港工商界利益而輕視多數港人的利益，更加重視香港經濟發展而忽視香港社會建設，習慣於強調香港搞福利主義、民粹主義甚至是社會主義的風險。

香港的現狀是社會建設非常滯後，社會保障和社會福利水平較低。要抓住主要矛盾，現階段不宜過多指責香港搞福利主義、民粹主義，而是要堅決克服官商精英等既得利益階層頑固阻撓香港提高福利水平的巨大阻力，努力促進香港社會進步和社會和諧。

四是要正確處理香港利益與國家利益的關係，在堅決維護國家主權、安全和發展利益的同時，要更加重視增進香港社會的福祉。

港英時期，為了英國的國家利益和英資企業的利益，港英政府百般推卸其應盡的各種責任，不願加強香港的社會建設和提高香港的社會福利水平。在香港回歸後，亦存在中央偏重維護國家主權、安全和發展利益，而相對忽視港人福祉的問題，具體表現包括：更加重視香港的政治問題，相對忽視香港的民生問題和社會問題；強調香港審慎理財，忽視港人的社會福利權利，擔心香港成為財政負擔；強調維護香港的低稅制，保障中資企業和內地投資在港獲利，忽視低稅制對香港社會建設和社會福利的嚴重負面影響；較長時間重視從香港這個國際金融中心融資，重視吸引港資到內地投資，重視資本家的利益；在統戰工作和涉及內地的公職安排等方面，重視維護香港富豪和上層精英的利益，忽視中產階級、基層和青年，重視官商精英的意見，忽視聽取普通香港市民的意見。從中央政府和特區政府在回歸後的管治路線看，就是使香港的政治經濟利益分配嚴重向工商界和社會精英傾斜，未能增進多數港人的福祉，未能贏得香港人心。

在回歸之前，中央充分利用香港，香港是國家外匯的主要來源地，是內地與國際社會聯繫的重要窗口。在回歸後，中央和內地從香港拿走很多利

益，從香港獲取了改革開放所需的資金、人才、管理經驗，香港在中國的對外貿易中發揮關鍵作用，港商投資內地促進了珠三角等很多地區的飛速發展。香港的發展現在遇到很多困難和問題，香港在國家改革開放中的地位和功能在下降。一些內地官員心態發生重要變化，開始俯視香港。內地需要感謝香港對中國改革開放所作出的重大貢獻，在內地快速發展後，應該對香港多予少取，更多回饋香港，確保香港長期繁榮穩定，努力增進港人福祉。

一個政治上動盪不安、社會民生問題成堆、民怨深重的香港社會，不利於中央維護國家利益。中央政府需要更多為香港社會的福祉着想。增進香港的福祉，增進多數港人的利益，保持香港長期繁榮穩定，才能更好地維護國家的主權、安全和發展利益。需要特別強調的是，香港存在阻礙政治經濟社會變革的強大既得利益集團，這些既得利益集團亦與內地的既得利益集團相互勾結，共同在香港和內地巧取豪奪政治經濟利益。香港推動變革的力量還相對薄弱，迫切需要中央政府和香港特區政府主動引領變革。

第四節
為推進港式資本主義變革創造更多條件

港式資本主義所引起的深重民怨其實已引起各方面的關注，但推進港式資本主義變革卻困難重重，其中存在許多制度性、結構性的問題。只有真正解決這些結構性的問題，創造更多條件，推進港式資本主義變革才能真正取得進展。

香港現行政制是港式資本主義變革最關鍵的制度性障礙

香港現行的政治經濟利益分配格局是由現行政制直接造成的。港式資本主義使香港工商界尤其是大資本家及少數社會精英成為最大的既得利益階

層，而這種利益是由香港現行政制所極力保護的。從董建華到曾蔭權、梁振英、林鄭月娥，歷任特首其實對香港存在的地權霸權、貧富差距懸殊等問題都心知肚明，但受制於現行的行政長官選舉制度，有的特首自覺地為大資本家的利益服務，有的特首要推行變革卻遇到重重阻力，董建華中途下台，梁振英也只能擔任一屆。林鄭月娥在土地房屋政策上取悅大資本家的政策取向非常明確，就是不採取任何限制需求和壓抑樓價的措施，任憑私樓市場價格瘋漲。一些大資本家公開對林鄭月娥的土地房屋政策表示讚賞，這絕不是偶然的。香港立法會長期由建制派控制立法權，但由於以工商界為主的功能界別具有否決任何有損工商界利益的政府法案，特區政府很難得到立法會的支持，真正推行有利於多數港人的重大經濟民生政策。

可以斷言，香港一日沒有落實雙普選，行政長官候選人主要靠向選舉委員會中的有錢人乞票的局面並不會改變，向工商界功能界別議員乞票的局面不會根本改變，是絕對不可能真正推進港式資本主義根本變革的。雙普選會為港式資本主義變革帶來最大動力。只要落實雙普選，特首和特區政府為了獲得多數港人的支持，必然積極主動推進變革。

中央政府需要看到一點，香港普選絕非僅僅是管治權爭奪，普選更多涉及的是全體港人的政治經濟利益分配問題。以管治權之爭為名拖延香港雙普選，實際是拖延處理香港極不公平極不合理的政治經濟利益分配格局，必然失去人心。

基本法的一些規定是香港經濟社會變革的法律性障礙

在基本法諮詢和制定期間，香港的公民社會還沒有充分發展，反對力量亦非常薄弱，資本家是香港各界中對基本法制定發言權最大的。當時，無論保持香港平穩過渡和順利推進內地的改革開放，中央都迫切需要香港工商界的支持。因此，基本法在一定程度上是一部側重保護資本家利益的法律。基本法完全照搬了港英政府的經濟民生制度，有利於維護資本家利益的制

度，包括財政政策、貨幣政策、土地房屋政策、税收政策，都作了明確的有約束力的規定。而在香港的社會建設尤其是社會福利制度、社會保障制度建設、勞工權益保護等方面的規定卻非常抽象。要調整香港的簡單低税制，要調整香港審慎保守的理財哲學，都涉及是否抵觸基本法的問題。基本法規定要保護新界原居民的權益，但對新界原居民最大的權益即丁屋問題並無明確規定。要解決丁屋大量浪費土地資源這一涉及香港土地房屋政策大局的重要問題，亦面臨法律上的障礙。

香港回歸已過20周年，隨着時間推移，基本法的規定不合時宜的問題將更加突出。從長遠而言，要系統總結分析香港回歸後港式資本主義發展出現的許多深層次矛盾和問題，提高理論創新水平，研究基本法的修改問題，通過修改基本法凝聚中央與香港、香港內部各階層的共識，使香港的經濟社會變革更有保障。

推進經濟社會變革要改革現行經濟民生制度

港式資本主義出現許多深層次矛盾和問題，引發深重民怨，很多是制度性問題造成的。迄今為止，香港歷任特首在推動制度性進步上政績很小，董建華落實了與退休保障制度有關的強積金制度，但這一制度備受詬病。曾蔭權只實行了最低工資制度。梁振英落實了長者生活津貼和在職低收入家庭津貼制度。目前還看不出林鄭月娥能做出多少制度性變革。她在很多重大施政方向上還存在誤區。她在土地房屋問題只強調最難解決的增加供應和提高置業率問題，很難真正見效，見效快的限制需求、壓抑樓價、加強租管等根本不作考慮。在取消強積金對沖問題上，現屆政府主要準備政府拿錢幫助企業，是讓納稅人為資本家的損失「埋單」。林鄭月娥完全不考慮建立全民退休保障制度，因此難以指望現屆政府從制度性解決香港的老年貧窮問題和全體港人的老有所養問題。人們也期待本屆政府推出更加可行的醫保制度。在經濟結構調整上，推進香港創新科技產業和創意產業發展已成各界共識，但

選擇哪些具體產業作為重點突破方向，特區政府仍欠缺共識和明確方向。香港已有龐大財政儲備，但政府仍在以「派糖」博取掌聲，林鄭月娥就任特首後的首個財政年度直接向市民派錢110億港元，這種放煙花式的花錢方式太過短視，實在看不出政府解決重大制度性問題的決心和方向。

中央政府和香港特區政府都需要意識到，只有找準港式資本主義存在的制度性不公平不正義問題，下決心一個個解決，中央政府要重點督促特首和特區政府在推進制度性變革上取得實績，才能使香港出現制度性的進步，港式資本主義才能真正緩解和消除其內在矛盾，獲得更大的生命力。

要以政府變革帶動經濟社會變革，特區政府的管治哲學首先要變革

回歸後特區政府架構變化很小，政府職能變化不大，基本遵循港英政府留下的管治哲學。特區政府未能成為積極引領社會變革的主導力量，反而與工商界和上層精英形成官商共治的結構，某種意義上淪為變革的阻礙因素，無法為多數港人謀利益。香港的公務員隊伍是特殊的利益集團，在很多方面享受與普通市民不同的特殊待遇，成為強大的保守力量，為維護其既得利益而阻礙香港經濟社會變革。[8] 公務員出身的特區問責官員包括特首，大多非常保守，沒有強烈變革意識，沒有膽識在香港建立普惠化均等化的社會保障和社會福利制度，這是香港經濟社會難以真正變革和進步的重要因素。

中央政府需要在挑選特首和任命特區政府主要官員時，高度重視考察相關人員的施政理念，通過用人樹立導向，引導特首和特區政府主要官員以及公務員隊伍強化變革意識。

---

8. 黃海（2017）。《香港社會階層分析》。香港：商務印書館。第七章〈香港公務員〉對香港公務員作為特殊利益集團的特點作了分析。

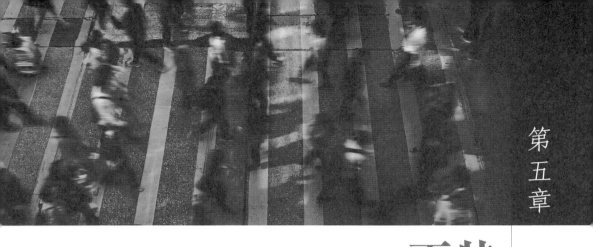

第五章

特區政府管治哲學的
兩條路線之爭

香港人心的失落與疏離，直接表現為港人對回歸後特區政府的施政強烈失望和不滿，亦是港人難以認同香港的管治現狀。

香港特區的管治問題是一個十分複雜的問題，如果要全面探討，涉及的內容非常多，包括：行政長官選舉制度與行政長官的認受性及管治威信問題、高官問責制與特區政府班子的團結及管治效能問題、公務員制度與特區政府管治基本力量的建設、政黨制度與管治聯盟的組建問題、行政立法關係問題、行政司法關係問題、特區政府與公民社會尤其反對力量的關係問題、愛國愛港力量發展與特區政府的支持基礎問題、特區政府的政治路線與經濟民生路線、特區政府意識形態的工作、特區高度自治權與中央全面管治權的關係問題等等。

本章不全面探討香港特區的管治問題。這裏所討論的管治哲學或管治路線，是一個相對狹義的概念，主要涉及政府職能大小、政府與市場的關係、政府的經濟民生路線等問題。這些問題非常關鍵，直接涉及政府以甚麼精神狀態和能力履行其管治職能，是無為而治還是積極作為，是無能政府還是有能政府，是聽任市場失靈還是努力矯正市場失靈，是為少數富豪和精英的利益服務還是為全體港人的利益服務。香港特區政府採取甚麼管治哲學，對於香港經濟民生具有決定性的影響。錯誤的管治哲學，只會為香港經濟民生帶來全面和災難性的影響。

香港特區政府長期奉行的管治哲學，是港英政府遺留下來的，可以歸結為自由放任與「積極不干預」，內涵則包括「小政府，大市場」、審慎理財等管治理念，亦包括低稅制、低福利、不重視保護勞工利益等具體經濟社會制度。港英政府的這套管治哲學，被有些人視為香港成功的基礎，亦被有些人視為香港現今諸多社會問題的根源。

香港回歸20年來，經歷董建華、曾蔭權、梁振英三位特首的管治，林鄭月娥的施政剛剛開始，特區政府的管治哲學引起的爭論愈來愈多。董建華曾希望在土地房屋、產業發展等方面有所作為，但因種種因素

放棄了許多重大政策，被迫重拾「積極不干預」的管治哲學，最終管治失敗、中途辭職。曾蔭權全面回歸「積極不干預」的管治哲學，直接導致香港的貧富差距愈來愈大、社會問題和社會矛盾積累得愈來愈多。梁振英提出「適度有為」的管治理念，試圖讓政府在發展經濟、改善民生方面發揮更積極的作用，也在處理土地房屋、貧窮問題等方面取得一定成就。三位特首的管治哲學有明顯區別，而特區政府內部亦長期存在管治哲學的分歧，財政司司長等財經官員基本傾向於「積極不干預」的管治哲學，不願干預市場，嚴控政府開支，儘量壓縮福利支出，而負責社會福利政策的官員則傾向於多爭取社會福利開支。在學界，大多數經濟學家尤其是芝加哥學派的經濟學家支持「積極不干預」路線，而政治學者、社會學者大都否定「積極不干預」路線。在香港社會，工商界大都支持「積極不干預」路線，而勞工界、社會福利界和多數政黨、政團否定「積極不干預」路線。可以說，圍繞特區管治哲學，存在明顯的兩條路線之爭。

從香港回歸後的實踐看，「積極不干預」的管治哲學已明顯落後於時代，造成的經濟問題和社會問題愈來愈多、愈來愈嚴重。特區政府需要加快在管治哲學上去殖化，儘快全面拋棄「積極不干預」的管治哲學，努力擴大政府職能，在創造財富和分配財富兩端更加積極作為，推進經濟社會制度創新，引領香港加快產業結構轉型，促進分配正義，破解民生難題，紓緩社會矛盾，促進港式資本主義的變革與完善。在這方面，新加坡政府的做法值得香港學習借鑒。

小政府、弱政府、低稅收、低福利，這種管治哲學有利於維護工商界和社會精英的利益。大政府、強政府、較高稅收、較高福利，這種管治哲學更有利於絕大多數港人的利益。選擇何種管治哲學，除了管治者的偏好，更多取決於香港政制安排。普選落實之前，香港很難擺脫小政府、弱政府、低稅收、低福利的管治模式，政府偏重維護工商界和社會精英利益的管治哲學不會根本改變。

第一節
重新認識港英政府的管治哲學

　　港英政府對香港的管治哲學基本可以用自由放任與「積極不干預」來歸納。港英政府實施自由放任與「積極不干預」政策給香港留下的遺產是複雜的，既有非常成功和光明的一面，亦有非常失敗和黑暗的一面。各方面對港英政府的管治哲學有非常不同的評價。

自由放任與「積極不干預」管治哲學的背景與內涵

　　英國管治香港，長期實行自由港的政策。在上世紀50年代之前，香港主要的經濟活動是貿易，經濟社會發展比較緩慢，其地位遠遠不如當時被稱為東方巴黎或東方紐約的上海。二戰之後，香港的主要經濟活動逐步由轉口貿易轉為製造業，上世紀60至80年代，香港的經濟急速發展，70、80年代更是經濟起飛的階段。製造業在80年代北移到內地，香港逐步發展成為國際金融中心、貿易中心、航運中心，成為亞洲四小龍之一。上世紀60至80年代初是香港發展的關鍵時期，港英政府的兩任財政司郭伯偉和夏鼎基，奠定了「積極不干預」的管治哲學，對香港的經濟社會發展、對香港以至國際社會的理財哲學均產生深刻影響。

　　郭伯偉於1961年至1971年擔任財政司，他的管治哲學是不干預、自由放任，理論的根基來源於英國的古典自由主義。當時，主要資本主義國家和地區正盛行強調政府調控市場的凱恩斯主義，福利主義大行其道。英國國內也實行凱恩斯主義，工黨長期執政，推行國有化等措施，並建立福利國家。郭伯偉在香港推行的經濟民生政策完全不同於英國國內，他深受18世紀主張自由貿易的英國經濟學家、哲學家亞當·斯密的影響，信奉自由貿易與自由市場，強調要實行「小政府、大市場」和自由放任的管治原則，認為發展經

濟最好放任自流，由商人處理，政府儘量不要介入，他的名言是「少干預應該是每個公共機關的座右銘」。

夏鼎基接替郭伯偉，於1971年至1981年擔任財政司，1981年至1985年擔任布政司。在任職財政司期間，夏鼎基為香港政府奠定了「積極不干預」經濟政策。夏鼎基繼承了郭伯偉的不干預主義，但作了適當修正，儘量不干預仍是原則，但附加「積極」二字，在應該干預的時候也要適當干預，不是完全不干預，不是完全自由放任。

1979年9月，夏鼎基向香港工業總會發表了著名的演說《過渡中的香港經濟》，首次提到「積極不干預」這個詞彙，並以此總結70年代到80年代港英政府的經濟政策，提出「必須承認有時候干預是實事求是的做法，才能保持香港經濟穩定。」其後，夏鼎基又在1980年的財政預算案和其他演講中闡述「積極不干預」的理念。

夏鼎基的理念主要包括，一、積極不干預政策建基於一個觀點，就是在一般情況下，如果政府試圖規劃私營機構的資源分配，以及阻撓市場力量的運行，政府的行動最終都會徒勞無功，而且更會損害經濟增長，對於開放型經濟體系就更加如此；二、用「積極」來形容「不干預」，「積極」的涵義是指：一般而言，政府會因應當前和將來可能會出現的形勢，權衡輕重，仔細考慮支持和反對採取干預行動的理據，政府才作出積極的決定，研判利害所在；三、在絕大部分情況下，我們得出的結論都是不干預比較有利。

夏鼎基的基本理念還包括：政府不應控制自由市場的資源供應而擾亂市場運作，自由市場應承受投資操作失敗時為自己帶來的惡果，而政府只應在特定的範圍上執行其義務；政府的預算和貨幣政策會影響整個經濟市場，而政府操作失誤時，它有責任進行適度干預；政府應準備向銀行和證券業者施加指導及約束；政府應成立諮詢機構，使私人利益最大化及公眾利益能夠受保障；政府應提供市場生活的基本保障，包括法律、醫療保障、滅火服

務、衛生管理、興建更多道路及排污系統等，以及向房屋、教育、醫療、衛生服務及社會福利等範疇注資。

任財政司期間，夏鼎基很關心急升的政府開支，當時政府曾連續三年錄得巨大的赤字，夏鼎基形容這是「顯然不能接受的」。他提出不少稅制改革以增加政府收入，以及革除政府在此範疇上的不主動性。1973年至1975年三份財政預算案中，夏鼎基皆提出重新加設利得稅的建議，然而受商界的反對而沒有實行。他亦跟從郭伯偉的構想，希望增加股息稅增加政府收入。1976年，他成立第三屆稅務條例檢討委員會研究相關事務。這個建議最終受立法局非官守議員的反對而擱置，並只有提高利得稅的建議獲接納。

從郭伯偉到夏鼎基形成的「積極不干預」管治哲學，對港英政府及回歸後的特區政府的管治哲學產生深刻影響。「積極不干預」不僅是一般的管治理念，更上升到香港的經濟意識形態的高度，成為政府必須恪守的金科玉律，尤其是財經官員更視為不可動搖的信條。

港英的財政司和特區政府的財政司長們，除陳茂波的取態略有不同，都信奉「積極不干預」這套管治哲學的核心理念，僅在字眼等方面提法略有區別而已。彭勵治（1981年至1986年出任財政司）說：「政府仍然堅持下列的宗旨：支持自由市場經濟。」翟克誠（1986年至1991年出任財政司）說：「若政府對私營部門的干預減至最少，讓市場自由發揮作用，經濟效益通常就最大。」麥高樂（1991年至1995年出任財政司）說：「香港的經濟哲學是不難說明的。這就是我們鼓勵創業、奉行低稅制、奉行自由市場及自由貿易」，這是一種「共識資本主義」。曾蔭權出任港英政府財政司及特區政府財政司司長時（1995年至2001年）強調「最大的支持、最少的干預，以及審慎理財。」梁錦松出任財政司司長（2001年至2003年）時認為，政府的角色是「積極為市場發展創造條件」。唐英年任財政司長時（2003年至2007年）提出他的方針是「市場主導，政府促進」。曾俊華任財政司長時（2007年至2017年）時完全師從曾蔭權的「最大的支持、最少的干預，

以及審慎理財。」只有陳茂波2017年接替曾俊華擔任財政司司長時，提出相對比較積極的理念，「我會努力維持香港優越的營商環境，鞏固傳統支柱產業的優勢，並同時推動開拓新市場和支援新產業，務求令香港經濟多元發展，讓各階層市民可以分享到經濟發展的成果，青年人可以有更多優質的就業選擇」，「我也會致力維持穩健的公共財政，靈活運用公共資源，推動各項政府計劃，並提供切合社會需要的服務，促進香港社會和經濟發展。在土地房屋方面，我會統籌各相關部門，攜手合作為香港提供充足的土地資源，滿足經濟發展、住屋和民生需要。」

　　曾蔭權是港英政府中首位華人財政司，後來又擔任特區政府首位財政司長，並接替董建華擔任行政長官。曾蔭權被視為完全師從夏鼎基，是「積極不干預」政策最堅定的信奉者和推行者。他在特首任內於2006年撰寫了著名的〈「大市場，小政府」——我們恪守的經濟原則〉一文，對「積極不干預」政策產生的背景、具體內涵、影響及特區政府的管治理念作了闡述。

　　曾蔭權認為，夏鼎基提出「積極不干預」政策是為了抵擋在當時國際背景下不斷要求政府干預的壓力。夏鼎基出任財政司時，全球的經濟思維深受福利國家與社會主義計劃思想影響，凱恩斯經濟學者主導着許多國家的公共政策辯論，大政府、福利主義、國有化與政府干預廣受認同。香港70年代的經濟十分波動。1973年的股災後，香港經濟步入衰退。接着，發生了兩次石油危機，港元1974年起自由浮動，又觸發更強烈反應。在嚴重的通脹下，香港經濟前景更加不明朗。夏鼎基當時提出「積極不干預政策」，是要抵擋不斷要求政府干預的壓力。

　　曾蔭權認為，「積極不干預政策」是夏鼎基使用的字眼，而香港特區政府近年喜歡以「大市場、小政府」來形容香港特色的資本主義；特區政府會在「小政府」的規限之下配合市場的需要，盡力支援及推動經濟發展。曾蔭權強調，對於私營界別可以自己做的事，政府不應對市場作任何干預；政府雖然肯定市場競爭的重要性，但並不表示政府可以袖手旁觀，處於被動；

在採納有利市場的方針時，必須採取主動，研究如何結合政府與市場力量，為社會整體提供合適的平台，締造最能支持經濟發展的環境。

曾蔭權概括了「積極不干預」政策的具體內涵，其中第5條非常關鍵，就是實行嚴格的財政紀律，將公共開支佔GDP的比例控制在20％以內，使特區政府的理財觀念非常保守。

1. 政府對經濟所作的努力是「提供基本的法律及規管架構，作為發展自由公平市場的基礎」；

2. 維持小政府原則；

3. 奉行稅率低、穩定而明確的稅制，鼓勵企業發展；

4. 妥善管理公共財政，以滿足市民對現代化的基礎建設、更完善的居所及健康護理服務，以及更優良的學校和社會福利的要求；

5. 管理政府規模及公共財政的具體原則。以公共開支佔本地生產總值的比例，來監控政府的規模。

從港英政府和特區政府的實際操作看，絕大部分財政年度，都將公共開支佔本地生產總值的比例控制在20％以內，偶有超出時，超出的幅度亦非常小。這成為政府管理公共財政的清規戒律，控制公共開支成為首要原則，而滿足市民對基礎設施建設、教育醫療及社會福利的要求成為次要原則。

港英政府放任主義和積極不干預的管治哲學在殖民時代和回歸後都被視為香港公共政策的共識，其核心理念與具體制度為香港社會長期接受。香港特區政府中央政策組前首席顧問劉兆佳在《回歸後的香港政治》一書中歸納了放任主義與積極不干預政策作為港英時期的「政策共識」所包含的核心內容：

1. 經濟發展至為關鍵，是政府施政的重中之重，也是考核政府工作表現的首要標準。

2. 香港實行的是高度自由開放的資本主義市場經濟，其自由度與開放度位居世界前列，比自詡為自由經濟的典範的美國尤有過之。投資、生產、銷售、消費、分配等主要經濟領域均由市場主導。但英資財團獲得特殊的照顧和權利，享有不公平競爭的優勢，尤其是在公共事業範疇中。壟斷和寡頭壟斷在香港比比皆是，在公用事業、汽油、超級市場、房地產市場等領域尤為突出。

3. 香港在自由開放的資本主義體系下是一個充滿均等機會的社會。

4. 香港自由開放的資本主義社會自然不可能是平等的社會，平等的意思是每一個人都享受到差不多的生活水平。

5. 個人努力和拼搏乃成功之道。

6. 貧窮與失敗屬個人的責任。

7. 社會分配公平合理。在開放的資本主義市場經濟下，市場承擔最主要的資源、收入和財富配置的功能。

8. 香港政府是一個有限職能政府。政府不應該參與經濟活動，不要「與民爭利」，不要用公帑資助個別行業和產業，不要搞「官商勾結」，不要搞保護主義，不要屈服於福利主義和民粹主義。

9. 簡單低稅制。

10. 審慎理財的財政政策。殖民政府一般不搞赤字預算，大體上只搞年度預算，不太願意開闢新的開支項目，反對舉債，儘可能累積財政儲備，主張「量入為出」。

11. 政府的工作儘量交付市場去做。

12. 福利政策只照顧基本需要。和歐洲的福利國家相比，香港的社會福利的種類實在相差甚遠。無論在「生、老、病、死」或「醫、食、

住、行」方面，香港還有不少不足夠的地方，比如說退休保障、失業保險、兒女撫養、養老設施等方面。

13. 作為堅決擁護自由貿易的國際商埠，香港是全球化的積極參與者，也是實實在在的既得利益者。資金、人才、貨物、資訊自由進出香港乃香港的品牌，是香港贏取世界讚譽的標記。港元匯率與美元掛鈎，香港失去了制定貨幣政策的權力。財政政策也因為奉行量入為出的原則而似有實無。

最後，不少港人雖然對西方民主有憧憬，但對於香港實行西方式普選卻不無顧慮。香港的自由市場資本主義體系、有限政府、簡單低稅制、審慎理財哲學、簡約的福利制度和充裕的財政儲備能否在民主體制下繼續存在，港人不敢肯定。[1]

曾蔭權和劉兆佳的這些分析，是對港英政府管治哲學非常全面也非常權威的總結。劉兆佳點出了港式資本主義的一些突出問題，包括：壟斷和寡頭壟斷在香港比比皆是，不是平等社會，福利政策只照顧基本需要且與福利國家相距甚遠等。

港英政府實施自由放任與「積極不干預」政策的具體實踐及給香港留下的遺產

從不干預到「積極不干預」，港英管治香港的關鍵20年

從1961年到1981年，港英政府的管治哲學從郭伯偉的不干預主義到夏鼎基的「積極不干預」，這關鍵的20年對香港經濟社會發展的影響十分巨

---

1. 劉兆佳（2013）。《回歸後的香港政治》。香港：商務印書館。第281-290頁總結了港英政府公共政策的14個特點。

大，港英的管治哲學趨向定型和成熟，香港的主要經濟社會制度在此期間基本定型。上世紀80年代初至1997年香港回歸，香港處於過渡期，中英談判、制定基本法、香港民主發展爭議、主權交接等政治議題逐步主導香港，經濟社會的制度性變革已經很少。

　　1961年至1971年，郭伯偉擔任財政司，港英政府實施不干預政策。在郭伯偉上任財政司的時候，香港剛經歷過港督葛量洪的管治，經濟由轉口貿易轉型成以輕工業為主導。郭伯偉任內積極維持極低的關稅政策，將薪俸稅維持在不多於個人總入息15%的水平，又刪除一些舊有的稅項。對市場干預減至最少是郭伯偉的主要方針，比如他不支持商界對本地工業進行補貼以增強競爭力的要求，也反對對銀行業加強監管。郭伯偉甚至反對政府對經濟狀況作出詳細統計，曾提出貧窮國家要脫貧首先要「廢除國家統計部門」，認為對經濟狀況作統計十分危險，因為政府會不知不覺地根據數據作出干預，並阻礙市場自然復甦的機制。他甚至揚言「國民經濟核算是學者而不是官方研究的課題」。郭伯偉只支持政府進行有限的公共建設和社會建設，僅僅同意為了清除當時大量內地赴港難民所住的寮屋區而推行的廉租屋計劃。他反對引入免費的義務教育，直至他快卸任時的1971年香港才實行免費的小學義務教育，而中學義務教育推遲到1978年才落實。研究香港歷史的一些專家認為，香港免費義務小學教育被推遲，擴大福利改革（包括工人退休和保險）的計劃觸礁，郭伯偉都有不可推卸的責任；而香港在上世紀60年代，社會福利方面遠遠落後於其他工業化地區。

　　上世紀60年代，香港經濟加速發展，大量內地難民抵港，廉價勞動力充足，香港製造業興盛，經濟加速發展，但香港的住房、醫療、教育等社會建設均十分落後。當時大量內地難民因為躲避三年自然災害和內地的政治運動而逃到香港，到1964年，有近50萬人住在環境十分惡劣的山邊木屋區或天台小屋。港人居住環境差，貧富懸殊大，工作環境惡劣，政府部門貪污受賄成風，政府嚴控政治參與和民主發展，這些都使香港的社會矛盾變得尖

銳，進而影響社會穩定，帶來慘痛政治和社會代價。內地「文革」動亂和「左傾」的對港工作路線亦對香港的政治社會局面帶來消極影響。

1966年春天，香港因天星小輪加價而爆發暴動，大批市民借機發洩對社會現狀的不滿，超過1,400名青年被捕。事後，相關的調查委員會認為，人口擠迫產生壓力，加上謀生困難，以及因為國際政治經濟形勢使本港生活有潛在的不安定 —— 這一切所造成的某種緊張形勢，如果在別的地方，已足以時常造成騷動。

1967年，香港發生更具破壞性和影響深遠的「六七暴動」，事件持續達半年之久，官方公佈共51人死亡（其中10人是警察），至少800人在騷亂中受傷，另有超過300人在大量爆炸事件中被炸傷，超過5,000人被捕入獄，還有大量人員被秘密驅逐出境。「六七暴動」充分暴露了當時的社會矛盾，亦深刻影響了港人的心理和價值觀，直接促成港英政府對管治手法作出調整。[2]

1966年和1967年的兩次大暴動，使港英政府認識到，政府要關心和照顧香港的低下階層，推出更積極的社會政策，改善民生，緩解社會矛盾，維護社會穩定，提升殖民政府的認受性，鞏固殖民統治。

港英政府基本穩住「六七暴動」的局勢後，着手改進殖民統治。港督麥理浩於1971年11月上任。他是從英國外交部選派的職業外交官，是首位並非出身英國政府殖民地部的港督，也是任職時間最長的港督，先後四次續任，擔任港督至1982年。麥理浩被視為最有作為、對香港貢獻最大、最受

---

2. 張家偉（2012）。《六七暴動—香港戰後歷史的分水嶺》。香港：香港大學出版社。此書是記述「六七暴動」歷史最詳盡的一本書，2000年版本名為《六七暴動內情》，2009年有過英文版 *Hong Kong's Watershed: The 1967 Riots*。強世功（2008）。《中國香港—文化與政治的視野》。香港：牛津大學出版社。第二部分「無言的幽怨」（21–39頁）亦詳細評述了「六七暴動」對香港政治社會尤其人心的影響。

港人歡迎的一任港督。香港輿論用「麥理浩時代」形容他主政香港的時期。麥理浩在任期間大刀闊斧進行改革，強勢施政，擔任財政司的夏鼎基儘量配合麥理浩。麥理浩的施政不能簡單用「積極不干預」政策來形容，被視為帶有「務實社會主義」的色彩，與當時英國國內仍信奉凱恩斯主義相似，他的施政也是港英政府提高殖民統治認受性最用心也最成功的時期，香港在這期間成為「亞洲四小龍」和國際金融中心，經濟社會發展均非常快，迎來最好的時期。

　　麥理浩的施政在一定程度上是為港英政府過去的施政不足還帳，尤其是在社會建設、民生建設方面及制度層面。[3]

　　麥理浩的重要功績是加強了房屋建設，建立了公屋制度和居屋制度。他在1972年10月宣讀的首份《施政報告》當中，提出規模宏大的十年建屋計劃，目標是在10年時間內，從賣地等收益投放80億港元，為180萬名香港市民提供居所。為了有效推行計劃，麥理浩在1973年將原有的屋宇建設委員會改組成房屋委員會（簡稱房委會），另外又將徙置事務處和市政事務署的房屋科改組為房屋署，兩者專門負責規劃和推行公營房屋計劃，著手興建簡稱「公屋」的公共屋邨，而原有的廉租屋邨和政府廉租屋則被歸類為「甲類屋邨」、徙置屋邨被歸類為「乙類屋邨」，一律也統稱公共屋邨，歸由房委會和房屋署管理。為配合公營房屋的興建，他還在同年成立新界拓展署，負責在新界興建新市鎮以容納更多人口。為協助中下入息家庭及公屋家庭置業，麥理浩還在1976年12月宣佈推出簡稱「居屋」的居者有其屋計劃，由港府興建一些價廉實用、且具一定品質的住宅屋苑，供有意置業但無力購買私人物業的人士選擇。十年建屋計劃一共向96萬名市民提供居所，但始終未能達到當初訂下的供180萬人居住的目標，港府後來決定延長計劃五年，到麥理浩卸任後的1987年才告完成，但最終的累積安置人口只有150萬。十年

3.　港人大都視麥理浩為最有作為的一任港督。高馬可（2013）《香港簡史》第六章〈新香港〉的「建立福利社會」部分（197–202頁）詳細評述了麥理浩的施政。

建屋計劃是香港開埠以來最大規模的公營房屋興建計劃，大批市民受惠，他們的生活狀況得到大幅改善。

　　麥理浩完善了香港的基礎教育制度。港府在1971年開始實施免費小學教育的基礎上，於1978年新學年施行九年強迫免費教育，使香港所有適齡兒童和青少年都要強制接受教育至初三的程度。

　　麥理浩推進了香港公共醫療制度發展。為應對人口增長和新界大量新市鎮的發展，麥理浩大建醫院，在他任內建成的公立醫院和醫療設施計有小欖醫院、小欖精神病治療中心、瑪嘉烈醫院、葵涌醫院等。屯門醫院和位於沙田的威爾斯親王醫院也在他任內開始籌建。港府在1974年發表《香港醫務衞生服務的進一步發展》白皮書，制定香港未來十年的醫療政策，當中提出為了「保障及促進整體的公眾健康，以及確保向香港市民提供醫療及個人健康設施」，港府有必要繼續提供「低廉或免費」的醫療服務。麥理浩時期的公立醫院普通科門診和專科服務，向市民收取遠低於成本的象徵式收費，急症室、保健院、結核病和胸肺科診所等服務維持免費，全數依賴政府補貼。

　　麥理浩亦致力提高社會福利水平。在麥理浩上任以前，港府沒有一套全盤的社會福利政策，向老弱貧民發放糧食幾乎是港府唯一的接濟手段。直到1967年，港府才開始向那些無法親身領取糧食的貧民發放現金援助。1971年，港督戴麟趾首度引入簡稱「公援」的公共援助計劃，向受助人發放現金膳食津貼。麥理浩在1973年引入傷殘老弱津貼計劃，用以向嚴重傷殘人士發放傷殘津貼，向年滿75歲但沒有入住安老院舍的長者發放俗稱「生果金」的老弱津貼。

　　麥理浩設法改善勞工待遇，但基層勞工仍未得到充分的保障。麥理浩較具體的措施包括在1973年正式設立勞資審裁處，負責調解勞資雙方的金錢糾紛；在1974年修訂《勞工賠償條例》（《僱員補償條例》前身），把僱主向因工永久喪失工作能力或死亡的僱員之賠償金額上限上調三分之一；1975年

引入《勞資關係條例》，訂定了調解勞資糾紛的程序；1982年，《勞工賠償條例》獲進一步的修訂，規定所有僱主要為僱員購買僱員補償保險。

麥理浩最重要的功績之一是建立了廉政公署制度，在香港建立起廉政文化。麥理浩任內港府的理財哲學是夏鼎基提出的「積極不干預主義」。「積極不干預主義」與「自由放任」政策的相同之處，在於兩者均以審慎理財為原則，並主張儘量縮減政府的規模，讓市場自行調節，避免由政府對經濟市場作出干預。「積極不干預主義」與自由放任的不同之處，在於港府投放到民生福利的公共開支比郭伯偉任內大幅上升。港府公共開支連年增長，1972年與1971年相比，港府總開支增長達50%。麥理浩急於改善市民的基本民生福利。

麥理浩的施政被視為帶有「務實社會主義」的影響。麥理浩晚年接受訪問時承認，他任內「致力快速擴展社會服務和房屋供應」，是為了回應市民在「六七暴動」期間表達的不滿，他認為這些政策能夠有效拉近官民關係之餘，也加速了社會的現代化，因此都是對香港重要和正確的政策。他認為，香港每一個家庭都應該有屬於自己的居所，如果他們無力自置居所，政府有必要向這批市場照顧不到的一群提供公共房屋，或是價格相對廉宜的自置居所。他大力推動十年建屋計劃、興建新市鎮、推動九年免費教育、發展社會福利政策和建造地下鐵路等各項大型基建，提升市民生活質素，增強市民對香港的歸屬感。沒有麥理浩的施政，香港可能還是另一個樣子，現今香港的許多重要經濟社會制度，都是麥理浩留下的。

麥理浩的施政與港英政府過去的施政風格完全不同，成為港英對港殖民統治的最大亮點，具有特殊的背景，亦有英國政府特殊的考量。學者認為，英國政府和麥理浩的策略，又或是麥理浩在香港所進行的改革和龐大建設工程，都是為英國政府創造與中國政府談判香港前途的籌碼。換言之，英國政府計劃以最短的時間，把香港各方面的發展和生活水平儘量拋離中國內地，並突出香港社會和制度的優勢，從而影響中國政府在處理香港問題的態度和政策。

雖然麥理浩十年半的港督生涯取得很大成就，但香港在房屋、教育、醫療、養老、貧窮等方面的許多制度性問題仍未來得到妥善解決。雖然在麥理浩任內香港經濟急速增長，但物價飛漲等因素也深化了貧富懸殊的問題。

港英自由放任和「積極不干預」政策給香港留下的遺產

英國對香港的殖民統治，是殖民主義與資本主義的結合，在絕大多數時期，港英對香港實施的是自由放任政策，麥理浩時期的施政是相對特殊的。總體而言，港英對香港的殖民統治，非常傾向於自由放任的政策，並由此形成港式資本主義的特色。本書第四章已對此作出分析，這裏再分析一下港英統治時期港式資本主義的三個特徵。

其一，港英長期堅持重商主義，官商同謀特色鮮明。港英政府中央政策組前首席顧問顧汝德曾詳細分析港英政府與商界的「官商同謀」關係，認為這種「官商同謀」的統治模式令香港的民主發展尤其是社會公義賠上沉重的代價。顧汝德認為，殖民地政府因為無法透過投票箱合法選出有能之士，於是吸納了商界代表和專業精英，成為政治體制的合作人；政府勢力一向由外籍官員和商界聯手控制，他們合力製造有利商業發展的環境。顧汝德認為，在政治體制之內，商業利益佔盡優勢；英國視商界和各專業界的領袖為最有資格進入殖民地權力架構的人，殖民地官員從這群人中挑選部分加入立法局和行政局，以代表香港市民的聲音，並且由這些特選人士主持法定機構和諮詢委員會，組成香港的「諮詢政府」，以替代民主制度。他批評，長期以來，獲委任的人代表的是商界利益，特別是大財團的利益，而不是整體社會所關注的福祉。殖民地政府標榜他們是創造了一種比傳統民主制度更優越的資本主義式賢能統治，獲委任的是華人社會中最富有和西化的一群，成為所謂「商界精英」，他們來自擁有主要銀行、商業機構、工業機構和地產公司的各大家族，再加上大型上市公司的高級行政人員和專業機構的合夥人，以及擁有專業資格的富人……北京委任後殖民地權力架構的人選時，這群人

也是優先考慮的對象；官員及商家的緊密合作，導致殖民地政府部門形成了「支持商界」的文化。[4]

在港英殖民統治時期，英資大企業的高層進入殖民地政府的管治架構，官商不分、官商合一。港英的行政局、立法局雖在性質上只是港督的諮詢機構，但仍對港督的決策有相當大的影響力，英資大財團的高層通過進入這些體制而享有很高的話語權。掌控英資太古集團的施懷雅家族植根英國，太古集團支持其董事鄧蓮如發展政治事業，鄧蓮如更是首位擔任英國上議院議員的華人。太古集團的前行政總裁彭勵治曾擔任港英政府的財政司，他從政府退休後又回到太古的倫敦辦事處出任非執行董事。

英資高層對英國政府有很強的遊説能力。顧汝德回憶，英資大行可直接向倫敦的大臣投訴，權力之大惹人關注；1992年彭定康接替衞奕信出任港督，據説主因之一為英資大班向英國作遊説。

其二，港英非常重視維護英資企業的壟斷利益，市場自由競爭其實在香港並不存在，大財團壟斷的特色一直存在。

港英政府雖然強調在香港實施自由放任的政策，強調自由競爭，但在港英統治香港的非常長的歷史時期，香港的經濟命脈和核心產業實際一直由英資大財團壟斷，根本不存在自由競爭。

---

4. 本章較多直接引述了顧汝德對港英政府管治理念及績效的評價，不一一註釋。港英政府設立中央政策組後，顧汝德是香港回歸前唯一一任中央政策組首席顧問（任期從1989年至1997年），他曾在英國曼徹斯特大學和牛津大學主修經濟學，曾任香港大學經濟系講師，加入政府前曾出任《遠東經濟評論》副總編輯，現為都柏林大學聖三一書院商學院兼任教授，出版不少學術著作。他的《官商同謀——香港公義私利的矛盾》、《富中之貧——香港社會矛盾的根源》、《嚴防金融海嘯重臨——香港監管文化的啟示》（均由天窗出版社出版）主要以批判性的態度評述了港英政府對香港的管治，對了解港英政府對香港的殖民統治很有幫助。

　　港英統治時期，香港最重要的金融業一直由英資銀行壟斷，這種壟斷是港英政府對英資銀行採取特殊優待政策形成的。在相當長的時期，香港沒有中央銀行，沒有中央銀行性質的金融監管機構。香港作為十分重要的國際金融中心，金融管理局遲至1993年4月1日才成立，是將以前的外匯基金管理局與銀行業監理處合併而成。英資滙豐銀行則長期行使香港的中央銀行的職能，至少是準中央銀行的職能。滙豐銀行利用「準中央銀行」的特權使業務蒸蒸日上。滙豐在香港銀行業長期享有壟斷特權，主導香港金融業。二次世界大戰後，港英政府的數任財政司都決定不在香港建立較正規的中央銀行制度，而繼續依賴滙豐銀行擔任中央銀行這個角色。上世紀50年代，英國財政部施壓，要求限制滙豐的功能，但殖民地政府堅拒。1977年，港英政府又拒絕國際貨幣基金組織提出的由政府直接履行中央銀行職責的建議。1978年，港英政府的銀行監理專員也公開要求建立中央銀行，但高層仍置諸不理。直到在英國結束對香港殖民統治的最後幾年，港英政府一直授權滙豐處理一連串與中央銀行相關的事務，滙豐從中賺取利潤。例如，其他銀行暫時缺乏流動資金，滙豐銀行會作最後貸款者，但是貸款純粹出於商業形式。如果政府需要拯救陷於危機的銀行，滙豐會提供所需資金，但是政府需要為有關風險作擔保。滙豐也作為各銀行之間交易的結算中心，令其可以自由運用銀行體制的盈餘，並對貨幣供應量有重大影響力。殖民地政府不願銀行業引入競爭，中資銀行、華人銀行的發展受到很大限制。恒生銀行等華人銀行紛紛被滙豐銀行收購。華人資本一直沒能在銀行業取得發展。滙豐不用擔心其市場佔有率受到威脅。政府過往長期通過銀行牌照限制等行政措施設置直接競爭的屏障。對於滙豐能夠作為銀行之間的結算中心，從中賺取豐厚利潤和獲得商業優勢，香港的其他銀行一直感到不滿。直至香港金融管理局成立，滙豐才正式失去其中央銀行的身份，而將中央銀行職能轉移給政府的時間長達四年，即實際上滙豐一直到1997年香港回歸前，都充當準中央銀行來保障特權、壟斷市場和獲得豐厚利潤。

英資大企業長期控制香港的公用事業及電訊等命脈性企業。英資企業中電和港燈這兩家電力公司一直壟斷香港的電力供應，現在香港仍然只有兩家電力公司，只不過港燈在1983年被李嘉誠收購。英國大東電報局長期壟斷香港電訊業，大東曾享有香港國際電訊傳輸營業額的85%，1984年大東收購香港電話，完全控制了香港的本地和國際電訊市場。英國國有企業英國航空長期壟斷香港、倫敦的著陸權，直至英國統治香港的末期。英資公司太古集團旗下的國泰至今仍在香港航空業有很大優勢。顧汝德認為，英國大東電報局在壟斷香港電訊業時，獲利之豐厚無企業能及；中電也利用電力壟斷地位賺盡利潤；大東在香港的電訊專利權，被視為殖民地「政治、特權、追求壟斷利益優先於公眾利益」的例子。

英資大企業置地、太古、九龍倉等曾長期壟斷香港的房地產市場。港英政府一直以高地價、高房價政策幫助英資企業獲取壟斷利潤。顧汝德認為，在殖民權力結構中，官員為要保護社會利益、增加競爭而干預房地產市場的壓力很小；商界和專業階層於權力結構中的過多特權限制了其他商業領域的競爭，最顯著的例子為房地產市場。房地產市場掌控在小眾玩家手中，並得以獲得可觀的利潤。香港至今仍然是少數大財團壟斷房地產市場，只不過這些大財團換成了華人財團，李嘉誠、吳光正等人都是從英資企業收購房地產業務。

其三，港英政府長期只重視英國的國家利益和英資企業的利益，忽視香港市民的利益，長期重視經濟建設，忽視社會建設，社會保障和社會福利水平不高一直是港式資本主義的特色。

小政府模式、儘量減少政府的公共開支及實施低稅制，出發點都是維護英國的國家利益和以英資企業為主的國際資本的利益，損害的是香港市民的利益。英國人等西方公民在香港一直只佔據極小的比例，港英政府的高官

和公務員長期以英國人為主，政府只注重公務員的利益，在住房、薪酬、教育、退休保障、醫療等方面均為公務員提供良好待遇。上世紀50至70年代，數百萬內地居民以偷渡等非法方式進入香港，港英政府只將其視為難民，積極意義上也只視其為勞動力，並認為這些人遲早會回到內地，因此，政府非常輕視社會保障制度和社會福利制度的建設，強調香港的華人要保持儒家的傳統，通過家庭協助等方式解決養老。政府推卸本應由政府承擔的責任，認為貧窮是個人的事。

港英政府長期堅持極為保守的財政政策，儘量減少公共開支，增加財政儲備，相當程度是為英國的國家利益服務。在歷史上，英國對香港是只取不予，香港政府如果出現財政赤字，英國政府不會支付及填補相關赤字，因此，香港財政只能盈餘而不能有赤字。英國政府機密文件顯示，即使香港出現金融危機，英國政府也不會援助。曾在香港擔任公務員的英國人回到英國後，香港亦要長期支付這些英國人豐厚的長俸。英國在香港駐軍，駐軍費用長期由英國政府和香港政府各支付一半。香港的財政盈餘早年長期存放在英國，香港財政儲備愈多，英國愈能從中獲利。香港的外匯儲備過去主要用於購買英國的證券及幫助英國穩定英鎊匯率。二次大戰後的頭20年，香港一直為穩定英鎊和加強倫敦金融市場方面作出貢獻。顧汝德曾回憶，「對大英帝國來說，聘用的殖民地官員若不以祖國利益，特別是經濟利益為先，又有何意義？畢竟，根據帝國傳統，殖民地需要將其儲備投資於英國及英聯邦的證券、保持英鎊區（Sterling Area）的外匯管制、透過倫敦的採購商『皇冠代理』（Crown Agents）採購供應品，並使用英國的商業及技術標準。直至70年代，這些傳統做法為英國招徠了生意，也限制了其他國家的競爭機會。另外，香港的防衛協議，似乎也以過分高昂的價格來取得駐港英軍的服務」。顧汝德承認香港要將財政儲備轉往英國，但認為責任不在英國政府，將責任推給港英政府的財政司，香港的預算政策仍是要香港付出代價，惠及英國，因為香港的財政預算差不多每年都有盈餘，香港按照英國的指示，需要將這些盈餘儲存在倫敦，香港非但不能動用累積的儲備，也間接支持了英鎊和英

國日漸疲弱的經濟。這個推論認為，香港預算案刻意減少開支，不去加強香港的基建或社會發展，目的是累積大量儲備。

顧汝德透露，港英政府曾經兩次評估英國究竟直接在香港獲利多少。一次是在1975年，英國政府赤字達2.1億美元，港英政府評估，英國的赤字都由香港賺來的無形收益抵銷了，因為估計當年在香港的無形收益達9億3千萬美元；這一數據被廣泛質疑，因為無形收益中47%來自倫敦控制香港航空著陸權所得，估算的方法並不可信。一次是在1989年，港英政府評估英國從香港每年有形和無形的總盈餘少於5億美元，顧汝德也認為這一資料很粗疏。除英資企業在香港獲得的龐大利益之外，英國政府究竟直接在香港每年獲利多少，只有英國人最清楚，相信顧汝德披露的數據未必完全真實。

港英政府用於香港社會建設的投入一直很少，香港的社會福利水平一直很低，民生問題解決得很差，市民生活素質較低，生存和發展的壓力巨大。港英在社會保障和社會福利的制度建設上更存在硬傷，九年義務教育遲至1978年才建立，綜援制度遲至1993年才建立，公共醫療制度的完善也遲至上世紀90年代，而政府一直沒有推動建立失業保險、醫療保險和退休保障等制度，並遺害至今。

顧汝德對港英政府、對港式資本主義的「醜惡嘴臉」提出尖銳批評。他承認，今日的香港正為政府數十年前在公共社會開支上的施政失誤，付出沉重代價。上世紀四五十年代，港英政府和工商專業界一致認為，二戰後湧入香港的逾百萬人，均無權享有醫療保健或福利服務。殖民地政府認為這群人只是過客，甚至稱不上是難民，一旦內戰結束和內地政權穩定後，他們便會返回內地。顧汝德認為，港英政府對社會建設抱持錯誤理念，香港政府昔日錯誤地以為投放資源在社會福利，自然就會減少商界盈利和減慢經濟增長。在這種錯誤理念支配下，官員儘可能拖延制定社會政策，延遲推行合適的醫療、教育和福利計劃。港英政府不顧公眾健康、兒童福祉或赤貧問題，把社會服務維持在第三世界國家的水平。到了60年代，政府才勉為其難地增

加對這些服務的投入。在此後的數十年，高官仍然不時公開反對改革香港福利及其他社會服務的建議。商界也由始至終，支持政府奉行吝嗇的公共社會開支政策。顧汝德評價，香港的社會福利長期維持於跡近第三世界國家的水平；香港社會福利處於第三世界，包括當年大量移民人口居住的貧民窟和寮屋，也匱乏醫療、教育及福利設施，為退休人士、失業者或病人提供財務保障的社會保險及類似計劃付之闕如。

顧汝德尖銳抨擊港英政府的房屋政策和社會福利政策。他表示，「香港的不幸以及最棘手的問題，就是其猶如第三世界國家的住屋條件。房屋質素之差，已嚴重到危害市民健康和安全的地步……他們是過去逾半個世紀以來，歷屆政府施政失誤的受害者」，從港英到回歸，「香港可恥的房屋政策一直延續至新世紀」，「現在的房屋問題與上世紀50年代不相伯仲，甚至更為嚴重。」

香港福利制度是另一個從歷史遺留下來的重要問題，就是官商統治精英持續反對香港設立社會保險制度，用以支付退休金、醫療保險和失業保險。一直到20世紀末，雖然香港已發展成繁榮富庶的社會，但設立全民現代社會保障制度的提議屢遭否決，社會保險制度更遭到敵視。這種情況與世界上其他發達地區的一般發展模式，形成鮮明的對比。大部分發達國家在1950年之前，已經大致建立了五項基本福利計劃，包括勞工賠償、疾病及分娩福利、老病傷殘津貼及身故撫恤金、家庭津貼以及失業保險。然而，在半個世紀後，香港設立的僅有勞工賠償，以及在2000年才推行的強積金計劃。顧汝德將香港福利制度建設落後的責任完全歸咎於港英政府和商界精英，「官商管治精英在半個世紀以來，聯手阻止香港推行社會保險制度，其中殖民地當局的高官通常扮演了主導角色」，「政府長期反對建立全民退休保障計劃，對經濟和社會都遺害深遠。」

綜上所述，港英政府實施的管治及其遺留下來的港式資本主義，在經濟社會等方面均存在重大的制度性缺陷，港英的管治理念並非甚麼可以傳之

萬代的金科玉律，港英管治下的香港亦絕非甚麼人間天堂，而是在社會福利和社會建設等很多方面處於類似第三世界的境況。至為遺憾的是，不少港人一直懷念港英的殖民統治。內地從學者到官方也曾經長期膜拜港英的殖民統治及港式資本主義，最為明顯的是，香港基本法從法律層面幾乎全盤肯定了港英統治時香港經濟社會的基本制度和管治理念，而沒有深刻認識到港式資本主義需要進行變革。

對港英政府自由放任與「積極不干預」管治哲學的不同評價

對港英政府自由放任與「積極不干預」管治哲學存在不同的評價。在英國出現凱恩斯主義否定古典的自由放任思想後，西方資本主義國家一直存在新自由主義與凱恩斯主義長達近一個世紀的爭論，凱恩斯主義直至上個世紀70年代末都一直佔據主導地位，而新自由主義則在上世紀80年代初開始在全球範圍取得主導地位，直至2008年國際金融危機出現，對新自由主義的反思與質疑才增強。對港英政府自由放任與「積極不干預」管治哲學的不同評價，與西方社會凱恩斯主義與新自由主義爭論的背景密切相關，也與評價主體不同的政治經濟社會背景及學術背景密切相關。

肯定港英政府自由放任與「積極不干預」管治哲學的論述，主要認為港英這套管治哲學是香港成功的基石，造就了香港的經濟奇跡，曾使香港保持長期的經濟增長和繁榮，使香港具有良好的營商環境，使政府能夠避免社會上的利益訴求的干擾。

堅定支持港英政府自由放任與「積極不干預」管治哲學的，是西方信奉新自由主義的學界和政界力量。美國前聯儲局主席格林斯潘（Alan Greenspan）、國際貨幣基金組織等都肯定香港作為全球最自由經濟體的經濟政策。一些宣揚新自由主義的著名智庫亦充分肯定香港的自由經濟。美國傳統基金會是新自由主義的堡壘之一，截至2017年，該智庫連續23年將香港

評選為全球最自由經濟體的第一名。加拿大的菲沙研究所亦長期將香港列為全球最自由經濟體。這些力量對香港這套管治哲學的肯定，被視為具有權威性，亦對香港社會構成很大的誤導。

米爾頓・佛利民是美國經濟學家，芝加哥大學教授，被視為芝加哥學派的泰斗，新自由主義的旗手之一，以主張自由放任資本主義而聞名，1976年獲得諾貝爾經濟學獎，曾出任美國總統列根的經濟顧問。佛利民1969年曾到訪香港，與當時任香港財政司的郭伯偉相識，兩人都堅信自由市場的無形之手。香港因為奉行積極不干預政策，一直被佛利民視為「資本主義的模範生」，多次點名稱讚。佛利民宣揚自由經濟學說時，評價香港是「自由經濟的最後堡壘」。1980年他在其專著《選擇的自由》中講到，如果想了解自由市場的真正運作，就應該去香港。他寫了暢銷一時的《資本主義與自由》、在《新聞週刊》撰寫專欄，以《選擇的自由》為名拍了電視片。《選擇的自由》特地在香港取景，讓香港的自由經濟體系得到更大的揚名。1998年香港爆發金融風暴，特區政府耗資千億入股市救亡，佛利民猛烈批評香港政府想將香港「公有化」。

2006年，佛利民在病逝前40日，在《華爾街日報》發表〈香港錯了〉一文，抨擊香港政府放棄「積極不干預」制度。他在文中高度讚揚港英政府的「積極不干預」制度，「香港的積極不干預太美好，但太美好的事總難長久；這個政策理念違反天下政府官僚花費和干預成性的本質」；「曾蔭權的前輩在過去半個世紀，成功抗拒了徵稅和干預的誘惑，那是真正難能可貴的成就。雖然，當年宗主國英國信奉社會主義，幸得郭伯偉這位英國公務員，殖民地香港才追隨了自由市場的資本主義政策……他的繼任人夏鼎基創造的『積極不干預』一詞，所描述的正是郭伯偉的施政原則」；「郭伯偉政策的確帶來卓越成果。第二次世界大戰後，香港只是一個極貧困的小島，當時香港的國民平均產值大約是英國的四分之一，到了1997年，香港主權移交中國時，香港的國民平均產值已經大致相等於前殖民地宗主國，即使其間英國

也有可觀的經濟成長。只要讓人民有空間去追求他們自己的利益，自由社會的生產力也可以得到彰顯。」佛利民高度評價，香港市場經濟政策的成功引領中國及其他國家放棄中央調控，走向私人企業、自由市場，結果他們都能享受高速經濟增長帶來的成果；積極不干預在過去半個世紀，使香港免於不少政府輕率干預的惡習，因而得以繁榮富足。他批評，特區政府政策上有所改變，儘管香港會繼續發展，但將不再是自由經濟的一個光輝標記。

香港的公務員，從港英政府過渡到特區政府的高官，尤其是以曾蔭權、曾俊華等為代表的財經高官，一直信奉「積極不干預」主義。香港特區政府財經官員對香港獲評為全球最自由經濟體一直非常得意，政府官員對評選結果往往作出以下的標準回應：評選結果顯示特區政府對維持香港經濟自由的堅持，一再獲得國際榮譽；政府深明自由經濟是香港的制度優勢，也是香港與其他國際領先城市競爭的核心條件，但面對國際激烈競爭，本港不能自滿；自由開放的貿易環境，小規模而具效率的政府，以及法治和司法獨立，都是香港經濟賴以成功的基石，特區政府會致力維持和維護。

香港經濟學界長期為芝加哥學派的學者主導。香港著名的經濟學家張五常、王于漸、雷鼎鳴、陳家強等與芝加哥學派有很深的淵源，他們通過不同形式影響特區政府的管治理念，尤其理財哲學，也通過其研究成果影響中央對港政策以至內地的經濟決策。

張五常在加州大學洛杉磯分校攻讀經濟碩士學位，認識佛利民等很多美國經濟學家，也曾在1988年引薦佛利民與當時的中共中央總書記見面。他曾於芝加哥大學任教，也曾出任香港大學經濟學系系主任。張五常極力推崇港英時期的自由開放的管治。他改革香港大學的經濟學課程，主要學習和發展芝加哥學派的產權理論和方法學，對香港經濟學界產生深遠影響。

王于漸在芝加哥大學取得博士學位，曾任香港大學首席副校長和經濟學講座教授，也是香港經濟研究中心與亞大經濟合作研究中心創辦主任、

香港經濟與商業策略研究所總監。王于漸在其專著《論香港深層次矛盾的根源》中盛讚「積極不干預主義與財政保守主義」。他認為，「『積極不干預』既是我們的政策，也是我們的經濟意識形態。出於這種信念，我們相信給市場時間以自行調節供求，通常好過大量依賴政府——除非有可信服的理由由政府介入。」王于漸高度肯定「積極不干預」理念下的聯繫匯率制度和保守的財政制度。他認為，香港作為小型開放經濟加上奉行聯繫匯率，堅守審慎理財至為必要，積極不干預政策對於奉行聯匯的開放型城市經濟仍屬上佳安排」，「香港得益於經濟放任」，「維持聯匯最好保障。」王于漸認為，「積極不干預」政策可以成為抵制民粹主義和福利主義的「擋箭牌」，「積極不干預的另一個好處是，香港政府為免管治的合法性遭到挑戰，一向避免過分介入私人事務，如今更多了一個擋箭牌。香港在英治時期有此顧慮，回歸後也未完全擺脫這個問題。現在政制仍處於過渡期，社會嚴重分化。若另立經濟意識形態，除了要選定新意識的內容、考慮到社會會否接受，還要增加問責性來加強其合法性。改用民粹意識形態或有助於當選，但帶給市民的好處未必能持續。」[5] 王于漸反對建立全民退休保障制度，認為「全民退休計劃在財政上肯定是一場災難」，將導致加稅，「政府應闡明無意設立全民退休保障計劃。這類倡議罔顧責任、有損社會的跨代關係，當局應嚴詞拒絕。」[6]

陳家強在芝加哥大學取得工商管理碩士及財務學哲學博士，曾在美國的大學任教九年，1993年加入香港科技大學商學院，於2002年獲委任為香港科技大學工商管理學院院長，2007年7月1日至2017年6月30日任特區政府

---

5. 王于漸（2012）。《香港深層次矛盾》。香港：中華書局。〈積極不干預主義與財政保守主義〉。16–17頁。

6. 王于漸（2013）。《香港奇跡已經幻滅？》。香港：中華書局。134頁。王于漸在《香港奇跡已經幻滅？》中的〈長者生活津貼抑或全民退休保障？〉、《香港深層次矛盾》中的〈香港能否負擔高齡社會保障計劃？〉等文均反對建立全民退休保障制度。

財經事務及庫務局局長。曾俊華任財政司長、陳家強任財經事務及庫務局局長的組合，使特區政府在長達十年內的理財哲學特別保守，期間錯估財政盈餘據報就達5,000億港元左右。

雷鼎鳴在芝加哥大學取得學士學位，於明尼蘇達大學取得博士學位，曾擔任芝加哥大學《人力資本學報》編輯，香港科技大學經濟學系教授，香港科技大學經濟發展研究中心主任。雷鼎鳴否定凱恩斯主義而信奉芝加哥學派的理論，他曾撰文指出，若論對政策的影響，我們很難說佛利民比凱恩斯厲害，但凱恩斯的理論經不起時間考驗，在70年代的「滯脹」中已飄零落花去，佛利民的學術可勝上一籌。雷鼎鳴主張審慎理財，並認為應該嚴格執行公共開支佔據GDP一定比例的做法。

王于漸等經濟學家的觀點，很大程度代表了香港社會精英的觀點，更代表香港社會精英的利益。在小政府、審慎理財、低稅、低社會福利等具體制度之下，在政治、經濟、社會地位均處於社會上層的各類精英，在市場競爭中處於強大的優勢地位，而一個需要政府照顧的中產中下層和基層的龐大群體的存在，正可以突顯社會精英的優越地位。政府主導推動經濟社會變革，普遍提高社會福利水平，顯然使社會精英的優越地位相對下降。

香港工商界尤其壟斷資本家亦充分肯定香港的「積極不干預政策」。工商界政黨自由黨在其黨綱中提出，「開放而高效率的小政府、自由市場經濟和簡單的低稅率制度，有效鞏固了我們所享有的社會及經濟自由，這亦正是香港賴以成功的基石」。李嘉誠家族控制的《信報》長期為張五常、王于漸、雷鼎鳴等經濟學家提供輿論陣地。資本家希望影響中央對特首人選的取態，非常支持曾蔭權式的人物擔任特首。自由黨支持唐英年、曾俊華等保守型的行政長官候選人。

內地一些學者和政府官員亦肯定香港的「積極不干預政策」。一些從事港澳工作的官員非常肯定港英政府保守的理財哲學。內地城市學習了香港的房地產經濟，也同香港一樣帶來一系列深層次的社會矛盾和問題。

也有各方面的力量否定港英政府自由放任與「積極不干預」的管治哲學。

以梁振英為代表的一些香港政界人士，民建聯、工聯會等非工商界背景的建制派政黨政團，部分「泛民」人士特別是比較激進的「泛民」團體，對自由放任與「積極不干預」的管治哲學持質疑與批判態度。

香港許多研究社會學的學者，非常重視研究香港的貧窮問題、貧富懸殊問題和社會階層分化問題，他們對港英管治哲學基本持否定態度，對港式資本主義的醜惡一面持批判態度。也有少數前港英政府的高官，部分研究香港歷史的學者，亦對港英的殖民統治給予比較公允的評價，對港英的管治哲學提出較多質疑與批判。

香港社會福利界和勞工界團體也對港英政府及特區政府過於保守的理財哲學、忽視社會福利建設、重商界利益而輕視勞工利益非常不滿。香港左翼團體的人士對港式資本主義更持強烈否定的態度。

《東方日報》等在香港基層影響較大的媒體長期對港英管治哲學持批判態度，對香港連續二十多年被評為全球最自由經濟體嗤之以鼻，對特區政府保守的理財哲學給予嘲諷，對香港競爭力下降表示擔憂。

否定港英管治哲學的各方人士，提出以下主要論述。

其一，港英政府實際上曾經採取不少干預措施，政府始終要對市場失靈不能放任不管。顧汝德指出，在香港，自由放任政策素來都受到限制，而且主要是政治上的權宜之計；追求金融穩定，便必須放棄自由放任主義，「務實主義比經濟意識形態對香港的經濟成功更起作用」，「香港奉行的自由放任政策不是鐵板一塊。儘管政府大部分時間袖手旁觀，但每當市場重大失誤，尤其是銀行金融體系等影響較大的行業，為免出現無法承受的政治後果，都會出手干預。」他舉例說，郭伯偉任內多次介入市場，例如推行廉價土地政策間接資助製造業，推出針對公用事業的反壟斷措施，引入租務管

制及推出建造業牌照制度以冷卻過熱樓市等等；夏鼎基亦曾多番干預市場，例如批准工業界資助貸款與及提出政府資助參與計劃中的南海石油開採計劃等。也有人認為，香港的經濟政策是選擇性干預主義，當中例子包括：1970年代的十年建屋計劃、興建地鐵、1983年實施聯繫匯率制度等。

其二，香港最成功的金融業不是靠政府對市場放任不管，恰恰得益於政府採取了比英美等國都更嚴格的監管制度，並在關鍵時刻大膽干預市場。顧汝德介紹，港英政府曾長期極不情願承擔穩定金融市場的責任，其推行的監管改革僅能遏止銀行業零星的非法及輕率行為，打擊力度甚微；1985年之前，香港銀行出現倒閉潮，監管機構失責，令民怨沸騰，政府得到教訓，不得不割捨對寬鬆監管的偏愛，消除對市場干預的反感，學會不要依賴銀行家或市場的所謂智慧及審慎態度，自此，銀行及其他金融服務業受到的監管愈來愈嚴格。香港一改銀行業長久以來的低劣標準，建立現代化的監管制度，當香港備受全球非議時，其銀行體系於1997年至1998年的亞洲金融風暴及2007年至2009年的金融海嘯期間，表現卓越；香港實行嚴格的監管制度，政府亦曾入市抵抗金融風險，這些干預市場的措施卻無礙香港經濟的繁榮穩定，其國際金融中心的地位也屹立不搖。反觀英美兩國一直主張金融市場可以自行修正，監管愈放愈鬆，終觸發金融海嘯，而在金融海嘯之後，英美金融監管改革仍然舉步維艱。顧汝德認為，「英國傳統自由放任政策的擁護者宣揚的不干預主義，先決條件就是維護金融體系的穩定。」而香港金融管理局在應對國際金融危機時亦強調，需要更加積極的監管制度和市場干預。

其三，港英政府所謂的自由放任和積極不干預，實際上並沒有帶來市場的自由競爭和公平競爭，而是造成市場的壟斷。無論在英治時期還是香港回歸之後，在香港核心產業和經濟命脈上，都長期存在市場壟斷。

其四，港英管治哲學主要是為資產階級服務，但亦製造政府沒有干預市場的假象。有學者認為，殖民地政府與資產階級共存的方法，是互惠互

利。香港左翼人士批評，港英政府萬變不離其宗，就是為資產階級服務。學者呂大樂分析，在殖民年代，不同的財團各有其投資活躍的範圍（也可以說是「地盤」），雖不是嚴謹的分工，但可以視為不同的「山頭」；經過這樣的利益分配之後，殖民地政府又讓資產階級（主要是英資）分享一定的政治權力；在這樣的利益平衡的格局下，殖民政府同時又定下一個有利於營商的制度性框架──包括低稅率、自由市場、資金自由流動、有限的勞工福利與保障等。這個框架雖未有針對某個集團或某個行業特別照顧，但總的來說是給予資產階級很大自由度的制度。相對於此，資產階級的妥協，就是克制尋租行為，儘量在既定的利益分配格局和遊戲規則內尋找機會和爭取好處，而少有要求殖民地政府作出太明顯的干預。殖民地政府一直避免對個別行業或企業作出照顧的做法，就是要保持這一套遊戲規則。[7] 呂大樂認為，與此同時，港英政府也運用其殖民地管治的制度性條件和權力，保持其獨特的相對自主性。這樣的一種妥協與共識，令香港沒有出現個別資產階級的集團操控國家機器的情況。很多時候港英政府甚至可以利用其獨特的相對自主性，來制約資產階級及社會上其他利益團體。而在市民眼中，他們以為政府扮演着一個鼓勵競爭的中立角色，就算整個社會經濟環境都傾向於照顧工商界，但亦一樣被視為與個別利益保持距離。其實，港英政府直接偏幫特定行業和企業的情況也是大量存在的，最典型的是在金融業長期維持滙豐銀行的壟斷地位，在電訊、電力、航空等命脈企業亦曾長期以特殊政策支持英資企業保持壟斷。

其五，港英自由放任和積極不干預管治哲學，建基於錯誤的發展觀，就是只重視經濟發展，存在「經濟發展崇拜」，嚴重忽視經濟平等、社會平等，忽視平衡社會各階層的利益關係。政府長期只關注經濟增長速度和累積財政盈餘，只重視創造財富而不重視分配財富。學者黃洪批評，政府有意無

7.　呂大樂（2015）。《香港模式──從現在式到過去式》。香港：中華書局。第二章〈永遠的積極不干預〉。43–61頁。

意之間經常強調香港經濟整體增長的成績（財富增長的成績），但卻忽略個別社群未能分享財富，處於貧窮的事實（財富分配的結果）；港府不願承認香港貧窮問題的嚴重性以及忽視其結構性的成因，這明顯是服膺於其「積極不干預」管治哲學；「新古典經濟」學派的經濟思想成為權威，令政府與市民均視收入不平等為資本主義進步的主要動力，香港因此未能像台灣那樣，重視在發展經濟時要兼顧不平等問題，反而視之為經濟發展所「必要的罪惡」。批評聲音還包括，在香港，公義、平等、公平及社會需求等社會價值，都被競爭力、效率、生產力及獲利能力等市場價值、商業價值取代；當商業價值及市場力量快速地成為主導的準則時，公共服務的原則被蠶食，社會價值被犧牲。

其六，對於港英自由放任和積極不干預政策最集中的批評，是這套管治哲學推卸政府調節財富分配、發展社會福利等方面的責任，使香港社會建設遠遠落後於經濟建設，使香港貧富懸殊一直非常嚴重，使香港的社會保障和社會福利水平長期比較低下，使社會矛盾和社會問題不斷積聚。積極不干預政策使勞工法例保持寬鬆，是香港政府縱容資本家剝削工人的政策。學者黃洪批評，戰後香港政府從早期的「自由放任」到後期的「積極不干預」均強調「小政府」或「有限政府」的觀念，政府並無責任照顧市民所有的需要及根治貧窮問題，只有當貧窮問題導致社會不安或不穩定時，政府才會作出補救；港府在70年代大力推行社會服務及社會福利，明顯是吸收了1966年及1967年出現的「暴動」的經驗。[8]

其七，港英的管治哲學建基於最大限度維護英國的國家利益，未能視港人為香港社會的主人，未能以香港社會的福祉為依歸，這是根本的一條。許多人士批評，港英政府視香港為「借來的時間，借來的地方」，只希望借香港維護其在中國和在亞洲地區的利益，最多只是以維護殖民統治基本穩定

---

8. 黃洪（2013）。《「無窮」的盼望——香港貧窮問題探析》。香港：中華書局。第一章〈香港貧窮：從隱形到浮現〉。2–11頁。

的心態對待香港的建設，不願意對港人承擔責任，不願意為香港的社會福祉作出承擔。顧汝德認為，少政治、零福利是港英的施政原則。一些學者指出，香港在二戰後短短五、六年多了一百萬來自內地的難民，港英政府不願訂立長遠的福利政策，免得吸引更多內地難民逃來香港，政府的態度是讓難民自生自滅；六七十年代，內地也有大量居民因政治等原因逃港，港英政府只視其為發展工業的勞動力，不願花錢提高社會福利水平。

其八，積極不干預政策已使香港的競爭力下滑。香港與周邊國家或地區相比，尤其與發展程度極為相似的新加坡相比，經濟增長偏慢，而社會問題成堆。

其九，時代和環境已發生巨變，港英的管治哲學已落後於時代，必須與時俱進調整完善管治哲學。與英治時期相比，香港面對的國內外環境均發生巨變，全球化與中國在改革開放中崛起使香港面臨更大挑戰。香港的內部環境更有翻天覆地的變化，政治、經濟、社會、民情民意均有很大不同，必然要求政府的管治作出改變。

第二節
特區政府的管治哲學及兩條路線的爭議

導致特區政府基本維持港英政府管治哲學的結構性因素

其一，基本法繼承了港英政府重保守理財、輕視社會福利和勞工權利等傳統。在特定時空制定的香港基本法，幾乎完全照搬港英殖民管治的具體經濟社會制度，將其上升到法律的高度，對特區政府有剛性約束，也成為特區政府不願推動經濟社會變革的藉口。

　　基本法的一個重大弊端是，過於具體規定有利維護資本家利益的經濟制度，其中對特區政府管治帶來重大影響的是有關財政、稅收、貨幣等制度的規定，這些規定非常明確和具體，帶有剛性約束。

　　基本法第107條規定，「香港特別行政區的財政預算以量入為出為原則，力求收支平衡，避免赤字，並與本地生產總值的增長率相適應。」有關「避免赤字」等具體規定與發達國家或地區通常的做法明顯有別，成為特區政府理財哲學太過保守的藉口。

　　基本法第108條規定，「香港特別行政區參照原在香港實行的低稅政策，自行立法規定稅種、稅率、稅收寬免和其他稅務事項。」這一條容易為特區政府和工商界反對加稅提供藉口。

　　基本法第113條規定，「香港特別行政區的外匯基金，由香港特別行政區政府管理和支配，主要用於調節港元匯價。」這一條使香港累積的龐大外匯儲備主要用於捍衛聯繫匯率制度，使財政儲備與外匯儲備都不能更好地用於改善民生和投資未來。

　　基本法的另一個弊端是，對涉及香港廣大市民切身利益的社會福利、勞工等方面的制度規定得過於抽象，沒有任何實質內容，似有實無。

　　基本法第36條規定，「香港居民有依法享受社會福利的權利。勞工的福利待遇和退休保障受法律保護。」

　　基本法第145條規定，「香港特別行政區政府在原有社會福利制度的基礎上，根據經濟條件和社會需要，自行制定其發展、改進的政策。」

　　基本法第147條規定，「香港特別行政區自行制定有關勞工的法律和政策。」這些規定十分空泛，沒有明顯傾向性，沒有剛性約束。

香港的具體經濟社會制度決定了特區政府是小政府、弱政府，是能力低下的政府。行政主導難以實現，施政難以積極進取，是由政治制度、經濟社會制度所決定的。

其二，特區政府的管治長期由保守力量主導。董建華、曾蔭權、梁振英三位特首組成的管治班子，均沒有共同理念，沒有變革能力，沒有強大民意支持。從整體看，回歸後特區政府的管治班子以保守力量為主體，施政取向以保守的「積極不干預」主義為主導。

曾蔭權完全信奉「積極不干預」主義，並將其改為「大市場、小政府」，其任內施政的最大特色是堅持高地價高房價的土地房屋政策和極其保守的理財哲學。曾蔭權並培養了曾俊華等一批十分保守的財經官員。董建華、梁振英兩任特首曾想有所作為，尤其梁振英曾提出「行之正道、穩中求變」的治港理念，但得不到整個班子尤其是財經官員的支持。

特區政府主要官員大多數是港英政府培養起來的，也非常信奉港英那套管治哲學，財經官員尤其保守。沒有財政司長等財經官員的配合，沒有一個積極的理財哲學，特首的施政很難有所作為。香港回歸以來，特區政府的財政司長絕大多數都十分保守，過於偏重守財，過於輕視社會建設，輕視提高社會福利水平，輕視保障勞工權益，成為特區政府施政的致命傷。

公務員隊伍是在薪酬、醫療、教育、退休保障等方面享有特權的特殊利益集團，傾向維護現存制度，是十分保守的力量。特區政府的問責官員很多來自公務員，也在施政中保持公務員的保守思維和風格。

其三，保守的政制設計帶來保守的管治，為資本家尤其是大資本家利益服務的管治路線很難改變。香港現行的行政長官和立法會選舉制度，使工商精英和社會上層具有政治特權，使特區政府的施政只能維護工商精英和社會上層人士的利益。缺乏普選制度，特區政府缺乏民意授權為多數市民的利益服務。

特區政府總體上延續甚至發展了港英政府的管治哲學

香港回歸後，只有在涉及金融穩定的重大危機關頭，特區政府才會積極作為，採取果斷措施干預市場，避免金融及整體經濟崩盤。最典型的是在1998年的亞洲金融危機中，特區政府果斷入市擊退炒家。但總體而言，在幾乎所有關鍵的施政領域，在幾乎所有重大的政策範疇，特區政府基本延續了港英政府的管治哲學，在一些重要方面甚至還有發展，由此帶來重大的負面影響，使香港的深層次矛盾和問題愈積愈多、愈積愈深，許多矛盾和問題比港英時期更加嚴重，引發深重的民怨。

其一，特區政府基本沒有推動經濟社會方面的制度性變革。在回歸之後，香港的財政制度、稅收制度、貨幣制度、勞工制度、社會福利制度等均幾乎沒有改革。審慎理財、簡單低稅制、聯繫匯率制度、低水平的社會福利、忽視勞工權益保護等基本沒變，基本沒有制度性的改革、創新與進步。

其二，小政府模式幾乎沒有變化。雖然推行過高官問責制（司局長等實行政治任命）、擴大問責制（副局長、局長助理等實行政治任命），也在阻力重重下作出過政府架構的重組（有點實質意義的是梁振英推動成立了創新及科技局），但小政府、有限政府等模式沒有變，政府職能偏少、能力偏低的局面基本沒有變。

其三，長期推行十分保守的理財哲學，導致特區政府無所作為。重視財政盈餘的積累，忽視善用盈餘改善民生和投資未來。財經官員歷來恪守公共開支不能超過GDP總額20%的清規戒律，將盈餘愈多愈好視為主要目標，理財的保守程度甚至超過港英政府。

不出現財政赤字成為剛性約束。因此特區政府從來不會在制定財政預算案時出現赤字預算，在經濟低迷時需要以積極財政政策拉動需求時，不敢、不能作出赤字預算，相反要以更加消極的財政政策來減少需求。在某些年度出現赤字後，將儘快消滅赤字列為第一目標。比如亞洲金融危機時期特

區政府曾有三年出現財政赤字，政府採取壓縮公務員編制及實際名額，減少政府部門資源，減少教育、醫療等公共開支，拒絕提高綜援等社會保障的標準等許多措施，以進一步減少需求來消滅赤字。財經官員不斷以香港會出現「結構性財政赤字」為由，拒絕增加經常性開支用於解決提高社會福利等問題。

錯估財政盈餘是財經官員慣用的手法，通過錯估財政盈餘可以在製作預算時先行減少支出的預算。據媒體報導，曾俊華在擔任財政司長的十年時間，累計少估算財政盈餘達5,653億港元（2008/2009，預測赤字75億港元，實際盈餘14億港元，差額89億港元；2009/2010，預測赤字399億港元，實際盈餘259億港元，差額658億港元；2010/2011，預測赤字252億港元，實際盈餘751億港元，差額1,003億港元；2011/2012，預測赤字85億港元，實際盈餘737億港元，差額822億港元；2012/2013，預測赤字34億港元，實際盈餘648億港元，差額682億港元；2013/2014，預測赤字49億港元，實際盈餘218億港元，差額267億港元；2014/2015，預測盈餘91億港元，實際盈餘1,003億港元、含被轉走的275億港元，差額912億港元；2015/2016，預測盈餘368億港元，實際盈餘594億港元、含被轉走的450億港元，差額226億港元；2016/2017，預測盈餘114億港元，實際盈餘1,108億港元，差額994億港元）；估錯最嚴重的是2010/2011財政年度，差距達1,003億港元。為了掩蓋嚴重的估算錯誤，政府還採取把盈餘轉入相關儲備金的辦法，減少盈餘金額。比如，2014/2015財政年度，曾俊華預估會有91億港元盈餘，但實際盈餘高達1,003億港元，他以支持建屋為由，宣佈成立興建公營房屋的「房屋儲備金」，轉走275億港元以減低盈餘數目；2015/2016財政年度，曾俊華又轉走450億港元給「房屋儲備金」。香港雖有經常性收入彈性大的問題，但每年均錯估，且總是少估盈餘，差額大到特別離譜，主要不是財經官員的預測水平不高，而是政治問題。低估盈餘成為財經官員的政治考慮，主要是警告香港會出現財政赤字，為減少經常性開支尋找藉口。曾俊華在頭六年都預告會出現赤字，在輿論反覆批評他嚴重錯估財政盈餘後，他才逐步提高對盈餘的預測數字。

儘量避免增加經常性開支，喜歡「一次性派糖」，不願增加經常性開支來解決重大制度性問題。財經官員提出的主要理由是要防範出現「結構性財政赤字」。在經常錯估盈餘、許多年度財政收入大增、庫房「水浸」的情況下，政府往往以「一次性派糖」（即給予市民一些小恩小惠）來收買民心及回應外界「守財奴」的批評。曾俊華任內的九份預算案累計「派糖」高達2,915億港元，其中涉及寬免薪俸稅、個人入息課稅及差餉共1,623億港元，佔「派糖」總額的55.7%。梁振英任內，曾俊華的四次預算案和陳茂波的一份預算案，依次「派糖」330億港元、200億港元、340億港元、388億港元、351億港元，五年累計「派糖」總額達1,609億港元。從1999年曾蔭權開始「派糖」以來，「派糖」已成為特區政府的習慣，且「派糖」往往是「撒胡椒麵」，主要是為中產人士寬減薪俸稅和個人入息課稅、差餉等，為基層人士推出紓困措施，如幫助公屋居民代繳租金、免繳一個月租金等。梁振英任期前四年的主要「派糖」項目為，減免薪俸稅及個人入息課稅共503.5億港元，寬免差餉共360.2億港元，發放額外綜援、高齡津貼、長者生活津貼及傷殘津貼共137.2億港元，供養子女或父母的免稅額共35.7億港元。香港許多人士批評，政府坐擁龐大財政盈餘，不願意作出重大承擔，不致力解決重大制度性問題，只是以「派糖」交差和混日子。比如，香港一些民間團體和政黨建議政府拿出500億港元支持建立全民退休保障制度，特區政府始終拒絕。

儘量鎖定財政盈餘，不願投資社會福利和公共建設。特區政府已設立一些基金鎖緊財政盈餘。2015年2月，曾俊華在財政預算案中宣佈，從2016年1月1日起設立「未來基金」，作為長線投資用途，以增強特區政府財政的可持續性。根據「長遠財政計劃工作小組」的建議，將2,197億港元的土地基金結餘撥給未來基金，作為其首筆資金，以後每年將25%至33%的財政盈餘注資未來基金。只有當特區政府財政儲備降至不足半年的公共開支時，才能考慮動用未來基金，並且需要經過立法會的批准。輿論普遍認為，曾俊華設立未來基金是要鎖緊財政盈餘，防止梁振英在任內大手筆花錢。

　　財政儲備和外匯儲備未能發揮積極作用。截至2017年底，香港已積累財政儲備9,357億港元。截至2017年2月底，香港特區政府外匯儲備資產為3,905億美元。香港的外匯資產投資回報率偏低，主要用於捍衛聯繫匯率制度，防止港幣被狙擊。香港累積了龐大的財政儲備，主要用於保守的股票、債券、基金等投資，回報率偏低。

　　香港未能積極理財，投資發展產業和加強基建，提升競爭力。亦未能完善社會保障和社會福利制度，改善民生，讓市民共享發展成果。保守理財的結果是，香港財政儲備、外匯儲備愈積愈多，「政府窮得只剩下錢」，但未能更好促進經濟增長和提升競爭力，民生問題和社會問題更愈積累愈多，社會矛盾日益尖銳。

　　其四，繼續實行有利於資本家積累財富的簡單低稅制。雖然香港社會普遍認為香港的稅基太窄，特區政府太過依賴賣地等方面的收入，財政收入的來源太窄，但特區政府沒有意願和能量推進稅制改革。唐英年任財政司司長時曾就開徵銷售稅展開公眾諮詢，因反對聲音較多，開徵銷售稅未能成事。特區政府既沒能開徵更多新稅種，亦沒有在稅率上實行累進稅制。缺乏稅制改革，使政府難以開源，更難以借稅收調整分配，解決貧富懸殊太大這一尖銳的社會矛盾。

　　其五，大力推進私有化進程，將公共服務和政府的重要社會責任推給市場。美國和英國在列根、戴卓爾夫人執政時開始大力推崇新自由主義，一個重要方向是將國營事業和產業改為私有化。香港也一直儘量將公共服務交給私營企業去做，在回歸之後，進一步將公共服務和政府產業進行私有化。林鄭月娥曾向建制派議員提出，要解決領匯、港鐵、強積金「三座大山」。林鄭月娥所指的這「三座大山」，都對香港市民的生活產生壓迫，但這都是香港特區政府推行私有化的結果。

　　領匯原來屬於特區政府，全稱為領展房地產投資信託基金，2015年8月19日以前稱領匯房地產投資信託基金，是首家在香港上市、以市值計現時

亞洲地區最大型房地產投資信託基金，亦是全球以零售為主最大的房地產投資信託基金之一。領展的資產是由香港房屋委員會分拆其零售物業及停車場而來，旗下在香港的物業組合包括內部樓面面積約1,000萬平方呎的零售物業及約75,000個泊車位，以及其他項目，至2014年9月30日，其投資物業組合估值達1,254.86億港元，其零售設施以提供附近居民日常所需為主。早年由於特區政府決定停售居屋，房委會面臨財政入不敷支的困境。2004年初，董建華政府決定讓房委會分拆其部分零售物業及停車場，將之證券化並成立領匯基金於香港交易所上市，藉以籌集資金。在上市之後，領匯基金全數由私人（個人或機構）投資者持有，香港特區政府現在並無持有任何權益。領匯上市實際上是將公屋商場私有化。由於公屋商場為房委會主要的財政來源，公屋居民擔心公屋商場私有化後，將使房委會唯一的盈利收入來源斷絕，最終導致公屋租金上升。公屋居民亦擔心屋邨商場私有化後以盈利為先，不再提供廉價消費品。領匯上市時曾引發巨大政治爭議，曾有一百三十多位學者和其他人士發表公開宣言，呼籲社會討論公產私有化，希望各界正視嚴峻的社會不公平及貧富分化問題。2004年底，曾有超過三十個民間團體發出聯合聲明，反對公共資產私有化。領匯上市亦曾引發司法覆核，政府在終審勝訴後成功將領匯上市。當初市民所擔心的公屋商場不斷加租、不再提供廉價消費品均成為現實，引起公屋居民強烈不滿。

九廣鐵路原由政府興建和擁有。1975年成立的香港地鐵公司原來屬於政府全資擁有。時任財政司司長曾蔭權1999年3月在財政預算案中宣佈政府建議將地下鐵路公司私有化。財政司司長法團代表政府在2000年6月公開招股，出售地下鐵路公司23%的股份，並於2000年10月5日在香港聯合交易所上市，政府持有全部已發行股本約75.09%，政府仍為大股東，但該次公開招股向香港市民等投資者出售了近10億股份，地鐵公司成為香港上市公司中股票持有人最多的公司。2006年特區政府將九廣和地鐵公司合併為香港鐵路公司。港鐵私有化的結果是管理層以股東的利益最大化為目標，政府所擬定的「票價可加可減機制」實際變為年年加價，在缺乏競爭的情況下，港鐵

不斷加價，服務品質卻降低，政府作為最大股東卻無法讓港鐵以公共利益最大化為目標。

領展和港鐵是上市公司，其管理層當然以利益最大化為目標，社會責任不是這兩間公司的首要任務。輿論批評，現時領展和港鐵變為特區政府的燙手山芋，只能怪當年董建華和曾蔭權賤賣這兩項政府資產，才會有今天的困局。

強積金制度是香港政府將自身責任推給市場的典型例子。在港英統治時期，就有許多香港團體爭取建立全民退休保障制度，港英政府拒絕作出承擔，但在壓力之下於1995年7月制定了《強制性公積金計劃條例》。香港特區政府繼續了港英政府的思維，於2000年12月1日起正式推行強積金制度，強制18至65歲的香港就業人口參加強積金計劃，僱主及僱員雙方共同供款（一般每月各供僱員月薪的5%），僱員要到65歲後或因特殊原因才能取出供款。強積金制度將政府的責任推得乾乾淨淨，強積金由私人金融機構作為中介來進行管理和投資，回報率極低、有的甚至出現虧損，而中介公司則收取高額的行政費用而成為最大得益者。

2017年4月，香港按揭證券有限公司宣佈已原則上批准推出一項嶄新的終身年金計劃，65歲或以上人士在存入一筆過保費後可即時開始每月提取年金直至終老，保費金額設有上限及下限（暫定分別為港元100萬和5萬）。特區政府將這一計劃作為幫助港人尤其中產人士養老的重要舉措。輿論分析，能夠參與計劃的人數仍然有限，長者靠投保每月獲得的年金也有限。這一計劃仍然體現政府將自身責任推給市場的思維，政府始終不願真正拿出資源來解決全民退休保障問題。

特區政府亦儘量將醫療這一涉及所有港人利益的公共服務推給市場。香港至今未能建立全民醫保制度。梁振英任內公開諮詢的自願醫保計劃，被指是向中產人士開刀，通過計劃儘可能將中產人士趕往私人醫療機構。香港的公立醫院服務品質和效率差強人意，政府不是增加資源和改善服務，而是

通過進一步提高收費來「趕客」。2017年4月，特區政府提出準備將公立醫院急症室的收費由100港元提高至180港元（原計劃提至220港元），媒體批評政府冷血和無恥、只想通過加價來將病人分離到私立醫院。

特區政府亦不斷助長教育的市場化。15年免費義務教育仍未落實。特區政府擁有的優質官立學校和政府資助的優質中小學並不多，但繼續放任不少名校從不收費的學校轉為收費高昂的直資學校。政府資助的大學學額極少，使絕大多數香港學生只能自費上大學。教育支出佔政府公共支出總額的比例在多年內呈實質下降趨勢，引起教育界強烈不滿。

特區政府亦將原有公務員提供的服務進行市場化。政府帶頭實行外判制度，將一些原由公務員提供的服務承包給私人機構去做。特區政府多次壓縮公務員編制，減少公務員職位，實際減少了港人通過進入公務員隊伍上升到中產階層的機會。特區政府還採取大量聘用合約公務員（一般完成兩三年的合約就得離開政府）的形式，變相減少公務員職位，減少開支。

其六，社會建設繼續滯後，維持低水平的社會保障和社會福利制度。香港回歸以後，社會建設繼續滯後，社會保障和社會福利制度的進步十分緩慢。可以算得上的進步僅有幾項，一是董建華在2000年推出強積金制度，緩解社會要求建立全民退休保障制度的壓力；二是曾蔭權在勞工界強大壓力之下，就最低工資標準進行立法，於2011年5月1日起開始實施《最低工資條例》；三是梁振英在任內推出了長者生活津貼制度和在職低收入家庭津貼制度。這幾項算得上的進步，也只是在社會保障和社會福利制度上的修修補補，沒有根本解決不公平的勞工制度問題，更沒能根本解決香港社會保障和社會福利水平長期低下的問題。勞工界、社會福利界的許多重大訴求仍然被特區政府和商界聯手拖延處理。

其七，繼續保護大資本家的壟斷地位，讓大地產商獲取壟斷暴利。特區政府的土地房屋供應一直不足，縱容大地產商通過壟斷土地房屋市場獲取暴利。「地產霸權」幾乎成為香港萬惡之源。

　　特區政府未能在重要的行業和產業大力推動市場開放，包括電力、電訊、煤氣等與民生直接相關的行業。以電力市場為例，特區政府至今仍然維持嘉道里家族和李嘉誠家族兩家電力公司壟斷全港電力市場的局面，使港人飽受高電價之苦，而兩電則長年穩賺暴利。2016年香港住宅用戶每度電的平均價格大約為1.33港元，而內地和台灣大約為0.74港元，韓國約0.91港元，美國約1.05港元。中電2016年盈利為123億港元。港燈2016年盈利35.99億港元。早在2008年特區政府就諮詢電力市場的開放問題，但至今沒能在電力市場開放上取得進展，兩電反對從內地電網輸入電力。2017年特區政府與兩電就利潤管制協議續約，因政府早早表示不會開放電力市場，使兩電在談判中採取強硬立場，未能同意政府提出的下調回報率要求、且堅持新協議有效期長達15年。香港輿論認為，只有開放電力市場，引入競爭，才能真正使香港的電價降下來，而使香港電網與內地電網聯網發展，是加強競爭和降低價格最有效的措施。

　　從電訊市場看，電訊盈科的前身香港電訊過去一直在市場上佔壟斷地位，其後才逐步開放，當時政府直接給予金錢補償，於1998年提早結束香港電訊原本於2006年才屆滿的專營權。根據電訊管理局早年的《對外電訊市場開放十周年回顧與展望》，開放長途電話市場僅僅四年，消費者節省的支出高達255億港元，遠高於政府作出的補償和所得的專營稅，社會及消費者因而得益超過百億元。香港電訊市場的開放度仍不夠高，現在仍然佔有很大優勢的電訊公司反對向中資進一步開放市場。

　　對政府批出專營權、壟斷性的公營機構，香港政府以利潤管制協議進行監管，但這種監管淪落為保障資本家獲得壟斷利潤。港英政府分別在1964年和1978年與兩家電力公司簽署利潤管制協議（實際是利潤保障協定），將兩電的利潤與其固定資產投資規模掛鈎，即兩電固定資產投資愈多，利潤愈高，只要兩電增加固定資產投資，就可以通過調整電價來獲得協議所規定的利潤率。政府與兩電的協議多次續約，協議每次長達10年至15年，缺乏彈性；其中1994年的協議規定，兩間電力公司在1978年後收購

的資產，每年可以獲得淨固定資產13.5%的准許回報。電費與固定資產淨值掛鉤的設計，中華電力有限公司所選用的脫硫裝置比廣東同類裝置貴七倍，但效益並非最大，對環保不利；政府與兩電的協議並無規定利潤與環保有任何掛鉤，不能迫使電力公司重視環保責任。2017年4月，特區政府再次與兩電簽約，要求兩電的准許回報率由9.99%降至8%，協議有效期長達15年。香港輿論紛紛質疑，政府仍然保障兩電獲得高額利潤回報，並在長達15年內難以開放電力市場，市民對高電價有再大不滿，政府也無法迫兩電回到談判桌。

香港雖然已於2015年開始實施促進競爭的條例，但並無太多實際影響，許多關鍵領域的市場壟斷情況沒有改變。輿論批評，「大市場、小政府」原則，換來財團掌控香港經濟，小市民議價能力愈來愈小，變成「大市場、小市民」甚至「大富商、小市民」。

其八，特區政府不願或無力改變高地價高房價政策。董建華曾希望以「八萬五計劃」大大增加香港的房屋供應、大幅提高香港市民的置業率，但因為遇到亞洲金融危機等因素而放棄，其任內推出的「孫九招」大大減少了土地房屋供應，包括停建居屋、減少公屋供應等。

曾蔭權任內繼續停建居屋、減少公屋供應，使香港樓價不斷上漲，貧富差距快速拉大，社會矛盾深化。

梁振英雖然致力管理樓市需求、增加土地房屋供應，但以需求管理為主的「辣招」措施基本失效，土地房屋供應增長仍然緩慢，在其任期快結束之時，香港的地價、樓價不斷破頂，媒體指截至2017年3月底，香港樓價在梁振英任內上漲了50%。不願或無力改變高地價高樓價的狀況，使許多香港市民飽受難以安居的巨大痛苦。

林鄭月娥在2017年10月發表的首份《施政報告》中提出「以置業為主導」及「聚焦供應」為核心的土地房屋政策。「以置業為主導」的理念雖然不錯，對的，但林鄭月娥提出的三大措施，包括大量增加為公屋人士特

設的「綠表置居計劃」（「綠置居」）、將白表免補地價購買二手居屋計劃（「白居二」）恆常化、構建中產家庭可以負擔的「港人首置上車盤」（「首置」），其可行性和公平性都存在爭議。「綠置居」的房屋供應量不大，格局只是比公屋稍高一點，價格雖有優惠但仍偏高，相當多的公屋居民沒有能力購買，有能力的公屋家庭購買意願未必很高，除了成本高的因素，還因為一旦市場下調，這類房屋的價值很可能最難保值。輿論質疑，政府沒有能力收回公屋富戶的房子，就用「綠置居」利誘公屋富戶買樓，這對其他無力買房的市民並不公平。「白居二」的配額少，供不應求，直接刺激居屋大漲價。前兩輪「白居二」計劃實施期間，居屋二手市場樓價分別上漲64%及34%；計劃的核心是不用先補地價，將導致政府收入減少，且對需補地價才能售出的居屋業主不公平。「港人首置上車盤」的爭議更大。「首置盤」的地從何來、會否影響公屋居屋用地、「首置盤」能有多少配額、如何合理定價、公私合營如何避免官商勾結、價格比市場價格低的「首置盤」轉售時需要在年限和補地價等方面如何進行嚴格限制，這些問題都爭論不休，政府至今也沒有拿出任何具體計劃。政府初步計劃在觀塘推出一個可供應1,000個單位的項目作為試驗。一些輿論諷刺「首置盤」只會是杯水車薪及畫餅充饑，很可能像梁振英曾經提出的「港人港地」計劃一樣，試驗幾次就最終消失了。

香港特區政府、房地產界及輿論均普遍認為，解決供需失衡問題，增加土地房屋的供應才是破解香港土地房屋問題的王道。「聚焦供應」的思維很容易成為最大的誤區，就是只講供應，沒有任何其他措施配套，結果淪於紙上談兵和畫餅充饑。

「聚焦供應」將解決房屋問題的希望全部押在增加供應之上，但實際上根本不可能大幅增加供應。2014年12月，香港特區政府運輸及房屋局公佈《長遠房屋策略》，提出在2015/2016至2024/2025的十年期間，房屋供應總目標為48萬個單位，其中公私營房屋比例為60：40，即公營房屋28.8萬個、私樓19.2萬個。48萬個單位的總供應目標是特區政府推算房屋需

求後確定的，是紙上數字。私樓19.2萬個完全由地產商主導，地產商願意推出多少很難說。能否有足夠的土地供應來真正兌現房屋供應，更是大問題。特區政府在《〈長遠房屋策略〉2017年周年進度報告》中承認，「公營房屋的用地供應方面，截至目前為止，假設所有覓得的土地能如期順利推出作為建屋之用，政府已覓得可供2018/2019至2027/2028年度十年期興建約237,000個公營房屋單位的土地，落後於280,000個單位的十年供應目標。」十年建公營房屋28.8萬個的目標很大可能沒法兌現。從實際執行情況看，特區政府公佈的數據，2013/2014至2017/2018五年間，公營房屋（公屋+居屋）供應量只72,800個；預計2015/2016至2019/2020的五年間，公營房屋供應只91,900個，即在十年建屋目標實施的前五年，時間過半，但實際供應數遠遠未能達到目標的一半（即14.4萬個）。

增加供應週期很長，見效最慢。特區政府於2017年9月成立「土地供應專責小組」，預計用一年半的時間檢討土地供應問題，2018年上半年將展開公眾諮詢。等專責小組2019年拿出一些結論，本屆政府上任已經是第三個年頭了。

如果不採取壓抑樓價和限購的措施，任憑樓價瘋漲，即便供應增加了，增加的供應是天價的房子，也大多數落到有錢人手裏，買不起樓的市民還是買不起，置業率根本無法提高。根據特區政府2016年中期人口調查的資料，2006年至2016年，香港的房屋總數從223萬個增加至253萬個，十年間共增加了約30萬個，其中公營房屋增加了94,335個；私人住宅單位增加了169,956個，但自置物業的比率反而下降4.3%，這十年新增的169,956個私人住宅單位有約151,900個落入本地或外地投資者手中。香港特區政府前運輸及房屋局局長張炳良2017年12月向媒體表示，在買家印花稅下（即非香港永久居民在港買房要多交15%的稅），內地人在港置業的比例僅佔交易總量的1.5%；本地投資需求日增，樓市需求主要來自本地投資者。張炳良道出了香港私人住宅市場的本質，香港私樓市場很大程度是由香港有錢人主導的投資市場。

　　林鄭月娥清晰表明了特區政府只聚焦供應的土地房屋政策。她完全不考慮壓抑樓價、抑制需求、加強租管等其他見效更快、政府更容易做到的措施。不採取壓抑樓價的措施，樓價飛漲，普通市民買不起樓的問題根本無從解決，私樓市場增加再多供應也會大多落入投資者手中；不進行嚴格的限購，聽任有錢人炒樓，香港私人住宅市場主要由投資需求主導，真正無房的港人仍然買不起、買不到樓，樓市的需求難以減少，供需矛盾很難緩解；2016年，香港有47%的住戶是租房，共有181萬戶租房為生，完全不考慮租管，不儘快對空置物業徵稅，不考慮將租房者的租金支出納入免稅額之中，不採取其他措施維護租房者的利益，根本說不過去。

　　提高置業率和增加供應是最為困難、週期最長和最難真正落實的，以前的實踐證明，增加供應的「遠大前景」極容易淪為畫餅充飢的大忽悠，說得難聽點，根本是政治騙術。那些力度更大、見效更快的措施，包括壓抑樓價、抑制需求、租購並舉、加強租管、控制人口規模等，這些也是特區政府相對容易有所作為的，特區政府恰恰完全回避。這背後的邏輯在哪裏？

　　說到底，香港土地房屋問題的本質是社會各階層的經濟利益分配問題，而且是最重大的經濟利益分配問題，也是特區政府有沒有政治能量協調各階層利益的政治問題。壓抑樓價，實行限購，抑制需求，將直接損害香港地產商的利益。租購並舉，加強租管，將直接損害擁有大量物業的社會上層人士和富豪的利益。所謂增加供應，主要是由政府出地出錢蓋公營房屋，照顧一下低收入階層，而放任私樓市場由地產商主導和有錢的投資者主導，任憑私樓價格飛漲，這最有利於地產商和有錢投資買樓的富人的利益。特首和特區政府都不敢也不願觸及地產商和社會上層精英的利益。

　　如果本屆政府在解決香港土地房屋問題上沒有調整利益格局的政治勇氣和果斷措施，根本不考慮壓抑樓價、抑制需求、加強租管等更加可行和見效更快的措施，只是一味強調聚焦供應，時間很快會證明，土地很難找，供應很難增加，林鄭月娥的房策都是很難兌現的空話。如果林鄭月娥在解決香

港土地房屋問題上拿不出及格的政績，她和這屆特區政府的認受性最終必然愈來愈低。

其九，經濟轉型和產業結構調整缺乏成效。特區政府長期對經濟轉型和產業結構調整缺乏方向，董建華、曾蔭權、梁振英各搞一套。董建華曾提出發展數碼港、中藥港、鮮花港等計劃。曾蔭權曾提出發展六大優勢產業。梁振英注重創新科技產業發展。整體看，回歸二十年來，香港經濟轉型和產業結構調整缺乏成效，金融地產獨大的局面沒有改變，實體經濟進一步弱化，香港競爭力下降，經濟增速放緩，就業結構中低端化，工作人口收入增長緩慢，產業結構難以支撐就業結構和分配結構的優化，不利社會向上流動。

其十，特區政府沒有港英政府的自主性，香港的管治很大程度淪落為資本特別是壟斷資本的統治。在港英時期，港督通過壟斷政治權力，在「官商同謀」的管治模式中還能保持很大的自主性。港英政府與英資大財團的利益和理念是比較一致的，港英政府主要是自願為英資企業服務，其管治權威帶有凌駕性。回歸後，特首和特區政府都沒法集權了，權力中心多元化、碎片化，香港仍然沿襲「官商同謀」的管治模式，但特區政府的自主性被大大削弱，部分是自願，更多是被迫，其施政路線主要是為資本家的利益服務。特區政府既不能為多數港人謀福祉，不能爭取到多數港人的支持，亦無法與工商界真正結盟和獲得工商界的鼎力支持，只是受工商界政治綁架而已。

香港的管治也很大程度淪落為資本的統治，有強大政治特權和壟斷性經濟權力的資本家階層，實際左右着特區政府的施政路線。呂大樂對此有深刻分析，非殖民化的政治過渡令特區政府不再能像過去殖民地政府般「地位超然」，凌駕於各種利益之上。過去政府能夠凌駕於各種利益集團的能力已大大削弱了，而它未能與資產階級的某些集團結盟，重建一個政商關係的新秩序，並推出一系列有助於建立統治霸權的新政，令特區政府在失去了自主性之餘，同時也失去了政治領導的能力。呂大樂認為，九七後之特區政府的

管治危機並不是個別行政失誤的問題，也不是政府的官僚架構突然間在過渡期後失效所致，更不單是來自民眾要求政府施政要有所交代的壓力愈來愈大的後果，而是特區政府未能建立其政治霸權及政治領導的結果；更諷刺的是，在籌備特區政府的過程中，中方突出了資產階級的統戰價值，並在制度安排和人選上均偏向於維護資產階級的利益，但結果卻沒有真真正正的為特區政府提供一個有政治領導能力和作用的管治聯盟。[9]

特區政府管治哲學的兩條路線之爭

特區政府的管治哲學出現兩條路線之爭，體現在三種現象：一是董建華、曾蔭權、梁振英三位特首的管治哲學有明顯不同；二是在同一屆政府之內，特首與財經官員的管治哲學不同，董建華與曾蔭權的理念不盡相同，梁振英與曾俊華的矛盾公開化；三是在特首選舉中，主要候選人的施政理念有重大不同，梁振英與唐英年、林鄭月娥與曾俊華的理念區別較大。

香港輿論所指的特區政府兩條路線之爭，主要指經濟民生領域的不同施政取向，一條路線是堅定延續「積極不干預」、「大市場、小政府」的管治路線，本質上是在施政上向資本家的利益嚴重傾斜，這條路線從根源上講，是深受古典自由主義和新自由主義的影響；一條路線是主張政府積極作為，相對重視解決貧窮問題和提高社會福利水平，本質上是在施政上更加重視平衡香港社會各階層的利益，這條路線從根源上講，是或多或少受凱恩斯主義的影響。

此外，香港輿論認為在政治領域也存在兩條路線之爭，一條路線是強調政治鬥爭和撕裂社會，一條路線是強調政治和解和修補社會撕裂。「泛民」和部分輿論經常指責梁振英搞政治鬥爭和撕裂社會，認為林鄭月娥、

---

9. 呂大樂（2015）。《香港模式—— 從現在式到過去式》。香港：中華書局。60–61頁。

曾俊華相對傾向政治和解和修補社會撕裂。輿論認為中央對港政策也存在鷹派和鴿派兩種思維、兩條路線，鷹派主張對香港「泛民」實行強硬的「大鎮反」政策，鴿派主張對香港「泛民」實行懷柔的「大和解」政策。

這裏只分析特區政府在經濟民生政策上的兩條路線之爭。這方面的路線之爭，在理念和具體實踐上體現在許多關鍵範疇。

其一，關於政府職能、政府與市場的關係。董建華強調要遵循自由市場原則。曾蔭權強調「大市場，小政府」，基本遵循港英政府的一套管治理念，認為政府對經濟所作的努力是「提供基本的法律及規管架構，作為發展自由公平市場的基礎」，要維持「小政府」模式。

梁振英相對重視加強政府職能。他在參選行政長官的政綱中提出，「香港是全球最自由的經濟體。政府應該適度有為，以尊重市場機制為前提，更積極發揮市場推動者和引導者的作用，促進經濟發展」，強調政府作為「市場推動者和引導者」的職能。他在上任後進一步提出「行之正道，穩中求變，適度有為」的理念，強調要推動變革和適度有為。梁振英也希望完善政府架構，曾提出設立政務司副司長、財政司副司長，新設文化局，將商務及經濟發展局分拆為資訊及科技局、工商及產業局，但在立法會「拉布」之下未能落實，最後僅在任內新設了創新及科技局。梁振英也推動成立了香港金融發展局，媒體揣測他的本意是將香港金融發展局打造成類似新加坡淡馬錫公司式的投資公司，使政府能更多通過投資推動香港產業發展和競爭力提升，但在財經官員杯葛之下，金融發展局最終淪為諮詢機構。

林鄭月娥在參選行政長官的政綱中提出要引入管治新風格、政府新角色和理財新哲學，更加重視加強政府職能，更加重視政府積極有為。林鄭月娥主張，為增強香港的競爭力，政府角色也需要改變。林鄭月娥倡議的「政府新角色」包括，一是「公共服務提供者：提供可靠、專業、合成本效益的服務，並善用科技，以人為本，便利營商」；二是「監管者：在履行監管角色時，須儘量兼顧市場和服務發展的需要，做到適切高效、規矩明確的

管制」；三是「促成者：以政策目標為依歸，更好地統籌和促進跨部門合作，儘量提供『一站式』諮詢或服務，為社會謀求更大的效益」；四是「推廣者：積極聯同相關機構和業界代表，進行『政府對政府』（Government to Government，簡稱G to G）的遊說工作和人民往來，加強特區與海內外聯繫，提升香港作為亞洲國際都會的地位，和吸引海內外企業及人才落戶香港。」

其二，關於理財哲學。董建華強調一定要維持穩健理財的原則。曾蔭權更加重視穩健理財，具體闡明並維持港英政府理財的「規矩」，就是將公共開支佔本地生產總值的比例控制在20%以內；儘量不增加經常性開支，在盈餘較多的財政年度採取「派糖」措施取悅市民，是曾蔭權慣用的手法。曾蔭權、梁錦松擔任財政司司長時，都曾採取一些措施壓縮財政開支。

梁振英與曾俊華的理財哲學區別很大。香港輿論認為，梁振英很重視扶貧，中央使用曾俊華來制約梁振英，防止梁振英花錢買人心，兩人在理財上的矛盾幾乎公開化。梁振英的一些核心支持者公開批評曾俊華是「守財奴」及香港的「罪人」。曾俊華在香港金融發展局的功能定位、資源供給等問題上不配合梁振英，也通過設立「未來基金」進一步鎖緊財政盈餘，並繼續以各種手法削減包括政府部門的開支。一些人士曾經看好梁振英在扶貧等方面能取得很大成就，也能在社會保障、社會福利方面解決一些重大的制度性問題，因為特區政府有的是錢，但由於梁振英得不到財經官員的配合，他並沒能夠在任內大展拳腳，施政績效有限。有香港媒體批評曾俊華是史上最廢的財爺，也有立法會議員批評曾俊華在擔任財爺期間一味「hea」做（有「懶散」、「無所事事」、「漫不經心」、「清閒」等意）。

林鄭月娥與曾俊華的理財哲學也區別極大。她在參選行政長官時提出「理財新哲學」，在確保公共財政穩健的前提下，採取具有前瞻性與策略性的理財方針，有智慧地把「取諸社會」的財政盈餘「用諸社會」。她提出的「理財新哲學」有四大方向，一是把握機遇，投資未來；二是及時投放資源，防患於未然：把資源用得其所，用得及時，可以大大減低因延後處理問

題而帶來的額外財政負擔，預防性醫療開支、培訓及再培訓開支、社會企業投資等，都有資源增值的效果；三是有效運用財務措施，促進經濟和社會發展，為增加香港的競爭力和促成有利社會的行為，研究通過津貼或政府收費政策、地價減免等方式，對症下藥；四是落實稅務新方向，提升競爭力，在維持簡單稅制的同時，必須也針對性地減低稅務負擔，以支持個別產業或引導社會經濟活動，保持及提升香港長遠的競爭力。

曾蔭權、曾俊華等人更加重視減少財政支出和儘量增加財政儲備，核心是「守財」，結果是香港的確積累大量財政儲備，而香港的各種社會問題也積累的愈來愈多，實踐證明這種理財哲學是完全失敗的。梁振英、林鄭月娥更加重視「用財」及「生財」，主張投資未來，投放資源解決社會問題，使用財政政策提升香港的競爭力和支持產業發展。

其三，關於土地房屋、扶貧、社會保障和社會福利、勞工等重要政策。香港現行的利益分配格局是極不合理、極不公正的，這是影響香港人心向背的核心問題。在經濟民生的重要政策範疇，如果不真正壓抑大資本家的利益，不增進中產、基層和青年的利益，香港的許多重大社會問題和民生問題是得不到解決的，香港是很難和諧的。

相對來說，董建華和梁振英、林鄭月娥都重視解決土地房屋問題、貧窮問題、社會保障和社會福利問題、勞工利益保護問題，而曾蔭權、曾俊華則相對忽視解決這些問題。這些重要的政策範疇，涉及的是深層次的利益分配問題，增加土地房屋供應、增加資源扶貧、解決退休保障問題、提高法定最低工資標準、解決強積金對沖問題、對標準工時進行立法……這些無不涉及真金白銀的利益分配問題，非常容易遭遇大資本家及社會上層精英等既得利益集團的阻撓。

香港現行的政制安排及政治生態，均有利於維護資本家的利益。因此，董建華、梁振英、林鄭月娥等人的施政，仍然很容易受那條「積極不干

預」路線的制約和影響，在土地房屋問題、退休保障等重大政策問題上，政府的理念仍然很難擺脫維護商界利益的思維，這是結構性因素決定的。

總體而言，分析特區政府管治哲學的兩條路線之爭，一方面要看到，梁振英、林鄭月娥等主張政府積極作為、更加重視增進多數市民利益的路線有逐步成為主流的趨勢；一方面也要看到，受政制安排等許多結構性因素的影響，特區政府仍很難完全擺脫「積極不干預」、更加重視維護資本家利益的管治路線。在沒有普選制度的情況下，特首和特區政府缺乏政治權威和政治能量，不能真正推行造福多數港人的經濟民生政策。西方發達國家福利社會的建設，主要是伴隨民主普選完成的。

第三節
特區政府的管治哲學需要去殖化

通過前兩節的分析，可以看到，香港特區政府在一定程度上繼承了港英政府自由放任和「積極不干預」的管治哲學，而這套管治哲學已愈來愈不適合香港的實況，引起的爭議愈來愈多，帶來的深層次問題和矛盾愈來愈多。香港特區政府到了必須堅決在管治哲學上去殖化的時候，到了必須堅決推動管治理念創新和具體制度創新的時候。

香港特區政府需要推動管治理念創新

其一，要有新的政府職能觀、市場觀。香港特區政府在管治理念上去殖化，最重要的是擺脫港英政府古典自由主義和新自由主義管治哲學下的政府職能觀和市場觀，擺脫對市場自由放任和維持小政府模式的理念。

特區政府不能迷信所謂自由市場競爭。真正完善、真正自由競爭的市場可能並不存在。以香港房屋市場為例，除私人樓宇市場外，公屋、居屋、

丁屋等傳統的制度設計，梁振英一度試驗的「港人港地」，林鄭月娥提出的「綠置居」、「白居二」恆常化及「港人首置上車盤」，這種極為複雜、極不統一的市場，都是來自政府的設計和干預。政府應該更加有力地調控市場，有效解決市場失靈和市場扭曲等問題。過於自由放任，或者政府只作些不徹底的微調，就像香港房屋市場那樣愈搞愈亂，是難以真正解決問題的。

要加強政府能力建設，完善政府職能，強化政府調控經濟、矯正市場失靈、更好創造財富和分配財富、更好規劃未來發展的能力。特區政府需要重點解決地產壟斷帶來的嚴重市場失衡、財富分配失衡問題，解決政府管治威信低下、能力低下、效能低下問題，解決香港產業發展方向不明、競爭力下降、在國家和區域經濟發展中地位和作用下降等問題。

其二，要有新的發展觀。無論港英政府和特區政府，都存在重視經濟發展而忽視社會建設的問題，港英政府尤其只重視從香港拿走利益，而嚴重忽視港人的福祉。在管治哲學上去殖化，需要有新的發展觀。

從發達資本主義國家或地區的發展趨勢看，絕大多數地區都早已走過了重視社會建設、重視社會福利的階段，現在亦更加重視分配的公平正義。

中國內地亦提出堅持創新發展、協調發展、綠色發展、開放發展、共享發展的理念，追求更高質量、更有效率、更加公平、更可持續的發展。

香港需要更加重視創新發展，以創新增加新的經濟增長點和增強競爭力。更加重視協調發展，儘快改變社會建設相對落後、社會福利水平低下的局面。更加重視公平發展和共享發展，更加重視財富分配，儘快改變政府施政嚴重向大資本家和工商界利益傾斜的現狀，更加重視增進中產階層和基層的利益。樹立新的發展觀，最核心的一條，是要更加重視社會建設和社會公平，增進多數港人的福祉。

其三，要有新的理財觀。回歸以後特區政府施政上最重大的失誤之一，是繼續沿用港英政府十分保守的理財觀。港英政府長期採取十分保守的

理財觀，主要是為了推卸增進港人福祉的責任，通過更重守財及儘可能增加財政儲備為英國的國家利益服務。回歸以後，特區政府的理財哲學繼續以守財為主、以增加財政儲備為主，繼續推卸增進港人福祉的責任，顯得十分僵化保守。不改變這種僵化保守的理財觀，特區政府的施政是很難大有作為的。

對基本法「香港特別行政區的財政預算以量入為出為原則，力求收支平衡，避免赤字，並與本地生產總值的增長率相適應」這一規定，要作更全面、更有彈性的理解。收支平衡、避免赤字不一定非得每一個財政年度都要做到，而是可以在一個中期、中長期的周期裏達到。

公共開支總額不得超過GDP總額20%的規定並無科學性，理應更加彈性地處理。財政儲備亦並非愈多愈好，要守財更要用財。太過重視減少開支，尤其是儘量不增加經常性開支，太多採取一次性「派糖」的短期措施，不利解決社會保障、社會福利方面的重大制度性缺陷。更加重視用財，更加重視投資未來，有利於開源，有利於更多創造財富。更加重視解決退休保障、醫療保障等制度性問題，有利於通過財政政策促進分配正義，增進福利，改善民生，擴大內需，拉動消費，實際上亦有利於經濟增長和創造財富。

總之，香港特區政府應該改變財政儲備很多、社會問題更多、民生問題更多這樣一種極不合理的局面，通過實施更加積極有為的財政政策，促進經濟增長，增進多數港人的福祉。

其四，要有新的福利觀。港英政府將養老等視為家庭責任，提倡儒家的家庭互助精神，將貧窮問題視為個人責任，將民眾應該普遍享受的福利變為救濟式的恩賜，與商界聯手儘可能維持「零福利」的政策，儘量推卸政府責任，儘量不要為社會福利增加經常性開支。特區政府也相當程度延續港英政府的福利觀，也儘可能主動或被動地與商界聯手推卸政府責任，拒絕港人對於提高社會福利水平的訴求，儘可能拖延處理包括退休保障等在內的重大

制度性問題。特區政府、商界人士以至內地官方和學者，經常強調反對福利主義、民粹主義，並把這作為拖延普選的理據之一。

香港特區政府以至內地官方需要實事求是評估香港的社會保障和社會福利水平的現狀，承認和正視香港的社會保障與社會福利水平還很低這一現實，承認和正視香港的社會保障和社會福利還存在許多重大制度性缺陷，承認現在香港的主要矛盾不是福利主義和民粹主義高漲。

香港特區政府要樹立更加正確的福利觀。一是要樹立福利是人權的觀念，政府要從保障人權的高度滿足民眾的福利需求，在教育、醫療、養老等各方面都要保障民眾的權利。聯合國《世界人權宣言》第22條規定，「每個人，作為社會的一員，有權享受社會保障，並有權享受他的個人尊嚴和人格的自由發展所必需的經濟、社會和文化方面各種權利的實現」；第25條第（1）款規定，「人人有權享受為維持他本人和家屬的健康和福利所需的生活水平，包括食物、衣着、住房、醫療和必要的社會服務；在遭到失業、疾病、殘廢、守寡、衰老或在其他不能控制的情況下喪失謀生能力時，有權享受保障」；「人人都有受教育的權利，教育應當免費，至少在初級階段和基本階段應如此……」。聯合國《經濟、社會、文化權利國際公約》對民眾享受社會保障和社會福利等權利有更加明確的規定。

二是要樹立均等、普惠的福利觀。不能將社會福利降格為扶貧濟困。比如在醫療、退休、失業等最重要的社會保障問題上，香港均沒有建立均等、普惠的相應制度。特區政府將退休保障問題繼續視為扶貧，只願意採取「有經濟需要」的方案，將全民都需要解決的退休保障問題污名化為「不論貧富方案」。香港現行的社會保障制度及社會福利制度，大多只有窮人才能享受，中產階級除了交稅幾乎享受不到社會福利。不建立均等、普惠的福利制度，許多社會保障制度和社會福利制度最終變為鼓勵社會向下流動，從相關制度獲利的人群也沒有尊嚴感。不能建立中產階級能夠享受的社會福利制度，香港的中堅階層生活壓力十分巨大，多數港人難有生活的幸福感。

三是要樹立社會福利需由政府保障的福利觀。現在特區政府將很多責任推給市場和個人，強積金制度是典型例子。政府要承擔道義責任，具體的是承擔更多財政責任，拿出真金白銀支持和建立更加完善的社會保障和社會福利制度。

四是要樹立全面、統一的福利觀。現在香港的社會保障和社會福利制度是零碎的，各部門各自為政，公屋、居屋一套標準，綜援一套標準，公共醫療一套標準，高齡津貼、長者生活津貼等一套標準，在職低收入家庭津貼一套標準，還有不少短期的或一次性的措施。香港需要解決福利制度的頂層設計問題，應該重點從制度上解決全民醫保、全民退休保障、失業保險等核心制度問題，儘可能將制度統一，全民受惠，鼓勵社會向上流動。

其五，要有新的分配觀。香港長期受古典自由主義和新自由主義影響。海耶克認為，追求結果平等的社會正義或分配正義要求與市場秩序格格不入。但美國學者羅爾斯等極其重視分配正義。經濟學家庇古（Arthur Cecil Pigou）在其著作《福利經濟學》一書中論述了福利經濟學的兩個主要論點：一是國民收入總量愈大，則社會福利愈大；二是國民收入分配愈平均，社會福利也愈大；提高窮人所獲得的實際收入的絕對份額，一般說來將增加福利。為實現分配結果的公平，必須將國民收入從富人手中向窮人那裏轉移，這種轉移是最重要的，它代表分配是向着有利於窮人的一方改善。崇尚市場自由主義的斯密，也對有利於社會下層的分配正義表達了肯定的意見，「社會最大部分成員境遇的改善，決不能視為對社會全體不利。有大部分成員陷於貧困悲慘狀態的社會，決不能說是繁榮幸福的社會。而且，供給社會全體衣食住的人，在自身勞動生產物中，分享一部分，使自己得到過得去的衣食住條件，才算是公正。」

港式資本主義最嚴重的問題可以歸結為沒有解決好財富分配問題，市場的一次分配已導致嚴重的貧富懸殊，港英政府和特區政府又沒有通過二次

分配來加以矯正，香港因此存在嚴重的分配不公問題，這也是香港社會矛盾十分突出、社會極不和諧的根源。香港的絕大多數財富都是由轉口貿易、加工工業和提供金融、法律等專業服務所累積的，但財富最終集中在少數富豪手中。以香港前50富豪榜為例，他們的主要財富大多來自於經營房地產或其他帶有壟斷性的行業，相對於香港的經濟規模，這些人的財富比例不但超乎尋常的大，而且增加速度比香港經濟發展快得多，在回歸後經歷了爆炸式的增長。這意味真正為香港社會創造大部分新增財富的行業和工作者，反而在社會收入分配中受到了排擠和盤剝。而中央政府通過自由行、CEPA送予香港的大部分利益，都被少數富豪和業主通過炒高房價、猛漲房租等方式鯨吞。

香港社會尤其是香港特區政府極需要樹立分配正義的觀念，並儘快採取措施大力解決分配不公問題。政府需要更好承擔合理分配財富的責任，而不是將分配問題完全推給市場。

要從制度層面解決分配正義問題。社會福利制度、社會保障制度、稅收制度、勞工制度以至土地房屋制度，本質上均是財富分配制度，香港迫切需要改革完善上述重大制度。要完善社會保障和社會福利制度，尤其應該建立均等、普惠的社會福利制度。要通過改革稅制調節分配，對收入最多的公司及個人應該加重稅收。完善勞工制度，取消強積金對沖機制，提高法定最低工資水平，就標準工時進行立法，將勞工假期與公眾假期劃一，改變勞工被資本家以各種形式剝削的現狀。

香港的土地房屋問題已淪為嚴重的財富分配問題，私人樓宇市場的投資和投機問題不解決，建再多房子都難以解決普通市民難以負擔高樓價的問題，房子仍會集中到少數富人手中。公屋、居屋成為最重要的社會福利，應該解決如何讓更多中產中下層受惠的問題。丁屋制度顯然是為原居民提供特權的財富分配制度，亦需要早日徹底解決。徹底解決香港土地房屋問題有很多可以較快見效的硬招，包括開發部分郊野公園、大量填海、為丁屋制度

「截龍」（即在某個期限後徹底取消）、大幅提高投資投機炒房的稅收、明確限制香港永久居民能夠買房的套數、大幅提高持有多套房子的稅收及其他成本、加強租務管制保障租客利益……土地房屋問題困擾香港幾十年，關鍵是既得利益格局難打破，特區政府要有政治決心和政治能量來解決問題。

香港特區政府需要下決心調整香港不合理的利益分配結構，需要衝破各種阻力，壓抑大資本家的利益，為中產階層和基層增進更多利益。

香港特區政府需要改變「小政府、弱政府」模式，建設強政府

香港的行政長官和行政機關難以實行行政主導，立法制約、司法制約、「泛民」的制約、公民社會和輿論的制約等都是重要因素。輿論很少探討，行政主導難以實現，其實有更深層次的經濟因素。許多結構性因素導致香港特區政府能力不足，行政機關難以實行行政主導，香港特區政府需要檢討政府自身存在的問題。

美國等西方國家和中國內地有許多學者對「政府能力」進行研究。國內外學者還對如何具體評估政府能力提出一些評價體系，有的認為在政府與社會的關係上有四種模式：一、強政府——弱社會模式，東亞的一些國家或地區基本屬於這一模式，如韓國、新加坡、馬來西亞、泰國等，其政府能力很強。二、弱政府——強社會模式，這種政府是「守夜人」式的政府，其能力最弱。三、強政府——強社會模式，這一模式的政府與社會相互制約，形成對列之局。四、弱政府——弱社會模式，這一模式在現代國際舞台上較為少見。

香港與新加坡模式比較，更能突顯香港特區政府是小政府、弱政府。香港政府職能欠缺、施政理念失誤，政府本身的能力不足。另一方面，新加坡政府則高度重視政府職能，建設強而有力的政府，對經濟進行全面干預。

新加坡政府被國際社會視為能力最強的政府之一，將香港與新加坡兩地政府作比較，更容易看出香港特區政府的不足。

香港特區政府缺乏協調不同階層利益的能力

特區政府長期維護大財團的利益，協調不同階層的利益關係的能力嚴重不足，難以保障中產和基層的利益，尤其是處理勞資關係上，嚴重傾向資方利益，不能維護勞工利益。新加坡政府則能有力維護國民的整體利益，限制財團坐大。

香港特區政府沒能牢牢掌握土地房屋市場的資源控制權和價格主導權，放任大地產商借地產壟斷大肆掠奪普通市民的利益。房地產集團長期向港人灌輸一個理由——香港房價貴是因為人口密度大，可用地太少。政府也常常強調找地建屋困難。可實際上，香港雖然面積僅有約1,100平方公里，但由於並無農業自給的需要，工業大多轉移出境，可供開發居住的土地相當寬裕。但為了確保房地產既得利益集團的利益，整個香港的土地開發率僅為23.7%，而其中用於住宅用途的土地開發面積更只有76平方公里，僅佔土地總面積的6.8%。香港有眾多郊野公園不能被開發利用。填海造地等拓地方式也受阻撓。核心的問題並不是香港缺乏土地，而是特區政府缺乏政治能量開發利用土地，不敢、不能得罪大地產商的利益。

新加坡於土地政策上堅決堅持以公有制為主，通過一系列立法，強制將全國九成的土地低價收歸國有，對於少數的私人土地，也堅持由政府控制規劃，並以稅收方式將大部分私有土地的增值收益也納入國庫。新加坡雖然面積僅約716平方公里，人口密度高於香港，並需要再留出大量土地供新加坡工業和軍事使用，但新加坡國民的平均住房狀況在發達經濟體中也處於最佳之列，新加坡沒有出現香港那麼多超級地產富豪，但有超過90%國民是自置物業。

香港特區政府缺乏主導經濟的能力

香港特區政府掌握的核心資源少，尤其是對土地資源的控制能力差。政府不能掌握核心產業，也不擁有影響香港經濟命脈的大企業。特區政府雖然在港鐵佔有主要股份，但對公司治理的實際控制力較弱。香港的地產、航運、貿易等產業大都為壟斷財團掌握，金融保險產業則為國際巨頭把持。香港的電力、交通運輸、電信等公用事業亦主要由財團掌控。香港回歸後，特區政府缺乏明確的產業發展方向，沒有通過政府規劃、政策引導、直接投入促進產業轉型升級，尋找新的經濟增長點，製造業向內地轉移，產業空洞化，競爭力不進反退，並由此帶來就業結構、收入分配結構及社會階層結構難以優化。

香港輿論揣測，梁振英成立香港金融發展局，原意可能是學習新加坡淡馬錫公司，利用金融發展局掌握政府儲備投資產業發展，但這一設想遭財經官員抵制而告吹，金融發展局的職能最後主要是諮詢功能。

新加坡政府則通過制定計劃、直接投資等主導產業發展方向及促進經濟增長。新加坡通過經濟發展局、貿易促進局、科學技術局、旅遊促進局、房屋發展局、城市重建局、國家公用局等法定機構貫徹政府的發展戰略和政策。新加坡政府直接參與投資一些重要企業，掌握鋼鐵業、修船造船業、運輸和通訊業、金融保險業等國民經濟重要命脈。新加坡政府亦直接投資機場、港口、水電、通訊、交通、工業園區等重要基礎設施建設。

新加坡政府具有強大投資能力。新加坡政府投資公司GIC設立於1981年5月，是新加坡最大的國際投資機構，負責管理新加坡政府大部分海外資產，成立之初由總理李光耀親自擔任董事會主席；該公司旗下有三家子公司，即新加坡政府直接投資公司（主要投資於公開市場，包括股票、債券以及貨幣市場等）、GIC不動產投資有限公司（主要投資於不動產，是全球最大的地產公司之一）、GIC特殊投資有限公司（主要投資於創業風險投資、

企業重組等），整個公司管理的資產超過三千億美元，投資遍佈於全球三十多個國家或地區二千多家上市及未上市公司。

新加坡政府財政部擁有投資公司淡馬錫控股公司100%的股權。截至2013年3月底，集團投資組合價值約1,690億美元、年盈利約83億美元。該公司幾乎掌握了包括新加坡電信、新加坡航空、星展銀行、新加坡地鐵、新加坡港口、海皇航運、新加坡電力等幾乎所有新加坡最重要、營業額最大的企業。國外媒體推算，淡馬錫控股所持有的股票市值佔整個新加坡股票市場市值的47%，可以說主宰了新加坡的經濟命脈。淡馬錫除投資新加坡本地市場，也有約一半資產是投資在新加坡以外地區，包括投資馬來西亞和澳洲的電信公司，投資印度和中國的銀行等。

新加坡的經濟模式因此帶有「國家資本主義」的特徵，通過國家控制的企業進行投資，主導以私營企業為主的資本市場。

2000年至2010年，香港的名義人均產值輕微增長25%，同期新加坡卻大幅增長87%，並在2003年超越香港，到2010年香港更被拋離39%。增加公共開支等於增加公共投資，投資推動生產總值的增長，新加坡生產總值的快速增長，正好說明增加公共投資/開支的重要性。

香港特區政府經常性收入波動較大，缺乏積極理財的理念和能力

其一，香港稅基過窄，政府收入來源不多。香港的直接稅包括薪俸稅、利得稅、物業稅、個人入息課稅，間接稅有差餉（房產物業徵收的稅項）、地租、地稅、印花稅、商業登記費、車輛首次登記稅等，政府的收入來源少。政府的稅基太窄，財政收入容易受股市、樓市影響，經常性收入不穩定。賣地收入多，股市樓市暢旺使印花稅多，財政收入才多，財經官員因此總希望靠高地價、高樓價、高成交來大幅增加政府財政收入。

特區政府財經官員曾經分析，粗略而言，在政府收入組合中，利得稅和薪俸稅大概佔四成，地價收入（包括賣地收入和補地價收入）大約佔一成半，印花稅佔一成（主要為股票和樓宇買賣印花稅），投資收入佔一成（主要為財政儲備存放在外匯基金所得的回報），其餘兩成半為其他收入，如差餉、博彩稅、各種政府收費等。

其二，政府經常性收入波動大，亦不敢增加經常性開支。曾俊華曾分析，政府的財政收入有很大的波動性，不容易準確預測；2012年之前的15年，利得稅收入最少的一年有377億港元、最多的一年有1,186億港元，相差約3倍；薪俸稅最少的一年有248億港元、最多的一年有518億港元，相差約兩倍；印花稅最少的一年有75億港元、最多的一年有515億港元，地價收入最少的一年有54億港元、最多的一年有846億港元，波動更大。

稅基窄及經常性收入波動大，在經濟不景、股市樓市不旺時，地價收入、利得稅及印花稅等主要收入減少，特區政府財政收入相應大幅減少，並可能產生赤字。香港回歸以來，已在1998年至2004年的五個財政年度，分別錄得赤字232億港元、78億港元、633億港元、617億港元及401億港元，消耗大量財政儲備。

由政府委任的香港長遠財政計劃工作小組的研究結果認為，政府收入隨經濟起伏而變化，在經濟逆轉時可能跌至極低位，在經濟蓬勃時可能升至極高點；收入來源並不多元化，政府日益依賴利得稅、薪俸稅和地價收入來應付開支。基本法規定香港要量入為出，經常性收入不穩定，使特區政府不敢在社會保障、社會福利等方面增加經常性開支。

其三，房地產業對政府收入影響大，政府房地產政策取向易受此影響。一是賣地收入多。香港有經濟學家測算，1997至1998年到2012至2013年，特區政府地價收入共6,104.35億港元，扣除基本工程開支5,541.90億港元，地價淨收入盈餘為562.45億港元，同期政府帳目總盈餘為3,425.24億港元，

地價淨收入盈餘佔總盈餘的16.4%。2014至2015財政年度，地價收入共732億港元，佔政府總收入的15.6%。這一收入如此重要，難免使政府官員偏愛高地價政策。

二是政府直接或間接向土地、房屋徵收多種稅項，包括地稅、物業買賣及出租印花稅、物業稅、差餉以及地產發展商的溢利稅、利息稅等。樓市交投暢旺對印花稅影響極大，政府官員亦長期偏好高房價政策。從2010年到2015年的五個財政年度，特區政府就不動產收取的印花稅收入分別為250億港元、209億港元、229億港元、187億港元、488億港元，分別佔同年政府總收入的6.6%、4.8%、5.2%、4.1%和10.4%。2014至2015財政年度，政府收取的一般差餉為222.72億港元，佔政府總收入的4.65%。

三是政府本身有物業及相關投資收入。2014至2015財政年度，政府物業及投資收入為234.18億港元，佔政府總收入的4.89%。從2014至2015財政年度看，僅地價收入、不動產印花稅、一般差餉、物業及投資收入等四項就佔政府總收入的35.54%，足見房地產業對特區政府收入影響之大，香港的經濟亦較難擺脫對房地產業的過度依賴。

其四，政府財政儲備和外匯儲備投資渠道單一，回報不高。特區政府積累盈餘非常不容易，傾向於守財而不是投資、創造財富，一是不願、不敢在社會福利、社會保障等方面增加經常性開支，寧願根據當年盈餘情況採取一次性「派糖」的做法；二是不願在投資產業等方面增大經常性開支，無法利用財力促進經濟轉型和培育新的經濟增長點。因此，香港龐大財政儲備和外匯儲備對於支持香港產業發展和經濟增長發揮的作用不大。

政府帳目下的財政儲備包括一般收入帳目和八個專項基金，若某年庫房收入大於開支，盈餘可以撥入儲備，庫房收入少於開支所產生的赤字則由財政儲備填補。特區政府的財政儲備只有存於政府一般收入帳目內的部分是用以應付政府所需的（2014年時約3,940億港元），其他劃入不可隨意調

撥的特定基金，例如土地基金（2014年時約結餘2,200億港元），多個基金（例如基本工程儲備基金、創新及科技基金和獎券基金），2014年時約結餘1,320億港元。

為了集中管理政府的金融資產，特區政府把一般收入帳目中的財政儲備轉撥香港外匯基金，香港主要的外幣資產也由外匯基金管理。外匯基金主要用於穩定港幣匯率，亦通過不同的投資組合獲得回報。截至2014年底，香港外匯基金資產總值31,490億港元，累計盈餘約6,355億港元。

香港特區政府從2016年1月1日起設立未來基金，以2,197億港元的土地基金結餘作為首筆資金，透過長線投資，為財政儲備爭取更高回報，其後可定期向基金恆常注資；未來基金存放在外匯基金，為期十年，除緊急情況外，未來基金作為長期儲蓄計劃，不可在2025年12月31日前提取，如政府需動用基金，在現行法例下必須獲立法會批准。香港輿論認為這是財經官員進一步鎖緊盈餘，防止行政長官為了爭取民望花錢搞建設和提高福利。

香港外匯基金投資方向主要是債券、貨幣、股票等。2014年，外匯基金錄得447億港元投資收入，投資回報率1.4%，其中來自債券的總回報為473億港元、香港與外國股票的估值收益分別為65億港元及337億港元、外匯基金投資控股附屬公司持有的其他投資的估價收益99億港元，外匯估值虧損527億港元。據香港金管局統計，1994年至2014年外匯基金平均投資回報率5.2%，2005年至2014年平均回報率為3.7%，2010年至2014年平均回報率為2.6%。

香港外匯基金主要用來維護金融市場穩定，難以通過投資解決香港的經濟發展問題，且其回報只能隨經濟週期大幅波動，匯市、股市波動大時收益就銳減。2015年股票、商品、外匯及高風險債券市場，都出現了自2008年以來少見的大幅波動，一些保守型的基金投資表現都受到衝擊，外匯基金表現很差，全年投資虧損183億港元。

聯繫匯率制度使香港特區政府失去獨立制定匯率政策的能力

香港聯繫匯率制度是香港由1983年10月17日開始實施的匯率制度。在聯繫匯率制度的架構內維持匯率穩定是香港金融管理局的首要目標之一。香港聯繫匯率制度屬於固定匯率制度的一種。在聯繫匯率制度下，港元以7.80港元兌1美元的匯率與美元掛鈎。聯繫匯率制度有保持港元穩定等優越性。

研究香港聯繫匯率制度的學者總結了這一制度的許多弊端。其一，香港喪失貨幣政策自主性，港府實際沒有利率政策，經常該加息為經濟過熱降溫時只能隨美國減息，該減息刺激經濟時只能隨美國加息，貨幣政策被美國左右，無法根據香港的經濟周期來實施。其二，國際收支不能透過匯率調整。港元兌其他貨幣的升值還是貶值完全受制於美元兌該貨幣的匯率，如果香港的競爭對手貨幣貶值，香港不能透過港元貶值去應對，影響香港的對外貿易和國際收支平衡。其三，容易導致輸入性通貨膨脹。比如，如果美元在某個時期對人民幣大幅貶值，港元對人民幣亦會大幅貶值，香港從內地進口的大量物品就會價格急升，導致輸入性通脹，嚴重影響市民生活。其四，要用大量財政儲備和外匯儲備維護匯率穩定，防止港元被衝擊。理論上，只要外匯儲備等值於貨幣基礎便足夠，但為了避免潛在的風險，捍衛港元穩定實際所需的外匯儲備高於理論所需之最低水平好幾倍。

香港大量的財政儲備和外匯儲備不能錢盡其用，以高昂成本來捍衛聯繫匯率制度。香港因此很難採取積極的財政政策如赤字政策等刺激經濟增長。固定匯率制也使香港特區政府不需要根據實際情況制定貨幣政策，財政司司長等財經官員主要是通過預算案分配一下資源，容易停留於無所作為。

新加坡截至2015年9月底的外匯儲備為2,516億美元。新加坡貨幣政策自主，並不讓新元只盯美元，不實行固定匯率制度，新元匯率是兌一籃子貨幣及可浮動，保持匯率穩定，亦防止通貨膨脹。

政府受制於財力，提供公共產品和公共服務的能力弱

香港缺乏強大財力建立與其國際金融中心地位相當的社會保障和社會福利制度，不能增進香港市民最直接最現實的利益。香港的經濟實力與新加坡相差不大，但兩地政府提供給民眾的公共產品和公共服務的差距卻很大。

有政治領袖曾指出：「一個把老百姓的居住權、健康權和受教育權拿來拉動經濟的政府一定是個沒有良心的政府，真正執政為民的政權，一定要把這三種東西當作陽光和空氣，給予人民。因為這是一個人的基本需求。」非常遺憾的是，香港表面非常繁榮，但特區政府長期沒能解決好住房、醫療、退休保障、教育等問題。

住房——香港把市民安居樂業的房地產產業作為地產商獲取暴利和政府增加財政收入的工具，房地產業成為壟斷性產業並產生眾多超級富豪，絕大多數市民卻過着蝸居生活，多年來市民的置業率約50%左右，意味近一半的市民難以擁有屬於自己的物業。難以安居成為港人最大心頭之痛，也成為民怨最大的社會問題。而在過去的五十多年，新加坡政府以「居者有其屋」為房屋政策的核心理念，共建造了約100萬套公共住房，2007年已實現自有住房率90.7%，81%的人口居住在政府建設並以優惠價格賣給市民的政府組屋中，人均居住面積約30平方米。新加坡政府組屋佔比達80%，而組屋以四房90平米為主要戶型、佔比達39%。

醫療——香港至今沒有建立普惠性的醫保制度。香港有條件的市民主要依賴商業醫療保險爭取享受更好的醫療服務。新加坡則實施保健儲蓄、健保雙全、保健基金等3M計劃和為老年嚴重疾病服務的樂齡健保計劃，形成了國家和個人共同負擔的保健籌資機制，建立了被譽為世界上最完善的醫療保障制度，確保每個國民都能享受良好的醫療服務。

退休保障——香港至今沒有建立全民退休保障制度。新加坡政府早於1955年開始實施中央公積金制度，並於1987年開始在此制度下專設退休帳

戶，成員年滿55周歲時均建立退休帳戶，僱主與僱員每月合共供款為僱員月薪的36%（香港合共只10%），年滿62歲時開始領取養老金，很好解決了老有所養問題。

教育——香港官方的中小學基本實施免費教育，但官立學校數目有限，優質教育資源主要掌握在教會等民間機構，有條件的市民較多讓子女上收費的直資學校或國際學校，許多名校收費昂貴且實行世襲制度，存在教育不公平的現象。新加坡對小學實行免費教育，中學教育象徵性收費，私立中學較少、收費也較低，無力支付學費的學生可向教育部申請全費津貼。

香港特區政府能為中產提供的公共產品極少，中產是交稅的主力，但從政府獲得的福利極少，中產中下層生活壓力極大，獲得感極少。香港基層儘管能獲得公屋、綜援、公共醫療服務三個安全網的保障，但他們認為自身的貧困主要是不合理的勞工制度和社會保障制度等造成的，他們要求提高最低工資收入標準、就標準工時進行立法、取消強積金對沖機制、建立全民退休保障制度等許多主要訴求長期難以實現，其被剝奪感非常強烈，基層市民的子女在享受良好教育、向上流動方面機會更少，跨代貧窮嚴重。

香港需要借鑒新加坡經驗，建設一個強政府，引領經濟社會變革。政府應該具有引領香港經濟、社會發展方向的能力，能夠帶領香港實行產業轉型、提升競爭力，並協調社會各階層利益，為全體市民提供更多公共產品和公共服務的能力。

香港特區政府需要以自身管治理念的變革，主動帶領和全力推動經濟、社會變革，引領產業結構調整，不能再停留在地產金融獨大。香港的支柱產業大多在走下坡路。航運中心的地位不斷下降。旅遊業、零售業非常依賴內地旅客，解決的主要是中低端就業。地產、金融為核心的產業結構容易加劇貧富差距，導致產業空心化。香港需要推動創新科技、文化創意等新型產業發展。製造業完全北移使香港解決就業及發展實體經濟的能力太低。香

港經濟的根本出路是加強創新創造，並在此基礎上推動高端製造為主的再工業化。

如果香港的產業結構始終只能讓工作人口的極少數成為中產上層，不能讓多數勞動者成為中產人口，則香港始終只會是一個大資本家賺大錢、多數打工仔日子難過的畸形社會。香港的產業結構調整，要適應知識社會的變遷，要增強創造財富的能力，亦要增強合理分配財富的能力，促進社會向上流動，減少基層及貧窮人口，壯大中產。

特區政府需要在推動香港產業結構調整上發揮不可替代的作用，一是找準方向，加強規劃，主動引導；二是政策扶持，通過財政、稅收等政策支持新產業發展；三是加強與內地的合作。

特區政府要改變財政政策，積極主動投資未來和社會福利。學界人士指出，經合組織國家／地區整體開支總額一般佔本地生產總值約40%甚至50%。一些學者認為，增加公共開支不能只看作是支出，也要看成是增加收入，增加的開支用於投資基礎設施建設和產業發展，本身能夠增加生產總值，把經濟的餅和財富的餅做得更大。增加公共開支，更好解決社會保障和社會福利問題，有利於增強市民的消費信心和能力，擴大內需，安定社會，本身亦能促進經濟的增長。如果只是把財政盈餘鎖起來，窮得只剩下錢，或者年年「派糖」而獲取一點掌聲的短期行為，香港的財政政策就難以在促進經濟社會發展上起到應有的積極作用。

加稅不是永遠的政治禁忌，香港需要儘快檢討改革稅收制度。香港一直實行簡單低稅制。這一稅制有利於大資本家和國際資本在香港獲取最大利益，卻不利於增加政府收入，亦不利於調節社會分配。商界為維護既得利益，總是反對加稅，理由是加稅會影響香港的營商環境和競爭力。政府亦視加稅為政治禁忌。香港現今的社會矛盾主要是貧富差距加大、社會階層的利益分配極不合理，政府亦因稅基太窄、收入太少難以調節社會分配，理性探

討加稅是可行出路之一。2017年7月1日上任的特首林鄭月娥已提出檢討稅制，需要儘快落實並找準方向。

　　無論如何，適當增加收入最高的人群及盈利最多公司的稅負，包括加大力度徵收遺產稅和贈與稅，都有利更好調節社會分配。不必害怕加稅趕走資本家，現在香港大資本家壟斷了太多資源和產業，包括中資等很多資金想要加入許多行業、產業的競爭不得其門而入，想從香港撤資的資本家就讓他儘管撤資好了。即便適當加稅，香港的稅種仍會少於很多國家或地區，稅率也仍然會較低，也會有更多資金能夠進入香港市場，打破既得利益者的壟斷。稅制改革亦可適當減輕中小企的稅負，促進經濟發展。

　　聯繫匯率制度已經弊大於利，應該探討作根本改革。香港的聯繫匯率制度就是固定匯率制度，使香港的貨幣政策實際操控在美國手中。許多業界人士認為，從長遠而言，香港的聯繫匯率制度遲早要改。前香港金管局總裁任志剛建議，香港採取新加坡目前採用的匯率制度，即根據浮動匯率制度與成分保密的一籃子貨幣掛鈎，定期調整交易區間，遏抑輸入性通脹。

　　業界提出的其他選擇還包括：擴大港元兌美元匯率浮動區間；港元可脫離美元，與人民幣掛鈎；港元可以與美元脫鈎，轉為匯率走廊機制（兌美元、人民幣或成分保密的一籃子貨幣），間歇檢討走廊的闊度、斜度和中心位置；放棄維持預設匯率目標、匯率範圍，把焦點放在管理本地貨幣市場。

　　福利主義、民粹主義是無端指責，香港需要大力完善社會保障和社會福利制度。香港需要建立更加普惠、更加均等的社會福利制度。特區政府應以主人翁的姿態，為全體市民打造一個社會保障水平更高、社會福利更好、社會分配更加合理的和諧社會。重點應解決好全民醫療保障、全民退休保障、全民失業保障等重大制度問題。

　　全球最自由經濟體只是虛名，提升香港競爭力才是王道。香港所謂最自由經濟體名不副實。最根本的有兩點，一是香港出現大地產商對土地房屋

等很多市場的壟斷，大大限制了自由競爭；二是香港自由度得分高，主要是政府對經濟的干預少，政府也減少公共開支用於社會保障和社會福利，特區政府嚴格控制稅收和政府開支限制在本地生產總值一個低比例所致，反過來令社會貧富差距不斷擴大，而歐美不少國家近年都已大幅提高了稅收佔國民收入的比例，相應增加政府開支於教育、醫療及養老等，雖則會降低經濟自由度，但同時減輕了來自貧富不均的社會不公平。

全球最自由經濟體說到底只是一項虛名，港府對一切放任自流，不僅導致經濟競爭力每況愈下，更造成許多社會問題；評估一個經濟體的活力及潛力，關鍵不是經濟自由度，而是整體競爭力；香港年年捧回最自由經濟體桂冠，反而各類競爭力排名拾級而下，在國外固然不敵新加坡，在內地也不如深圳等城市。香港經濟總量曾佔全國近兩成，如今只佔大約3%。

綜上所述，香港特區政府須轉變觀念，不要永遠把港英殖民政府的管治理念當作金科玉律，要與時俱進，轉變觀念，強化政府職能，增強政府能力，主動引領和推動經濟社會變革，再造更繁榮更和諧的香港。政府有作為才有地位，才能真正實現行政主導。但受制於香港的政治現實，特區政府要真正轉變管治理念，實行制度創新，可能是一個極其漫長而痛苦的過程。

強化約束監督，確保香港特首和特區政府走正確的管治路線

中央需要更加準確地評估香港的社情民意，與時俱進更新觀念，不斷調整完善管治香港的路線。香港輿論關注的主要有兩點，一是中央是否改變過於強調鬥爭的強硬路線，對港實行更加開明懷柔的管治路線，推動各方政治和解；二是中央是否改變重商路線，約束特區政府更加重視平衡香港社會各階層的利益。

中央治港路線關鍵靠香港行政長官去落實，需要挑選和任命最符合中央治港路線需要的人選來擔任行政長官。除了中央信任、愛國愛港、有管治

能力、港人支持等四大基本條件，中央更應考察行政長官候選人的管治路線。管治路線錯誤的行政長官，能力再強，也只會將香港帶上錯誤的道路。

從2017年行政長官選舉可以揣測中央調整治港路線的兩個基本方向。中央沒有支持梁振英連任，表明中央或許希望改變過於強硬的路線，吹起更多「和」風，致力改善與「泛民」的關係，推動香港實現政治和解。中央唯一支持林鄭月娥出任特首，沒有選擇曾俊華，表明中央非常重視特首人選的政治忠誠度，支持林鄭月娥引入管治新風格、政府新角色、理財新哲學等積極有為的主張，否定曾俊華所謂休養生息的無所作為的路線。

在2017年特首選舉投票前幾天，盧文端在《星島日報》發表長文引述權威人士的消息指，中央不信任不支持曾俊華參選特首有三大原因，包括曾俊華在大是大非問題上不講原則左閃右避，討好迎合反對派和激進勢力，例如未有簽署反「佔中」聲明，工作懶散無作為，缺乏擔當和駕馭複雜局勢的能力，已成為外部勢力的政治代理人；權威人士批評，曾俊華任職財政司司長九年多，最為人詬病的地方有三點，「一是被批評年年估錯數，預算成失算」，「有人統計，多年下來估錯之數高達約5,000億元，被稱為『史上最廢』財爺。二是工作『懶散』一味hea做，『無為而治』。據了解，曾俊華參加行政會議幾乎不發言，只是一味在紙上畫公仔。三是被認為照顧大財團的利益，忽略對基層市民的照顧，視社會福利和弱勢社群為負擔。」[10]

可以初步判斷，中央對香港特區政府內部存在兩條管治路線之爭是比較清楚的，也選擇支持政府更有作為、更加重視平衡社會各階層利益的路線。為確保香港行政長官和特區政府的施政符合中央管治香港的路線，需要進一步加強對香港行政長官和特區政府管治路線的約束監督。

---

10. 轉引自《星島日報》2017年3月24日盧文端文章〈權威人士披露內情——中央為何不能信任支持曾俊華參選特首？〉。

強化基本法對行政長官管治路線的約束

香港基本法第11條明確規定，「根據中華人民共和國憲法第31條，香港特別行政區的制度和政策，包括社會、經濟制度，有關保障居民的基本權利和自由的制度，行政管理、立法和司法方面的制度，以及有關政策，均以本法的規定為依據。」國務院新聞辦《「一國兩制」在香港特別行政區的實踐》白皮書提出，「作為特別行政區和特別行政區政府的『雙首長』，行政長官是香港貫徹落實『一國兩制』方針政策和基本法的第一責任人。」作為貫徹落實基本法的第一責任人，行政長官的管治必須以基本法為依歸。

如何全面、準確理解和落實基本法，如何維護基本法的權威，在香港一直面臨挑戰。特區政府至今不能履行基本法明確規定的一些憲制性責任，包括23條立法的任務一直未能完成。

強化執政黨意志對行政長官管治路線的約束

中共十八大、十九大政治報告集中體現了執政黨的意志和中共中央對管治香港的總體要求，香港行政長官管治香港，必須符合中央的這些總體要求，維護國家主權、安全、發展利益，保持香港長期繁榮穩定，以符合中央政府對香港實行的各項方針政策的根本宗旨。

行政長官應按中央在十八大報告中提出的要求抓好以下主要工作：一、帶領香港各界人士集中精力發展經濟、切實有效改善民生、循序漸進推進民主、包容共濟促進和諧；二、深化內地與香港經貿關係，推進各領域交流合作；三、促進香港同胞在愛國愛港旗幟下的大團結；四、防範和遏制外部勢力干預香港事務。

行政長官也要按中共十九大報告提出的要求抓好以下工作：依法施政、積極作為，團結帶領香港、澳門各界人士齊心協力謀發展、促和諧，保

障和改善民生,有序推進民主,維護社會穩定,履行維護國家主權、安全、發展利益的憲制責任;以粵港澳大灣區建設、粵港澳合作、泛珠三角區域合作等為重點,全面加強與內地、澳門的合作;發展壯大愛國愛港力量,增強香港同胞的國家意識和愛國精神。

強化國家意志對行政長官管治路線的約束

香港沒有執政黨,幾任行政長官各有想法,很難對香港的長遠發展進行規劃。如果每任行政長官各搞一套,沒有政策的延續性,沒有持續不斷的努力,香港很難找準發展方向和取得發展成效。有關香港在國家經濟發展中的地位、香港的產業發展方向、香港與內地的經濟合作等重大問題,不能簡單看成是香港高度自治的問題,還得中央政府來主導規劃,並監督特區政府落實。

「十一五」以來,國家在國民經濟和社會發展規劃綱要中納入香港。國民經濟和社會發展規劃綱要由中共中央提出建議、國務院制定、經全國人民代表大會批准,體現的是國家意志。但多個五年規劃對香港的有關要求無法成為剛性約束,香港行政長官亦很少將自己的政綱與國家五年規劃的要求高度銜接,導致國家規劃對香港的要求很難真正得到落實。「十二五」規劃曾用專章規劃香港澳門兩個特區的發展,對香港提出許多具體要求,比如要求香港鞏固提升競爭優勢;增強產業創新能力,加快培育新的經濟增長點;深化粵港澳合作,打造更具綜合競爭力的世界級城市群,打造世界先進製造業和現代服務業基地,加快共建粵港澳優質生活圈步伐等等,這些都沒有得到很好落實。

國家「十三五」規劃綱要提出,發揮港澳獨特優勢,提升港澳在國家經濟發展和對外開放中的地位和功能,支持港澳發展經濟、改善民生、推進民主、促進和諧;支持香港鞏固國際金融、航運、貿易三大中心地位,參與

國家雙向開放、「一帶一路」建設；支持香港強化全球離岸人民幣業務樞紐地位，推動融資、商貿、物流、專業服務等向高端高增值方向發展；加快前海、南沙、橫琴等粵港澳合作平台建設等等。

在2017年全國「兩會」上，國務院總理李克強在《政府工作報告》中提出，要推動內地與港澳深化合作，研究制定粵港澳大灣區城市群發展規劃，發揮港澳獨特優勢，提升在國家經濟發展和對外開放中的地位與功能。

種種跡象顯示，中央希望主導香港未來發展的規劃，使香港的發展符合國家改革開放大局的需要，符合香港保持長期繁榮穩定的需要。中央的規劃需要在香港切實「落地」。香港行政長官應該跟上中央的思路，緊緊圍繞中央政府提出的這些規劃，找準香港的定位和方向，加快香港發展。

中央政府對香港長遠發展的規劃如何轉化為香港行政長官和特區政府的施政綱領，如何將中央政府的意志變為香港管治團隊的共識，變為對特區政府施政的剛性約束，值得思考。

強化中央對行政長官和特區政府依法施政的具體支持指導

行政長官每年向中央政府述職，報告基本法貫徹執行情況等須向中央政府負責的事項，國家領導人就貫徹落實基本法的重大事項對行政長官予以指導。需要進一步完善行政長官述職制度、重大事項報告制度等具體制度，強化中央對行政長官依法施政的具體支持指導。在指導和監督的層面，中央需要更加關注香港行政長官發展經濟、改善民生、平衡各階層利益的政策措施。在支持層面，中央要鼓勵或約束香港工商界、建制派大力支持行政長官發展經濟、改善民生、推進民主、促進和諧的具體政策措施。

第六章

港人對中共及「中國模式」
的認知

香港人心的失落與疏離，從國家層面講，核心是港人對內地的發展現狀很失望，對內地的發展前景缺乏信心，港人仍缺乏對中共、對「中國模式」及中國國民身份的認同。

香港已出現政治對立、社會撕裂及價值觀的分歧。因此，港人對中共、內地及「中國模式」的認知亦存在很大的分歧，這些分歧可能較多源自建制與「泛民」的政治立場差異。但分歧亦難掩共識，即香港社會從整體上仍是以西方自由主義的核心價值觀念來看待中共、內地及「中國模式」的，港人的相關認知總體上亦是傾向負面的。

改革開放以來，港人對中共的觀感有所改觀，反共力量被削弱，但懼共、拒共、反共意識在香港仍有一定市場，除了港人價值觀與政治立場的問題，亦涉及其他歷史因素和現實因素。

近年由於「中港矛盾」升溫，港人對內地及內地同胞亦有許多負面看法，互相的觀感變差。輿論的負面引導、「泛民」的政治炒作都起了很壞的作用。

港人對「中國模式」的評價不一。建制派及少數學者試圖積極肯定「中國模式」，但相關論述還很薄弱，對香港社會缺乏說服力，亦很難引起多數港人的共鳴。香港也有部分人肯定中國內地的進步，但亦批評中國不進行政治體制改革及沒有走上民主化道路。香港社會對「中國模式」的負面評價極多，將其定性為權貴資本主義，整體否定「中國模式」是更為主流的傾向，這既影響港人對內地的看法，亦影響港人對「一國兩制」及香港前途的看法，對「中國模式」失去憧憬，對中國的前途失去信心，對「一國兩制」失去信心。

港式價值觀決定了港人對中共、對內地及對「中國模式」的認知。對中共、對內地及內地同胞、對「中國模式」的負面認知，使港人的國民身份認同極低，使香港的人心回歸進程極為緩慢，這也是香港本土主義、「香港自決」、「香港獨立」等分離主義思潮興起的關鍵原因。

第一節
港人仍未建立對中共的政治認同

港人仍未建立對中共政治認同的具體表現

身份認同、政治認同是現代西方政治學一個重要的研究範疇。

政治認同主要指人們在社會政治生活中產生的一種感情和意識上的歸屬感，具有十分重要的作用，是把人們組織在一起的重要凝聚力量。二次世界大戰之後，美國一些學者率先對政治認同加以系統研究，提出諸如國家認同、政治體制認同、階級認同、政黨認同、宗教認同、政治思想認同、政策認同等概念。對國家的認同是基本的，包括對共同種族、地域、歷史、文化這類層次上的認同，也有愛國心、民族自豪感這類情感層次上的認同，還有對國家政治和法律制度、政策方針這類高層次上的認同。對政黨的階級屬性、利益導向、奮鬥目標、政治綱領等的認同亦屬高層次的認同。政治認同分初級的本能認同、中級的情感認同和高級的理性認同。政治認同與國家認同、文化認同、民族認同、身份認同等有明顯的差異，但又有不可分割的關係，互相影響、互為因果，政治認同影響着其他認同，其他認同亦影響着政治認同。

雖然改革開放以後港人對中共的觀感有所好轉，但港人至今仍然未能建立對中共的政治認同。從香港一些機構公開或供內部參考的民調結果看，香港市民對中央政府的信任度長期比較低，香港市民對中共的評價也一直非常低。反共媒體在香港市場佔有率比較高，有較大影響力。不少港人長期存在懼共、恐共、疑共心態。「支聯會」等團體仍要求中共結束一黨專制。法輪功、民運人士及其他一些力量在香港從事反共活動。維護國家安全，在香港仍然環境複雜、鬥爭尖銳。外部勢力與香港反共勢力勾結，圖謀將香港變

成反共反華基地和「和平演變」中國的橋頭堡,威脅中共的政權安全和中國的國家安全,這種風險仍是存在的。

港人對中共缺乏政治認同的主要原因

港人對中共缺乏政治認同,存在複雜的歷史因素和結構性因素。

港人對中國缺乏政治認同的三大歷史性因素

香港人口結構的歷史性因素

香港人口在1941年約有160萬至180萬。1945年第二次世界大戰結束時,香港人口跌至只有50萬。1950年,香港人口急增至220萬,國共內戰使大批戰爭難民從內地逃離至香港,包括部分敗退的國民黨軍隊和政府的人士。新中國成立後,實行了約30年的閉關鎖國政策,政治運動不斷,對工商業實行國有化改造、反右、大躍進、十年「文革」,期間多次發生逃港潮,大量內地人口從廣東或其他省市逃至香港,香港亦在很長時期曾經是一個「難民社會」,很多港人長期的身份認同是「難民」。研究逃港潮的學者估計,逃港者總人數高達200萬至250萬。1981年香港人口普查結果顯示,當年人口為4,986,560人。香港回歸之後,有約100萬內地人口通過獲批單程證等形式移民香港。2016年香港中期人口統計結果顯示,常住在香港的人口有7,336,585人。

香港的主要人口是二戰後至內地改革開放前從內地遷移至香港的移民及其後代,存在仇共、懼共、拒共心態。不少香港的資本家亦是在中共奪取政權前後轉到香港發展的。香港人口結構的歷史性因素對人心回歸的影響是深刻的,許多香港人士對此作過分析。梁振英在《家是香港》一書中曾分析:「相當大比例的香港人、本人或家人親戚,在大陸受過一波又一波政治運動的衝擊或迫害,驚弓之鳥,猶有餘悸。」

「六七暴動」的歷史性因素

受內地「文革」動亂的影響，在中共極「左」路線指導下，香港左派力量於1967年發動「六七暴動」，組織罷工、罷課、罷市以至實施爆炸襲擊，造成長期動亂及大規模的人員傷亡，最終被港英政府鎮壓。如周恩來當年所擔心的，這一歷史事件毀掉香港長期工作的深厚基礎和戰略部署。「六七暴動」更極大損害中共的形象，極大強化了港人的懼共、拒共以至反共意識。

「六七暴動」使中共喪失曾經掌握的香港意識形態領域工作的主動權。在「六七暴動」之前，《文匯報》、《大公報》曾辦得有聲有色，兩大報刊還辦了《新晚報》、《香港商報》、《晶報》，首創馬經、狗經、武俠小說，金庸和梁羽生初期的武俠小說都是刊登在這些報刊上。強世功《中國香港：文化與政治的視野》指，在「文革」之前，受新華社香港分社領導或影響的報紙發行量佔香港報紙發行量近三分之二，可以說整個香港的文化主導權掌握在左派手中；「六七暴動」之後，香港左派不僅失去對下層群眾的影響力，也失去了對文化界的影響力。在暴動期間，中資報刊走向「反英抗暴」前線，取消副刊、武俠小說、馬經等「封、資、修」內容，再加上港英政府打壓，銷量大跌，《香港商報》被收購，《晶報》停刊，《大公報》和《文匯報》在報刊市場基本被邊緣化，喪失了影響力和引導輿論、統戰等基本功能。警隊封閉《香港夜報》、《新午報》和《田豐日報》。《明報》、《東方日報》等趁勢而起，改寫了香港傳媒的版圖。左派電影公司及其經營的許多影院也紛紛倒閉。一些香港傳媒界人士認為，受「六七暴動」、內地「文革」及「六四事件」的打擊和影響，中資報刊在香港傳媒界邊緣化的局面再難改變。

「六七暴動」對香港左派力量帶來災難性打擊。左派組織受到一定程度的破壞，不少地下組織在事件中曝光，有部分人被遣返大陸，大量左派人士被捕入獄。許多愛國學校被關閉。大量中資公司和左派公司因響應「三

罷」而倒閉，外資和港資公司趁機搶佔市場。左派暴力抗爭的手法失去民心，有不少之前屬於或是接近左派的人士，從此脫離左派組織。在一線組織暴動的工聯會及其下屬團體人員流失，長期喪失政治威信和動員能力。直至現在，很多香港市民亦對親共左派仍懷有戒心。親共左派的聲勢要到上世紀九十年代香港回歸後才慢慢恢復。

「六七暴動」給了港英政府對港人實施「洗腦工程」的良機，港英政府在鎮壓暴動後實施懷柔統治，加強香港社會建設，極大增強香港人的身份認同，強化了殖民政府的管治威信和殖民統治的正當性，培養了港人的戀殖情結。港英政府在「六七暴動」期間，於英國設立「香港心戰室」，將「左派」、「中國」、「文化大革命」和「共產主義恐怖政治」聯繫起來，深刻影響了港人心態。周永新教授《香港人的身份認同和價值觀》認為，受1966年和1967年動亂的影響，港英政府採取「懷柔」策略，政府連續舉辦「香港節」等大型活動，以及改善教育、醫療、房屋和福利，增加市民對香港的歸屬感，營造「香港市民」的身份認同，港人改變「難民身份」認同，逐步以「香港市民」身份自居，從70年代至今，「香港市民」成為連結港人的最大動力。高馬可《香港簡史》認為，「對大部分香港人來說，這場動亂賦予了港府新的聲望和合法性。六七暴動似乎證明了香港的生活比大陸好，也顯示任何形式的反英運動對香港人沒有好處……被迫在中國和香港之間做選擇的香港人，大多認同殖民地政權是他們的政府。同時，他們愈來愈視自己為一個特殊群體的成員，既區別於殖民地政府，又不同於在中國大陸的同胞」。1967年是關鍵的轉捩點，令殖民地政府從此醒覺到須更關心和照顧社會低下階層，銳意承擔更合乎良知和回應大眾需要的社會政策；「左派在本地一直無法廣得人心，原因顯而易見，尤其是在此地人口中，有那麼多是為逃避中共政權而來，他們對文革感到害怕和嫌惡」。

「六七暴動」重挫中共形象，使中共進一步在香港喪失人心，進一步奠定了香港懼共、拒共的民心結構。強世功認為，事件「奠定了香港人基本的心態結構」，「港英政府意外地獲得了香港市民的認同和支持」；港英政

府的「洗腦贏心」工程徹底改變了香港人的深層意識和心理結構，形成了港人對「左派」、「共產黨」、「大陸」、「社會主義」的極度恐懼心理；這種恐懼心理與內地逃往香港的國民黨達官顯貴、大資本家和知識份子的「仇共」心理相呼應，使得「恐共」、「仇共」成為香港市民的基本民情，這無疑增加香港市民對香港回歸的排斥心理，也增加了香港回歸中國的難度。劉兆佳曾經分析，六七暴動加深了香港市民對中國共產黨及左派分子的恐懼與不滿，並損害了香港同胞與中國政府的關係。香港同胞對中國政府的不信任，至今仍未消除。這種對中央的逆反心態，不單使香港回歸中國的過程充滿曲折，亦對回歸後香港同胞與中央建立和洽關係增添困難。

香港一些參與過「六七暴動」的傳統「左派」人士，特別是許多因事件入獄的人士，希望能對「六七暴動」平反或給予更積極的評價，但香港主流社會傾向於否定「六七暴動」。

很難在正式文件中查找到中共官方對「六七暴動」的結論性評價，但一些中共高官曾對「六七暴動」作出負面定性。公開資料顯示，1978年時任國務院僑務辦公室主任的廖承志在港澳工作會議上表示，「1967年在香港發生的所謂『反英抗暴鬥爭』以及隨之而來的一系列做法，企圖迫使中央出兵收回香港，是與中央的方針不符合的，後果也是極其嚴重的」；他重申中央對港「長期打算，充分利用」的方針。原國務院港澳辦副主任李後在《百年屈辱史的終結——香港問題始末》（香港版書名為《回歸的歷程》）一書中表示，新中國成立以來，中央對香港的正確方針和政策，先後受到過三次「左」的衝擊和干擾，「發生於1967年的『反英抗暴鬥爭』，是建國以來對中央正確方針和政策的第三次也是最嚴重的一次衝擊和干擾……當時正處於文化大革命時期，中方在香港的工作受到極左思潮的嚴重影響。在鬥爭中，不是引導群眾適可而止，做到『有理、有利、有節』，而是毫無節制地一味鬥下去，致使事態迅速擴大……香港的工人和各界愛國群眾雖然在港英軍警面前表現很英勇，但作為指導這場鬥爭的思想和路線是錯誤的，造成的損失也是嚴重的」。

「六四事件」的歷史性因素

1989年北京發生「六四事件」，由於香港媒體當年報導非常充分，港人對事件比內地民眾了解更多，反應更加強烈，至今仍有揮之不去的「六四情結」。

許多相關史料指，當年為聲援北京的學生，香港發生歷史上最大規模的街頭示威，參與人數達百萬，這個紀錄目前仍未被破。香港演藝界人士曾舉辦持續12個小時的「民主歌聲獻中華」演出，幾乎所有著名藝人都參與演出或通過以錄影方式亮相現場大螢幕表示支持。當時無論左中右的人士，大都同情內地參與「六四事件」的學生和其他群眾，不滿中國政府的處理手法。時任香港基本法起草委員會委員的《明報》社長金庸等人宣佈因「六四事件」退出起草委員會。有中資報刊開天窗表示抗議。新華社香港分社社長許家屯受「六四事件」影響出走美國。香港大學在校園豎立「國殤之柱」雕塑紀念「六四」死難者。

「六四事件」直接催生了香港「支聯會」。「香港市民支援愛國民主運動聯合會」（簡稱「支聯會」）在1989年5月21日的百萬人大遊行中成立，提出「釋放民運人士，平反八九民運，追究屠城責任，結束一黨專政，建設民主中國」五大綱領。「支聯會」每年在維多利亞公園舉辦「六四」燭光紀念晚會，並通過教協將其五大主張向香港青少年學生進行教育，對香港青少年產生極為深刻的影響。「支聯會」的長期存在及不少「泛民」政黨的領導人在「支聯會」兼職，使中央同「泛民」長期處於政治對立的狀況。一些本來很有愛國感情也支持香港民主發展的人士，因為「六四事件」而與中共決裂，最典型的就是創辦並長期領導「支聯會」的司徒華。

「六四事件」直接催生了民主黨等「泛民」政黨的成立，也極大強化了「泛民」及其許多支持者的「民主拒共」政治立場。「泛民」支持香港回歸的前提條件是香港必須獲得民主，通過民主保障香港的真正自治權，同時希望內地走向民主化。是否支持在香港發展民主，是否要求內地發展民主政

治，成為劃分「泛民」與建制的主要標準。港人在選舉中表現出非常明顯的「六四情結」。1991年，立法局引入直選議席，當年民主派推薦的候選人無論往績如何，僅因打出支持平反「六四」的旗號，就幾乎全數勝出。周永新教授指，「這種『六四』情意結，也嚴重影響了其他領域，例如有大學遴選校長，最後入圍的兩三位候選人與學生代表見面時，學生關心的並不是他們的成就和歷練，而是他們對『六四』的看法和立場」。[1]

　　「六四事件」重挫港人對香港回歸及落實「一國兩制」的信心。當時香港曾出現大規模的移民潮。作為安撫香港人心的應對措施，英國政府於1989年12月頒佈《英國國籍（香港）法案》，向5萬5千名擔任要職和在香港有其他重要地位的港人及其直系親屬發出居英權，總共涉及22萬5千名香港居民。港英政府也應香港社會的要求，於1991年制定《香港人權法案條例》。

　　「六四事件」重挫中共好不容易通過改革開放建立的形象，使中共在香港盡失人心，使許多港人懼共、拒共的心態進一步定型，亦使許多港人——尤其是接受「六四」教育的香港一代青少年很難建立對中共的政治認同，很難建立對中國人的國民身份認同。周永新教授認為，「六四」使香港人的身份認同倒退返回文革的時代：對自己作為中國人感到懷疑，不願成為中共管治下的中國公民。高馬可在《香港簡史》中寫道：「天安門事件令許多香港人對中國政府信心蕩然，也對香港前途完全盡失信心。這反映於股票市場下挫百分之二十五，房地產價值下跌，申請移民人數大增，而在稍後進行的調查顯示，人們對於中國在1997年後不會改變香港大失信心。」《許家屯香港回憶錄》中寫道，「『六四』，中國共產黨向人民開槍，群眾流血了，香港人也因此空前失望了」；當時香港參與遊行、集會等活動的人士「涵蓋全香港左中右各方面的人士」，「新華分社、左派團體內部的當地員工，幾乎都參加了活動。我們的基本群眾：愛國學生、工人、共產黨員，包

1. 周永新（2015）。《香港人的身份認同和價值觀》。香港：中華書局。第三章中〈「六四」對港人身份認同的影響〉。104–106頁。

355

括一些老共產黨員，相當多數都參加了這一活動」；「因為各種勢力、各界人士都參加了運動，形成一個愛國的、反對北京當局錯誤政策的統一戰線，人心起了很大變化，使得我們在香港多年爭取人心的工作，亦即愛國愛港的統一戰線工作，受到毀滅性的打擊，使我們處在一種空前孤立的地位」。[2]

香港也流傳一種觀點，認為港人對「六四」事件的反應極大強化了中共對港人的戒心，開始視香港為可能威脅中共政權的「反共基地」、「顛覆基地」。正因為擔心香港成為反共反華、「和平演變」、顛覆中共政權的基地，中共極不放心在香港發展民主和落實普選，這種擔心深刻影響了回歸之後中共對香港的管治路線，使中共刻意拖延香港的民主進程、收緊香港高度自治的空間並侵蝕香港傳統核心價值。

許多香港青少年的政治啟蒙來自「六四」事件，「六四」至今仍是爭取香港人心回歸最重要的障礙之一，是中共極其沉重的政治包袱。多數港人仍然希望中共「平反六四」。「支聯會」及「泛民」每年仍然採取各種形式紀念「六四」事件。維園「六四」燭光晚會是香港持續年數最長的大型政治集會，仍然產生着重要影響，相當程度左右着多數港人對中共的認知，並通過一個個家庭代代相傳。「支聯會」亦支持內地民眾的維權行動，不斷批評內地人權狀況，這些行動客觀上使港人很難改善對中共的觀感，中共獨裁、極權、冷血、屠殺人民等形象在部分港人心中揮之不去。

與此同時，在本土主義崛起的大背景下，香港近年圍繞紀念「六四」出現很大的爭議。本土派和許多香港大學生認為「六四」是內地的事，與香港無關，紀念「六四」是大中華情結的表現，紀念「六四」容易與愛國主義掛鈎，紀念形式年年重複及成為一些政客撈取政治資本的工具，因此拒絕繼續參與紀念活動。有的大學生聲稱「六四」是鄰國的事。2016年香港各大

2. 許家屯（1993）。《許家屯香港回憶錄（下）》。台北：聯經。第十四章〈「六四」風雲〉。363–398頁。

學的學生會和學聯均拒絕參加「六四」紀念活動，有的改為在學校舉辦論壇，着力論述紀念「六四」的本土意義。2017年「六四」前夕，香港中文大學學生會發表「六四情不在、悼念何時了」的聲明指，學生會不認同「支聯會」舉辦的「六四」晚會，認為「支聯會」不思進取、行禮如儀的悼念是消費「六四」的行為，利用民眾的道德感情以換取政治本錢；寄望港人認清「六四」之本土意義，以免悼念淪為愛國情懷之政治搖籃，或是將悼念變成另類的政治正確；對新一代而言，「六四」之意義已所剩無幾，本土社運才是他們的政治啟蒙，包括雨傘運動的公民覺醒，魚蛋革命的勇武抗爭；面對港共政權壓迫港人，打壓民主、自由和本土價值，港人應聚焦切身之患，「我們應立於本土之先，而非自困於六四之死胡同，方可於討論中找尋出路」；「悼念經已走到盡頭，六四需要被畫下休止符」。

圍繞紀念「六四」，香港社會尤其是非建制陣營出現了明顯的對立和分化。有時事評論員總結了這種對立——「六四有意義。六四無意義。六四是我的國家事，與我息息相關。六四是『你國』、『鄰國』事，與我完全無關。我永遠紀念六四。我已經忘掉六四。你偏激、無知、懶惰、冷血。你消費六四、行禮如儀。你的態度讓共產黨最高興。你在幫共產黨搞愛國教育」。

一些拒中意識強烈的意見領袖為紀念「六四」的本土化提供新的論述。比如，練乙錚向「支聯會」建議，採用「悼念六四死難人士，警惕中共血腥屠城」的新口號，把悼念綱領定位在中共屠殺人民之上，以便相容各種立場的反共群體。有香港學者認為，練乙錚的論述是「六四修正主義」，重新召喚「屠城恐懼」，以對沖紀念「六四」的「愛國」與「民主」意義；「六四修正主義」既要本土派承認「六四」是抗爭資源（將這「資源」代約為「恐懼」），但同時又想遵從某種本土派思維，將「六四」既有的道德資源（例如愛國心或追求民主的意志）淡化掉或否定掉；但部分本土派已經認為「民主中國比不民主中國更差」，民主中國對香港威脅更大，他們不是「恐共」而是「恐中」，「六四修正主義」也難以讓他們接受。

　　如果將紀念「六四」定性為反共但愛國的行為，則拒絕紀念「六四」是排共更排華的行為。香港青年一代開始與「六四」切割，參與紀念「六四」的人數減少，將「六四」紀念帶向「本土化」。與「六四」切割，實質是與中共切割、與中國切割、與中國人的身份切割，突顯出香港大學生分離主義意識的強化。

　　一些香港資深的建制派人士認為，那些批評內地人權狀況甚至要求「結束一黨專政」的港人，至少還存在大中華情結。與「結束一黨專政」並列的口號是要「建設民主中國」，這個口號本身強調的是民族情結，某種意義上也是一種愛國主義的表現。如果港人在「六四」問題上「去中國化」，普遍淡化「六四」情結，對內地發生的事再也無動於衷，對內地法治、人權、廉政等許多方面的問題不再批評，其實是更可怕、更值得憂慮的事，這意味港人不再把內地和香港視為一家，家國情懷進一步喪失，「港獨」意識更加強化。有時事評論員撰文表示，「港人會去維園，是因為他們仍着緊中國……肯去維園的，起碼還視自己為一個中國人。若然一天連他們也不去，原因未必是因為轉而擁戴中共，反而更有可能是，哀莫大於心死，對國家民族的感情日趨淡薄、日趨疏離」。有人認為，「香港回歸後，一直有人抱怨，土地回歸，人心未歸。有人甚至認為悼念六四是不愛國的行為，只是中央尊重一國兩制，大方包容而已。事實上，港人發自真心的悼念六四之情，不是表達對世界某處發生災難的大愛精神，而是感同身受的民族傷痛」。還有人表示，「撇除反共或恐共的複雜情緒，悼念六四是香港回歸前後連綿不斷的愛國教育。今天，香港未來一代告別六四，反映他們愛港不愛國的新思維。這是對中央和愛國人士的離心警告」。

　　值得欣慰的是，香港主流社會還不能認可本土派和大學生拒絕繼續紀念「六四」的取態。「泛民」主流力量均表示應該繼續紀念「六四」，批評本土派與「六四」切割的做法。無論溫和「泛民」和激進「泛民」，都繼續積極參與「六四」紀念活動。每年維園紀念活動現場，均飄揚着「泛民」各

政黨、政團的旗幟，「泛民」的頭面人物也都紛紛現身進行宣傳和募款等活動。反共媒體亦支持繼續紀念「六四」。2017年「六四」前後，《蘋果日報》兩篇社評呼籲繼續紀念「六四」，認為紀念「六四」是對民主的堅持和傳承。一些在知識份子群體很有影響的中間媒體支持紀念「六四」，亦非常委婉地期望中共能採取行動儘早放下「六四」的政治包袱，撫平港人和內地民眾心中這一歷史的傷痛。《信報》社評指出，隨着「自決」、「港獨」等思潮近年冒起，大專院校的學生會，與開宗明義「支援愛國民主運動」、主催「建設民主中國」的支聯會已分道揚鑣，舉辦另起爐灶的六四集會；可是像中大學生會那樣公開明言不再舉辦和參與任何六四活動，直指「悼念經已走到盡頭，六四需要被畫下休止符」，然後鼓吹「聚焦本土社運如魚蛋革命」來代替關注「六四」，這在香港還是第一遭；「在作為未來社會棟樑的大學生群體，產生這般思緒，雖今番表現於六四問題上，但大家都明白，骨子裏其實是對國民身份認同的抗拒」；中大學生會詰問的「六四情不再，悼念何時了」，當然不代表港人的心聲。《明報》社評指出，近年本土及自決思潮冒起，部分市民對悼念「六四」反應冷淡，有年輕一代甚至認為「事不關己」，然而悼念「六四」從來就是香港最本土的政治活動，否定悼念「六四」，其實就是否定香港自身的歷史，抹殺香港社會一路走來的集體回憶；堅持悼念「六四」，既是正視歷史，也是直面眼前的現實。

港人對中共缺乏政治認同的結構性因素

港人缺乏對內地制度的認同

　　「一國兩制」本身說明，港人無法接受在香港實行社會主義制度，亦難以認同內地實行的社會主義制度。多數港人視內地的政治制度為「一黨專制」。一些「泛民」的支持者批評內地實行專制制度和極權制度，有的要求中共「結束一黨專政」。

港人缺乏對內地意識形態的認同

英美自由主義的價值觀在香港根深蒂固，港人普遍信仰民主、自由、法治、人權、廉潔等核心價值觀念，並以這些價值觀念來審視內地現狀，很容易對內地持負面觀感。港人對內地的意識形態難以認同，對愛國主義、民族主義、社會主義很難產生共鳴。

港人缺乏對「中國模式」的認同

雖然改革開放後內地有了很大進步，尤其經濟發展很快，綜合國力和國際地位提升很快，但香港社會總體上難以認同內地的發展模式，對中共提出的理論自信、道路自信、制度自信、文化自信並不認同，對中國的前途仍然缺乏信心。

港人缺乏國民身份認同

由於對中國的政治社會制度、意識形態和發展模式均缺乏認同，許多港人不能認同中共對內地的統治，沒有作為中國公民的自豪感，不認為自己是中國人。

港人不滿回歸後中共對香港的管治

不少港人不滿中共對香港的管治，認為中共未能真正落實「一國兩制」、「港人治港」和高度自治，中央對香港事務的干預愈來愈多，未能兌現承諾落實普選，中共與香港特區政府都過於偏重維護香港大資本家的利益，導致香港貧富差距愈來愈嚴重、競爭力不斷下降，而香港擁有的自由、法治、廉潔等核心價值亦不斷遭到侵蝕或破壞。多數港人在政治、經濟利益上的獲得感不強，對香港的現狀十分不滿，對香港的前途憂心忡忡，有的非常懷念港英的殖民統治，有的希望香港盡可能擺脫中共的管治，變為獨立政治實體甚至實現「港獨」。

　　歸結而言，港人還不能認同中共對內地的統治及內地的發展模式，港人更不滿中共對香港的管治，加上香港人口結構、「六七暴動」、「六四事件」等歷史性因素的深刻影響，多數港人還很難建立對中共的政治認同。

第二節
港人仍未建立對「中國模式」的認同

香港社會對「中國模式」的基本取態

　　對於「中國模式」，國際社會和中國內地並沒有一致的看法，一些內地學者認為並沒有甚麼「中國模式」。美國《時代》雜誌前編輯約書亞・庫珀・雷默（Joshua Cooper Ramo）2004年5月撰寫了一份題為《北京共識》的研究報告。雷默在文章中強調所謂「中國模式」的優越性和獨特性：一種政治、經濟發展模式──混合產權、大政府重手干預等。西方學者認為，「中國模式」類似「北京共識」，指中國以國家干預市場的手段保證經濟增長，宏觀調控，同時對民主、自由與人權進行壓制，認為它是一種「獨裁現代化」或「合法化威權」。

　　「中國模式」或「北京共識」的具體內涵是甚麼，中國內地和國際社會均沒有一套普遍認同的清晰論述，存在許多不同的看法。

　　內地著名經濟學家吳敬鏈早在2001年就撰文提出，中國的改革要警惕落入「權貴資本主義」泥坑的危險。2011年，吳敬鏈再次提出，「各級政府不斷強化資源配置的權力和對經濟活動的干預，使尋租的基礎在許多領域繼續保持甚至擴大，從尋租活動中得利的特殊既得利益者，必然力求推動『半統制、半市場』的經濟體制向國家資本主義乃至權貴資本主義蛻變」，「當

前中國最嚴重的危險是走向權貴資本主義」，「就會陷入一種政府擴權和腐敗蔓延的惡性循環，把社會推向潰敗的深淵」。吳敬鏈主張，正如許多後發展國家現代化歷史所表明的那樣，必須堅定地推進經濟和政治體制改革，回歸市場化、法治化和民主化的正途，只有這樣，才能走出惡性循環。[3]

《人民日報》前副總編輯周瑞金（曾在1992年以「皇甫平」筆名發表支持改革開放的重要文章）2009年10月12日接受媒體採訪時表示，中國愈來愈有走向「權貴資本主義」的危險，「權力、資本和資源結合在一起，容易滋生腐敗，將會導致權貴集團粗暴地壟斷經濟增長成果，放肆地侵佔平民百姓的利益。這恰恰又容易成為社會矛盾的爆發點。近年來，許多有識見的領導幹部和知識份子，之所以迫切地要求推進政治體制改革，正是看到了我國這種資源、資本、權力三者如此高度的集中，將導致走上權貴資本主義道路的嚴重危險」。

新華社高級記者、《炎黃春秋》原副社長、著名學者楊繼繩（著有《翻天覆地：中國文化大革命史》、《墓碑》、《中國社會階層分析》、《鄧小平時代》、《中國改革年代的政治鬥爭》等）認為，將中國模式定性為「權貴資本主義」，既誤解了資本主義，也回避了權力的責任；中國模式是「權力市場經濟」，「就是國家行政權力主導和控制下的市場經濟」；「被『私有化』了的權力控制市場、操縱交易、權力本身也進入了市場。權力操縱資本，資本收買權力，一些基層政權被黑金政治所控制」；「在權力市場經濟制度下，權力的濫用和資本的貪婪惡性結合，是一切罪惡的淵藪，是一切社會問題的總根源」。[4]

---

3. 轉引自財新網2011年12月22日報導〈吳敬鏈：當前最嚴重的危險是權貴資本主義〉。

4. 楊繼繩（2016）。《天地翻覆——中國文化大革命史》下篇。香港：天地圖書。第32章〈官僚體制下的改革開放〉中的「四、權力市場經濟制度」。1131–1132頁。楊繼繩（2010）的《三十年河東——權力市場經濟的困境》（武漢出版社）亦有相關論述。

　　美國著名的中國問題專家李侃如1990年提出，中國模式是「碎片化威權主義」，即中國是自上而下的威權主義，但中國官僚體制並不是鐵板一塊。在這個龐大的官僚體制內，爭辯、迷惘和有不同意見的存在才是中國官僚體系的常態。

　　美國政治學者福山在〈「一帶一路」助中國模式走向世界〉一文中指出，中國的發展模式與西方目前流行的發展模式不同。中國發展模式的根基是政府主導的大規模基建投資——公路、港口、電力、鐵路以及機場。美國經濟學家對這種「築巢引鳳」的路徑深惡痛絕，他們的理由是，當政府參與度如此之高時就不免出現腐敗以及假公濟私的行為。相比之下，美國和歐洲國家近年來的發展策略一直側重對公共衛生、婦女權利、公民社會以及反腐措施的大規模投資。福山認為，全球政治未來的重要問題很簡單：那就是誰的模式會奏效？如果「一帶一路」倡議達到中國策劃的預期，那麼從印尼到波蘭，整個歐亞大陸都將在未來二三十年內發生變化。中國模式將在國外盛行，為沿線國家增加收入並因此產生對中國產品的需求。污染行業同樣也會被轉移出去。中亞將不再處於全球經濟的邊緣，而是變成世界經濟的核心。中國的威權政府形式也將獲得極高聲望，暗示民主國家的一大劣勢。福山警告，如果我們不行動起來，就有可能將歐亞大陸以及世界一些重要地方的未來拱手讓給中國還有它的發展模式。其實，福山的觀點不斷搖擺，他亦向媒體表示，「目前，意識形態對立已經不復存在。重要的是作為目標的社會制度的最終形態是甚麼，其歷史終點是民主主義，這一事實並未動搖」；「其實中國模式究竟是甚麼，一部分是馬克思列寧主義，還一部分是儒家主義，這兩者難以相容。換句話說，中國的制度不具備一以貫之的哲學基礎，很難在思想戰爭中取勝。」[5]

5.　轉引自日經中文網2015年1月5日報導〈專訪福山：中國模式是甚麼〉。

新加坡國立大學東亞研究所所長鄭永年認為，中國模式處於轉型期，還在探索中，但探索不是沒有方向，而這個方向取決於中國文明的進程；中國既拋棄了蘇聯式社會主義，也沒有接受西方民主制度。這種中國模式沒有定型的觀點是很有代表性的，因為中共高層政治運作的制度都沒有定型，包括最高權力的佈局及領導人的更替，規則都處於不斷變化之中。鄭永年認為，「學者們試圖在傳統術語上加上前綴來描述和解釋中國的新發展，例如『後極權主義』、『後威權主義』和『軟威權主義』。但這些努力都不太成功」；中國共產黨是一種組織化皇權，「中國共產黨作為『組織化的皇帝』，意味着中國政治的連續性和非連續性，並告訴我們，儘管中國共產黨正在自我轉型，但是它將不會成為任何西方式的民主國家，它也不會維繫其傳統的皇權。和傳統皇權不同，組織化皇權能夠容納不同的民主要素。但這並不意味帝制文化將會消失。作為組織化皇帝的中國共產黨是中國帝制文化的再造。但是，它是一個轉型了的皇權，為了維繫其霸權，它對社會經濟轉型打開了自己的大門。」[6]

一些海外輿論認為，中國多代領導人實際施行的是王滬寧一直主張的「新權威主義」。

維基百科對中國模式的定義為，中國模式是指中國在改革開放後尤其是「六四事件」之後的經濟和政治發展模式，「以國家干預市場的手段保證經濟增長，宏觀調控，但是也產生了權貴資本主義的發展，民主、自由與人權受到抑制。政治和外交領域，也有其不同於以往的發展道路。中國模式也被稱為北京共識。它被認為是一種政治上的獨裁政體與國家資本主義的混合體。」

---

6. 鄭永年（2011）。《中國模式——經驗與困局》。新北市：揚智文化。前言〈中國的崛起和中國模式〉。鄭永年（2018）。〈序言〉，《組織化皇權——中國共產黨的文化、再造和轉型》。香港：香港城市大學出版社。

綜合國外學術界的一些討論，「中國模式」主要特點包括：政府對於金融、經濟都有非常直接、影響力大的干預和調控；對於官員的任用，利用層層選拔的制度而非選舉；基礎設施建設由國家統一投資；對於言論自由和媒體出版限制嚴格；不贊同西方國家的主流價值觀，不支持「西方政治」；政治嚴管，經濟國家化，市場適度放開，強調發展，過度依靠經濟手段解決社會問題。

國外對「中國模式」的主要批評意見，包括：一、實行威權統治，人治代替法治；二、實行重商主義的貿易政策；三、推行國家資本主義。以壟斷營利性國企控制通信、石油、電力和媒體等戰略行業。中國收入及盈利最高的公司基本為國企；四、推行裙帶資本主義或權貴資本主義。中國一般更傾向照顧「聽話」、能與政府保持良好關係的企業。政商關係複雜，官商勾結，腐敗橫行；五、GDP主義曾長期主導政府行為。曾經長期將GDP增長列為核心的政府目標，失業率、通脹、環境污染、金融系統穩健、勞工權利等一般作為次要考量；六、主權高於人權，穩定壓倒一切；七、公開反對普世價值，反對「三權分立」等來自西方國家的價值觀；八、發展極不均衡。地區發展不平衡。社會各階層政治經濟利益分配不均衡。城鄉發展不平衡。貧富差距嚴重，社會矛盾多。

香港社會對「中國模式」也有不同的定性和取態。

傾向全盤肯定「中國模式」，尤其為內地的政治制度進行辯護

持這種取態的港人，肯定內地經濟快速發展，基礎設施建設進步很大，國民物質生活水平得到很大提高，國家的綜合國力和國際地位快速提高，政局穩定，政府有權威、有效率、能辦大事、對百姓需求的回應性較強等。從政府能力的角度評價，中國政府屬於大政府和強政府的類型，治理能力是較強的。

　　有些香港學者肯定內地的政治制度，並從理論上加以論述，主要是借鑒西方學者對西方民主制度的反思和批評。日裔美國學者法蘭西斯·福山在冷戰結束後，宣告民主主義和資本主義的勝利，並認為這是意識形態對立結束的時刻，全球都會向自由民主的方向發展，因而是「歷史的終結」。但到了2014年，福山在研究中國的崛起之後，卻提出一些新的看法，他在新著《政治秩序與政治衰敗》中指出，很多發達的民主國家出現了「為反對而反對」的內耗現象，形成一種「否決權政治」，甚麼事都做不成，導致社會發展嚴重滯後，不斷空轉。

　　福山等學者的觀點對中國內地及香港部分學者影響極大，也被選擇性地利用。一些香港學者一方面質疑西方的代議制與多黨競爭等民主制度形成「否決政治」，一方面肯定內地的政治模式亦屬民主制度。一些內地學者肯定內地協商式民主、選賢任能的官員選拔制度之類論述亦在香港特區政府內部和一些特定群體傳播。

　　香港中文大學政治與行政學系講座教授、清華大學公共管理學院長江講座教授王紹光在其論文〈國家治理與國家能力——中國的治國理念與制度選擇〉中提出一套論述，認為中國傳統的分析政治的方式不是政體思維方式，而是政道思維方式。政體思維與政道思維的不同在於，前者關注的只是政治秩序的形式，即政治體制的形式，後者的着眼點是政治秩序的實質，即政治體制運作的目標與途徑。從政體的角度看，民主的關鍵在於，政府是否由競爭性的選舉產生；從政道的角度看，民主的關鍵在於，政府能在多大程度上回應人民的需求。王紹光認為，「那麼對於普通老百姓來說，是競爭性選舉重要還是政府政策具有回應性重要？當然兩者都重要。但是老百姓最關心的，恐怕還是政府制定政策能否反映他們的切實需求」；從這個意義上說，較之西式代議型民主，中式代表型民主更符合中國最廣大人民群眾的根本利益。王紹光認為，「中國共產黨講的民主從來都是政道層面上的民主，因此才會有諸如『民主作風』、『這個人比較民主』、『這次會議開得比較民主』之類的說法。如果從政體思維方式來理解，這些話幾乎毫無意義，也

沒有道理，因為這些跟競選、多黨制沒關係。但是從政道的角度來理解，這些說法很有道理。因為只要能讓大多數老百姓的意願在施政中得到體現，就是政道要達到的最終目的」；「從政道的角度看，民主的關鍵在於，政府能在多大程度上回應人民的需求。從這個意義上說，中國的體制對人民的需求具有回應性，就是政道思維所理解的民主。」王紹光認為，「我們不但要否定政體決定論的思維方式，而且還要認識到，西式代議型民主只是一種金絲鳥籠式的民主，不應該也不可能是唯一可取的民主形式。不僅如此，我們要看到中國民主的不斷進步與創新，樹立和增強制度自信。在過去幾十年裏，中國實際上已經形成了一套代表型民主的理論，包括四個組成部分，分別回答四個關鍵問題：代表誰？由誰代表？代表甚麼？怎樣代表？儘管還存在這樣那樣的缺陷，中國正在實踐中的代表型民主具有巨大的潛力，意味着不同於西方的另一種民主形式是完全可能的」；「群眾路線是中式代表型民主的核心所在。」王紹光還出版《中國政道》、《中國治道》等書籍肯定內地的政治模式。

曾擔任香港前特首董建華特別助理的香港政策研究所主席葉國華一直深入研究和總結「中國模式」，並通過在電台主持節目、撰寫評論、發表演講等向香港社會講解「中國模式」。葉國華認為，「中美博弈最重要的一環關乎發展模式，究竟是東方的還是西方的發展模式較佳？事實上，兩者區別不大，因為中國不斷吸收西方的市場經濟的運作模式，加上中央集權式政治經濟制度，形成了現今的中國模式」；「中國模式不是一種所謂的英明獨裁模式；相反，它是一種會接納智囊機構的意見，再制訂政策的群體議定模式」，「這種中國模式也反映了中國走向開放及轉型的一面」；「與中國模式相比，美國完全讓市場主導及引領。市場帶動了美國過去的發展，這點毋庸置疑。當代中國是透過在政策制訂時開放給政府以外的人去檢定及審核，中國的迅速發展亦證明了這種相當集權的協商民主能由下而上地引領國家進步，這點又是美國模式及不上的。」

　　葉國華在其演講稿《中國模式，歷史並沒有終結》中提出一套論述，中國模式是「中央統籌的發展之路」，並認為中共有政績合法性。他提出，「有兩個概念很重要，叫政績的合法性和選舉的合法性。現在在外面比較強調選舉的合法性，在國內我們比較強調政績的合法性。」葉國華認為，闡述中國模式要持五個基本立場，即告別悲情主義、告別官史立場、轉變新思路和新觀點、告別西方中心主義、告別民族主義。葉國華總結中國模式有八個特點，一是混合理論模式；二是混合經濟模式；三是管治的延續性和全面系統的思維；四是以民為本的政績認受性，雖然還沒有到選票認受性，但選票認受性怎麼去解決在努力之中；五是科學的試錯；六是重新解釋傳統，吸納世界的經驗；七是天下規模的獨立自主的中央集權統籌逐步走向中國獨特的民治體制，建立有序參與的民治體系；八是和國際接軌，學習全球，建立一個學習社會。

　　由香港教育局資助，香港浸會大學當代中國研究所編製、國民教育服務中心出版的《中國模式國情專題教學手冊》曾派發全港的中小學。該書部分內容節錄自中國內地學者的研究及論文，全面介紹了中國模式的概念、緣起、內涵以及反思，內涵又分為政治、經濟、社會和文化四個部分。該書介紹，中國模式內涵的政治方面為，「民本思想：得民心者得天下」；「社會主義的民主政治：『三者有機統一，四大民主框架』」；「以表現和考核為本的官員選拔機制」；「進步、無私與團結的執政集團」；「政府分工制衡和糾正錯誤的機制」；以上所述「均是社會科學所言的理想型」。該書在形容中共是「進步、無私與團結的執政集團」的同頁，以「政黨惡鬥，人民當災」為題，指美國民主、共和兩黨輪流執政，往往因政治理由影響民生運作。

　　總體而言，全面肯定「中國模式」的論述在一些被視為較「左」的建制派人士中有一定市場，但在香港社會處於邊緣化的位置，難以得到知識界、教育界、法律界、傳媒界的認同，難以獲得主流社會接受及引起多數港

人的共鳴。典型例子是，在國民教育爭議尚未擴大之時，《中國模式國情專題教學手冊》內容曝光，迅即在香港引起軒然大波，「德育及國民教育科」被許多港人定性為「洗腦科」，教協及「泛民」政黨借機動員，加上梁振英上任、當時處於2012年立法會選舉投票的關鍵時期，反國民教育運動迅速升溫並激化至青年學生絕食抗議，特區政府最後不得不宣佈擱置「德育及國民教育科」單獨成科，國民教育就此胎死腹中。

傾向對「中國模式」既肯定又批評，期待內地建立民主法治和社會公義

香港社會一方面肯定中國內地在改革開放後經濟社會發展很快，一方面也批評和質疑內地存在腐敗橫行、人權未獲真正保障、法治不彰、貧富差距懸殊、食品安全風險大、生態環境被破壞、國民素質較低及道德滑坡等問題，期待內地推進政治體制改革，建立民主社會、法治社會和公義社會。

建制派特別是與內地有密切聯繫的工商界人士，對內地存在的問題是比較清楚的，雖然很難公開批評內地和中央，但許多人士期待，中共在以經濟建設為中心的同時，能大力推進政治社會進步。建制派第一大黨民建聯在其「理念」中含蓄地提出對中共的期待，「自改革開放以來，中國取得了舉世矚目的成就，發展成世界第二大經濟體，人民的生活水平大幅提高。這說明中國在改革開放以後所選擇的發展道路是正確的。我們尊重內地的社會制度，依法參與國家事務的管理，支持國家沿着改革開放的道路向前邁進，不斷提升國力，建設民主法治，讓人民生活得更好」；「愛國主義不盲目、不排外。愛國者能理性認識自己國家的不足，並為改善這些不足而努力。愛國者有包容的胸懷，認同普世價值，關懷人類的共同命運。」

早期「泛民」一直持「民主回歸論」，要求中共在香港落實民主並使內地走向民主化。溫和「泛民」現在仍然期待中國內地走向民主。「泛民」第一大黨民主黨在其政策綱領中提出，「民主黨堅決支持香港回歸中國，反

對疏離,以至隔離的傾向」;「民主黨承認中華人民共和國憲法和香港特別行政區基本法,但主張對其進行必需的修改,以體現民主、自由、人權和法治的保障」;「香港人作為中國人民的一份子,有權利和責任關心及參與國事。中國走向民主法治、尊重人權自由、實現經濟繁榮,是所有中國人的共同期望。民主黨支持中國的民主發展。」

香港教育界、法律界、傳媒界、文化界等知識份子集中的界別,均非常信奉英美自由主義的價值觀,期待中國內地能接受普世價值,建設民主中國、法治中國、公義中國。香港《亞洲週刊》一直關注中國內地的現代化進程,期待中共推進民主化。《亞洲週刊》總編輯邱立本在其《香港第三條路不再是夢》一書中指出,中國的飆升打破了西方國家內耗的魔咒,「中國在那些不斷預言將會崩潰的聲音中,快速前進,越過了『民主建設』之爭的旋渦,全力在『國家建設』的路途上奮勇前進。而關鍵就是有沒有『良好管治』」;「愈來愈多的政治學者思考,進入『現代性』(modernity),是否只有西方的路徑?中國的發展路徑是『先經濟,後政治』,創造了發展的奇跡,但也面對更上層樓的瓶頸。」邱立本認為,「因為中國『現代性』的內涵,最後都不能繞過法治和人權的坎」;「關鍵是中國永遠要面對社會公正、人權與法治的挑戰,否則經濟上的成就就難以化解內部的尖銳社會矛盾」;「台灣知識界不少人認為中國大陸還是在一種『開明專制』中,推動威權主義式的精英領導,可以在經濟和基建等領域發揮高效率,但卻無法保障人民基本人權,也難以落實社會公正的目標。而台灣老百姓近年在民主與社會公正上的追求,都會對大陸帶來示範效應。」邱立本主張,「在今天經濟成就的基礎上,中國不再懼怕政治改革的火炬。這些火炬不再是只有西方的燃料,而是要有中國本身的能源,照出自己的主體性,也敢於照亮繁榮背後的陰影——貧富不均、法治不彰……中國不能被既有的經濟成就所『捧殺』,而要有沉澱與反思的能力,匯聚全球華人的力量,共同為現代中國而努力。」邱立本的這些觀點,在香港知識界是很有代表性的。

傾向全盤否定「中國模式」

全盤否定「中國模式」的論述在香港亦很有市場。這些論述大致有兩個核心觀點，一是現行發展模式使中國淪為吳敬鏈所定性的權貴資本主義，二是中國的專制主義很難走向民主化，對此表示絕望。

反共傳媒一向全面否定「中國模式」。香港《蘋果日報》曾發表社評指，「中國發展模式已把中國變成『地獄』一樣」；「中國權貴資本主義的瘋狂發展，對人民的高壓手段變本加厲，80%以上的既得利益階層把財產家屬轉移國外顯示對大陸政治氣候不信任。這種情勢，顯示實現中國民主幾近絕望。寄望中國民主而帶來香港民主，也只不過是自欺欺人。」台灣《蘋果日報》社評認為，中國所走的全是早已存在的老模式，沒有一樣新模式；「經濟上，中國走的原始資本主義、權貴（裙帶）資本主義、國家資本主義等，全是歐洲已丟進歷史垃圾桶的爛貨。國際關係與外交上也沒甚麼新模式，只是傳統帝制中國的『天朝主義』。政治方面，現在中國走的是『開明專制』那一套。既是部分中國傳統政治的再現，也在西方有悠久歷史的統治模式，像是普魯士的腓特烈大帝；也是馬克思所指出的東方專制主義」；中共領導都大談實現「中國夢」：人民當家作主，依法治國，堅持人民主體地位，擴大人民民主，建設服務、責任、法治和廉潔政府云云，「但這些漂亮的口號一碰到橫掃千軍的『堅持黨的絕對領導』，立即破功，全部成為假話、大話、空話。」

主張「香港自決」、「香港獨立」等分離主義思潮的知識界、政界人士，都極力把否定「中國模式」作為其論述的一個重要基礎。這裏列舉幾位有代表性的人物的觀點。

方志恒在《香港革新論》中表示，「1980年代的『民主回歸論』，設想中國大陸在經濟改革後，會逐步走上政治開明之路；同時寄望於港陸之間

的良性互動,會為香港帶來更大的民主空間」;但近年北京走向「天朝主義」;「如何應對『中國因素』——一個結合威權政治和經濟實力的天朝宗主,是我們這一代香港人的時代挑戰。」[7]

李怡在《香港思潮——本土意識的興起與爭議》一書中表示,「中國在過去二十多年,不斷升起過一個個希望,但結果都一一破滅。中國以權貴資本主義發展經濟,財富高度集中在少數貪官手中,對維權者的壓制無日無之。中國在過去二十多年,不僅沒有政改,而且愈來愈專制。中國特權階層形成的權貴資本主義,成為中國不可能進行政治改革的結構性障礙。百分之八十以上的貪官都是已經或正密謀把家屬財產轉移國外的『裸官』。而香港,則是部分權貴的轉移中繼站。在這種政治結構之下,香港的新聞自由、法治、廉政以及包括公司查冊這類制度,都成為中共貪官轉移家屬和財產的絆腳石。因此,香港的核心價值,不可能不成為中共權貴的敵人。」[8]

陳雲在《香港城邦論》中表示,「香港民主黨的立命基礎在民主統一論、民主融合論」,但「不必寄望共產黨會民主轉型」;「經歷六十年暴政,特別是文革的道德大崩壞、公義大摧折,大陸人仿如活在不見公義的地獄」;「很多人以為中國民主化之後,一切就會變得美好」,但「急速民主化的中國,比起極權的中共,更能危害香港」,「中國急速民主化後,很有可能滑入法西斯軍國主義」,「民主中國的巨龍是會吞噬香港的」。[9]

7. 方志恒(2015)。《香港革新論》。台北:漫遊者文化。〈革新保港,民主自治,永續自治——香港前途宣言〉。

8. 李怡(2013)。《香港思潮——本土意識的興起與爭議》。香港:廣宇出版社。〈香港拒共思潮的回顧與前瞻〉。22–23頁。

9. 陳雲(2011)。《香港城邦論》。香港:天窗出版社。第1章〈放棄民主中國,保住城邦香港〉。20–59頁。

「中港矛盾」激化，港人擔憂香港內地化，視中國因素為威脅

回歸後，「中港矛盾」不斷激化，「一國」與「兩制」、中央與特區的矛盾衝突較多；兩地價值觀念的衝突較大；隨着兩地交往的深入，特別是開放自由行之後，涉及民眾具體利益的矛盾衝突大增，包括內地孕婦到港生產「雙非童」（累計約20萬人）及其衍生的爭搶學位、分薄社會福利等問題，單程證移民大增（1997年至2015年共有逾80萬人）問題，內地旅客來港搶購奶粉及其他日用品問題，內地學生到港升讀大學影響香港學生升學問題，內地居民到香港買樓推高樓價問題等等。

「泛民」和部分輿論認為中共對香港實行「新殖民」，通過人口換血和強迫進行「中港融合」來「赤化香港」，使香港逐步「內地化」。「反赤化，反殖民」成為「泛民」以至「港獨」勢力的重要論述。

對於內地經濟的飛速發展及中國在國際上的崛起，港人持有非常複雜的看法。部分港人尤其是工商界人士，較多視內地因素為香港發展的機遇，但也有相當多的港人對內地的發展有不平衡心理，有的將內地的發展視為香港的威脅。有一種觀點認為，香港過去的發展得益於內地的封閉，得益於香港成為內地走向國際的中介和門戶，在中國日益改革開放的情況下，香港的中介及門戶的地位降低，競爭力降低，香港在國家對外開放中的地位和作用降低，港人的自豪感降低。香港一些知識份子擔心，如果人民幣完成國際化進程，上海、深圳建設成更加重要的金融中心，香港作為國際金融中心的地位和作用將進一步弱化。內地愈差，香港愈好，內地愈好，香港愈差，這樣一種心態使港人非常複雜地看待中國崛起。

第三節
港人仍未建立對中國國民身份的認同

港人未能建立國民身份認同

港人未能建立對中共的政治認同，未能建立對「中國模式」的認同，更深層次的是，港人未能建立國民身份認同，許多港人不認同自己是「中國國民」、「中國人」，認為港人不屬於「中華民族」，更沒有作為中國國民的歸屬感、自豪感。

香港一些民調機構多年的民調顯示，港人最認同的是「香港人」的身份，對「中國人」的身份認同度低。本書第一章已介紹了相關民調資料。相關民調亦顯示，在不同年齡的群體中，香港青少年的國民身份認同是最低的，年齡大的群體則國民身份認同相對較高。

拋開民調不談，港人未能建立起國民身份認同，有許多具體表現，包括：港人普遍不支持維護國家安全的23條立法，港人普遍反對在中小學開展國民教育，香港中小學和其他機構一般不願意舉行升國旗、唱國歌等活動、歧視新移民、歧視普通話、歧視內地同胞、一些號稱愛國愛港的知名人士持外國護照等。

港人未能建立國民身份認同的主要原因

國民身份認同與港人對中共的政治認同、對「中國模式」的認同是互為影響的，中共因素和中國因素始終是影響港人身份認同的核心因素，香港的內部因素亦是影響港人身份認同的關鍵因素。

其一，港人未能建立對中共的政治認同，不認同中共對內地的統治，亦不認同中共對香港的管治。

其二，港人不認同內地的價值觀念和意識形態。

其三，港人不認同「中國模式」。

其四，港人在長期的歷史進程中逐步強化對「香港人」的身份認同。在二戰之後，大量內地同胞移民香港，很多人抱着寄居香港的「過客」和「難民」心態。但「六七暴動」及此後港英政府對香港的懷柔治理，強化了港人對內地的反感和對香港的認同。麥理浩的改革及香港躍升為「亞洲四小龍」、國際金融中心，香港經濟起飛及社會建設的加強，使港人極大強化了「市民」意識。「九七大限」與「一國兩制」、「港人治港」、高度自治的香港前途安排，從制度層面區隔了「香港人」和內地同胞。「六四」事件再次極大弱化港人對中共和內地的認同，極大增強港人對「香港人」的身份認同。內地改革開放曾經改善港人對中共和內地的觀感，改善觀感已極不容易，但尚未達到增強港人國民身份認同的程度。華東大水災和汶川大地震曾經使港人掀起愛國熱潮，但2008年北京奧運會之後曝光的三聚氰胺「毒奶粉」事件，極大惡化了港人對內地的觀感。自由行的開放及擴大，使港人與內地同胞的直接矛盾衝突陡然升高，抗拒內地及張揚本土的思潮迅速蔓延。

其五，部分港人不滿回歸後的香港現實，懷有濃厚的戀殖情結。一些港人十分懷念港英的殖民統治，有的要求英國重新統治香港。

其六，歧視內地同胞、否定甚至醜化「中國人」和「中華文明」的論述日益增多，且影響廣泛。歧視新移民，歧視普通話，歧視內地遊客，歧視內地同胞，在香港社會具有普遍性。一些激進勢力從輿論上、行動上激化「中港矛盾」和港人與內地同胞的「族群矛盾」，「光復上水」、「驅蝗」等醜行一次次上演。

　　「香港自治」、「香港自決」、「香港獨立」等分離主義思潮的主張者，全力否定和醜化新移民、「中國人」、「中國文化」和「中華文明」，強化「香港民族」的論述。相關書籍十分暢銷，在香港社會特別是青少年中產生惡劣影響。

　　李怡在《香港思潮——本土意識的興起與爭議》一書中表示，「這幾十年來，中國大陸有了極大變化，不但沒有建立法治，而且專權政治加上改革開放形成的權貴資本主義，改變了社會，也改變了人的面貌」；「新移民儘管不是全數，但他們『骨子裏被埋下』『兇殘、鬥爭、貪婪、自私』種子，他們仰賴權力生存和獲利的心態，順理成章地成為愛字堆打手，蛇齋餅粽的『群眾』，建制派的票倉。在中共權大財大氣粗的淫威下，香港民主人士有何能力去改變他們？」

　　陳雲在《香港城邦論》一書中以專節論述「大陸人並不是你想像的善良同胞」，認為內地是「地獄鬼國，匪黨賊民」，「被中共殘害幾代的大陸人，都因為幾代人啞忍暴虐而扭曲本性，成為中共的合謀人。為甚麼中共可以統治中國，為甚麼中國人可以容忍中共的暴政，甚至那麼多中國人在面對六四屠殺的時候依然甘於忘記血案，繼續默許中共執政，默許中共用思想洗腦來荼毒他們的子弟？這是單方面的政治壓迫嗎？人民是無辜的嗎？沒有人民的共謀，這種殘暴統治可能持續六十年嗎？」陳雲表示，「討論大陸人的病態，一方面我是勸告香港人不要插手大陸事務，另一方面則要探討香港的族群意識。有些新移民來了香港，卻支持共產黨極權政府，反對自由民主及不服膺現代價值，卻領取香港福利及佔用公共資源，反過來對付香港人，蠶食香港的價值，令香港走向衰亡。」在陳雲的這種論述之下，他極力反對「民主回歸論」，認為「民主中國比共產黨專政更危險」，中國民主化後更容易吞掉香港。

　　《來生不做中國人》是全面否定「中國人」和「中國文化」的一本暢銷書。該書作者是已經移民挪威的香港政治評論員鍾祖康，主要內容是收錄

作者歷年在香港《開放雜誌》發表的文章。該書認為中國共產黨及中國人禍害人類文明、摧殘環境，中國崛起是給世界帶來「黃禍」。該書主要章節包括：「中國文明該死的不死的代價」；「中國人凡經之地寸綠不留」；「以十億奴隸血汗攪亂全世界」；「奴隸主和奴隸的民主」；「長期統一導致今世落後」；「為甚麼中國人那樣蠢？」；「為甚麼中國人那樣髒？」；「為甚麼中國主子不如英國主子？」；「中國式霸權主義下的西藏」；「從奇技淫巧到科技建國」；「『黃禍』確是發生了」等等。書中的許多內容被整理出來在互聯網上廣泛流傳，包括：「中國人即使不是在共產黨奴役下也是大都非常自私、醜陋、無聊和『見人講人話，見鬼講鬼話』的秉性」；「中國人之奴性有一種令古今中外奴隸制度相形見絀的特色。自漢代起罷黜百家，獨尊儒術……將全國人的思想定於一尊已經夠糟，更糟的是，是定於一種以唯道德主義、形式主義、性別歧視、人倫差別、超實用主義和反宗教精神為本、以繁殖和愚孝為人生至高目標的教條」；「中國這樣的社會只會慢性癱瘓而難以崩潰的，中國社會有極其深厚的『爛活文化』，人人都是有潛質忍受大苦大難大侮辱的苟活專家」；「中國官商乘着世界進一步走向經濟全球化，就牽着這十億隻工蟻像海嘯一樣掃蕩全球」；「自獨尊儒家厲行思想閹割極權統治」；「歐盟的成立，把歐洲的平均文明水平拉高了。中國的崛起，卻把全球的平均文明水平拉低了。這就是兩者的最大分別。我一直擔心的『黃禍』確是發生了」等等。

　　《來生不做中國人》的作者自稱該書已出版了五十多版。香港一些知識份子對這本書極為推崇。有知名香港作家表示，這本書不但可讀、可誦、可思、可擊節讚賞、可由衷欽佩、可掩卷長歎、可痛哭流涕、可視為畢生難得一見的好書……對於認為做中國人十分幸福的人來說，要讀這巨書，需要相當程度的勇氣、需要一定程度追求真理的良知；若真要在學校進行所謂「愛國教育」，那麼，《來生不做中國人》一書就應該列入學生必讀。

　　鍾祖康此後又出版《向中國低文明說不》一書，繼續全面否定中國文明，書中稱，「中國的司法獨立、新聞自由、宗教自由等還趕不上清朝，那

中國有甚麼能力統治文明水平遠在其上的香港呢？……中國的文明落後香港起碼一兩百年，更連一千年前的英國也趕不上，卻要在治港表現上向英國看齊，傻的嗎？」；「現在有人把港中衝突歸咎於文化差異，避提文明鴻溝，非常靠害！即使與本地人有很大文化差異者如回教徒和印度教徒，也能與香港華人和平共處呀。港中的文明鴻溝，乃無藥可救。面對生番統治，香港人只能迫上梁山，像台灣外蒙那樣走上獨立之路。」曾任政府廣播處處長的張敏儀等推薦該書。

這是一種無奈和可悲的現實，港人缺乏對中共、「中國模式」及中國國民身份的認同，這三個層次的認同缺失仍在惡性發展。

在第一個層次，多數港人缺乏對中共的政治認同。港人曾有愛國不愛黨的家國情懷，民主拒共的「民主回歸論」曾在「泛民」及香港知識份子中佔據主流地位。但回歸後中共對香港的管治現狀尤其是普選目標的落空，使港人的「民主回歸論」基本破滅，加上「六四」等歷史遺留問題未能解決，港人的拒共、懼共以至反共意識仍未消除。

在第二個層次，多數港人曾希望中國的改革開放最終能走向政治體制改革，發展民主，健全法治，保障人權，實現公義。但內地所發展出的「中國模式」已基本被香港社會定性為權貴資本主義，港人已失去中國會走向民主化的憧憬，對內地的負面觀感在強化。

在第三個層次，基於「民主回歸論」和中國民主化憧憬的破滅，港人對中國國民身份的認同在回歸後不僅未能增強，反而進一步削弱，否定中國人、中華民族、中華文明的論述及建構「香港民族」的論述強化，各種分離主義思潮興起並在香港青少年中產生極大影響。

　　港人對中共、「中國模式」及中國國民身份的認同缺失，成為香港人心未能回歸的核心表現，成為中央政府和香港特區政府在香港建立管治威信的最深層障礙，中央和特區政府的支持基礎難以擴大，愛國愛港力量難以發展壯大，中央難以放心在香港落實普選，而「一國」與「兩制」、中央與特區、內地與香港、內地同胞與港人之間的矛盾衝突均愈來愈多、愈來愈深，為香港分離主義思潮的滋生提供了肥沃的土壤。

第七章

香港本土主義及分離主義
思潮的興起

香港人心失落與疏離，最可悲及最值得警惕的是，本土主義及分離主義思潮近年在香港快速滋生蔓延，並對香港青少年產生很大影響。

本土主義與分離主義本是兩個不同的概念，香港的本土主義在一定程度上走向分離主義。香港的所謂本土派成為與傳統的溫和「泛民」和激進「泛民」非常不一樣的政治力量。分離主義成為本土派的主要標籤，與中國內地區隔、與「大中華主義」切割，是其共同點。

要準確分析香港分離主義思潮興起的原因，重點檢討管治上的缺失。香港本土派近年加速崛起，有文化、歷史的因素，有深刻的時代背景。中央政府和香港特區政府對香港的管治存在失誤，未能有效贏得香港人心，香港政治經濟社會矛盾不斷深化，相當多港人對回歸後的香港發展現狀不滿，對中國內地的發展現狀不滿，成為分離主義滋生的肥沃土壤。

香港本土主義和分離主義有許多不同的派別和不同的論述。本土派借用一些傳統的國際政治理論，也提出一些新的理論，對分離主義進行理論包裝，強化其正當性。少數學者提出一些誤導性的理論。「泛民」主流政黨也加強本土論述。各種本土主義、分離主義的主張帶有欺騙性、蠱惑性，對香港青年一代產生很大影響。本土派的論述主要在於爭取民意，爭取擴大支持基礎和建立組織，亦作為選舉的政治動員，危害性較大。

要正確看待和對待香港分離主義思潮。要實事求是判斷香港分離主義思潮的發展現狀，既不盲目誇大其影響，也絕不能輕忽其發展壯大的聲勢和嚴重的危害。對於香港各種分離主義力量，要毫不手軟地堅決打擊和遏制。要加強香港的青年工作和教育工作，加強意識形態領域的工作，儘可能消除分離主義思潮的影響。治本之策是，中央政府和香港特區政府着力調整管治香港的路線，確保「一國兩制」的實踐不

走樣、不變形，着力化解香港深層次的政治經濟社會矛盾，着力化解港人的各種不滿，剷除分離主義滋生的土壤。歸根到底，對香港的管治要符合國家主權、安全、發展利益，有利保持香港繁榮穩定，亦要盡最大可能符合香港人心。

第一節
香港分離主義思潮興起的背景

香港分離主義思潮的本質

本土主義與分離主義是兩個不同的概念，但有時二者產生聯繫並趨於一致。

國際上將本土主義視為地方主義或地方保護主義，是與國家主義和全球化及區域整合相對抗的思潮，主要強調地方利益及地方文化等的保護，反對全球化及區域一體化。

分離主義又稱分裂主義，存在政治分離主義（分裂主權和國土以實行獨立）、種族分離主義、宗教分離主義等不同性質的分離主義。不同性質的分離主義往往混合在一起，種族、宗教等的分離最終導致政治分離。世界上有數十個國家因為分離主義運動而最終裂解，比如東帝汶從印尼獨立，南斯拉夫分裂成塞爾維亞、黑山等多個國家，科索沃又從塞爾維亞獨立。分離主義在中國表現為「台獨」、「藏獨」、「疆獨」的訴求與行動，現在又多了「港獨」的威脅。

香港的各種本土主義並非全是分離主義，有部分是要求真正落實高度自治，但相當多的本土主義主張走向分離主義，性質相對輕微的也是要求香港與內地區隔。有的追求香港成為獨立或半獨立的政治實體，有的公然提出「自決」、「香港獨立」、「香港建國」等主張，推動分裂國家主權和領土。香港的各種分離主義思潮，違背中國憲法和香港基本法，與「大中華主義」切割。

香港本土主義與分離主義的發展階段

英國殖民統治階段，香港社會思潮更多以民族主義、反殖及民主主義為主

在新中國成立之前，香港與內地的邊界是開放的，兩地的制度、文化、生活環境比較相似，人員進出自由，許多港人以內地為根，有濃郁的家國情懷。

在英國殖民統治階段，也有極少數人提出「香港獨立」的主張，但未能成為有影響力的社會思潮，香港也沒有出現強大的分離主義運動。與此相反，在香港回歸之前，反殖、民族主義和民主主義，在不同時期對社會思潮和社會運動有較大影響。

香港企業家與社會運動人士馬文輝於港督楊慕琦1946年提出政制改革的「楊慕琦計劃」時，就已關心香港的民主發展。馬文輝於1953年主導成立聯合國香港協會，推廣聯合國所標舉的人權、平等、自決、自由、民主等價值，包括：1945年《聯合國憲章》第1條所載明之「尊重人民平等權利及自決原則」與第11章「關於非自治領土之宣言」、1960年聯合國大會1514號決議關於《給予殖民地國家和人民獨立之宣言》、1966年《公民權利及政治權利國際公約》等，推動香港建立一個屬於港人的自治政體。他的主張被視為是香港政治史上最早具本土意識與身份認同的論述。

上世紀60年代，國際社會掀起一股「國家要獨立、民族要解放」的風潮，對香港產生影響。1963年，馬文輝與多名知名人士建立香港歷史上第一個以政黨命名的「香港民主自治黨」，以反殖、反共立場為基調，宗旨是「促進香港自治政府之實現；使香港能增進經濟、社會和政治的民主化，保證全民獲得社會的正義；提高香港在英聯邦內成為一自治城邦。」其綱領

包括，香港國防外交權歸英國，並由英國駐軍防衞香港，香港人民民有、民治、民享其他各項權限，香港內政事務由在香港民選立法議會大選中獲得多數勝利的政黨組成內閣制政府決定。香港民主自治黨認為，英國殖民主義及中共共產主義皆為不平等的暴力制度，民主自治可以對抗中國赤化香港、維持香港國際現狀地位，唯有一個民主自治城邦才能改善貧富懸殊與不公，走出香港本位政治立場。香港民主自治黨推動香港自治，提倡立法局全面普選及港督由香港人推薦後再由英女王委任。

馬文輝因其關於香港自治運動的倡議與行動，被現今部分香港本土派人士稱為「香港獨立之父」、「港獨之父」或「香港本土派始祖」。香港網絡媒體上有大量「『港獨之父』馬文輝」的回憶類或評述性文章，也有「馬文輝學說研究會」的Facebook。

上世紀60年代發生的「六七暴動」是直接針對港英殖民政府的，但起到反效果，激起了港人對香港「左派」、中共及內地的不滿，強化了殖民統治的正當性和認受性，也增強了港人對香港社會的認同，增強了港人對香港人的身份認同。

上世紀60年代末及70年代，香港高校及知識份子中出現多元化思潮，學術界認為自由派、社會派和國粹派是三個主要的思想流派，很多大學生具有民族主義和反殖的思想傾向。這一時期的社會運動，也帶有民族主義及反殖的特徵。

1968年香港的專上學生率先發起在學界成立委員會爭取合法使用中文。「中文法定運動」持續數年，港英政府被迫在1974年立法規定中文與英文享有同等法律地位。1978年，司徒華擔任中文運動聯合委員會主席，曾發起第二次中文運動。

1971年2月至1972年5月，香港曾發生聲勢浩大的保釣運動，大型的公開集會和示威活動有約30次，參與者很多是大學生。保釣運動的民族主義特

徵是極為鮮明的。香港學界認為，香港、台灣等地發生的保釣運動深刻影響了中國政府在中日建交談判中有關釣魚島主權爭議的立場，使中國政府不敢採取軟弱的政策。

1973年，香港發生「反貪污、捉葛柏」運動，針對港英政府內部的貪污腐敗行為，參與者也很多是大學生。

香港學界認為，上述社會運動反映出，香港戰後成長的一代再不願意生活在「借來的時間、借來的地方」，開始反省香港的認同感和存在價值，並身體力行作出實踐。1972年港大學生代表團首次訪問內地，學生會的刊物《學苑》一個月兩期出版專輯報導訪問的過程，公開發售，一天內銷出4,800份，在社會上引起震動，由此開啟了香港的大學與中學認識中國、關心社會的「認中關社」活動。在本土化社會運動起步時，香港學生開始反思和認識自身的中國人身份。

1979年起，中英開始就香港前途問題談判。在回歸之前的過渡期，民族主義及民主主義是最有影響的社會思潮。香港知識份子和大學生擁抱「民主回歸論」。「民主回歸論」可謂民族主義、民主主義、反殖等因素的結合。1982年成立的匯點，以港大、中大畢業生為主，包括了其他大專院校就讀的70年代學生運動成員。匯點高舉「民主回歸論」，奠定了香港民主運動初期的路線。

諸多事例表明，香港的大學生在香港回歸的過渡期是相當信仰民族主義和民主主義的，亦非常支持香港回歸中國。

還在中英談判香港前途問題時，1982年9月，時任英國首相的戴卓爾夫人訪問北京後抵達香港，當時英國堅持割讓香港及租借新界的三個條約有效。十多名香港的大學生到機場「接機」，拉起橫額，反對三個不平等條約，向戴卓爾夫人提出抗議。

香港大學學生會曾於1983年10月舉辦全民投票，就中國應否收回香港作意向表態，結果937票接受、333票不接受、78票棄權，反映當年大多數港大學生都清楚認識到香港是屬於中國的。港大學生會於1984年4月發表聲明強調，香港主權屬於中國，中國在香港恢復行使主權時，應以民主、自治、保障人權及司法獨立為原則。1984年1月，港大學生會曾向時任國務院總理的趙紫陽寄出一封信，支持香港回歸，也要求香港回歸後「堅持港人民主治港的原則」，「將來香港地方政府及其最高行政首長應由市民普選產生。」據香港《明報》報導，趙紫陽於1984年5月22日在國務院信箋上親筆簽署回函表示，「我很讚揚同學們基於自己的責任感對祖國恢復行使香港主權、維護香港穩定繁榮所表達的真誠意願」，「保障人民的民主權利，是我國政治生活的根本原則。將來香港特別行政區實行民主化的政治制度，即你們所説的『民主治港』，是理所當然的。」

1989年發生的「六四」事件，極大強化了港人懼共、恐共、拒共情結，動搖了不少港人對香港回歸後發展前景的信心，數十萬港人移民國外。具有較強民族主義情感的「支聯會」主席司徒華與中共決裂，走上與中共政治對抗之路。「六四」事件直接催生的香港民主同盟（民主黨前身）等「泛民」政黨、團體，將香港民主運動帶向與中央政治對抗的路線。而原本比較親共的學聯改變政治取態，轉向要求「平反六四」，將香港的學運引向爭取民主。即便如此，香港「泛民」及青年學生仍未脫離「民主回歸論」的路線，仍未背離民族主義與民主主義，沒有走向分離主義。每年的維園紀念「六四」燭光晚會成為香港的一個政治圖騰，香港主流社會將紀念「六四」的意義主要定性為「愛國」及「追求民主」。

香港回歸之前，出現了較大規模的移民潮，一定程度反映出港人的懼共情結，但還沒有出現分離主義思潮滋生的情況。

1991年內地發生華東大水災，香港掀起捐贈救助熱潮。香港演藝界集體出動，拍攝電影《豪門夜宴》，並舉辦「忘我大匯演」大型音樂會，為華東

災民籌集善款。據統計，香港在短短十天之內，賑災籌款達到4.7億港元。1991年7月11日至12月31日，中國共接受境內外捐款物合計23億元人民幣，其中近四成來自港澳台地區和海外華人。香港社會常常舉救助華東水災這個例子，以此說明港人對內地同胞本來具有強烈的「血濃於水」的民族情懷。

1996年9月，香港「全球華人保釣大聯盟」發起保釣行動，陳毓祥等五人隨船進入釣魚島海域，因日本軍機與艦艇阻撓而無法搶灘登島，陳毓祥等五人跳海向釣魚島游去，其中陳毓祥遇溺身亡。這一事件激起港、台兩地發起更大規模的保釣運動，參與者在當年10月7日成功登陸釣魚島，同時揮舞五星紅旗及「中華民國國旗」展示中國主權。港人在回歸前夕對保釣運動的熱情，充分彰顯了港人的「大中華」民族主義情結。

香港回歸之後，本土主義、分離主義思潮由弱到強

香港回歸後，出現了本土主義、分離主義思潮由弱到強的巨大變化，中間經歷了不同的發展階段。每一個階段社會思潮的變化情況，與內地政治經濟社會形勢密切相關，與中央政府的對港政策密切相關，與特區政府管治香港的情況及香港內部形勢密切相關，與一些重大的標誌性事件直接相連。

2003年之前，本土主義和分離主義思潮相對較弱的時期

香港社會比較主流的看法是，回歸初期，本土主義和分離主義的意識是比較弱的。香港回歸後，馬上遇到亞洲金融風暴，中央對香港給予有力的支持應對這場風暴。回歸之初，中央對管治香港有一種「井水不犯河水」的取態，放手讓香港特區政府管治香港，對香港事務的干預比較少。這一時期，內地通過改革開放，經濟發展很快，內地同胞物質生活水平提高很快。相對而言，香港的發展比較慢，內地與香港的差距縮小，港人對「經濟中國」、「文化中國」的認同有所增強，對內地深化改革開放抱有憧憬。這一時期，內地與香港、內地同胞與香港同胞的交流在增強，但還沒有出現比較明顯的「中港矛盾」。

2003年至2012年立法會選舉，導致本土主義和分離主義思潮滋生的因素不斷增加

2003年至2012年立法會選舉，是香港本土主義與分離主義思潮不斷發展的時期，出現了一些標誌性事件和一些明顯的趨勢。

2003年是香港政治社會形勢走向巨大轉折的一年，也是中央對香港的管治走向重大轉折的一年。反對23條立法使「泛民」聲勢大漲，中央政府和香港特區政府遭遇回歸後最重大的政治挫敗，中央採取一系列措施加強對香港的管治。

2008年是一個比較重要的分水嶺。當年香港市民踴躍支援四川汶川大地震救災重建工作，北京成功舉行奧運會，均增強了港人對國家的認同感。香港的相關民調顯示，2008年是港人國民身份認同最高的一年，也是港人對中央政府信任度最高、對內地發展前景最有信心的一年。汶川大地震暴露出的學校校舍「豆腐渣」工程問題及北京奧運會之後出現的三聚氰胺「毒奶粉」事件，大大損害了國家的形象，損害了香港市民的國民身份認同度，此後，港人的國民身份認同度再也沒有回到2008年的水平。2011年前後，本土主義和分離主義思潮已經在理論論述、社會運動等層面充分顯露出來。

2003年至2012年立法會選舉，香港出現以下趨勢性變化和標誌性事件。

一是「中港矛盾」急劇激化。2003年香港出現沙士疫情，造成299人死亡的慘重損失，在疫情最嚴重時整個香港像座死城。疫情由內地傳入，內地也存在一度隱瞞疫情等嚴重問題，港人因此對內地產生嚴重不滿。為幫助恢復沙士疫情後香港異常疲弱的經濟，中央政府於2003年下半年推出CEPA及赴港個人遊（自由行）政策，2009年進一步推出深圳戶籍居民赴港「一簽多行」政策。自由行和「一簽多行」旅客的消費拉動了香港經濟，但主要利益為大資本家獲得，香港普通市民則因物價上漲、生活空間受擠壓等產生不滿。兩地民眾的交往接觸增多，因文化和習慣的差異，也產生不少矛盾。

　　受莊豐源案影響，內地孕婦在港生產「雙非」兒童的問題一直非常突出。從2001年至2011年，獲得居港權的「雙非」兒童逾17萬人，截至2016年，「雙非童」累計數目超過20萬人。2010年，配偶不是香港永久性居民的內地孕婦在港誕下32,653名嬰兒，比2001年的620名上升逾50倍。2012年，香港有約91,000名嬰兒出生，其中約33,000人為「雙非」和「單非」嬰兒。內地孕婦湧港產子使香港本地孕婦醫療服務品質受損，「雙非童」在北區爭搶學位的問題突出。

　　一系列問題使「中港矛盾」不斷升溫，香港社會反對內地孕婦赴港產子、反對「雙非童」擁有居港權、反自由行、反「一簽多行」、反「水貨客」的聲音和行動都變得激烈。

　　二是2003年23條立法失敗。反對23條立法被視為港人捍衛核心價值的最重要戰役之一，也被視為香港人心未能回歸、港人國民身份認同度較低的典型表現。反對23條立法取得成功，使「泛民」聲勢大振，公民黨加速崛起，「泛民」的整體實力得到增強，愛國愛港力量的發展受到抑制。23條立法失敗，使得特首和特區政府的管治威信受到重挫，管治失效漸漸成為常態，弱勢政府常常淪於被動挨打的境地。這次重挫也使23條立法幾乎成為政治禁忌，此後多屆特區政府以至中央都不敢推動這一工作。23條立法的失敗，使香港失去維護國家安全、依法打擊和遏制「港獨」等分離主義活動的重要手段，這也是香港各種分離勢力的活動愈來愈公開和猖狂的重要原因。前特首董建華公開表示，23條立不成，引起中央對香港的戒心。

　　三是「七一大遊行」的出現及常態化。雖然1997年回歸時「支聯會」就舉行過「七一」遊行，但參與人數不多，影響較少。2003年因為反對23條立法而出現了50萬人參加的「七一大遊行」，此後「七一大遊行」常態化，成為香港重要的政治圖騰。香港學界對「七一大遊行」有各種論述，有的認為是民主運動，有的認為是公民社會的行動，有的認為只是「政治嘉年

華」、不必太過重視其政治意義。但「七一大遊行」所體現的不滿中央和特區政府的管治、不滿回歸的政治含義，仍然不容忽視。2012年的「七一遊行」，有人開始打出龍獅旗突顯「港獨」主張。

四是國民教育胎死腹中。2012年梁振英上任後不久及當年立法會選舉前夕，香港出現聲勢浩大的反對國民教育運動，「學民思潮」等中學生組織絕食抗議，特區政府被迫放棄國民教育單獨成科的政策。反國教運動進一步突顯了港人國民身份認同低等深層問題。國民教育的缺失不利於增強香港青少年的國民身份認同，通識科加強及中國歷史科目的地位弱化，也帶來更多負面影響。香港青少年成為國民身份認同度最低的群體，而本土主義和「港獨」等思潮對香港青少年的影響愈來愈大。

五是香港開始出現眾多打着「本土」、「自決」、「港獨」旗號的組織，香港的社會運動也從爭取民主轉為出現更多維護本土、區隔「中港」及懷念殖民統治的因素。2006年香港出現了持續時間很長的保衞天星碼頭運動，隨後出現了保衞皇后碼頭的運動，期間出現了「本土行動 匯聚皇后」的口號。這兩場社會運動都被視為香港本土主義運動開始勃興的標誌性事件。2011年香港出現保衞菜園村、反對建設高鐵及反對建設港珠澳大橋等社會運動。針對「中港矛盾」的社會運動在自由行政策推出後不斷增多。

六是各種本土主義及分離主義的論述增多。2011年陳雲出版引起轟動的《香港城邦論》，這是分離主義思潮的理論包裝不斷強化、影響不斷擴大的標誌性事件。

七是「泛民」在體制內進行帶有本土主義或分離主義因素的活動。2010年因政改方案爭議，社民連和公民黨發起「五區辭職公投」事件，以爭取「儘快實現真普選、廢除功能組別」作為議題，並打出「五區公投、全民起義」的口號，意圖體現「變相公投」，向中央政府和特區政府施壓，謀取選舉利益。由於「起義」的原始含義主要是革命人民為反抗反動統治而舉行的武裝暴動，建制派強烈批評「五區公投、全民起義」的宣傳口號是鼓動

實質性的「港獨」。國務院港澳辦聲明，「『公投』是由憲制性法律加以規定的，是一種憲制性安排，具有特定的政治和法律含義；香港特別行政區基本法沒有規定『公投』制度。香港特別行政區是中華人民共和國的一個地方行政區域，無權創制『公投』制度。在香港特別行政區進行所謂『公投』沒有憲制性法律依據，沒有法律效力。」

在2012年立法會選舉中，「泛民」部分力量比如新民主同盟的范國威、公民黨的毛孟靜等主打本土議題並獲勝，對本土主義推波助瀾。公民黨當時以「拒絕大陸化」、「擋住香港赤化」為口號，在選舉中取得255,007票，取代傳統上關注中國內地人權情況較多、並在2010年和中聯辦談判政改的民主黨，成為地區直選的「泛民」第一大黨，總議席與民主黨相同。

八是中央和特區政府的管治遭到更多質疑。2003年「七一大遊行」及23條立法失敗，使中央政府調整管治香港的策略，中央成立港澳工作協調小組加強對港澳工作的領導，中央駐港機構的力量加強，中央對香港事務的參與力度加強，亦在經濟民生等方面推出自由行等涉港重大政策措施，這些舉措的本質可以歸納為中央開始重視履行對香港的全面管治權，這也使得中央與特區、內地與香港的關係出現比較深刻的變化。香港社會尤其是「泛民」開始質疑「西環治港」及中央對香港的干預加強，質疑香港的高度自治受損。針對中央駐港機構的遊行、示威、抗議增多。2012年有示威者在中聯辦前舉起香港旗及龍獅旗，展示「中國人滾回中國」、「香港要獨立」、「南京條約萬歲」等標語。而「七一大遊行」的一個重大變化是，每年遊行均有部分力量將遊行終點由特區政府總部改為中聯辦。

2003年之後，董建華政府的管治危機日趨惡化。因亞洲金融危機及非典疫情的連串打擊，香港經濟低迷，股市樓市受重挫，市民負資產增多，董建華被迫放棄土地房屋方面的「八萬五」政策，這為日後香港的土地房屋問題日益惡化埋下伏筆。2005年董建華辭職，曾蔭權出任特首。董建華下台實際開了香港特首因民望低落和民意反對而下台的先河，變相刺激「泛民」

繼續採取體制內鬥爭、輿論打擊、街頭運動等手段全力打擊特首和特區政府的管治威信。

香港很多本土派均認為這一時期是本土意識不斷滋生和強化的重要時期。李怡在《香港思潮——本土意識的興起與爭議》中寫道，「2009年是中港矛盾開始激化的一年。2003年開始的大陸客自由行，到2009年發展成一簽多行，香港人的生活空間受到愈來愈嚴重的擠壓。2013年1月大陸來港簽注達120萬人次，較前一年同期上升超過五成。2009年由網民發動的反高鐵抗爭，針對的是不顧香港利益、一味迎合中共發展全國高鐵連網需要的特區政府。從那時開始，就不斷爆發反對中港融合、反對大陸全面侵蝕香港的社會運動，反蝗蟲、反雙非、反新界東北發展、反水貨、反搶奪奶粉、反國教等連續出現。陳雲的『城邦自治論』興起，香港自治運動出現，連續幾年在『七一』遊行中都出現備受矚目的龍獅旗……各政黨沒有在歷次社會運動中現身，似乎沒有感覺到本土民主派已經興起，並佔領了各網站的主流論述，尤其在青年人當中。」[1]

2012年至2016年立法會選舉，分離主義思潮大盛，出現階段性的高峰

其一，梁振英和中央的管治路線受到嚴重質疑，香港三大矛盾空前激化。香港非建制陣營認為，選擇疑似共產黨員梁振英擔任特首是中共在管治香港上「左」的路線的體現。有人尖銳批評，梁振英上台是「兩制漸趨『一國化』，西環治港『常態化』，意識形態『大陸化』，治港班子『左派化』。」「泛民」認為，梁振英的管治路線是強化政治鬥爭及撕裂社會；梁振英主動誇大「港獨」問題，其實他才是「港獨之父」。梁振英作為候任特首還沒有上任之時，就被揭露出僭建問題，「泛民」在「七一」遊行中喊出「梁振英下台」的口號。梁振英就任後，「泛民」議員隨即在立法會對其提出彈劾案，隨後反國民教育運動展開，梁振英被迫放棄國民教育政策，而

1. 李怡(2013)。《香港思潮——本土意識的興起與爭議》。香港：廣宇出版社。22頁。

其提出的政府架構改革方案也被立法會「拉布」給拉垮。在梁振英任內，香港政治矛盾、社會矛盾及「中港矛盾」均進一步深化。兩大陣營圍繞管治權爭奪的政治矛盾空前激化，圍繞2017年行政長官普選方案之爭，各方展開激烈政治鬥爭，「佔領中環」運動發生，普選方案被否決，支持「佔領」的「黃絲」與反對「佔領」的「藍絲」尖銳對立，香港社會撕裂達到空前的程度。梁振英雖然採取了很多措施積極解決香港的經濟民生難題，但受制於很多因素，特區政府施政績效不彰，以貧富差距懸殊為核心的香港階級矛盾、社會矛盾繼續深化，香港的樓價升到歷史新高，香港的堅尼系數也創45年來的新高。「中港矛盾」也進一步深化，「驅蝗」、「光復上水」、反水貨客等運動此起彼伏，梁振英推出的限購奶粉等措施引起內地民眾不滿，深圳「一簽多行」政策被迫取消。

在梁振英任內，中央的治港路線也受到香港社會前所未有的質疑。非建制陣營認為中央執行的是一套強硬的鷹派路線，強調政治鬥爭，對香港事務的干預力度前所未有，使「一國兩制」、「港人治港」、高度自治變形走樣。中央的一些重大決策也受到強烈指責和批評，包括：國務院新聞辦發表強調中央對港全面管治權的《「一國兩制」在香港特別行政區的實踐》白皮書，全國人大常委會就香港特首普選作出門檻極高的「8•31」決定，全國人大常委會在香港法院就相關司法覆核案件作出判決之前就香港立法會議員宣誓風波作出釋法，內地執法部門涉嫌跨境執法將銅鑼灣書店員工從香港帶回內地等等。

其二，香港社會圍繞「港獨」的討論從小眾化到大眾化、公開化。在2012年之前，香港社會雖然也有「港獨」問題的討論，但大都限於較小的範圍，主流社會、主流輿論較少討論，特區政府也很少公開討論。

2015年1月，梁振英在發表「佔領運動」後的首份《施政報告》時提到，「2014年2月，香港大學學生會的官方刊物《學苑》的封面專題是《香港民族　命運自決》。2013年，《學苑》編印一本名為《香港民族論》的

書，主張香港『尋找一條自立自決的出路』。對《學苑》和其他學生，包括佔中的學生領袖的錯誤主張，我們不能不警惕。我們並要求與學運領袖有密切關係的政界人士勸阻。」梁振英點名批評《學苑》及《香港民族論》，使「港獨」議題壓倒其他議題成為輿論討論的焦點，《香港民族論》一書也被炒熱並多次加印。「港獨」思潮氾濫，特區政府也加強回應，使「港獨」愈來愈成為公開的焦點議題之一。

其三，2012年立法會選舉至2016年立法會選舉，各種「自決」、「港獨」主張紛紛出籠，分離主義的理論論述進一步加強，「泛民」主流政黨也進一步加強本土論述。本章下一節對此再作具體分析。

其四，出現香港回歸後影響極其深遠的社會運動以至暴動。2014年持續79天的「佔領中環」運動及2016年大年初一的旺角暴動，均是震驚國際社會的重大歷史事件。雖然不能將這兩起重大歷史事件定性為分離主義的運動，但這兩起事件對香港本土主義和分離主義思潮走向高潮，具有極其重要的影響。

「佔領中環」運動直接針對全國人大常委會的「8‧31」決定，是支持「泛民」的政治力量與中央政府直接的政治對抗。香港不少學者認為，「佔領中環」運動的失敗及特首普選方案被否決，標誌着主流「泛民」長期所堅持的「民主回歸論」徹底幻滅。「佔領運動」之後，香港本土主義及分離主義的論述明顯強化，香港青年對中共的政治認同更低，支持「佔領運動」的各種「黃絲」組織、「傘後組織」發展為本土派組織並積極參與選舉等政治活動，使分離主義主張在香港政壇和整個社會加快傳播，使香港政治版圖加速改寫。

2016年初的旺角暴動使本土民主前線等分離勢力成為香港關注焦點，參與暴動的梁天琦等人參與2016年的新界東立法會補選，使「港獨」議題成為選舉關注焦點。

可以說，「佔領中環」運動和旺角暴動為分離主義思潮進一步氾濫、為分離主義力量在香港政壇快速崛起奠定了社會基礎、輿論基礎和組織基礎。

其五，本土派作為新興政治力量快速崛起。2016年2月底的新界東立法會補選，主張「港獨」、因參與旺角暴動而被落案起訴暴動罪的本土民主前線成員梁天琦一舉奪得66,524張選票、得票率高達15.38%。「梁天琦現象」標誌香港年輕本土派政治能量急劇增長及支持基礎不斷擴大。

2016年立法會換屆選舉，大批主張「自決」、「港獨」的本土派組織及其代表性人物參選，包括：「熱普城」（熱血公民、普羅政治學苑、香港復興會）的黃毓民、陳雲、鄭松泰、黃洋達、鄭錦滿等，正義行動的陳國強、北區水貨客關注組的梁金成等，香港民族黨的陳浩天等，青年新政的游蕙禎、梁頌恆、黃俊傑等，本土民主前線的梁天琦，東九龍社區關注組的陳澤滔，天水圍民生關注平台的王百羽，香港本土力量及民主進步黨的何志光等，香港眾志的羅冠聰，小麗民主教室的劉小麗，土地正義聯盟的朱凱迪等等。雖然特區政府採取行政措施取消梁天琦、陳天浩等少數人的參選資格，但大多數本土派人物獲得合法參選的資格，並有鄭松泰、游蕙禎、梁頌恆、羅冠聰、劉小麗、朱凱迪等六位年輕本土派成功當選。

2016年的立法會選舉標誌香港政治版圖發生巨大變化，年輕本土派加速崛起，非建制陣營初步形成傳統溫和「泛民」、傳統激進「泛民」及本土派三分天下的格局，而公開主張「自決」、「港獨」的年輕本土派進入立法會這一建制機構，使分離主義主張得到極其重要的政治平台去擴大影響。

2016年立法會選舉之後，中央和香港特區政府強硬打擊「港獨」等分裂活動，分離主義的聲勢有所下降

2016年立法會選舉之後，香港的政治社會形勢出現較多變化，有利於打擊「港獨」等分離主義勢力的因素增加，分離主義的聲勢有所下降。

　　「港獨」問題引起中央高度警惕，中央主動出手，堅決打擊「港獨」囂張氣焰。2016年10月12日，在新一屆立法會議員宣誓就任時，有十多名「泛民」和本土派議員在宣讀誓詞前後增加內容。青年新政的梁頌恆及游蕙禎在誓詞前表示「捍衛香港民族」，展示「HONG KONG IS NOT CHINA」（香港不是中國）標語，並在宣誓時更改誓詞內容，把中華人民共和國中的「CHINA」讀成有辱華性質的「支那」，被立法會秘書長陳維安拒絕監誓，但立法會主席裁定兩人可以再次宣誓。特區政府就梁頌恆及游蕙禎宣誓問題提出司法覆核，在香港法院一審判決之前，全國人大常委會就涉及香港公職人員宣誓的基本法第104條作出解釋，明確界定，「宣誓人故意以行為、語言、服飾、道具等方式違反、褻瀆宣誓程序和儀式，或者故意改動、歪曲法定誓言或者宣讀與法定誓言不一致的誓言」，有關宣誓即無效。2016年11月15日，香港高院裁定特區政府在立法會宣誓風波的司法覆核案勝訴，梁頌恆及游蕙禎的議席懸空，兩人喪失議員資格。此後，特區政府就劉小麗、姚松炎、梁國雄、羅冠聰的宣誓問題提出司法覆核，香港高等法院也宣判四人喪失立法會議員資格。一些香港市民也就鄭松泰、邵家臻、陳志全、朱凱迪等人的宣誓問題提出司法覆核。借立法會舞台宣揚「港獨」理念的梁頌恆及游蕙禎被依法剝奪立法會議員資格，是對分離主義勢力的一次沉重打擊，極大震懾了分離勢力，這是中央和香港特區政府打擊「港獨」的一次重要勝利。

　　特區政府依法檢控「佔中」和旺角暴動中的違法分子，香港法院對黃之鋒、周永康、羅冠聰等「佔中三子」衝擊公民廣場案、反新界東北發展社運人士衝擊立法會等重大案件的判決體現了依法懲處違法暴力行為的法治精神。一些違法分子被判入獄，為其違法行為付出沉重代價。特區政府和司法機構堅守法律底線，不因所謂「公民抗命」、政治抗爭問題而放棄法治原則，這是對經常以激進違法手段宣示「港獨」主張的分離勢力的嚴重警告和威懾。

　　2017年行政長官選舉，梁振英放棄連任，中央支持林鄭月娥出任特首。林鄭月娥提出管治的新主張和新風格。林鄭月娥比較重視改善與「泛民」的關係，也強調促進社會團結及修補社會撕裂。特區管治班子的調整帶來管治路線的調整，使香港的政治社會氣氛趨於緩和，行政立法關係出現改善跡象，這些都有利於特區政府建立管治威信、取得管治實績及化解香港深層次矛盾，有利於從源頭解決「港獨」等分離主義思潮滋生的社會問題。

　　中央治港路線也出現一些調整跡象。中央嘗試推動香港政治和解，加強與溫和「泛民」的接觸交流，希望團結非建制陣營的主流力量，孤立和打擊分離勢力。中央亦宣示絕不容忍「港獨」，向香港社會發出嚴厲打擊「港獨」的明確信號。

香港本土主義與分離主義產生的深層原因

　　其一，人口因素和世代因素對分離主義思潮的產生有深刻影響，受分離主義思潮影響最大的是香港的青少年。老一輩的香港人大都與內地有深厚的淵源，很多是從內地移民而來，即便存在懼共、拒共情結，也很難割捨「大中華情結」，都視內地家鄉為根，不會產生「去中國化」的意識。而香港在二次世界大戰之後出生的一代，即被稱為嬰兒潮的一代，完全在香港本土成長，相對來說家國情懷比較淡薄，他們的本土意識更為強烈。改革開放前內地「逃港潮」人員在香港所生的後代，本土意識亦更為強烈。從整體上來說，改革開放後循各種合法途徑從內地移民香港的新移民，相對較少受分離主義思潮的影響。鼓吹「港獨」的梁天琦是一歲時從內地移民香港的，這是比較特殊的個案。香港青少年的國民身份認同度是最低的，他們受分離主義思潮的影響最大，這是最值得重視的現象。

　　其二，歷史因素對香港分離主義思潮的影響不能忽視。在港英統治時期，在香港出現的「六七暴動」和在北京出現的「六四事件」，都極大強化

了港人對中共、對內地的抗拒心態，極大強化了港人對香港社會、對「香港人」身份的認同。「六四事件」至今仍是影響港人身份認同的最重要歷史因素之一。

其三，國際因素對香港分離主義思潮產生一定影響。在2008年國際金融危機之後，世界上反對全球化、反對區域整合、反對資本主義的思潮有一定市場，本土主義、保守主義、民族主義的影響都有所擴大，英國「公投脫歐」是比較典型的例子。香港的本土主義、分離主義的產生，與這一國際背景也有聯繫。

其四，外部因素對香港分離主義思潮產生影響。在香港有重要影響力的一些外部勢力，暗中支持香港的分離主義勢力，暗中支持「港獨」、「台獨」合流，有的駐港總領事館公開散佈鼓吹「港獨」的民調。台灣的「台獨」勢力也力圖干預香港事務，勾結和支持「港獨」勢力，互相呼應。2017年6月，台灣「綠營」的時代力量、民進黨18位「立委」組成「台灣國會關注香港民主連線」，並邀請多位香港「本土派」議員到台灣參加相關活動。

其五，非建制派政客生存發展的需要，相當程度刺激分離主義思潮的產生。鼓吹本土主義及分離主義思潮的組織及其代表性人士，大多直接參與香港的選舉政治，在傳統「溫和泛民」與「激進泛民」已經佔據論述高地及政治版圖的情況下，要在選舉中突圍，他們只能在政治綱領上與傳統「泛民」進行區隔，以更加極端的主張及更出位的言行吸引輿論與公眾的注意，擴大支持基礎，爭搶選票。民主黨創黨主席李柱銘曾經提出質疑，部分提倡革命、「港獨」、無底線抗爭的立法會候選人，是僅為了爭取激進民主派的選票入立法會而提出倡議，「環顧世界各地起革命的人都不會先宣之於口」，「共產黨表明不容許（港獨），他們（港獨派）是否要與解放軍打仗？」，「若他們有心起革命，應該是推翻現有制度和議會，而非爭取進入議會」；有些宣稱會勇武抗爭的人「見到警察就離開」，並非真正勇武，結

果卻令部分跟隨者被拘捕，相關的政黨卻只在法庭外聲援，質疑港獨派只想靠「講」獨贏選舉。從實際情況看，在立法會換屆選舉中，本土派的輿論攻勢特別活躍，選舉後有的就趨於沉寂。

其六，少數本土派認為，提出分離主義主張是政治策略的需要，是為了提高叫價，讓非建制陣營在與中央及香港特區政府進行政治鬥爭、爭取民主、維護高度自治時有更多籌碼。林匡正在《香港自決》一書中寫道，「提倡建國獨立者，有的是『天然獨』，有的是真心認為獨立才能完全與中國及中共的一切切割，有的是權宜策略，所謂的『破窗理論』，就是欲緊閉門戶、躲在家中的對方開窗，單是要求對方開窗，難以達成目標；要提高叫價，恐嚇要打破對方的家園，對方才會開窗。正如香港要真正高度自治，實行民主政制，要提高叫價，高呼港獨才有生機。這與菲律賓棉蘭老島的摩洛人及伊斯蘭教徒一樣，在70年代高呼要求自治，並沒有成功。要進一步高呼獨立，才成功爭取棉蘭老島穆斯林自治區。當然，這與當地摩洛人的軍事行動與恐怖主義行動帶來的滋擾與治安問題有關。」。[2] 陳雲為《由本土民權到建邦立國》一書作序指，「革命當然可以建立主權國家，但革命需要適合的社會環境和國民感情。香港是富裕的金融城市，大家不喜歡動盪，故此只會支持有機會實行的修憲行動。這種溫和的修憲行動，有激烈的革命港獨派來做鋪墊，大家叫囂一下，以戰迫和，是更加可以實現的。」[3] 這是一種不太主流的解讀。從實際情況看，「港獨」勢力的冒起，使中央將「港獨」勢力作為主要孤立和打擊對象，向溫和「泛民」釋放更多願意增進溝通與合作的善意，為中央改善與溫和「泛民」的關係提供了更大誘因和更大空間。

其七，對香港分離主義思潮滋生的一種「陰謀論」解讀，認為中央涉

2. 林匡正（2016）。《香港自決》。香港：四筆象出版社。72頁。
3. 陳雲為鄭松泰（2016）的《由本土民權到建邦立國》所作序言〈身體力行，走上建國大道〉。23頁。

港機構故意製造和渲染「港獨」問題，為推行強硬的治港路線尋找藉口。《成報》曾大幅報導，「梁振英 中聯辦 炮製『港獨』鬧劇」；「青年新政是偽『港獨』組織」；在2016年立法會選舉中，「青年新政游蕙禎以400票之微，將黃毓民踢出局，與得票排名第八的狄志遠只差7,000票。在『西環』精準配票之下，民建聯蔣麗芸及經民聯梁美芬只要各轉三四千票給狄志遠，就能阻游蕙禎入局。西環為何寧取游蕙禎而捨狄志遠，做法耐人尋味，『難怪有說是故意放游入局』」；「『青年新政』手握地區直選的關鍵兩票，成為『關鍵少數』，他們可按幕後操盤人指示，一時做『自決派』，一時倒戈；亂局與否，由操盤人『話事』，盡享呼風喚雨之權力，為立會以至政權翻雲覆雨。」《成報》的報導缺乏事實依據，這裏加以引用，是提供一種分析角度，僅供參考。

香港政界人士也揣測，作為選舉策略，為了幫助民建聯擊敗民主黨、公民黨等「泛民」大黨，不排除有關機構暗助激進「泛民」甚至分離主義勢力爭搶主流「泛民」選票；作為一種政治策略，誇大「港獨」等問題，讓香港保持某種亂局，有利於相關機構爭取更多資源和在香港發揮更大影響力，亦有助於推行以政治鬥爭為主的相對強硬的治港路線。

其八，「中國因素」是香港分離主義思潮滋生的關鍵因素。上一章已經詳細分析，總體上，港人對中共仍缺乏政治認同，對「中國模式」缺乏認同，對中國國民身份缺乏認同，少數極端輿論甚至對「中國人」缺乏認同。「中港矛盾」涉及「一國」與「兩制」、中央與特區、內地與香港的矛盾，涉及核心價值觀念的衝突，涉及經濟領域的競爭，更涉及民生等日常生活的層面。香港分離主義的實質，都是走向區隔香港與內地，都相當程度渲染香港「被赤化」、「被殖民」、「被內地化」的危險，都走向「去中國化」。

其九，管治失誤甚至失敗是香港分離主義思潮滋生的核心因素。香港回歸後的頭20年，董建華、曾蔭權、梁振英的管治都存在重大失誤，香港

的政治矛盾、階級及社會矛盾、「中港矛盾」不斷積累、深化，政治、經濟利益的分配格局極不合理，「雙普選」未能兌現，香港的競爭力未能得到很大提升，經濟轉型不成功，產業結構、就業結構、分配結構未能得到優化，財富愈來愈向大地產商集中，貧富差距懸殊問題愈來愈嚴重，住房、貧窮、教育、醫療、勞工利益保障、退休保障與安老等民生難題成堆，向上流動的渠道嚴重不暢，港人在政治上、經濟利益上的獲得感都較低，中產中下層生活壓力沉重，基層生活艱困，青年看不到希望，這是影響人心向背的核心因素，也是造成香港分離主義思潮滋生蔓延的核心因素。檢討「港獨」問題，首先必須深刻檢討香港特區政府的管治問題。

第二節
香港「本土派」的主要派別與主要論述

香港「本土派」的主要派別

「本土派」是對香港所有主張本土主義及分離主義的政黨與團體的統稱，其內涵比「港獨派」要大很多。

主要強調在經濟民生層面注重維護香港本土利益的「本土派」

這一類組織相對關注經濟民生議題，強調維護香港本土利益，主張「中港」區隔，訴求「反赤化」、「反內地化」，要求政府的政策注重「香港優先」，提出減少新移民、收回單程證審批權、取消「一簽多行」、減少內地旅客、打擊「水貨客」、減少內地學生赴港就讀等訴求。有些團體主要關注地區土地房屋問題和環保、保育等問題，有些關注社區問題。

1. 香港本土

香港本土於2013年1月31日成立，代表人物是毛孟靜（當時毛仍為公民黨成員、立法會議員）、范國威（新民主同盟領導人，當時為立法會議員，2018年在新界東補選中再次進入立法會），兩人在2012年參加立法會選舉時，政綱上均提到拒絕「大陸化」，主張捍衛基本法訂明的「一國兩制」、「港人治港」及高度自治，珍惜香港人的生活方式，認同香港人應有自決權，但不支持「港獨」、「民族自決」以及武力方式應對「中港矛盾」，與激進本土派組織有明顯區別。具體訴求主要包括，反對與內地融合發展，要求對自由行人數設限、減少依賴內地供水供電、取消「一簽多行」、爭取從內地拿回單程證審批權等。

2013年8月底，毛孟靜與范國威、環保觸覺主席譚凱邦、保衛香港自由聯盟發言人韓連山及多名社運人士在Facebook發起「抗融合 拒赤化 反盲搶地 一人$100換特首 還香港人一個家」行動，由數百名港人集資於9月3日在《明報》及《都市日報》刊登廣告，批評梁振英漠視港人利益，讓自由行陸客肆虐香港，破壞香港的文明和秩序，宣稱香港人基本生活需要不斷被剝削，已讓港人忍無可忍，表明「換特首是出路」，促請中國政府停止干涉香港內部事務；並在台灣《自由時報》刊登「香港面對嚴重中國化，請台灣引以為鑑」廣告，宣稱港人要面對香港引入內地新移民及旅客後的苦況，要台灣人避免被大陸客「攻陷」。

2016年11月14日，毛孟靜宣佈退出公民黨，表明將以香港本土成員的身份為港人服務，令香港本土在立法會中佔有一個席位。

2. 新民主同盟

新民主同盟成立於2010年10月2日，是一個由前民主黨成員為主組成的政黨，強調務實本土路線，從實際政策倡議去捍衛香港本土權益。新民主

同盟成員在還是民主黨成員時，多被視為民主黨的「改革派」人士，他們反對民主黨不參與「五區公投」運動，反對民主黨支持2010年政改方案。2012年7月，新民主同盟范國威率領一張九人名單出戰新界東選區直選，范國威成功當選，其票源主要來自反對民主黨政改方案的原民主黨成員鄭家富的支持者。2014年「佔領中環」運動後，新民主同盟轉走較溫和務實的本土主義路線，與本土派區別，並憑紮實的地區工作，於2015年區議會選舉中大勝，派出16人參選，其中15人當選，成為區議會「泛民」第三大政黨，除了新界東的沙田區、大埔區及西貢區以外，更首次於北區及新界西的荃灣區取得議席。2016年立法會選舉，新民主同盟派出范國威名單再次出戰新界東，以及關永業名單出戰區議會（第二）功能界別，原本曾表示不再參選的鄭家富宣佈在新界東復出，新民主同盟三名區議員在投票當天倒戈為鄭家富助選，最終范國威連任失敗，令新民主同盟失去在立法會唯一議席。2018年，范國威代表「泛民」參加新界東立法會補選。

新民主同盟的理念是，致力建設一個高度自治、民主法治、保障人權、文明進步的香港；一切政治皆本土，要抗赤化便必須由下而上，由為基層工作開始，除了捍衛基層權益，更要捍衛香港的核心價值，人權自由，平等權利，當然一定要撐香港的言論自由和司法獨立；一國兩制被淪為一國一制，香港人連免受到恐懼的自由也沒有，便不能夠有尊嚴地生活下去；一切由本土開始，一切政治皆本土，港人優先、核心價值。新民主同盟提出具體方案，反對雙非，爭取新移民審批權，反對一地兩檢、反對國民教育、反對普教中、反對土共搞大學、搞專業團體。

新民主同盟在其政策綱領中提出，由人大釋法到財經體系的實施和基建規劃，北京干涉和強加於香港的暴政，己經直接影響港人福祉；提倡港人優先，捍衛核心價值，實為當務之急，以強化本土利益和抗赤化。並具體提出落實民主政制、追求永續發展、建立全民退休保障制度等社福制度、促進教育公平、解決土地房屋、打破壟斷、解決貧富差距懸殊等政策主張。

3. 土地正義聯盟

土地正義聯盟2011年7月成立，由一群關心香港城市發展、土地規劃、基層生活空間及居住權利的人士組成。土地正義聯盟解釋了其成立背景，「反高鐵運動過後，有志之士認為要成立一個專注土地運動的團體，結合力量，承傳經驗，才可以與地產霸權對抗，讓香港人對土地發展有新的想像。」

土地正義聯盟會員人數近70人，成員有大學教授、中學老師、機構研究生、社區組織者、民間團體幹事、社會運動者等，聯盟設有執委會，會員大會為最高權力機關。第三屆執行委員會（2015年至2017年）成員為，朱凱廸、葉寶琳、鄒崇銘、劉海龍、何潔泓、陳允中、吳卓恆、何家豪、葉泳琳。

土地正義聯盟的代表性人物朱凱廸是社會運動活躍人士、環境保護主義者，在反對清拆皇后碼頭行動中，朱凱廸曾是本土行動的成員，代表該組織向大眾介紹文物保育、城市規劃民主化的重要性。他亦是菜園村關注組成員，是反高鐵運動的中堅人物。2016年立法會選舉，朱凱廸以獨立身份參選新界西地區直選，提倡「民主自決」，以84,121票成功當選為立法會議員，成為香港地區直選的票王。朱凱廸在政綱中倡議「民主自決」、「城鄉共生」以及「復興農耕」。朱凱廸認為，現時本土派所提倡的修改基本法、永續自治等，都是民主自決的選項；香港的前途應由所有居住在這個地方的人共同決定，刻意劃分族群是反民主；自決的定義是港人選擇從現行基本法、一國兩制的「鳥籠」中走出來，決定香港的前途。

土地正義聯盟主要政策綱領有六條，城鄉共生共存，保育生態環境，捍衛居住權利，打倒地產霸權，結束官鄉商勾結，落實民主規劃。土地正義聯盟主張，「規劃應該以人為本，中港兩地融合，也應由本土出發，才可讓人民當家作主，真正實現民主」，「全城爭取土地公義、打倒地產霸權、重

建尊嚴生活」，「推動香港的社會變革」，「香港未來的土地上再沒有特
權、霸權及壟斷。」

4. 北區水貨客關注組

北區水貨客關注組於2012年10月成立，是由香港北區近港深邊界的低
技術低學歷的失學失業居民所組織，要求政府改進水貨客在交通及空間上衍
生的民生問題，其訴求包括取消自由行「一簽多行」。組織「光復上水」、
東鐵沿線水貨客百態攝影比賽、巴士登廣告追擊水貨客等行動。代表性人物
有梁金成（金金大師）等。

5. 東九龍社區關注組

東九龍社區關注組是「佔領中環」運動之後一班高登仔成立的組織，
主要關注東九龍地區的發展問題，積極參加區議會和立法會選舉，希望將抗
爭文化帶到體制之內。主要人物有陳澤滔等。

6. 天水圍民生關注平台

天水圍民生關注平台是「佔領中環」運動之後成立的一個地區組織，
以新界西的元朗、天水圍為主要服務地區。該組織提出五大宗旨，為天水圍
居民締造更好的生活環境，捍衛香港人權益，專注民生動向，提高區內公民
意識，堅持獨立無政黨。該組織積極參加區議會選舉和立法會選舉。

7. 香港本土力量

2011年2月成立，主要成員是一批活躍於網絡媒體高登討論區的香港青
年，其主張是「為香港人發聲，捍衛本土文化，保障香港權益，抵禦文化清
洗」。是香港眾多本土主義組織中最早成立的一個，也是第一個遊行示威反
對香港福利政策對新移民過度寬鬆的組織。

8. 本土

2014年由北區水貨客關注組發言人梁金成（金金大師）成立的本土組織。媒體指梁金成成立此組織意在參加區議員競選。梁金成此前亦曾成立名為「本土公民」的本土組織，並曾發起「反赤化、反殖民」遊行活動。

9.「反赤化、反殖民」

「反赤化、反殖民」是2013年底成立的本土組織之一。於2014年2月在尖沙咀廣東道發起反內地旅客的「驅蝗」行動。

10. 古洞北發展關注組

於2012年成立，目的是關注新界東北發展，維護古洞村民的權益。關注組指責政府假諮詢、漠視村民「不遷、不拆、不移」的訴求、以政治手段剝奪村民知情權。關注組向村民發放第一手政府發展資訊，團結古洞村村民守護家園，堅持不遷、不拆、不移。

11. 新界東北發展關注組

由關注新界東北發展計劃的人士組織成立，主要目標是反對新界東北發展，其基本理念是要求正視民主規劃、爭取居住權利、捍衛本土農業、恢復鄉郊生活、保護自然生態。

主要強調「民主自治」但沒有走向追求「港獨」的溫和「本土派」

2015年7月，以方志恒為首的一些支持傳統溫和「泛民」的學者集體編著《香港革新論》，主張在「民主回歸論」和「獨立建國論」兩種論述之外，建構香港前途的「第三種想像」；認為香港人的「主體意識」是「自由靈魂」，「香港人的『主體意識』，根本體現在一種對我城核心價值的認同」；將香港定位為事實上的「自治共同體」，認為「香港社會當前的最大共識，並非尋求改變目前憲制地位，而是爭取實現『民主自治』。」

　　方志恒等提出「革新保港」的「時代綱領」，認為「如何應對『中國因素』——一個結合威權政治和經濟實力的天朝宗主，是我們這一代香港人的時代挑戰」，「香港民主運動的戰場，不能再局限於爭取普選制度，而必須擴大至在社會各層面在地捍衛核心價值」，「香港必須有全面代表香港人『主體意識』的政治力量，走『革新保港』的現實政治路線，以發動『在地抗爭』為經、以加強『香港優勢』為緯，立足公民社會全力爭取『民主自治』」；要爭取實現超越2047年的「永續自治」，「革新保港、民主自治、永續自治，是凝聚港人為香港前途而戰的時代綱領。」

　　方志恒等沒有成立組織，亦沒有自稱溫和「本土派」。但從《香港革新論》的主張可以看出，方志恒這樣的支持傳統溫和「泛民」的青年學者，已拋棄民主黨等傳統「泛民」所堅持的「民主回歸論」，轉向加強本土論述的「民主自治論」，這也代表了民主黨、公民黨等主流「泛民」中的年輕黨員更加重視本土論述的趨勢。這種告別「民主回歸論」又拒絕「獨立建國論」的本土論述，可視為溫和的本土論述，擁抱這種溫和本土論述的力量，亦可歸類為溫和的「本土派」。

　　溫和「泛民」及其支持者，總體上有由弱化到抗拒甚至徹底否定「民主回歸論」的趨勢，轉向更加重視本土核心價值和利益但又與「港獨」劃清界線，成為溫和「本土派」。

主張「公投制憲」、「城邦自治」、香港「民族自決」、「公投自決」、「香港獨立」、「香港建國」，以「港獨」為目標的「本土派」

　　以「港獨」為目標的「本土派」，被分為「港獨派」、「城邦自治派」、制憲派、歸英派、歸華（「中華民國」）歸台（台灣）派等。

城邦自治運動、香港復興會、城邦論壇

以陳雲為精神領袖的香港復興會、「城邦自治運動」、城邦論壇等組織，提出「香港城邦論」、「香港遺民論」、「中華邦聯論」等一系列主張，在「港獨」的理論論述上產生非常重大的影響，可以說是最早系統論述「港獨」的派別，陳雲也因此成為「港獨」的「理論大師」和「教父」。

1. 香港自治運動

又稱香港城邦自治運動，是香港的本土意識運動，理念建基於陳雲所編著的《香港城邦論》，認為香港是一個城邦格局，在時機有利時可以「獨立」。《香港城邦論》提出的主張包括：普選行政長官和立法會；政府制定政策時，以香港人需要和長遠利益為依歸；規劃長遠房屋與土地政策，讓香港人安居樂業；重振香港工業，復興香港農業；重新制定移民政策，收回內地對移民香港的審批權；檢討基本法行憲以來的得失，完善憲政；捍衛香港城邦，拒絕國民教育；制定香港語言政策，捍衛香港文化；檢討貨幣本位與財政政策，鞏固財政主權。龍獅香港旗是香港自治運動的代表旗幟，旗幟構圖帶有英殖時期香港盾徽。

2. 香港復興會

2014年由陳雲創立。香港復興會主張香港城邦自治，提倡以「永續基本法」的方式來實現永續香港自治，並建立以香港為中心的「華夏邦聯」。作為文化組織，該組織提倡復興華夏文明。2016年立法會選舉中，香港復興會與熱血公民、普羅政治學苑合組「熱普城」參選，陳雲聯同熱血公民李珏熙組成參選名單在新界東選區參選，但最終落敗。

3. 城邦論壇

以陳雲城邦自治理論為號召的本土組織，在范國威、毛孟靜香港本土成立後已停止運作。

熱血公民、普羅政治學苑、調理農務蘭花系

以黃毓民為精神領袖的熱血公民、普羅政治學苑、調理農務蘭花系，借立法會的平台大力宣傳「公投制憲」等「港獨」主張，並依靠社運組織、黨校和民間電台等不同渠道宣傳「港獨」主張，對青年產生的影響很大。熱血公民、普羅政治學苑2016年與香港復興會合組「熱普城」參加立法會選舉，以「五區公投，全民制憲」為共同綱領。黃毓民、陳雲、黃洋達、鄭松泰及鄭錦滿等代表性人物參選，最終只有鄭松泰當選，其他參選名單均落敗。

1. 熱血公民

熱血公民是香港著名的本土派政黨，於2012年2月29日成立，以「文化抗共」的旗幟號召香港「文化建國」，核心人物有黃洋達、鄭松泰及鄭錦滿。其主張為「五區公投，全民制憲」及「永續基本法」。熱血公民曾出版《熱血時報》，也設立網上電台，在宣傳「港獨」上起很壞的作用。

2. 普羅政治學苑

由黃毓民於2010年在香港所創辦的政治及學術組織，以「反對黨國極權，實現普羅民主」為宣言，主張香港應強烈否定中共政權的合法性及代表性，並要求推翻「港共政權」，建立全民制憲和重新立約的制度，訴求「五區公投，全民制憲」。普羅政治學苑大部分成員為電台MyRadio的節目主持人。2011年1月社民連分裂，當屆立法會議員黃毓民和陳偉業因不滿社民連時任主席陶君行拒絕狙擊民主黨，帶領部分黨員退黨，獨立籌組普羅政治學苑並加入人民力量，讓退黨黨員自動加入普羅政治學苑，共計有二百多名退黨成員。普羅政治學苑成為人民力量的次政團，也是人民力量重要組成部分，黃毓民擔任普羅政治學苑主席。全盛時期，普羅政治學苑擁有兩位香港立法會議員，其號召力比人民力量其他次政團選民力量、前綫（已退出）、藍陣（已退出）的總和還要大。2013年3月底，因人民力量主要支持者蕭若元不滿黃毓民偏愛黃洋達，把蕭經營的網上電台「香港人網」結束，引發陳

偉業等成員宣佈退出普羅政治學苑，並籌組進步民主連線並成為人民力量的次政團；黃毓民也宣佈退出人民力量，普羅政治學苑重新成為獨立組織，其主要工作以教育和宣傳為主，培養年輕的「港獨」支持者。

3. 調理農務蘭花系

於2013年1月成立，以黃毓民為精神領袖，初時以「團結農民，維護本土農業發展；推動本土化，港人優先；勇武抗爭，不平則鳴」為宗旨，政治立場逐步偏向於「港獨」，參與反新界東北發展計劃及其他抗爭行動。

在2012年至「佔領中環」運動之前出現的以激進抗爭為主的「港獨」組織

2012年梁振英就任特首後，香港政治鬥爭激烈，「中港矛盾」激化，香港出現一系列以激進抗爭為主的「港獨」組織，這些組織的論述能力並不強，較多從事社會運動和街頭抗爭。

1. 「港人自決、藍色起義」

2013年4月1日成立的本土組織。該組織宣稱「香港正經歷前所未有的風暴吹襲，身為香港人應該不分你我一起抵抗」，「我哋以藍色作記，群起對抗支共匪及港共，集結起義，用自己手腳，打出明天，讓港人自己決定香港未來」，「香港前途理應港人自決，我們尊重港人真正決定，包括獨立，歸英，中立地（如瑞士）等。」。

2. 「我哋係香港人，唔係中國人」

於2012年7月在Facebook上成立的網絡團體，成員藉群組表達對中央人民政府的不滿，希望中央人民政府不要再干預香港。群組的簡介是「We Are Hong-kongian, Not Chinese. 熱愛香港！香港人香港事！香港人有能力自立，要真正自決！」參與2012年9月中的「光復上水」反水貨客行動，到港鐵上水站驅趕內地赴港水貨客，有示威者舉起「中國人滾回中國」的標語。同年10月1日及2013年1月1日參與發起元旦倒梁遊行，到香港中聯辦前高舉揮舞

英治時期的香港旗（龍獅旗）示威。2013年3月1日，群組發言人陳梓進宣佈與林鴻達等其他四位核心成員（Jerry、Max、Pal、Him）離開群組。2013年3月2日，群組發起人張漢賢宣佈退出群組，招顯聰擔任發言人。招顯聰亦是「香港人優先」成員。招顯聰等人2013年曾強闖中環解放軍駐港部隊總部。

3. 保衞香港自由聯盟

成立於2012年10月。聯盟表示，「我們是一群來自不同界別的朋友，眼看梁振英上台後，香港在思想、言論、資訊、新聞、集會被干預的情況日益嚴重，我們不站出來團結救港，梁振英的四大任務：政制發展、23條立法、推展國民教育、以及整頓傳媒將一一落實，而特區的民主、自由、人權、法治將逐一被消滅」；「團結的公民自救，是唯一的出路，所以我們成立『保衞香港自由聯盟』，以『撐香港、撐自由』為主軸，組織多元戰線保衞香港核心價值的抗爭行動。」發言人韓連山是香港教育專業人員協會理事，教育人員專業操守議會主席。聯盟參與「佔領中環」等許多社會運動。

4. 香港人優先

於2013年4月成立的政治組織，持有支持「香港獨立」運動的立場，主張「香港一切應以香港人優先」。2013年12月26日，香港人優先組織成員招顯聰聯同多人以反對興建中環解放軍碼頭為示威主題，持香港旗闖進解放軍駐香港部隊總部。其召集人為張漢賢。

5. 香港圖博民族自決會

2013年成立，以招顯聰等為代表人物。明確以香港「獨立」為目標，認為香港只有獨立建國才能獲得生機。

在「佔領中環」運動之後出現的追求「港獨」的「傘後組織」

「佔領中環」運動之後出現的本土民主前線、香港民族黨、青年新政等許多「傘後組織」，更加明目張膽地高舉「港獨」旗幟，並借立法會選舉

及社會運動大張旗鼓地宣傳「港獨」主張，使「港獨」的聲勢急速上漲，對香港青少年產生很壞的影響，也引來中央政府和特區政府的高度警惕和嚴厲打擊。

1. 本土民主前線

本土民主前線於2015年1月成立，屬「獨派」組織，由一群於2014年參加「佔領中環」運動的「泛民」及學聯等傳統組織的參與者組成。創會發言人為黃台仰。本土民主前線主張香港「民族自決」，主張對抗中國共產黨政權，宣稱「以武制暴」才是正確的抗爭策略，香港民眾應以武力保護自己及其他示威者。

本土民主前線認為，基於歷史、文化、語言等因素，香港人已成為一個「民族」、一個「想像的共同體」；香港的公民意識及既有傳統比中國內地的一套優良，如香港所使用的正體字及粵語的歷史都比中國內地的簡體字和普通話源遠流長；加上在英國人殖民百多年的歷史下，香港已建立優良的西方文明價值及體系，人民有對法治社會、自由經濟、言論自由、民主人權的追求意識。本土民主前線抨擊香港政府漠視「中港矛盾」對港人不公，認為香港現時無入境審批權，大量新移民抗拒香港文化，把自己過去的一套強加於香港，但卻又謀取香港的福利及香港較安全的環境；「如果真有些新移民願意擁護香港、守護我們共同的核心文化、價值，他們就是香港人。」

2015年2月初，本土民主前線與熱血公民等組織發起光復屯門行動，在屯門的商場指罵內地旅客，事件引起衝突及爭議。2016年初旺角暴動中，本土民主前線的梁天琦等因為在事件中被捕而受矚目。2016年立法會新界東補選，本土民主前線的梁天琦獲得高票，成為本土派崛起的標誌性事件之一。

2. 青年新政

青年新政是「佔領中環」運動之後成立的政治組織，是主張香港「民族自決」的本土派政黨，反對香港「中國化」，主張「抗赤化」和「港中區

隔」，成員逾百人。青年新政主張走「議會路線」，認為議會上應該有屬於本土派的聲音，通過議會帶動本土思潮，並主張本土大團結。青年新政亦與不同本土派組織積極合作。青年新政亦曾與香港民族黨、本土民主前線等合作進行社會運動。

在2016年香港立法會選舉中，與另一本土組織本土民主前線合作進行選舉工程，青年新政的梁頌恆及游蕙禎當選議員。梁頌恆及游蕙禎在宣誓就任立法會議員時因鼓吹「港獨」引發司法覆核及全國人大常委會釋法，兩人最終被香港高等法院取消議員資格。

3. 香港民族黨

香港民族黨於2016年3月28日成立，自稱是「香港首個主張香港獨立的政黨」。香港民族黨自述其成立背景是，「雨傘革命後新思潮冒起，加上今年2月立法會新界東補選中，主打本土的本土民主前線梁天琦獲逾六萬票，可見人心思變，香港本位已成潮流。民族黨現有約50名黨員，為20歲上下之大專院校學生。資金來源，每個人都是金主。」

香港民族黨描述，建黨目標為「民族自強，香港獨立」，「民族黨的成立旨在集結香港各界及海外的力量，徹底驅逐中國殖民者，捍衛香港人的生存空間，並最終建立民族的主權國家，令香港再次成為東亞偉大的文明國家。」其六大綱領為：一、建立自由而獨立的香港共和國；二、捍衛港人利益，以香港民族利益為本位；三、鞏固香港民族意識，確立香港公民的定義；四、支持並參與一切有效抗爭；五、廢除未經港人授權的基本法，香港憲法必須由香港民族制定；六、建立支持香港獨立的勢力，在經濟、文化、教育等各方面成立以香港為本位的組織和政治壓力團體，奠定自主的勢力基礎。

香港民族黨創辦《眾議》刊物，第一期於2016年7月4日發佈，其辦刊目的為，「香港民族黨絕非止步於推翻港共殖民政權，更放眼建立共和國後

的人和事。本刊探討香港立國之前後，主題涵蓋政府組成、選舉制度、國防、外交、社會政策、福利、教育、民生等構建理想國家的元素，亦包括如何推動香港獨立的各種手段，或適合現今香港情勢之政治理論等等。」

香港民族黨在其網站售賣印有「香港獨立」的T恤、背囊掛飾、鑰匙扣及「香港國月曆」等，爭取資助。

香港民族黨召集人陳浩天曾報名參加2016年香港立法會選舉，但被選舉主任褫奪參選權。2016年8月5日，香港民族黨於添馬公園發起主題名為「捍衛民主 香港獨立」集會，被媒體稱為香港首次以「香港獨立」為主題的集會，警方表示高峰期有2,500人參與。

2017年6月30日，香港民族黨舉辦「哀悼香港淪陷20年」集會。

香港民族黨成立之初，港澳辦、中聯辦、香港特區政府皆以強硬態度回應其建黨宣言。特區政府指香港民族黨的「港獨」主張違反「一國兩制」、違背基本法，會密切留意相關言行，考慮由執法部門調查搜證。香港公司註冊處以「政治原因」為由，拒絕香港民族黨以「香港民族黨」和「Hong Kong National Party」申請成為註冊公司。香港建制派人士要求特區政府即時宣佈把類似香港民族黨的組織定為非法組織。

4. 民主進步黨

民主進步黨於2015年12月13日成立，2017年3月宣佈停止運作。由前社會民主連線黨員楊繼昌領導和牽頭，黨名來自對台灣民主進步黨的羨慕。標榜「和平理性」、「非勇武」的本土路線，聲稱要「最大限度地團結所有反對派的力量」。楊繼昌表示，香港除了「獨立建國」之外還有多個自決選項，包括成為「中華民國」一個縣市、成為美國海外屬地、或與獨立的兩廣合組聯邦，而這些選項的共通點就是都可以「一人一票」選出香港首長。

5. 香港民族陣線

香港民族陣線於2015年成立，其口號是「脫支解殖 香港獨立」。主張「確立香港民族，重奪自決權利」，行使聯合國《公民及政治權利國際公約》所賦予的權利，確立香港民族，提出民族自決。

香港民族陣線曾多次到大學和中學散發鼓吹「港獨」的單張，2017年的單張寫有「香港獨立 重回正途」字眼。

6. 香港眾志

香港眾志是「佔領中環」運動之後成立的政黨，由學聯前秘書長羅冠聰、學民思潮前召集人黃之鋒、前發言人周庭以及前發言人黎汶洛於2016年4月10日創立。

香港眾志以「民主自決」為最高綱領，「以直接行動，策動公投和非暴力抗爭，推動政經自主；以香港本位，抗擊天朝中共和資本霸權，實踐民主治港的理想願景」；「作為運動型政黨，香港眾志深信靈活組織乃抗爭之基礎。我們將發展獨特的參與平台，推動民間自發的社區和社會運動，並透過不同的抗爭建立港人的自主意識，直接面對香港的二次前途問題，從而建設平等公義的多元城市。」其創黨宣言表示，「香港眾志的創立，是為了在崎嶇路途中互相扶持，並肩作戰；創黨，是為了團結綱領目標相同的公民，向自決之路進發；創黨，更是呼應時代遙望二次前途、2047的躊躇，結集力量，決志成為我城主人」，主張將香港獨立列為前途自決的選項。在2016年立法會選舉中，羅冠聰在香港島選區參選並成功當選立法會議員，但在宣誓風波的司法覆核案中被法院判決喪失議員資格。2018年1月，周庭在報名參加港島區補選時被選舉主任確任提名無效。香港眾志隨後修改了綱領的部分表述，但仍強調「民主自決」是其核心主張。

7. 學生動源

2016年4月5日成立的「港獨」派學生組織，主張香港獨立。

學生動源提出五大綱領：一、建立獨立主權的香港共和國；二、集百家論述之大成，以整合拓展，為香港獨立提供論述與方向；三、喚醒香港民族獨立意志，鞏固香港民族共同體；四、支持一切有效抗爭並參與其中，包括勇武抗爭；五、向香港中學生宣揚香港獨立理念，加強香港新生代反殖意識，為香港獨派填補於學界缺失的一環。

2016年6月4日，學生動源於維多利亞公園外擺設街站，呼籲市民改往參加大專院校等舉辦的「六四」論壇。

2016年7月31日，學生動源呼籲全港中學生於校內成立本土關注組，發起校內行動，將「港獨」聲音帶入中學校園。學生動源多次在中學散發「港獨」單張。

學生動源召集人之一歐陽剛參選第五屆（2016-2017年度）中學生議會，以最高票數當選，他就任時展現象徵香港獨立的「香港旗」，提出「捍衛本土 學生使命」的動議，宣導建構「香港民族」思想，為「香港獨立」做準備。

8. 小麗民主教室

小麗民主教室是自稱「民主自決派」的民間組織，由香港專上學院講師劉小麗於2014年「佔領中環」運動期間創立，旨在推動民間的民主教育。

小麗民主教室自「佔領中環」及旺角被佔領後，在街頭舉辦大量論壇及講學，宣傳民主，推動反大白象（工程）、撐退保、支持小販、成立社區墟市、對抗領展等抗爭行動。

2016年立法會選舉中，劉小麗參加九龍西選區的選舉並成功當選議員，但在宣誓風波的司法覆核案中被法院判決喪失議員資格。

9. 香港獨立研究學會

香港獨立研究學會於2018年1月成立。2018年1月12日，Facebook專頁「CUHK Secrets」刊出帖文，招募中大「香港獨立研究學會」的幹事會成員。帖文指出，該學會籌委會成立的原因，是為了守護同學之言論自由，幹事會成員工作主要是舉辦不同活動，「包括但不限於派發單張、舉辦論壇、講座、電影會等」，「長遠希望建立同學的香港人身份認同」。

香港本土主義與分離主義的主要論述

主流「泛民」加強本土主義論述，但與分離主義劃清界線

一批支持「泛民」的學者，充當着「泛民」的智庫，在政策研究和理論論述上發揮着不可替代的作用，新力量網絡是這批學者的主要組織平台。截至2017年8月的資料，新力量網絡主席為呂大樂教授，副主席為方志恒博士、陳智傑博士，司庫為張漢德，研究總監為葉健民教授，理事有房吉祥、馮可立教授、何偉立、羅祥國博士，顧問委員會包括卜睿哲博士、何立仁教授、蘇耀昌教授、陳冠中、方敏生，研究員有何俊霆、何偉倫、鄺英豪、雷浩昌、吳凱宇、柯衍健、施家潤、楊庭輝、袁彌昌。

支持主流「泛民」的學者很早就注重加強本土論述，成立了本土論述編輯委員會，從2008年起定期出版《本土論述》年刊，《本土論述》年刊的主編為陳智傑，編輯委員會編輯顧問為馬家輝、梁文道、王慧麟，顧問委員會成員包括文傑華、司徒薇、呂大樂、馬傑偉、馬嶽、許寶強、葉健民、劉國英、羅永生。《本土論述》年刊先後出版了《本土論述2008》、《本土論述2009：香港的市民抗爭與殖民地秩序》、《本土論述2010：香港新階級鬥爭》、《本土論述2011：想像新界／本土的性與別》、《本土論述2012：官商勾結》、《本土論述2013–2014：中國因素：本土意識與公民社

會》等書。這些書籍持續就香港的「本土性」進行論述，亦討論中國因素對香港本土主義思潮發展的影響。

方志恒牽頭編著的《香港革新論》，已拋棄民主黨等傳統「泛民」所堅持的「民主回歸論」，轉向加強本土論述的「民主自治論」，告別「民主回歸論」又拒絕「獨立建國論」，代表了主流「泛民」特別是其新生代更加強調本土但又與分離主義劃清界線的趨勢。

主流「泛民」的大黨民主黨、公民黨亦明顯加強本土論述，這些論述表現出了對「民主回歸論」未能實現的遺憾之情和能否堅守的猶豫心態，表明了捍衛香港核心價值及高度自治的決心，亦與分離主義劃清界線。

民主黨2017年6月7日公佈的《站在歷史巨人肩上——民主黨對香港與中國關係的回顧及展望》是一份重要的歷史文件，就一些重大理論問題作了表態。這份文件對「民主回歸論」作了評價，認為「『民主回歸路線』由『民主』與『回歸』兩個概念組成，事實上是先確定了香港將會在1997年回歸中國的概念，才出現要以『民主』作為與專制政權抗衡，保存香港資本主義及捍衛香港核心價值的想法」，「民主回歸成了當時最順理成章的選擇，得到社會輿論支持，形成港人的主流意見」；「然而，我們也必須承認，80年代對中國的想像，經歷六四鎮壓、23條立法等事件的震盪，沒有如預期般順利發展；中國在改革開放後的經濟發展速度非常驚人，所帶來的經濟增長遠遠超過當時所能想像，然而卻沒有在法制、政制上同樣開放改革。近年中國已成為世界上第二大經濟體，政治改革卻沒有寸進，反而朝着威權主義體系發展」，「中國經濟發展助長其強硬的政治路線；反對六四鎮壓和拒絕23條立法的群眾運動後，中國加強對香港的干預，民主派雖然在回歸前調整期望，在回歸後繼續抗爭，但不容諱言，民主回歸路線所追求的『港人民主治港』的理想，至今仍未能實現。」這份文件嚴厲批評「一國兩制」已經變質，將香港本土主義思潮發生的原因主要歸咎於中央和特區政府，「民主黨非常清晰地察覺到『本土思潮』在香港快速醞釀發酵。究其原

因，北京、香港兩地政府的表現是核心矛盾所在」，「無論政治、民生各層面，到行政長官和各級官員的表現，香港核心價值被侵蝕等，均助長香港市民對內地政府及人民產生不滿。年青一輩在成長過程中，經歷中港融合的負面影響，看到一國兩制多番被扭曲踐踏。港中政府官員對普世價值的蔑視，可說是近年本土思潮蔚然成風的重大推力。承本土思潮而起的政治力量屢被香港及北京政府打壓，也令不少香港人同情甚或進而支持他們，兩地政府也成為了本土思潮興起的助燃劑。」這份文件表達了對「香港人」身份的高度認同，「民主黨認為，『香港人』的身份除了是法律身份外，也是一個『命運共同體』。不論那人在何處出生、甚麼家庭背景、甚麼宗教信念、有怎樣的政治理念，若他願意在香港生活並和其他人一起面對和承擔這地方共同的命運，願意為這地方努力奮鬥，願意盡其公民義務，願意守護其核心價值，便已經構成香港人最重要的身份認同了。」這份文件也清晰表達了民主黨對「港獨」等問題的態度，「民主黨既不容許香港走向『一國一制』，亦不支持香港獨立，我們認為應在現時主權框架下，實踐最大程度的自決。」民主黨具體提出了制定「公投法」等主張，「民主黨認為若能在主權框架內達到香港人為香港事務作主的目標，將是對香港最為有利、震盪最小、並最能獲市民及國際社會支持的方法。而首要的工作，則是爭取儘快落實真普選，讓香港市民自由自主地選出自己的政府，這亦是根本的、唯一的能減少市民流向港獨或主權自決的重要變項。」

民主黨「不容許香港走向『一國一制』，亦不支持香港獨立」，這種政治立場應該受到肯定。中央政府和香港特區政府，應該將民主黨列為重要爭取對象。

公民黨2016年公佈的《為香港而立：本土、自主、多元 公民黨創黨十周年宣言》也是一份重要的歷史文件。這份文件批評，「中央的政策愈趨重一國而輕兩制，影響深遠」，「北京當局實行黨國一體，不但未能強調『一國兩制』所需的微妙平衡，也不尊重香港一制的關鍵歷史和特殊脈絡，不懂珍惜香港社會得來不易的優良傳統、核心價值及生活模式，更不在乎包括了

青年一族在內的跨世代香港人日益成熟的文化取態和公民價值。最令人失望的是，特區政府及其當權派只一味迎合京意，在維護港人福祉和體制的管治工作上，節節失守。結果，香港固有的社會生態、制度優勢和本土價值，受到不斷衝擊，而且力度持續增強。」公民黨表示，「眼見形形色色讓人側目的『去本土化』手段，正在蠶食我們創黨時所珍之重之的香港精神及其在地文化，我們別無選擇，必須與香港市民站在一起，重新思考我城的未來，探索和確立香港這個所在地的全新定位。」公民黨亦提出其「香港人」論述，「我們仍將承繼香港開放多元、相容並收的生活方式。任何以合法途徑成為香港居民的人，只要認同香港的核心價值，接受香港文化，融入香港社會，願意為香港付出，都是同路人，是『香港人』。為此，香港必須自主制訂移民、入境及人口政策，一方面保持開放多元、絕不排外的原則，另一方面通過政策來界定香港永久居民的身份；其中的要點，應包括審批持單程證入境的內地人士，以及掌握內地來港簽證的政策。」公民黨強調保持香港區別於中國內地的文明特性和核心價值，「歷史為證，在我們一起成長的過程中，香港的社會和文化衍生了港人的核心價值，讓我們在主體意識中孕育一種有別於中國大陸、且較能與國際接軌的文明文化、公民價值和體制建設，也使這個城市成為華人社會的典範。在未來十年，我們將繼續以我城過去、現在和未來的多元發展為參照和依歸，積極自我革新，並通過港人自主意識的塑造，致力培育政治人才和未來治港領袖，同時建立既奔走於21世紀世界前沿，又扎根本土的香港精神。」

支持主流「泛民」的學者及民主黨、公民黨等「泛民」大黨，並不支持分離主義，但對香港回歸後的現狀及內地政治經濟社會的走勢非常不滿，強烈批評「一國兩制」變形走樣，十分強調捍衛香港核心價值及本土利益，高度認同「香港人」身份，強烈要求中央政府減少對香港事務的干預，要求真正實行「一國兩制」、「港人治港」、高度自治。這些訴求相當程度代表了香港主流社會的聲音，反映了法律界、教育界、文化界、新聞界的主流看法。

香港分離主義的主要論述

　　香港近年關於分離主義的論述很多，很多力量參與鼓吹「香港自決」、「香港獨立」等主張，包括民間的知識份子，比如陳雲這樣的「港獨教父」，還有一些政治學者、歷史學者、文化學者等。包括香港一些大學的青年學生，比如香港大學《學苑》編輯部的人員。包括傳統激進泛民的代表人物，比如前立法會議員黃毓民等。更包括反對國民教育、「佔領中環」、旺角暴動等重大歷史事件之後成立的大批本土派組織及其成員。一些台灣學者或台灣籍的美國學者積極參與和支持「港獨」理論的建構，與主張「港獨」的港人互相配合，以各種方式鼓吹「港獨」理念。

　　香港分離主義的論述，常常將一些西方的理論作為學理基礎，進行巧妙的理論包裝，不是停留在喊喊政治口號，容易得到知識份子的理解，尤其容易誤導香港的青年學生。

　　香港分離主義的論述已基本形成一個系統，包括了「港獨」史觀的歷史論述，「港獨」立場的「香港民族」論述及「香港人」論述、「民族自決」論述、「公投自決」論述、「香港自治自決」論述、「城邦自治」論述、「公投制憲」論述、香港「建軍建國」論述，否定和質疑中央管治香港的「二次殖民」論述和中國「天朝主義」論述等。

「港獨」史觀的香港歷史論述

　　來自台灣的美國南卡州州立查爾斯頓大學歷史系教授蔡榮芳撰寫了《香港人之香港史：1841–1945》。蔡榮芳認為，英國人以英文撰寫的香港史，不僅採取以歐洲為中心的史觀，而且以殖民者精英的立場來寫歷史，可稱為「殖民者的歷史」或「殖民主義的史學」，可說是「殖民者的香港史」；中國內地學者寫的香港史，則以中國為本位，以中國人的立場來研究香港的歷史，是典型的「愛國主義的史學」；而他撰寫的《香港人之香港史：1841–1945》，則秉持「香港為本位」之史觀，以香港人之權益為首要

考慮，來解釋香港的歷史。《香港人之香港史：1841–1945》的結語部分，認為「愛國主義」、「民族主義」具有曖昧複雜性和危險性；「民族國家意識由歷史演變而成；愛國主義與國家認同，是人民自發性的意識表現，而不是任何政權所能強加在人民的身上」；「歷史顯示，港人認同香港，支持或默認英國的殖民統治，利用其統治對外爭取權益，依賴其保護。但是，另一方面，港英政府的民族歧視政策，也引起港人的不滿，促成港人產生認同中國的民族主義國家意識。然而，香港意識往往制約（conditions）港人的中國民族主義意識。港人既然認同英國殖民體制下之香港，亦認同中國；兩個認同混合，而形成『與外國強權協力的民族主義』；這是一個矛盾的現象。」[4] 台灣「中央研究院台灣史研究所」學者吳叡人認為，「《香港人之香港史：1841–1945》或許是第一部明確強調『從香港人的觀點』或香港本土角度書寫的中文香港通史」，「這部香港本土史最大的特色，就是擺脫了中國愛國史觀的虛構，細膩地捕捉到香港人『認同中國，但希望與中國保持距離』的矛盾心理與雙重認同。」[5]

香港民間學者徐承恩則以更加明確的「港獨」史觀撰寫了《城邦舊事——十二本書看香港本土史》和《香港，鬱躁的家邦：本土觀點的香港源流史》。《城邦舊事——十二本書看香港本土史》介紹了12本描述香港歷史的重要書籍，批評「不論是殖民史觀還是大中華國族史觀，都沒有從香港人的角度看歷史」，希望通過「引介這些本土史觀著作，藉此以本土角度描述香港過去幾百年的歷史。」徐承恩在《香港，鬱躁的家邦：本土觀點的香港源流史》中明確表示，「本人冒昧撰寫此書，為的是要抗衡香港人缺席之主流史觀，並確立香港國族的歷史地位」；香港「年輕一代已明確地要告別中國，並於雨傘革命時出現以爭取民主、自由、公平和平等為己任的公民國族

---

4. 蔡榮芳（2004）。《香港人之香港史1841–1945》。香港：牛津大學出版社。〈序言〉，5–8頁；〈結語〉，284頁。

5. 吳叡人為徐承恩（2017）的《香港，鬱躁的家邦：本土觀點的香港源流史》所作推薦序〈高貴的鬱躁〉。18–19頁。

意識（civic nationalism）。他們渴求命運自主，要把香港從『自在的國族』提升為『自為的國族』」。徐承恩宣稱，「香港國族主義是筆者的立場，也是被鄰國帝國主義壓迫的700萬同胞之立場。我無法為了所謂的『政治正確』和『公正持平』，不以香港國族的立場寫香港的歷史故事。」徐承恩承認他受到「台獨史觀」學者的影響，他在該書序言中寫道：「本人起題之目的，是要向王育德先生的《台灣：苦悶的歷史》致敬。該書與史明前輩的《台灣人四百年史》同為台灣本土史觀之起源。因著這種以本土解放為念的史觀，台灣人才能夠在中國國民黨的威權統治下持續抗爭，到1970年代末更展開令台灣演進為自由民主國家的本土運動。」[6]

　　練乙錚、吳叡人、余傑等人撰寫序言推薦《香港，鬱躁的家邦：本土觀點的香港源流史》一書。吳叡人認為，《香港，鬱躁的家邦：本土觀點的香港源流史》的完成，「終於為香港民族主義的意識形態領域填補了一塊關鍵的空白——民族史的歷史敘事，也象徵了香港民族主義思想結構的初步成形。陳雲以雄辯的《香港城邦論》率先發難，引古今城邦自治傳統與華夷變態之論建構香港主體，掀起本土浪潮，抵擋強國入侵。繼之則有港大《學苑》的青年志士們在《香港民族論》，以社會科學之『民族』理念為香港主體命名、賦權，並以民族之名重申港人自決權利，直接挑戰香港政治想像的邊界，以及強國對『民族』話語之壟斷……短短四年之內，《城邦論》、《民族論》和《鬱躁的城邦》先後問世，說明了這波香港民族主義浪潮同時也是一場波瀾壯闊的意識與思想的革命運動。如今這三部作品勢將鼎足而三，相互對話詰問，共同創造當代香港政治本土主義的思想磁場，誘導來日更多元、複雜乃至激進的論述的出現。」余傑在序中表示，「香港人寫香港本位的香港史，始於徐承恩」；「當年的新加坡是被動地走向獨立，今天的香港則是主動地走向獨立」；《香港，鬱躁的家邦》是一本尚未完成的書，

6.　徐承恩（2017）。《香港，鬱躁的家邦：本土觀點的香港源流史》。新北市：左岸文化。〈作者序〉，5頁；〈導論：書寫香港人的歷史故事〉，37–43頁。

精彩的續集，有待每一名熱愛香港和熱愛自由的港人來書寫。我這個不能踏上香港土地的天涯旅人，在遙遠的他鄉等待着閱讀更為精彩的篇章，那就是香港獨立史。」

鄺智文、蔡耀倫合著的《孤獨前哨：太平洋戰爭中的香港戰役》及鄺智文的《重光之路——日據香港與太平洋戰爭》、鄺建銘的《港英時代：英國殖民管治術》，亦被視為本土史觀的重要作品。

許多「本土派」以論文等形式，以分離主義的立場對香港歷史作出解讀，強調殖民統治下的香港在政治社會文化發展進程方面與內地的重大區隔，強調香港的核心價值觀與內地不同，強調港人逐步增強對「香港人」的身份認同，弱化甚至全面否定「大中華意識」及「中華民族」意識，弱化甚至否定港人的國民身份認同，從歷史觀上強化「港獨」意識。

「香港民族」論述及「香港人」論述

香港大學學生會《學苑》編輯部提出的「香港民族」論述，是最有影響的「港獨」論述之一。《學苑》編輯部於2013年出版了《香港民族 命運自決》的專題，隨後又編輯出版《香港民族論》一書，在香港引起極大反響。

「香港民族」論述在學理上的來源，主要是西方「公民民族」的理論。

練乙錚在《香港民族論》第六章〈與《學苑》同學談香港人和香港人意識〉中指出，18、19世紀的歐洲，興起了「人種民族論」和「公民民族論」兩種迥然不同的學說。德國人費希特主張「人種民族論」，這種「民族」概念建基於人種論，以共同居住地、血緣、語言、宗教等客觀固定元素的同一性辨識「自己人」與「他者」。史太林對「民族」的定義是，「一個民族是一個由歷史所造成的、穩定的人類社群。它是以共同語言、地域、經濟生活、以及表現於一個共同文化的心理機制為基礎的」，這種民族理論是典型的「人種民族論」或「血緣民族論」。中共長期接受的是史太林的民族理論。法國人勒南等主張「公民民族論」，認為維繫一個民族的關

鍵因素是「核心價值」以及一種彼此契合的共同一起生活的願望。勒南在《民族是甚麼？》中提出，「人不是他說的語言和所隸屬的種族和宗教的奴隸；川嶽走勢等地理特徵更不能框定他的根本屬性。一個心智健康的群體，若能締造出一個超越個體利益的道義意識，並且透過為之付出而體現此集體意識的道義力量的話，就有資格成為一個民族。可以說，一個民族不僅有一個歷史，更有一個當下；這個當下可簡約地表現為對繼續共同生活的同意（consent）。故一個民族的存在，等同於一個每天都舉行一次的公投（plebiscite）。」台灣近年興起的「台灣人」定義即是一種「公民民族論」，「在台灣的住民，無論在甚麼年代來到此地，只要認同台灣價值，支持台灣優先，願意守護台灣，就是台灣人。」[7]

《香港民族論》也援引其他西方學者的民族理論。比如，美國學者安德森在《想像的共同體》中提出的，民族乃一想像的政治共同體；英國學者Montserrat Guibernau提出的「無國家的民族」，民族是「分享共同歷史、擁有可明確區分的領土，並且在沒有屬於自己的國家的情況下，渴望決定其政治前途的文化社群。」這些理論也是否定「人種民族論」中共同居住地、血緣、語言、宗教等客觀性因素，強調共同價值觀念、共同想像等主觀因素。

主要基於「公民民族論」的理論基礎，《香港民族論》提出「香港民族」的論述。

2013年度香港大學學生會《學苑》總編輯梁繼平在《香港民族論》中提出，「香港人作為具有獨特歷史、文化及身份認同、希望在特定邊界內實踐自治的民族，就當受尊重及擁有自治權利」，「我們必須為『兩制』重新注入政治能量，即以身份認同及自治願望為依歸的民族主義運動，動員港人

---

7. 練乙錚為《學苑》（2014）的《香港民族論》撰寫第六章〈與學苑同學談香港人和香港人意識〉。100–108頁。本章引述的《香港民族論》其他內容，不再一一註釋。

對抗『一國』的多方政治壓迫，並儘快建立本土政權」，「透過建構香港民族論述，我們將重新發掘、詮釋並凝練香港的文化內涵、生活方式與身份認同，守護香港人身份的獨特性，免遭受中共同質化。」

2013年度香港大學學生會《學苑》副總編輯王俊傑在《香港民族論》中提出，「香港具有統一的語言、有清楚定義的地理範圍、有共同的經濟生活，加上由拒共思潮衍生之共同心理特徵，客觀條件與主觀想像結合，已足以構成香港民族」；「香港民族並非以血緣為紐帶，而是以邊界、歷史、文化，加上『逃離極權、追求自由』的共同心理界定」；「民族身份認同乃出於對公民價值、文化及歷史的自覺，這亦是香港民族主義的最基本主張。談民族主義，先要將民族與種族清楚區分。香港民族主義必須脫離狹隘的人種民族論，以價值認同取代血緣認同，輔以土地、歷史等客觀條件，尊重個體自由契合的意願，塑造出一種公民民族主義。」

「香港民族」論述引申出「香港人」論述。「香港民族論」否定港人的國民身份認同，強化「香港人」的身份認同。《香港民族論》提出，「任何人願意加入香港，不論膚色種族，認同本土價值，忠於香港並以本土利益為先，即可成為香港人。」

一些主張「港獨」的政黨和人士認同《香港民族論》對「香港人」的定義。

青年新政把「確立港人身份認同」作為三大主要政綱之一，主張從五個層面定義「香港人」，第一層是認同香港價值觀，第二層是願意成為港人，第三層是以香港利益為依歸，第四層是願意守護香港，第五層是有「主體意識」的覺悟。

本土民主前線認為，基於歷史、文化、語言等因素，香港已成為一個民族。本土民主前線成員梁天琦被揭發出生於內地，其母是武漢人，他一歲才移民香港。梁天琦在回應出生問題時表示，只要尊重香港文化，捍衛香港核

心價值，便是香港人，「所以我在哪裏出世，我媽在哪裏出世，幾時來到香港，根本就不要緊」；於公民民族主義下，「我出身同本土何來衝突呢？」

熱血公民鄭松泰認為，「最近幾年，我們這一代人正在醞釀一場身份革命」，「大家花了幾年時間在尋找、討論『中國人』、『香港人』與『中國香港人』的差別」，「我更肯定到自己只有香港人的身份。我們是和中國人不同的族群。」

《香港民族論》明確鼓吹「自治自決」和「香港獨立」。王俊傑在該書中提出，「民族追求自決自治，而當中最重要的一環，就是建立有民意認受的本土政府」，「香港民族運動與民主運動密不可分」；「若將建國視為香港民族的最終目標，那麼其支持者必須有一種覺悟，獨立之主張不能一直停留於情感層面，不能因為中共對港人的態度轉變而有所動搖。」

「香港民族論」的影響是很大的。前特首梁振英曾在施政報告中點名批評《香港民族論》，使這本書更火爆。有主張「港獨」的政黨取名為「香港民族黨」。青年新政梁頌恆、游蕙禎在立法會鬧出宣誓風波時，曾在誓詞前加上「捍衞香港民族」等語。「香港民族論」影響更大的是，為「香港自決論」提供理論前提。

香港「民族自決」論述

《聯合國憲章》第一章「宗旨及原則」的第一條第二款規定，「發展國際間以尊重人民平等權利及自決原則為根據之友好關係，並採取其他適當辦法，以增強普遍和平。」聯合國《公民及政治權利國際公約》和《經濟、社會、文化權利國際公約》均在正文的第一條規定，「所有人民都有自決權。他們憑這種權利自由決定他們的政治地位，並自由謀求他們的經濟、社會和文化的發展。」聯合國大會於1960年12月14日通過的《給予殖民地國家和人民獨立宣言》規定，「所有的人民都有自決權；依據這個權利，他們自由地決定他們的政治地位，自由地發展他們的經濟、社會和文化」，「不

得以政治、經濟、社會或教育方面的準備不足作為拖延獨立的藉口。」聯合國大會於2007年9月13日通過的一項關於原住民族權利問題的決議即《聯合國土著人民權利宣言》規定，「土著人民行使其自決權時，在涉及其內部和地方事務的事項上，以及在如何籌集經費以行使自治職能的問題上，享有自主權或自決權。」

1993年第二次世界人權大會通過的最後文件《維也納宣言和行動綱領》規定，「考慮到受殖民統治或其他形式外來統治或外國佔領的人民的特殊情況，世界人權會議承認各民族有權依照《聯合國憲章》採取合法行動，實現他們不可讓與的自決權利。」

列寧曾在其著作《論民族自決權》中，將「民族自決權」解釋為「國家分離權」，是許多殖民地擺脫殖民地地位獲得獨立及建立國家的合法渠道。據統計，1946年至1960年，亞洲、非洲等地先後有三十幾個殖民地通過民族自決獲得獨立。

中國的台灣和香港、澳門地區，並不適用包括殖民地在內的各種民族自決理論。但「台獨」、「港獨」分子歪曲使用「民族自決」理論，為分離主義主張提供依據。

台灣民進黨曾將「民族自決」理論修正為「住民自決」，並與「公民投票」理論相結合，形成其「台獨」核心主張。民進黨在成立之初提出《台灣住民自決論》：即台灣前途由台灣全體住民，以自由、民主、普通、公正、平等的方式共同決定。1991年，民進黨通過「台獨黨綱」，主要主張是：基於國民主權原理，建立主權獨立自主的台灣共和國及制定新憲法的主張，應交由台灣全體住民以公民投票方式選擇決定。1999年民進黨通過《台灣前途決議文》，主張「任何有關獨立現狀的更動」都必須經由台灣全體住民以公民投票方式決定。

1971年中華人民共和國取代「中華民國」在聯合國的代表權後，即去信聯合國要求在殖民地名單上將香港剔除，並獲聯合國接納。英國政府也拒絕港人有「自決」的權利。香港自古就是中國的領土，香港人並沒有所謂「民族自決權」。

香港大學學生會《學苑》提出「香港民族」論述，是為了進一步鼓吹「香港民族自決」的權利。《香港民族論》中多篇文章提出，「我們堅持港人應有自決之權利，選擇自己的命運」；「香港人，其實是一個民族」，「在國際社會中，民族是享有自決成為獨立主權國家的權利的」，「香港人，還是面對現實吧。爭取香港本應擁有的民族自決權，已是刻不容緩了」，「建立一個獨立國家，最重要的獲益，就是主權。若香港成為主權國家，意味着香港政府享有不受其他國家侵犯，排他性的政治權力」；「至少我們必定要誓死維護鼓吹港獨的自由及其正當性」。

青年新政主張香港民族自決，反對香港「中國化」，要求「抗赤化」和「港中區隔」。青年新政梁頌恆主張，「我們提出『香港民族 前途自決』的綱領，透過建立香港民族的身份認同、在社區宣揚本土理念、以議會參政倡議港中區隔的政策，務求建立香港民族的理想自決條件，從而透過公民授權自決香港的前途。」

「公投自決」、「民主自決」論述

「公投自決」是「台獨」的主要主張。2003年底，在陳水扁任內，台灣「立法院」通過了《公民投票法》，「公投入憲」被視為民進黨為走向「法理台獨」奠定法律基礎的重要步驟。2005年3月，全國人大通過《反分裂國家法》，為反對和遏制「台獨」提供重要法律基礎。

泛民和一些「港獨」勢力也不斷在香港鼓吹「公投」、「公投自決」，立法引入「公投」成為一些泛民政黨的政治訴求。

早在1996年，前線就提出通過「全民公決」制定香港憲法。

2010年，公民黨、社民連就在政改爭議中引入「五區辭職」和「公投」，但所謂的「公投」沒有中國憲法和香港基本法的法理依據，只是一場鬧劇。

香港眾志主張「民主自決」，其核心政綱是港人全民公投自決前途，「香港眾志定必奮力扭轉局面，透過全民公投和國際遊說，爭取世界各國和聯合國認同，令『港人自決』晉身國際政治議程，使香港人能夠在我城前途問題上佔一席位，享有國際法下的自決權利。」「民主自決」與「公投自決」內涵差異不大。

青年新政梁頌恆主張「透過公民授權自決香港的前途」。

林匡正在《香港自決》一書中提出，「爭取地方自治、建國、城邦自治、獨立等，都是允許的做法及國際司空見慣的事。由當地人民公投自決，則是最文明、最公平、最公開、最和平的做法。公投亦是人民的基本權利」；「在香港，人民能夠透過公投自決前途，是天經地義的。」

熱血公民鄭松泰主張港人應有「公投」權，複決權與創制權是成雙的，「人民主權」的理念要通過「公投」這種直接民主彰顯出來，要通過「公投」、「制憲」實現香港「建邦立國」。

黃毓民一直鼓吹香港要制定公投法。

民主黨在《站在歷史巨人肩上——民主黨對香港與中國關係的回顧及展望》文件中否定可就香港「主權」進行「公投」，但希望可就香港高度自治的事項進行「公投」，「社會有部分人士倡議主權自決，惟若進行，除了『一國兩制』與『港獨』的選項，也不能避免將大陸收回香港自治權、實行『一國一制』加入選項之中。這是極大風險的政治賭博，而負責任的政治參與者必須衡量冒險的成果與所冒的風險是否合理，和考慮有否對社會較低風

險又能達致接近效果的方法」；建議「改變修改《基本法》的方法，降低修訂《基本法》的門檻（例如立法會特定數目議員聯署即可提案），並加入香港市民以公民投票程序就香港高度自治範圍下的權力作出的議案，再提交全國人民代表大會通過」；「爭取儘快訂立《公投法》，成為香港市民就本地問題作決定的平台，只要公投議題不違反《基本法》及屬於一國兩制下的香港內部事務，均有機制容許市民或立法機關提出」；「爭取國際社會支持，以達致真正民主普選的行政長官及立法會選舉制度，讓香港人可就《基本法》規定、主權框架以內的事務自主自決。」

「香港自治自決」論述

　　按照香港基本法，香港本身實現「一國兩制」、「港人治港」、高度自治。一些「港獨」勢力提出的「香港自治自決」論述，實質是背棄「一國」，走向香港「獨立」。提出「香港自治自決」論述的，往往引用毛澤東早期提出的湖南「自治自決」思想。

　　林匡正在《香港自決》一書中，用很大篇幅引述毛澤東1920年撰寫的《湖南建設問題的根本問題：湖南共和國》的內容，包括：「我是反對『大中華民國』的，我是主張『湖南共和國』的」；「最好辦法，是索性不謀總建設，索性分裂，去謀各省的分建設，實行『各省人民自決主義』。二十二行省三特區兩藩地，合共二十七個地方，最好分為二十七國」；「湖南人沒有別的法子，唯一的法子是湖南人自決自治，是湖南人在湖南地域建設一個『湖南共和國』」。該書還指出，毛澤東1920年還撰寫了〈湖南人民的自決〉、〈打破沒有基礎的大中國，建設許多的中國：從湖南做起〉、〈絕對贊成「湖南門羅主義」〉、〈湖南受中國之累：以歷史及現狀證明之〉、〈湖南自治運動應該發起了〉、〈湘人治湘與湘人自治〉、〈反對統一〉等文章，「清晰表達湖南人有權自決命運、中華民族不應被大統一這種弊多於利的思想局限之論述。」

　　錢穆的地方自治理論亦被用作「香港自治自決」的理論基礎。林匡正在《香港自決》一書中，引用了錢穆的許多學術觀點，包括：「地方自治乃民主政治之基礎，尚不能自治一地方，而謂能自治一國，古今中外，殆無此理」；「西方民主淵源古希臘，當時乃為市邦政府，以近代目光視之，即一種地方自治」；「民主政治宜於小國寡民，蓋民主即變相之地方自治」；「西方民主政治，皆由地方自治演進」；「中國自古為一大陸國，秦漢以下，郡縣一統，集權中央，此於民主政治之發展特為不利」；「今後之新中國，果欲向民主之途邁進，果求為民主政治安奠基礎，則首當切實厲行地方自治」。林匡正認為，「看錢穆的建國理念與地方自治思維，與香港今天的前途自決，甚至獨立建國的論述有很多吻合處，如是以民為本者，不論是大中華主義、大統一主義或大領土主義與否，都不應打壓任何有利於民的論述和思維。」

「城邦自治」論述及「中華邦聯」論述

　　陳雲曾擔任藝術發展局、民政局官員，亦曾任嶺南大學中文系助理教授，其著作及專欄內容多數以香港風俗、香港文化、中國語文及時事評論為主，近年撰寫的《香港城邦論》、《香港城邦論 II：光復本土》、《香港遺民論》，對於「港獨」思潮的形成產生了很大影響。

　　2011年出版的《香港城邦論》成為香港的暢銷書，引起比較大的轟動，獲得第五屆香港書獎。《香港城邦論》完全否定「民主回歸論」，對中共、對內地、對內地同胞作出非常負面的評價，認為「對於香港，民主中國比共產黨專政更危險」，應「放棄民主中國，保住香港城邦」，「民主中國政府絕對可以通過議會的民主程序，取消香港的一國兩制，要求香港開放邊界、向中央繳稅、支付軍費和負擔議會通過的特殊稅捐，並取消香港的國際身份。這將影響甚至危害到香港人的生命財產和文化生活」；認為香港是具有「國中之國」地位的「城邦格局」，「香港人必須敦促政府尊重香港城邦的地理整體性和文化主體性，在人口、教育、產業等政策，保持警惕，避免

傷害本土利益，避免因與大陸作地理、交通及移民等安排而損害香港的城邦格局」；主張「香港必須開展城邦自治運動」，「香港自治運動是肯定港人治港、高度自治的既定原則，並監督港府遵行，維護香港人利益的本土公民運動，不是香港獨立運動」；但又主張「香港必須延擱政治上的國族認同」，「建立國家意識」，「基於歷史與現實政治，香港不能建國，也不宜建國，用城邦意識是最佳的選擇」，「筆者的構想，是在和平時期，香港獲得自治，待到局面平定，中華邦聯的共識成熟之際，中國（大陸）、台灣、香港、澳門再聯合宣佈，締結中華邦聯，一國四票，佈置亞洲聯盟的局面。在中華邦聯的跨國安排之下，到時才諮議香港主權獨立之事。這是從『治國』到『平天下』的中華大政。」[8] 該書還提出一整套香港「城邦自治」的經濟民生和文化政策。

《香港城邦論 II：光復本土》繼續主張香港走向「城邦自治」和「中華邦聯」，認為「光復本土，垂範華夏，是香港唯一的出路」；提出「香港大城邦」的構想，將「香港的管轄區域漸次伸延到深圳羅湖區、深圳全境、東莞、惠州」，使「香港可以擁有大陸的新租界」；「香港大城邦計劃，可以化解跨境經濟危機，重新釐清中港關係。簡單而言，香港邊界會向北拓展，統管深圳、東莞、惠州，土地大增，香港變成『大香港』。原有的邊界地區保留為農田及郊野，根本不必建屋。香港地價大跌之後，與新管轄區締結區域產業鏈，香港重新工業化，人口向北擴散，生產力迅速提升，港僑、港資回流，青年就業機會及晉升機會媲美80年代。這就是我的香港城邦論的下集。」[9]

---

8. 陳雲（2011）。《香港城邦論》。香港：天窗出版社。218頁。對該書其他引文不再一一註釋。

9. 陳雲（2014）。《香港城邦論 II：光復本土》。香港：天窗出版社。第五章〈香港大城邦計劃：統合深莞惠，建設大香港〉，253–273頁。

陳雲有一幫忠實的追隨者，他的粉絲群被戲稱為「迷雲黨」。梁天琦等本土派承認受到陳雲思想的直接影響。一些本土派將陳雲稱為「國師」和「港獨教父」。《香港城邦論》對香港本土派的崛起與「港獨」思潮的氾濫起了很大的作用。台灣學者吳叡人認為，陳雲的《香港城邦論》率先發難，掀起香港本土浪潮。旅美香港學者孔誥烽認為，2011年出版的《香港城邦論》和2014年出版的《香港民族論》引起極大反響，《香港城邦論》的「極大貢獻和令人不安之處，就是將大家準備說出口、沒說出口的『香港要自決』、『香港要站在自己的主體立場與中國周旋』等願景說了出來。」

「公投制憲」論述

1996年，香港社運人士吳恭劭、劉山青成立「全民制憲學會」，鼓吹以「全民制憲」取代不民主的基本法。

1996年，前線成立，提出四大綱領：爭取普選、捍衛人權、全民制憲、維護法治。前線對「全民制憲」的論述為：「我們倡議地方憲法必須體現香港市民『全民制憲』的權利，並由港人重新制訂這部憲法的內容，而這部憲法必須經過港人『全民公決』的程序議決產生。」

前立法會議員黃毓民一直鼓吹「公投制憲」，並多次將這一主張在立法會正式會議上提出。黃毓民編著的《公投制憲 香港維新》一書，全面闡述了其「公投制憲」主張。黃毓民2014年11月12日在立法會大會上提出「全民制憲，重新立約，實現真正『港人治港』」動議，他在發言中提出「公投制憲」的具體構想：一、特區政府總辭，由三司十二局（現今十三局）的常任秘書長合組看守政府，維持政府日常運作。二、召開「修憲港是會議」，成員應以原有立法會35名直選議員為骨幹，再加入憲法及政治學學者專家。三、準確釐定香港自治權的範圍，以及國防與外交事務的定義。四、制定公投法，讓港人有創制及複決法律的權利。五、制訂《政黨法》，規範政黨運作，以及《政治獻金法》，要求政黨公開所收取的政治捐獻；容許行政長官候選人有政黨背景，立法會議員提出涉及政府政策的法案，無須

獲得行政長官的書面同意。以上是為實現雙普選前，政黨及議會政治正常化，先打下法律基礎。《政治獻金法》宜緊不宜鬆，以免將來的民主政治淪落為金權政治。六、新《基本法》獲港人公投通過後，舉行全民聯署提名的行政長官及立法會雙普選，體現「直接民主」，實現真正「港人治港」。

黃毓民主導的熱血公民、普羅政治學苑與陳雲主導的香港復興會聯合參加2016年立法會選舉，其主要政綱為推動「五區公投，全民制憲」運動；若其推出的五區候選人當選議員，屆時將辭去立法會議席，觸發辭職補選，以民間制定的憲法為議題，發動變相公投，重寫香港憲法，令基本法成為真正保障港人利益的憲法。

2015年度學苑編輯委員會出版《香港青年時代宣言》為專題，其中〈我們的二零四七〉一文中，提到2047年香港面對二次前途問題，「觀乎現時香港赤化之快之急，我們現在已需要着手準備二次前途問題，增加談判桌上的籌碼。就二次前途問題，我們有以下訴求：一，香港成為受聯合國認可的獨立主權國家；二，建立民主政府；三，全民制訂香港憲法」；「基本法縱是一國兩制的基礎，卻從未獲得香港人授權，其解釋權落在中共手中，則中共可根據其政治議程任意詮譯基本法」；「否定基本法後，下一步就是自行制訂香港的憲法。基於現實政治的限制，全民制憲的結果未能成為成文法規，然而它卻是香港人共同參與所得出的結果，有堅實的民意支撐，象徵着我們的願景與自立的決心，為香港未來的憲制框架奠下基礎。」

「香港獨立」、「香港建國」等「港獨」論述

上述許多分離主義的論述，均指向「香港獨立」這一終極目標，但有些沒有明確提出「獨立」二字。但亦有部分「港獨」勢力，明確提出「香港獨立」、「香港建軍建國」等主張。

香港民族黨是香港第一個明確主張「香港獨立」的政黨，在其綱領中訴求「建立自由而獨立的香港共和國」。

　　《學苑》先後提出香港「建軍」、「建國」的訴求。《學苑》出版的《香港青年時代宣言》訴求「香港成為受聯合國認可的獨立主權國家」。

　　熱血公民成員、立法會議員鄭松泰在《由本土民權到建邦立國》一書中提出，「香港人沒有故土，惟有香港建國」。陳雲在該書序言中提出，「今後香港人可以身體力行，走上建國大道。」

　　林匡正在《香港自決》中分析，「港獨又分不同主張，分別在如何達到香港成為一個主體國家。主要分為香港獨立、香港建國、城邦建國、先歸英後獨立這四派」，「『香港獨立』即先宣佈獨立宣言，甚至表明香港已是獨立政體，然後打拼去實現之，再訂立國家憲法。『香港建國』是先訂立將來成為獨立國家後會運用的憲法，然後打拼，最後在客觀條件上已成為獨立政體後，便宣佈獨立成功。『城邦建國』則是先實現高度自治或完全自治，建立了城邦，吸納願意投效的人民，再進一步爭取成為獨立國家。『先歸英後獨立』則是基於中共政府在香港的管治，包括沒有推行雙普選以及扭曲《基本法》等行為，已經是違反了《中英聯合聲明》、不守承諾，理論上，可以宣佈中共對香港的管治因不遵諾言而無效，香港理應回到1997主權易手前的狀態、回歸英國殖民統治，然後再獨立」；「目前除了陳雲為精神領袖的城邦派，其『城邦建國』路線較為清晰外，或一些支持歸英的小眾派別其『先歸英後獨立』的主張明顯外，不論本民前還是民族黨，雖然同為高舉香港獨立旗幟，但路線如何，是先獨立後建國，還是先建國後獨立，還未很清晰地呈現。但殊途同歸，大家都是要求香港獨立。」

否定和質疑中央管治香港的「二次殖民」論述和中國「天朝主義」論述

　　在「港獨」論述中，中國恢復對香港行使主權、中央對香港特區行使全面管治權，被誣衊為中國對香港實施「二次殖民」，香港回歸中國，只是香港從被英國殖民換成被中國殖民；中國的發展道路及中央對港政策則被質疑為「天朝主義」。

　　據考證，「二次殖民」論的源頭來自香港回歸前出版的《寫在家國以外》一書。該書作者周蕾出生於香港、長居於美國，是布朗大學的人文學講座教授，研究領域包括現代中國文學、當代女性主義理論、後殖民理論等。該書是一本研究殖民問題的論文集，主要文章曾在美國發表。《寫在家國以外》認為，「殖民性」這個概念，往往只是從種族、領土和語言的「外來性」、「異質性」出發，變相忽視了非外來的「殖民性壓迫」；雖然近代中國沒有完全被外國殖民者控制過，但中國人民向來受到的殖民壓迫並不少——中國人所面對的主要殖民者，其實是中國政府；香港同樣是「中國殖民的受害者」，香港主權移交，其實只是由一個殖民者換到另一個殖民者的過程，意義只在於將香港「以一種在西方帝國主義史上前所未有的方式移交給一個名叫『祖國』的新殖民霸權」；對於香港，「統一」是以「民族」為旗幟的「內部殖民」；香港與中國是兩個相當不同的地方——這一方面見於當年中國要以「一國兩制」安撫港人人心、以求香港主權移交能順利完成，另一方面香港亦比中國有更多的言論自由與政治參與權，以及擁有歷史悠久的法律制度；在此中港差異下，港人理應堅決、毫不妥協地反對中國，但其中障礙是，香港的「中華化」力量異常強大，香港人熱衷中國民主運動和捐款救災，服從於一種「大家是同胞」、「中國人團結一致」但內容空洞的「血緣神話」。[10]

　　「泛民」的一些代表性人物、香港一些學者及本土派許多力量，紛紛將香港回歸定性為中國對香港「二次殖民」。

　　何秀蘭在擔任工黨立法會議員並出任「泛民會議」召集人時表示，現時普選尚未落實，數百萬港人尚未有平等政治權利，加上中資公司影響政府決策，香港猶如經歷「第二次殖民」。

10.　轉引自「香港01」網站2016年12月15日沈旭暉書評〈《寫在家國以外》：回歸只是換了被中共殖民〉。

陳雲在《香港城邦論》中寫道，「面對中共的種種削弱香港自治、殖民香港的政策，民間束手無策，只有被動接受。」

《香港民族論》認為，「若說香港被英國殖民是一部受體『受辱』的歷史，而所謂『回歸祖國』，毋寧說是另一殖民政府對港人的集體污辱」；「中共入主香港後，視本港的人權、法治及自由等核心價值如無物，特權橫行、用人唯親、官商勾結。不甘受辱的港人則以行動回應，堅決抵制任何對公義自由的踐踏。方興未艾的民主運動，不僅是對『新殖民者』的反撲，更重要是其象徵住港人主體意識的孵化。」

徐承恩《香港，鬱躁的家邦：本土觀點的香港源流史》認為，「當英國正逐步把香港去殖民化，他們卻未能於談判桌上抵擋中共侵略香港之野心，令香港人須要面對中國威權主義的二次殖民」。他在該書最後兩節記錄香港回歸後的歷史，這兩節的標題為「歡迎中國！新殖民主義與香港人的抗爭」、「再見中國！香港國族主義成長之痛。」

鄭松泰《由本土民權到建邦立國》認為，香港面臨中共經濟、政治、文化三個層面的殖民。

本土派將回歸後中央推進「中港融合」的許多政策措施定性為「殖民」管治。他們認為單程證制度是中共對香港實施「人口殖民」或「人口換血」，要求廢除單程證制度，香港要對內地居民移民香港有審批權。熱血公民表示要反對人口殖民，真正捍衛香港的戰場是在人口移民政策。輔仁媒體的文章指出，「時至今日，中共對香港實施人口殖民的策略，經已畫公仔畫出腸，而人海戰術的影響亦經已陸續浮面，威脅香港本地人的生存空間。如果情況繼續落去，香港必步西藏、新疆後塵，全面淪陷。」

本土派及西方媒體亦將更多中資進入香港市場、中央推動香港與內地經濟合作的現象，定性為中共對香港的「經濟殖民」。2014年底，路透社以「香港經濟被大陸殖民」為題報導，近年來，中共不斷在政治上「馴服」

香港，中資更積極佔領香港各行各業，包括地產、金融、能源、建築業到股票等市場，「北京政府更表明經濟整合是強化中央對香港主權的中心」，「北京希望把香港與珠江三角洲不斷增長的中產階級消費群體聯繫起來」，「北京政府對香港的遠景是吸引香港成為珠三角經濟區的一部分。」

　　香港一些評論認為，2003年以後，中共對香港實施全面的「溶合計劃」，除了政治層面，「中共還在經濟、社會、文化等各層面，把毒藥包上糖衣，企圖把香港急速『大陸化』。主要是加快港中經濟融合，形成香港對中國的經濟依賴，催生經濟殖民，例如在2004年開始落實『更緊密經貿關係』（CEPA），中國片面減免關稅及鼓勵許多香港產業北上，開放中國旅客不跟隨旅遊團來港的『自由行』，但卻直接導致香港經濟面貌及產業結構畸形發展，過度著重金融、零售、旅遊、服務等行業，忽略製造業升級轉型、創意產業、資訊科技等產業的平衡發展，擴大貧富差距，貧窮人口增加，青年就業困難，創業形同幻想，掏空本土經濟。」

　　香港本土派亦將香港的一些教育文化政策定性為中共對香港「文化殖民」。將香港一些中小學推廣使用普通話教育中文定性為「語言殖民」。在反國教運動中，「泛民」將國民教育定性為「洗腦教育」，喊出「全民行動，反對洗腦」、「我是香港人，反洗腦殖民」等口號。本土派亦批評在香港回歸之後，受內地文化市場等的影響，香港的電影、流行音樂等呈現衰落之勢，香港本土文化發展被抑制，香港文化被「染紅」。

　　中央對香港的管治，還被論述為實施「中國天朝主義」。香港文化人陳冠中的《中國天朝主義與香港》一書，將中國的一套政治論述定義為「中國天朝主義」，意指「中國特色的帝國思想」，「帝國」被非西方概念的「天朝」取代。陳冠中認為，曾任職香港中聯辦的內地學者強世功所著的《中國香港：文化與政治的視野》一書集中體現了中共管治香港的「天朝主義」思想；「天朝主義在取向上是維護『多元一體』的一國多制格局的，並主張以一國兩制香港特區為參考模版，作為中國以後治疆拓邊和處置周邊國

家的統治實驗田。天朝主義並不反對『特區』和少數民族地區暫時性的『自治』（在『改土歸流』式被逼放棄自決變成中國行省之前）。但天朝主義同時特別強調中央集權、國家認同、黨在法之上、中華文明教化，視特區的存在為中央審時度勢、因地制宜的統治術，而不是以法律協議（如基本法）或地方人民的自治權利來看待一國多制，特區自治的憲法地位受貶抑，一國與多制之間的猜疑也更難以消解。」陳冠中認為，天朝主義的論述架構，還傾向將特區「去政治化」，視特區為實現中央統治術的被動對象，最好是一個非政治化的中性地區，至少不要加大政治化，這與逐步政治化的香港特區現實有着認知的落差，削弱了這些論述對香港現狀的解釋或開拓能力，甚至可以造成治理策略的誤判；天朝主義的思路比較不能處理特區早已成形的主體性，甚至對特區人民的自我身份認同抱着懷疑態度。[11]

中國天朝主義的論述，表達了香港知識界對香港基本法是否真正牢靠管用、「一國兩制」是否只是為收回香港的權宜之計、中共是否真心實意貫徹落實「一國兩制」、「港人治港」、高度自治方針的高度疑慮。

香港一些學者不認同中共對西藏等地實施的民族區域自治政策，尤其不認同中共廢除了為和平解放西藏而曾經簽署的「十七條協議」，認為中共以權謀之術對待西藏等少數民族地區，沒有真正落實民族自治；港人要防止像西藏人、新疆人一樣被中共欺騙。

內地一些學者近年以「天下」等中國傳統的學術觀念來論述中國的崛起和未來的政治走向，有的過度美化中國的政治制度，亦引起香港一些學者的疑慮，擔心中國日益抗拒普世價值，日益走向帶有帝國「中心主義」色彩的狂熱民族主義。

---

11. 陳冠中（2012）。《中國天朝主義與香港》。香港：牛津大學出版社。126頁。

　　此外，香港研究國際問題的專家沈旭暉曾提出引起爭議的香港具有「次主權」的論述。沈旭暉曾撰文指，現實主義學者將1648年至1991年演繹為威斯特伐利亞主權體系，但主權國家從不是唯一單位：主權國家之上有歐盟等「超主權」（supra-sovereignty）；主權國家之下有「次主權」（sub-sovereignty），即國家賦予其領土在個別範疇有主權能量；主權國家競爭者為「片面主權」（unilateral sovereignty），多是單方面立國的分離主義運動；主權之旁有「類主權」（quasi-sovereignty），像當年東印度公司，或今天部分取代國家的跨國企業。他認為，「香港擁有的就是次主權。根據《基本法》，北京處理國防外交，但香港擁有高度自治涉外關係（external relations）權，包括涉外經濟、治安、文化、體育等，作為一國兩制的最後憑藉」；「可惜回歸以來，香港未有充分發揮次主權優勢，經常因政治正確或其他原因投鼠忌器。」[12] 學者張楠迪揚曾撰文批評，「用『次主權』標籤這種用意十分危險。一旦此概念成為意識形態標籤，恐怕會為未來國家主權完整性認同製造意想不到的麻煩。」[13] 香港一些建制派人士也對「次主權」論述提出質疑。

12.　轉引自沈旭暉2010年8月27日網絡文章〈解構香港次主權——從曾蔭權致電菲律賓總統談起〉。

13.　轉引自《明報》2010年9月2日張楠迪揚文章〈「次主權」是偽概念——就特首致電菲國總統回應「次主權」概念〉。

第三節
中央對處理香港分離主義的主要論述

關於「港獨」問題的定性

2017年5月27日，張德江在紀念香港基本法實施20周年座談會上發表講話強調，「近年來，香港社會有些人鼓吹香港有所謂『固有權力』、『自主權力』，甚至宣揚甚麼『本土自決』、『香港獨立』，其要害是不承認國家對香港恢復行使主權這一事實，否認中央對香港的管治權，其實質是企圖把香港變成一個獨立、半獨立的政治實體，把香港從國家中分裂出去。對此，我們絕對不能視若無睹。」張德江的講話對香港「本土自決」、「香港獨立」等分離主義主張作了定性，表明了中央「絕對不能視若無睹」的堅定立場。

處理「港獨」，中央會主動果斷處置

2017年全國兩會上，國務院總理李克強在《政府工作報告》中首次提出，「『港獨』是沒有出路的。」香港輿論認為，這標誌着香港分離主義思潮的發展已引起中央政府高度重視。

針對香港立法會宣誓風波，全國人大常委會於2016年11月7日通過《全國人大常委會關於香港特別行政區基本法第一百零四條的解釋》，規範了香港公職人員宣誓問題，為香港法院判決非建制派的六名立法會議員喪失議員資格提供了更加明確的法律依據。張德江在相關講話中表示，「全國人大常委會對香港特別行政區基本法第104條作出解釋，明確了參選和宣誓就任特

別行政區法定職務的法定條件和要求，堅決遏制和打擊『港獨』勢力，維護了香港特別行政區基本法的權威。」人大釋法顯示，中央對遏制和打擊「港獨」勢力是旗幟鮮明和非常堅決主動的。

2016年12月底，國務院港澳辦主任王光亞在接受媒體採訪時表示，「港獨」不僅危害了香港社會的繁榮穩定，還嚴重衝擊了「一國兩制」的原則底線，這已不單是特區的事務，更是中央管理的事務。

中央多次表明對「港獨」「零容忍」的嚴正取態

2017年5月27日，張德江在紀念香港基本法實施20周年座談會上發表講話強調，「香港特別行政區應當切實履行基本法關於立法維護國家安全的憲制性責任，堅決遏制任何危害國家統一的行為和活動，真正擔負起維護國家主權、安全和發展利益的責任，維護特別行政區的長治久安。」張德江的講話非常明確地向香港特區政府提出了立法維護國家安全的任務，敦促香港儘快就23條立法的用意非常明顯。

2017年7月1日，習近平在慶祝香港回歸祖國20周年大會暨香港特別行政區第五屆政府就職典禮上發表講話強調，「香港維護國家主權、安全、發展利益的制度還需完善」，「任何危害國家主權安全、挑戰中央權力和香港特別行政區基本法權威、利用香港對內地進行滲透破壞的活動，都是對底線的觸碰，都是絕不能允許的。」香港輿論認為，習近平對「港獨」分離主義活動提出了警告，也施壓香港特區政府應就基本法23條立法。

2016年12月底，國務院港澳辦主任王光亞在接受媒體採訪時表示，在「一國兩制」下絕對沒有「港獨」的任何空間；相信香港絕大多數市民是愛國的，不認同「港獨」言行的，「港獨」沒有發展的市場和空間；全國人大

常委會針對「港獨」進行了釋法，是以具有法律約束力的方式表明中央政府在「港獨」問題上的嚴肅立場：香港是國家不可分離的部分，任何情況下都決不允許「港獨」，這是「一國兩制」不可碰觸的底線，是香港最重要的憲制和法律原則。香港媒體報導，王光亞曾在會見香港團體時表示，分裂國家是違法的，雖然目前只有很少人推動「港獨」，但哪怕只是百分之一、百分之二，都不應讓「港獨」有機會繼續發展；要繼續跟「港獨」鬥爭，要將「港獨」打下去，這是長期的工作。

張曉明在擔任香港中聯辦主任時多次就「港獨」問題明確表態。2016年4月，針對香港民族黨宣佈成立並以「港獨」為該黨宗旨，張曉明表示，公開宣稱成立以「港獨」為宗旨的政黨，已遠遠超出言論自由，觸及「一國兩制」底線；不能因為「港獨」不可能得逞或不可能成事便姑息，關鍵在於他們是否實施違反法律的行為，會否造成社會危害；在大是大非問題上，一定要「講是非、講原則、講底線」，絕不能「養癰為患」。2017年初，張曉明在接受中央電視台採訪時表示，要正視近年來激進分離勢力在香港滋長冒升，遏制「港獨」要全社會強化底線思維及法治思維；從中央政府和內地民眾來說，要充分尊重、堅定維護香港實行的制度，不能干預香港特別行政區自治範圍內的事務；不容許任何人用任何方式從事危害國家主權安全的活動，不容許挑戰中央的權力和香港基本法的權威，不容許利用香港對內地進行滲透顛覆活動、破壞內地的政治穩定，這三條低線，是「一國兩制」的題中應有之義，也是「一國兩制」的應有規則。

2017年6月20日，張曉明在《人民日報》專訪中表示，對於「港獨」應採取的正確態度是「零容忍」，「絕不能容許『港獨』蔓延成勢，養癰遺患」；有必要進行三項工作，包括堅決依法懲處，因「港獨」活動已公開

化，提醒香港特區政府儘快完成基本法23條立法，不能無限期拖延下去；在未完成立法前，要依據現行法律對「港獨」活動予以打擊，「追究有關犯罪分子的刑事責任」；要加強教育，令香港市民認清「港獨」的違法性和危害性，明辨是非，以正壓邪；要「從源頭上治理」，特別要為年輕人創造更好的學業、就業、創業、置業的條件，切實提高他們的獲得感和幸福感。

2017年9月底，剛剛調任國務院港澳辦主任的張曉明向媒體表示，「港獨」違反憲法及基本法，違反香港現行有關法例，而且可能觸發犯罪；鼓吹和從事「港獨」活動，對香港是禍害，在這個大是大非問題上，香港各界人士都應該看清楚，不能採取縱容態度，要「零容忍」；中央及特區應對「港獨」只有一個對策，就是依法堅決遏制及打擊。

2017年9月底，剛剛調任香港中聯辦主任的王志民表示，「港獨」嚴重違法，違反了基本法，「港獨」無論在中國土地上以至全世界都是零空間，包括香港人在內的全體國人，對「港獨」都是零容忍。

從中央領導和中央涉港工作機構官員的公開表態看，中央政府對「港獨」的立場是非常明確和堅定的，底線意識和原則意識非常強，對「港獨」零容忍，堅決遏制和打擊「港獨」勢力，絕不容許「港獨」蔓延成勢，依法懲治是重要手段，除中央在必要時釋法，亦要求香港特區政府儘快就23條立法及依據現行法律打擊「港獨」活動，追究「港獨」分子的刑事責任。

中央更不會容許立法會議員等特區建制內的人士借用公務活動的平台從事「港獨」活動，人大釋法及香港特區政府對立法會宣誓風波中的「泛民」議員提出司法覆核，六名「泛民」議員被法院判決喪失議員資格，相信可以發揮比較明顯的阻嚇作用。

第四節
剷除香港分離主義思潮滋生蔓延的土壤

實事求是評估香港分離主義的發展現狀，認清「港獨」的嚴重危害

不能盲目誇大「港獨」思潮，有四個層面。

第一，不宜把所有香港本土意識都看成是「港獨」意識，不宜把港人認同「香港人」身份、看重香港本土利益、捍衛本土核心價值都看成是「港獨」。

本土主義只要不走向分離主義，有其積極和正面的意義。世界上任何地區的居民都會有認同本土身份、看重本土利益、捍衛本土價值觀念的要求。香港一些建制派人士和中間派人士，一些不認同「港獨」的知識份子，努力從正面角度建立本土論述。湯家驊、雷鼎鳴、屈穎妍、陳莊勤、陳建強、盧業樑、李國章、何漢權、冼錦維、楊志剛、邱立本、潘麗瓊、阮紀宏、邵盧善、劉瀾昌、盛智文、黃芷淵、江迅等人撰寫的《我們是香港真本土》一書，從不同角度提出了積極正面的本土觀。這些人士眼中的本土觀，具體內涵不盡一致，有的強調香港的中西合璧、開放包容，有的強調港人同舟共濟的獅子山精神，有的強調尊重英國人留下的自由、法治、平等等本土核心價值觀念，有的強調法治制度、公平競爭、安居樂業和社會穩定等基本因素，有的強調要胸懷本土、放眼中國和世界，有的強調本土意識和國民意識、全球意識和平共處，有的強調保護港人利益、港人核心價值觀念、港式文化與生活方式，但這些本土觀的共同點在於，反對本土主義走向「去中國化」，反對本土主義走向民粹化，反對本土主義將「香港人」與「中

國人」對立起來，反對本土主義走向排斥內地同胞、切割「大中華意識」的排外主義。

第二，分離主義不是香港主流社會思潮。香港工商界、建制派反對「港獨」。香港主要政黨和政團主張「港獨」的還是少數。香港知識界提倡「港獨」的人士只有少數。除極個別反共媒體，香港主要媒體不支持「港獨」，有的堅決反對「港獨」。

而民意調查顯示，多數港人不支持「港獨」，不支持「港獨」、反對「港獨」仍是香港主流民意。香港中文大學2017年6月7日發佈的一項民調指，問到港人對2047年香港前途的看法，71.2%受訪市民支持維持「一國兩制」，14.7%支持全面由中國直接管治，11.4%支持「香港獨立」；與2016年7月進行的同類調查結果相比，支持「香港獨立」的受訪者下跌6%，反對「港獨」的增加2.6%、升至60.2%，認為在可見將來「港獨」沒有可能發生的增加2.3%、增至83.5%；15至24歲的受訪者支持「港獨」的有15%，比2016年近四成人支持大幅下跌25%；25歲至39歲年齡組有21.9%支持「港獨」，為各群組中最高。

第三，分離主義思潮在非建制陣營也沒有成為主流。在2016年立法會選舉之後，部分評論認為，香港的非建制陣營出現傳統溫和「泛民」、激進「泛民」和本土派三分天下的格局。即便這種三分天下的判斷成立，也不能認為本土派已成為非建制陣營的主流。民主黨、公民黨等「泛民」大黨確實加強了本土論述，但與「港獨」還是劃清界線的。

從2016年立法會選舉地區直選的得票率看，非建制陣營共拿下19席，其中傳統「泛民」拿下13席、得票率約36%，主張「自決」、「港獨」的本土派共拿下6席、得票率接近20%；建制派拿下16席，得票率約45%。「自決」、「港獨」等本土派的得票率約20%，這也大致是「港獨」的民意支持率，且是在高度政治動員時的支持率。

　　第四，不宜把「港獨」與「反港獨」的鬥爭看成香港的主要矛盾，不宜把「反港獨」列為中央和特區政府管治香港的主要目標和任務。無論中央政府、中央駐港機構和香港特區政府，都不宜主要以政治鬥爭、敵我鬥爭的思維來看待香港的管治，不宜把「反港獨」列為管治香港的主要目標和任務。

　　中央認為「『港獨』是沒有出路的」，這是一個準確的評估。「港獨」鼓吹者只能提供一個「港獨」的幻想，但提不出任何能夠實現「港獨」的現實辦法，無論「民族自決」、「公投自決」、「民主自決」、「自治自決」、「公投制憲」、「城邦自治」，都不可能做到，創制「公投法」也不可能；至於武裝抗爭、暴力革命、「建軍建國」，更是癡人說夢。從沒有出路、不可能實現這個角度講，「港獨」確實是偽命題。台灣遠比香港更有條件搞「獨立」，因為支持「台獨」的民意早已過半，主張「台獨」的民進黨多次上台執政；蔡英文上台時，民進黨不僅控制了行政權，也控制了立法權，是全面執政，但台灣當局仍然不敢真正落實「台獨」，只能搞一些「去中國化」的小動作。「台獨」沒有出路，根本原因在於大陸有《反分裂國家法》這個法律武器，更有強大實力阻止和挫敗「台獨」分裂活動，「台獨」意味戰爭，台灣承受不了這個代價。

　　目前還看不到「港獨」分子掌握香港行政權和立法權並利用公權力推動「港獨」的可能性，「港獨」活動引發香港大規模動亂的可能性則不能完全排除。香港基本法也賦予了中央政府反制「港獨」的有力武器。基本法第18條規定，「全國人民代表大會常務委員會決定宣佈戰爭狀態或因香港特別行政區內發生香港特別行政區政府不能控制的危及國家統一或安全的動亂而決定香港特別行政區進入緊急狀態，中央人民政府可發佈命令將有關全國性法律在香港特別行政區實施」。如果憲法等全國性法律在香港實施，意味香港將變為「一國一制」。如果以基本法第18條為據，更清晰地向香港社會發出「港獨」可能最終導致香港實行「一國一制」，相信香港社會包括「港

獨」分子都會更清醒一點。中央政府有絕對實力和能力挫敗任何「港獨」分裂活動。「港獨」絕對不可能成功，這是毫無疑問的。

香港存在政治矛盾、社會矛盾和階級矛盾、「一國」與「兩制」及內地與香港的矛盾，要把握大局，抓準主要矛盾，全面化解香港的各種深層次矛盾，使對香港的管治有利維護國家的主權、安全和發展利益，有利於維護香港的長期繁榮穩定。中央和香港特區政府的官員，不宜過於頻繁、過於高調地突出「港獨」問題，以免造成反效果；更不宜將工作重心鎖定在反「港獨」，而是要切實解決香港面對的各種政治、經濟、社會難題。

與此同時，絕對不能輕忽香港分離主義思潮猛烈的發展勢頭和產生的嚴重危害。

有些人以言論自由輕忽「港獨」思潮。本土派強烈主張港人有討論、提倡「香港獨立」的言論自由。也有一些資深的建制派人士認為，香港人有宣揚「香港獨立」的言論自由，有「港獨」言論不表示有「港獨」的行動，即使就基本法23條立法，也不能以言入罪。

有些人以「港獨」是少數人的主張而輕忽「港獨」思潮。香港特區政府的一些主要官員持有這種主張，這是特別令人擔憂的。2017年6月，候任特首林鄭月娥在電視節目上表示，「我都時常同中央嘅官員或者內地嘅朋友講，呢個所謂港獨係咪去到一個思潮？我都有保留」，「港獨」「可能係好小撮嘅人，我唔知佢嘅居心係乜嘢，就提出呢種完全不切實際、亦唔應該嘅言論」，「港獨」「未去到一個勢頭」。曾俊華在2017年行政長官競選期間表示，「港獨」是「偽命題」，港人絕對不會支持，亦不值得討論。

有些人以「港獨」不可能實現而輕忽「港獨」思潮。香港某大報曾發表社評認為，「特首過度關注港獨，無異於提供興奮劑，港獨很快就膨脹成為一道似是而非的偽命題。接下來是草木皆兵，分離主義驚動中央，北京一再宣示對於香港擁有全面管治權，國家領土完整之底線不容侵犯。事實上，

連『千古罪人』末代港督彭定康也看得出港獨沒有出路，呼籲港人聚焦於爭取民主，而不是分裂國土。港獨由始至終只是情緒宣洩，特區政府如果繼續庸人自擾，修補社會撕裂將會吃力不討好」；「港獨派由始至終都是瞎鬧，個人質素低劣不在話下，而歸根究柢是他們的論述毫無說服力，至今仍然無法提供『如何脫離中國獨立』和『怎樣自給自足建國』的頭緒，遑論切實可行的答案。因此，港獨實實在在是一道偽命題。」

　　輕忽「港獨」的傾向是令人擔憂的。應該看到，「港獨」在香港已成為一股思潮，發展的勢頭比較猛烈。主張「港獨」的組織紛紛成立。「港獨」思潮已有系統化的理論論述，成為香港意識形態領域的重要議題。「港獨」已有一定民意支持，鼓吹「自決」、「港獨」的本土派在立法會地區直選中獲取約20%的得票率。「港獨」分子謀求進入建制，一批分離分子成功當選立法會議員，並借立法會的舞台公然為「港獨」主張造勢。「港獨」思潮在青少年中的影響比較大，大學成為傳播「港獨」思潮的重鎮。2017年9月香港許多大學出現鼓吹「港獨」的標語，「港獨」爭議引起全港關注。香港青少年深受分離主義思潮影響，這對「一國兩制」事業是心腹大患。外部勢力支持「港獨」，「港獨」、「台獨」合流的態勢已經出現，對國家安全構成一定威脅。「港獨」成勢，引起中央的戒心，可能導致中央對港政策更趨強硬，加速香港「內地化」甚至「一國一制化」。如果對「港獨」思潮的滋生蔓延聽之任之，掉以輕心，香港分離主義勢力必然繼續坐大，會繼續搞亂香港人心和香港社會，對國家主權、安全和發展利益的威脅將更大，對香港保持長期繁榮穩定的威脅將更大。

　　現在需要解決的是，特區管治團隊可能對「港獨」有所輕忽。在2017年的行政長官選舉中，有候選人認為「港獨」是偽命題，也有候選人對「港獨」是否成勢、是否已成為一種思潮表示懷疑。特區司法機構尤其基層法院可能存在縱容「港獨」的傾向，這在「佔中三子」衝擊「公民廣場」案、部分社運人士衝擊立法會、旺角暴動等案件的初次判決中表現得比較明

顯。特區行政長官和律政司司長在堅決打擊「港獨」和維護香港法治上要有政治承擔。中央要重視物色、培養、使用可以信賴和政治上過硬的律政司司長人選。

強化依法堅決遏制和打擊「港獨」的手段

第一，完善憲法相關規定，依法依憲打擊「港獨」。香港基本法第18條規定，「全國人民代表大會常務委員會決定宣佈戰爭狀態或因香港特別行政區內發生香港特別行政區政府不能控制的危及國家統一或安全的動亂而決定香港特別行政區進入緊急狀態，中央人民政府可發佈命令將有關全國性法律在香港特別行政區實施」，這賦予了中央政府處置「港獨」分裂活動重大事變的憲制權力。

西班牙中央政府依據憲法規定接管圖謀通過「公投」獨立的加泰羅尼亞地區的自治權，其做法值得借鑒。我國憲法中只在第31條就特區行政區的問題作了規定，「國家在必要時得設立特別行政區。在特別行政區內實行的制度按照具體情況由全國人民代表大會以法律規定。」如能進一步完善憲法中對「特別行政區」的規定，賦予中央政府處置特別行政區中「危及國家統一或安全的動亂」的權力，有利於進一步向國內外宣示中央政府的嚴正立場，佔領法律高地，極大震懾「港獨」分子，也使香港社會更加充分地認識「港獨」對特區可能產生的嚴重憲制性後果，共同反對「港獨」分裂活動。

第二，敦促香港特區政府儘快完成23條立法。香港基本法第23條規定，「香港特別行政區應自行立法禁止任何叛國、分裂國家、煽動叛亂、顛覆中央人民政府及竊取國家機密的行為，禁止外國的政治性組織或團體在香港特別行政區進行政治活動，禁止香港特別行政區政治性組織或團體與外國的政治性組織或團體建立聯繫。」2003年23條立法失敗使這個議題成為香港的政治禁忌，特區管治團隊容易對推動立法有消極畏難情緒。23條立法不

應該無限期拖延下去。建議中央政府對香港特區儘早完成23條立法早作政治決斷，除敦促香港特區儘快自行立法，亦可組織法律專家論證香港自行立法的替代方案。立法內容要針對「港獨」活動及「佔領中環」、旺角暴亂的情況，加強有關禁止「分裂國家」、「煽動叛亂」的規定。只有將「港獨」言行刑事入罪，才能極大遏制「港獨」分離主義活動。

第三，必要時，全國人大常委會可以主動釋法，加強打擊「港獨」活動。

第四，應堅決阻止在香港進行「公投立法」的任何圖謀，絕不能讓分離主義勢力打開通過「公投」爭取「港獨」的大門。

第五，特區政府也可利用香港現行法例，對「港獨」活動提出刑事檢控。

第六，要鞏固梁振英政府依法堅決打擊「港獨」的成果，依法依規防止特區建制內出現鼓吹「港獨」的力量。在2016年立法會選舉中，特區政府在報名階段，通過要求簽署確認書，取消香港民族黨、本土民主前線等主張「港獨」的候選人的參選資格。特區政府通過對立法會宣誓案提出司法覆核，引發全國人大常委會釋法，使特區法院判決六名非建制派候選人喪失議員資格，沉重打擊了「港獨」分子的囂張氣焰。值得擔憂的是，特區政府就立法會補選分開舉行的安排，很可能使非建制派議員奪回被剝奪的地區直選議席，部分喪失議員資格的非建制派人士可能通過補選拿回議席，這可能使人大釋法對「港獨」分子的打擊效應被嚴重抵銷。特區立法會議員中現在還有「港獨」分子，比如鼓吹「公投制憲」和「建邦立國」的熱血公民成員鄭松泰。特區政府今後要進一步明確立法會議員的參選條件，鞏固人大釋法打擊「港獨」的成果，堅決堵住「港獨」分子進入立法會之路。

2018年1月，報名參加立法會補選的香港眾志周庭等人被選舉主任確定報名無效，這進一步形成慣例，即特區選舉管理機構有權取消主張「自

決」、「港獨」人士的參選權，這對許多圖謀進入立法會的「港獨」分子是又一次沉重打擊。這也宣示中央政府和香港特區政府的底線，希望加入特區建制從政的人士，必須與分離主義劃清界線。

對香港非建制派採取區別對待的政策

中央和香港特區政府要積極主動推進政治和解，對香港非建制派採取區別對待的政策，爭取溫和「泛民」的支持，進一步推動非建制陣營的分化、弱化和轉化，建立最廣泛的統一戰線，孤立和打擊「港獨」勢力。

習近平在慶祝香港回歸20周年慶典上發表講話表示，「從中央來說，只要愛國愛港，誠心誠意擁護『一國兩制』方針和香港特別行政區基本法，不論持甚麼政見或主張，我們都願意與之溝通。」

中央的意願要變為現實，還需要作出許多調整。一是調整過於重視政治鬥爭的管治路線，更加重視推進香港的政治和解。二是進一步調整將香港非建制派全部視為「反對派」的定性。「泛民」也要主動調整政治立場，不與中央對抗。三是調整將香港普選問題單純視為管治權爭奪的思維，儘可能化解普選爭議，通過落實普選爭取「泛民」的政治支持，爭取香港民心。四是進一步調整完善對溫和「泛民」的具體政策，包括，發放回鄉證，挑選合適人士擔任政治任命官員和其他政府部門、公營機構的公職等。五是在非建制派陣營佔據主導地位的界別加強工作，對法律界、教育界、傳媒界的重要組織和重要代表性人士做好轉化、分化、弱化工作，爭奪陣地和影響力。

加強教育工作和青年工作

青年學生尤其是高校學生是受「港獨」思潮影響最大的群體。要加強教育工作，潛移默化開展國民教育，重點加強基本法、中國歷史、中國國情

的教育。特區政府決定從2018/2019學年起，將中國歷史在初中設為必修獨立科，這是一個好的開始，應該進一步將中國歷史在高中設為獨立必修科。

另外，特區政府應該在香港公務員、教師隊伍和教育大學的準教師隊伍中加強基本法教育。同時，應重視在香港高校開展統戰工作，爭奪各種學生組織，培養青年政治人才。還有，應該敦促香港特區政府重視解決青年面臨的各種社會問題，包括學業、就業、置業等。

加強和改善涉港意識形態領域的工作，盡力爭奪輿論主導權

「港獨」思潮在香港滋生蔓延，反映出中央、香港特區政府和建制派在涉港輿論工作、思想理論研究工作等方面存在較多問題，相對處於弱勢。非建制陣營對香港輿論的影響是比較大的，網絡輿論工作更是佔據絕對優勢地位。非建制陣營也很重視理論論述工作。香港分離主義勢力對「港獨」的論述是比較系統的，產生的影響也比較大。香港特區政府除了做一些新聞信息發佈工作，沒有機構和力量專門從事意識形態領域的工作。建制派在出版、傳媒界、法律界、教育界等重要領域還處明顯劣勢，對輿論和社會思潮的影響力較弱。

有針對性的清除「港獨」思潮的影響，加強正面論述，積極引導輿論，積極影響社會。要繼續大力改善香港媒體生態和輿論環境。加強香港文化界的工作。

建制派在香港文化界的影響力至今仍未能恢復到「六七暴動」之前。要充分發揮建制派在文化產品產銷中的一些優勢，使出版業、影視業、流行音樂等影響較大的業界能傳播健康文化，壓縮「港獨」思潮等有害文化產品的傳播空間。做好意見領袖統戰工作。應更加重視培養建制派意見領袖，充分發揮其作用。鼓勵和支持建制派意見領袖佔領主流媒體輿論陣地。做好中間派和支持溫和「泛民」的意見領袖的爭取工作。做好香港教育界、法律

界、傳播界和文化界的統戰工作，尤其需要重視統戰對社會思潮和主流輿論有重要影響的意見領袖，使意識形態領域的力量對比朝着有利中央、香港特區政府和建制派的方向發展。

加強中資對香港經濟社會的影響力

中資企業解決更多港人就業，有利使更多港人轉變思想意識。中央對香港經濟的控制力愈強，愈有利香港的政治社會穩定。建議中央進一步調整完善政策措施，鼓勵內地企業在香港設立第二總部和進入香港市場，放寬因公派駐香港工作的人員及其家屬申請香港永久性居民的限制，鼓勵中資企業在香港擴大資產規模、爭奪核心產業、擴大港人就業。鼓勵香港工商界支持「反港獨」。

改善特區政府管治，加快解決經濟民生難題，從源頭上剷除「港獨」

香港是深深依賴內地的彈丸之地，國家有強大力量打擊和遏制「港獨」活動。「港獨」成為現實的可能性是零。真正可怕的不是「港獨」，而是部分港人「思獨」，尤其是相當比例的香港青少年「思獨」。

「港獨」思潮確實反映出港人對回歸後的香港現實非常不滿，對中央和特區政府管治香港的成效不滿，對「一國兩制」的實踐情況非常不滿。化解港人的不滿情緒，才能徹底剷除「港獨」滋生的土壤。

香港回歸後出現的任何突出問題，都與中央和特區政府對香港的管治密切相關，不能將所有責任推給反對派。回歸後香港人心回歸進程極為緩慢，「港獨」思潮反而加速蔓延，中央和特區政府負有不可推卸的責任。

　　「港獨」思潮滋生蔓延，集中反映了港人的各種不滿。回歸後，香港的政治經濟利益分配極不合理，貧富差距問題愈來愈嚴重，土地房屋等問題十分突出，相當多的市民難以安居樂業，青年更難以向上流動，一些青少年感到絕望。特區政府需要檢討管治路線，改變向資本家利益過度傾斜的施政路線，全力解決安居難、貧富差距大、貧窮人口多、勞工權益難保障、長者難以安老、社會福利水平低等突出的社會問題，化解社會矛盾，促進社會和諧，幫助青年向上流動，剷除「港獨」滋生蔓延的土壤。

第八章

促進香港人心回歸需調整管治路線

前面七章從七個方面分析了香港的人心失落與疏離的狀況和香港主要的社會思潮，本章回頭討論香港人心回歸這一主題，着重探討管治路線調整的幾個重大問題。有效管控香港對中央和香港特區政府不是最大的挑戰，真正難題始終在於對香港的管治如何真正贏得香港人心。拿回香港但卻喪失香港人心，「一國兩制」難以真正成功。

香港已回歸二十多年，非常令人遺憾的是，主權、治權回歸了，但香港的人心尚未回歸，分離主義思潮卻滋生蔓延。促進香港人心回歸是極其艱難的任務。應該實事求是看待香港的人心回歸問題，採取正確的策略促進香港的人心回歸，改善對香港的管治是一個方面，更重要的是國家需要有更符合香港人心的積極變化。

解決香港人心回歸問題，需要解決回歸後「一國兩制」走樣變形的問題。分離主義思潮的興起，表明有部分港人對回歸後「一國兩制」的實踐還很不滿意。「一國兩制」走樣變形，在兩個方面體現，一是香港內部出現愈來愈多脫離「一國」的趨勢，二是作為一種糾正偏差，中央對香港的管治出現愈來愈收緊「兩制」的趨勢，這種矛盾和衝突愈來愈強烈。解決「一國兩制」走樣變形問題，需要香港社會緊守「一國」底線，亦需要中央尊重「兩制」差異，各方均從「一國兩制」、「港人治港」、高度自治的初心出發，使這一國策得到全面準確的貫徹落實。要確保符合原意的「一國兩制」成功實施，而不是否定和破壞「一國兩制」，也不是讓「一國兩制」走樣變形、名存實亡。

解決香港人心回歸問題，根本要靠中央和香港特區政府調整管治路線。調整管治路線有兩個主題，一是促進政治和解，沒有政治和解，香港的普選問題難以解決，政治矛盾難以緩解，也難以集中精力發展經濟和改善民生，更談不上修補社會撕裂、促進社會和諧；二是推進變革，沒有變革，香港的政治矛盾、社會矛盾等也難以解決，港式資本主義的重大弊端難以消除。

解決香港人心回歸問題，需要儘早明確2047年後的香港前途安排問題。對於香港，對於全體港人來說，延續「一國兩制」是比爭取普選更為根本的核心利益。香港社會關於2047二次前途安排問題的討論已經很多，這成為影響人心安定的一個問題。雖然中央一直從口頭上表明「一國兩制」不會改變，但要真正安定人心，仍必須以法律形式就香港2047年後的前途安排問題作出決定。香港基本法亦需要與時俱進作出必要的修改。

香港最終的命運如何，「一國兩制」的終極命運如何，還得從中國未來的命運來看。香港的命運始終與中國的命運息息相關，香港「一國兩制」的終極命運很大程度將反映中國的國家命運。可能的情況，香港和內地各自沿着自身軌跡發展，香港仍維持「一國兩制」的安排，是對香港最為有利的；而要走向「一國一制」，則需要靠「一國良制」來實現。以強力逼迫香港、澳門、台灣改變制度和改變人心，相對比較困難。更關鍵是中國內地的走向，能否接受普世價值，能否走向民主、自由、法治、憲政。在內地缺乏根本變革、內地政治社會制度及意識形態缺乏巨變的情況下，爭取香港人心回歸，爭取統一台灣，仍將長期面對艱難局面，國家也難以實現領土、主權特別是人心的真正統一。

中共領導人需要思考一個根本問題，過急地對香港特區實施融合與同化策略，最終取消香港的「一國兩制」，將香港變成一個與北京、上海沒有多大差異的內地化城市，是否真正符合中國的國家利益；在中國的發展全局之中，香港除了國際金融中心等已有的獨特價值，對國家的前途命運是否還有更獨特的價值。在一國的底線之下，不急於消除香港特區不同於內地之異，求大同、存大異，重新認識香港特區對於國家的價值，重新認識香港「一國兩制」對於中國國家治理的獨特價值，保持「一國兩制」長期不變，為國家更長遠的發展保持更大開放性和多樣性，是更加理性和智慧的選擇。

第一節
實事求是看待香港人心回歸問題

香港人心未能回歸的原因

在分析香港人心未能回歸的原因時，各方面的看法存在分歧，分析的角度和側重點不同，亦把責任指向不同方面。

「泛民」將矛頭指向中央政府和香港特區政府，認為「民主回歸論」落空，中央未能在香港兌現普選，內地也沒有走向民主化，中央干預香港事務的情況愈來愈多，「一國兩制」已經變形，不合理的政制使特區政府的施政向大資本家的利益傾斜，特區政府沒有解決好經濟民生問題，香港社會矛盾愈來愈尖銳。「泛民」亦指責中央通過「中港融合」「赤化」香港，催生香港本土思潮。有人指責，「主要還是因為北京當局及其在香港的代理人過去二十多年不斷『趕客』，令人心回歸漸行漸遠。甚至一再違反基本法的承諾，拖延香港的政制發展，進一步扼殺香港人的自治空間，粗暴干涉國防及外交以外的種種香港內部事務，甚至插手選舉。北京在香港的代理人，也在不斷推波助瀾，挑動社會矛盾。進一步刺激年輕人對中國及特區政府的離心。」

建制派較多將矛頭指向「泛民」，認為「泛民」「反中亂港」，沒有真心實意接受香港回歸，「泛民」逢中央必反、逢特區政府必反，造成香港各種問題。建制派也認為特區政府的施政存在問題，需要解決好土地房屋、貧富差距、青年向上流動等突出社會問題。

從中央領導的相關講話看，較多談到香港要加強教育工作，要求特區政府集中精力發展經濟和改善民生，亦要求香港社會正確認識「一國」與「兩制」的關係。也有中央高官認為香港亂局全是非建制派造成的。

　　筆者認為，香港人心未能回歸的原因是非常複雜的，責任也不能由一方承擔。中央政府、香港特區政府、建制派和非建制派，都應思考自身的責任。

　　其一，「香港人心」與「內地人心」存在重大差異，香港人心較難回歸帶有必然性。香港與內地核心價值觀念南轅北轍。基本法規定，香港保持原有的資本主義制度和生活方式，50年不變，這實際也意味香港的核心價值也是基本不變的。香港核心價值與內地核心價值根本不同，人心根本不同，因此香港的人心回歸緩慢帶有必然性。本書第二章已作分析，香港傳統核心價值體系是英式美式自由主義。通常認為，西方資本主義意識形態與共產主義、社會主義的意識形態是互相對立的，這亦是兩種對當今人類社會影響最大的意識形態。資本主義意識形態的核心是自由主義、個人主義（個人自由和權利是本位），而社會主義意識形態的核心往往被歸結為專制主義、集體主義（國家、民族、集體等抽象利益成為本位）。在價值觀念上，內地與香港有時雖然使用同一個詞彙，但對其內涵的界定完全不同，這些重要價值包括民主、人權、自由、法治等等。「一國」與「兩制」、內地與香港的主要區隔是制度的區隔、生活方式的區隔，而制度與生活方式區隔的背後，是更深層次的價值觀區隔。「一國」與「兩制」、中央與特區、內地與香港的矛盾衝突，往往最後體現的都是價值觀的衝突。

　　英國長期的殖民統治對香港人心造成了很深的影響。在英國殖民統治後期，港英政府以懷柔為主的管治得到港人認可，香港經濟起飛，成為重要的國際金融中心、航運中心、貿易中心，英國人留下的資本主義制度、生活方式被港人普遍接受，自由主義也成為港人核心價值觀念，港人實際享受到自由、法治、廉潔、人權等重要權益。香港沒有經歷去殖化過程，英國人留下的港式資本主義的弊端也沒有得到很好揭露，部分港人懷念港英殖民統治，難以認同中共和中國。

　　香港人口結構變化對香港人心也造成重要影響。香港在1945年8月抗日戰爭結束時只剩下60萬人，1950年增至220萬人，新增人口基本是國共

內戰造成的戰爭難民。二次世界大戰之後，香港出現嬰兒潮一代，嬰兒潮一代及其後代，在香港土生土長，對內地較少家國情懷。新中國成立之後至1980年，約有200萬至250萬內地民眾逃港，「逃港者」及其後代、嬰兒潮以後的本土港人，尤其是80後、90後，對中共非常抗拒，對國家缺乏感情，更加認同香港。

回歸後香港的政治、經濟、社會環境對人心回歸進程帶來更直接的影響。香港媒體生態和輿論環境複雜，傳統主流媒體堅持自由主義的核心價值是很自然的，反共媒體仍然存在一定市場，非建制派在新媒體領域佔絕對優勢。香港選舉政治未能健康發展，形成建制派和非建制派尖銳對立的政治格局，「泛政治化」現象嚴重，社會撕裂和人心撕裂。香港非建制派選擇了與中央和香港特區政府進行政治對抗的錯誤政治路線，本土派走上「自決」、「港獨」等分離主義路線，造成惡劣影響。香港政治社會易受外部勢力影響。與港英殖民統治後期香港經濟社會發展處於上升期（香港成為亞洲「四小龍」，成為國際金融中心）相比，回歸以後香港經濟社會發展進入徘徊期甚至下降期，與中國內地和新加坡等同類地區相比，香港發展速度較慢，競爭力相對弱化，長期存在邊緣化危機，港人對香港的發展前景愈來愈沒有信心。

歷史因素對香港人心回歸的影響至今未能消除。從香港內部看，「文革」時期的「六七暴動」留下很深的創傷，使港人對香港「左派」及中共都留下非常不好的印象。新中國成立以後，中共「三反」、「五反」、反右、「文革」等一波波的政治運動，造成一波波政治難民的「逃港潮」，香港回歸過渡期發生的「六四風波」，使港人留下難以消除的「六四情結」。

其二，中央政府和香港特區政府對香港的管治工作值得重點檢討。中央政府和香港特區政府對香港的管治工作存在失誤甚至錯誤，管治路線值得重點檢討。管治路線失誤的核心問題是，政治上偏左，經濟民生上偏右，未能給多數港人帶來政治利益、經濟利益的獲得感，這成為影響人心向背的決定性因素。

　　香港特區政府未能在施政路線上去殖化，基本上照搬港英政府的管治理念，長期堅持積極不干預或「小政府，大市場」等理念和非常保守的理財哲學，長期堅持偏重維護工商界尤其壟斷地產商的利益，長期忽視保護勞工權益，長期忽視社會建設，長期忽視提高社會福利水平和社會保障水平，尤其忽視從制度上推進社會進步。多年來，只在董建華任內實行了有很多負作用的強積金制度，曾蔭權任內搞了最低工資水平法定制度，梁振英任內成功推行了長者生活津貼和在職低收入家庭津貼制度兩項德政。特區政府在社會制度建設上大多只是小修小補，未能建立惠及全民、均等化的社會保障和社會福利制度。因此，港式資本主義充分暴露資本主義之惡，地產富豪拿走香港經濟發展的主要成果，貧富差距懸殊，香港的住房、貧窮、退休保障、勞工權益保護等民生難題成堆，香港的整體住房水平處於第三世界的水平，香港的社會福利水平與發達國家不能比、與新加坡等同類地區不能比、與香港的國際金融中心地位不相稱，社會矛盾不斷深化，港人怨氣很大。

　　特區政府的管治失誤還包括管治團隊不團結、管治效率不高、一些主要官員政治敏感不足和政治能量不高等，團隊和個人的失誤造成政治上極大的被動和政治社會的不穩定。此外，特區政府教育工作和青年工作的失誤也影響深遠。

　　由於中央政府和香港特區政府的管治失誤，香港許多矛盾不斷深化，包括中央與特區、「一國」與「兩制」、內地與香港的矛盾，圍繞普選制度設計和管治權爭奪的政治矛盾，貧富差距懸殊等香港內部的社會矛盾。歸根到底，這種管治未能普遍增進港人的政治利益和經濟利益，未能贏得香港人心，反而使香港人心愈走愈遠。

　　不得人心的管治路線，難以在香港取得真正成功，不僅使港人對「一國兩制」和香港發展前景愈來愈沒有信心，也使「一國兩制」失去對台灣的示範效應，不利於中國的現代化和國家統一事業，也不利於在國際社會提高中國的軟實力。

其三，內地因素是影響香港人心回歸的核心因素。香港人心回歸，核心層面是港人對國家的認同問題。一般的分析較側重於回歸後香港特區的治理問題，較忽視歷史因素和內地因素的重要影響。只有少數論者將香港人心回歸問題主要看成是國家層面的問題。

梁振英2007年6月1日在《明報》發表的文章〈人心尚未回歸 國人仍需努力〉（收錄在《家是香港》一書中）認為，「為甚麼到了今天，香港的人心回歸還是一個議題？我看一是國家積弱百年，香港人對國民身份的光榮感不易樹立，反而作為香港人的相對優越感就強烈得多；二是相當大比例的香港人、本人或家人親戚，在大陸受過一波又一波政治運動的衝擊或迫害，驚弓之鳥，猶有餘悸；三是大陸改革開放之後，相當一部分香港人，在大陸被吞資侵權，或者耳聞目睹官場貪污瀆職，民間風氣敗壞，因此對國家和國家觀念疏而遠之；四是中國政府和執政黨在近代歷史上的重大失誤，令不少香港人抗拒認同中國政府和執政黨，因此出現情緒和身份上的矛盾。五是英國政府的分而治之，軟硬兼施和籠絡的手段」。[1]梁振英講的五個原因，前四個都是中國國家層面的問題，很有針對性，非常深刻，非常精闢。

本書第六章已作分析，國家層面的因素對香港人心回歸的影響最大，可以歸納為港人有三個不認同。歷史和現實的因素，都使港人對中共缺乏政治認同，拒共、懼共及反共仍在香港大有市場。多數港人仍然存在「六四情結」。民調顯示，港人對中共、對中央政府的觀感不佳，缺乏信任。港人對中國模式缺乏認同。中國內地雖然在改革開放後經濟發展很快，民眾的物質生活水平提高很快，但中國的發展模式在海內外仍然存在很大爭議，香港社會對中國模式有「權貴資本主義」、威權主義等許多質疑，港人對中國的發展前景並不看好。港人對中國國民身份缺乏認同。比否定中共、否定中央政府、否定中國模式更深一層的，是少數港人否定中國人、否定中華民族。

---

1. 梁振英(2007)。《家是香港》。香港：明報出版社。66頁。

「港獨」思潮的重要論述之一就是香港人是不同於中國人的「香港民族」。民調顯示，港人對內地同胞觀感不佳，港人更認同自己是「香港人」而不是「中國人」。

中央對香港人心回歸的主要論述

在公開的資料中，目前沒有發現有任何一位中央領導對香港人心回歸問題作過系統的論述，但有一些轉引的零星論述。從這些零星論述看，中央認為香港人心回歸問題是一個中心問題，是長遠性、基礎性、戰略性問題，關係香港的長治久安，要繼續大力促進香港人心回歸，多措並舉，久久為功，急不容緩。中央領導對香港特區政府的工作提出許多要求，這些要求並非專門針對人心回歸問題提出的，但或多或少與人心回歸問題相關。

其一，中央強調促進香港人心工作具有重要性、艱巨性、長期性，是兩大中心之一。時任香港中聯辦主任的張曉明2017年7月在《求是》雜誌發表文章〈堅定「一國兩制」的制度自信——學習習近平總書記出席香港回歸祖國20周年慶祝活動期間重要講話的體會〉指，「習近平總書記提出了許多重要的治港思想、觀點和方略，比如：……要抓住管治權和人心兩個中心，多措並舉，久久為功」，「堅持落實以愛國者為主體的『港人治港』，促進在愛國愛港旗幟下的團結包容。這一點關係到香港特別行政區政權建設方向和人心回歸。」

香港媒體報導，張德江在2014年3月曾對港區人大代表提出三點希望，第一是要在政改問題上積極發言，推動香港按照基本法及人大常委會的決定落實普選；第二是繼續促進香港與內地深化交流合作；第三是繼續推動香港人心回歸。

2017年10月15日，《求是》雜誌刊登中共國務院港澳辦黨組文章〈引領「一國兩制」航船破浪前行——黨的十八大以來港澳工作成就回顧〉，談及牢牢把握「一國兩制」實踐正確方向、堅持依法治港治澳、全力支援港澳

經濟社會發展、着力促進港澳人心回歸四個問題，認為「促進港澳人心回歸，是關係到『一國兩制』事業成功和港澳長治久安的基礎性、長遠性、戰略性工作，以習近平同志為核心的黨中央對此一直高度重視，強調要常抓不懈，綿綿用力，久久為功」，並重點談了中央支持港澳與內地加強教育、科技、文化等各個領域的交流合作的情況。

香港媒體報導，國務院港澳辦主任王光亞2016年12月會見「幫港出聲」的周融等人時表示，人心回歸的工作急不容緩，卻非短期能見效，要長期進行；香港特區政府推動國民教育不成，情況不理想，亦很可惜，更帶來後續影響。

其二，中央對香港人心回歸的主要期望是增強港人的國家意識和愛國精神。從2007年十七大開始，中共黨代會關於香港、澳門問題的論述明顯加強，論述的一個重點是強調愛國愛港、愛國愛澳意識。

2007年，胡錦濤在中共十七大政治報告中提出，「鼓勵香港、澳門各界人士在愛國愛港、愛國愛澳旗幟下和衷共濟，促進社會和睦。」

2012年，胡錦濤在中共十八大報告中提出，「促進香港同胞、澳門同胞在愛國愛港、愛國愛澳旗幟下的大團結」，「我們堅信，香港同胞、澳門同胞不僅有智慧、有能力、有辦法把特別行政區管理好、建設好，也一定能在國家事務中發揮積極作用，同全國各族人民一道共享做中國人的尊嚴和榮耀。」輿論分析，胡錦濤在中共黨代會報告中首次提出香港同胞同全國各族人民一道共享做中國人的尊嚴和榮耀，是針對香港逐漸高漲的分離主義意識。

2017年，習近平在中共十九大報告中提出，「我們堅持愛國者為主體的『港人治港』、『澳人治澳』，發展壯大愛國愛港愛澳力量，增強香港、澳門同胞的國家意識和愛國精神，讓香港、澳門同胞同祖國人民共擔民族復興的歷史責任、共享祖國繁榮富強的偉大榮光」，「實現中華民族偉大復

興，是全體中國人共同的夢想。我們堅信，只要包括港澳台同胞在內的全體中華兒女順應歷史大勢、共擔民族大義，把民族命運牢牢掌握在自己手中，就一定能夠共創中華民族偉大復興的美好未來。」習近平的論述更加全面和深入，一是強調愛國者治港；二是強調發展壯大愛國愛港力量；三是強調增強香港同胞國家意識和愛國精神；四是在香港問題中引入「中國夢」的論述，強調與香港同胞共擔民族大義，共同實現中華民族偉大復興的中國夢，共享祖國繁榮富強的偉大榮光。

其三，中央強調促進香港人心回歸要多措並舉、常抓不懈，對於教育工作和青年工作尤其比較重視。

習近平在慶祝香港回歸祖國20周年大會暨香港特區第五屆政府就職典禮上發表講話時表示，「未來五年，希望特別行政區政府廣泛團結社會各界，全面準確貫徹『一國兩制』方針，堅守『一國』之本，善用『兩制』之利，紮紮實實做好各項工作。要與時俱進、積極作為，不斷提高政府管治水平；要凝神聚力、發揮所長，開闢香港經濟發展新天地；要以人為本、紓困解難，着力解決市民關注的經濟民生方面的突出問題，切實提高民眾獲得感和幸福感；要注重教育、加強引導，着力加強對青少年的愛國主義教育，關心、支持、幫助青少年健康成長。」習近平對香港特區政府的這些要求，或多或少都與推進香港人心回歸這個中心工作有關，切實提高香港市民的「獲得感和幸福感」，是一個極其重要的提法。習近平對香港青年工作的要求更具針對性。

張曉明在2017年7月《求是》雜誌文章〈堅定「一國兩制」的制度自信——學習習近平總書記出席香港回歸祖國20周年慶祝活動期間重要講話的體會〉指，「習近平總書記親自呼籲香港社會各界人士關心、支持青年，幫助他們解決實際問題，明確要求香港特別行政區政府加強對青少年的憲法基本法教育和國家歷史文化教育，並宣佈中央有關部門將研究出台便利香港同胞在內地學習、就業、生活的具體措施，這些關懷和舉措着眼長遠，必將點

燃香港廣大青少年的青春夢想。」張曉明點出了中央推動香港青年人心回歸的主要要求和策略。

張曉明2017年6月20日在《光明日報》專訪中表示，「將繼續着力在更寬領域和更深層次促進兩地交流合作，特別是支持香港找準『國家所需、香港所長』的結合點，推動香港對接國家發展戰略，積極融入國家發展，並注意把握好有關政策導向，使有關交流合作成果惠及普羅大眾，從而更好地促進香港人心回歸，唱響香港同胞與祖國內地人民為實現中華民族偉大復興中國夢而共同奮鬥的時代主旋律。」張曉明較多強調使兩地交流合作成果惠及普羅大眾對促進香港人心回歸的重要性。

實事求是看待香港人心回歸，認清局限，設定合理目標

其一，要從香港實際出發，尊重「兩制」差異，防止「左」傾思維。

看待和處理香港人心回歸問題，特別需要實事求是的態度。香港實行「一國兩制」，其社會制度、生活方式與內地根本不同，香港的價值觀念與內地根本不同。香港的人心是資本主義制度、生活方式和價值觀念下的人心，不能以內地社會主義制度、生活方式和價值觀念的標準來要求。脫離「一國兩制」，脫離香港的實況，以僵化甚至極「左」的觀念來看待香港人心回歸，容易得出錯誤的結論，也容易導致錯誤的決策。

應該尊重香港的歷史與現實，尊重香港現行的社會制度與生活方式，尊重香港的核心價值。追求香港人心回歸，不能靠否定香港核心價值來實現，如果要港人放棄民主、自由、法治、廉潔、人權等核心價值，就是徹底改造香港人，要求香港人「換腦」。

不能以香港核心價值和意識形態的「內地化」來追求香港人心回歸，不能強求港人接受甚至熱愛內地的政治制度、社會制度，不能強求港人接受內地的意識形態，不能強求港人熱愛中國共產黨及中央政府。

　　也應該實事求是地看待香港人是否「愛國」的問題，不宜設定過高的標準，以狂熱的民族主義要求港人高度愛國。即使內地民眾在內地體制下生活及接受教育，也未必每一個都是高度愛國的，比如，不少黨政官員競相將子女和財產轉移到國外，亦有不少中產精英移民。

　　其二，實事求是承認，在「一國兩制」下，香港的人心回歸是有限度的，不能追求香港與內地人心趨同、價值觀念趨同、制度趨同。

　　在「一國兩制」的大前提下，香港人心回歸必然是有限度的，不能設定過急過高的標準。對香港人心回歸，比較低的標準或底線是，港人應該絕對承認香港是中國的一部分，認同香港回歸祖國，認同香港基本法，認同「一國兩制」、「港人治港」、高度自治的制度安排，熱愛香港，維護香港整體利益，反對「港獨」分離主義。

　　對香港人心回歸，比較高的標準是，尊重中華民族，尊重中國歷史文化，尊重內地同胞，尊重而不是謀求改變內地的政治社會制度，逐步增強對中國國民的身份認同，從愛港到愛國。

　　對香港人心回歸，很難達到的標準是，要求港人認同甚至熱愛中國共產黨、熱愛中共政權及內地政治社會制度，要求港人認同中共，認同社會主義制度，認同內地價值觀念和意識形態。這需要香港與內地趨於「一國一制」才能達到。

　　實事求是承認在「一國兩制」下香港的人心回歸有必然的局限，是要承認一個基本事實，主要以民族主義的意識形態來追求香港人心回歸，以強化教育或兩地融合等手段單向地要求港人更加愛國，效果是有限的，很難獲得成功。

　　實事求是承認在「一國兩制」下香港的人心回歸有必然的局限，是要明確一個基本原則，追求香港人心回歸，不是追求兩地民心完全趨同，不是追求兩地核心價值觀念和意識形態趨同，更不是追求兩地制度趨同。如果追

求香港人心「內地化」、「一國一制化」，過於強調「同化」、「融合」，強調改造香港人心，這是不切實際的，也很容易遭到港人的抵觸和反對。以「同化」為目標和手段，追求兩地民心趨同，追求核心價值觀念，意識形態，制度趨同，這不是實行「一國兩制」，而是實行「一國一制」，讓內地吃掉香港，這是根本違背「一國兩制」初衷的。

其三，實事求是確定香港人心回歸的目標，短期內強化反「港獨」的底線意識，增強港人對「一國兩制」的信心，長遠增強港人國家認同。

要實事求是，強化底線意識，在現階段要更多維護「一國兩制」的底線，堅決反對「港獨」。另一方面，現階段亦要重視化解港人對香港「內地化」、「一國一制化」的疑慮。需要更尊重兩制差異，更尊重兩地價值觀念和意識形態的差異，，關鍵是尊重和包容香港的核心價值。要從香港實況出發，加強香港社會的團結，理解和尊重港人對香港的本土認同，理解和尊重香港的多元化。

逐步增進港人對國家的認同，要以港人能夠接受的方式，逐步構建一些共同價值觀，促進兩地價值觀念的對接，包括強化尊重基本法的法治意識，強化兩地利益連接的「共同命運體」意識，強化同一民族的文化認同、歷史認同等。

逐步增進港人的國家認同，從根本上說，要靠國家進步。

促進香港人心回歸，涉及香港層面的問題，要靠調整管治路線

解決香港人心回歸問題，涉及香港管治和「一國兩制」層面的問題，根本要靠中央和香港特區政府調整管治路線。

其一，調整管治路線，需要思考解決一些重大的方向性問題，核心是管治思維是以管控為主還是以爭取人心為主。

甚麼才是實行真正的「一國兩制」？「一國兩制」的初心究竟是甚麼？如何防止「一國兩制」走樣、變形甚至完全變質？如何增強港人對「一國兩制」的信心？無論中央和香港各界，都需要進一步思考解決這些重大的思想認識問題。要解決兩個根本偏差，一是香港一些力量謀求「港獨」和脫離「一國」的問題，一是管治者有意無意將香港引向「內地化」甚至「一國一制」的問題。

香港圍繞管治權爭奪和普選制度設計的政治矛盾如何化解？香港民主如何發展，普選如何落實？香港的經濟民生難題如何解決，社會矛盾如何緩解？從根本上説，要靠變革，管治者和香港社會都需要強化政治變革、經濟變革、社會變革的意識。

對香港的管治手段在軟硬之間的分寸如何拿捏？在管控與懷柔之間如何平衡？強硬的一手，管控、鬥爭、打擊的一手，是需要的，否則可能難以掌控大局。23條立法必須解決，強化鬥爭和打擊的一手，這是為了對付分離主義勢力和外部勢力，這一手必須管用和夠狠。但對於多數港人，要全力爭取，在政治、經濟、社會的層面，都要推出更多懷柔的政策，以利爭取人心。「一國兩制」從本質上來説，是開明、開放、自信的政策，是懷柔為主的政策。

管控思維依賴的是權力和硬實力，帶有強迫性，以強硬手段為主，講究鬥爭，可以控制大局，但難以真正獲得人心，將香港帶向長治久安。以爭取人心為主的思維，更加強調使用軟實力，依靠推行德政，依靠懷柔的政策，講究政治和解和合作，推動社會和諧，這是真正有利於香港長治久安的。舉例來説，修改《國歌法》並在香港實施，將侮辱國歌的行為刑事入罪，有利於阻嚇一些港人侮辱國歌的行為，但難以真正讓對國家有看法的港人真正在內心尊重國歌。只有國家的發展真正獲得港人認同和尊重，港人的國民意識真正提高，才會真正從內心尊重國歌。

對任何地方的管治，管控思維是「霸道」，獲得人心才是「王道」。攻心為上，對人心的征服，才是真正徹底的征服。

其二，調整管治路線，需要找準薄弱環節，抓住重點，加強基礎工作。

沒有香港青年的人心回歸，是不可能有香港人心回歸的。爭取香港青年的人心回歸是難點中的難點，要根本改變香港教育工作與青年工作非常薄弱的現狀。「港獨」思潮的滋生蔓延，與特區政府沒有做好教育工作是密切相關的。要在香港的中小學重點做好基本法和中國歷史與國情的教育。做好青年工作，除了加強教育，特區政府亦要解決與青年有關的各種社會問題，拓寬青年向上流動的渠道，促進香港青年與內地的交往工作。做好青年政治人才的培養工作，積極培養愛國愛港的青年政治人才，更是涉及香港特區管治的重大戰略問題。

沒有「泛民」及其龐大支持群體的人心回歸，很難實現香港人心的根本回歸。爭取香港人心回歸，說白了，重點應該是爭取那些不認同你的群體的人心，也就是「泛民」及其龐大的支持群體——中產階層和青年群體的人心。統戰工作本是中共的優勢，但如果搞錯了方向，反而會變成薄弱的一環。在回歸前的過渡時期和回歸之初，重視統戰香港工商界尤其是大富豪，是必要的，符合當時形勢需要。但如果長期將涉港統戰工作的重點放在香港工商界特別是大富豪及富二代、富三代身上，就搞錯了重點。應該更加重視統戰包括香港中產精英在內的各界人士，包括重點爭取「泛民」人士。加強爭取「泛民」的工作，不僅僅是統戰重點的轉變，而是管治路線的調整。不能以敵我矛盾來處理與「泛民」的關係。爭取「泛民」，本質是爭取「泛民」的支持群體，包括教育界、法律界、傳播界等重點界別，包括青年學生，沒有這些群體的人心回歸，香港人心回歸就是空話。加強爭取「泛民」，中央、特區政府和香港建制派都需要調整思維，「泛民」亦要調整自身政治立場。

　　要加強和改善涉港意識形態領域的工作。這個問題直接涉及到人心回歸，也是中央、香港特區政府和建制派比較薄弱的一環。以下基礎工作都有待加強。

　　第一，一國兩制和香港問題的理論研究和理論創新。內地學者對中央影響較大的，主要是基本法研究方面的學者，對香港政治、經濟、社會有深入研究的學者偏少。內地學者即便到香港工作一個時期或短期調研，亦存在脫離香港實況的情形。內地學者和香港親建制學者的正面論述能力不足，基礎研究比較薄弱。香港一些學者為獲取中央和內地的各種利益，難以講真話，有的只講政治正確，發表意見時存在討好中央甚至誤導中央的問題。近年非建制派出版了不少深刻影響香港社會思潮的書籍，建制派對社會思潮的影響力相對較小。從當前看，需要加強對非建制派的理論論述的研究，有針對性地進行批駁和「消毒」。也迫切需要加強對一國兩制重大問題的研究，總結經驗教訓，前瞻未來，加強理論創新，為中央調整完善對香港的管治路線提供決策參考。

　　第二，對香港媒體老闆、法律界、教育界、傳播界重要意見領袖的統戰工作。香港的傳統媒體已經發生比較大的變化，電子媒體和傳統報刊，大多向親北京、親特區政府和親建制的方向轉化。需要通過資本介入和市場手段使香港媒體產生更多影響。現在建制派最弱的一環是網絡媒體，處於絕對劣勢。網絡媒體對香港輿論的影響在加大，青少年尤其深受網絡媒體的影響。要加大人財物投入，搶佔香港網絡輿論陣地。

　　第三，香港智庫等基礎建設。近年建制派的各類智庫愈來愈多，但力量分散。中央、香港特區政府和建制派應整合資源，支持重點智庫做大做強。做好理論研究、政策研究、民意調查等基礎工作，培養研究人才和政治人才，提高服務中央政府和特區政府及建制派的能力和水平。

　　第四，香港文化界的工作。

第五，內地官方媒體涉及香港問題的報導。個別中央媒體旗下的市場化報刊對香港問題報導較多，包括報導和評論較多比較敏感的問題，但文風不太好，常給人居高臨下、頤指氣使的感覺，也較多「唱衰」香港，渲染矛盾，刺激兩地人民的情緒。這類報導和評論較多被香港媒體轉載，讓港人誤以為代表中央的聲音，容易引起港人的不滿。內地媒體需要更加嚴謹地處理涉及香港的報導，並儘量多做增進兩地人民理解和信任的工作。

促進香港人心回歸，核心層面在國家層面，國家更需要努力

促進香港人心回歸，始終需要兩個層面共同努力，香港要努力，國家更要努力。人心回歸的核心，說到底是增強港人對內地的認同、對國家的認同，是希望港人更加愛國，這不是單靠香港特區政府、香港社會努力就可以根本解決的。打一個可能並不恰當的比喻，好比是男女談戀愛，現在是國家在追求港人，國家希望港人來愛國家。國家除了說服和打動港人，不能強迫，不能總是在嘴上說你要愛國，重要的不是改變港人，而是國家要作出更多改變，使國家變得更可愛、更有感召力和吸引力，讓港人心甘情願、心悅誠服地愛國。

其一，國家層面統籌規劃，內地逐步向香港居民提供國民待遇。除了中央改善對香港的管治，國家層面亦要有政策措施強化港人的國家認同，包括在更多方面對港人實施國民待遇。

習近平主席在十九大報告中提出，「逐步為台灣同胞在大陸學習、創業、就業、生活提供與大陸同胞同等的待遇，增進台灣同胞福祉」，「制定完善便利香港、澳門居民在內地發展的政策措施」。中央儘快推出具體政策措施，為香港同胞在內地學習、創業、就業、生活提供國民待遇，方便港人在內地發展，增進港人福祉,有助增強港人國民意識。

目前來看，內地未能真正將香港居民視為中國國民，觀念有待轉變。

內地在出入境管理上將香港地區視為「境外」。港商投資內地被視為「外資」。港人在內地就學被視為「留學生」。港人在內地購房等被視為境外人士。這些將香港居民與內地同胞嚴格區隔的觀念，不利於培養和增強港人的國民意識。

港人在內地生活和發展存在大量制度性、政策性以至技術性的障礙，很不方便。港人在內地參軍和報考公務員目前仍屬禁區。就業方面，港人沒有內地身份證明，辦理就業證存在很大困難，在內地高校畢業的港生普遍認為辦理就業證是最大難關之一。創業方面，內地服務業的准入仍有很多限制，港人在內地從事個體經營亦有較多限制。就學方面，港人子女在內地接受義務教育沒有制度和政策保障；香港副學士學位不獲內地承認，相關學生難以到內地接受更高學位教育及就業。社會保障方面，各地具體處理辦法不一，不想在內地長期工作的港人不願參加內地社保，認為內地供款比例過高及與香港雙重收費導致負擔過重，也有想在內地工作至退休的港人非常想參加內地社保但卻辦理不了；港人難以在就醫方面享受國民待遇；在內地養老的香港長者難以享受老年優待措施。置業方面，內地許多城市採取限購、限售、限貸、限外、限價等措施，也針對包括港人在內的「境外人士」，各地政策不一，有的禁止銀行為港人辦理按揭貸款。廣東省一些地方推出了一些方便香港居民的措施，比如深圳市容許香港居民的子女參加積分制入學機制接受義務教育，但更多問題涉及國家層面，地方難以自行決定，需要中央統籌解決。

香港在製造業北移之後，產業空心化和經濟泡沫化現象比較嚴重，金融地產獨大使經濟結構比較畸形，創新科技發展起步太晚，貧富差距懸殊，住房、就業、社會保障、安老等方面的難題較多，青年向上流動渠道不暢，市民怨氣較大，「港獨」思潮滋生蔓延，人心回歸進展緩慢。內地逐步向港人實施國民待遇，有助幫助香港緩解經濟社會發展面臨的重重壓力，為港人提供更多發展渠道，增進港人福祉，增強港人的國民意識。

要解決內地向香港居民實施國民待遇的問題，需要中央加強統籌和指導，着力破除制度性、政策性障礙。中央需要協調相關部委及廣東省等省市，全面清理不合時宜的法規和規範性文件，研究制定指導意見，中央相關部委和省市區結合本部門本地區實際制定實施細則。

廣東省尤其是粵港澳大灣區的廣東九個市對香港同胞融入內地發展大局可以發揮關鍵作用。建議廣東省在落實中央的相關要求之外，將粵港澳大灣區九市全面「特區化」，向香港居民提供國民待遇先行先試更多特殊政策，包括出入境管理、稅收、社會保障等方面的政策。

服兵役是國民為國家盡義務最具象徵性和神聖性的行為之一，開放香港青年參軍對增強港人國民意識具有重大意義。中央宜研究制定開放港人參軍的政策措施。可在駐港部隊先行先試，從嚴選拔少量優秀香港青年加入駐港部隊；協調香港特區政府，由紀律部隊優先錄用將來從駐港部隊退役的港人。

讓港人參與中央政府和地方政府的管治工作，開放港人報考內地公務員，可以為港人開闢更多發展渠道，對增強港人的國家主人翁意識也具有重大意義。建議廣東省多從香港招錄公務員。建議中央港澳工作主管部門協調中央組織部、人力資源和社會保障部，研究制定開放港人報考內地公務員的政策措施，協調中央相關部委拿出一些比較有吸引力的公務員職位（比如外交部、國務院港澳辦、商務部、國家發改委、中央金融監管機構的職位），專門招錄港人，形成示範效應。從長遠而言，可以讓一些擔任過內地公務員的港人回流到香港加入公務員隊伍，優化香港公務員隊伍的結構，加快香港公務員的人心回歸進程；除初級公務員崗位之外，中央部委拿出一些處級、廳局級的崗位專門面向港人競聘，可以跟蹤考察、培養、重用一些人才，日後可以讓這些人才回流到香港加入特區政府，擔任政治助理、副局長甚至司局長，開闢一條中央直接培養香港管治人才的渠道，也使香港的管治人才更熟悉北京思維及更具國家意識與國際視野。

具體政策措施要破舊立新，以便利港人為主要原則。港人訴求比較集中的包括：為在內地工作生活半年以上的港人發放內地身份證；廢除港人在內地就業要開就業證的規定；取消對港人在內地從事個體經營的相關限制；確保在內地生活的港人子女在就近入學接受義務教育上享受與內地學童同等的待遇；內地高校對畢業生就業實施的用人單位、學校和學生簽訂三方協議的做法應覆蓋港生；鼓勵港人在內地加入社保，供款政策更靈活一些；讓港人在內地就醫享國民待遇；統一港人在內地買樓政策，在提供有效工作或就讀證明下允許每人購買一套房產；內地銀行對港人辦理按揭貨款實施國民待遇；支持和鼓勵香港的銀行為港人在內地置業提供貸款；大灣區的買樓政策應放得放寬。

中央和廣東省在制定便利港人的政策措施時，宜加強調查研究，廣泛聽取在內地就學、就業、創業、投資、定居及養老的不同港人群體的意見，聽取香港特區政府和社會各界的意見，使出台的政策措施更針對及更符合港人需求，務求有利增進港人福祉及爭取香港人心。

其二，國家努力的關鍵點是改善國家治理，促進政治社會進步。要爭取香港人心回歸，從根本上來說，這是國家層面的事，更多的是國家應該作出努力。不尊重「一國兩制」的差異，只求同化港人，只是苛求港人，甚至以硬實力強迫改變港人，必定是緣木求魚。少數香港重要人士對這個問題的認識是很深刻的，也講過一些真話。

香港前財政司司長梁錦松曾公開表示，要做到人心回歸，內地政府應該尊重香港自由、民主及法治等價值觀，讓香港人在「一國兩制」下生活；資本主義制度50年不變，是基於對這價值觀的認可，這個價值觀與內地人民的主流價值觀存在差異，儘管這個差異在縮小，但實際存在；希望內地各界特別是政府方面，遇到價值觀差異的時候，聽之任之，繼續支持香港人按照自己的價值觀選擇生活方式。

梁振英2007年6月1日《明報》文章〈人心尚未回歸 國人仍需努力〉認為，「要評估和探索人心回歸，並非要為民族主義造一把標竿，而是因為人心問題有重大現實意義。任何一個地方的居民對所屬社會或國家沒有歸屬感，沒有向心力，這個社會或國家，就經不起時間的考驗，稍有風浪，險象環生。中國近代史上，這方面的教訓，十分沉痛和深刻」：「香港人心回歸的工作，香港人固然要做好本分，履行好義務，但人心回歸，也是國家層面的問題，也要有既定方針，要有部署，不能操之過急，但不應自由放任，否則為山九仞，功虧一簣。如果香港人心長時間不完全回歸，將來台灣人心問題更不好解決。任何一個國家，都要積極凝聚和維繫人心，該做的事不可不做，逆耳忠言不可不說。」

梁錦松和梁振英分別點出了兩個核心問題，都是直接針對國家的，要香港人心回歸，國家必須尊重和包容香港的核心價值，國家層面要作更多努力解決凝聚人心的問題。

中共十九大報告提出，「中國特色社會主義進入新時代，我國社會主要矛盾已經轉化為人民日益增長的美好生活需要和不平衡不充分的發展之間的矛盾。我國穩定解決了十幾億人的溫飽問題，總體上實現小康，不久將全面建成小康社會，人民美好生活需要日益廣泛，不僅對物質文化生活提出了更高要求，而且在民主、法治、公平、正義、安全、環境等方面的要求日益增長」；要「更好滿足人民在經濟、政治、文化、社會、生態等方面日益增長的需要，更好推動人的全面發展、社會全面進步。」這些表述顯示了中共對繼續大力推動政治社會進步的自覺。

中共也有大力改善國家治理的自覺。從首都北京2017年年底發生的驅趕所謂「低端人口」、運動式撤除建築物招牌、在煤改氣、煤改電不到位的情況下禁止居民燒煤取暖等引起全球關注的爭議事件看，內地的政府治理水平急需提高。

中共十八屆三中全會首次提出，全面深化改革的總目標，是完善和發展中國特色社會主義制度，推進國家治理體系和治理能力現代化，這句話寫進十九大報告。「推進國家治理體系和治理能力現化代」，被稱為「第五個現代化」（內地也有「第五個現化化」是「政治民主化」或是「人的現代化」的提法）。內地只有促進政治社會全面進步，使物質文明和政治文明、精神文明、生態文明共同提高，才能極大改善國家在港人心目中的形象。

<h1 style="text-align:center">第二節
嚴守底線及防止「一國兩制」變形走樣</h1>

香港回歸後，「一國兩制」的實踐不盡如人意，存在變形和走樣的問題，也深刻影響香港的人心回歸進程。這個問題如果得不到根本解決，「一國兩制」走向失敗或名存實亡，香港人心也會更加疏離。

「港獨」等分離主義思潮會使「一國兩制」變形走樣，對香港實施「內地化」甚至「一國一制化」的改造，也會使「一國兩制」變形走樣。「港獨」分離主義路線刺激的是管治者將香港引向「內地化」甚至「一國一制」強硬路線。「港獨」不可能有任何出路，「港獨」也不是香港面臨的最大危險，真正危險的是香港「內地化」甚至「一國一制化」。

香港衝擊「一國」，中央收緊「兩制」，都會使「一國兩制」走樣變形

回歸以後，「一國兩制」在香港的實踐存在走樣變形的問題，首先是香港存在衝擊「一國」的問題。

衝擊「一國」，體現在港人的國民身份認同度還很低，這是需要長期努力才能解決的問題。港人不支持23條立法，在香港維護國家安全存在法律上制度上的漏洞。港人亦不支持開展國民教育。2003年23條立法失敗和2012年國民教育胎死腹中，對中央和內地同胞的心理衝擊極大，極大增強中央對香港特區和港人的負面觀感，極大影響中央對香港政策的取態。香港球迷公然在香港隊與國家隊進行足球比賽時做出噓國歌等侮辱國歌的出格行為，嚴重傷害內地官方與民眾的感情。

衝擊「一國」，體現在「泛民」選擇了錯誤的政治立場和政治路線，長期與中央政府進行政治對抗。「泛民」逐步放棄「民主回歸論」這一正確的論述，公民黨和激進「泛民」實質上抗拒香港回歸中國，謀求將香港變成獨立的政治實體。「泛民」不是通過與中央改善關係、通過協商談判來解決普選問題，而是希望通過街頭運動向中央施壓，通過在立法會破壞、阻撓特區政府施政施壓，使中央視「泛民」為「反中亂港」的力量，使中央將普選問題定性為香港管治權的爭奪，使中央將防範「泛民」奪取管治權列為管治香港的一個中心問題。「泛民」中的部分力量與外國勢力勾結，訴求改變內地政治社會制度，比如訴求「結束一黨專政」，使中央擔憂香港成為顛覆中央政府的「反共基地」。「泛民」作為反對派的定性、在香港地區直選中一直獲得過半數得票率的民意優勢、「泛民」通過政治對抗爭取落實普選的策略，都使它成為中央需要防範的衝擊「一國」、危及香港管治的破壞性力量。

衝擊「一國」，更體現在本土派的崛起和分離主義思潮的滋生蔓延。一些港人公然鼓吹「香港自決」、「香港獨立」、「香港建國」，不同程度持有分離主義立場的本土派進入特區建制、在香港立法會選舉中奪得近二成的得票率和大量席位，非建制派議員在立法會宣誓的場合宣傳「港獨」等主張，香港青年學生深受「港獨」思潮影響，香港出現「非法佔中」和旺角暴亂等重大事件，這些嚴重衝擊「一國」的行徑，超過國家能夠容忍的底線。

在2003年「七一大遊行」之前，中央嚴格落實「一國兩制」、「港人治港」和高度自治方針，對香港事務干預極少，比較多的採取了「井水不犯河水，河水不犯井水」的超然態度，不干預、不插手、不出頭是基本原則，非常注意約束內地涉港機構不要插手香港事務。2003年「七一大遊行」及23條立法失敗，是一個十分重要的分水嶺，中央開始高度重視香港問題，強調「保持香港長期繁榮穩定是黨在新形勢下治國理政面臨的重大課題」，中央設立了由政治局常委擔任組長的港澳工作協調小組，國務院發展研究中心成立港澳研究所加強對香港問題的研究，香港中聯辦大幅擴編，中央派往香港的各種力量明顯加強，中央直接介入的事務愈來愈多。香港社會尤其是「泛民」及其支持者難免認為，中央對香港事務的干預愈來愈多，「兩制」愈來愈收緊。

中央明顯加強了對香港問題的論述，增強話語權。2003年之後中央對香港問題的論述，主要包括：中共十七大、十八大、十九大政治報告中的相關論述，胡錦濤、習近平的相關重要講話，國務院新聞辦2014年6月發佈的《「一國兩制」在香港特別行政區的實踐》白皮書。中央的論述重點針對香港社會對「一國兩制」方針的片面甚至歪曲的理解，強調的重點包括：要全面準確認識「一國兩制」的含義、正確處理「一國」與「兩制」的關係，堅決維護憲法和香港基本法的權威，中央對香港擁有全面管治權、中央的權力不容挑戰，堅持以愛國者為主體的「港人治港」，堅定支持行政長官和特區政府依法施政，要求香港各界集中精力發展經濟、切實有效改善民生、循序漸進發展民主、包容共濟促進和諧，繼續推動香港與內地交流合作。強調中央的全面管治權，強調正確處理「一國」與「兩制」的關係，是重點中的重點。「一國兩制」白皮書在香港引起較大爭議，「泛民」較多質疑中央的全面管治權，仍然強調中央對港只有外交、國防等權力；而法律界也質疑要求法官愛國愛港是破壞法治。

　　中央明顯加強了對相關權力的使用，特別是人大的「釋法權」。在立法會宣誓司法覆核案中，全國人大常委會在香港法院判決之前釋法，也引起較大爭議。

　　中央在香港政制發展、行政長官選舉等重大政治問題上強勢發揮主導作用。行政長官普選方案之爭，在香港特區政府提出政改方案和立法會審議之前，全國人大常委會於2014年8月31日作出「8·31決定」，對普選方案的框架作出具體規定，「泛民」批評全國人大常委會是代替香港立法。在2017年行政長官競選中，中央領導及相關機構在投票之前通過不同形式表態中央唯一支持林鄭月娥，被批評是「欽點」及強勢干預特首選舉。

　　「泛民」亦強烈質疑和批評中央干預香港的立法會、區議會等選舉，質疑中聯辦通過操控建制派來干預立法會的運作及香港特區內部政務，質疑「西環治港」。「泛民」借銅鑼灣書店事件、肖建華事件質疑內地執法機關「跨境執法」，亦質疑「紅色資本」愈來愈多進入香港媒體是損害香港的新聞自由、言論自由。

「一國兩制」是對香港最好的制度安排，各方都應珍惜

　　雖然「一國兩制」的實踐存在這樣那樣的問題，但不可否認，香港回歸二十多年來，實行的還是「一國兩制」，香港沒有「內地化」和「一國一制化」。香港原有的資本主義制度和生活方式沒有變，香港具體的經濟制度和社會制度基本沒有變。香港的法律基本沒有變，香港擁有了過去沒有的終審權，香港仍然採用與內地不同的普通法。「港人治港」得到落實，香港的行政、立法、司法權力由香港永久性居民掌握，少量外籍人士也進入立法、司法機構。香港的核心價值觀念也沒有變，西方自由主義意識形態仍在香港佔據統治地位。香港仍然是一個很自由的地區，新聞自由、言論自由等基本得到保持，港人仍然享有較多自由權利。香港雖然仍沒有落實普選，但港人的民主權利還是有所增加，行政長官和立法會的選舉方式總體上向着更加民

主的方向變化。香港仍然保留原來中西合璧、多元開放的文化特色。香港仍然是自由港，是全球最自由的經濟體，基本鞏固了國際金融、航運、貿易中心的地位。

總之，現在的香港，仍是完全不同於北京、上海等任何內地城市的一個中國特區，是「港人治港」、高度自治的香港，是實行資本主義而不是實行社會主義的香港，港人的生活方式與價值觀念也與內地完全不同。這樣一個香港，值得港人高度珍惜，也值得國家高度珍惜。所有香港人最大的共同利益，應該是堅定不移地守護香港的「一國兩制」，使香港在「一國」之內仍然保持其資本主義制度和生活方式、核心價值觀念的獨特性。任何破壞「一國兩制」，使香港這「一制」的生存受到巨大威脅，使香港這「一制」被破壞、被改變，都是對香港最大的犯罪。

正如習近平所指出的，「『一國兩制』是歷史遺留的香港問題的最佳解決方案，也是香港回歸後保持長期繁榮穩定的最佳制度安排，是行得通、辦得到、得人心的。」

除非出現中共政權崩潰及中國四分五裂的極端情形，香港是絕對不可能存在「港獨」空間的。正常情形下，香港的前景只有「一國一制」和「一國兩制」兩種選擇。「一國一制」勢必意味香港「內地化」，這是香港市民不可能接受的。長期實行「一國兩制」才是香港的根本利益所在，是香港真正的主流民意。

維護「一國」之本，尊重「兩制」差異，確保「一國兩制」不走樣不變形

習近平曾強調指出，「『一國兩制』是中國的一個偉大創舉，是中國為國際社會解決類似問題提供的一個新思路新方案，是中華民族為世界和平

與發展作出的新貢獻，凝結了海納百川、有容乃大的中國智慧。堅持『一國兩制』方針，深入推進『一國兩制』實踐，符合香港居民利益，符合香港繁榮穩定實際需要，符合國家根本利益，符合全國人民共同意願」；「中央貫徹『一國兩制』方針堅持兩點，一是堅定不移，不會變、不動搖；二是全面準確，確保『一國兩制』在香港的實踐不走樣、不變形，始終沿着正確方向前進」。

讓「一國兩制」不走樣、不變形，需要正視和解決回歸後「一國兩制」實踐遇到的新情況和新問題。習近平指出，「『一國兩制』在香港的實踐遇到一些新情況新問題。香港維護國家主權、安全、發展利益的制度還需完善，對國家歷史、民族文化的教育宣傳有待加強，社會在一些重大政治法律問題上還缺乏共識，經濟發展也面臨不少挑戰，傳統優勢相對減弱，新的經濟增長點尚未形成，住房等民生問題比較突出。」

除經濟民生問題，習近平點出三個影響「一國兩制」全面準確實施的關鍵問題，一是要完善維護國家主權、安全、發展利益的制度，具體涉及的應是基本法23條立法；二是加強對國家歷史、民族文化的宣傳教育，這涉及的是國民教育及國民身份認同問題；三是增進香港社會在一些重大政治法律問題上的共識，這涉及解決香港內部政治對立和社會撕裂等問題，具體包括解決普選爭議等重大政治法律問題。這三個關鍵問題直接涉及香港回歸後三個最大的爭議，即普選爭議、23條立法爭議和國民教育爭議，三大爭議至今在香港社會缺乏共識，成為敏感的老大難問題，影響「一國兩制」的全面準確實施，影響國家主權、安全、發展利益，影響香港內部和諧穩定，這也是未來需要繼續解決的。

確保「一國兩制」不走樣不變形，要劃定底線，堅守原則，堅守底線。中央有中央的底線，香港社會應該嚴守這些底線。香港特區和香港人也有底線，中央和內地也應給予尊重。對於中央來說，「一國」是根，「一國」是本，底線是香港不能實行「港獨」及威脅國家安全；對於香港社會來

説，底線是不能實行「一國一制」，改變香港的資本主義制度和生活方式，在香港實行社會主義。

中央的底線在哪裏？習近平對此有十分清晰的表述，「要堅定維護國家主權、安全、發展利益。在具體實踐中，必須牢固樹立『一國』意識，堅守『一國』原則，正確處理特別行政區和中央的關係。任何危害國家主權安全、挑戰中央權力和香港特別行政區基本法權威、利用香港對內地進行滲透破壞的活動，都是對底線的觸碰，都是絕不能允許的。」這些底線的針對性是非常明確的，香港社會已存在危害國家主權安全的活動，主要是「港獨」活動，還有「港獨」和「台獨」的合流問題；香港也存在挑戰中央權力和香港基本法權威的問題，否定人大釋法權力，否定中央對香港的全面管治權，認為中央在香港只能管外交和國防事務，曲解基本法；香港也有組織與外部勢力相勾結，訴求改變內地的制度；凡此種種，都觸及底線，衝擊「一國」，難為中央所容。

在維護「一國」的前提下，必須尊重「兩制」差異，不能實行「一國一制」，不能將香港「內地化」。香港無論建制派和非建制派，都不願香港的資本主義一制被吃掉，都不會支持在香港實行社會主義。

尊重「兩制」差異有三個方面。一是「兩制」的關係應該也完全可以做到和諧相處、相互促進，香港不要謀求改變內地的「一制」，內地也不要謀求改變香港的「一制」，是和平共存。二是求大同、存大異，要尊重兩地核心價值觀念的根本不同，尊重兩地社會制度和生活方式的根本不同，不要在這些重大方面追求趨同化。三是要發揮「兩制」不同的優勢，香港的「一制」有其獨特優勢，要讓這種優勢充分發揮出來，真正給香港、給國家展現這「一制」所能發揮的獨特作用。

確保「一國兩制」不走樣、不變形，最基本的是準確貫徹落實香港基本法。反對23條立法，鼓吹「港獨」，這都是明目張膽地違背香港基本法。不尊重基本法，歪曲基本法，以實用主義理解基本法，都會導致「一國兩

制」走樣變形。「一國兩制」是靠基本法來保障，破壞和貶損基本法，就是破壞和貶損「一國兩制」。基本法是根據憲法制定的基本法律，規定了在香港特別行政區實行的制度和政策，是「一國兩制」方針的法律化、制度化，為「一國兩制」在香港特別行政區的實踐提供了法律保障。在落實憲法和基本法確定的憲制秩序時，要把中央依法行使權力和特別行政區履行主體責任有機結合起來；要完善與基本法實施相關的制度和機制；要加強香港社會特別是公職人員和青少年的憲法和基本法宣傳教育。這些都是「一國兩制」實踐的必然要求，也是全面推進依法治國和維護香港法治的應有之義。當然，基本法也有與時俱進適時修改的問題。

確保「一國兩制」不走樣、不變形，要把維護國家利益和香港利益有機會結合起來。「一國兩制」的根本宗旨是，把維護國家主權、安全、發展利益和保持香港長期繁榮穩定兩個方面有機統一起來。保持香港長期繁榮穩定，要始終列為國家戰略，並通過具體的國家發展規劃來充分體現。要結合國家的總體發展戰略謀劃香港發展的新定位，找準「國家所需、香港所長」的結合點；通過大灣區規劃等重點發展規劃，使香港融入國家經濟發展，發揮獨特作用，保持競爭力優勢，保持發展潛力。

確保「一國兩制」不走樣、不變形，是一個長期的戰略要求，不是一個短期的權宜之計。要保持戰略定力，不忘初心，保持耐心，堅定信心。

確保「一國兩制」不走樣、不變形，一定要通過香港特區政府的管治，做好基礎工作，並通過解決好管治權和人心回歸這兩個中心問題，使「一國兩制」具備長遠的生命力。香港特區政府要堅守「一國」之本，善用「兩制」之利，紮紮實實做好各項工作；要與時俱進、積極作為，不斷提高政府管治水平；要凝神聚力、發揮所長，開闢香港經濟發展新天地；要以人為本、紓困解難，着力解決市民關注的經濟民生方面的突出問題，切實提高

民眾獲得感和幸福感；要注重教育、加強引導，着力加強對青少年的愛國主義教育，關心、支持、幫助青少年健康成長。中央要抓住管治權和人心兩個中心，多措並舉，久久為功。

確保「一國兩制」不走樣不變形，各方需要共同承擔責任。中央政府、香港特區政府和香港社會都有責任確保「一國兩制」得到準確貫徹落實。香港社會尤其是非建制派，必須在衝擊「一國」的危險道路上懸崖勒馬。中央政府及中央相關機構，需要更加尊重「兩制」差異及發揮香港「一制」獨特作用。需要特別強調的一點，就是中央政府和相關機構要學會用香港思維處理香港事務，如習近平提出的，「要善用在香港社會行得通的辦法開展工作，避免簡單套用內地思維和做法處理香港事務。」香港社會也要逐步了解和尊重北京思維。

第三節
和解與變革是管治路線調整的兩大主題

要進一步做好爭取香港人心回歸的工作，根本要靠中央和香港特區政府調整完善管治路線，使香港的管治走上正軌，化解香港日益突出的政治矛盾、社會矛盾和「中港矛盾」，讓香港市民安居樂業，讓香港社會長治久安。

中央和香港特區政府調整完善管治路線有兩大主題，一是促進香港政治和解；二是推動香港政治經濟社會變革。沒有和解，難以推動變革，沒有變革，也難以實現和解，二者是相輔相承的。

努力促進香港政治和解

香港回歸以後，政治對立日益加深，建制派和非建制派兩大陣營壁壘分明，非建制派與中央政府和香港特區政府展開政治對抗，香港社會嚴重撕裂，仇恨政治發展到比較離譜的程度。激烈的政治鬥爭導致嚴重的社會內耗，損害特區政府的管治威信，導致施政空轉，拖累經濟發展，影響民生改善，危及社會穩定，損害香港競爭力。這個局面不徹底改變，香港必定日益跌落自我毀滅的深淵。

走政治和解之路，是對政治對抗之路的否定。香港社會普遍認為，無論在中央內部，還是香港建制派和非建制派，都存在鷹派和鴿派兩條路線，鷹派主張走強硬的政治對抗之路，鴿派主張走溫和的政治和解之路。香港回歸以來，各方基本上走的是政治對抗之路，建制派和非建制派以選舉政治為中心展開殊死較量，非建制派也通過街頭政治、輿論鬥爭進行政治對抗。實踐證明，企圖通過政治對抗擊潰對手，企圖通過選舉政治徹底壓倒對手，是很難行得通的。這種政治對抗持續下去，必然是幾敗俱傷的局面，各方都是輸家，最大輸家是香港市民、是香港整體利益以及「一國兩制」事業。

回歸以後各方鬥爭慣了，鬥爭思維根深蒂固，鷹派容易佔據上風，鬥爭路線容易主導香港政治。但鬥的結果是香港各方面愈來愈敗壞，是時候換一條路線了。政治和解之路難走，但應堅決去試。

沒有政治和解，很難落實「雙普選」，香港圍繞管治權爭奪及民主發展的政治矛盾很難化解

落實不了「雙普選」，或不能以比較寬鬆的制度設計落實「雙普選」，根本原因在於中央不能信任香港「泛民」這股政治力量，絕對不能容忍與中央對抗的人當選特首，也絕對不能容忍「逢中央必反」、「逢特區政

府必反」的「泛民」借立法會普選控制香港的立法權，不能容忍「泛民」走上執政之路。沒有「泛民」與中央的政治和解，即便再次啟動政改，仍然很可能淪為一場政治鬥爭，圍繞方案鬥爭來鬥爭去，很難真正成事。通往「雙普選」最近的路，是「泛民」與中央政治和解。「泛民」改變與中央進行政治對抗的立場，雙方逐步建立互信，「泛民」逐步成為中央可以接受的政治力量，則落實「雙普選」可以水到渠成，甚至有可能以更寬鬆的制度設計落實「雙普選」。

真正的政治和解，也得靠落實「雙普選」才能實現。各方能否就「雙普選」達成共識，是政治和解是否真正達成的試金石。「泛民」要獲得中央信任，中央不再視「泛民」為奪取香港管治權的威脅，各方就「雙普選」能達成共識，則政治和解可算大功告成。

沒有政治和解，香港將長期陷於嚴重的社會撕裂，難以實現社會和諧

由於建制派與非建制派長期陷於激烈的政治鬥爭之中，雙方的支持者也日益對立，社會嚴重撕裂，人們因為政治立場的對立而變得勢不兩立，仇恨政治在香港日益惡性發展，到了泯滅人性、超越道德底線的程度。舉例而言，香港教育局副局長蔡若蓮長期被「泛民」視為眼中釘，其長子2017年9月因抑鬱症跳樓身亡，教育大學民主牆竟然出現「恭喜蔡匪若蓮之子魂歸西天」的標語；「港獨」理論大師陳雲在網上留言指「前教育局長吳克儉死母死妻。現任教育局副局長死長子」、「害人終害己。皇天擊殺香港」；互聯網上出現大量幸災樂禍的言論。一個社會泛政治化到這種地步，政治對立群體幾乎到了不共戴天的程度，這是極其悲哀的。如果各方不作反思，不採取堅決措施加以根本扭轉，繼續將現在兩大陣營政治鬥爭的格局固化，永遠鬥下去，這種鬥爭不管向有利於哪個陣營的方向發展，都將使香港社會永遠處於撕裂的狀態，港人世世代代將生活在仇恨政治之中，社會和諧難望出現，前景是極其暗淡的。

沒有政治和解，香港將難以集中精力發展經濟改善民生

在政治鬥爭掛帥的情況下，「泛民」為了選舉利益等政治利益，不擇手段在立法會「拉布」，不擇手段發動各種社會運動，不擇手段打擊行政長官和特區政府的管治威信，不擇手段阻撓特區政府解決經濟民生難題，以損害香港整體利益和長遠利益為籌碼，向中央、香港特區政府和建制派進行政治施壓。沒有政治和解，各方繼續鬥爭下去，「泛民」繼續任性地毀港，毀掉的是香港的長期繁榮穩定，香港將難以集中精力發展經濟改善民生，難以提升競爭力，毀掉的是港人及其子孫後代的發展前景。

沒有政治和解，香港的政治穩定和社會穩定難以實現

在政治鬥爭壓倒一切的情況下，非建制派採取的手段愈來愈激烈，「公民抗命」出現了，街頭暴動出現了，衝擊立法會等違法暴力行為出現了，香港的政治穩定和社會穩定受到很大威脅，法治等核心價值被不斷破壞，這樣一個香港，日益變成難以安寧的「火藥桶」。

沒有政治和解，「泛民」很難分享執政權力

「泛民」政黨、團體尤其是民主黨、公民黨等大黨從事政治活動，最終還是希望能走上執政之路，一展管治香港的抱負。但如果「泛民」長期不與中央實現政治和解，不能成為中央可以接受的政治力量，則「泛民」永遠只能充當「反對派」，永遠只能在立法會、街頭從事各種反對、破壞的活動，難以成為建設性的力量，難以實現執政之夢。

沒有政治和解，不利於解決「港獨」這一心腹大患

從政治本質而言，中央與「泛民」溫和力量的政治分歧主要集中在香港民主發展道路和「雙普選」具體方案上，應該說是一種內部矛盾；中央與

「港獨」勢力的矛盾，則是分裂國家與否的大是大非之爭，是一種敵我矛盾。與溫和「泛民」實現政治和解，有利於孤立和全力打擊「港獨」勢力，有利於扭轉激進「泛民」、「港獨」勢力推動極端政治惡性發展的趨勢。

沒有政治和解，不可能團結大多數港人，不可能有真正的香港人心回歸

政治和解的本質是與超過香港總人口半數的「泛民」支持者和解，是與多數港人和解，是推動香港整體社會和解，是爭取和團結絕大多數港人。沒有政治和解，絕對不可能實現港人在愛國愛港旗幟下的大團結，也絕對不可能實現真正的香港人心回歸。不把溫和「泛民」及其支持者爭取和團結過來，中央政府和香港特區政府管治香港的群眾支持基礎和民意支持基礎將始終是非常薄弱的，將長期只能獲得相對少數的港人擁護，香港的人心回歸也將只限於相對少數群體。

綜上所述，中央政府和香港特區政府有必要向香港「泛民」不斷釋放善意，積極主動推進政治和解進程。中央是大的一方、強的一方，「泛民」是小的一方、弱的一方，中央有更多權力與資源，有更多牌可打，中央需要有更寬闊的胸懷，中央要更主動，發揮主導作用。中央需要調整完善一些具體政策，包括：加強與「泛民」的恆常溝通，給「泛民」人士發放回鄉證，繼續嘗試讓「泛民」人士出任特區政府主要官員和行政會議成員，容許特區政府讓更多「泛民」人士擔任其他公職及獲得相應利益，加大力度統戰「泛民」背景人士等等。

中央涉港工作機構，過往更加重視統合建制派，帶領建制派同「泛民」打選戰和進行各種政治較量，但實際成效是有目共睹的，「泛民」並沒有被愈打愈弱，香港的政治對立和社會撕裂卻日益強化和固化。靠打選戰打垮和擊潰「泛民」，在可以預見的將來，都是一件做不到的事。兩陣對立，以選舉為中心，將打贏選戰作為最大挑戰和最重要的政治任務，也是政績考核的重中之重，這種思路長期存在。這種中央機構站在香港建制陣營一方，

與另一方進行政治較量的格局始終持續下去，香港永遠處於一種政治上高度對立、社會高度撕裂的局面，連基本的政治社會穩定也缺乏保障，更難言長治久安了。

也許中央駐港機構可以調整一下工作思路和部署，將帶領建制派打贏選戰和與「泛民」鬥爭為主的工作思路，調整為以爭取「泛民」分化轉化和促進香港政治和解和政治合作為主，從只將工作重點面向建制派調整到面向香港所有政治力量尤其是「泛民」，包括設立專門的工作部門加強對「泛民」的工作，將爭取「泛民」的成效作為更加重要的政績考核指標。

香港要實現長治久安，從根本上來講，必須最終實現政治和解和政治合作，實現港人在愛國愛港旗幟下的大團結，實現香港社會的整體和解和高度和諧，使「一國兩制」、「港人治港」和高度自治進入良好運轉的正軌。對港的管治工作，應該向這個大方向努力，而不是背道而馳。

以鬥爭為主的思維，靠選戰打垮「泛民」的思維，不可能解決港人的大團結和香港的社會和諧問題。一個建制與「泛民」兩陣對立鬥爭局面的結束，一個建制與「泛民」政治分野基本消失、港人實現大團結、「港人治港」和高度自治運作良好的新局面的出現，符合香港整體利益和國家利益，有利維護國家的主權、安全和發展利益，有利於香港保持長期繁榮穩定的局面，有利於香港真正實現長治久安。但這樣一個局面的出現，即「一國兩制」、「港人治港」、高度自治良好運轉的局面的出現，可能極大削弱一些中央駐港機構存在的價值，極大削弱相關機構的實際權力和資源，甚至也極大削弱中央行使對港全面管治權的需要，這可能不符合內地相關機構的政治利益。中央全面管治權的論述不願把管治路線調整到促進香港政治和解上來，不願真心實意和積極主動去加強爭取「泛民」的工作，說白一點，也許是希望「泛民」這個強敵始終存在，香港的政治鬥爭始終延續，香港保持一種亂局但大局可控，這最有利強化某些中央機構的存在價值和政治利益，但實際上於香港的整體利益和國家利益無益。

　　政治和解需要各方都展示善意，良性互動，逐步建立互信。政治和解是有底線的，是與認同「一國兩制」、認同香港回歸祖國、尊重基本法、不與中央政府進行政治對抗的力量和解。習近平在香港回歸20周年慶祝大會上表示，「從中央來説，只要愛國愛港，誠心誠意擁護『一國兩制』方針和香港特別行政區基本法，不論持甚麼政見或主張，我們都願意與之溝通。」「泛民」關鍵是拿出實際行動來，證明自己是愛國愛港、擁護「一國兩制」方針和香港基本法的。習近平提出的這個溝通條件是非常寬鬆的。否定「一國兩制」、不尊重基本法、頑固與中央政府進行政治對抗、主張「港獨」、主張顛覆中央政府、危害國家主權安全、挑戰中央權力，逾越中央劃定的底線，中央是絕對不會容許的，不僅不會與這種力量和解，反而要更加堅決地予以毫不手軟的打擊。

　　「泛民」眾多政治人物需要有比立法會議員更高的格局，超越政黨和個人政治利益的局限，更多站在香港整體利益的角度考慮問題，亦要增強國家意識和國際視野。政治行動需要結合理想主義和現實主義，亦要講政治謀略。「泛民」最大的問題之一，就是缺乏對中國共產黨的研究和深刻認識。中國共產黨作為百年政黨，可以説是從殘酷鬥爭中走過來的，要搞政治鬥爭，中共的經驗是最豐富的。「泛民」如果把自己定位為中共的政治對手，長期堅持政治對抗的立場，無論從實力來説，還是從經驗來説，「泛民」都沒有贏得鬥爭勝利的任何機會。「泛民」進行政治鬥爭，與中共相比，只是「小學雞」的水平，「泛民」的政治套路太舊、太直白、太幼稚，中共不費吹灰之力就可精準掌握。「泛民」可以取得反對23條立法、反對國民教育這樣的戰役性勝利，也可以在香港民意爭奪和立法會選舉中獲勝，但要在一些更核心的問題上取得戰略性的勝利，比如推動香港落實普選和發展民主、獲得在香港執政的機會、有效守護香港核心價值、確保「一國兩制」不走樣變形和在2047年後獲得延續、維護香港的長期繁榮穩定，則機會微乎其微。「泛民」的某些戰役性勝利，其實是戰略性的失敗，換言之是中共的戰略性勝利，最典型的是「泛民」否決特首普選方案。

「泛民」與外部勢力的勾結，犯了政治大忌。外部勢力希望香港保持某種亂局，作為遏制中國的重要一環，追求的是其自身的國家利益，損害的是香港利益和中國的國家利益。「泛民」為了強化與中央和建制派進行鬥爭的實力，爭取外部勢力的支持，戰術上獲益，戰略上無益，這就是強化中央把「泛民」視為敵人的鬥爭思維。

從根本上說，「泛民」的戰略性失敗，在於他們不能成為中央接受的政治力量，在於他們為中共強硬力量拖延和阻撓香港落實普選找到藉口，在於他們為中央強勢介入香港管治找到藉口，而同屬非建制陣營的「港獨」分離勢力的崛起，更可能為中央找到在將來收回香港「一國兩制」、改為實行「一國一制」的藉口。說得直白一點，「泛民」這股異己力量的存在及「港獨」勢力的崛起，為中央對香港實施強硬管治路線、對港直接行使更全面的管治權、逐步將香港引向「一國一制」提供了強大的政治誘因和合理藉口，也符合中央涉港管治機構及官員個體在香港管治上擴權的政治利益。「泛民」的鬥爭路線可能暗合中共強硬派的政治需要。香港社會的不團結，「泛民」的強大及其在香港獲得的民意支持，不是「一國兩制」、「港人治港」、高度自治的有力保障，恰恰埋下的是「一國兩制」、「港人治港」、高度自治被削弱甚至被消滅的政治地雷。某種意義上，矢言守護「一國兩制」和香港核心價值的「泛民」，實際異化為「一國兩制」的掘墓人。分化香港政治力量，撕裂香港社會，分化港人，直接導致的是「港人治港」、高度自治失效，直接導致中央更大力度介入香港管治，也使「一國兩制」的終極命運帶上極大不確定性。

「泛民」到目前為止，政治上仍不清醒，還沒有深刻檢討政治路線，凝聚內部共識。「泛民」也日益陷入困境。議會鬥爭消耗和犧牲的只是香港市民的福祉和整體利益，街頭鬥爭北京可以置之不理，「泛民」靠甚麼去為香港爭普選爭利益？為了自身更大的政治利益和香港的整體利益，「泛民」應該努力嘗試走與中央政治和解的新路，有禮、有節、有利地為香港爭普選和爭利益，真正守護香港。

「泛民」需要以實際行動調整與中央和香港特區政府進行政治對抗的立場。「泛民」人士從來聲稱自己是愛國愛港的，「泛民」需要更加鮮明地就若干重要立場表態，包括：反對「港獨」、不與中央對抗、不與外部勢力勾結、不謀求顛覆中央政府、擁護香港回歸祖國、擁護「一國兩制」方針、擁護基本法；「泛民」需要拿出實際行動，在與中央的溝通中拿出誠意而不要做秀或進行破壞，停止在「七一」回歸日和「十一」國慶日組織遊行示威活動，停止在立法會進行「拉布」破壞。

推進政治和解，會遇到不同利益群體的強大阻力，會遇到種種艱難曲折，但這條道路是正確的，如果不下決心去走，香港永遠難以走出政治鬥爭的泥淖。

推動香港政治經濟社會變革

回歸至今，香港內外的環境發生很大變化，積累了大量深層次矛盾和問題。為了使香港進一步適應回歸後香港政治、經濟、社會的深刻變化，有必要推動香港政治、經濟、社會變革，在管治等各個領域全面去殖化，建立真正符合「一國兩制」、「港人治港」、高度自治方針的香港新政治、新經濟、新社會。

香港基本法規定，香港保持資本主義制度和生活方式，50年不變。50年不變，指的是保持資本主義制度和生活方式，不是保持大資本家的利益50年不變，不是保持港英政府的管治理念和管治制度50年不變，更不是保持回歸後香港社會不合理的政治經濟利益格局50年不變。

1987年國慶日，鄧小平在會見香港觀禮團時表示，「變也並不都是壞事，有的變是好事，問題是變甚麼……如果有甚麼要變，一定是變得更好，更有利於香港的繁榮發展，而不會損害香港人的利益。這種變是值得大家歡迎的。如果有人說甚麼都不變，你們不要相信。我們總不能講香港資本主義

制度下的所有方式都是完美無缺的吧？……把香港引導到更健康的方面，不也是變嗎？向這樣的方面發展變化，香港人是會歡迎的，香港人自己會要求變，這是確定無疑的。我們也在變。」[2] 鄧小平提醒香港的資本主義制度並不完美無缺及有推進變革的需要，這是極具預見性的。

香港需要政治變革，需要建立新的政治制度和政治文化。不必懷念港督的管治體制，不應幻想香港的管治回到港督集權的時代，更不宜將港督時期的管治理念作為金科玉律。香港現行政制的本質是官商共治，是殖民地官商共治的延續，這一政制已難以為繼，嚴重向資本家利益傾斜的管治路線亦難以為繼。香港新政治要正確處理中央與香港、「一國」與「兩制」的關係。香港新政治必定是落實「雙普選」的民主政治。香港新政治應揚棄鬥爭思維，走向和解政治、合作政治。香港新政治必然要求政府有新管治。特區政府在回歸後遵循的管治理念大多是港英政府的管治理念，調整管治路線的本質是在管治理念上去殖化。

香港需要經濟變革，需要建立新的經濟制度和經濟模式。世界經濟格局及經濟發展方式已經發生巨變，港英留下的經濟版圖、產業結構、發展模式，及金融貨幣、財政、稅收等重大經濟制度，已愈來愈不適應香港參與國際競爭的需要。香港需要在經濟基礎、發展模式、經濟制度上去殖化。香港新經濟必然要依託新產業，香港新經濟必然要有新的經濟增長點；香港新經濟必然要有新定位和新功能，要在國家經濟發展和對外開放中找到新的功能和地位，要為青年和整個社會向上流動找到新出路；香港新經濟必然要有貨幣金融、財政、稅收等新的制度設計。香港新經濟更需要有新的發展理念，必然是創新經濟、共享經濟。至為關鍵的是推動包容式發展、共享式發展，堅持發展為了香港市民、發展依靠香港市民、發展成果由香港市民共享，使全體香港市民在共建共享發展中有更多獲得感。

---

2. 鄧小平(2009)。見中共中央文獻編輯委員會編，《鄧小平文選（第三卷）》。北京：人民出版社。73頁。

香港需要社會變革，需要建立更加體現公平正義的新社會。不宜盲目崇拜港英政府留下的、現在仍然缺少變革的港式資本主義社會。港式資本主義是「原教旨主義的資本主義」，停留於不公平的市場競爭和弱肉強食及貧富差距懸殊。港式資本主義社會並非人間天堂，社會建設嚴重滯後於經濟建設，不是福利社會，亦不是一個和諧社會和公義社會。建設和諧社會，本質是在社會建設上去殖化。香港新社會應該是資本家、中產和基層利益分配關係更加合理，充分體現分配正義的公平社會；香港新社會應該是一個社會全面向上流動的中產主導型社會，是很好應對人口老化、公共服務均等化和普惠化的現代化社會，是社會保障和社會福利水平得到極大提升的福利社會或準福利社會；香港新社會更應是消除對立分化和嚴重撕裂的團結社會，是包容共濟、繁榮祥和的安定社會和法治社會，是一個全面消除政治經濟特權的相對平等社會，是一個貧富懸殊極大縮小的相對均富社會。

全面推動香港政治、經濟、社會變革，不是改變或消滅香港資本主義制度和生活方式，而是使香港跟上世界發達資本主義國家或地區的發展大勢，使港式資本主義緩解甚至消除其各種矛盾，建立民主得到落實、管治更為有效、經濟更有競爭力、社會更加公平和諧的新香港，使其政治、經濟、社會制度更加鞏固和完善，靠近西方主流資本主義，使香港的資本主義更具活力和生機。

全世界包括西方主流資本主義國家，都愈來愈重視解決以貧富懸殊為主的分配不公平、社會不平等問題。香港目前實行的是更加殘酷、更加嗜血、更加醜陋的資本主義，貧富懸殊程度在發達國家或地區最高，社會福利和社會保障水平遠遠落後於歐洲福利國家，亦與其經濟發展水平和國際金融中心的地位極不相稱。香港社會躁動不安並向暴力衝突、社會暴動的方向惡性發展，是香港現行政制設計、發展模式和利益分配格局不可持續的反應。主流資本主義國家大都主動進行經濟、社會變革，大的趨勢是向「左」轉，壓抑超級富豪的利益而增進中產和窮人的利益，以緩解社會矛盾，維護資本主義的統治。香港也是時候與時俱進，通過變革完善其資本主義制度。

全面推動香港政治、經濟、社會變革，首先要推進特區政府自身管治哲學的變革，必須政府主導，必須有緊迫感，不能等，不能拖。港英政府是在「六七暴動」後，才調整了管治思路，採取了較多懷柔的政策，建立綜援、居屋、公屋等制度，提高了社會保障和社會福利水平，相當程度安撫了人心，穩定了社會。香港特區政府必須揚棄港英殖民政府的管治哲學，強化政府職能，在創造財富和分配財富兩端發揮更大作用，帶領香港建設新政治、新經濟、新社會。

第四節
管治路線要重點防「左」

歷史上中共對於國家的治理，右傾路線有過危害，但危害最大的總是「左」的路線，尤其是「極左」路線。中共對香港的管治也是這樣。在管治路線上，要警惕右，但關鍵是防止「左」。

香港管治路線右和「左」的主要表現

中共及香港特區政府對香港管治在路線上出現的問題，既有右的問題，也有「左」的問題，右的問題大多集中在經濟民生領域，「左」的問題大多集中在政治領域。

右的表現主要有：

1. 膜拜香港殖民管治時期的政治經濟社會制度，認為只要把英國國旗改為中國國旗、把港督換成行政長官就行了。漠視香港實際情況的巨大變化，管治理念落後時代，缺乏主動推進香港政治、經濟、社會變革的意識。

2. 膜拜香港的資本主義，沒有看到香港資本主義與世界主流資本主義國家的巨大差別。漠視香港資本主義愈來愈醜惡、愈來愈不公義不和諧的一面。將保持香港資本主義制度和生活方式50年不變，異化為維護香港資本家尤其壟斷資本家的利益50年不變。內地幾乎照搬對香港經濟民生造成極大危害的房地產發展模式，同樣使內地經濟民生被房地產業及其背後龐大的利益集團綁架。

3. 膜拜香港的資本家，羨慕資本家的財富和生活方式，讓香港日益向「權貴資本主義」模式方向發展。在具體政策、統戰工作等方面向資本家的利益嚴重傾斜，統戰資本家變成被資本家統戰。內地權貴和香港權貴聯手，利用香港的種種便利在香港攫取巨額利益。漠視香港日益嚴重的貧富差距等社會矛盾，漠視中產階級和基層民眾的利益，不重視團結和爭取中產階級和基層。不重視青年的利益和青年工作。讓港人難以在物質利益上增強獲得感。

4. 在政制發展上，否認選舉委員會中富人和社會上層人士佔據多數的基本事實，美化立法會功能組別，不承認香港現行政制事實上違反各界別各階層均衡參與的原則，太過注重維護資本家的政治特權，忽視維護和增進中產階層和基層的民主權利，忽視青年對民主政治的參與。拖延處理和保守處理「雙普選」問題，政制發展進程未能得到多數港人支持，愈來愈被動和失去人心。

5. 脫離香港實情，漠視港人疾苦，漠視香港在房屋、醫療、退休保障、養老、勞工等許多方面的重大制度性缺陷，漠視香港嚴重的勞資矛盾，漠視香港社會保障、社會福利水平與歐洲福利資本主義國家及新加坡等條件相似地區巨大的差距，漠視香港勞工和多數市民維護自身權益的正當訴求，經常指責香港可能淪為民粹主義、福利主義甚至社會主義。

6. 將香港問題主要看成經濟問題和發展問題，認為可以通過支持香港經濟發展就解決香港的諸多矛盾，拖延解決香港政治矛盾，忽視香港階級、社會矛盾。

與此同時，有很多「左」的思維在影響管治路線。主要表現有：

1. 以敵我鬥爭的思維看待香港問題，強化社會對立和社會撕裂。

2. 「左」的路線突出表現在對「泛民」的政策。長期將香港「泛民」整體定性為「反對派」，列為鬥爭和打擊對象。沒有以最大誠意和有力舉措團結和爭取「泛民」的主流力量，希望通過鬥爭鬥垮「泛民」。長期選戰至上，將大量資源投入打選戰，冀通過打贏選戰擊潰「泛民」。

3. 將香港的所有問題歸結為愛國與不愛國的矛盾，完全漠視香港的階級矛盾和社會矛盾，漠視香港許多深層次矛盾和問題。

4. 認為香港所有問題完全是「泛民」和外部勢力造成的，不承認、不檢討建制派的問題，亦不承認、不檢討中央和特區政府的管治問題。

5. 「左」的路線突出體現在未能妥善處理香港普選問題。將香港「雙普選」問題定性為管治權爭奪，忽視落實「雙普選」的本質仍是真正在香港推進民主，使香港各階層的政治經濟權利得到更公平更合理的分配。不承認現行行政長官選舉、立法會選舉制度存在重大局限，將與「泛民」和香港主流社會圍繞民主發展的政治矛盾完全上升到管治權爭奪的敵我矛盾，不能真正通過推進民主爭取多數港人支持。

6. 對香港的統戰工作流於「一左二窄」，指導思想和工作重點未能真正推動港人在愛國愛港的旗幟下大團結。將統戰重點長期鎖定在大資本家及其後代和少量社會上層人士。過於重視統戰同鄉會等社團

人士，社團工作流於形式主義和政績工程的現象比較突出。統戰工作利益化的問題備受質疑。長期在自己友的小圈子裏打轉，未能將重點轉向爭取那些還沒有支持中共和特區政府的政治力量。統戰本應重點針對「泛民」溫和力量，但對於「泛民」基本上整體放棄。忽視爭取中產專業精英的支持。原來有巨大優勢的學校和青年工作不斷弱化，相當程度失去爭取青年支持的能力。在向資本家利益嚴重傾斜的大格局下，工會工作日趨沒落，建制派工會某種程度上異化為維穩力量，失去為勞工爭取權益的初心。

7. 極力誇大本土主義和「港獨」等的威脅，變相為激進本土勢力造勢，甚至指望借激進本土勢力之力打擊主流「泛民」，並借此強化採取強硬管治路線的正當性。

8. 貶低香港地位和唱衰香港，因香港佔國家經濟總量的比重大大降低而輕視香港，主張拖延香港問題，認為可通過內地和香港的經濟實力對比愈來愈不相稱，壓抑港人的民主訴求，使香港和港人失去叫價能力。

9. 在輿論工作中唱衰香港，變相為「中港矛盾」火上澆油，強化內地民眾對香港的負面觀感，變相貶低香港的民主、法治形象和價值觀念，變相否定港人增進民主訴求的正當性。

10. 執行部門在具體工作中可能損害香港自由、法治、廉潔等價值，甚至直接侵犯港人的人身自由。一些部門的做法到了完全不顧香港社會和國際社會觀感的程度。比如銅鑼灣書店事件引起香港和國際社會震驚，內地部門的解釋連香港建制派也很難接受。

11. 以權宜之計看待「一國兩制」國策。將兩制僅僅視為手段和工具。最終希望取消「一國兩制」、「港人治港」、高度自治，變為一國一制。

種種「左」的表現，本質是以內地思維看待和處理香港問題，不尊重「一國兩制」的實際，謀求在核心價值、意識形態和管治上對香港實施「內地化」的改造，使「一國兩制」愈來愈走樣變形，向「內地化」甚至「一國一制化」方向發展。

管治路線容易「左」傾的成因及其危害

管治路線容易趨「左」，成因是非常複雜的，主要包括：

1. 宏觀背景的影響，其一是內地政治發展趨勢出現重大變化。這是最為關鍵的，但筆者對此難以妄議。只想指出一點，香港和西方輿論都非常擔憂內地出現改革開放倒退和政治上走回頭路的趨勢。

2. 宏觀背景的影響，其二是內地和香港經濟實力發生根本變化。內地在改革開放後快速崛起，成為全球第二大經濟體。香港經濟總量佔據全國經濟總量的比例由改革開放之初的接近三成下降到不足3%。內地在經濟實力和其他硬實力增強後，面對國際社會和香港社會都愈來愈有一種財大氣粗的優越感，那種改革開放之初仰視香港的心態完全沒有了，變為俯視香港，更因對香港人心遲遲難以回歸有一種厭棄感，對香港社會逐步失去耐心，改為更重視以硬實力管控香港。

3. 內地思維的影響，其一是管治者普遍習慣寧左勿右。因為右往往定性為立場問題，左往往被定性為工作方法問題，右會導致官員的政治安全出現問題，左往往不會出現政治安全問題，反而容易增加政治安全保障。

4. 內地思維的影響，其二是管治者普遍具有強烈的權力崇拜。內地是一個十足的權力社會和官本位社會，內地社會制度及具體體制和機

制之下，政治社會的運作完全依賴權力。統治者包括各級官員充滿強烈的權力崇拜，迷信掌握甚至集中權力才能具備管治權威。對香港的管治，中央愈來愈強調其全面管治權。全面管治權的論述有其合理性，但把握不好，在這種理論指導之下，中央相關機構會愈來愈重視擴充其權力，愈來愈忽視「一國兩制」、「港人治港」、高度自治應有的分際和界線，愈來愈忽視爭取香港人心，甚至愈來愈出現權力的傲慢，使管治路線加速「左」轉。權力崇拜其實也是利益使然，中央相關機構及官員個人在對港管治上擴充權力，有利於強化其部門利益和官員的個人利益。「左」的路線有利於擴大權力和利益，右的路線則有損其權力和利益。

5. 權貴集團對管治路線影響極大。內地權貴集團在香港擁有廣泛利益，對香港事務的介入極深。內地權貴集團和香港權貴集團如何在香港勾結獲取利益，他們如何對中央的管治路線造成重大影響，這是難以公開討論的深層次問題。現在有一些個案被媒體少量披露，包括中資企業暴露出的問題，包括香港日益淪為內地洗錢中心的問題，包括一些「白手套」以香港為基地為內地權貴謀取巨額利益的問題，但外界能了解的情況都只是冰山一角。中共對查處涉及香港的腐敗問題，似乎也顧忌甚大，很少公開披露案情。

6. 香港工商界和建制派中強大保守力量對中央管治路線造成影響。維持中央與香港「泛民」敵我鬥爭的政治對抗格局，使中央需要依賴香港工商界的支持，香港工商界尤其大資本家可借此對中央和香港特區政府實施政治綁架，逼使管治路線向資本家的利益傾斜，確保其壟斷利益不受損害。中央也需依賴建制派的支持維護香港脆弱的政治社會穩定，建制派可借此分享管治權力，獲得大量政治經濟利益。建制派中因此充斥不少戴着愛國主義面具的機會主義分子，一些人比內地官員更左，並以其掌握的話語權遊說中央採取更左的管

治路線。建制派中保守力量遊說和支持中央採取「左」的管治路線，可以使一些人獲得暫時的政治利益，但香港內地化的趨勢日益加劇，損害的則是其子孫後代和全體港人的根本利益。

7. 香港「泛民」極為不智，採取了與中央對抗的錯誤政治路線。「泛民」在普選等問題上過於理想主義，在政治策略上完全失敗，與中央進行政治對抗，干擾破壞特區政府解決經濟民生問題，不僅未能為港人爭取更多民主權力，也使香港的經濟民生問題日益惡化，其與中央對抗的籌碼不斷減少，實力趨於下降，愈來愈陷入戰略困境。本土勢力尤其「港獨」勢力鼓吹分離主義，更是自不量力和愚蠢。香港反對力量推行的錯誤政治路線，為中央實行更「左」的管治路線提供了最好藉口，也使管治者中的開明派難以有所作為。

8. 美英等外部勢力在香港的作為，刺激中共採取更「左」的管治路線。美英等外部勢力在香港支持反對力量，着力引導香港分離主義力量發展壯大，支持「港獨」、「台獨」合流，不是為了增進香港和港人的利益，而是借搞亂香港遏制中國。香港的反對力量以不同方式和不同程度與外部勢力合作，觸犯中共的政治大忌，使中共難以改變對其政治定性，難以改變鬥爭為主的思維。美英在搞亂香港上取得一定成功，但也陷入戰略上的失敗，就是變相刺激中共對香港實施更「左」的管治路線，使香港的「一國兩制」愈來愈趨於失敗，最終使香港淪落為「內地化」的普通城市的危險愈來愈大。香港淪為外部勢力手中遏制中國的一張牌，香港部分政治勢力借與外部勢力合作撈取一些政治利益，最終可能付出「一國兩制」難保的最大代價。美英的做法其實極不高明，戰術上成功而戰略上失敗，搞亂香港對中國內地的影響極為有限，最後很可能玩殘甚至玩死香港。美英更加智慧的做法，是約束香港的分離主義勢力不要採取狂

躁冒進的政治玩火行為，支持香港「泛民」與中共儘快實現政治和解和政治合作，支持香港儘快達成一個過渡性的普選方案，使香港得以儘快緩解政治矛盾和集中精力發展經濟、改善民生，簡言之，是支持香港儘快走上「一國兩制」、「港人治港」、高度自治良性運轉的長治久安軌道，使其充分展示資本主義制度、生活方式和價值觀念的優越性，向內地官方和人民顯示出其難以比擬的軟實力，最終對內地產生潛移默化的影響。美英和香港「泛民」都應在與中共的較量中採取有理、有利、有節的策略，根本目標是共同爭取中共對香港採取更加開明的政策，使香港在治理模式上比內地更成功。美國為了與中國進行戰略對抗，組織和支持「泛民」與中共進行政治對抗，一味破壞、搗蛋，不是保護香港這個自由地區，而是糟蹋香港，變相推動香港這個自由地區走向沉淪甚至毀滅，實踐結果也證明這種戰略是完全錯誤的。

　　右和「左」的管治路線都產生嚴重危害。管治路線上的右，就是經濟民生政策向香港工商界尤其是大資本家的利益嚴重傾斜，向香港上層精英的利益嚴重傾斜，使香港中產中下層和基層的利益嚴重受損，使香港的貧富差距懸殊等社會矛盾日益深化，民怨愈來愈深重。管治路線上的「左」，主要是政治方面的「左」，使香港難以解決普選爭議這一最重大的政治矛盾，使香港長期陷於政治對抗和社會撕裂，鬥爭為主的思維也使香港的核心價值不斷受到侵蝕，對香港實施內地化改造、視「一國兩制」為權宜之計的「極左」思維，更使香港長遠面臨日趨「內地化」和「一國一制化」的危機，香港的資本主義制度、生活方式和價值觀念最終不保的可能性始終存在。「左」的管治路線不符合香港的利益，不符合港人的利益，也不符合國家利益。「左」的管治路線容易在香港徹底喪失人心，也容易使中共在台灣喪失人心，還容易使中共在國際社會尤其是西方社會喪失人心，最終影響的是中國國家利益。

防右反「左」符合國家利益，但需要更多條件

政治上過「左」，經濟民生政策過右，讓港人政治權利失去更多，貧富懸殊更加惡化，最終必然民怨沸騰，管治者徹底失去人心，香港也必然是死路一條。香港是跑不掉的，但如果路線和政策不對頭，人心是會跑掉的，國家根本利益也會失去。

調整管治路線，核心是政治上不能過「左」、經濟民生上不能過右。政治上過「左」，會讓香港市民擔心自由等核心價值受損，會讓香港市民有政治權利的失去感；經濟民生政策過右，會讓香港停留於地產壟斷下的不公平市場競爭、弱肉強食及貧富懸殊，讓香港市民難以在經濟利益上有獲得感。要在政治領域實施開明開放也就是適度右傾的政策，在經濟民生領域實施更加注重社會公平、社會和諧也就是適度「左」傾的政策，讓香港各階層合理分享政治、經濟利益及發展成果。要在政治上防止「左」，真正在香港推進民主，化解與「泛民」的政治矛盾，在言論、行動、思想上均重視維護香港民主、自由、法治、廉潔等核心價值，擴大港人民主權利，讓港人不必害怕在核心價值上會有所失。在經濟民生上防止右，着力化解社會矛盾，切實有效改善民生，壓抑資本家的利益，增進中產階層和基層的利益，增強社會平等，促進社會和諧，讓港人在社會財富等實際利益分配上有公平、公正感，真正贏得香港人心回歸。

筆者認為，從長遠而言，無論資本主義陣營，還是社會主義陣營，都不宜以冷戰思維看待國家治理模式和意識形態的差異，不要將中國模式與美國模式完全對立起來，也不要以「歷史終結論」將不同模式定型化，徒然陷於意氣之爭，而要以開明開放的態度對待人類共同創造的文明成果，互相借鑒和學習，使不同的國家和民族最終趨於融合發展。而處理好「左」和右的關係，是難以繞開的問題。西方資本主義國家可以在經濟民生政策上借鑒社會主義的一些理念，就是更加重視國家在經濟發展和財富分配上的作用，更加注重公平正義，也就是向「左」轉，這也正是許多發達資本主義國家和地

區一直在做的，就是高度重視社會福利制度和社會保障制度的建設，使人民所享有的福利及其公平性比社會主義更好。而社會主義陣營亦可向資本主義國家學習，除了學習市場經濟，大力發展經濟及改善民生，更應在政治文明上適度右轉，就是真正學到西方的民主、自由、法治、人權、廉潔。在經濟民生上保有社會主義的公平正義和高福利（雖然許多社會主義國家事實上沒有做到，但至少社會主義的理想是這樣的），在政治上真正促進資本主義式的民主自由，也就是北歐許多國家已做到的社會民主主義或者民主社會主義，這是中國取得根本進步、中國模式真正贏得國際社會尊重和認可的必由之路。

非常遺憾的是，在處理「左」和右的問題上，內地和香港似乎都正好完全走錯了方向。在經濟民生問題上，內地有中國特色的社會主義，香港的港式資本主義，都日益走上了社會財富由極少數人壟斷、貧富差距極其懸殊、社會矛盾日益深化的模式。而在政治上，內地和香港都走上了愈來愈「左」的路子，民主難以實質發展，自由趨於更加受限，廉潔等很難保障。

糾正管治路線上已經出現的一些「左」的現象，防止管治路線愈來愈「左」，需要出現更多條件。

從根本上講，管治路線取決於中央決策層。如果中央決策層對涉及香港的一些重大問題有更開明開放的取態，包括對「一國兩制」、香港民主發展、香港對國家治理的意義等有新的認識，樂於在理論和實踐上不斷創新，則管治路線有可能作出更加實事求是和與時俱進的調整。這需要時間來解決。

真正強大的管治者，不在於掌握權力而在於獲得民心，不在於取而在於予。信仰宗教的人有一句話，施的比受的更有福。施的當然比受的更強大。中共對香港的管治要真正取得成功，不取決於中共從香港再拿走多少管治權和實際利益，而取決於中共能夠給香港社會和所有港人帶來多少東西。強化全面管治權不是目的，最重要的是強化管治權後，中共能給予香港甚

麼。如果政治上仍然不願開放普選，又不能解決香港的經濟民生難題，拿走更多管治權也只能引起更多反感。給港人帶來更多政治、經濟利益，讓香港人生活得更好，才能真正贏得人心，這是硬道理。

香港內部的變化可能促進中央調整管治路線。香港「泛民」的取態非常重要，如果他們逐步調整政治立場，更加積極主動地嘗試與中央政治和解，可能有利於中央放軟姿態，調整日趨強硬的管治路線。香港工商界和建制派的態度亦很關鍵，他們需要更加深刻地認識到，香港和所有港人的根本利益是保住「一國兩制」在2047年後得到延續，建制派需要與「泛民」在這個大是大非問題上化敵為友，共同向中央來大力爭取。如果「一國兩制」不保，香港的大資本家和建制派又從內心並不情願接受「一國一制」的統治，則他們和他們的子孫後代，也只能撤資的撤資，移民的移民。在守護香港「一國兩制」和核心價值上，香港人不分黨派團體，需要最終覺醒和真正團結起來。

如果中共在國際和國內面臨的挑戰和壓力減輕，會有利於各方面的管治路線趨於寬鬆。但目前看來，實際情形剛好相反。對香港的管治路線目前存在「左」的因素，但有其前因後果，至少香港目前搞的還是資本主義，管治者許多做法至今仍然在建制派可以理解支持、港人總體上仍能忍受的程度，雖然香港青年一代已出現絕望之感。如果「左」的做法趨於「極左」，逐步超越港人能夠忍受的界線，並由此帶來災難，難以推行下去，最終也只能作出調整。任何路線、方針和政策，最終需要由人民和歷史檢驗，要由實踐和時間作出公正評價。

第五節
香港2047年後「二次前途問題」
須及早以法律形式明確

香港基本法第5條明確規定，「香港特別行政區不實行社會主義制度和政策，保持原有的資本主義制度和生活方式，五十年不變」。基本法的這條規定意味，「一國兩制」的現行法律保障只有50年，2047年香港回歸祖國將屆滿50年，香港屆時存在二次前途安排問題。

香港社會關於2047年後「二次前途問題」的討論

香港社會已有大量關於2047年後二次前途問題的討論，有的提出許多憂慮，有的提出一些訴求，香港二次前途問題是一個需要儘快明確解決的問題。

有評論認為，「五十年不變」的承諾在2047年屆滿，「一國兩制」的期限至2047年6月30日，這是「2047大限」，香港屆時的法律、政府、土地及業權契約、銀行信貸等安排都需要討論，許多跨越2047年的商業協議等存在法律效力是否延續的問題，尤其2047年後香港政治地位和社會制度如何安排也不明確。

香港的許多社會思潮，也是針對2047年後「二次前途問題」提出的。

《香港革新論》認為，「香港即將再次面對前途問題——即2047年後，香港憲制地位何去何從的『二次前途』問題」；「面對即將浮現的『二次前途問題』，香港人的『主體意識』，將是守護我城自治地位的最後防線——香港人必須建構和捍衛我城的『主體性』，爭取實現超越2047年的『永續自治』。」

2016年3月14日，香港大學《學苑》發表《香港青年時代宣言》，在〈我們的二零四七〉一文中引述梁天琦及黃之鋒的公開言論，認為不但有需要儘早商討「二次前途問題」，更以自決公投為目標，針對「二次前途問題」提出三項訴求，包括：香港成為受聯合國認可的獨立主權國家；建立民主政府；全民制訂香港憲法。

新力量網絡研究總監、香港城市大學教授葉健民撰文指出，「『第二次前途問題』這個提法，是源於對未來不確定性的恐懼。有人擔心既然基本法說明『50年不變』，那麼到了2047年，一國兩制方針是否可以繼續維持下去、落實一國兩制原則的基本法又會否仍然有效，存在很大問號，因而認為有必要為此作好準備，開展討論。」

許多關於香港2047年後前途的討論，都不認為屆時香港必定延續「一國兩制」，「一國兩制」50年到期結束甚至提前結束被列為不可排除的選項。

香港大學政治學者閻小駿在《香港治與亂：2047的政治想像》一書中提出香港2047的三種局面。第一種局面，北京與香港重建高度的政治互信，「一國兩制」得以保存而且得到巨大擴展，香港的特首和立法會實現了全民普選，香港的法治傳統得到維持，香港的金融中心地位得到加強，北京對香港的管控減低到最少程度，香港成為既屬於中國、又面向世界的、高度自治的現代化自由都市。第二種局面，香港金融中心地位已被其他城市取代或分享，北京與香港社會之間的政治信任保持較低水平，「一國兩制」或者在名義上得以保存但實質內容被重新界定、或者在2047年6月30日午夜按時結束。香港成為由中央政府實行統一管治制度的一線城市。第三種局面，2047年之前的某一時間節點，香港發生「顏色革命」或社會騷亂和叛離活動，中央政府宣佈香港進入緊急狀態、以命令形式將全國性法律適用於香港，「一國兩制」提前結束。[3]

---

3. 閻小駿（2015）。《香港治與亂：2047的政治想像》。香港：三聯書店。240–241頁。

香港一些非建制派政黨、政團的代表性人士紛紛提出「香港二次前途問題」。

2016年9月，本土民主前線的梁天琦和黃台仰到倫敦為當地關心「香港二次前途」的港人講解香港政治形勢。梁天琦表示，香港「二次前途」問題值得探討，因為從來無人就2047年後的香港「給予過確切的答案」。

熱血公民的鄭松泰在《由本土民權到建邦立國》一書中提出，「《基本法》第5條，只得50年保障，香港2047前途未卜。《基本法》雖承諾『一國兩制』維持50年不變，卻未保障2047年後香港的社會制度和生活方式，個人資本亦可能於2047年後再無保障。倘若《基本法》到了2047年就失效，香港的法律、公民權利和義務、政府運作方式等將再無規範，我們必須儘早檢視基本法第5條，制憲保護香港」；「面對2047年所謂『基本法大限』的浪潮，繼續與共產黨和平理性商討香港的出路，根本就是與虎謀皮。那不如丟棄《基本法》框架掣肘，適當推動『五區公投，全民制憲』運動，直接與中共對抗，由港人重新制訂自己的憲法，重新開始整個香港民主安排的磋商，才是真正解救香港的鑰匙和出路。」[4]

「泛民」一些主要政黨也在黨的重要文件中公開提出2047年後「二次前途問題」，一些主張訴求香港對2047後的前途進行自決，借機宣揚分離主義。

2016年4月，一批民主黨、公民黨、民協的中青年代表發表《香港前途決議文》，就本土、自決、修憲等提出系統主張，認為「香港人民應該團結爭取『內部自決』，以實現由香港人民自行管理香港事務——即透過內部方式實現《公民權利及政治權利國際公約》和《經濟社會及文化權利國際公約》所保障的人民自決權，由香港人民自由決定香港的政治地位，並自由謀

---

4. 鄭松泰（2016）。《由本土民權到建邦立國》。香港：熱血時報。第七章〈2047《基本法》大限與公投制憲的迫切性〉，110–121頁。

求經濟、社會和文化的發展」；「2047年後香港的政治地位，必須經由香港人民透過有充分民主授權、以及有約束力的機制，自行決定；而只要香港人民能夠按『內部自決』原則實現自決權，『永續自治』將是處理二次前途問題的恰當選擇。」

公民黨在2016年3月15日藉成立十周年之際，發表以《為香港而立：本土、自主、多元》為題的逾三千字宣言。宣言提到回歸前中、英兩國主導香港主權移交，香港人「命運早被人所主宰、被安排了」，「在下一個十年，香港需面對2047年後的前途安排，港人對此關心，抱有切膚感受。這一趟，香港人絕對不能缺席！在過程中，公民黨將堅守本位，捍衛香港人的尊嚴、話語權和選擇權。我們將結合議會內外的公民力量，包括必要時訴諸公民抗命的方式，抗衡當前崩壞的制度，與大家一起，誓守我們這家園，並以民為先，維護市民的權益、福祉和主體位置。」

民主黨2017年6月7日發表重要文件《站在歷史巨人肩上——民主黨對香港與中國關係的回顧及展望》提出，「檢視《基本法》的落實情況，並總結過去20年的經驗，與香港市民一同商議尋求共識並作出適當的修訂。例如：第5條：延續一國兩制至超逾50年的期限」；「設立『朝野共商』平台，與社會不同持份者討論香港社會各項政策……若平台有效運作，更可考慮以此方式處理香港政制和前途等重大問題，由香港政府牽頭，與民間、北京共同商討2047年之後的安排。」

香港眾志在其政綱中提出，「香港的民主運動，必須超越狹窄的政改框架，並以『二次前途問題』為核心，捍衛香港的自主與自治」；「不管香港的主權在2047年後歸於何處，『50年不變』後的前途問題應以香港人的意願為最終依歸。所以香港眾志主張透過具憲制效力的前途公投，由香港人共同認受香港主權和憲制」；「民主自決運動的最終願景，便是透過爭取具有國際認受和憲制效力的前途公投，以民主程序決定香港在2047年後的

政治地位、社經體制以及自治程度」；「即使香港眾志並不提倡港獨，但為體現『主權在民』的理念，我們同意公投應該包括獨立和地方自治等選項，而不管未來的主權狀態和憲政框架如何改變，大前提必然是要給予港人實踐民主自治。若公投選項並不包括獨立，將無法處理有關香港體制的認受性爭議，未來的憲政制度只會重蹈覆轍繼續備受質疑」；「我們希望能與香港人並肩同行，在『2047大限』前夕找尋希望，實現民主自決的最終願景，完成這個時代的歷史任務。」

在2016年立法會選舉中，非建制派的不少候選人提出2047年後「二次前途問題」，並在政綱中明確表明立場。國外媒體亦報導，2016年立法會選舉中，許多首投族非常關心香港的「二次前途問題」。

《蘋果日報》2016年3月17日發表社評指，「2047年後香港該向何處走、該變成甚麼模樣不是一個假問題，而是一個雖長遠但真實的問題……在回歸50年後，《聯合聲明》及《基本法》將會失效，到時候香港的憲制地位如何，政治地位如何，社會政治經濟制度是否有變都必須處理。因此把2047年看成是香港第二次前途問題，認真探討再提出各種可能的scenario及選擇雖然可能為時尚早（還有超過30年才到2047年），但仍然合情合理，值得有興趣的學者、學生、市民討論討論」；「香港憲制及政治地位需要重新確立，自然有不少人像第一次前途問題時那樣提出各種不同的建議及選項作討論，例如是否繼續實行一國兩制，取消兩制又或讓香港獨立等。」

綜合而言，香港關於「二次前途問題」的討論，有以下特點：一、除學者的討論，相關問題主要由非建制派陣營主動提出。不像第一次前途問題，首先是英國提出並由中英雙方談判解決；二、非建制派普遍認為，第一次前途問題的解決主要是中英雙方安排的，香港人基本缺席；「第二次前途問題」一定要有香港人參與討論決定，甚至是由香港人主導；三、提出了許多違反基本法的訴求，包括訴求「港獨」、「香港自決」、「公投制憲」

等，分離主義的色彩非常濃厚。温和「泛民」的訴求主要是「永續自治」；四、2047年後延續「一國兩制」未被視為必定選項，「一國兩制」50年到期結束、「一國兩制」提前結束、「港獨」等被列為不能排除的選項。

2047年後香港「二次前途問題」必須以法律形式加以明確

2047年後香港的「二次前途問題」確實是一個實際問題，是一個政治問題，也是一個法律問題，遲早需要加以解決。

「一國兩制」是對香港前途的最佳制度安排，2047年以後不應該變

對2047年後香港的前途安排，一般而言，只有「一國一制」和「一國兩制」兩種選擇。

香港一些分離勢力謀求「港獨」、「建國」，完全是癡人說夢。如果香港社會繼續頑固衝擊「一國」，香港的分離主義勢力繼續壯大，香港人心與國家的距離拉得更遠，非建制派在香港獲得的支持更多，只會產生反效果，迫使中央收緊「兩制」，使香港命運最終向「一國一制」的方向滑落。

毋庸諱言，內地有人是視「一國兩制」為權宜之計，是希望最終在香港搞「一國一制」的。「港獨」不可能成為選項，但「一國一制」是有可能成為選項的。香港分離主義勢力的「港獨」言行，是與內地期望搞「一國一制」的人同謀，是異常危險的玩火，成事不足，敗事有餘，只會增加香港失去「一國兩制」這一最佳制度安排的風險。

到目前為止，即便是香港的愛國愛港人士，也不希望香港變為「一國一制」。完全排除「港獨」和「一國一制」這兩個選項，香港只能實行「一國兩制」，這是沒有選擇餘地的，也是對香港前途最好的安排。

　　所有港人應該清醒，香港最大的利益是確保「一國兩制」在2047年後仍然延續。「一國兩制」不保，覆巢之下，豈有完卵？香港的建制派與非建制派應該放下其他政治分歧，在共同守護「一國兩制」這個核心問題上達成一致，團結起來。港人長期不團結，建制與非建制長期惡鬥，正是葬送「一國兩制」的禍根。香港內部團結起來，就沒有外在力量能夠強迫香港搞「一國一制」。

　　關於「一國兩制」50年到期之後如何安排的問題，只有鄧小平明確作過表態。鄧小平1987年4月16日在會見香港特別行政區基本法起草委員會委員時發表講話表示，「今天我想講講不變的問題。就是說，香港在1997年回到祖國以後50年政策不變，包括我們寫的基本法，至少要管50年。我還要說，50年以後更沒有變的必要。香港的地位不變，對香港的政策不變，對澳門的政策也不變，對台灣的政策按照『一國兩制』方針解決統一問題後50年也不變，我們對內開放和對外開放政策也不變」；「一個是政局穩定，一個是政策穩定，兩個穩定。不變也就是穩定。如果到下一個50年，這個政策見效，達到預期目標，就更沒有理由變了。所以我說，按照『一國兩制』的方針解決統一問題後，對香港、澳門、台灣的政策50年不變，50年之後還會不變。當然，那時候我不在了，但是相信我們的接班人會懂得這個道理的。」[5] 除鄧小平之外，中央領導和中央相關機構的官員，沒有明確表態「50年之後更沒有變的必要」的，但會籠統地表示「一國兩制」方針不會變、不動搖。

　　習近平在慶祝香港回歸祖國20周年大會暨香港特別行政區第五屆政府就職典禮上發表講話時強調，「實踐充分證明，『一國兩制』是歷史遺留的香港問題的最佳解決方案，也是香港回歸後保持長期繁榮穩定的最佳制度安

5.　中共中央文獻研究室（1997）。《一國兩制重要文獻選編》。北京：中央文獻出版社。96–100頁。

排，是行得通、辦得到、得人心的」；「中央貫徹『一國兩制』方針堅持兩點，一是堅定不移，不會變、不動搖；二是全面準確，確保『一國兩制』在香港的實踐不走樣、不變形，始終沿着正確方向前進。」

2017年9月底，剛剛調任國務院港澳辦主任的張曉明向媒體表示，中央對港大政方針從未改變，從制定一刻到現在從未改變，中央在貫徹落實「一國兩制」方面是堅定不移的，「一國兩制」、「港人治港」、高度自治、香港實行資本主義制度並沒有變，關鍵是按照國家主席習近平所講，要全面準確理解和貫徹「一國兩制」方針。

2047年後香港「二次前途問題」，港人可以理性參與探討，但最終必須由中央主導安排，充分體現國家意志

香港的非建制派尤其是激進本土派，主張由港人來主導「二次前途」安排，提出「公投自決」、「民主自決」、「公投制憲」、「港獨」等主張，有的號召與中共對抗，有的大黨也主張不惜「公民抗命」。這些主張完全是非法的，也不自量力。本土派可能是停留於理想主義，也可能僅僅是為了以激進主張吸引眼球和騙取選票。香港主流社會不能隨本土派起舞，要清醒地看到，香港已沒有任何實力和籌碼與國家進行對抗，對抗的結果只會使香港加速「一國一制化」。

《蘋果日報》經常鼓吹分離主義，但它還保留了幾分清醒。2016年3月，《蘋果日報》發表社評表示，「香港獨立建國作為學術討論當然沒有問題，當然可以百花齊放，不管贊成反對都可以各自提出本身的理據。但是，把香港獨立建國變成正式政治或選舉綱領卻是另一回事，要非常小心處理。一方面推動這樣的政治綱領可能跟《基本法》有抵觸，有可能變成違法行為而被追究法律責任；另一方面中港之間的互信也可能因此進一步削弱，隨時出現更多矛盾及動盪，甚至影響兩地正常的社會經濟交往」；

「2047年後的香港該走甚麼樣的路是個大問題，也是個該認真討論的課題。重要的是各方面不要輕率的擺立場下結論，更不要拿來作為撈取政治本錢的工具，而是老老實實的面對香港的憲制地位及限制，再從中凝聚共識及力量，不能一味吹噓自欺欺人的幻想」；「跟第一次前途問題時不同，香港的主權已牢牢掌握在中國政府手上，不管是聯合國及國際社會已確認香港是中國的一部分，她們不會也不可能再介入香港前途問題，香港市民得倚靠本身的能力、實力跟北京爭取及周旋。這個客觀事實是討論第二次香港前途問題甚或建議香港獨立建國時的前提，誰也不能迴避，誰也不能蒙混過關。任何認為香港可以自行決定2047年後憲制安排的想法只是自欺欺人的幻想。」

香港的非建制派尤其是本土派是應該放棄自欺欺人的幻想了。可以預計，隨着2047年愈來愈近，香港社會關於「二次前途問題」的討論肯定會愈來愈多。港人理性參與和探討，在國家憲法和香港基本法的框架內提出意見和建議，這是完全沒問題的，但這個問題最終需要由中央主導解決。中央需要審時度勢，統籌考慮國家利益和香港民意，依據憲法和基本法來加以解決。

從法律層面而言，香港「二次前途問題」主要涉及基本法第5條的解釋或修改問題。香港基本法的解釋權屬於全國人大常委會。香港基本法的修改權屬於全國人民代表大會；基本法的任何修改，均不得同中華人民共和國對香港既定的基本方針政策相抵觸。因此，香港「二次前途問題」，只能由中央主導解決，充分體現國家意志。

2047年後香港「二次前途問題」，應儘快通過法律方式加以明確

香港基本法第5條明確規定，「香港特別行政區不實行社會主義制度和政策，保持原有的資本主義制度和生活方式，五十年不變」。儘管鄧小平強調過「50年以後更沒有變的必要」，儘管中央領導不斷宣示「一國兩制」方

針不會變、不動搖，但僅有口頭宣示是不夠的，必須通過必要的法律程序來明確規定。儘快以法律形式作出明確規定，有利於真正安定香港人心，讓國際社會放心，讓投資者放心，也有利於中央在更明確的方針政策指導下管治香港，有利於內地機構更好執行「一國兩制」方針。

相對簡單的處理是由全國人大常委會對基本法第5條作出解釋，對50年之後變與不變作出明確規定。

更加莊重、更加權威的處理方式是對香港基本法第5條進行修改，對50年之後變與不變作出明確規定。

基本法是1990年由全國人民代表大會通過的，主要在上世紀80年代起草。當時各方面對香港社會的認識不深，基本法的起草本身是按宜粗不宜細的原則進行的，因此，基本法存在很多先天不足。香港回歸已二十多年，香港的形勢在不斷變化，基本法也在貫徹執行中暴露出很多問題。普選爭議、23條立法問題、人大常委會釋法權爭議問題、香港司法機關司法覆核權力問題、香港立法會的擴權問題，這些重大政治爭議均與基本法本身的不完善有關。比如23條立法遲遲未能完成，與基本法本身沒有規定完不成立法是否有替代方案、23條立法的立法主體本來應該是國家而非香港等有關。基本法也存在完全照搬港英政府的經濟民生制度，只注重保護資本家利益，對香港加強社會建設的硬性規定不足，在財政政策、貨幣政策、土地房屋政策、新界原居民權益如丁屋等問題上，也有不明確或現在已不合時宜的問題。中國憲法和中共的黨章都根據需要不斷進行修改完善。香港基本法不可能也不應該50年不變。與時俱進，根據時代的發展變化，修改完善香港基本法，是應有之義。

現在就應該對修改香港基本法展開前瞻性的、基礎性的研究，為在適當時機正式啟動基本法修改程序作好準備。2047年以後，香港「一國兩制」不管變還是不變，香港都需要一部更加與時俱進的基本法。「一國兩

制」保持不變，並由修改完善的基本法來加以保障，最符合香港社會的利益，最符合國家利益。

第六節
「一國兩制」終極命運及中華民族的復興

「一國兩制」下勢必存在人心的「一國兩制」

習近平在中共十九大報告中提出，「我們秉持『兩岸一家親』理念，尊重台灣現有的社會制度和台灣同胞生活方式，願意率先同台灣同胞分享大陸發展的機遇。將擴大兩岸經濟文化交流合作，實現互利互惠，逐步為台灣同胞在大陸學習、創業、就業、生活提供與大陸同胞同等的待遇，增進台灣同胞福祉。將推動兩岸同胞共同弘揚中華文化，促進心靈契合。」習近平這些非常柔性的對台喊話，尤其是尊重台灣現有的社會制度和台灣同胞生活方式、促進心靈契合等提法，完全適用於香港問題。

「一國兩制」是中國特殊國情的產物，是為解決台灣問題、香港問題、澳門問題而設計的，是為了解決國家統一問題。

「一國兩制」體現了高度的現實主義精神，充分考慮了台灣、香港、澳門的實際情況，充分考慮了三個地區與內地在社會制度、價值觀念上的重大差異，以求大同（「一國」）存大異（「兩制」）的精神，為最終解決國家統一問題作出實事求是的制度設計。

從香港回歸二十多年來「一國兩制」的實踐情況看，香港內部出現很多深層次矛盾和問題，政治動盪，經濟民生難題成堆，貧富差距懸殊，社會嚴重撕裂。香港與內地在社會制度、價值觀念上的矛盾衝突也愈來愈大，香

港主流社會害怕香港「赤化」、「內地化」。港人的國民身份認同度很低，香港人心未能回歸，「港獨」思潮興起。香港青年一代對「一國兩制」和香港的前途愈來愈沒有信心。可以說，中共收回了香港的主權和管治權，但未能真正征服香港人心，從這個角度而言，回歸後中共對香港的管治是難言成功的。

香港回歸二十多年來「一國兩制」的實踐，未能對解決台灣問題產生正面示範效應，反而產生強烈的負面示範效應，台灣民眾更難接受以「一國兩制」的制度安排來解決統一問題，「港獨」與「台獨」合流的趨勢已經出現，對中國國家主權、安全構成更大威脅。從這個角度而言，中共對香港的管治也很難說是成功的。

「一國兩制」作為一種現實主義的制度設計，本身意味這樣的邏輯，即中共不能把內地的社會主義制度與意識形態、生活方式強加給台灣、香港、澳門，要通過保留台灣、香港、澳門歷史上已經形成的資本主義制度與意識形態、生活方式，來換取這三地的人民支持國家統一。按「一國兩制」制度設計，已解決了香港問題、澳門問題。中共需要向香港、澳門、台灣三個地區的人民，也向國際社會證明，「一國兩制」是一種長期的制度安排，不是一個短期的權宜之計，不是收回香港、澳門後，「一國兩制」的實踐就愈來愈向「內地化」、「一國一制化」的方向發展，最終是內地的社會主義一制吃掉香港、澳門的資本主義一制。

香港「一國兩制」實踐暴露出的問題和矛盾，尤其是香港與內地在社會制度、價值觀念等方面暴露出的矛盾和問題，從本質上說，是中西文明衝突的問題。港人信奉西方自由主義這一核心價值體系，內地則信奉社會主義的價值體系，兩地對民主、自由、法治、人權、廉潔等重要價值觀念的看法迥異，中共只能以民族主義為旗幟來召喚港人，但單純訴求民族主義、單純訴求愛國主義，很難贏得香港人心。在核心價值觀念衝突的情況下，集中體

現中國內地發展方向的「中國模式」難以得到港人的真正認同，內地經濟建設和物質文明方面取得的巨大成就，難以抵消內地在民主、自由、法治、人權、廉潔等方面給港人留下的巨大負面觀感，這是港人國民身份認同度極低的根本原因。以民族主義來解決香港的人心回歸問題，是註定不會成功的，除非對香港進行徹底的人口換血。

　　要港澳同胞與內地同胞、台灣同胞與大陸同胞心靈契合、感情契合，需要四地價值觀和生活方式更加契合。內地需要真正接受民主、自由、法治、人權、廉潔、憲政等普世價值觀念。民主等普世價值觀念的內在涵義是有共同性的，但具體的制度設計可以有特殊性。美國、英國、日本、法國、德國等發達國家的民主制度都不一樣，普選制度設計也有很大區別，但還是有許多共同特徵，比如要體現主權在民、人民對政權的更替有決定權、執政權力的爭奪要有競爭性、人民有選擇政權的空間等。中共強調道路自信、理論自信、制度自信、文化自信，相信「中國模式」能為國際社會提供另一種選擇，能提供解決發展問題的中國智慧和中國方案。中共有這種自信當然是好的，但要真正讓世界心悅誠服接受「中國模式」，讓港澳和台灣地區心悅誠服接受「中國模式」，甚至要讓內地民眾心悅誠服接受「中國模式」，中共仍要真正接受和踐行民主、自由、法治、人權、廉潔、憲政等普世價值觀念。可以有中國式民主、中國式自由、中國式法治……比如民主，中國完全可以不照搬任何西方國家的制度，完全可以發展自己的民主制度，包括發展自己的普選制度，建立「中國模式」的民主制度，但這種「中國模式」的民主制度需要具備民主的本質特徵，而不能把本質上不屬於民主的制度硬說成民主制度。在對待自由、法治、人權、廉潔、憲政等其他普世價值問題上，也面臨的是同樣的問題，即可以有中國的具體模式，但這種「中國模式」不能違背相關普世價值的本質特徵。只有真正對民主、自由、法治、人權、廉潔、憲政等普世價值觀念有愈來愈趨同的共同認知，在社會制度建設上有趨同的歷史性進步，在生活方式上更加接近，港澳同胞與內地同胞、台灣同胞

與大陸同胞才能真正實現心靈契合以至心靈統一。如果內地搞的一套制度，雖然也強調民主、自由、法治、人權、廉潔等，但相關制度的本質與國際社會和台港澳地區公認的相關價值觀念是相異的甚至是根本衝突的，要實現心靈契合和人心統一，是根本做不到的。

簡言之，可以有不同於美國、英國、日本、德國、法國等的「中國模式」，但「中國模式」要真正獲得終極成功並為國際社會接受，仍不能背離普世價值的本質要求。

「一國兩制」下，香港人心回歸有必然的限度。以強力逼迫香港、澳門、台灣改變制度和改變人心，相對比較困難。更關鍵是中國內地的走向。在內地缺乏根本變革、內地政治社會制度及意識形態缺乏巨變的情況下，爭取香港人心回歸，爭取和平統一台灣，仍將長期面對艱難局面，國家也難以實現領土、主權特別是人心的真正統一。

重新審視香港特區及「一國兩制」對國家的價值

香港長期在中國的發展中保持一種獨特的作用。

新中國建立至改革開放之前，中共對香港「長期打算，充分利用」，香港是中國與國際社會連接的主要窗口和橋梁，是國家獲取外匯的主要來源地。國家商務部網站《建國初期內地與香港的經貿關係》評價，新中國成立初期，以美國為首的西方國家對我國實施經濟封鎖；香港由於其特殊的歷史地位和地理位置，成為當時我國進出口貿易的橋梁，為新中國發展對外貿易、恢復國民經濟作出了不可替代的貢獻。在1949年至1951年間，香港為中國的外貿事業做出了重大貢獻。香港幾乎成了中國唯一對西方進行貿易的窗口。通過香港，中國得到了部分工業設備、緊缺物資和戰略物資，例如內地每月從香港進口的戰略物資──橡膠達2,500噸。香港對中國外貿的第

二大貢獻是幫助中國內地獲得了大量急需的外匯。大量的外匯來源是全世界華僑通過香港向內地親友的匯款，僅1950年華僑由香港匯到內地的外匯總數為13,300萬美元，1951年又增加到14,500萬美元，1952年達14,800萬美元。在1950年至1964年間，華僑匯款佔中國國際收支總額的4%。冷戰時期，國家的大部分外匯來源於香港。因為在中國對外貿易中的重要橋梁作用，當時香港一度被稱為「東方的柏林」。

改革開放之初至香港回歸，香港的資金、人才、管理經驗、外銷市場、國際聯繫等對國家的改革發展發揮了不可替代的巨大作用，「前店後廠」模式大獲成功，珠三角等地區的快速發展相當程度依賴香港的帶動，香港製造業的北移造就廣東及華南地區成為世界工廠。

在香港回歸之後，國家從香港獲得巨大利益，香港國際金融中心、貿易中心、航運中心的地位為國家改革開放進一步發揮不可替代的作用。國務院新聞辦《「一國兩制」在香港特別行政區的實踐》提供的數據及一些最新數據，對此作了充分的說明：

1. 內地是香港最大的貿易夥伴。據香港統計，2013年，香港與內地的貿易額達38,913億港元，比1997年增長2.49倍，佔香港對外貿易總額的51.1%。海關總署公佈，2017年，香港與內地貿易總額為2,866.1億美元。

2. 香港是內地最重要的貿易夥伴和主要出口市場之一。據海關總署統計，2013年，內地對香港出口額達3,847.9億美元，佔內地出口總額的17.4%。2017年，內地對香港出口額為2,792.9億美元。

3. 香港是內地最大的外商直接投資來源地。據商務部統計，截至2013年底，內地累計批准港商投資項目近36萬個，實際使用港資累計6,656.7億美元，佔內地累計吸收境外投資的47.7%。內地是2016年香港直接投資流入的主要來源，達2,568億元。

4. 香港是內地最大的境外投資目的地和融資中心。截至2013年底，內地對香港非金融類累計直接投資為3,386.69億美元，佔內地對外非金融類累計直接投資存量總額的59%。內地佔2016年香港直接投資流出的最大比重，達2,349億元。

5. 香港成為內地企業的集資中心，內地企業也支持香港股市做強做大。截至2016年6月30日，港股總市值約23萬億港幣，全球排名第8位，日均成交額約657億港幣。香港上市公司共有1,902家（包括主板和創業板）。在香港上市的中國內地企業966家（包括152家紅籌公司、231家H股公司及583家民營企業），上市公司總數佔比達到51%，總市值及成交金額約佔整體市場的70%。

6. 香港成為人民幣離岸中心。2013年底，香港人民幣客戶存款及存證餘額達1.05萬億元人民幣，同比增長46%；人民幣貸款餘額1,156億元人民幣，未償還的人民幣債券餘額3,100億元人民幣。截至2016年12月末，香港人民幣存款總計5,467.07億元，較11月末的6,276.01億元減少808.94億元。

在人民幣國際化及內地金融體制改革中，在內地企業引進來、走出去的過程中，香港都發揮了獨特而重要的作用。香港中資企業加速發展，也在香港為國家獲得巨大利益。在「一帶一路」和粵港澳大灣區建設中，香港也將繼續發揮獨特作用。

江澤民、胡錦濤、習近平等領導人都曾充分肯定，改革開放的歷史條件和時代背景使國家能順利恢復對香港行使主權，香港對國家改革開放和經濟發展有獨特而重要的作用和歷史性的貢獻，內地改革開放也為香港發展提供了巨大機遇和支撐，這一切說明「一國兩制」是解決香港問題的最佳制度安排，符合香港利益，符合國家利益，也符合世界利益。

　　江澤民1997年7月1日在香港特別行政區成立儀式上的講話指出，「改革開放又帶來了中華民族振興的嶄新局面，大大提高了中國的國際地位。正是在這樣的歷史條件和時代背景下，香港終於回到了祖國懷抱」；「內地實行改革開放以來，香港從祖國得到更為強勁的支持和依託。香港作為我國同世界各國進行經濟、科技、文化交流的重要橋樑而獲得巨大的利益。今後隨着祖國現代化建設的不斷推進，香港與內地的經濟聯繫將更為密切，其橋樑作用將更為增強，從而為香港經濟增長提供新的更大的動力。」

　　胡錦濤2012年7月1日在香港特區成立十周年慶祝大會上發表講話表示，「在經歷了國際金融危機等衝擊後，香港經濟平穩發展，繼續保持國際金融、貿易、航運中心的地位，一直被公認為全球最自由開放、最具競爭力的經濟體和最具發展活力的地區之一。香港社會事業全面進步，就業水平持續提高，社會保障明顯改善。香港同祖國內地的交流全方位擴展，經貿關係更加緊密，各領域合作不斷深化。香港繼續為國家改革開放和現代化建設作出獨特貢獻，並從祖國內地獲得愈來愈多的發展機遇和源源不斷的發展動力」；「這一切充分證明，『一國兩制』是歷史遺留的香港問題的最佳解決方案，也是香港回歸後保持長期繁榮穩定的最佳制度安排；推進『一國兩制』事業，符合香港同胞利益和願望，也符合國家和民族根本利益。」

　　習近平2017年7月1日在香港出席「慶祝香港回歸祖國20周年大會暨香港特別行政區第五屆政府就職典禮」時致辭表示，「在改革開放的歷史條件和時代背景下，鄧小平先生提出了『一國兩制』偉大構想，並以此為指引，通過同英國的外交談判，順利解決了歷史遺留的香港問題」；「香港同祖國內地的聯繫愈來愈緊密，交流合作愈來愈深化。香港各界人士積極投身國家改革開放和現代化建設，作出獨特而重要的貢獻」；「香港抵禦了亞洲金融危機、非典疫情、國際金融危機的衝擊，鞏固了國際金融、航運、貿易中心地位，繼續被眾多國際機構評選為全球最自由經濟體和最具競爭力的地

區之一。香港各項事業取得長足進步，對外交往日益活躍，國際影響進一步擴大」；「實踐充分證明，『一國兩制』是歷史遺留的香港問題的最佳解決方案，也是香港回歸後保持長期繁榮穩定的最佳制度安排，是行得通、辦得到、得人心的。」

張德江2018年2月3日在北京出席「國家所需　香港所長——共拓一帶一路策略機遇」論壇發表主旨演講時表示，「香港在國家改革開放和現代化建設過程中發揮了獨特的作用，做出了歷史性貢獻，也大大促進了香港的繁榮發展。我曾經在廣東工作過，對此感受尤深。在改革開放初期，大批香港企業家發揚『敢為人先』的精神，率先到內地投資開工廠，不僅掘到了國家改革開放的『第一桶金』，也成為帶動外資進入內地投資的『領頭羊』。在相當長時期內，香港一直都是國家對外開放的重要窗口，是引進外來資金、技術、先進管理經驗的主要渠道。作為經濟特區的深圳能創造舉世驚歎的發展奇跡，毗鄰香港是極為重要的原因。」

整個改革開放以來，國家從香港獲得的利益是極其巨大的，中共領導對此心中有數，也是充分肯定的。

毋庸諱言，隨着內地快速發展，香港在國家改革開放中的地位和作用在相對弱化，香港的發展速度下降，競爭力相對下降，很多方面都有走下坡路的趨勢，東方之珠毫無疑問是變得有些黯淡了。香港經濟學者曾撰文警告，香港的經濟發展大不如前，由上世紀八九十年代GDP佔國家總量的25%，到2012年已大幅跌至3.1%，10年內還會進一步跌至1%。香港的貿易中心、航運中心的地位對國家仍有作用，但這種作用愈來愈弱化了。香港作為國際金融中心仍對國家有重要作用，但香港的金融發展亦需要轉型和鞏固優勢。香港的資金對國家不再是重要的需求。

中央相關機構負責人對香港經濟發展存在的問題有清醒評估，一是香港經濟發展緩慢，與以前和周邊地區比都不如；二是外部需求疲弱，歐美的生意難做了，而新興市場國家的市場需求也起伏不定；三是要素成本上升，

土地成本、人工成本、商鋪成本、資金成本都在上升；四是產業結構單一，金融、貿易物流、旅遊和工商專業服務四大支柱產業佔比過高，創新科技、文化創意等新興產業發展緩慢，新的增長動力沒有形成；五是創業很難。換一句話說，當前香港經濟發展遇到了僅靠自身難以克服的問題。

在內地快速崛起和香港相對衰落的情況下，內地有的輕視香港的地位和作用，開始俯視香港。內地唱衰香港的各種聲音可說是此起彼伏。有的認為香港存在政治風險，雞蛋不能放在一個籃子裏，要更重視上海、深圳等金融中心的建設，弱化或取代香港國際金融中心的地位。有的出於對香港十分厭棄的心理，甚至主張讓香港自生自滅，「棄港論」也有一定市場。有的認為「一國兩制」不成功，乾脆實行「一國一制」好了。其中反映的心態，是不健康和不具善意的。

香港是在回歸後開始走下坡路的，香港自身要承擔很大責任，包括特區政府的施政績效很差，香港內部政治紛爭和惡性內耗不斷，香港資本家貪婪無度及只顧掠奪房地產暴利而不思進取，香港人整體的創業精神和吃苦耐勞精神有所弱化，等等。但縱有一千個理由要港人自責，港人仍是容易將矛頭指向國家和中央政府對香港的治理。香港在回歸後管治和發展的好壞，畢竟中央政府要承擔最大責任。中央對香港的管治權力最大，責任也理所當然最大。

在香港目前面臨發展的困境或發展的瓶頸之時，並不需要國家單方面支持香港發展，而是需要很好地重新認識香港，發揮香港獨特的優勢尤其是其「不可替代的作用」，提升香港在國家經濟發展和改革開放中的地位和功能。更重要的是，要保留香港的資本主義制度和生活方式，使之成為國家的政治試驗田，為國家治理現代化提供另一種路徑和模式。

當前，要看到香港的問題和劣勢，更要看到香港的成就和優勢。回歸20年來，香港自由港及國際金融中心、貿易中心、航運中心的地位仍然得到保持。2014年國務院新聞辦公佈的《「一國兩制」在香港特別行政區的

實踐》指出，香港是重要的國際銀行中心，世界排名前100位的銀行中有73家在香港營業；香港金融業發展指數居全球首位，在「全球金融中心指數」排名中居第三位；香港是亞洲第二大和全球第六大證券市場，全球第五大外匯市場；香港是全球第九大貿易體，是全球最重要的外來直接投資目的地之一；香港是全球最大的集裝箱運輸港口之一，是全球第四大船舶註冊中心；在2013年「全球國際航運中心競爭力指數」排名中，香港在六百六十多個港口城市中排第三位等等，足見其成就和優勢。

香港對國家改革開放仍然可以發揮不可替代的重要作用。誠如張德江在2018年初指出的，「時至今日，香港仍然是內地最大外來直接投資來源地，是人民幣國際化等國家擴大對外開放政策先行先試首選地，是內地企業走出去的最佳跳板，也是內地學習借鑒城市規劃、社會管理、公共服務經驗的重要課堂。在國家構建全面開放新格局的今天，香港仍將繼續發揮難以替代的重要作用。國家發展始終需要香港，也必將不斷成就香港。」

香港的地位和優勢仍然沒有任何一個內地城市可以替代，香港的軟實力也沒有任何一個內地城市現在就具備，香港的國際競爭力仍然是內地一線城市欠缺的。單純以GDP總量和發展速度作比較進而唱衰香港，是不客觀和不科學的。張曉明曾公開指出，即使深圳、廣州以及更多的內地城市將來的經濟總量會趕超香港，但香港在國家發展全局中的特殊地位、對國家推進改革開放和現代化建設的特殊作用，仍將是內地任何一個城市都無法取代的。這首先是因為在「一國兩制」下香港將長期實行與內地不同的社會制度，包括經濟政策和制度的差異性將長期存在。二是香港的國際金融、貿易、航運等中心地位是長期形成的，也是多種因素綜合作用的結果，這些因素仍在起作用。三是香港在營商環境方面仍具有許多優勢，包括法治成熟、經濟高度自由開放、基礎設施完善、金融體系穩健、專業服務發達、政府廉潔高效、社會管理先進、低稅制等。四是國際化程度高，跨國公司總部雲集，國際商業網絡發達，語言交流上也有優勢。所以，香港一方面要增強憂患意識，另

一方面也要自信自強。香港的優勢仍然很多，軟實力不小，這是內地城市短期內難以超越的。[6]

2016年3月公佈的國家「十三五」規劃綱要，對香港的發展指明了方向，包括，「發揮港澳獨特優勢，提升港澳在國家經濟發展和對外開放中的地位和功能」；「支持香港鞏固和提升國際金融、航運、貿易三大中心地位，強化全球離岸人民幣業務樞紐地位和國際資產管理中心功能，推動融資、商貿、物流、專業服務等向高端高增值方向發展。支持香港發展創新及科技事業，培育新興產業。支持香港建設亞太區國際法律及解決爭議服務中心」；「支持港澳參與國家雙向開放、『一帶一路』建設，鼓勵內地與港澳企業發揮各自優勢，通過多種方式合作走出去」；「支持共建大珠三角優質生活圈，加快前海、南沙、橫琴等粵港澳合作平台建設。支持港澳在泛珠三角區域合作中發揮重要作用，推動粵港澳大灣區和跨省區重大合作平台建設。」十九大報告提出，「要支持香港、澳門融入國家發展大局，以粵港澳大灣區建設、粵港澳合作、泛珠三角區域合作等為重點，全面推進內地同香港、澳門互利合作，制定完善便利香港、澳門居民在內地發展的政策措施。」

香港將自身優勢和國家發展戰略結合起來，找到「國家所需，香港所長」的交集，發揮不可替代的作用，既謀劃好自身的長遠發展，也繼續服務國家經濟發展和改革開放的大局。

一是在人民幣國際化戰略中發揮不可替代的作用。鞏固提升香港國際金融中心地位。強化全球離岸人民幣業務樞紐地位和國際資產管理中心功能。香港要在現有「滬港通」、「深港通」、債券通、基金互認等安排之

---

6. 轉引自中聯辦網站2015年3月7日張曉明文章〈怎樣認識香港與內地的經濟關係——在十二屆全國人大三次會議香港代表團討論時的發言〉。

下，繼續與內地金融服務業深度合作，將香港金融發展納入國家金融發展整體戰略，面向全球鞏固香港作為全球財富管理中心、離岸人民幣業務中心、全球集資籌資中心地位。繼續充當人民幣國際化政策的先行先試首選地。

二是在「一帶一路」戰略中發揮不可替代的作用。在國家「引進來、走出去」戰略中發揮更大作用，利用好廣州南沙、深圳前海、珠海橫琴等三大合作平台，在構建國家全方位對外開放新格局中發揮橋樑和紐帶作用。正如中央領導指出的，香港在「一帶一路」建設中有區位優勢、開放合作的先發優勢、服務業專業化優勢、文脈相承的文化優勢，在四個方面可以發揮獨特作用，主動對接「一帶一路」，打造綜合服務平台；瞄準資金融通，推動人民幣國際化和「一帶一路」投融資平台建設；聚焦人文交流，促進「一帶一路」沿線民心相通；深化與內地合作，共同開闢「一帶一路」市場。

三是在粵港澳大灣區建設中發揮不可替代的作用。粵港澳大灣區建設已上升為國家戰略，中央希望能將其打造為國際一流灣區，目標是建設世界級的城市群、全球先進製造業中心、全球重要創新中心、國際金融中心和貿易中心、航運中心。全球著名的大灣區都只有一個龍頭，如紐約大灣區以紐約為龍頭，東京大灣區以東京為龍頭，三藩市大灣區以三藩市為龍頭。粵港澳大灣區也需要龍頭。有專家建議，粵港澳大灣區應該以「港深」（香港、深圳）為「中心」，以「廣佛」（廣州、佛山）為「副中心」，以「澳珠」（澳門、珠海）為「次副中心」。這種建議是很有道理的，因為香港與深圳的優勢相結合，充當粵港澳大灣區的龍頭是完全有資格的。香港的國際化程度及國際金融中心地位和各種軟實力，目前仍是廣州等城市難以超越的。香港在大灣區加強與廣東九市在城市基建、城市管理、社會服務和社會保障方面的合作力度，可以拓展發展腹地，利用外部資源解決港人就學、就業、創業、定居、安老等問題，增進港人福祉。非常重要的是，粵港澳大灣區應該向國際社會擴大開放水平，不能將香港拉向內向化發展，而要進一步強化香港國際化程度，也要帶動深圳、廣州進一步擴大對外開放水平和國際化水平，真正建立世界級的城市群。

　　四是在創新發展戰略中急起直追。香港需要加快創新科技和創意產業發展。推動融資、商貿、物流、專業服務等向高端高增值方向發展。改善產業結構、就業結構和分配結構，提供更多高端高薪崗位，拓寬青年向上流動渠道。

　　只要國家重視，香港爭氣，香港提升在國家改革開放和經濟發展中的地位和功能，發揮不可替代的作用，做出新的歷史性貢獻，仍然是可以期待的。不過，隨着國家綜合國力的日益強大，香港經濟總量佔國家經濟總量的比重仍可能繼續降低。國家對外開放水平的提高也可能降低香港在國家對外開放中的窗口和中介作用。國家逐步成為資本輸出國，對香港投資的需求也可能減少。上海、深圳等金融中心和其他港口的快速發展，也會使香港作為金融中心、航運中心的重要性相對降低。香港要回到改革開放初、中期那種對國家的重要地位，可能性比較小。

　　在這樣的大背景下，應該重新審視香港對國家的獨特作用，重新審視「一國兩制」事業對國家的重大意義。香港是實行「一國兩制」的特別行政區，是實實在在的政治特區。不要把香港視為政治上的麻煩，而是採取實事求是的方針，推出符合香港實情的更得人心的政策措施，更加重視發揮香港作為一個政治特區的獨特作用，在一個相當長的歷史時期把「一國兩制」作為一種重要的國家制度延續下去，為國家治理現代化提供另外一種路徑和模式。

　　第一，既要把國家主體即內地的社會主義建設好，也要把香港的資本主義建設好。長期保留香港的資本主義制度和生活方式，尊重和維護香港的核心價值，誠心誠意把香港的資本主義發展下去，通過主動引領香港的政治經濟社會變革，使港式資本主義緩解其內在矛盾，變得更加完善和更有生命力。習近平2017年7月1日在香港出席「慶祝香港回歸祖國20周年大會暨香港特別行政區第五屆政府就職典禮」時致辭表示，「不斷推進『一國兩制』在香港的成功實踐，是中國夢的重要組成部分。群之所為事無不成，眾之所

舉業無不勝。我們既要把實行社會主義制度的內地建設好，也要把實行資本
主義制度的香港建設好。我們要有這個信心！」中國既有把內地社會主義
建設好的經驗，也有把香港資本主義建設好的經驗，這將為中國未來的發
展開闢更廣闊的道路，也將在國際社會更加突顯中國人在國家治理上的創
造性智慧。

　　第二，真心實意在香港推動民主發展，並把香港作為內地發展民主的
最重要試驗田之一。中央視香港普選問題的本質是管治權爭奪，其實對香港
內部而言，普選僅是社會各階層政治利益的合理分配，落實普選只是使香港
市民獲得平等的政治權利。根據基本法在香港早日落實雙普選，也有國家治
理層面的重大意義，就是將香港作為中國民主發展的最重要試驗田之一，為
中國幾十年甚至幾百年後的國家治理提供不同於內地的經驗和模式，既尊重
了港人對社會制度、生活方式和價值觀念的追求，也使國家未來的發展前景
保留一種開放性。內地的政治體制改革一直沒有真正推動，選舉制度的發展
非常緩慢。長遠而言，內地遲早也需要真正推進政治體制改革，內地有一天
會有普選制度，也絕非天方夜談。鄧小平1987年4月16日會見香港特別行政
區基本法起草委員會委員時發表講話表示，「即使搞普選，也要有一個逐步
的過渡，要一步一步來。我向一位外國客人講過，大陸在下個世紀，經過半
個世紀以後可以實行普選。現在我們縣級以上實行的是間接選舉，縣級和縣
以下的基層才是直接選舉。因為我們有十億人口，人民的文化素質也不夠，
普遍實行直接選舉的條件不成熟。」[7] 如果像鄧小平預計的那樣，中國在本
世紀中葉會搞普選，香港特區儘早落實普選，是可以為內地普選制度的發展
積累經驗的。港式普選必定與西方國家的普選制度設計有重大差異，這也可
為建立中國模式的普選制度提供經驗。

7.　中共中央文獻研究室(1997)。《一國兩制重要文獻選編》。北京：中央文獻出版
　　社。102頁。

　　第三，充分發揮香港獨特優勢，在粵港澳大灣區建設「超級特區」，在廣東九市推動政治體制及社會管理體制改革，在國家治理現代化方面作先行先試的探索。在粵港澳大灣區建設中，一種方向是大灣區融掉香港，內地化香港；另一種方向是大灣區的廣東九市全面特區化，向香港化方向發展；還有一種方向是雙向融合，不是廣東九市融掉港澳，也不是港澳融掉廣東九市，而是廣東九市和港澳都要在價值觀念、生活方式以至治理方式上互相靠近，廣東九市要變革更大一些。借粵港澳大灣區單方面融掉或「吃掉」香港，絕非香港之福，絕非廣東之福，更絕非國家之福。選擇大灣區港澳化或雙向融合，使廣東九市在生活方式和文化上向港澳靠近，可能更具戰略眼光，更有利於粵港澳大灣區建設世界級的城市群，更有利於粵港澳大灣區在中國對外開放中發揮引領作用，更有利於粵港澳大灣區擴大在全球的經濟影響力、文化影響力。改革開放後廣東雖然發展很快，但廣東對世界的文化影響力是很有限的，廣東也建設不了世界級的大學。一個沒有文化影響力和輻射力的城市，是不可能成為一流國際大都市的。一個沒有文化影響力和輻射力的粵港澳大灣區，是不可能成為國際一流灣區的。一個沒有強大文化影響力等軟實力的國家，也很難真正自立於世界民族之林，很難真正實現民族的偉大復興。

　　第四，真心實意保留香港的生活方式和獨特文化，真心實意保留香港國際大都市的特質，為提升中國的軟實力服務，也使中國文化保持多樣性和開放性。紐約、巴黎、倫敦、東京四個公認的國際大都市，都是金融中心和創新中心，更是文化中心，可以為一個國家、一個洲提供生活模式的樣板，更具有影響全球的文化軟實力。香港在綜合實力上與紐約等四大國際大都市有差距，但仍是中國國際化程度最高的城市。香港與日本、台灣、韓國、新加坡以至東南亞許多地區，在價值觀、文化、民心上相對容易相融相通。上世紀80年代，香港的影視、流行音樂曾對內地發生過很大影響。回歸之後，隨着香港經濟地位的下降，香港的文化影響力也在弱化，內地巨大的影視、流行音樂市場吸引香港業界精英競相到內地發展，香港的本土文化發展相形

見絀，這對香港、對國家都不見得是甚麼好事。保留香港獨特的文化和生活方式，有利保護中國文化的多樣性和開放性。保留香港國際大都市的特質，有利於擴大中國文化的影響力。

無論從社會制度、生活方式、價值觀念上，無論從經濟上、政治上、文化上，香港相對於國家主體都是一個「異己」、「異類」，這是「一國兩制」本身帶來的差異所決定的。中央和內地都不應該對香港這個「異類」處處看不順眼，視為政治上的麻煩，更不應急於消除香港與內地的各種差異，急於對香港進行「內地化」、「一國一制化」的改造。要想清楚，將香港變成一個完全「內地化」的城市，對香港、對國家以至對國際社會，究竟是禍是福，究竟是利大於弊還是弊大於利。

習近平2017年7月1日在香港出席「慶祝香港回歸祖國20周年大會暨香港特別行政區第五屆政府就職典禮」時致辭，作出重要的判斷，「『一國兩制』是歷史遺留的香港問題的最佳解決方案，也是香港回歸後保持長期繁榮穩定的最佳制度安排，是行得通、辦得到、得人心的」，「『一國兩制』是中國的一個偉大創舉，是中國為國際社會解決類似問題提供的一個新思路新方案，是中華民族為世界和平與發展作出的新貢獻，凝結了海納百川、有容乃大的中國智慧。堅持『一國兩制』方針，深入推進『一國兩制』實踐，符合香港居民利益，符合香港繁榮穩定實際需要，符合國家根本利益，符合全國人民共同意願」。

長期堅持「一國兩制」方針，深入推進「一國兩制」實踐，才能更加突顯中國領導人的智慧，更加突顯中華民族的智慧。

在處理香港問題和決定香港「一國兩制」的終極命運時，特別需要大氣和自信。中央有對中國特色社會主義的制度自信、理論自信、道路自信和文化自信，應該堅信香港資本主義制度不會對內地造成太大影響，也應該堅信香港沒有任何力量能從祖國母體中分離出去，應該堅信對香港實事求是的政策措施必然能贏得香港人心。1984年10月3日，鄧小平會見港澳同胞國慶

觀禮團時表示，「我們中央政府、中共中央即使在過去的動亂時代，在國際上説話也是算數的。講信義是我們民族的傳統，不是我們這一代才有的。這也體現出我們古老大國的風度，泱泱大國嘛。作為一個大國有自己的尊嚴，有自己遵循的準則。我們在協議中説五十年不變，就是五十年不變。我們這一代不會變，我們下一代也不會變。到了五十年以後，大陸發展起來了，那時還會小裏小氣地處理這些問題嗎？所以不要擔心變，變不了⋯⋯如果有甚麼要變，一定是變得更好，更有利於香港的繁榮和發展，而不會損害香港人的利益。」[8] 鄧小平當初制定「一國兩制」國策，是非常自信、開明、懷柔的。鄧小平相信，中國內地發展起來以後，下一代的領導人更不會小裏小氣地處理香港問題。在真心實意堅持「一國兩制」方針，真心實意地落實香港普選，真心實意地支持香港發展上，正需要大氣、自信、開明的決策。

在處理香港問題和決定「一國兩制」命運時，特別需要有包容和團結的精神。要有寬闊的胸襟。對香港的社會制度、生活方式、核心價值觀念都更加尊重和包容。對香港的青年更加包容。對香港那些暫時還不能與中央合作的政治勢力也更加包容。香港回歸後，中共在治理香港問題上的最大缺失之一，就是未能將「泛民」主流力量團結和爭取過來，也就是未能將大多數港人團結和爭取過來。習近平2017年7月1日在香港出席「慶祝香港回歸祖國20周年大會暨香港特別行政區第五屆政府就職典禮」時致辭，強調了包容和團結精神，「『一國兩制』包含了中華文化中的和合理念，體現的一個重要精神就是求大同、存大異。香港是一個多元社會，對一些具體問題存在不同意見甚至重大分歧並不奇怪⋯⋯從中央來説，只要愛國愛港，誠心誠意擁護『一國兩制』方針和香港特別行政區基本法，不論持甚麼政見或主張，我們都願意與之溝通。『和氣致祥，乖氣致異』。香港雖有不錯的家底，但在全球經濟格局深度調整、國際競爭日趨激烈的背景下，也面臨很大的挑戰，

---

8. 中共中央文獻研究室(1997)。《一國兩制重要文獻選編》。北京：中央文獻出版社。25頁。

經不起折騰，經不起內耗。只有團結起來、和衷共濟，才能把香港這個共同家園建設好。」

在處理香港問題和決定「一國兩制」命運時，特別需要高瞻遠矚的戰略眼光和歷史眼光。不能用幾年、幾十年的眼光來看香港、中國以至世界的發展。中國近代以來，國家發生了翻天覆地的變化。改革開放的許多措施，包括農村大包乾、創立經濟特區、發展私營經濟、建立市場經濟體制等，最初都充滿巨大爭議，甚至被視為大逆不道，但實踐證明，這些只是建立中國特色社會主義的常識。改革開放40年來，中國發生了在人類歷史上都罕見的巨變，但中國仍然處於巨大的政治轉型、經濟轉型、社會轉型之中，各方面的制度建設並沒有出現「歷史的終結」，中國模式並沒有定型。中國在許多方面還算不上一個正常國家。中國在政治體制改革、國家治理現代化方面還有很長的路要走，同經濟建設一樣，很多方面要從禁忌回歸常識。從幾百年甚至上千年的眼光看，變是必然的，中國會與時俱進地變革和前進。保留香港的資本主義一制，尤其在香港特區進行相對內地而言更加超前更加大膽的政治試驗，為中國的國家治理提供另一種路徑和模式，可能是未來香港能為國家作出的獨特歷史性貢獻。

香港「一國兩制」的終極命運與中國的國家命運密切相關

香港「一國兩制」的終極命運，最終取決於中共，取決於中共如何看待「一國兩制」的承諾，如何看待香港對於國家的價值，如何看待民主、自由等西方價值觀念。中共的不同取態，也會使香港「一國兩制」出現完全不同的前景。

中共如果不對香港實行開明、懷柔的管治，僅僅把「一國兩制」視為權宜之計，僅僅考慮如何高度操控香港，或者香港出現「港獨」失控、嚴重威脅「一國」的極端情況，則中共最終在香港以「一國一制」取代「一國兩

制」，是有可能的；以今天香港與內地的實力對比，香港也很難有招架之功。走「一國一制」之路，必然使香港出現空前的移民潮以至人口換血，香港將淪為與深圳、廣州一樣的內地普通城市，其特有的國際性、在中國特有的國際金融中心等地位、中西文明薈萃的特質均將喪失，也使「一國兩制」徹底失去對台灣的示範效應，甚至使中國失去國際信譽。這意味「一國兩制」在香港最終失敗，是對港人、對香港最壞的結果，也可能是對國家最壞的結果。

次壞的結果是香港「一國兩制」名存實亡。中共和香港特區政府如果不調整完善管治路線，香港長期得不到政治和解，香港也無法推進政治經濟社會變革，「雙普選」遲遲難以落實，嚴重的政治對立和社會撕裂難以化解，經濟難以發展，民生難以改善，貧富差距懸殊等深層次矛盾和問題難以解決，香港的競爭力難以提高，香港的經濟地位不斷下降，「港獨」思潮繼續蔓延，香港衝擊「一國」的趨勢強化，中央相應收緊「兩制」，中央對香港事務的干預繼續加強，則「一國兩制」會繼續走樣變形甚至名存實亡，非建制與中央政治對抗，香港與國家角力，只會使香港加速向「內地化」的方向發展。

最好的結果是「一國兩制」按原來設計的初衷取得真正成功。如果中共對香港實施更加開明、更加自信、更加懷柔的管治路線，中共對民主、自由、法治、人權、廉潔等價值觀念的認識與香港社會和西方社會趨近，主動改善與香港「泛民」的關係，真心實意在香港落實「雙普選」，甚至將香港視為中國在內地推進政治體制改革的試驗區，以香港「雙普選」的先行先試為內地推動民主選舉積累經驗，則香港圍繞管治權爭奪的政治矛盾會得到根本化解；中共也珍視香港作為國際金融中心對國家的價值，更加充分發揮香港對國家深化改革開放的獨特作用，使香港的經濟地位更高；中共也督促香港特區政府推進政治經濟社會變革，化解深層次矛盾，發展經濟，改善民生，使港人的生活品質得到大幅提高，則香港社會的怨氣會逐步消失，港

人的「獲得感和幸福感」大大增強，「港獨」的土壤被剷除，港人對中央政府和香港特區政府的支持度會大幅上升，香港的社會撕裂會逐步緩解，港人對國家的認同度也會提高。「一國兩制」實踐如果出現這樣一個局面，對香港、對港人是最好的，對國家是最好的。

對香港來說，首先要爭取的是「一國兩制」在2047年之後得到延續。

2049年，將是中共建立中華人民共和國100周年，中共的既定目標是屆時實現中華民族的偉大復興。香港2047年後的前途安排與中國2049年的前景似乎隱然形成某種關連。實現中華民族偉大復興的中共，將如何安排香港2047年後的政治前景呢，將如何決定「一國兩制」的命運呢？台灣問題屆時是否已解決，又是以何種方式解決？如果國家統一大業沒有真正完成，如果香港仍然人心不服，台灣仍然人心不服，談得上中華民族偉大復興嗎？

「一國兩制」實踐就算最終取得成功，其終極命運也仍然存在疑問。「一國兩制」是否要實行200年、500年、1000年？台灣問題能否以「一國兩制」模式解決？中國究竟以甚麼形式實行徹底的國家統一？內地、香港、澳門、台灣在實現最終統一後能否走向「一國一制化」？這些都是巨大的疑問。

從更加長遠的歷史眼光看，「一國兩制」和中國的終極命運，仍取決於中國最終的道路選擇。1978年召開十一屆三中全會的時候，誰能想像40年後的中國是現在這個樣子呢？踏入2018年，誰又能想像40年後的中國、100年後的中國是甚麼樣子呢，更遑論200年、500年、1000年後的中國是甚麼樣子。對「一國兩制」和中國模式的未來前景，不要以中共目前的認識水平，不要以中國人目前的認識水平，急於做出福山式的「歷史終結論」，而要保持巨大的開放性，保持美好的想像力。

從目前的情形看，要香港、澳門、台灣三地向「內地化」即社會主義化的方向發展，通過內地的社會主義制度和生活方式取代香港、澳門、台灣

的資本主義制度和生活方式，香港、澳門、台灣的民眾不會接受這種安排，出現這種結果，很可能是內地以強大實力將香港、澳門「一國一制化」，內地以軍事手段解決台灣問題。

另一種完全統一的出路，是大中華地區以港澳台民眾能完全接受的形式來「一國一制化」。如果要內地、香港、澳門、台灣最終完全統一並實行四贏，中國最終的制度選擇應該是包括香港、澳門、台灣在內的全體中國人都能接受的「一國良制」。這就是香港、澳門、台灣均保留其原有的資本主義制度和生活方式，內地向民主、自由、法治的方向變化，內地逐步「港澳台化」，最終實現「一國良制」完全統一中國。香港社會以前的「民主回歸論」，就是建立在中國民主化的想像之上。歷史是一條長河，中國內地的發展方向並沒有完全定型，如果用數百年甚至數千年的眼光看，中國未來的走向仍是非常開放的，可塑性很強，不能完全排除內地「港澳台化」這一前景。

當然，中國的統一還可以創造「一國兩制」、「一國良制」之外全新的模式，即內地仍然保持社會主義制度和生活方式，香港、澳門、台灣仍然保留資本主義制度和生活方式，以聯邦制或邦聯制或其他形式實現國家的統一。台灣社會有這樣一些期待，用長遠的歷史眼光看，也不能完全排除這些看來是異想天開的前景。

有着燦爛文明和悠久歷史的中國，多災多難的中國，至今未能解決好國家統一問題。有十幾億民眾、世界第二大經濟體、硬實力已經非常強大的中國內地，至今難以令人信服地征服香港七百多萬民眾、台灣二千三百多萬民眾的人心。這是令每一個關心香港前途、台灣前途和全中國前途的中國人，無法不百感交集的。期待在遙遠的將來，大中華地區最終走向「一國良制」，全體中國人真正在社會制度、價值觀念和生活方式上達成共識，實行國家的真正統一，實行人民心靈的真正統一，實現中華民族空前的團結和偉大復興！

參考書目

大衛・哈維（Harvey, D.），王欽（譯）（2010）。《新自由主義簡史》。上海：上海譯文出版社。

中天（2012）。《點破地產霸主》。香港：天窗出版社。

中共中央文獻研究室（1997）。《一國兩制重要文獻選編》。北京：中央文獻出版社。

方志恒（編）（2015）。《香港革新論》。台北：漫遊者文化。

王于漸（2012）。《香港深層次矛盾》。香港：中華書局。

王于漸（2013）。《香港奇跡已經幻滅？》。香港：中華書局。

王紹光（2016）。《中國治道》。香港：中華書局。

王紹光（2016）。《中國政道》。香港：中華書局。

尼可拉斯・瓦普夏（Wapshott, N.），葉品岑（譯）（2016）。《凱恩斯對戰海耶克：決定現代經濟學樣貌的世紀衝突》。台北：麥田出版。

全港市民各界菁英代表（2011）。《大仇富》。香港：次文化堂。

向劍幗（2010）。《東方之珠璀璨香港》。上海：上海文藝出版集團。

安東尼・阿巴拉斯特（Arblaster, A.），曹海軍等（譯）（2004）。《西方自由主義的興衰》（上、下）。吉林：吉林人民出版社。

托瑪・皮凱提（Piketty, T.），巴曙松（譯）（2014）。《二十一世紀資本論》。北京：中信出版社。

呂大樂（2015）。《香港模式——從現在式到過去式》。香港：中華書局。

李怡（2013）。《香港思潮——本土意識的興起與爭議》。香港：廣宇出版社。

李怡（2016）。《獨立之精神，自由之思想》。香港：升出版。

李強（2015）。《自由主義》。北京：東方出版社。

李彭廣（2012）。《管治香港——英國解密檔案的啟示》。香港：牛津大學出版社。

李曉惠（2010）。《困局與突破——香港難點問題專題研究》。香港：天地圖書。

李曉惠（2013）。《邁向普選之路——香港政制發展進程與普選模式研究》。香港：新民主出版社。

蕭蔚雲（2003）。《論香港基本法》。北京：北京大學出版社。

車卉淳、周學勤（2007）。《芝加哥學派與新自由主義》。北京：經濟日報出版社。

周永新（2014）。《真實的貧窮面貌——綜觀香港社會60年》。香港：中華書局。

周永新（2015）。《香港人的身份認同和價值觀》。香港：中華書局。

孟德斯鳩（Montesquieu, C. S.），許明龍（譯）（2015）。《論法的精神（上卷）》。北京：商務印書館。

林本利（2014）。《財閥治港？！》。香港：亮光文化。

林匡正（2015）。《中港對決》。香港：次文化堂。

林匡正（2016）。《香港自決》。香港：四筆象出版社。

邱立本（2013）。《香港民主不能失去中國》。香港：天地圖書。

邱立本（2015）。《香港第三條路不再是夢》。香港：天地圖書。

哈耶克（Hayek, F. A.），王明毅、馮興元等（譯）（2011）。《通往奴役之路》。北京：中國社會科學出版社。

哈羅德‧J‧拉斯基（Laski, H. J.），林岡、鄭忠義等（譯）（2012）。《歐洲自由主義的興起》。北京：中國人民大學出版社。

思想編輯委員會（編）（2014）。《香港：本土與左右》。台北：聯經。

洛克（Locke, J.），瞿菊農、葉啟芳（譯）（1964）。《政府論（下篇）》。北京：商務印書館。

洪鎌德（2010）。《西方馬克思主義的興衰》。台北：揚智文化。

科林‧克勞奇（Crouch, C.），蒲艷（譯）（2011）。《新自由主義不死之謎》。北京：中國人民大學出版社。

徐承恩（2014）。《城邦舊事——十二本書看香港本土史》。香港：青森文化。

徐承恩（2017）。《香港，鬱躁的家邦：本土觀點的香港源流史》。新北市：左岸文化。

特奧托尼奧‧多斯桑托斯（Dos Santos, T.），赫名瑋（譯）（2012）。《新自由主義的興衰》。北京：社會科學文獻出版社。

馬嶽（2012）。《香港80年代民主運動口述歷史》。香港：香港城市大學出版社。

高馬可（Carroll, J. M.），林立偉（譯）（2013）。《香港簡史》。香港：中華書局。

國務院新聞辦公室（2014）。《「一國兩制」在香港特別行政區的實踐》。北京：人民出版社。

密爾（Mill, J. S.），許寶騤（譯）（1959）。《論自由》。香港：商務印書館。

張家偉（2012）。《六七暴動——香港戰後歷史的分水嶺》。香港：香港大學出版社。

強世功（2008）。《中國香港——文化與政治的視野》。香港：牛津大學出版社。

梁振英（2007）。《家是香港》。香港：明報出版社。

許家屯（2008）。《許家屯香港回憶錄》（上、下）。香港：香港聯合報出版公司。

陳志傑、王慧麟（編）（2012）。《香港本土論述2013–2014中國因素：本土意識與公民社會》。台北：漫遊者文化。

陳冠中（2012）。《中國天朝主義與香港》。香港：牛津大學出版社。

陳雲（2011）。《九評地產黨》。香港：次文化堂。

陳雲（2011）。《香港城邦論》。香港：天窗出版社。

陳雲（2013）。《香港遺民論》。香港：次文化堂。

陳雲（2014）。《香港城邦論 II 本土復興》。香港：天窗出版社。

陳雲、李彭廣、潘小濤（2012）。《九評政府黨》。香港：次文化堂。

陳麗君（2015）。《香港民主制度發展研究》。香港：中華書局。

凱恩斯（Keynes, J. M.），徐毓捲（譯）（2011）。《就業、利息和貨幣通論》。南京：譯林出版社。

斯密（Smith, A.），郭大力、王亞南（譯）（2016）。《國富論》。北京：商務印書館。

湯家驊等（2012）。《我們是香港真本土》。香港：明報出版社。

黃伊梅（2011）。《哈耶克古典自由主義研究》。廣州：廣東人民出版社。

黃洪（2013）。《「無窮」的盼望——香港貧窮問題探析》。香港：中華書局。

黃海（2017）。《香港社會階層分析》。香港：商務印書館。

黃毓民（2016）。《公投制憲香港維新》。香港：普羅政治學苑。

楊繼繩（2016）。《天地翻覆——中國文化大革命史》下篇。香港：天地圖書。

葉兆輝（2017）。《香港貧窮問題真相》。香港：中華書局。

雷鼎鳴（2015）。《民主民生的經濟解讀》。香港：中華書局。

劉兆佳（2013）。《回歸15年以來香港特區管治及新政權建設》。香港：商務印書館。

劉兆佳（2013）。《回歸後的香港政治》。香港：商務印書館。

劉兆佳（2014）。《香港的獨特民主路》。香港：商務印書館。

劉兆佳（2017）。《香港人的政治心態》。香港：商務印書館。

潘慧嫻（Poon, A.），顏詩敏（譯）（2010）。《地產霸權》。香港：天窗出版社。

熱拉爾‧迪梅尼爾（Duménil, G.）、多米尼克‧萊維（Lévy, D.），魏怡（譯）（2015）。《新自由主義的危機》。北京：商務印書館。

蔡榮芳（2004）。《香港人之香港史1841–1945》。香港：牛津大學出版社。

鄧小平（2009）。《鄧小平文選（第三卷）》。北京：人民出版社。

鄭永年（2011）。《中國模式——經驗與困局》。新北市：揚智文化。

鄭永年（2018）。《組織化皇權——中國共產黨的文化、再造和轉型》。香港：香港城市大學出版社。

鄭松泰（2016）。《由本土民權到建邦立國》。香港：熱血時報。

學苑編輯（2012）。《香港民族論》。香港：香港大學學生會學苑。

蕭裕均（2011）。《靠左企——廿一世紀中港階級政治》。香港：圓桌精英。

閻小駿（2015）。《香港治與亂：2047的政治想像》。香港：三聯書店。

霍布斯（Hobbes, T.），黎思復、黎廷弼（譯）（1986）。《利維坦》。北京：商務印書館。

霍布豪斯（Hobhouse, L. T.），朱曾汶（譯）（2009）。《自由主義》。北京：商務印書館。

鍾祖康（2007）。《來生不做中國人》。台北：允晨文化。

鍾祖康（2014）。《向中國低文明說不》。香港：天窗出版社。

顧汝德（Goodstad, L. F.），馬山、陳潤芝、蔡祝音（譯）（2011）。《官商同謀——香港公義與私利的矛盾》。香港：天窗出版社。

顧汝德（Goodstad, L. F.），顏詩敏（譯）（2012）。《嚴防金融海嘯重臨——香港監管文化的啟示》。香港：天窗出版社。

顧汝德（Goodstad, L. F.），顏詩敏（譯）（2015）。《富中之貧——香港社會矛盾的根源》。香港：天窗出版社。